本书为：

上海市高校知识创新工程建设项目
上海市教育委员会重点学科建设项目
项目编号：J50405

中国历史

两晋南北朝史

严耀中 著

人民出版社

目　　录

第一章　绪　论

晋武帝司马炎像

当我们打开一部历史书时，虽然最初的想法可能是朦胧的"开卷有益"，但如果不是随便浏览的话，应该是有直接之目的。于此，不同的读者，不同的书，以及两者之间的组合，都会有许多不同的答案，可是不管怎样，皆可以说是为了直接或间接地认识历史。

出于为了更好地认识历史，并从中获得益处的需要，便有了历史学。因此历史学不仅是考据之学和义理之学，更是智慧之学，唯此可得最大的好处，史学也才会在现实中体现其最重要的价值。史学有三大任务，第一是弄清历史事实的真相；第二是探索历史现象后面的关联和本质，以为理性的镜鉴；第三是以今天的立场与眼光对历史上对人与事予以评价，从而使史学有了最现实的意义。这三者之间也是互相关联的，但把重心放在哪一个点上，不同的史家和史学著作有着不同的追求。

中国古代史学的智慧集中在对政治之道的讲究上。所谓治道，"按字面讲，就是治理天下之道，或处理人间共同事务之道"。虽然绝大多数人没有担负治理天下的职责，但处理人间共同事务之道却与我们每一个人多多少少相关。中国的治道"已透至最高之境界，在自觉讲习中已达至无以复加之极端微妙境界"[1]。而这些智慧的体现，可以二十四史和《资治通鉴》为代表，而它们正是我们今天阐述两晋南北朝史最主要的史料基础。

从次一层面说，因为历史上的事情虽然都已经过去，但来看这些过去事情的人却是随着时代前进在变，横看成岭侧成峰，不同时代的人们在回首往事时，会有不同的情景收入眼底，把这些情景进行比较与说明，其实也是一种历史研究。当然史学的境界并不止于此，通古今之变，

[1] 牟宗三《政道与治道》第2、1章，广西师范大学出版社2006年版，第23、22页。

青釉仰覆莲花尊（南朝）

究天人之际应该是史学更高的追求，由此也会体现出人间更大的智慧，即通过对各种真相的揭示和对其前因后果左关右联之探求来把握正确思维，以明人道的本真和天道的深邃。

两晋南北朝史作为中国历史长河中的一段，而且是自秦以后非常独特的一段，有着和其他断代或朝代明显不一致的东西。譬如说，其他时期的国家形态基本上以统一为主，本时期则主要呈现的是分裂状态。因此说清其如何承前启后，无疑是一件非常重要的事情。所以我们关注的不仅仅是那些在当时来说是轰动的或重要的事件，还要看明白那些对以后历史发生影响的东西，因为这样更能廓清历史的脉络，得出历史的智慧，即古人所谓"读书学问，本欲开心明目，利于行耳"[1]。这也是作者努力要在本书中所达到的一个主要目的。

文献史料中所呈现的本时期历史是复杂多变的，在三百多年的历史里，除了西晋短暂的统一，其他都处于分裂割据的状态。国土的分合，朝代的鼎革，当然是有着很多偶然的事件来加以促成，但并非毫无轨迹可言。譬如纷杂表象后面的一个重要原因，是和汉晋之间人口的大量丧失而为秦以后人口最稀少的时代相关，以及由此使人力资源成了社会生产、乃至大多数政治制度形成和政治事件展开的关键点，于是对人的控制与反控制、利用与反利用、剥削与反剥削构成了本时期历史的主要画卷。中国古代以农立国，财政税赋主要来自于农，而当时农业的发达又主要靠劳动力的投入。汉末以降战乱导致人口稀少，直接后果之一，就是行政资源的匮乏，无力迅速重建一个专制集权的统一国家，承担不起一个强大行政机器所需的建设和运行成本。只有人口及以其为基础的农业几经曲折慢慢恢复后，才会显示出大帝国的统治模式在行政效费比上的可接受性。

站在这个角度来观察两晋南北朝的历史，我们就可以找到本时期社会最重要的特征——门阀之兴衰的关键点之一，其实这个过程也是由行政系统运行的成本高低决定的。门阀政治在一定程度上避免了皇帝专制集权对扩展行政系统的资源需求，由于用扩大家族结构和能量

1 《颜氏家训·勉学篇》。

的方式来实行统治,并维系社会之稳定,所以在朝廷上和地方上的行政运行对国家财政的耗费都相对较小。因此门阀的兴衰起落实际上与行政系统的运转关系重大,它应行政系统的扩展而产生发展,以把持军政权位而势倾天下,又因脱离政务而走向式微。门阀制度也呈现出一种政治与文化相交错的"家世文章,甚为典正"[1]之独特体制。在这样的体制下,由于"自魏正始、晋中朝以来,贵臣虽有识治者,皆以文学相处,罕图庶务"[2]。无心插柳,竟促成了中国文化发展的一次高潮,玄学的兴起,佛学的扩展,经学的演变,诗文与史学的繁荣都离不开门阀士族,本时期名士们的文集竟多出两汉十倍以上! 这正是两晋南北朝历史进程中的魅力所在。

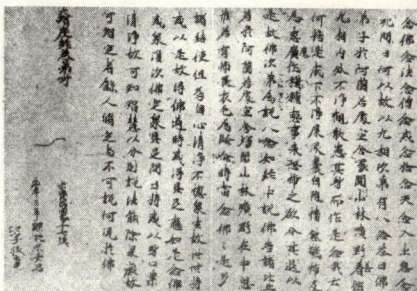
北魏永平三年纸写本《大智度论》

　　门阀不是一般的豪强大族,更不是一般的所谓地主,门阀兼有官僚世家和文化世家的双重性,是当时社会里的精神贵族。魏晋南北朝是门阀时代,与此对照,东汉是前门阀时代,经学起家出过"四世三公"的袁氏和杨氏就是门阀,隋唐是后门阀时代,五代是门阀的终结。门阀之所以得势,另一个关键点就是他们在当时的物质条件下基本垄断了教育。大一统的专制集权行政系统需要有相当一批文化专业人士来操作运行,自西汉开始各级学校教育就是为了适应这样的需要而发展的。由于只能书写在竹简上的书籍稀少,文化知识的承袭,尤其是其精髓的领会,主要只能以口口相传的方式来进行,而其最精华部分的传授往往在其父子之间,于是就有了家学的发达和经学世家的出现。由于当时学问的评估只能出于老师之口,而名师之言便是评估的最高标准,也由于中国的学问是讲究知行合一的,这正是为培养行政官员所必须,师长的评语又成了入仕的重要条件,学而优则仕于是就有了一种新的模式。这样也就构成了文化世家与官僚世家合一的基础。汉魏之间"是时朝堂公卿以下四百余人,其能操笔者未有十人"[3]。经过门阀时代的高峰,梁时一介武臣曹景宗尚能依韵即成"去时儿女悲,归来笳鼓竞。借问行路人,何如霍去病?"[4]这样的好诗,文化世家所造成的社会氛围不容小视。

　　两晋南北朝时纸的应用慢慢普遍,书籍越来越多,形

[1]《颜氏家训·文章篇》。
[2]《陈书》卷6《后主纪论》。这里的"文学"非仅指诗文,系最广义者。
[3]《三国志》卷13《王朗传附王肃传》注引《魏略》。
[4]《南史》卷55《曹景宗传》。

式从卷轴转化成簿本,甚至有了"巾箱本"之类便于阅读和携带之书,惠受文化教育的范围也更加广泛,文化垄断地位的淡化应该也是门阀消沉的原因之一。有了足够多的知识阶层成员,采取以考试为主的官吏选拔方式才有采用的可能与必要,我想这就是自隋开始有科举制度的一个重要背景。但因为抄本的使用与流通毕竟有诸多不便,所以取得知识一致的范围也不可能很大,唐代科举的名目那么多,像举进士这样重要的科目依然少不了推荐,恐怕都与此相关,门阀也还有着残存的余地。等到唐末两宋印刷术的普及,学校的教育可以有统一的内容,全国性的考试可以有统一的标准,这些都非常符合专制集权政体的需要,由此宋以后的科举就进入了体制统一的时代,门阀制度才彻底失去了它存在的条件。

　　本时期的各代朝廷的政治虽然多多少少地被门阀左右着,这当然最有利于那些世家大族,但这并不等于朝廷仅代表着那些世家大族,哪怕是在门阀政治最突出的东晋。那是因为国家作为一个整体,它必须以所有各组成部分的存在而为自己存在的条件。由于任何部分利益的绝对缺失会导致该部分的消失,从而使国将不国。晋代一位名叫刘弘的官员于治国方略有很深的体会:"夫统天下者,宜与天下一心;化一国者,宜与一国为任。"[1]如果做不到这一点,就将部分或全部丧失治理国家的资格,因此朝廷在社会冲突中,虽然有时会有所偏袒,但也不会完全不顾其他方的利益。诸朝政府功能发挥得好坏,在于它能否认识到它本身长远和正确的利益。一个政权如果能依据其根本利益而能很好地调和社会各部分的利益,它所施行的就已经是先贤所谓的"仁政"了,因为仁政作为一种有远见的理智行为也有利于它自身。

　　与此相关的是门阀占统治地位下的社会结构,和中国历史其他时期的情况有大体相同之处。在以家族为本的社会里,家族内部的结构被放大到社会,家族中或氏族之间的等级就演化成社会等级。就如在家族中,辈分是决定地位的重要依据,而通过辈分是不能把族众简单地分成对立的统治者与被统治者的,某人是儿子也是父亲,他在家中处于什么地位?晋代的王衮出身士族,自己是名

大英博物馆藏于阗五铢钱及 J. Cribb 摹本

1 《晋书》卷66《刘弘传》。

士，《晋书·王裒传》说他"家贫躬耕，计口而田，度身而蚕，或有助之者，不听"。这样的人物是很难简单作阶级归类的。又如西魏北周"公卿遝于民庶之家，有獠口者多矣"[1]。长沙走马楼吴简和敦煌文书中都有很多庶民畜奴记载。从题为"西魏大统十三年（547年）瓜州効穀郡计账"的敦煌文书（S·613）中所载户口籍账来看，一些有一、二个贱小婢、贱丁婢的人家都要种田自食，课租服役[2]，可见他们至多是属于庶姓农民一类，那么这些有獠口、贱婢的庶民算统治阶级还是被统治阶级？还如本时期有些专役户出身的人，虽然属于社会中的低贱者，但他们可以很富，也可以做官。这就如清代的"包衣"，他们在王府中是奴才，出去可以做一方的父母官。因此无论是三代时的"人有十等"，还是本时期复杂的户等，笼统地要将社会上所有的人一分为二，非彼即此，是从概念与教条出发，罔顾历史事实。现实的世界是由于有了差别才浮现出来的，各类差别愈多，这个世界也就愈显得丰满。中国古代历史之精彩，就是它的社会里有着千差万别，如民族、阶层、地域、家族及各种利益集团等等，就是在高门内部也要分出层次来，如琅琊王氏中居马粪巷一支就要高于住乌衣巷的一支[3]。这些社会差别犹如二、三部并列而时有交错的阶梯，其最高端与最低端虽有天壤之别，但如果我们把那阶梯断为相对两截，小视或无视其他许多差别的存在与作用，那么所谓史学就可能只是一些贴在白纸上的干瘪标签。而那些大大小小的差别中间的某个特别扩大起来，就有可能构成了当时产生大事件或危机的温床。各式各样差别的生灭与转变，给了历史学丰富的研究对象。

　　一个时代的特征总会与同时代的一些其他特征相关联。众多田制的纷纷呈现，也应该是魏晋南北朝史上的一个亮点，因为均田制在隋及唐前期的存在虽然引人注目，实际上只是本时期制度上的一种延续。几乎所有治中古史学者达成的共识是产生这些田制的一个背景系人少地多，由于有人始有土，有土始有财，因此推行这些田制的一个直接动机就是要在如此情形下保证朝廷的赋税收入。在以农立国的古代，这些税赋收入的有无多少，决定着朝廷的存亡强弱。同时，伴随着人少地多的现象，是门

士族生活画像石

[1] 《周书》卷49《獠传》。
[2] 录文见唐耕耦、陆宏基编《敦煌社会经济文献真迹辑录》第1辑，书目文献出版社1986年版，第112—126页。
[3] 朱大渭先生很仔细地把当时的阶级结构"分为二十四种类别、三个等级、六个阶级"，但最后归入"两大阶级营垒"，又把复杂问题简单化了。见其《魏晋南北朝阶级结构试析》，载《魏晋南北朝史研究》，四川省社会科学院出版社1986年版。

士族妇女出游画像砖(南朝)

阀豪强对劳动力的荫占。朝廷通过一些土地分配耕种的形式(屯田、占田、均田等),将这些土地上的劳动者定格为国有,也是一种防止高门大族对其侵占的有效措施。从这点上说,这些田制与本时期各种专役户之形成有异曲同工之妙。因此对当时中央朝廷而言,保证赋税收入是第一位的要务,那些田制只是为了适应彼时形势来保障赋税收入的不同操作方案和手段,是属于第二位的,如占田课田制仅是户调式的一部分内容。这在以战争频繁而特需物质支持的本时期各个政权来说,当然显得尤为要紧。

如果上述看法能够成立的话,那么关于中古时期的各种田制还可以说明四点。一是这些田制的订立和推行,完全是功利性的,和《孟子》中论述的井田制在本质上差异颇大,后者包含着追求社会和同的蓝图。因此前者的倾向是经济性或至多是实用政治性的,后者的倾向是政治理念型的,也决定了前者都是可以操作执行的,后者只能作为一种少数政治家和学者们的憧憬。虽然一些田制在订立或实施时总是要把井田制拉来作依据。事实证明,本时期的各种田制都不影响私人的土地所有保有权,也间接说明了这些田制并不杂有政治理想,不是一种土地改革,也没有在实际上起到抑制土地兼并的作用,兴师动众只是为了取得租赋而已。因此当维护田制的行政成本高时,或者更简便的税收方式如二税制出现时,田制就被放弃了。二是各种田制在操作上都具有很大的灵活性,若屯田中可以有各种不同的分成,课田制可以转化为度田收租制,均田制可以选择地域执行[1],按实际情况给田,甚至默许土地转让,只要能保证税收就行。三是南朝"军国所须杂物,随土所出,临时折课市取,乃无恒法。定令列州郡县制其任土所出,以为征赋"[2]。除了"其国用注重于关市之税"[3]外,依靠着在商品经济相对发展的基础上设立的"治、署、邸、肆"之利[4],所以江左诸朝都未曾在田制上下大工夫。四是因为以本时期为主的各类田制出现是为了保障朝廷赋税收入服务的,所以当一些妨碍收入的时代特征转弱或消失时,如人口增长、门阀解体、外境平和等,朝廷收入就不需要田制来保障,它就没有必要存在了,一如我们在秦汉和唐中期以后的历史里所看到的。

[1] 如程应镠先生认为"北魏在畿内和近畿地区没有实行均田令",见其《论北魏实行均田令的对象与地区》,载《流金集》,上海古籍出版社1995年版。还如很多学者都认为唐代没有在江南推行过均田制。
[2]《隋书》卷24《食货志》。
[3] 陈寅恪《隋唐制度渊源略论稿》,中华书局1963年版,第144页。
[4] 关于邸店之利,在北周末,"收利如食千户",见《隋书》卷42《李德林传》。可为参考。

　　本书的重点在于注意到文化在历史演变中所起的作用。文化的影响虽常无形而迟缓，但深沉而不可抗拒，凡肆意践踏文化传统之狂妄举措最终必被传统文化的力量所粉碎，当然这也是一种文化现象。文化从广义上说，是人类所有活动的总和，狭义的文化虽然被局限于意识形态，甚至只是在上层意识形态的范围内，但一切政治、军事、经济的活动无不受到社会意识观念的牵连，因为一切历史事件都是由人的行为构成的，而人的行为说到底都是人的本性和人与人之间互相关系之表现，其中很多现象是无法单纯用物质利益牵动能解释得清楚的。因为人们在一个时代中的举止行为，都会受到这个时代的意识流所影响，也就是受这个时代的文化所影响，当然文化本身也会受到社会其他方面的反影响，如本时期之胡汉、士庶、良贱，乃至东、西之文化宗教，南、北之社会政治等等差别的突出，大大刺激了人们的感觉。这里所谓感觉，就是作为主体的人对各种差别的反映，身处社会上和自然间的差别愈大，感觉就愈强烈，文学艺术作为感觉的表露，也就鲜明而深切。而了解与勾描这些影响和反影响的交流渠道，正是史学工作者的一项重要任务。

　　两晋南北朝是秦之后的历史上情况最复杂的时期，社会上各种矛盾交错纠缠，大大小小的政治实体合纵连横，包括首尾相关的《三国志》与《隋书》，二十四史中竟有一半是以本时期为对象的。这种复杂的情况包括意识上和政治上的权威之崩溃与重建。也正是这种崩溃与重建，构成了本时期特有的人文环境。由此也引起对人性、人世和人生价值的深入思考，于是有了玄学和经学的分解与结合、佛教和道教的发展与演变，也使文学与史学更为清新而隽永。

　　从两汉僵化的经学中脱胎而出的玄学，是魏晋南北朝时期的一大思潮。玄学虽然对经学构成了冲击，但所谈之"三玄"，实质上是以易学为结合点，将老庄之学中的一些思想观念加以发挥改造，用来对儒家的名教进行重新诠释，注入新的思维动力。因此在玄学开展的过程中，很难说清楚它究竟是姓儒还是姓道，重要的是玄学为当时的社会行为准则提供了新的理论基础。这个使命完成了，

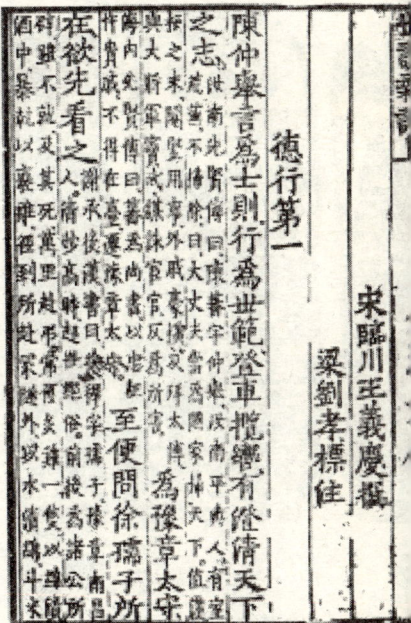

《世说新语》

它本身的存在反而失去了依据，成为中国思想史上一现之昙花。至于它在当时政治社会中所产生的副作用，如裴頠在其《崇有论》里所说的那样，"立言藉于虚无，谓之玄妙；处官不亲所司，谓之雅远；奉身散其廉操，谓之旷达"，是不能归咎于玄学本身的。

本时期意识形态上的大事还在于宗教的兴盛。经学的僵化，皇权的削弱，以及人口大量丧失所引起对生死命运的严重关注，都为宗教在本时期得到广为流播与繁荣创造了条件。永嘉之变后对汉人出家的解禁和两晋之间与玄学的结合使佛教在中土就此站住了脚跟，并由此开始了所谓三教合一的进程。凡是历史上既有的东西都是合理的东西，宗教固然有它的弊病之处，但是没有任何意识形态能完全取代它，因为它对社会起着多种必不可少的作用。两晋南北朝时代中强化了的佛教与道教，作为全国性的宗教，在多民族存在的本时期，还有助于把各族的文化观念融合与一致起来[1]。这一积极作用，往往是被前人所忽略或叙说不多的。虽然人们为着生死与命运在宗教中寻找答案，但一般的宗教只是展示人如何超越死亡，因此还得依靠神和崇拜神以求永生。而华夏主流的宗教意识所追求的是物我合一，泯灭存亡两限，以此超越生死，所以其永恒所在，求己而不求他。佛教"法我皆空"所达到的思想高度，仍是迄今为止其他宗教所难以逾越和企及的。

民族间的冲突与融合，也是与本时期历史的很多方面相关联。但当时绝大多数的民族差别不在于体貌特征，而在于文化心理，所以"当时之所谓胡人汉人，大抵以胡化汉化而不以胡种汉种为分别"[2]。即所谓"首不加冠，是越类也；足不蹑履，是夷民也"[3]。通过考古所得人骨之科学鉴定，"无论是汉晋时期的鲜卑人、辽代的契丹人还是元代或近代的蒙古人，在种族人类学特征上的确是颇为一致的，均属于低颅阔面的西伯利亚蒙古人种"[4]，从而证明他们都与汉族有着极近的血缘关系。如果站在这样的角度来理解本时期的民族关系，我们对当时与此相关的政治与军事事件，或许会有更深入的发现。现代对"民族"一词有着不同的理解与阐释，但在中国古代却是很大程度上在于对族群文化特征的整体认定，因为这种文化特征是

保定元年（道民）马洛子造像铭记拓片

[1] 如刘淑芬先生对南北朝期间华北乡村佛教义邑研究后认为"在胡、汉人民，或是不同种姓的胡人杂居的村落里"，"胡、汉人民协力共造佛像这个事实"有助于"消泯民族界线、促进民族融合"。见其《五至六世纪华北乡村的佛教信仰》，载《中央研究院历史语言研究所集刊》第63本第3分（1993年）。

[2] 陈寅恪《隋唐制度渊源略论稿》，第71页。

[3] 《刘子集校》卷2"慎独"，上海古籍出版社1985年版，第59页。

[4] 宋泓《东胡人种考》，《文物》2006年第8期。

其行为准则的基础。"非我族类,其心必异",就是站在这样一个角度来讲的。然而另一方面,民族的融合又都是在各自都认为是黄帝子孙的前提下实行的,如北魏孝文帝下诏称:"北人谓土为拓,后为跋。魏之先出于黄帝,以土德王,故为拓跋氏。夫土者,黄中之色,万物之元也。宜改姓元氏。"[1]由于有着这样的认定,此在本时期非常明显,才在岁月流转中铸就了传信来自于同一人文初祖的中华民族。这是其他文明史所没有的。

在本时期,我们还可以看到这样的情况,在不同的生存环境中实现了不同结果的民族融合,汉人到了游牧地区就"胡化",而少数族人生活在农耕区域就必然会是"汉化"。这是因为不同的生存环境决定了不同的生活习俗,而风俗是养成民族心理的重要一环。由于风俗是由习惯来保持的,作为民族的一分子,个人的习惯是深深与民族特点结合在一起的。对一个成年人来说,习惯成自然,在那个时代,从士大夫到普通百姓,自然的东西就被认定是合理的东西,对自然养成的东西,往往不习惯改也不愿意改,这就构成了他本人外在的民族特点。而生活习俗的差异,必然会导致对生活标准和行为准则的歧见,这样,又构成了民族心理的基础,除非生存环境被彻底改变了。因此消解民族排异心埋首先要从同一生活习俗开始,然后进一步实行较高级文化上的同一,完成了这一步,融合也就基本成功了,因为在古代中国绝大多数的民族中间,基本不存在难以消除的体貌隔阂。所以在中华历史上,农业化、儒化、汉化三者是步调一致的。

两晋南北朝是一个分裂与动乱充斥的时期,但其最后趋向于统一与融合,不能不归于意识观念的强大力量。天下一家的观念自三代以降在中土就没有被动摇过,汉时天子在明堂祭上帝,"诸侯宗室、四夷君长、匈奴西国侍子,悉奉贡助祭"[2],就是天下一家的图景。因而说明夷夏之别的意识是置于"天下"的概念之下的,是属于次一个层面的。这种汉族中的主流意识,随着汉文化的扩展和影响,也被四边的少数族所接受,更不用说那些进入了中原地域的少数族。在"天下"这个最高概念之下,任何次级观念里所含有的矛盾,就都有可能得到消解,这就是中国最

交脚大弥勒佛像

[1]《资治通鉴》卷140齐明帝建武三年正月条。

[2]《北史》卷60《宇文贵传》。

终走向统一与和合的一个重要思想基础。同时，在"天下——天子——王土——四夷"的观念构架下，中国古代的"边地"与"边邻"之间的界线极其模糊。随着中央朝廷国力的兴衰和政策策略的转化，边地与边邻之间的地位是经常转换的。其中，类似唐代羁縻州的行政设置之兴废成了这种转换的形式之一，而诸如此类性质的郡县在本时期各朝的四边都已很盛行，这也许是侨置州郡所启发出来因时因地方便置宜的行政体制设计，却对后世的边疆政策产生了深远的影响。

　　两晋南北朝对今天来说已经是一个遥远的时代，因此我们回顾这段历史时，一个很重要的冲动是想寻找出那时候的哪些东西沉淀到现在，影响着我们今天的社会生活。我们会为此找出很多：除了我们人体中的遗传基因和我们活动着的那片土地山河外，语言文字、典籍文献、文物遗址，等等，等等，其中最重要的是生活的观念与思维的模式，还有多少留在我们心中。

蜜丹国使　萧绎·职贡图卷（局部）

第二章　西晋，短暂的统一

第一节　西晋建立与全国统一

一、西晋的建立

公元265年，司马炎以"禅让"的方式逼使魏元帝曹奂将皇位奉献出来，建立了晋朝，是年定为泰始元年，他也就成了晋武帝。

冰冻三尺，非一日之寒，司马炎能当上开国皇帝，基业却是他祖父司马懿所打下的。公元249年，也就是魏嘉平元年，装病在家的司马懿趁辅政的大将军曹爽与魏帝曹芳去洛阳城南祭祀魏明帝的高平陵之机，突然关闭城门，借太后名义发动政变，尔后设计使曹爽交出兵权，再把他杀掉，并株连了一大批被指认为曹氏同党的文武官员，史称"高平陵之变"。从此司马家族开始把持魏朝的军政大权。

司马懿死后，他的两个儿子司马师和司马昭依次掌握政权。这期间还先后废除曹芳和曹髦两位魏帝，最后立曹奂为帝，形同傀儡。公元263年，时以大将军秉政的司马昭发兵灭蜀。次年，司马昭晋爵为晋王。265年，讽魏帝命其"建天子旌旗，出警入跸，乘金根车，驾六马，备五时副车，置旄头云罕，乐舞八佾"等"皆如帝者之仪"[1]。然而就在即将按礼制一步步完成受禅过程时，当年八月司马昭病逝，其长子司马炎在四个月后，经过一番形式上的礼让，终于"升坛受禅，告类上帝"[2]，实现了以晋代魏的鼎革大业。

晋朝建立之后，武帝忙着完成以下大事。一是追尊司

堆塑魂瓶(西晋)1979年浙江出土

[1]《晋书》卷2《文帝纪》。
[2]《晋书》卷3《武帝纪》。

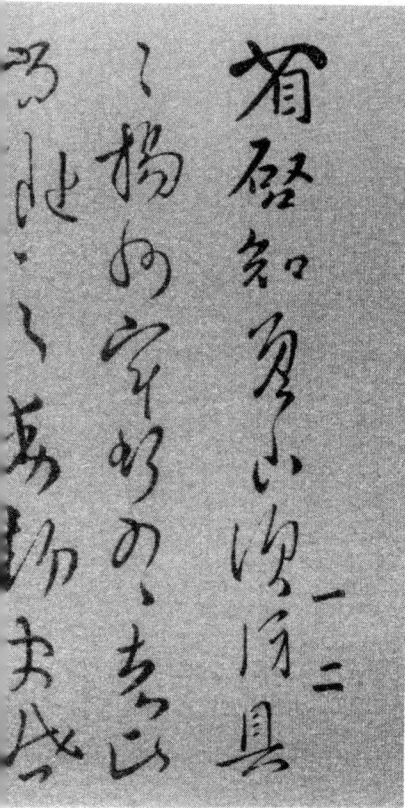

晋武帝·省启帖

马懿等祖、父为帝,立皇后杨氏,封宗室为诸王,功臣为公侯,"其余增封晋爵各有差,文武普增位二等"。这是新朝开张所必须做的,让拥戴者都得到好处。

二是创建新朝各种制度:1,"改《景初历》为《泰始历》,腊以酉,社以丑"。2,改雅乐乐章词义,这和歌功颂德的具体内容相关。3,大赦天下,颁布新律。"凡律令合二千九百二十六条,十二万六千三百言,六十卷,故事三十卷",其"条纲虽设,称为简惠",也使"海内同轨"。此外还命贾充等撰《晋令》四十篇。其中很突出二点:其一是有关官制的令特别多,除官品、吏员、俸廪等令外,还有专门的散骑中书、尚书、三台秘书、王公侯、选吏等令;其二是与战争相关的多,如军吏员、选将、宫卫、选杂士、军战、军水战,还有八个令全是有关军法的[1]。前者是与官制的改革同步,后者反映了当时战事频仍的时代特征。4,"更定元会仪"。但司马昭于263年后"命荀顗因魏代前事","参考今古,更其节文",再由羊祜等"并共刊定,成百六十五篇",十五余万言的新礼,竟未能颁定[2]。5,设立一些有别于汉制的职官。如将东汉的太尉、司徒、司空三公,再加上历代的有过的最高官位太宰、太傅、太保、大司马、大将军而扩展为"八公"。同时还设"从公",以骠骑、车骑"等大将军,左右光禄、光禄三大夫,开府者皆为位从公"。又将其中太宰等为文官公,大司马等为武官公。"诸公及开府位从公者,品秩第一,食奉日五斛",还给绢绵、菜田,配置属吏、兵卒等[3]。上述这些措施并非仅是新朝初建时的一种形式,虽然必须有这些形式才有新朝之新。这些新制一般来说其新之处都是针对前朝的弊病或不足,若八公及诸从公之增设和优厚待遇,是司马氏对官僚士族支持其篡政和执政的报答,同时也使居高位的文武官员有更多的互相牵制,以免别人也走专权篡位之路。即便如此,若旧房子换了新主人,修补一番,增添一些,装饰一下对房子总是有好处的。如果老百姓必须得在这个大房子底下生活,那么对这座房子的改装,就有了意义。但其中礼制系封建王朝政体之基础,新礼不行,说明晋朝在建立之初政体就缺乏足够的活力。

三是建常平仓,制户调之式,立占田课田制等经济措

[1] 参见沈家本《九朝律考》卷3《晋律考下·晋令》。

[2] 分见《晋书》卷3《武帝纪》,卷2《文帝纪》,卷22《乐志上》,卷30《刑法志》,卷21《礼志下》,卷19《礼志上》。

[3] 《晋书》卷24《职官志》。

施,内容详见本书田制部分。这些制度针对统一后人口少荒田多的现象,为皇朝国用收支打下了基础。由于切合实际,被南朝所袭用,并被北朝均田制所参考,从而在中国经济史上占有一席之地。

四是五等封爵制的实行。公元264年司马昭"始建五等爵",实际上是先为晋朝建立作了制度上的铺垫。所谓五等爵,就是把爵位分成公、侯、伯、子、男五等,这是西周时名义上实行过的制度。秦实行的是二十等爵制,汉承秦制,一直到曹魏。因此恢复五等爵的周制是当时的一大变动。首先,河内司马氏"为东汉中晚以后之儒家大族",在汉末遭遇乱世时,"此种家族往往怀抱一种政治理想,以救时弊",因此复行五等爵制"是司马氏实行其家传之政治理想"[1]。所以爵制的更改并非只是一些爵名的变换,而是具有实质性的变化。西周的五等爵制是和宗法制、分封制紧密相连的, 所以西晋实行的爵制也是一种分封制:"县公邑千八百户,地方七十五里;大国侯邑千六百户,地方七十里;次国侯邑千四百户,地方六十五里;大国伯邑千二百户,地方六十里;次国伯邑千户,地方五十五里;大国子邑八百户,地方五十里;次国子邑六百户,地方四十五里;男邑四百户,地方四十里。武帝泰始元年,封诸王以郡为国。"[2]此外"江左自西晋相承,诸王开国,并以户数相差为大小三品。大国置上、中、下三将军,又置司马一人"[3]。东汉末之军阀,多出身州郡长官,以所部军资投入混战,最后把汉朝葬送。此为司马氏祖孙数代所亲眼目睹,必以此为弊失, 而按儒家亲亲之道分封亲戚勋贵至各地为朝廷枝叶,虽然魏晋时所封户数系虚数,但"五等诸侯,坐置官属,诸所廪给,皆出百姓"[4],领封地军民则为实,故当时必以为此能"治致太平"。

上述事实表明, 改朝换代并不是仅仅意味着换了一个掌权的家族或者集团, 即使是相对最平和的禅让形式来实现朝代鼎革, 也会在体制上和政策上进行某些改变, 而这些改变将始终影响着这个皇朝。

二、曹氏与司马氏,并非偶然的皇权转移

公元249年高平陵事变,是司马氏得以执掌魏朝军政

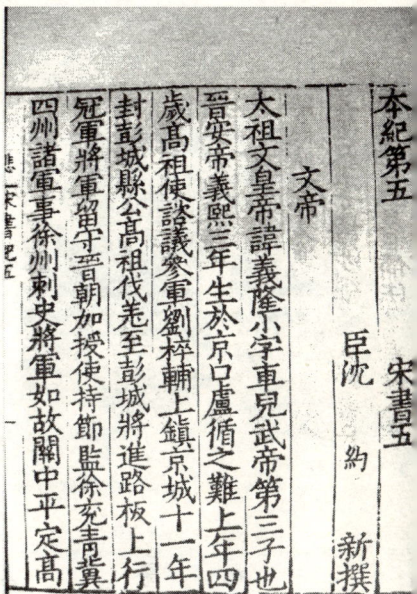

沈约的《宋书》

[1] 陈寅恪《崔浩与寇谦之》,载《金明馆丛稿初编》,上海古籍出版社1980年版, 第126、127页。

[2] 《晋书》卷14《地理志序》。

[3] 《陈书》卷28《后主十一子传附》。

[4] 分见《资治通鉴》卷78魏元帝咸熙元年五月庚申条胡注;卷80晋武帝咸宁五年十二月傅咸上书条。

司马芳（司马懿之父）残碑拓本

大权，并在以后取而代之的转折点。司马懿政变能够成功，是和大将军曹爽识浅无谋，"驽马恋栈豆"而束手屈服相关。但这件事情的性质非仅系个人之间争权，曹爽之败也不全在于其一时之懵懂。

与曹爽兄弟一起被司马懿杀掉的还有尚书何晏、邓飏、丁谧，司隶校尉毕轨，荆州刺史李胜，黄门都监张当及大司农桓范等，右将军夏侯霸则惧而投蜀。除桓范外，其他人与高平陵事件均无直接关系，因此司马懿之打击的是一个集团。曹爽、何晏、夏侯霸等都是曹氏的宗室近臣，因此司马懿在立意发动高平陵事变之时起，其矛头所向，已经可以明白了。

何晏等人有一个共同特点，就是都有相当的才名。如邓飏"少得士于京师"，丁谧"博观书传，为人沈毅，颇有才略"，毕轨"文雅志意"，李胜"雅有才智"，桓范"有文学"，且"号为晓事"等等[1]，何晏就更不用说了。曹操在汉末战乱中孤军奋起，力克群雄，其力量得以壮大起来的一个原则，就是曹操自己所说"唯才是举，吾得而用之"，即使是"盗嫂受金"者也不计较，甚至"不仁不孝而有治国用兵之术"[2]的人也可用。魏朝代汉后，虽然与吴、蜀之间进入相持状态，国政也渐渐走向文治，但其用人的传统没有大变，所以他们在曹爽执政时同受重用并非偶然。

另一方面，曹丕称帝后，注意到文教对治国的重要性，认为圣王之治"礼教优乎昆虫，仁恩洽乎草木"，才能使"金革不起，苛慝不作，风雨应时"[3]。于是在短短几年里有一系列的举措：黄初二年（221年）正月诏令"议郎孔羡为宗圣侯，邑百户，奉孔子祀"，并"令鲁郡修起旧庙，置百户吏卒以守卫之，又于其外广为室屋以居学者"。三年正月，诏令"郡国所选，勿举老幼，儒通经术，吏达文法，到皆试用"。五年四月，"立太学，制五经课试之法，置《春秋谷梁》博士"等等[4]。并令陈群制九品官人之法。这样两汉以降通过官、学结合发展起来的世族势力重新抬头，与跟随曹操南征北战的宗室勋臣隐隐构成朝中二大集团，曹丕驾崩时遗诏辅政的为曹真、陈群、曹休、司马懿四人，明帝驾崩时辅政者则是曹爽与司马懿，可说双方各占一半。

文治与武功之间，由于出身和立场的不同，观点往往

[1]《三国志》卷9《曹爽传》注引《魏略》。

[2]《三国志》卷1《武帝纪》，及注引《魏书》。

[3]《三国志》卷2《文帝纪》注引《献帝传》。

[4]《三国志》卷2《文帝纪》。

会趋向对立,由此则会引发权势与利益之争。如魏明帝"太和中,曹真表欲数道伐蜀,从斜谷入",陈群则以师出无因,道险损兵为由加以反对,"帝从群言"[1]。曹爽为曹真之子,类似的情形又在他与司马懿之间发生了。"(邓)飏等欲令爽立威名于天下,劝使伐蜀,爽从其言,宣王(司马懿)止之不能禁。正始五年(244年),爽乃西至长安,大发卒六七万人,从骆谷入。是时,关中及氐、羌转输不能供,牛马骡驴多死,民夷号泣道路。入谷数百里,贼因山为固,兵不得进",曹爽只得"乃引军还"[2]。军功集团需要以武功来维系其声望与地位,但曹爽作为将门之子,领兵开展重大军事行动无功受损。与此相反,诸生家出身又"博学洽闻,服膺儒教"的司马懿在高平陵事件之前已经领兵多打胜仗,如黄初六年讨吴,"败(诸葛)瑾,斩(张)霸,并首级千余";太和元年(227年)"斩(孟)达,传首京师,俘获万余人";五年,又破蜀兵,"俘斩万计";景初二年(238年)率军讨辽东公孙文懿,"戮其将军毕盛等二千余人。收户四万,口三十余万"等等[3]。两者声望势力不可避免地随之此消彼长,再加上魏朝因兄弟争位猜忌而相煎,宗室被"禁防壅隔",致使"权均匹夫,势齐凡庶"[4],两者的实力在实际上已经有所倾斜。曹爽被时人视之为"㹠",因此与老谋深算的司马懿相搏,失败是早晚的事。

或许在高平陵事件之前司马氏父子尚未有明确的欺君篡位之目的,只是为除掉曹爽而已。但可是一旦政敌被轻而易举地摧垮,也把自身推上了绝不能后退的境地,于是权柄在手的司马氏就把异己者一一打掉,先后诛灭太尉王凌、楚王曹彪、中书令李丰、皇后父光禄大夫张缉、太常夏侯玄、镇东将军毋丘俭、扬州刺史文钦、征东大将军诸葛诞、尚书王经等,虽然这些人并非全是站在曹氏一边。于是"政由己出,网罗英俊,以备天官。及兰卿受羁,贵公显戮,虽复策名魏氏,而乃心皇晋"[5]。最后废帝弑君,篡位之心已路人皆知,剩下的就是形式过程了。

在高平陵事件发生的整个过程中,大部分大臣都站在司马氏这一边,如奉司马懿之命,司徒高柔"假节行大将军事,据爽营",太仆王观"行中领军,据爽弟羲营"[6]。"侍中许允、尚书陈泰说爽,使早自归罪",太尉蒋济也下书与

曹魏三体石经

---

[1]《三国志》卷22《陈群传》。

[2]《三国志》卷9《曹爽传》。

[3]《晋书》卷1《宣帝纪》。

[4]《三国志》卷20《武文世王公传评》,及注引《魏氏春秋》载曹冏上书。

[5]《晋书》卷24《职官志序》。

[6]《三国志》卷24《高柔传·王观传》。

曹爽催他屈服。后来少帝之一曹髦"见威权日去,不胜其忿。乃招侍中王沈、尚书王经、散骑常侍王业",要他们一起讨司马昭。"帝遂帅僮仆数百,鼓噪而出",但"沈、业奔走告文王(司马昭),文王为之备",于是曹髦被贾充率兵所杀。王沈、王业都是曹髦的近臣,却完全投靠司马氏。当时形势正如王经对曹髦所说:"今权在其门,为日久矣,朝廷四方皆为之致死,不顾逆顺之理,非一日也。"[1]司马氏的势力占压倒优势,"权在其门,为日久矣"当然是一个因素,但权在曹爽手里的时候,官僚们也是偏向司马氏的多,就当另有解释了。当然有一些人估量曹爽斗不过司马懿会是一个原因,更重要的是司马氏标榜的是恢复名教治天下的旗号[2],这正好与曹氏好法术,贵刑名,慕通达,贱守节,唯才是举的用人路线和何晏、阮籍等恃才傲物,"口谈浮虚,不遵礼法"[3]的实际态度针锋相对。当时魏虽与蜀、吴还时有战争,也互有胜败,但吴军过不了淮河,蜀军入不了关中,优势基本上在魏这一方,北方处于安定而日益走向文治。"争乱之余,智术兴,道德坠,名世之风邈矣"[4]。治国之道则不同,稳定社会是要有固定的共同行为准则,所以名教的倡导是很符合当时需要的,也为大多数的官吏所赞同。站在曹氏那边的一些才俊精英,如何晏、邓飏、阮籍、嵇康等皆好玄谈而越名教,不堪流俗,不护细行,致使"纲维不摄,放诞盈朝"[5],就不合为官及为士之道了。因此一旦政局有变,曹氏一派是很难得到官僚士族支持的。汪征鲁先生对魏晋之间入仕做官者之门第所作的统计也能帮助说明问题:"曹魏时,出身高门者占总数的比例为28.2%,一般士族占22.4%,寒门占49.4%;西晋时,高门占36.4%,一般士族占34.3%,寒门占29.3%;东晋时,高门占47.9%,一般士族占34.1%,寒门占18%。"[6]士族在司马皇朝中得到那么大的好处,其政治态度应该是不言而喻的。

　　公元263年司马昭遣钟会、邓艾等率诸军大举伐蜀,兵临成都,蜀主刘禅投降。接着,司马昭利用钟、邓二人矛盾分别铲除,使无人能居功与其抗礼。至此,司马氏之威权如日中天,以晋代魏之势已不可逆转。

魏文帝曹丕像　阎立本《历代帝王图》(局部)

[1]《三国志》卷4《高贵乡公纪》注引《汉晋春秋》。

[2] 唐长孺《魏晋玄学之形成及其发展》,载《魏晋南北朝史论丛》,三联书店1955年版,第322页。

[3]《晋书》卷35《裴秀传附裴頠传》。

[4] 王夫之《读通鉴论》卷11"用人与行政"条。

[5]《资治通鉴》卷79晋武帝泰始元年十二月"初置谏官"条及胡注。

[6] 汪征鲁《魏晋南北朝选官体制研究》第4章,福建人民出版社1995年版,第233页。

三、灭吴实现统一

晋朝建立后最引人注目的大举动就是发兵灭吴，实现中国的统一。

魏晋禅代之间，北强南弱之势已十分明显。洛阳、关中一带历来是最发达的农业经济区，曹操统一北方后，几十年间已无战争，汉末动乱所造成的残破，得益于屯田等措施的实行，已在相当程度上得到恢复。当时，"案《晋太康三年地记》，晋户有三百七十七万，吴、蜀不能居半"[1]，再加上灭蜀后所得户口，晋、吴二者之间的经济实力相差是很悬殊的。经济实力决定着军事实力，户口总数限制着兵士人数，所以两者的军力也是相差很大的。

这种形势谁也能看得出来，所以伐吴之策早已在讨论之中，"时论者议欲自伐吴，三征献策各不同"。而尚书傅嘏主张在两淮屯田，"偪其项领，积谷观衅"[2]，作为最重要的灭吴之策。他还具体提出魏军择地据险，进而"夺其肥壤，使还耕埆土"；"兵出民表，寇钞不犯"；"衅隙时间，讨袭速决"等七项措施，把两淮当作灭吴的前进基地。不仅如此，南、北对峙时，北军善骑而南方以水军见长。在这种情况下，两淮之地就更为重要，南军占此，陆战北伐就有了基地；北军占有，则可组练水师，所以就南方而言，保江必先保淮。因此在魏吴或晋吴之间的斗争中，两淮的地域重要性十分突出。吴太傅诸葛恪于公元253年不顾一切，"违众出军，大发州郡二十万众"，一个重要目的也是为了争淮南之地，结果因"百姓骚动"，帅骄兵疲，无功而返，"由此众庶失望"[3]，招致杀身之祸，东吴也元气大亏。后来虽有诸葛诞据寿春反叛而引起一段波折，但在魏军平定寿春之叛，并大败东吴援军后，吴也就再也无力争两淮之地了。

可是灭吴之战的矛头首先是指向荆州。在东吴疆域里，长江中游的荆州和下游的扬州最为重要，经济上扬州是吴国最发达的地区，军事上则荆州更为重要些，因为从中游沿江顺流而下，容易对下游发动攻势，所以当年为了荆州要跟蜀国拼死相争。对北军来说，先攻占荆州还有一个好处，那就是该处的江面要比下游狭窄得多。这样，就

司马懿像

[1]《三国志》卷22《陈群传》裴松之注引。

[2]《三国志》卷21《傅嘏传》注引司马彪《战略》。

[3]《三国志》卷64《诸葛恪传》。

走马楼吴简

能与两淮的屯兵呈钳形夹击之势,使吴不能首尾两顾。担当攻吴之荆州大任的是镇南大将军,都督荆州诸军事的杜预,他力主先攻吴荆州州治江陵的理由是东吴"力不两完,必先护上流,勤保夏口以东,以延视息,无缘多兵西上,空其国都"。当时夏口的位置就在现在的武汉,是长江中游的中心,东吴把荆州州治放到上面得多的江陵是为了防范蜀国。这样对杜预非常有利,因为不仅东吴铺不开更多的军队驻屯江陵,而且彼处的江面更狭,离开晋之荆州州治新野和军事重镇襄阳更近,有利于晋军的调动。杜预的进攻是从太康元年(280年)正月发动的,那正好是枯水季节,"旬日之间,累克城邑,皆如预测焉",接着以奇兵"泛舟夜渡,以袭乐乡;多张旗帜,起火巴山"。最后一鼓作气攻下江陵。攻克江陵的战略效果是巨大的,"于是沅湘以南,至于交广,吴之州郡皆望风归命,奉送印授"[1]。由此东吴的生存空间已被空前压缩,被灭亡的命运已难避免。

在强敌压境面前,本来已经是"孙权已殁,大臣未附,吴名宗大族,皆有部曲,阻兵仗势,足以建命"[2],在几经内部变乱后,东吴末帝孙皓的暴政大大激化了它的内部矛盾。吴元兴元年(264年)十一月,诛丞相濮阳兴、骠骑将军侍中张布;甘露元年(265年)七月逼杀景帝孙休皇后朱氏,并追杀孙休二子;建衡二年(270年)四月,杀少府李勖、督军徐存及其家属;九月,宗室"都督孙秀奔晋";凤凰元年(272年)八月,"征西陵督步阐。阐不应,据城降晋。遣乐乡都督陆抗围取阐,阐众悉降。阐及同计数十人皆夷三族";是岁,"右丞相万彧被谴忧死,徙其子弟于庐陵";将司市中郎将陈声之头用烧锯断之,因其得罪孙皓爱妾;三年,临海太守奚熙非论国政,夷三族;天玺元年(276年),"会稽太守车浚、湘东太守张咏不出算缗,就在所斩之",又"尚书熊睦见皓酷虐,微有所谏,皓使人以刀环撞杀之,身无完肌";又好杀宫人,"或剥人之面,或凿人之眼"[3]等等。亡国之君的劣迹在史书上会记载得更多些,在形势不利的情况下,御下过严或过宽都会导致人心涣散,孙皓青年得志,恣意赏罚,使人人自危,必速成其亡。

咸宁五年(279年)十一月,晋武帝下令大举伐吴,分道六路出兵,东西凡20余万。次年正月,杜预已攻下江陵,

---

[1]《晋书》卷34《杜预传》。

[2]《三国志》卷28《邓艾传》。

[3]《三国志》卷48《孙皓传》,及注引《江表传》。

如前所述。接着,自巴、蜀顺流而下的王濬,扎造大筏载草人先行,又作大炬多灌麻油,以牵带、火攻之术烧融、解除吴人在江中险要之处所设置的铁锁、铁锥等物,与荆州晋军会合攻占夏口、武昌,并继续沿江东下。三月,孙皓"闻濬军旌旗器甲,属天满江,威势甚盛,莫不破胆",于是"备亡国之礼"而降[1]。此情景正如唐代诗人刘禹锡所描述:"王濬楼船下益州,金陵王气黯然收;千寻铁锁沉江底,一片降幡出石头。"[2]至此,晋武帝乘势完成了统一大业。值得称道的是,晋武帝能马上"遣使者分诣荆、扬抚慰,吴牧、守已下皆不更易;除其苛政,悉从简易",且"吴之旧望,随才擢叙。孙氏将吏渡江者复十年,百姓复二十年"[3]。如此安抚地方官绅,收拾民心,不仅巩固了统一的局面,也为后来在江左建立东晋,延续了百余年的司马氏江山打下了一个基础。

　　统一后的西晋有司、冀、兖、豫、荆、徐、扬、青、幽、平、并、雍、凉、秦、梁、益、宁、交、广等19个州,统173个郡国。晋武帝太康元年(280年)时的户数为:2,459,840;口数为:16,163,863;平均每户口数为:6.57。[4]曹魏时官僚机器已十分庞大,"是时郎官及司徒领史二万余人,虽复分布,见在京师者尚且万人",其中"朝堂公卿以下四百余人"[5]。司马氏禅代而将其全盘继承,灭吴后还有所扩大。西晋的租赋十分沉重,要供养众多的官吏也是原因之一,然而八王之乱使这架行政机器的统治能力迅速失效,可见稳固皇朝的重心应该在于正上梁而不在于治百姓。

第二节　一统天下后的社会隐患

　　司马氏在不到二十年的时间里,先后灭蜀、灭吴,建立晋朝,实行统一。但二十多年后中国又趋于分裂,西晋也随之灭亡,其兴衰变化之剧烈触目惊心,本节是从社会上和西晋朝廷政策上寻找原因。

(一)

　　社会问题在很大程度上是不同的群体之间如何相处

孙权像　阎立本《历代帝王图》(局部)

[1] 《晋书》卷42《王濬传》。
[2] 《刘禹锡集》卷24《西塞山怀古》。
[3] 《资治通鉴》卷81晋武帝太康元年四月乙酉条。
[4] 见梁方仲《中国历代户口、田地、田赋统计》"甲表13",上海人民出版社1980年版。王育民先生在加上专役户、少数民族等人数后对当时户口估计为:800万户,4500万口,见其《中国人口史》第3章,江苏人民出版社1995年版,第142页。
[5] 《三国志》卷13《王朗传附王肃传》注引《魏略》。

晋简(泰始九年)1966 年阿斯塔纳出土

的问题。社会群体可以由很多种界线来区分:阶级、民族、宗教、地域等等,一个大的界线内还可以有很多小的界线来进行更细的划分,如阶级里面有阶层,宗教里面有教派。界线之间也会互相交叉,如民族里面有不同的阶级、阶层、地域,宗教里面也有不同的民族、阶级、地域等等。错综复杂的社会由此而来。

不管这些界线是自然的,如人种、地域,还是人们自己的行为所形成的,如阶级、宗教,由于彼此有了差异,就会在物质上或心理上影响到不同群体在社会上存在的状态。当人们对界线所凸显的差别感受加深时,就意味着社会矛盾的激化,哪一条界线所造成的差异特大时,哪一类的冲突就激烈起来。因此把所有的矛盾归结于一种矛盾,把复杂的社会问题简单化,反而是激化而不是淡化社会冲突,因为在有意识地加深一类矛盾的同时并不能消除其他种类的矛盾,甚至有的矛盾会从相对静态中被激活。这是被包括本时期在内的历史事实所证明的。

社会中的差异是绝对的,时时处处都有,没有差异也构不成社会,但由某个差异来造成严重的社会对立与冲突却并不经常,因为这样的矛盾会损害彼此双方,甚至社会本身。政权的一大使命就在于调和各种矛盾,防止其激化起来造成各方面损伤,乃至危害整个社会。政权对社会矛盾能否调控,标志着它的行政能力和存在价值。而这种能力表现的一个前提,就在于其能否敏感和认识一些会引起重大冲突的隐患。

政权处理社会问题是通过所谓政策来进行的。而处理的政策是否得当,也是隐患是否会缩小或增大甚至爆发的关键所在。不仅如此,由于政策的实施对象是人,至少是一类人的群体,不同的群体对政策肯定感受不一。所以不适当的政策反而会加剧而不是消解群体之间的差异和冲突。

(二)

在西晋社会里,民族矛盾已经构成了重大的社会隐患。这种差异当然会被一些人,尤其是士大夫所感知。先是傅玄上疏对陇右五郡"鲜卑数万散居民间,此必为害之势"表示担心[1]。平吴后，侍御史郭钦因"西北诸郡皆为戎居"，恐为百年之患，上疏请徙诸胡，并"募取死罪，徙三河、三魏见士四万家以充之"。但"帝不纳"，并继续抚纳来降之匈奴[2]。后来，时任县令的江统就写了日后影响很大的《徙戎论》。其论的要点，一是民族的界限，戎夏区别是实际存在的，"非我族类，其心必异，戎狄志态，不与华同"。二是由于"汉末之乱，关中残破"，执政者为"权宜之计，一时之势"，徙氐、羌、匈奴等族人至关中及幽、并等州，并由此"子孙孳息"，人口大盛。三，由于"士庶玩习，侮其轻弱，使其怨恨之气毒于骨髓"，由于这些被欺压对象是能用民族这条界线圈划出来，故少数族"则坐生其心，以贪悍之性，挟愤怒之情，候隙乘便，辄为横逆"。四，解决的办法：发给少数族路上口粮，"令足自致，各附本种，反其旧土，使属国、抚夷就安集之。戎晋不杂，并得其所"。即通过华夷彼此隔离来消除对民族界线的直接感受，从而避免民族矛盾的激化。五，对如此动作可能引起动乱的责难，提出办法：一方面"制以兵威，使之左右无违也"；另一方面，"当倾关中之谷以全其生生之计，必无挤于沟壑而不为侵掠之害也"。

　　此论提出来后，仍是"帝不能用"[3]。为什么此策不能用呢？站在西晋朝廷的立场上，大概有这么些考虑。第一，以迁徙的方式来解决华夷矛盾，虽有兵逼和给粮两手，但说起来容易做起来难，让那些本来就欺压少数族的官吏来操办，不知会新激化出多少变故。更要紧的是这些游牧民族已经习惯了农耕和农业生活，迁他们重返故地，即使返路上有粮，回去后一下子生活也难以着落，陷入绝境，很容易会酿成大动乱。第二，这些中原的少数族人大都在为汉族地主劳作，如石勒就曾被卖到冀州为奴，"每耕作于野"[4]。如果少数族人都被迁走了，地主们就会遭受重大损失，会引起他们对新建不久的晋朝的激烈反对。其中有一般农人者，被迁走了则是朝廷赋税的损失。"关中之人百余万，率其少多，戎狄居半"。如果一下子失去一半的五、六十万人口，对关中的农业经济打击将是致命的，并、幽、冀州等其他地方大约也差不多。如此对农业经济形成大面积缺乏劳动力的打击，晋朝能承受吗？第三，华夷矛盾诚然是

晋鲜卑归义侯印文

[1]《晋书》卷47《傅玄传》。
[2]《晋书》卷97《匈奴传》。
[3]《晋书》卷56《江统传》。
[4]《晋书》卷104《石勒载记上》。

晋归义氐王金印

国之大患,但当时毕竟还是一个隐患。江统不是说这种患害东汉初就开始有了吗,"自此之后,余烬不尽,小有际会,辄复侵叛"[1],但也不都一一克服过来,这些可见的小损失,总比难以预测的大动乱好对付。何况当时晋朝开国及灭吴均不久,国势至少在表面上还很强盛,统治者当有自己的自信心,以为可从长计议慢慢解决,所以这些担忧不能转化为实际的政策,此隐患也就一直存在着了。

(三)

跟政策更有关的隐患主要在于对待皇室成员的制度设计上。曹魏对待宗室比较刻薄,"魏氏王公,既徒有国土之名,而无社稷之实,又禁防壅隔,同于囹圄;位号靡定,大小岁易;骨肉之恩乖,常棣之义废。为法之弊,一至于此乎"[2]!明清之际的王夫之进一步指出,司马懿"初起为文学掾,岂夙有夺魏之心哉",曹丕临终,不顾继位的明帝年事已长,为防曹植兄弟,却以司马懿等为辅政大臣,给其准备好了日后操弄权柄的台阶,"故魏之亡,亡于孟德偏爱植而植思夺适之日。兄弟相猜,拱手以授之他人,非一旦一夕之故矣"[3]。

历史上大凡新朝之初所定制度政策,往往针对前朝之弊病。盖新朝之制度政策制定者多系乘前朝之弊而起者,对此前朝政得失,感受洞察甚深,故必会堵漏洞以防日后,所以晋"帝惩魏氏孤立之敝,故大封宗室,授以职任。又诏诸王皆得自选国中长吏"[4]。此外,诸王公还拥有军队。晋制,诸王侯不仅实封郡县,还于封国内各置军兵,"大国中军二千人,上下军各千五百人,次国上军二千人,下军千人","郡侯如不满五千户王,置一军一千一百人"[5]。在当时,五千人之军也是一支不小的部队。在"大晋诸王二十余人,而公侯伯子男五百余国"[6]的情况下,诸国兵员的总额以及由此带来的财政负担,都不在小数。所以后来东晋南朝虽然亦有类似此制,但王国内仅设诸军将军官位,而下无兵员,这样很大程度上就避免了此制中的弊病。

不仅如此,晋之诸王还往往掌有实际兵权。"终泰始之世(265—274),宗王出镇,经常有四至五人,几乎占了都

---

[1] 《晋书》卷56《江统传》。

[2] 《三国志》卷20《武文世王公传评》。

[3] 《读通鉴论》卷10"魏之亡"条。

[4] 《资治通鉴》卷79晋武帝泰始元年十二月乙亥条。

[5] 《晋书》卷24《职官志》。

[6] 《晋书》卷48《段灼传》。

督的半数，这是很大的比例。而到了晋武帝末年，太康十年至太熙元年（289-290），出任都督的王达到六人之多"，这"超过全国都督名额的半数以上"。而且诸王的"封国都在所督区域内"。这种制度"既不见于秦汉，也不见于唐以后"[1]，但近似于西周的封国制。合封国与都督于一身的诸王既握重兵，又有方面之尊，若有王莽、曹操之类权臣妄图篡政，诸王亦可有实力起兵勤王，以维护司马家族之皇位。

与此制相呼应，是在"吴平之后，帝诏天下罢军役，示海内大安，州郡悉去兵，大郡置武吏百人，小郡五十人"[2]。这是因为"西汉之郡守兼以统兵，故谓之郡将"，州亦统兵，"州刺史亦可通称州将"[3]，即诸州郡长官一般都带兵而有将军之衔。东汉末军阀混战，州郡兵参与的着实不少。武帝之罢州郡兵是在分封宗王之后，在诸王国皆有军兵的情况下，或许是因为如此地方上兵员加起来就太多了，承平时期财政也吃不消；或许是惩汉代之失，不让地方兵权也留在他人手中，所以只剩下百来个武吏维持秩序及做些劳务就足够了，地方若有兵事则可动用诸王国之军。但当祸起萧墙时，即"诸王骄汰，轻遘祸难。于是寇盗处处蚁合，郡国多以无备，不能制服，逐渐炽盛"[4]，包括那些少数族的起事。

分兵权于诸王还产生了一个问题，就是由此京师之兵可能不足以镇四方。自两汉以来形成了一种政治传统，那就是全国兵力配置，一般都是半在京师半在边地，维持一种平衡。但在西晋后期可以看到这样的景象，如司马冏"率众入洛，屯军通章署，甲士数十万，旌旗器械之盛，震于京都"。又如司马颖起兵，"羽檄所及，莫不响应。至朝歌，众二十余万"[5]。这应该是中兵与外兵力量失衡的一个结果。

如此，司马氏远踪古制，近惩时失，一定以为此是司马家朝廷的磐石之计，却不意"志欲就于升平，行先迎于祸乱"[6]，在形势变化后，由于矫枉过正，反而成了祸患。对此王夫之分析道："魏之削诸侯者，疑同姓也；晋之授兵宗室以制天下者，疑天下也。疑同姓而天下乘之，疑天下而同姓乘之，力防其所疑，而祸发于所不疑，其得祸也异，而

（西晋）骑马乐俑

[1] 唐长孺《西晋分封与宗王出镇》，载《魏晋南北朝史论拾遗》，中华书局1983年版，第138、137、139页。
[2] 《晋书》卷43《山涛传》。
[3] 周一良《魏晋南北朝史札记》"郡将、州将"条，中华书局1985年版，第11、10页。
[4] 《世说新语·识鉴篇》。
[5] 《晋书》卷59《司马冏传·司马颖传》。
[6] 《晋书》卷3《武帝纪》。

受祸于疑则同也。"[1]所以凡制度之设立，总是针对社会政治之某一已有或已可预见之弊端，然而该制度效果之好坏，颇在于其所含条规是否对此反应过度。过度则是一种倾向掩盖另一种倾向，从而生化出新的弊端来。

（四）

将一些制度与政策向不利于晋室朝廷方面转化的一大因素是司马氏自身在道德形象上的失范。

司马氏是以经学世家的身份投入到官场与政治斗争的。中国古代所谓做学问，不仅在于求知，更在于修身，由此所以能学而优则仕，所以能用士大夫治国。魏晋南北朝时的门阀，由来于经学世家与官僚世家之合一，这也是个关键。文学掾出身的司马懿，在魏室宫廷斗争中渐渐占了上风，其之家世出身，士族视以为同类，故得益不小。然儒家所重之纲常，以父子君臣之义为大，于是这又在很大程度上束缚住了司马氏夺取政权的手脚。

从公元249年高平陵事件后司马懿全面执掌魏朝大权，到265年司马炎受禅登基，前后经历26年。司马家族执政者前后有三代四人（中间还有司马师、司马昭兄弟），被废黜或杀害的魏朝皇帝也有三位：曹芳、曹髦、曹奂。其禅代的过程如此漫长曲折，在中国历史上也是罕见的。此中一大原因就是司马氏既要篡政夺权，又要避免做得露骨，在粉饰矫情上下了不少工夫，花费了一些时间。如司马孚是司马懿的弟弟，在高平陵事变时，他和司马师"屯司马门，以功晋爵长社县侯"，即积极参与政变。等到大局已定，"高贵乡公（曹髦）遭害，百官莫敢奔赴，孚枕尸于股，哭之恸，曰：'杀陛下者臣之罪'。奏推主者。会太后令以庶人礼葬，孚与群公上表，乞以王礼葬，从之"。当时孚在司马家族中地位"属尊"，他去哭被杀的曹髦，当然没有顾忌，目的是想要证明，司马家族与此弑君事件无关又无奈。史说他后来在"废立之际，未尝预谋"。其实这禅代之事至此已属程序问题，司马孚在朝中位高权重，本身就是司马家族的一顶保护伞，只要没有不利于司马家族的事发生，他当然用不着去具体参谋。反而对下台的魏帝曹奂"流涕歔欷，不能自胜。曰：'臣死之日，固大魏之纯臣也'"[2]。

曹魏受禅表拓片（局部）

[1]《读通鉴论》卷11"晋诏诸王大国置三军"条。
[2]《晋书》卷37《司马孚传》。

不过史家开了他一个玩笑,没有把他的《传》作为"魏之纯臣"列入《三国志·魏书》,而放入了《晋书》,说明司马孚要做作得使人相信也不容易。又如司马师"潜谋废立,乃密讽魏永宁太后"下令废当时皇帝曹芳,却又哭泣着对废帝曹芳说是"为社稷深计,宁负圣躬,使宗庙血食"[1]。再如司马昭一面宣称"人臣之节,有死无贰,事上之义,不敢逃难",一面召令贾充使人杀死率僮仆前来讨伐他的魏帝曹髦,并"杀尚书王经,贰于我也"[2]。总之,司马氏既要谋夺政权,又要标榜名教大义,做得十分辛苦。

如果说弑君篡位的事儿可用形势所逼,身家性命所系不得已而为之来辩解,滥杀嵇康一案却使司马氏所标榜的道德信条名誉扫地。嵇康"文辞壮丽,好言老、庄,而尚奇任侠",时与阮籍等号称"竹林七贤",是个大名士。但嵇康不为司马氏所用,司马昭"尝欲辟康",他却"避之河东,或云避世。及山涛为选曹郎,举康自代。康答书拒绝,因自说不堪流俗,而非薄汤、武。大将军闻而怒焉"。嵇康得罪了司马昭,但后者杀嵇康的罪名却匪夷所思:"初,康与东平吕昭子巽及巽弟安亲善。会巽淫安妻徐氏,而诬安不孝,囚之。安引康为证,康义不负心,保明其事。安亦至烈,有济世志力。钟会劝大将军因此除之。遂杀安及康。"吕安已经是被伤害又被冤枉的了,嵇康作为证人却顶上了同样的罪名,他以如此不近情理的罪名被杀,"时人莫不哀之"[3]。司马氏历来标榜名教,但用这样离奇的道德名义杀人,结果却引起人们对被杀者的同情和对所谓名教的反感,而"臣下的士族(特别是'世族')从司马氏学到了以诡诈、阴谋的手段,就完全丧失了汉末士族的操守"[4]。魏晋之间的崇尚自然的玄风这么盛,司马氏统治集团过分利用名教道德来打击政敌,也起着反面推波助澜的作用。

当时使得名教声誉败坏的,还有司马集团自身的很多行为。司马炎当上了开国皇帝,又实现了国家统一大业,一边对百姓"厉以恭俭,敦以寡欲"[5],一边在"平吴之后,天下义安,遂急于政术,耽于游宴",生活十分糜烂。"帝多简良家子女以充内职,自择其美者以绛纱系臂","平吴之后复纳孙皓宫人数千,自此掖庭殆将万人。而并宠者甚众"[6]。于是"极意声色,遂至成疾"[7]。为了应付庞大

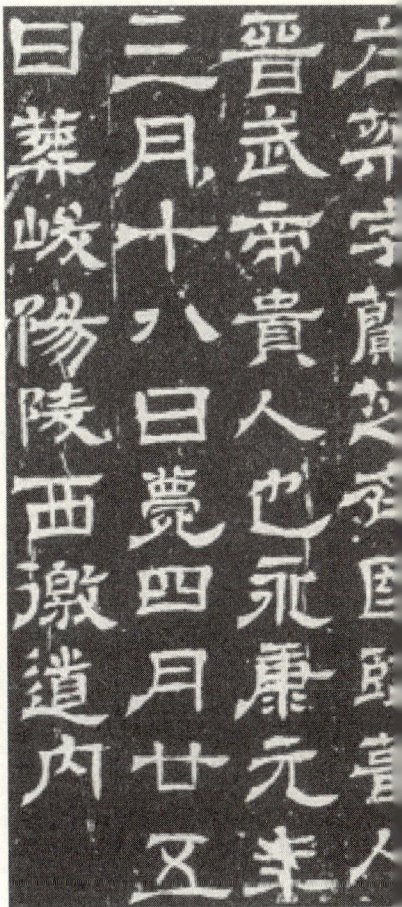

晋武帝贵人墓志

[1]《晋书》卷2《景帝纪》。
[2]《晋书》卷2《文帝纪》。
[3]《三国志》卷21《嵇康传》,及注引《魏氏春秋》。
[4] 熊德基《曹操政权的阶级性质及其入魏后之变质与灭亡》,载《六朝史考实》,中华书局2000年版。
[5]《晋书》卷3《武帝纪》。
[6]《晋书》卷31《胡贵嫔传》。
[7]《资治通鉴》卷82晋武帝太康十年十一月条。

墓主人生活图(局部)

的宫廷开支,还卖官换钱,以致有的臣下直言他不若汉代的桓帝和灵帝,"桓、灵卖官,钱入官库,陛下卖官,钱入私门"[1]。上行下效,皇亲国戚、大臣贵族们则更是如此。如羊琇系"景献皇后之从父弟也","少与武帝通门,甚相亲狎",其"性豪侈,费用无复齐限,而屑炭和作兽形以温酒,洛下豪贵咸竞效之。又喜游燕,以夜续画,中外五亲无男女之别,时人讥之"[2]。卫尉石崇"财产丰积,室宇宏丽。后房百数,皆曳纨绣,珥金翠。丝竹尽当时之选,庖膳穷水陆之珍。与贵戚王恺、羊琇之徒以奢靡相尚。恺以粘澳釜,崇以蜡代薪。恺作紫丝布步障四十里,崇作锦步障五十里以敌之。崇涂屋以椒,恺用赤石脂。崇、恺争豪如此"。武帝还常助王恺斗富,一次给他"世所罕比"的二尺珊瑚树,不意石崇看到就把它击碎,因为他家的珊瑚树"有高三四尺者六七株"。而且完全言行不一,伤风败俗,"惠帝元康中,贵游子弟相与为散发倮身之饮,对弄婢妾,非之者负讥,希世之士耻不与也"[3]等等。儒家的道德是建筑在克己复礼的基础上的,上层统治者只有对自身的欲望进行一定的控制,才会产生出规范社会的道德效果。上述以武帝为首的西晋统治集团已经是穷心极欲了,却还高张着名教的旗号,实在是一种极大的讽刺,所以产生的反而全是负面效果。

生活享受的无节制追求,也必定连带着政治道德上的失范。即若当时鲁褒所著《钱神论》指出,是"无德而尊"的"孔方兄",使"纲纪大坏"[4]。因为人心的约束在各方面是彼此相即的,故儒家以修身在治国之先。即若这个石崇,则"与潘岳诣事贾谧。谧与之亲善,号曰'二十四友'。广成君每出,崇降车路左,望尘而拜,其卑佞如此"[5]。如此当朝中的勋贵大臣的政治道德都基本丧失殆尽,剩下的只是彼此间的利害权衡和明争暗斗。正如阮籍在其《大人先生传》中所指出,当时那些一心要"行欲为目前检,言欲为无穷则"的"世人所谓君子",其实都是打着名教道德的幌子,来为自己"上欲图三公,下不失九州牧",虽然道貌岸然,实质上与裈中群虱无异。一旦有哪个掌权者算计不准而莽撞行事,就会激发起一连串同样的反应,身不由己地陷入政治缠斗中。王濬与王浑争功,"王浑诣濬,濬严设备卫,然后见之,其相猜防如此"[6]。如此则"汉制,自天子至于

---

[1]《晋书》卷45《刘毅传》。

[2]《晋书》卷93《羊琇传》。

[3]《晋书》卷33《石苞传附石崇传》、卷27《五行志上》。

[4]《晋书》卷94《鲁褒传》。

[5]《晋书》卷33《石苞传附石崇传》。

[6]《晋书》卷42《王濬传》。

百官,无不佩剑,其后惟朝带剑,晋世始代以木"[1]。这说明朝廷里的气氛已十分紧张，不得不让大家佩木剑替代真剑以防不测之事发生。

打着道德的旗号，又不能从大处着眼，那么所行必定是察察之政。恰如当时刘颂在上奏中指出："自近世以来，为监世者,类大纲不振而微过必举。微过不足以害政,举之则微而益乱;大纲不振,则豪强横肆,豪强横肆,则百姓失职矣。"[2]这是典型的"窃钩者诛,窃国者侯"，司马氏的名教道德就是这样的"仁义存焉"！但这样的道德旗号是打不长久的，因为儒家学说的一大宗旨是为了维护社会的纲常伦理，但如果说的是一套，做的又是另一套，就会失去维系人心的力量。如司空荀𫖯因"与扶风王骏论仁孝孰先,见称于世"，不过他虽然"明《三礼》,知朝廷大仪,而无质直之操,唯阿意苟合于荀勖、贾充之间。初,皇太子将纳妃,𫖯上言贾充女姿德淑茂,可以参选,以此获讥于世"[3]。荀𫖯在人格上如此虚伪，那么他谈的仁孝礼仪，不仅使名教流于空言，而且败坏了社会的道德风气。东晋的卞壶总结道："悖礼伤教,罪莫斯甚。中朝倾覆,实由于此！"[4]一个高标名教的司马氏皇朝竟由伤风败俗为主要亡因，说明道德可以作为统治的工具，但也是一把双刃剑，它要以统治者本身的表率为前提。如果统治者做不到这一点，或者甚至做得相反，那么民众及反对者就会把这道德准则反过来作为砸统治者脚的石头。因此西晋统治者用名教道德来治人而不律己，在统治集团的核心内部无法确立起牢固有效的行为准则，恰恰是为西晋皇朝的崩溃埋下了又一隐患。

墓主人生活图

（五）

不过在晋武帝活着的时候，这些隐患都没有明显地暴露出来，尤其在统治者陶醉于享受自我成功之时，更会视而不见。当时尽管已有不少民众反抗及其他动乱的记载，如太康三年（282年）九月"吴故将莞恭、帛奉反,攻害建邺令,遂围扬州,徐州刺史嵇喜讨平之"。太康八年十月"南康平固县吏李丰反,聚众攻郡县,自号将军"。同年"十一月,海安令萧辅聚众反。十二月,吴兴人蒋迪聚党反,围

[1]《晋书》卷25《舆服志》。
[2]《晋书》卷46《刘颂传》。
[3]《晋书》卷39《荀𫖯传》。
[4]《晋书》卷70《卞壶传》。

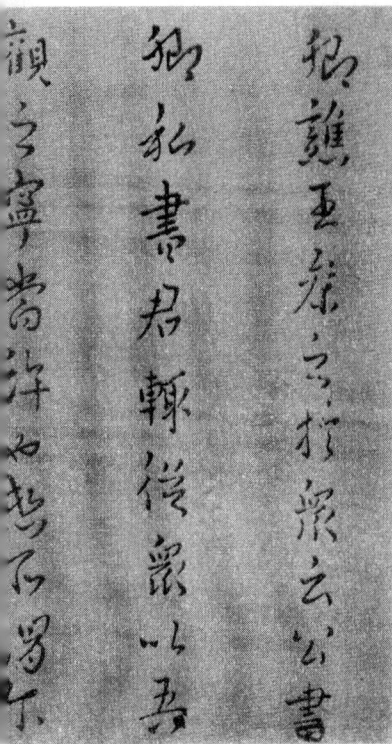

晋武帝·谯王帖

陽羨县,州郡捕讨,皆伏诛"。同时边患也屡起不止,如太康元年七月,"虏轲成泥寇西平、浩亹,杀督将以下三百余人"。次年"冬十月,鲜卑慕容廆寇昌黎",十一月,"鲜卑寇辽西,平州刺史鲜于婴讨破之"。太康三年"三月,安北将军严询败慕容廆于昌黎,杀伤数万人"。七年五月,"鲜卑慕容廆寇辽东"[1]等等。上述情况还仅限于武帝太康年间,实际上已经有山雨欲来风满楼的预兆了。

尽管如此,这些社会政治的隐患,还都伏而未发。即使整个社会矛盾紧张得像一个火药筒,只要处置得当,不让星火成苗,也不见得一定会引发爆炸。关键在于统治集团是否能步调一致,是否会自身分裂。就西晋而言,由于统治上层政治上的行为准则已成为一类玄谈而无约束力,更由于武帝对其身死后事处置不当,于是"曾未数年,纲纪大乱,海内版荡,宗庙播迁"[2]成为不可避免的结果。

第三节　从"八王之乱"到"永嘉之变"

一、隐患的爆发

1.惠帝继位

公元290年春,晋武帝司马炎在做了二十六年皇帝后驾崩了,由他的儿子司马衷继承皇位,是为晋惠帝。

司马炎建立晋朝,削平东吴,统一中国,虽说是他的父祖为他打下了夺江山的基础,但他毕竟是开国皇帝。因此如果在历朝皇帝中排比,他的才能至少也能算个中上。但他一死以后,晋朝的统治马上就出了大问题,这问题就是出在继位的晋惠帝身上。

惠帝司马衷是武帝的嫡子,由武元杨皇后所生。杨皇后第一个儿子二岁时就夭折,司马衷就成了嫡长子,于泰始三年(268年)理所当然地被立为皇太子,时年九岁。史载惠帝实际上是一个低智商的少年[3],又从小生活在深宫大院内,很不识时务。他当了皇帝后常闹出些笑话来,其中有些从宫内流传出来,又被史家所记。如他在皇家的华林园里听到虾蟆叫声,就问左右:"此鸣者为官乎,私乎?"

[1]《晋书》卷3《武帝纪》。
[2]《晋书》卷3《武帝纪》。
[3] 刘驰先生认为惠帝"不是白痴,也不是痴愚,而只能归入愚鲁一类"。见其《晋惠帝白痴辨》,载《六朝士族探析》,中央电视大学出版社2000年版。

又如"及天下荒乱，百姓饿死"，他却问"何不食肉糜"[1]？甚至把自己的儿子司马遹当作弟弟。也有人对此异议，因为当大臣嵇绍为维护惠帝而血溅御服时，他说"此嵇侍中血，勿去"，不让左右把血迹洗去[2]，而这"绝不类痴呆人语"[3]。其实低智商的人也完全能够判别周围人对自己态度好坏，更不等于没有感情，所以这些史实之间没有矛盾，《晋书》之所载应该是可信的。

在古代中国的专制集权体制里，皇帝处于关键的地位，因为所集之权即是皇权。皇权从广义讲是以皇帝为首的朝廷之权，从狭义讲是皇帝个人操纵政局之权，所以皇帝本身品质如何事关全局，甚至是朝代的命运。一个新开国、新统一的皇朝，新旧矛盾错综复杂是可想而知的。但一般开国皇帝总是强势的，是会有办法对付的。当他的接班人是个懦弱之人时，政局就很可能有变。因此如惠帝这样弱智者登了基，若以羔羊为群狼之帅，原先潜伏的矛盾就会乘机爆发出来。所以一旦将皇帝之位为逐鹿之地，朝廷就摇摇欲坠了。

既然如此，那么生过二十六个儿子的武帝为什么还是要把司马衷立为太子继位呢？表面上的理由是因为司马衷是嫡长子。但司马衷本来也不是长子，且有一个同母亲弟弟，"沈敏有识量"的秦王柬[4]。虽然传统上一般是嫡长子继承皇位，但在政治上也有以德配大和社稷为重君为轻的传统观念，所以要废掉司马衷的储君地位是完全有理由有可能的。何况司马衷之弱智，连朝臣和峤等都清楚，知子者莫若父，晋武帝不会不知道。事实上，武帝也"素知太子闇弱"[5]，并且动摇过，最后宁愿往好的方面去想，以司马衷的儿子司马遹"幼而聪慧"可以"当兴我家"[6]，作为不废太子的一条理由。

其实武帝之所以不能下决心废掉司马衷，是有着世人难以明了的一些深层原因。司马氏原系经学世家，所以在夺取最高权力的过程中，是得到大多数士族的支持的。这些士族基本上可分成二大类，一类是世家旧族，一类是与司马氏在政治斗争中共进退的功臣新贵。司马衷的外家是弘农杨氏，妻党贾氏是司马家的大功臣，他一身能系当时士族两大势力，太子之位就不是其他人所能轻易取

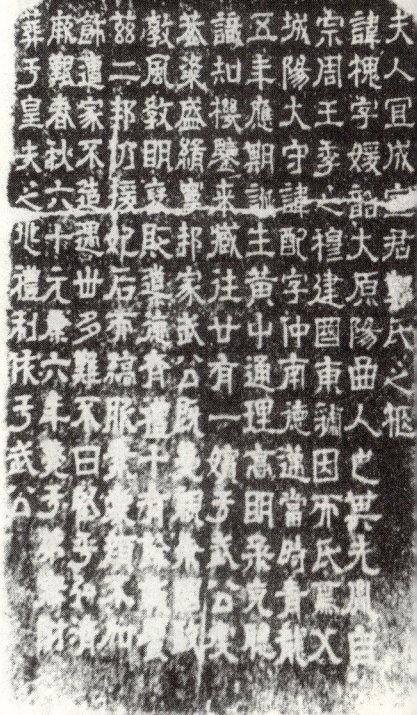

贾后母郭槐枢碑拓本

[1]《晋书》卷4《惠帝纪》。

[2]《晋书》卷89《嵇绍传》。

[3] 吕思勉《两晋南北朝史》第3章，上海古籍出版社1983年版，第36页。

[4]《晋书》卷64《司马柬传》。

[5]《晋书》卷36《荀勖传》。

[6]《晋书》卷53《司马遹传》。

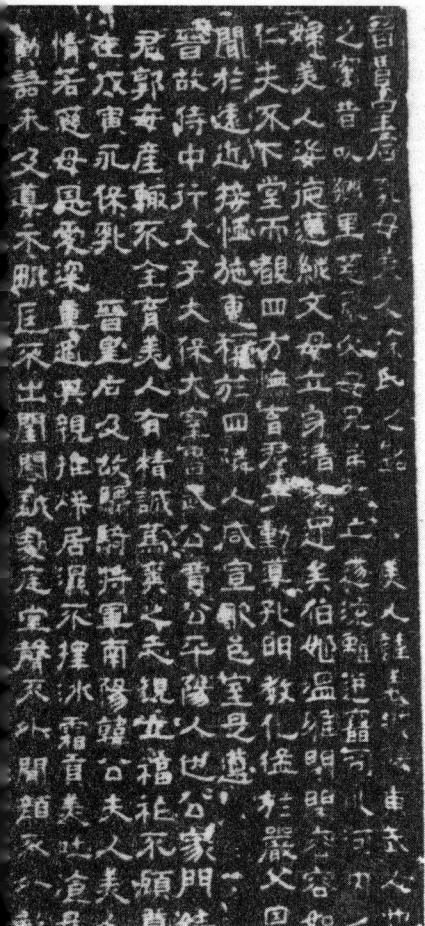

贾后乳母徐美人墓志拓本（局部）

代的。同时，司马氏在与曹氏集团作斗争时，是以名教伦理作为扫除政敌之借口。如魏晋间大名士嵇康曾触怒当时执政的司马昭，结果嵇康被扣上"害时乱教"、"言论放荡"等莫须有罪名被杀，"以淳风俗"[1]。既然司马氏如此标榜名教，"嫡庶之别，所以辨上下，明贵贱"[2]，当然不愿意轻易更动太子名分。除此之外恐怕还有一个原因。史称晋武帝好色，平吴后"诏选孙皓宫人五千人入宫"，至于"掖庭殆将万人。（帝）常乘羊车，恣其所之，至便宴寝；宫人竞以竹叶插户，盐汁洒地，以引帝车"[3]。然而这个事实也说明晋武帝之喜好众多宫娥妃嫔，在于满足性欲而非寄托感情。武帝情之所系实在于惠帝的生母，皇后杨艳。杨艳"聪慧善书，姿质美丽，闲于女工"，武帝尚在东宫时就为太子妃。如此出身名门，才貌双全的女子当然会"甚被宠遇"，她死时才三十多岁，正是女人成熟而充满魅力之时。史载她与武帝"比翼白屋，双飞紫阁"，"临终，枕帝膝"，悲泣而提出要自己堂妹杨芷继为皇后，动机就是为了保司马衷的太子位。对此武帝当然心里明白，因此"帝流涕许之"[4]，实际上就是向杨艳承诺了司马衷的皇位继承权。

有着以上多重因素为保障，身心有缺陷的司马衷最后还是登上了皇帝宝座。

2.杨氏与贾氏，宫廷政变的背后

在中国古代的权力结构中，最接近皇帝的群体是宦官和外戚。宦官由于东汉末在肉体上和舆情上都遭到毁灭性打击，魏晋间也未有东山再起的机会。与此对照，魏晋之间门阀势力大增，由于西晋伊始是在门阀中遴选后妃，所以外戚有着更厚的政治基础，更容易影响皇权。惠帝时代外戚的代表就是杨氏与贾氏。

本来按照武帝的本愿，惠帝有如此两大士族势力的支持，应该可保皇位无虞。但由于惠帝闇弱，形同傀儡，杨氏和贾氏为了操纵皇权，竟势若水火。当时杨氏的代表人物是太后杨芷及其父杨骏，贾氏的代表人物就是皇后贾南风。

凭着武帝对杨氏的眷顾，在武帝病重时，"侍中、车骑将军杨骏独侍疾禁中，大臣皆不得在左右"。帝崩，遗诏

[1] 《晋书》卷49《嵇康传》。
[2] 《晋书》卷3《武帝纪》。
[3] 《资治通鉴》卷81晋武帝太康二年三月条。
[4] 分见《晋书》卷31《武元杨皇后传》、《左贵嫔传》。

"以骏辅政"[1]。接着"惠帝即位，进骏太傅、大都督、假黄钺，录朝政，百官总己"。但执掌朝政大权的杨骏不仅"内怀猜忌，外树私昵"，而且"为政严碎，愎谏自用，不允众心"[2]。这就给虎视眈眈在旁的贾皇后提供了机会。

贾后是一个志大而性格刚狠的人，为太子妃时"尝以妒，手杀数人，又以戟掷孕妾，子随刃坠"。武　因此大怒，曾想废了她。当时一些大臣和杨后劝解武帝，"妃由是得不废"。不意贾南风"不知（杨）后之助己，返以后为搆己于武帝，更恨之。及（惠）帝即位，贾后不肯以妇道事太后，又欲干预朝政，而为太傅骏所抑"[3]。于是贾后勾结同样对杨骏不满的朝官孟观、李肇，收买宦官头目董猛，又联络手掌重兵的都督荆州诸军事楚王司马玮，让其来朝。准备就绪后，于元康元年（291年）三月"观、肇乃启帝，夜作诏，中外戒严，遣使奉诏废骏，以侯就第"[4]。在杨骏犹豫不决之间，殿中兵已攻入杨府，杀骏于马厩中。接着，贾后又宣称杨太后同反，矫诏废太后为庶人，寻将其饿死，并诛灭杨氏一族。这把司马氏朝廷最后一点点名教纲常的招牌都折断了，"天人之理既灭，大乱作矣"[5]。

宫廷政变成功后，贾后招汝南王司马亮入朝，与太保卫瓘、楚王司马玮等共掌朝政，并使其族兄贾模、从舅郭彰、外甥贾谧等并预国政，所以权倾天下。贾后之所以能横行天下于一时，除了依靠贾氏族党的势力，最大的优势就是能以皇后的身份挟持惠帝号令天下，这在标榜名教的晋朝尤为重要。贾后得势后，干了两件事关晋朝国运的大事。一件是设计先后利用并诛灭汝南王司马亮和楚王司马玮，开启了所谓"八王之乱"，详情见后。另一件是废杀愍怀太子。

愍怀太子司马遹是惠帝的长子，"幼而聪慧，武帝爱之，恒在左右"。武帝还称赞他像高祖司马懿，"于是令誉流于天下"。惠帝登基后被立为太子，但是"不好学，唯与左右嬉戏，不能尊敬保傅"等缺点也渐渐暴露出来。更要紧的是，太子非贾后所生，然而"性刚，知贾谧恃后之贵，不能假借之"[6]，于是和贾谧，进而与贾后的矛盾越来越深。太子遹既然为贾后所不喜，却成了所有反对贾氏势力的中心人物。惠帝元康九年（299年）十二月，贾氏诬告太子

镇南将军章金印印文（西晋）

[1]《资治通鉴》卷82晋惠帝永熙元年三月条。

[2]《晋书》卷40《杨骏传》。

[3]《资治通鉴》卷82晋惠帝元康元年正月条。

[4]《晋书》卷40《杨骏传》。

[5]《晋书》卷94《董养传》。

[6]《晋书》卷53《愍怀太子遹传》。

欲谋逆,群臣不敢反对,遂废太子为庶人。次年三月,太子遹被贾氏所杀。于是晋朝政治秩序所最后能依赖的维系支柱也没有了,宫廷斗争已无正常的规则可言。

3.八王之乱

八王之乱的中心在于争夺朝廷控制权或皇位。其过程大体上可分三个阶段。

贾后为诛杀杨氏,引汝南王亮、楚王玮入朝,作为助力。公元291年三月事成后,司马亮为太宰,实际上形成与贾后共掌朝政的局面。"楚王玮有勋而好立威,亮惮之,欲夺其兵权。玮甚憾,乃承贾后旨,诬亮与(卫)瓘有废立之谋,矫诏遣其长史公孙宏与积弩将军李肇夜以兵围之",并捕杀亮。接着,贾后又"用张华计,遣殿中将军王宫赍驺虞幡麾众曰:'楚王矫诏',众皆释仗而走。玮左右无复一人,窘迫不知所为"。于是"诏以玮矫制害二公父子,又欲诛灭朝臣,谋图不轨,遂斩之,时年二十一"[1]。这样就结束了八王之乱的第一个阶段,不过还局限在宫廷政变的范围内。由于皇权尚有余威,挟天子而善计谋的贾后却成了这个会合的真正胜利者。

自元康元年至九年,西晋朝廷在这段相对平静的时期隐隐形成了贾后与太子遹两个阵营。此间赵王司马伦"谄事中宫,大为贾后所亲信",然后在其谋士孙秀策划下,诱使贾氏一党废杀太子司马遹。司马伦又以为太子复仇名义联合齐王司马冏率宫卫"迎帝幸东堂,遂废贾后为庶人"。在毒死贾后后,顺便"先除朝望,且报宿怨"[2],捕杀贾党和张华、裴頠、石崇等异己之大臣之后,"寻矫诏自为使持节、大都督、督中外诸军事、相国、侍中、王如故,一依宣、文辅魏故事"。公元301年正月,司马伦自称皇帝,尊惠帝为太上皇,孙秀等党羽皆为卿、将。"时齐王冏、河间王颙、成都王颖并拥强兵,各据一方",闻伦篡位,即起兵讨伦。自冏等于三月起兵,"百官将士咸欲诛伦、秀以谢天下",因此三王之兵很快顿兵洛阳城下,在中兵内应下先后擒杀孙秀、司马伦等,迎惠帝复位。这是八王之乱的第二阶段,主角是赵王伦。他篡位的结果使自己丧失挟天子令诸侯的有利条件,成为众矢之的。重用孙秀等寒人,又

黄釉骑马奏乐俑

---

[1] 分见《晋书》卷59《汝南王亮传》、《楚王玮传》。

[2] 《资治通鉴》卷83晋惠帝永康元年三月条。

使自己孤立于整个统治上层之外,所以必败无疑。从此,权位之争进入了战争形式,对晋朝对社会的破坏性越来越大,这次"自兵兴六十余日,战所杀害仅十万人"[1],还刚刚是个开头。

三王联军攻入洛阳后,司马冏获得最大的好处,"天子就拜大司马,加九锡之命,备物典策,如宣、景、文、武辅魏故事",并且马上昏了头脑。史载他"沈于酒色,不入朝见","选举不均,惟宠亲昵","骄恣日甚,终无悛志"。他这种情况当然给别人造就了机会,河间王颙、成都王颖、长沙王乂等又联合反对他。后者先入宫,假天子令"发兵攻冏府",洛阳"城内大战,飞矢雨集,火光属天",司马冏连战三日后兵败被杀,"诸党属皆夷三族"[2]。

接着,河间王颙和成都王颖再合军攻长沙王乂。"乂前后破颖军,斩获六七万人,战久粮乏,(洛阳)城中大饥",东海王司马越乘机"潜与殿中将收乂送金墉城"。乂的属下"恨乂功垂成而败,谋劫出之,更以距颖"。司马越又唆使司马颙属下大将张方派兵三千,"就金墉收乂,至营,炙而杀之"[3]。

成都王颖因此有了执朝政的机会,但是他"既入京师,复旋镇于邺",然后以丞相、皇太弟的名义"制度一依魏武故事"。且也是"恃功骄奢,百度弛废,甚于冏时","僭侈日甚,有无君之心"而"大失所望"。安北将军王浚、宁北将军司马腾杀司马颖所置幽州刺史和演,与乌丸首领羯朱一起进攻司马颖。颖军兵败,"邺中大震,百僚奔走,士卒分散。颖惧,将帐下数十骑,拥天子,与中书监卢志单车而走,五日至洛"。"颖至洛,而东海王越率众迎大驾,所在锋起"[4]。司马颖只得与惠帝一起随张方至长安,而被司马颙所废。司马越寻进军长安,逼颙杀张方。颙、颖等分别逃亡,先后在地方上被杀。东海王"越率诸侯及鲜卑许扶历、驹次宿归等步骑迎惠帝反洛阳。诏越以太傅录尚书"[5],执掌朝政。这是公元306年八月的事。至此,八王之乱结束了最后一个阶段。

在这个阶段里,作乱诸王几十万军队互相混战。他们个个想学"宣、文辅魏故事",篡夺帝位,个个"骄恣日甚"手段残忍,也几乎个个都没有好下场。这是他们要以他们

骑马文官俑

[1]《晋书》卷59《赵王伦传》。
[2]《晋书》卷59《齐王冏传》。
[3]《晋书》卷59《长沙王乂传》。
[4]《晋书》卷59《成都王颖传》。
[5]《晋书》卷59《东海王越传》。

张华·得书贴(西晋)

的父、祖为榜样,但又没有其父祖的才能,最后断送了他们父祖所缔造的皇朝。值得注意的是,他们为了战胜对手,不顾一切地借助少数族武装来达到自己之目的,以致"支属肇其祸端,戎羯乘其间隙"而"黎元涂炭"[1]。可以说,上一节所提到的所有隐患,通过八王之乱都统统释放出来了。

二、西晋的灭亡

1.怀帝之立

晋惠帝是在光熙元年(306年)十一月驾崩的,是"因食饼中毒而崩,或云司马越之鸩"[2],时年四十八。但说此系司马越所为恐怕是不实之词,因为一来惠帝死对司马越没有什么好处,当时司马越并不想自己当皇帝,如果仅是挟天子以令诸侯,惠帝是最合适的道具了,所以前面诸王作乱时,连想当皇帝的司马伦、司马颖等都没有杀惠帝,毒死惠帝对司马越来说完全没有必要,也就是说他没有作案动机。二是在惠帝毒发身亡时,侍中华混"即露版驰召太傅越",似乎司马越在外并不知情,显得很仓促。因此如果惠帝是被下毒身亡的话,主谋也当另有其人。

惠帝死,得益最大的是司马炽,由他继承帝位,即孝怀帝,因为惠帝崩时他的身份是皇太弟,一个储君的位置。当时关于皇储之设,宫里有二派,羊皇后想立的是司马覃。"会(惠)帝崩,后虑太弟立为嫂叔,不得称太后,催前太子清河王覃入,将立之,不果"[3]。当时情况是"后已召覃至尚书阁",因司马炽已入宫,故"托疾而返"[4]。说明彼时宫中斗争紧张激烈,司马炽的储君地位并不巩固,其即位也不是司马越事先布置的结果。就在司马炽即位后,"吏部郎周穆,清河王覃舅,越之姑子也,与其妹夫诸葛玫共说(司马)越曰:'主上之为太弟,张方意也。先帝暴崩,多疑东宫。公盍思伊霍之举,以宁社稷乎'?言未卒,越曰:'此岂宜言邪'!遂叱左右斩之。以玫、穆世家,罪止其身"[5]。这里有三点是需要指出的,第一,在怀帝已经即位的情况下,周穆、诸葛玫再去劝说司马越行伊霍之事,至少说明司马越在这上面态度不明显、不强烈,并证明毒死惠帝让

[1]《晋书》卷59《史臣曰》。
[2]《晋书》卷4《惠帝纪》。
[3]《晋书》卷31《惠羊皇后传》。
[4]《资治通鉴》卷86晋惠帝光熙元年十一月己巳条。
[5]《晋书》卷59《东海王越传》。

司马炽继位不是司马越预谋，甚至不是他的心愿。第二，正因为怀帝已经即位，所以司马越不得不将周穆、诸葛玫杀掉。但这是属于谋反大逆，按晋法，"临时捕之，或汙潴，或枭菹，夷其三族，不在律令，所以严绝劣迹也"[1]。但"罪止其身"说明司马越还是设法对他们重罪轻判的，这也是一种态度。第三，"先帝暴崩，多疑东宫"，说明当时多数舆论认为毒死惠帝的是急于继位的怀帝，而不是没有什么好处的司马越。永嘉以后，"天下归罪于越"，怀帝也"发诏贬越为县王"[2]，所以一切罪名都往司马越身上扣。在这件事上，司马越实在是冤枉的。

怀帝即位之初，虽"委政于越"，但自己"亲万机，留心庶事"，说明他并不想倚重司马越。因此两者的矛盾很快显露出来了，"越不悦，求出藩，帝不许，越遂出镇许昌"，接着又"自许迁于郏城"。不久，司马越"疑朝臣贰己，乃诬帝舅王延等为乱，遣王景率甲士三千人入宫收延等，付廷尉杀之"。其实当时能使朝臣贰于司马越的只能是怀帝，所以他要杀怀帝的舅舅，这就使他与怀帝的矛盾白热化，《晋书·东海王越传》云："越自诛王延等，大失众望，而多有猜嫌。散骑侍郎高韬有忧国之言，越诬以讪谤时政害之，而不自安。乃戎服入见，请讨石勒。"这里史文没有说明司马越杀王延后，跟哪些人"多有猜嫌"，以及高韬的忧国之言具体是什么，为什么以丞相身份执政的司马越杀了他就"不自安"？这也可从他"戎服"去见怀帝，解释他的不安感来自后者，来自于君臣之间的猜嫌，实际上当时也只有皇帝能使手握军政大权的丞相司马越心不自安。

在这段时间里，史载两件对司马越很有影响的事，一是与征东大将军、青州刺史苟晞有隙，这对后来政局的发展影响很大。二是说"越恐清河王覃终为储副，矫诏收付金墉城，寻害之"[3]。这当然是司马越的又一大罪状，但可能与真相有出入。因为司马覃是和怀帝争皇位的对手，他被囚金墉城是在永嘉元年（307年）十二月，而早在当年三月"庚午，立豫章王诠为皇太子"[4]，如果司马覃再有可能成为"储副"的话，那就得先去掉司马诠，这大概也不合怀帝之意。所以凭这两条要杀司马覃的话，那也应该是怀帝而不是司马越，后者没有必要去做这种杀人不利己的事，尤其

石尠墓志

[1]《晋书》卷30《刑法志》。
[2]《晋书》卷59《东海王越传》。
[3]《晋书》卷59《东海王越传》。
[4]《晋书》卷5《孝怀帝纪》。

是在已经和怀帝有矛盾的情况下,为怀帝火中取栗,何况此时司马越应该人在邺城,怎么会在怀帝眼皮底下矫诏杀人呢?因此这恐怕也是当时憎恶司马越的一种说法,事实上"永嘉初,前北军中候任城吕雍、度支校尉陈颜等谋立覃为太子,事觉,幽于金墉城。未几,被杀"[1]。此可证司马覃始终作为皇位竞争者而被一派官员所拥戴,当为已据帝位者所忌与不容,则与司马越无关。

2.司马越与怀帝的对立和西晋皇朝趋向解体

司马越与怀帝之间的争斗是压垮西晋皇朝的最后一根稻草。在怀帝与司马越的矛盾中,苟晞扮演了一个非常重要的角色。苟晞曾为司马越属下,领兵有方,与汲桑对阵,"陷其九垒,遂定邺而还",又"破汲桑故将公师藩,败石勒于河北,威名甚盛"。起先与司马越关系很好,"越以晞复其仇耻,甚德之,引升堂,结为兄弟"。但司马越的属下"潘滔及尚书刘望等共诬陷晞,晞怒,表求滔等首,又请越从事中郎刘洽为军司,越皆不许"。于是苟晞"乃移告诸州,称己功伐,陈越罪状"。在这种情况下,"怀帝恶越专权",三次下诏给苟晞,说司马越"委任邪佞,宠树奸党",及"阻兵专权,内不遵奉皇宪,外不协比方州,遂令戎狄充斥,所在犯暴",表示"虽惟亲亲,宜明九伐",要将"桓文之绩,一以委公",实际上是要苟晞讨伐司马越"龚行天罚"。这些诏令被司马越所截获,"遂大构疑隙,越出牧豫州以讨晞"[2]。两军针锋相对,在军事展开的过程中,司马越病死军败,但苟晞也由于骄横严酷,众叛亲离,孤军难敌石勒,被俘而死。

当时司马越与苟晞是支撑西晋朝廷的两大军事力量,两者自相残杀,西晋皇朝也随之崩溃。这中间怀帝与司马越之间是主要矛盾,怀帝想使苟晞来打击司马越,结果是三败俱伤。在政治斗争中,当事者所感受之威胁,不仅在于它的实际大小,更在于它离己之远近,故常有攘外必先安内之策,这也是怀帝必除司马越而不恤时政的一个原因。由于怀帝和司马越之间是君臣关系,所以历来儒者史家都是对司马越大加谴责的。但如果我们把这种道德判别暂且放在一边的话,可以说三者在处理问题上都

晋石像

[1]《晋书》卷64《司马遹附司马覃传》。

[2]《晋书》卷61《苟晞传》。

缺乏足够的政治智慧，使西晋皇朝最后在自相争斗中趋向消亡。

3.永嘉之变

　　永嘉之变是晋怀帝永嘉年间在少数族武装重大打击下走向崩溃过程的概称，它是两个方面情势发展交叉的结果。

　　从西晋统治者方面说，经过贾氏专政与八王之乱，整个统治集团处于分崩离析的状态。对司马氏那些诸王来说，皇位和权势比什么都重要,但争夺的结果,皇位和权势对他们来说不仅是水中之月,而且赔上了自己的性命和司马政权的基业,一如上文所述。

　　另一方面则是社会的动乱愈演愈烈，最后成燎原之势，把西晋朝廷化为灰烬。这是与司马氏集团内乱同步的，因为当所有的行政官员都把注意力集中在朝廷的事变时，这涉及着他们的前途命运，整个行政系统就处于被动应付甚至瘫痪的状态，各种社会矛盾就会露头和发展起来，就像人的中枢出了毛病一样，四肢百骸就抵挡不住外疾的侵害了。在《晋书》的《惠帝纪》和《孝怀帝纪》里，除了朝廷内乱外,可以看到不断发生的三个系列社会现象。一是各种灾变几乎年年有,其中有的是自然灾害,如元康二年(292年)"冬十一月,大疫。是岁,沛国雨雹,伤麦。三年夏四月,荥阳雨雹。六月,弘农郡雨雹,深三尺"等等。这些灾害造成了灾民,在行政系统无力或无能的情况下,加剧了社会矛盾,也反过来一次又一次地冲击着行政系统本身。另一类是自然异象,如永康元年(300年)"三月,尉氏雨血,妖星见于南方";永嘉三年(309年)"秋七月戊辰,当阳地裂三所,各广三丈,长三百余步",及"十二月乙亥,夜有白气如带,自地升天,南北各二丈"等等。这些自然异象虽然没有造成什么具体的物质损失,但在五行谶纬说风行的当时社会里,却成了一切天灾人祸所造成坏影响的倍增器。

　　二是汉族民众的反抗与社会动乱,这些记载在《晋书》的两个本纪里也随处可见。如元康九年(299年)"夏四月,邺人张承基等妖言署置,聚党数千";太安二年(303

"永嘉"纪年残纸

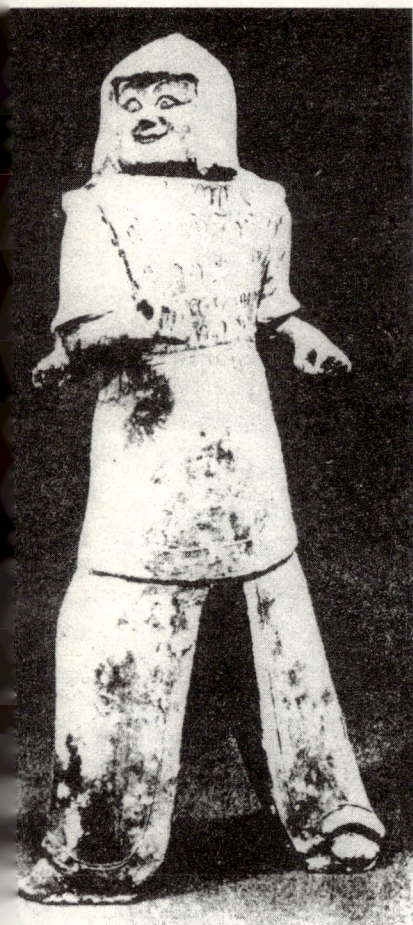

胡人佣兵像

年)七月,张昌别帅石冰寇扬州,"临淮人封云举兵应之,自阜陵寇徐州";永嘉元年(307年)"二月辛已,东莱人王弥起兵反,寇青、徐二州,长广太守宋羆、东牟太守庞伉并遇害";同年"夏五月,马牧帅汲桑反,败魏郡太守冯嵩,遂陷邺城";三年七月"辛未,平阳人刘芒荡自称汉后,诳诱羌戎,僭帝号于马兰山";四年二月"戊午,吴兴人钱璯反,自称平西将军";同年"九月,河内人乐仰执太守裴整叛,降于石勒。……雍州人王如举兵反于宛,杀害令长,自号大将军、司雍二州牧,大掠汉沔,新平人庞寔、冯翊人严嶷、京兆人侯脱等各起兵应之";十二月"乙酉,平阳人李洪帅流人入定陵作乱"等等。以上是永嘉五年前一些着墨较多的记载,可以看到这方面记载到了怀帝世就越来越多,就像大厦将倾,楼上的什么东西都会往下掉。

三是少数族的反抗,此在这段时间里的记载要远比汉族的同类事件多。仅从惠帝登基到永安元年(304年)"李雄僭号成都王,刘元海僭号汉王"为止,在这短短的十四年里就有:元康四年(294年)五月"匈奴郝散反,攻上党,杀长吏";六年五月"匈奴郝散弟度元帅冯翊、北地马兰羌、卢水胡反,攻北地,太守张损死之";同年八月"秦雍氏、羌悉叛,推氐帅齐万年僭号称帝,围泾阳";永康元年(300年)十二月"益州刺史赵廞与略阳流人李庠害成都内史耿胜"等,据成都反;永宁元年(301年)"冬十月,流人李特反于蜀";太安二年(303年)五月,"义阳蛮张昌举兵反,以山都人丘沈为主,改姓刘氏,伪号汉",这是一次少数族和汉族的联合反抗;同年十一月李雄"尽有成都之地";建武元年(304年)八月"匈奴左贤王刘元海反于离石,自号大单于"等等。刘元海即刘渊,由于匈奴虽已定居于农耕区,但部落关系尚未打散,所以刘渊起事就已人多势众,数月后即自称汉王。

上述事实均限于《晋书》本纪所载,一些小规模的反抗和动乱应该还有更多。实际上,无论是汉族还是少数族的反抗或叛乱都是从公元301年赵王司马伦篡夺帝位后开始遽然增多,愈演愈烈。这是因为司马伦的篡位使得西晋皇朝的神圣性和合法性受到了极大的挑战,崇高的帝位似乎谁都可以摸一把。而此后的内乱也发展成为内战,兵戈一起就战火难息，当军队都投向内战时，就再也起不了对行政系统的支撑作用，于是所有的社会隐患都会趁机爆发出来。这两者互为因果，恶性循环，一如《晋书·食货志》所总述："惠帝之后，政教陵夷，至于永嘉，丧乱弥甚。雍州以东，人多饥乏，更相鬻卖，奔迸流移，不可胜数。幽、并、司、冀、秦、雍六州大蝗，草木及牛马毛皆尽。又大疾疫，兼以饥馑，百姓又为寇贼所杀，流尸满河，白骨蔽野。"如此政治动乱与社会动乱捆绑发展，一直乱到整个西晋皇朝崩溃为止。

　　西晋皇朝的覆灭包含着两个过程，一是司马越由于和怀帝对立，于永嘉五年（311年）"忧惧成疾"而亡，众多跟随他的王公卿士无力继续应付局面，于是"秘不发丧，以襄阳王范为大将军，统其众，还葬东海。石勒追及于苦县宁平城，将军钱端出兵距勒，战死，军溃"[1]，被杀者尸积如山。是役，"太尉王衍、吏部尚书刘望、廷尉诸葛铨、尚书郑豫、武陵王澹等皆遇害，王公已下死者十余万人。东海世子毗及宗室四十八王寻又没于石勒"。这等于消灭了西晋朝廷的一大半。约两个月后，"刘曜、王弥入京师，（怀）帝开华林园门，出河阴藕池，欲幸长安，为曜等所追及。曜等遂焚烧宫庙，逼辱妃后，吴王晏、竟陵王楙、尚书左仆射和郁、右仆射曹馥、尚书闾丘冲、袁粲、王绲、河南尹刘默等皆遇害，百官士庶死者三万余人"，怀帝也随后被杀[2]。这样剩下的一小半西晋朝廷成员，包括皇帝本人，也都完结了。因此，在永嘉五年的四月和六月的两次变故中，西晋朝廷几乎被一网打尽，是真正意义上的灭亡。故史称此为永嘉之变。

　　洛阳被占，怀帝被俘，绝大多数的王公大臣被杀，至此西晋皇朝在实质上已被颠覆。但当时全国大部分的地方上还是由西晋任命的官吏管理着，更重要的是，攻灭洛阳西晋朝廷的刘渊政权尚不足以具备继承晋朝统治地位的资格。这不仅在于他所统治的地域还很有限，更在于他尚未满足当时对一个正统皇朝的要求。刘渊在永嘉二年（308年）"即皇帝位，大赦境内，改元永凤"，设立百官，分封王公等等，但一来他先后建都于离石、左国城、平阳小城，"皇居仄陋"，不具备帝京的资格，住在里面的当然

西晋青釉魂瓶

[1]《晋书》卷59《东海王越传》。
[2]《晋书》卷5《孝怀帝纪》。

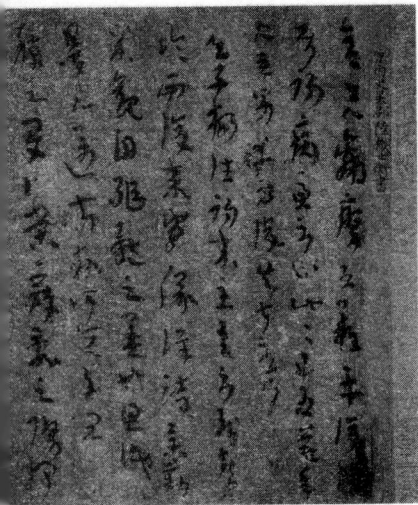

陆机·平复帖(西晋)

不像真命天子；二来刘渊模仿汉晋制度的同时，"置单于台于平阳西"[1]，此或许是为了分治胡、汉的方便，但这样就抵消了他改姓刘国号汉等措施的用意，在广大汉族民众的眼里这样的政权未免如沐猴而冠，不伦不类。

在这种情况下，司马邺被拥立，是为孝愍帝。司马邺是武帝的孙子，袭封秦王，完全够继承皇位的资格。洛阳倾覆时，他避难在密县，在一些官员的策划和护送下，到达长安。尔后，"建兴元年(313年)夏四月丙午，奉怀帝崩问，举哀成礼。壬申，即皇帝位，大赦，改元"，并任命百官。但这样的朝廷缺乏实力基础，是时"长安城中，户不盈百，墙宇颓毁，蒿棘成林。朝廷无车马章服，唯桑版署号而已。众唯一旅，公私有车四乘，器械多阙，运馈不继"。因此当刘曜于建兴四年(316年)兵临长安城下时，愍帝就只能"乘羊车，肉袒衔璧，舆榇出降"了[2]。愍帝在经历了一年多的一系列侮辱之后，被刘曜所杀。至此，西晋皇朝在名义上也不存在了。

西晋灭亡了，对司马氏皇室来讲，可说是咎由自取，但其所留下的则是这样一幅场景："至于永嘉，丧乱弥甚：雍州以东，人多饥乏，更相鬻卖，奔迸流移不可胜数；幽、并、司、冀、秦、雍六州大蝗，草木及牛马毛皆尽；又大疾疫，兼以饥馑，百姓又为寇贼所杀，流尸满河，白骨蔽野"[3]，以及将近300年的分裂局面。

[1]《晋书》卷101《刘元海载记》。
[2]《晋书》卷5《孝愍帝纪》。
[3]《晋书》卷26《食货志》。

第三章　门阀与东晋政治

第一节　司马氏南渡与东晋政局

一、东晋的建立

1. 司马睿与王导布置东南

自贾后灭杨氏,又废杀愍怀太子,带兵分封各地的诸王都自作打算。有欲问鼎朝廷者,如先后卷入互相残杀之八王。亦有在外谋求立足之地,暂作避祸观望之计,其中代表人物就是在王导襄助下的琅邪王司马睿。《晋书》卷65《王导传》云:

> 时元帝(司马睿)为琅邪王,与导素相亲善。导知天下已乱,遂倾心推奉,潜有兴复之志。帝亦雅相器重,契同友执。帝之在洛阳也,导每劝令之国。会帝出镇下邳,请导为安东司马,军谋密策,知无不为。

下邳郡与当时扬州接壤,很快司马睿被任命为"安东将军,都督扬州诸军事","永嘉初,用王导计,始镇建邺"[1]。这些任命应该都是司马睿和王导一起算计与争取的结果[2]。

司马睿与王导之着意经营江左,是有道理的。首先,扬州之地离洛阳较远,也就是远离是非之地,祸乱难以波及。其次,西晋诸王中之有力者都未曾涉及扬州,这对仅有皇族旁宗身份的司马睿插足于此十分有利。"后中原大乱,宗藩多绝,唯琅邪、汝南、西阳、南顿、彭城同至江表,而元帝嗣晋矣"[3]。这至少是因为司马睿已早作准备。再次,江左自两汉起已逐步得到开发,东吴曾割据于此,是能够

晋元帝像

[1]《晋书》卷6《元帝纪》。建邺,今之南京。

[2] 其间更细的因果,可参见田余庆《释"王与马共天下"》,载《东晋门阀制度》,北京大学出版社2005年版。

[3]《宋书》卷31《五行志二》。

王导像

作为开展宏图之基业。最后,琅邪为司马睿之封国,也是王氏郡望所在,其地即今之山东临沂一带,江左离此不远,有利于他们的实力转移。所以司马睿与王导的图谋与那些热衷于执掌朝政的诸王们相比,无疑是棋高一着。待到后来"长安破,愍帝俘,司马子孙几于尽矣,琅邪拥众而居江左,削平内寇,安靖东土,未有舍琅邪而可别为君者"[1]。东晋的建立就是顺理成章的事情了。

2. 永嘉之变后的形势

洛京沦陷,怀帝被俘,导致西晋的政统名存实亡。怀帝被杀的消息传来后,已经逃到长安的武帝的孙子之一秦王司马邺在僚属的拥戴下,于公元313年即皇帝位,改元建兴。当时是他而不是司马睿等称帝,是因为一来他是皇室近支,武帝之孙,有法统上的继承权;二来司马邺在长安建宗庙社稷,这诸朝旧都的地理位置,使新朝廷更具有合法性。但司马邺有了名分却缺乏实力,对各地的统治仅是在名义上,"诸侯无释位之志,征镇阙勤王之举"[2]。这样,新朝廷君臣窘迫,一开始就处于风雨飘摇之中,而中原各地拥晋力量也难以聚集起来。

江淮之南虽然暂时没有受到北方战乱的延伸,但局势也不平静。江左本东吴旧疆,从版图入晋到永嘉之变不过30年左右,晋朝还未赢得此地的足够向心力。八王之乱的变局,使晋的统治在江左变得松懈,因此先后有惠帝太安二年(303年)的张昌、石冰等人的率众起事;地方官陈敏、吴兴豪强钱璯等的起兵割据。这些动乱虽然最后得以消除,但因此也说明了维持江左的稳定并非易事。

在中原动荡,江左未稳之外,西南与西北则处于相对平和的状态。公元301年,趁着八王之乱朝廷无力它顾之际,巴氏族首领李特率数万家流入川汉就食的秦、雍诸州饥民举行起义,夺取地方政权,嗣后其子李雄于304年称成都王,从此开启了十六国时代。但在当时,却保住了巴山蜀水的一方太平。同样处于较为安宁状态的是位于西北一隅的凉州。惠帝永宁元年(301年)张轨被任命为护羌校尉、凉州刺史,他内修文教,外讨寇盗及镇压鲜卑等少数族反抗,于是"威著西州,化行河右",甚至有"天下方

[1] 王夫之《读通鉴论》卷13"东晋元帝"条。
[2]《晋书》卷5《孝愍帝纪》。

乱,避难之国唯凉土"之说[1]。但这些地方影响不了中土大局的演变。

3. 王导政治努力的成功

上述永嘉之变后的形势也表明,概称为江左的长江中下游地区正处于战乱的边缘,能否得到安宁,全凭当局者处置是否得法。司马睿受命坐镇建邺,他的地位具有合法性,但他是皇室旁系,功劳未著,能否在江左站住脚跟还是个问题。当时在江左有两大势力,一是北来的南渡士族,"洛京倾覆,中州士女避乱江左者十六七"[2]。他们不仅数量大,而且富有政治经验和文化素养,还带着众多的部曲门客,并在向南迁徙的过程中锻炼出一种远比江左士族强悍的精神。谭其骧先生"尝统计《南史》列传中人物,凡七百二十八人(后妃、宗室、孝义不计),籍隶北方者五百有六人,南方但得二百二十二人"[3]。东晋时的比例当更高,北来者在江左社会政治中的地位灼然可见。二是本地士族,如吴郡顾氏、陆氏,义兴周氏,会稽孔氏,吴兴沈氏等等。他们在地方上颇具实力,上述张昌、陈敏、钱璯等人引起的事变,就是被他们所协力平定的,史称"三定江南"。但是他们在东吴灭亡后缺乏进取心,没有管理朝廷行政的经验,更无法摆脱与司马氏朝廷的名分束缚,也惧怕江左若北方一样乱起来,于是只能受制于人。北方蜂拥而来的士族凭着政治上的优势在江左求田问舍,反客为主,一定程度上触犯了后者的利益,"中国亡官失守之士避乱来者,多居显位,驾驭吴人,吴人颇怨"[4],所以这两股势力之间是有矛盾的。

由于司马睿本身也属于南渡者,加上"名论犹轻",所以那些本地士族对他采取观望抵触的态度。司马睿"徙镇建康,吴人不附,居月余,士庶莫有至者"。这引起王导的忧虑,于是他安排司马睿"观禊,乘肩舆,具威仪",他和其他名士都骑从。"吴人纪瞻、顾荣,皆江南之望,窃觇之,见其如此,咸惊惧,乃相率拜于道左","由是吴会风靡,百姓归心焉。自此之后,渐相崇奉,君臣之礼始定"。王导又劝司马睿恩威并用,"顾荣、贺循、纪瞻、周玘,皆南土之秀,愿尽优礼,则天下安矣"[5]。正是这些措施的落实,才奠定了

王导·省示帖(局部)(东晋)

[1]《晋书》卷86《张轨传》。
[2]《晋书》卷65《王导传》。
[3] 谭其骧《晋永嘉丧乱后之民族迁徙》,《燕京学报》第15期(1934年)。
[4]《晋书》卷58《周处传附周勰传》。
[5]《晋书》卷65《王导传》。

东晋立国的政治基础。而长江流域良好的自然条件,加上大量北来徙民,有力地促进了南方生产经济的发展,"荆城跨南楚之富,扬部有全吴之沃,鱼盐杞梓之利,充仞八方,丝绵布帛之饶,覆衣天下",故"一岁或稔,则数郡忘饥"[1],为江左政权的建立提供了物质基础。两个基础齐备,于是司马氏皇朝又在南方延续了百余年。

陈寅恪先生盛赞王导作出的努力:"王导之笼络江东士族,统一内部,结合南人北人两种实力,以抵抗外侮,民族因得以独立,文化因得以续延,不谓民族之功臣,似非平情之论。"[2]在战乱的环境中,王导能通过调和矛盾,保持一方平安,"自晋氏迁流,迄于太元之世,百许年中,无风尘之警,区域之内,晏如也"[3],所以陈先生对他的评价并不过分。

4. 东晋的建立

当江左的局面得到安定后,北方的形势也发生了新的变化。愍帝建兴四年(316年)十一月,在刘曜攻陷长安外城后,愍帝出降。早在愍帝即位初,就任命琅邪王司马睿"为侍中、左丞相、大都督陕东诸军事"[4],这是当时最高的官位。长安陷落后,弘农太守宋哲自北方至建康,"称受愍帝诏,令丞相琅邪王睿统摄万机"[5]。由于占据江左的司马睿已是西晋皇室残存最大的力量,所以接下来的事情都显得理所当然。公元317年春,江左的僚属官员们奏请司马睿"依魏晋故事为晋王,许之。辛卯,即王位,大赦,改元","乃备百官,立宗庙社稷于建康"[6]。事实上的新朝廷已经建立起来了。

早在愍帝蒙尘之际,位于西北的南阳王司马保亦自称晋王。怀帝末,司马保全有秦州之地。"及愍帝即位,以保为右丞相,加侍中、都督陕西诸军事。寻进位相国"[7]。在西晋皇朝的最后一些日子里,司马保是仅次于司马睿的宗室实力派。得知愍帝被前汉国主刘聪所杀,在张春、陈安等将领拥戴下称号陇右,"建元,署置百官"[8]。但不久陈安背叛,又为刘曜所逼,司马保窘迫之下同年病死,时二十七岁。张春又立宗室司马瞻继司马保之位,复被陈安所败。司马瞻被陈安送往刘曜处,被曜所杀。司马保等的败

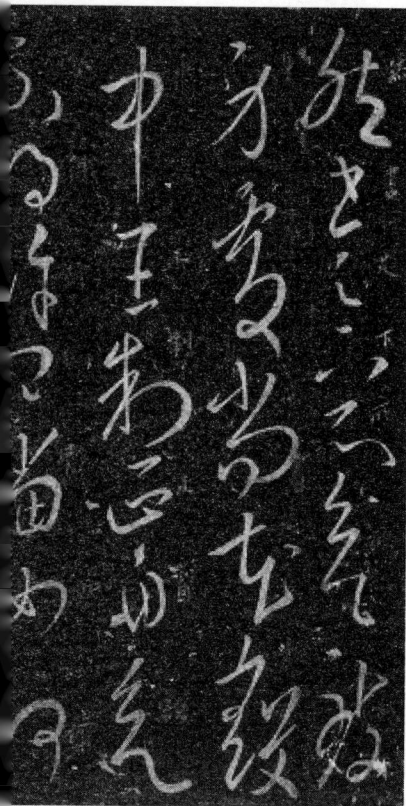

王导·省示帖(局部)(东晋)

[1]《宋书》卷54《传论》。
[2]《述东晋王导之功业》,载《金明馆丛稿初编》,上海古籍出版社1980年版。
[3]《宋书》卷54《传论》。
[4]《晋书》卷5《愍帝纪》。
[5]《资治通鉴》卷90晋元帝建武元年二月条。建康即建邺,同条胡三省注云:"愍帝即位,避帝讳,改为建康。"
[6]《晋书》卷6《元帝纪》。
[7]《晋书》卷37《司马泰传附司马保传》。
[8]《晋书》卷86《张轨传附张寔传》。

亡其实是必然的，因为第一，秦州之地离前赵的势力太近，重兵压境，形势危急；第二，秦州地域不广，加之境内一些地方"大饥，士众窘困"[1]，实力受到很大损害；第三，陈安之叛，是因为与另一将领张春闹矛盾，司马保不能妥善处理，以致分崩离析；第四，司马保威望不够，他在危急时曾向凉州刺史张寔求助。张寔不发兵的理由之一，就是因为他系"国之疏属"，而"晋王（司马睿）近亲，且有名德，当率天下奉之"[2]。虽然这仅是一个借口，但也说明他的名望至少比司马睿更差。这一系列因素的叠加，就与江左的情况形成鲜明对比。

东晋牛车卤簿图

元帝太兴元年（318年）三月，愍帝被杀的消息传至建康。在为愍帝发丧后，于是百官上表劝进，司马睿即皇帝位，下诏，"大赦，改元，文武增位二等。庚午，立王太子绍为皇太子"[3]，开始了晋皇朝新的延续。"东晋"是后人的称呼，一开始的时候，元帝与晋在北方的残余势力都建立了君臣关系，表示其为全国性晋皇朝的连续，如元帝进刘琨为太尉等等，直到这些力量在混战中被消灭为止。

东晋的建立，不仅仅司马氏在东南半壁江山延续了百年统治，更主要是从此开始了中国历史上近300年南北分治的时代。在这段时期里，无论是在政治、经济，还是在文化上，南北两方往往形成鲜明的对比。这种分裂状况也带来了很多次相互攻伐与破坏，历史也由此复杂而丰富起来。

5. 祖逖北伐

祖逖北伐不只是东晋建立前后所发生的一件大事，而且影响着东晋一朝的一些政治走向。

出身"世吏二千石、为北州旧姓"的祖逖是当时一位杰出人物。青年时就慷慨有节尚，曾与后来位居司空的刘琨俱为司州主簿，一起闻鸡鸣舞剑，以励志向。"及京师大乱，逖率亲党数百家避地淮泗，以所乘车马载同行老疾，躬自徒步，药物衣粮与众共之，又多权略，是以少长咸宗之，推逖为行主。达泗口，元帝逆用为徐州刺史，寻征军谘祭酒，居丹徒之京口"[4]。

在南渡的士族中，范阳祖氏可以说是郡望上离江左

[1]《晋书》卷37《司马泰传附司马保传》。

[2]《资治通鉴》卷90晋元帝太兴元年三月条。同条胡三省注云："保，宣帝（司马懿）之从曾孙，故曰疏属；（元）帝，宣帝之曾孙，故曰近亲。"

[3]《晋书》卷6《元帝纪》。

[4]《晋书》卷62《祖逖传》。

东晋持盾武士俑

1《晋书》卷67《郗鉴传》。
2《晋书》卷62《祖逖传》。
3《晋书》卷62《刘琨传》。
4《晋书》卷62《祖逖传》。
5《晋书》卷67《郗鉴传》。

最远的士族。后来郗鉴的部属因"率多北人,或逼迁徙,或是新附,百姓怀土,皆有归本之心"[1],祖逖所部当然更是如此。还有依附祖氏南渡的"宾客义徒皆暴桀勇士",需要给他们一个发挥力量的正确导向,以免他们在江左"多为盗窃,攻剽富室"[2],引起矛盾。当时,刘琨也在北方"枕戈待旦,志枭逆虏"[3],与祖逖相互激励。虽然刘琨因实力及才智不足未济大事,且在太兴元年(318年)已遇害,但使祖逖深信北伐在敌后有响应者。或许是这一切因素加起来的缘故,祖逖是南渡士人中主张匡复中原最坚决的一个。

愍帝建兴元年(313年),祖逖上书司马睿要求北伐。后者"以逖为奋威将军、豫州刺史,给千人廪,布三千匹,不给铠仗,使自招募"。于是祖逖"仍将本流徙部曲百余家渡江",并在江之中击楫水流,誓复中原。渡江后"屯于江阴,起冶铸兵器,得二千余人"[4]。尔后进军河南,屡胜石勒的军队。《晋书》卷62《祖逖传》说"由是黄河以南尽为晋土。河上堡固先有任子在胡者,皆听两属,时遣游军伪抄之,明其未附。诸坞主感戴,胡中有异谋,辄密以闻。前后克获,亦由此也"。祖逖在河南经营数年,"公私丰赡,士马日滋",使得"石勒不敢窥河南",而"方当推锋越河,扫清冀朔",不意朝廷将以戴渊都督军事,为他上司。祖逖又"闻王敦与刘隗等构隙,虑有内难,大功不遂,感激发病",于太兴四年九月病逝,北伐之业遂告中断。

祖逖壮志未酬,不仅是他个人的悲剧,南北对峙也就此成了定局。但这种结果的出现并非偶然。就东晋朝廷而言,当时实无北伐之力,但又不能放弃匡复中原的旗号,这对于新建的建康政权收拾民心也很重要。司马睿政权所依靠者,首先是南渡士族,其次是江东士族。后者当时对司马睿的支持尚且三心二意,北伐云云与他们的利益无关,当然不会热心出力。而南渡士族纵使有收复中原之心,但有限力量必须留在江左与土著强族保持平衡。假若倾力北伐,则胜负难卜,留下朝廷空虚,如果遭遇败绩,元帝失去主要支持,东晋政权是肯定要崩溃的。不过如朝廷不努力北伐,由于南渡的一般老百姓都怀土恋乡,"皆有归本之心"[5],而祖逖在前头亮着北伐的旗帜,北来徙民之心就会动摇,同样也影响东晋政权。这些司马睿、王导等是不会不看到的。所以对祖逖的北伐请求，客观上也是使东晋的决策者们十分为难，只能给个豫州刺史的名号和一些布匹，以为应付。唐代修《晋书》的史臣恐怕也看到了如此背景，故说祖逖虽然"陈力危邦，犯疾风而表劲；励其贞操，契寒松而立节"，但也评说他"思中原之燎火，幸天步之多艰，原其素怀，抑为贪乱者矣"[1]。意思是说祖逖意在乱世立功，没有体恤南渡君臣的处境。

至于当时河南局面的打开，并使东晋皇朝在建立之初就处于向北进取的有利态势，主要是祖逖个人努力的功劳。祖逖麾下的军队骨干，是他的族人和部曲宾客，有着浓厚的家兵色彩，并身经百战，所以他死后祖约能代领其军，继续成为东晋北境的一支重要军事力量。祖逖矢志奋斗的匡复事业，使黄淮地区的人民有了安定感和归属感，在后人看来更是伸张民族大义，而在东晋当局者看来祖逖此举对朝廷威权未必一定是件好事。祖逖死后，"豫州士女若丧考妣，谯梁百姓为之立祠"[2]。倘如祖逖未死而收复河北，那中原人民更会只知有祖公如慈父，不知有皇帝了。且"逖素好纵横，弟约有大志"[3]，还遣使石勒，"赠以方物，修结和好"[4]。这些都是犯君王之忌的，难怪晋元帝不放心，要派个戴渊来都督。这戴渊虽是吴人，却曾为"东海王越军谘祭酒"，亦当是元帝旧人，所以"帝为晋王，以为尚书"[5]。祖逖部曲曾与吴人有些过节，因此以戴渊督祖军，元帝当然是最放心的了。此外，王敦畏祖逖，说明祖逖也为王氏所忌。假若祖逖克有河北，那后来"王与马共天下"的话就很难说了。所以尽管祖逖才能出众，深得人心，在这等环境约束下，要成功也是不大可能的。

二、东晋政局的起伏

东晋朝廷是在经历了一次又一次危机冲击下延续着的。对一个政权来说，危机有外也有内。相对于江左的东晋，北方正处于十六国时期，那是一个分裂的状态，当然对东晋不会有大的威胁。唯一的一次是在前秦统一北方时，但由于苻坚的失策，使得淝水之战反而强化了江左政权。就东晋本朝而言，也有个体制的内外，孙恩、卢循之乱也是唯一的体制外冲击，其余都是统治集团内部分合所

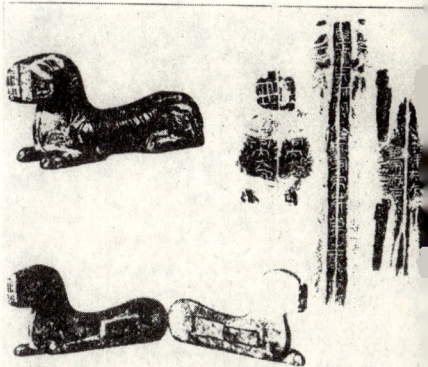

河内太守铜虎符

[1]《晋书》卷62《祖逖传论》。
[2]《晋书》卷62《祖逖传》。
[3]《晋书》卷110《慕容儁载记附李产传》。
[4]《晋书》卷105《石勒载记下》。
[5]《晋书》卷69《戴若思传》。

造成政局起伏,即如以下所述。

1. "王与马共天下"

由于王氏家族鼎力襄助司马睿建立东晋,《资治通鉴》说当时"(王)敦总征讨(胡三省注:怀帝永嘉五年,帝以敦刺扬州,加都督征讨诸军事,其讨华轶、杜弢、王机、杜曾,皆其功也),导专机政(胡注:尚书,万机之本,导录尚书事,是专机政也),群从子弟布列显要,时人为之语曰:'王与马,共天下'"[1]。由此还演出了最形象的一幕:"及(元)帝登尊号,百官陪列,命导升御床共坐。导固辞,至于三四,曰:'若太阳下同万物,苍生何由仰照!'帝乃止。"[2]龙床是皇帝之位的象征,若王导真的与司马睿一起坐了上去,正好可为"王与马共天下"作一注脚。即使王导最终没有坐上去,那也已经是亘古未有之事了。由此也可以说,自秦之后两千多年的中国历史中,东晋是皇帝在朝廷中权力最微弱的时候。

这种局面的形成是四个系列力量共同平衡的结果。第一个系列是南渡士族和江左本地士族,即侨姓与吴姓之间的平衡;第二个是南渡士族之间的平衡;第三个是皇帝与门阀士族之间的平衡;第四个是南北之间的平衡。东晋皇朝就是在前三个平衡之上维持着。这三个平衡是相互连带的,其中一个失衡就会破坏到其他二个,而与北方的平衡是江左内部三个平衡得以持久的外部条件,因为内部失衡会导致外敌入侵。正因为大家都明白这一点,"当琅邪王氏以后依次出现颍川庾氏、谯郡桓氏、陈郡谢氏等权臣的时候,仍然是庾与马、桓与马、谢与马'共天下'的局面"[3],东晋皇朝反而能存在一百多年。当然,如此小心平衡状态下运作的政权是很难有进取心的。

2. 王敦之叛

矛盾是绝对的,所以平衡都是动态的,王敦事件的始末很典型地显示了东晋政治中从平衡到失衡再达到新平衡的过程。

王敦与王导是堂兄弟,性格刚忍豪爽,"口不言财利,尤好清谈"。由于出身世家,"尚武帝女襄城公主,拜驸马

东晋王丹虎墓志拓片

[1]《资治通鉴》卷91晋元帝太兴三年十月条。
[2]《晋书》卷65《王导传》。
[3] 田余庆《释"王与马共天下"》,载《东晋门阀制度》,第23页。

都尉"。永嘉初,"于时天下大乱,敦悉以公主时侍婢百余人配给将士,金银宝物散之于众",是个有气魄干大事的人。旋即被司马越任命为扬州刺史。东晋建立前夕,由于征讨华轶、杜弢等功,"以元帅进镇东大将军、开府仪同三司,加都督江、扬、荆、湘、交、广六州诸军事、江州刺史,封汉安侯。敦始自选置,兼统州郡焉"。于是,王敦"既素有重名,又立大功于江左,专任阃外,手控强兵,群从贵显,威权莫贰,遂欲专制朝廷,有问鼎之心"。其实这也是很自然的事,元帝的反应,"畏而恶之,遂引刘隗、刁协等以为心膂。敦益不能平,于是嫌隙始构矣"。王敦就"上表陈古今忠臣见疑于君,而苍蝇之人交构其间,欲以感动天子。帝愈忌惮之"。这种发展也是很自然的,历史上如此情况屡见不鲜。其实王导的心情和王敦也一样,"时刘隗用事,颇疏间王氏,导等甚不平之",又刁协"每崇上抑下,故为王氏所疾"[1]。但王导并不像王敦一样表露出来,"及刘隗用事,导渐见疏远,任真推分,澹如也。有识咸称导善处兴废焉"[2]。随着矛盾的进一步发展,两人继续采取不同的态度。

永昌元年(322年)正月,"大将军王敦举兵于武昌,以诛刘隗为名,龙骧将军沈充帅众应之"。至"四月,敦前锋攻石头,周札开城门应之"。刁协死,刘隗投奔石勒,元帝被迫以王敦"为丞相、都督中外诸军事、录尚书事"[3]。王敦还"多收时望杀之"[4],如戴渊、周𫖮、甘卓等。王敦的成功除了王氏家族的势力强大外,"清君侧"历来是外藩反叛时最策略的旗号,王敦也用得很成功。

王敦起兵后,"刘隗劝帝悉诛王氏,论者为之危心。导率群从昆弟子侄二十余人,每旦诣台待罪。帝以导忠节有素,特还朝服"。对王敦"惮帝贤明,欲更议所立,导固争乃止"[5]。此期间,王导又以司空加尚书令。可以说在整个事变中,王导所处的角色类似于曹魏后期的司马孚。他之反对废元帝,以及元帝不杀在建康的王氏,王敦自身也没有篡位,都是顾及到上述的几个平衡,这是与魏晋之间形势不一样的地方。

同年闰月,元帝驾崩,史书没有说他生什么病,可是他当时的处境已是和汉献帝及曹魏的几个少帝一样没有实权,不过当时的王氏并非像彼时的曹氏、司马氏那样一

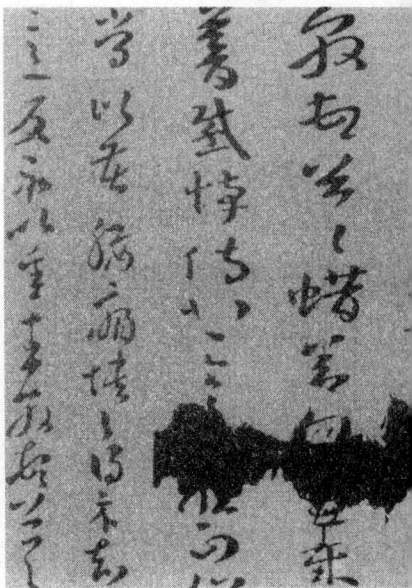

王敦·蜡节帖(东晋)

[1] 分见《晋书》卷98《王敦传》、卷69《刁协传》。
[2] 《晋书》卷65《王导传》。
[3] 《晋书》卷6《元帝纪》。
[4] 《建康实录》卷5晋元帝永昌元年六月条。
[5] 《晋书》卷65《王导传》。

横吹画像砖

家独大,而受到多方平衡的制约,所以帝位未失,但心情的恶劣是肯定的,这至少是加剧了病情。元帝死后是他的长子明帝司马绍继位。史云明帝"幼而聪哲",且"又习武艺,善抚将士。于是东朝济济,远近属心焉"。这就使他有条件将被王敦失衡的皇权再扳回来。于是明帝和王敦之间的矛盾经过一系列小事件后很快就又兵戎相见,时在太宁二年(324年)六月。这次是明帝采取主动,一是乘着王敦病重的时候;二是"加司徒王导大都督、假节,领扬州刺史",把王导推在前面就大大分化了王氏的势力;三是明帝亲自督军,而王敦由于生病只能"遣其兄含及钱凤、周抚、邓岳等水陆五万"[1]进军建康,这当然影响了两边的士气。这次王敦虽然也"罪状温峤,以诛奸臣为名"[2],但在换了一个皇帝大情况下,这么短的时间内将同一旗号重复二次,可信度与影响力当然大为降低,所以形势与上一次大不相同。尤为要紧的是,正在两军相持之间,王敦病卒,时在当年七月。中国古代实行的是人治,政治斗争就往往围绕着人物来进行,中心人物有变甚至会造成形势的逆转。王敦死,叛方树倒猢狲散,于是"帝还宫,大赦,惟敦党不原"。这样,皇权又得到了很大的恢复。同时,明帝明智地封司徒王导为"始兴郡公,邑三千户,赐绢九千匹,进位太保,司徒如故"[3]。而明帝本人也在一年内病逝,由长子司马衍继位,是为成帝,东晋的政局又回复到平衡。此后"江东社稷安危,内委何、褚诸君,外托庾、桓数族"[4],依然靠着世族间的平衡。

3. 苏峻、祖约之乱

发生在成帝世的最大事件是苏峻、祖约之反,它再一次冲击了东晋的政局。

苏峻出身士族,"年十八,举孝廉。永嘉之乱,百姓流亡,所在屯聚,峻纠合得数千家,结垒于本县"。后来率众南渡,"有功,除淮陵内史,迁兰陵相",在数次立功后,"威望渐著。至是有锐卒万人,器械甚精,朝廷以江外寄之"。祖约为祖逖之弟,"逖卒,自侍中代逖为平西将军、豫州刺史,领逖之众"[5]。在战乱时代,他们既可为朝廷所倚的重要武装力量,也可为骄横跋扈之地方军阀,关键在于朝廷是

[1]《晋书》卷6《明帝纪》。
[2]《晋书》卷98《王敦传》。
[3]《晋书》卷65《王导传》。
[4]《晋书》卷77《殷浩传》。
[5]《晋书》卷100《苏峻传·祖约传》。

否能驾驭得当。

成帝世,东晋朝廷政局发生了一些变化。由于成帝年幼,"皇太后临朝称制。司徒王导录尚书事,与中书令庾亮参辅朝政"[1]。由于太后系庾亮之妹,故政在庾氏,"时亮虽居外镇,而执朝廷之权,既据上流,拥强兵,趣向者多归之",和王导产生了矛盾,"导内不能平"[2]。两者的矛盾不仅在于权势之争,也在于执政的方针上,"初,王导辅政,以宽和得众,及庾亮用事,任法裁物,颇失人心"。那些骄横的军阀当然也成了"任法裁物"的对象,于是祖约、苏峻、陶侃,及南顿王司马宗等"遂怀怨望"[3]。

咸和元年(326年)十月,庾亮发兵讨灭司马宗。次年五月,"庾亮以苏峻在历阳,终为祸乱",诏峻入京为大司农,"举朝以为不可,亮皆不听"。苏峻上表"乞补青州界一荒郡",庾亮不许。在苏峻犹豫不决之际,"参军任让谓峻曰:'将军求处荒郡而不见许,事势如此,恐无生路,不如勒兵自守。'阜城令匡术亦劝峻反。峻遂不应命",并联络祖约等。"壬子,彭城王雄、章武王休叛奔峻"[4]。苏峻军很快逼近建康。"与王师战,频捷,遂据蒋陵覆舟山,率众因风放火,台省及诸营寺署一时荡尽,遂陷宫城,纵兵大掠"。庾亮则投奔温峤。平南将军、江州刺史温峤原是庾亮为防陶侃而屯兵武昌的,苏峻事起,温峤说动陶侃为讨叛军盟主。两军对阵中,苏峻军"东西抄掠,多所擒虏,兵威日盛,战无不克,由是义众沮衄,人怀异计"。此形势下,苏峻负勇轻敌,一次战役中,"因舍其众,与数骑北下突阵"[5],被投矛射中坠马而死。于是苏峻军溃,祖约率亲党数百人投降石勒,而被后者所杀。

一场风波由此结束,但京师建康遭受战祸,府库被掠,东晋的国防力量在内耗中也大受损害。其实对苏峻等准军阀,上策是驾驭其全力北伐。如做不到,为防止尾大不掉,也可首先征最强者苏峻入京参政(而非"大司农"之类闲职),分其兵权,厚待其人,安抚其众,为他人作榜样。而庾亮先攻杀司马宗,引起苏峻等狐疑警觉,又"任法裁物"颇众,反而增其羽翼声势,酿成大乱。苏峻占领建康后,并未伤害成帝及王导等大臣,说明他没有太大的政治野心。所以这次叛乱完全是庾亮处置不当所致。

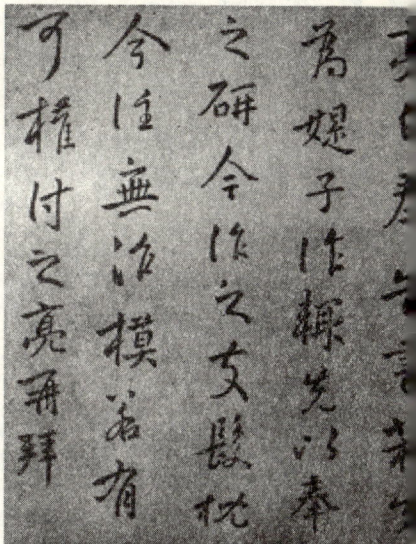

庾亮手札

[1] 《晋书》卷7《成帝纪》。
[2] 《晋书》卷65《王导传》。
[3] 《资治通鉴》卷93晋成帝咸和元年七月条。
[4] 《资治通鉴》卷93晋成帝咸和二年五月条。
[5] 《晋书》卷100《苏峻传》。

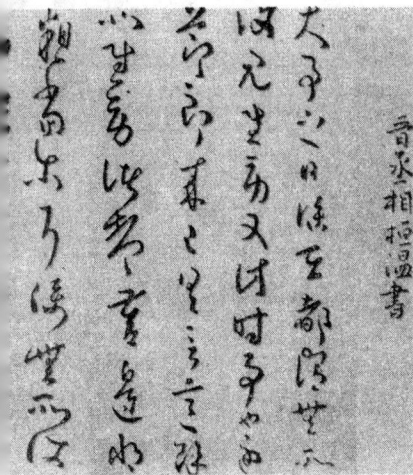

桓温·大事帖(东晋)

4. 桓温北伐与秉权

公元342年成帝崩，遗诏由其同母弟司马岳继位，是为康帝。成帝是有儿子的，"初，成帝有疾，中书令庾冰自以舅氏当朝，权侔人主，恐异世之后，戚属将疏，乃言国有强敌，宜立长君，遂以(康)帝为嗣"[1]。这说明彼时东晋的皇帝还是听命于权臣。庾冰所始料不及的是康帝短命，在位前后不过三年，于公元344年九月病卒，由其二岁的儿子司马聃继位，是为穆帝。同年十一月庾冰卒，次年七月，"持节、都督江荆司梁雍益宁七州诸军事、江州刺史、征西将军、都亭侯庾翼卒"[2]，而庾太后及庾亮早在几年前就死了。封建政治中，人在势在，人去茶凉，庾家的头面人物相继亡故后，势力大大地衰落了。

此前，温峤、王导、陶侃等都已病卒，但权力的位置总是会有人顶替的，那就是桓温。桓温少有雄略，与庾翼友善，后者曾向明帝推荐桓温。"翼卒，以温为都督荆梁四州诸军事、安西将军、荆州刺史"。当时成汉"李势微弱，温志在立勋于朝"，伐蜀要比北伐容易些。于是永和二年(346年)十一月，桓温率众西伐，拜表即行。朝廷大臣多"以蜀险远，而温兵寡少，深入敌场，甚以为忧"。然桓温认清形势，长驱直入，数战数捷，进逼成都，又在决战中击溃李势，后者被迫投降。"温停蜀三旬，举贤旌善"，然后"振旅还江陵，进位征西大将军、开府，封临贺郡公"[3]。平蜀灭成汉，是东晋皇朝最值得一书的大事。这不仅大大开拓了东晋的疆土，还为以后南北对峙奠定了基础，如大举北伐，"由汉中可窥关、陕"[4]，作为出奇兵之道。蜀之得失不单单意味着大西南的得失，还由于其位处上游，关系到东南半壁江山的安全。欲定江左必定蜀，蜀失必致江左失，六朝兴衰无不证明这一点。对桓温来说，没有王氏、庾氏那般与皇室有着特殊的关系，要叱咤风云，必先建功立业。李势之灭使得他在谋权的目标上进了一大步。

但树大招风，"时桓温既灭蜀，威势转振，朝廷惮之"，于是以谈玄而负盛名，"朝野推服"的殷浩"为建武将军、扬州刺史，遂参综朝权"。当时荆州位控长江中游，扬州位控下游，"荆、扬二州，户口半天下"，所以这二地的刺史兼

---

[1]《晋书》卷7《康帝纪》。
[2]《晋书》卷8《穆帝纪》。
[3]《晋书》卷98《桓温传》。
[4] 王鸣盛《十七史商榷》卷57 "江左不可无蜀"条。

都督军事者,权力相侔,"二州之重,咸归密戚"[1]。这样,以名高一时的殷浩为扬州刺史就足以与桓温分庭抗礼了。不过这个平衡又很快被新的形势打破了。北方"及石季龙死,胡中大乱",这是一个逐鹿中原的好机会,"朝廷欲遂荡平关河",殷浩也"以中原为己任,上疏北征许洛",要捷足先登。但盛名之下,其实难副,善于清谈的殷浩却不善于统兵,永和九年(353年)九月,殷浩为姚襄所败,"器械军储皆为襄所掠,士卒多亡叛"。桓温趁机"上疏罪浩",后者"坐废为庶人"[2]。此前,外戚、征北大将军、徐兖二州刺史褚裒也于永和五年(349年)率军三万北伐,在代陂被后赵军所败,退回京口,使得北方来归20余万遗民被"慕容儁及苻健之众所略,死亡略尽"。褚裒"忧慨发病"[3]而卒。此前,庾亮、庾翼兄弟也都发动过北伐,皆以失败告终。他们没能抓住机会,桓温要把他抓住。

永和十年(354年)二月,桓温"遂统步骑四万发江陵,水军自襄阳入均口",进而与前秦军转战于关中,胜之,进驻长安之霸上,后因"军粮不属,收三千口而还"。这次虽然没有收到占地的成果,但打出了兵威和自信,桓温也有了以后更大规模用兵的决心和理由。永和十二年(356年)七月,桓温再次自江陵率军北伐,屡战屡胜姚襄。八月,桓温攻克洛阳,"谒先帝诸陵,陵被侵毁者皆缮复之,兼置陵令。遂旋军,执降贼周成以归",接着"迁降人三千余家于江汉之间。遣西阳太守滕峻出黄城,讨蛮贼文卢等,又遣江夏相刘岵、义阳太守胡骥讨妖贼李弘,皆破之,传首京都"。这些部署和战果改善了荆州的战略态势。桓温为什么要率大军返回荆州呢?因为当时朝廷并没有给他在洛阳河南守土之职责,更主要的是东晋朝廷那时并没有匡复中原,重新统一宇内的全盘战略规划,桓温如果孤军呆在洛阳的话,不过是做祖逖第二,甚至更差,因为连"豫州刺史"这样的名分也没有。五年多后,即隆和元年(362年),在"寇逼河南"时,桓温一边遣军三千助守,一边上疏请迁都洛阳,甚至要求"自永嘉之乱,播流江表者,请一切北徙,以实河南"[4]。这是明知办不到的事,就像孙绰上表所反驳的那样,让南渡士民"出必安之地,就累卵之危",结果只能是"众丧",更不用说对东晋政权也是釜底抽薪。那

毛宝画像石柜

[1]《宋书》卷66《何尚之传》。
[2]《晋书》卷77《殷浩传》。
[3]《晋书》卷93《褚裒传》。
[4]《晋书》卷98《桓温传》。

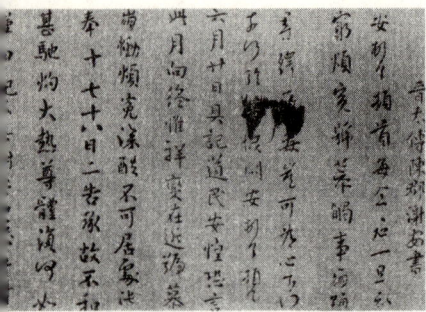

谢安·凄闷帖(东晋)

么桓温的真实用意是什么呢？从其以后的作为看，此疏恐怕一是为了显示其匡复中原的志士形象，也为以后河南地失推卸责任，是朝廷不按他主意做的结果；二是测试一下朝廷中有什么人会反对他，能耐如何。孙绰的表中除了一一列举出反对理由外，反过来请桓温"先镇洛阳"，将他一军，因为桓温也做不到。于是"桓温见绰表，不悦"。不过孙绰仅是个文人，而"朝廷畏温，不敢为异"[1]，桓温的下一步行动也就有了底。

在此期间，公元361年五月穆帝崩，因为没有儿子，由成帝长子司马丕继位，是为哀帝。但司马丕也只做了没几年皇帝便病故，由其母弟司马奕继位，时在公元365年二月。同年七月，立皇后庾氏，为庾冰之女，于是其兄弟庾希等并显贵。庾氏有再兴之势，"桓温深忌之"[2]。作为对策，桓温把北伐的口号再一次化为实际行动，于太和四年（369年）三月率"步骑五万北伐。百官皆于南州祖道，都邑尽倾"。然而出发时虽然风光，由于"时亢旱，水道不通"，在先胜一仗后，"军粮竭尽。温焚舟步退，自东燕出仓垣，经陈留，凿井而饮，行七百余里。（慕容）垂以八千骑追之，战于襄邑，温军败绩，死者三万人"[3]。桓温这次兵败主要原因是不顾天时地利，为政治需要而发兵，仓促之际对粮草供给也未作充分安排。于是首先归罪于未能将石门粮道打通的西中郎将袁真。但出兵原是为了对付庾家，而庾家的靠山是皇帝，于是在咸安元年（371年）十一月废司马奕为海西公。《晋书》卷8《海西公纪》说："初，桓温有不臣之心，欲先立功河朔，以收时望。及枋头之败，威名顿挫，遂潜谋废立，以长威权。然惮帝守道，恐招时议。以宫闱重闷，床笫易诬，乃言帝为阉，遂行废辱。"但这段话说得不全，因为桓温不可能仅仅是为了"长威权"而废立皇帝，由此还可肆意打击庾氏。"及海西公废，桓温陷（庾）倩及柔以武陵王党，杀之"，又以谋反罪捕"（庾）希、邈及子侄五人斩于建康市"[4]，且在同年四月"追贬庾后为夫人"。所谓"武陵王党"是桓温以武陵王司马晞与"袁真叛逆，事相连染"[5]为由，株连庾、殷等数家的案件。消除了对手，才是真正长威权。

被桓温新立的皇帝是元帝少子司马昱，是称简文帝。

---

[1]《晋书》卷56《孙绰传》。

[2]《晋书》卷73《庾亮传附庾希传》。

[3]《晋书》卷98《桓温传》。

[4]《晋书》卷73《庾亮传附庾希传》。

[5]《晋书》卷64《司马晞传》。

简文帝是位长君，之所以立他为帝，一来是穆帝、哀帝，包括成帝实际上都已无子嗣可继位，司马昱已是皇室近支了；二来以前和桓温交情颇好；三来他平素谨慎，无济世大略，"政由桓氏，祭则寡人"[1]。但如此情形下做皇帝则常惧被废黜，肯定心情不好，因此不到一年就一病不起，"遗诏以桓温辅政，依诸葛亮、王导故事"[2]，皇位由其第三子司马曜继承，是为孝武帝，时在咸安二年（372年）七月。

　　至此，桓温位极人臣，手掌军权，遥控朝政，在智力和资历上东晋朝廷内也无人能与他匹敌，似乎也能走当年曹操、司马懿篡政的路了。但改朝换代毕竟不是一件简单的事，曹操奋斗一生尚未竟了，司马氏则是努力了三代。对桓温不利的是他已年过花甲，很多程序上的事还得一步步来。宁康元年（373年）三月，在入京师朝见新皇帝和拜简文帝的山陵后，桓温"遂寝疾不起。讽朝廷加己九锡，累相催促。谢安、王坦之闻其病笃，密缓其事。锡文未及成而薨，时年六十二"[3]。这样，东晋皇朝又过了一劫。

三、东晋晚期的政治

1. 谢安与司马道子，从镇之以静走向乱政

　　桓温死后，开始由谢安执政，朝廷有了一段时间的平静，甚至是中兴的气象。公元383年的淝水之战，消除了东晋唯一一次实在的外来威胁，不过前秦垮台后的大好形势，也没有很好利用。似乎应该要乘势北伐，但收复失地也不是一件简单的事，"江淮南北户口未几，公私戎马不过数百"[4]，缺乏实力的基础。不这样做，还与谢安的为政理念相符。谢安的行政风格是"每镇以和靖，御以长算"，其实就是把握平衡，而平衡正是维系东晋皇朝的要点所在。因此一直让桓氏在荆州保有一定的势力，在桓豁、桓冲之后，"乃以桓石民为荆州，改桓伊于中流，石虔为豫州。既以三桓据三州，彼此无怨，各得所任"。这样政局就不会起波澜。"从容而杜奸谋，宴衎而清群寇"是谢安的作风，"其经远无竟，类皆如此"[5]。对外也一样，若径然北伐，败则大伤元气，胜则必有类似王敦、桓温之流权臣出现，对东晋朝廷来说都未必是件好事，以后发生的情况也证实了这

简文帝·庆赐帖（东晋）

[1]《建康实录》卷9"论曰"。

[2]《晋书》卷9《简文帝纪》。

[3]《晋书》卷98《桓温传》。

[4]《晋书》卷127《慕容德载记》。

[5]《晋书》卷79《谢安传》。

一点。

　　孝武帝太元十年(385年)八月丁酉,"太保谢安薨。庚子,以琅邪王道子为都督中外诸军事"[1]。此前司马道子的地位也在不断地上升,谢安一死,他就能支配朝政了。司马道子是孝武帝的兄弟,其擅权与孝武帝对待朝政的态度相关,孝武帝溺于酒色,"不亲万机,但与道子酣歌为务"。其实也不能太责怪孝武帝,东晋一朝,至此朝政总是由权臣包揽,不管这个权臣是好是坏,做皇帝只能拱手在旁摆摆样子,与其共天下而已。鉴于政治惯性,孝武帝在位时间又长,酒与女人对一个精力过剩的二三十岁皇帝产生很大的诱惑力,也是很自然的事情。问题是谢安死后士族中再也出现不了干练人物,朝中无人,大权就落到与皇帝最亲近的人身上,由是司马道子"势倾天下"。

　　既然不是因为能而是由于亲而成为执政者,出现诸如"官以贿迁,政刑谬乱。又崇信浮屠之学,用度奢侈,下不堪命"等现象,就不足为奇了。"会道子有疾,加以昏醉",其子司马元显趁机"自为扬州刺史",夺取权力。如果司马道子是在败坏社会政治风气的话,"性苛刻"的司马元显"又发东土诸郡免奴为客者,号曰'乐属',移置京师,以充兵役"[2],就激起了重大社会矛盾。因为那些"免奴为客"者都是归属于大族豪强门下,把他们征走就普遍地损害了门阀的利益,而将这些免奴为客者再沦为兵户,也不会是什么"乐属",于是"东土嚣然,人不堪命"。皇权与门阀关系失衡,东晋朝廷就岌岌可危了。

2. 桓玄的短命"楚"朝

　　孝武帝在公元396年据说是由于宫廷阴谋而醉后"暴崩。时道子昏惑,元显专权,竟不推其罪人"[3],其实要追究的话,也不一定能水落石出,反而弄得人心惶惶,可能更糟。太子司马德宗即位,是为安帝。安帝在位期间发生了两件动摇东晋皇朝的大事,一件是孙恩、卢循之乱。孙恩与卢循都出身士族,孙恩和其叔父孙泰俱为天师道道首,孙泰曾为新安太守,与司马道子父子有交往。卢循为范阳卢谌曾孙,一度为广州刺史,平越中郎将。他们以道术煽动士庶,和所谓"农民起义"风马牛不相及。但其乱历时十

谢鲲墓志

[1]《晋书》卷9《孝武帝纪》。
[2]《晋书》卷64《司马道子附司马元显传》。
[3]《晋书》卷9《孝武帝纪》。

余年,纵横于东晋大半个疆域,无论给当局还是给社会都造成很大创伤。另一件就是桓玄篡国。

桓玄是桓温之子,温死,袭爵南郡公。他"常负其才地,以雄豪自处,众咸惮之",加上朝廷中"时议谓温有不臣之迹,故折玄兄弟而为素官"。郁郁不得志的桓玄"在荆楚积年,优游无事"[1],但机会来了。尚书左仆射王国宝"从妹为会稽王(司马)道子妃",而"与道子持威权,扇动内外"。当时兖州刺史王恭"恶道子、国宝乱政,屡有忧国之言。道子等亦深忌惮之,将谋去其兵"[2]。但司马道子和王国宝等不是针对王恭一人,而是"谋削弱方镇",引起"内外骚动"。隆安元年(397年)四月王恭与豫州刺史庾楷以讨王国宝为名起兵清君侧,司马道子被迫杀王国宝。次年七月,"王恭又与庾楷起兵讨江州刺史王愉及谯王尚之兄弟"。桓玄与荆州刺史殷仲堪"谓恭事必克捷,一时响应。仲堪给玄五千人,与杨佺期俱为前锋",桓玄大败王师于白石。不意"恭将刘牢之背恭归顺",王恭被朝廷所杀。但朝廷对殷仲堪等地方实力派无可奈何,反而诏以桓玄为江州刺史。于是殷仲堪等"乃各回舟西还,屯于寻阳,共相结约,推玄为盟主",形成割据之势。

不久,桓玄与杨佺期、殷仲堪发生矛盾,并发兵攻灭了他们,"于是遂平荆雍"。接着,他上表要求为江、荆二州刺史的名分,并为兄桓伟求雍州刺史,"时寇贼未平,朝廷难违其意,许之"。桓玄的地位和实力至此已接近桓温了,但缺乏乃父的威望和能干,如果东晋朝廷中能有人与之周旋,以下游之实力,维持平衡的局面应该是可以的。但当时司马元显不顾"扬土饥馑,孙恩未灭",以为有原先投奔桓玄的庾楷为内应,便于元兴元年(402年)正月使朝廷下诏罪状桓玄,任征讨大都督伐玄。安帝亲自戎服为元显饯行,赋诗者98人,迫在眉睫的军务弄成了庆典式的诗文会。桓玄也"移檄京邑,罪状元显"。本来桓玄"兴师犯顺,虑众不为用",但司马元显临阵畏怯,下船却不开发。桓玄"既过寻阳,不见王师,意甚悦,其将史亦振。庾楷谋泄,收絷之"[3],于是先后败王师于姑孰和新亭,北府军主将刘牢之投降,军入建康,把一直逗留在京师的司马元显问斩,司马道子被酖杀。桓玄则自称太尉、扬州牧,总百揆。

上:东晋建威将军印

下:东晋建威将军印印文

[1] 《晋书》卷99《桓玄传》。
[2] 《晋书》卷75《王湛传附王国宝传》。
[3] 《晋书》卷99《桓玄传》。

东晋恭帝玄宫石碣

东晋的军队中,以扬州、荆州两大系统为主。桓玄能击败司马元显而主宰东晋朝政,刘牢之率扬州系统中的主力北府兵的最后依附是很重要的。可是刘牢之虽然善于打仗,先叛王恭,复叛司马元显,当然桓玄不会信任他,就以他为会稽太守,夺他兵权。刘牢之又想起兵反桓玄,但部下离散,窘迫而自缢死。接着桓玄"杀吴兴太守高素、将军竺谦之及谦之从兄朗之、刘袭并袭弟季武,皆刘牢之北府旧将"[1]。这就引起了北府兵将领的人人自危,或许是为了还要利用这支军队来征战,或许是时间不够,桓玄却没有对北府将领进行彻底的清洗,在近侧留下了隐患。

桓玄以为政敌强者都已剪除,于是在两方面实现其大志。其一是实行政治改革,但效果不好。史云"自晋中兴以来,朝纲弛紊,权门兼并,百姓流离,不得保其产业。桓玄颇欲厘改,竟不能行"[2]。这样桓玄既得罪了权门,又因事不成而无受益者来支持他。其二是紧锣密鼓进行篡国步骤,自谋为相国、封楚王、受九锡、置楚国官属、建天子旌旗等等。元兴二年(403年)十一月,桓玄逼晋安帝禅代,自为楚朝皇帝,接着举行仪式,封王公、置百官、立太庙等等。这样,桓玄就陷于类似王莽的境地:自己能力不足,加上急于求成,却要公私兼顾地办大事,就很难逃脱身败名裂的下场。因此当他正为开建新朝忙得不亦乐乎时,北府旧将刘裕、刘毅、何无忌等经密谋后,于元兴三年二月同时于京口、广陵等地起兵。桓玄仓促命桓谦等率军迎敌,但"谦等士卒多北府人,素慑伏裕,莫敢出斗",而刘裕军"皆殊死战,无不一当百",还实行火攻,"谦等诸军一时溃散"[3]。桓玄只得自建康出逃,率数千人乘舟西返,以图据荆州对抗,但在江陵兵败被杀,结束了只存在几个月的楚朝。

3. 东晋的终结

刘裕等率军击败桓玄,又依次剿灭桓氏在荆州地区的残余势力,安帝自江陵回建康复位。桓玄之所以没有杀他,是因为安帝"自少及长,口不能言,虽寒暑之变,无以辩也。凡所动止,皆非己出"[4],和惠帝的情况差不多。义熙四年(408年)正月,刘裕为扬州刺史、录尚书事,掌执军政

[1]《资治通鉴》卷112元兴元年十月条。
[2]《南史》卷1《宋武帝本纪》。
[3]《晋书》卷85《刘毅传》。
[4]《晋书》卷10《安帝纪》。

大权。自义熙六年(410年)起,刘裕先后灭南燕,平卢循及其余党,矫诏杀刘藩、刘毅、诸葛长民等,义熙十三年攻入长安,灭后秦。建立功业和铲除政敌是通过禅位夺取政权所必须要先做的两件事。大功告成后,义熙十四年六月,刘裕为相国,进封宋公。

当似乎可以平静地重复魏晋禅代故事时,发生了一个小插曲。或许是因为自己并非出身高门世族,司马道子父子、桓玄、刘牢之等一系列变故使他有机会登上执政的宝座,这让刘裕深信冥冥之中应该有着支配性的东西存在,包括"昌明之后有二帝"的谶言。昌明是晋孝武帝的字,如按谶言,要安帝之后再有一个皇帝,晋朝的气数才尽。但生来愚痴的人,只要生活上照顾得好,反而能活得很长,所以不能容忍安帝终其天年。于是在刘裕为相国、封宋公的当年,三十七岁的安帝被缢死。

按照刘裕所造的安帝遗诏,同母弟司马德文即位,改号元熙元年(419年),是为恭帝。过了一年多,义熙二年六月,在刘裕的授意下,晋恭帝一面说:"晋氏失已久之,今复何恨",一面在赤纸上亲手书写禅位诏书[1],最后结束了司马皇朝。

豪族生活画像石

第二节　门阀与门阀政治

一、门阀

门阀,字面上的解释是"门第阀阅",即累代权势显赫的世家大族。与此相近的名称还有高门、世族、望族、右姓、甲族等等。也有将门阀等同士族的,但此时的士族是狭义的,不包括其中的次门与寒门。

有钱有势的豪门贵族古今中外都有,但在中国历史上被指称为门阀者,只是其中的一部分,而且只是在一定的历史时期之内。它的特殊性主要表现在四点。第一,它一般是指存在于东汉后期至五代时期的那些代出高官的大族,"凡三世有三公者曰'膏粱',有令、仆者曰'华腴',尚书、领、护而上者为'甲姓',九卿若方伯者为'乙姓',散骑常侍、太中大夫者为'丙姓',吏部正员郎为'丁姓'。凡

[1]《晋书》卷10《恭帝纪》。

夫妻对坐图 辽东公孙氏家族墓地壁画 反映当时士族真实的生活场景

1《新唐书》卷199《柳冲传》。
2《隋书》卷26《百官志上》。
3《南史》卷76《刘慧斐传附刘昙净传》。
4《南齐书》卷23《王俭传》"史臣曰",《北史》卷44《崔光传》。
5《北史》卷33《李灵传附李孝贞传》。
6 陈寅恪《唐代政治史述论稿》中篇,上海古籍出版社1982年版,第79页。
7《梁书》卷33《王筠传》。
8《北史》卷41《杨播传》。
9《新集天下姓望氏族谱一卷并序》(S·2052)。
10《北史》卷30《卢玄传》、卷33《李灵传附李敷传》、卷35《郑羲传附郑琼传》。

得入者,谓之'四姓'"[1]。吏部保有士族的谱牒,士族出身者有担任官吏的权利,即门荫及释褐上的特权等,为这些官僚世家的延续提供了重要的制度保证。士族中,即使有这个或那个家族成员隐居不仕,但整个家族中必有出来做官的。士族子弟若愿入仕之,即可直接做官,其职称起家官。"三公子起家员外散骑侍郎,令仆子起家秘书郎。……此外有扬州主簿、太学博士、王国侍郎、奉朝请、嗣王行参军,并起家官,未合发诏"[2]。门第越高,起家官就越是清要,如六品的著作佐郎和四品的秘书郎。其他也往往有做官的捷径,如梁武帝曾"有诏士姓各举四科"[3]。这四科之开就是给士族子弟做官多一个新途径,因此"贵仕素资,皆由门庆,平流进取,坐至公卿"或"世门之胄,多处京官"[4]。

第二,这些大族不仅仅是代有高官的权贵世家,而且还是文人辈出的书香门第,有时候后者比前者对他们来说更为重要,如北齐赵郡李氏虽"与帝室姻媾重叠,兄弟并以文学自达,耻为外戚家"[5],故"实用儒素德业以自矜异"[6]。也就是说,这些家族在当时社会上不只有着政治地位,还有着很高的文化地位,所以它们不是普通的豪强大族。南朝琅邪王筠自夸:"史传称安平崔氏及汝南应氏,并累世有文才,所以范蔚宗云崔氏'世擅雕龙'。然不过父子两三世耳;非有七叶之中,名德重光,爵位相继,人人有集,如吾门世者也。沈少傅约语人云:'吾少好百家之言,身为四代之史,自开辟以来,未有爵位蝉联,文才相继,如王氏之盛者也。'"[7]北朝弘农杨氏"一门四世同居,家甚隆盛,昆季就学者三十余人"[8]。"爵位蝉联,文才相继"这两者合起来,文以扬名,官以崇位,所以当时动辄讲的就是家世名位,"人立身在世,姓望为先"[9]。因为门阀带有经学文化世家的特征,为保持这种特征至少要在一定程度上将儒家的伦理道德付诸实践,所以凡世人公认的高门还要有一定的"门风"或"门行"。如卢度世时的范阳卢氏"闺门之礼,为世所推","尊卑怡穆,丰俭同之。亲从昆季,常旦省诸父,出于别室,暮乃入内。朝府之外,不妄交游"。赵郡李敷兄弟"敦崇孝义,家门有礼,至于居丧法度,吉凶书记,皆合典则,为北州所称美"。荥阳郑琼"兄弟雍睦,其诸娣姒亦咸相亲爱,闺门之内,有无相通,为时人所称美"[10]。

所以北方士族门风多以礼法见称。又如琅邪王志"家世居建康禁中里马蕃巷，父僧虔以来，门风多宽恕，志尤惇厚"，因"兄弟子侄皆笃实谦和，时人号马蕃诸王为长者"[1]。也就是说马蕃巷一支为琅邪王氏之门第最高者，就是因为有着以宽恕为特色的门风。任昉的《家诫》，王僧虔的《诫子书》，陶渊明的《戒子文》和《命子诗》，颜之推的《颜氏家训》等纷纷出现，大旨是为了"整齐门内，提撕子孙"[2]，也从一个侧面反映了当时对门风的重视。门阀之特别重视门风，就是因为它非一般的贵族或豪强，而是有着经学世家或文化世家的背景，所以由素养或道德构成的门风对维护这样的背景是不可或缺的。

第三，门阀是广义的士族中最突出的高门。而士族的一大特权就是可以免役，并可荫及家族或他人[3]。凡是在州郡中正所掌的士籍簿册上列名的，均可享此优待。汉武帝尊儒术，立学校，"为博士官置弟子五十人，复其身"，元帝时甚至"能通一经者皆复"[4]。这既是以后门阀产生的一个由头，也是士族向有此特权的一个开端，此在十六国这样的乱世也维持着。如后赵时"镇远王擢，表雍秦二州望族自东徙以来，遂自戍役之例。既衣冠华胄，宜蒙优免，从之。自是皇甫、胡、梁、韦、杜、牛、辛等十有七姓，蠲其兵贯，一同旧族，随才铨叙"[5]。前秦时苻坚也"复魏晋士籍，使役有常"[6]。说明在十六国时代，士族的权利也会得到尊重。所以"有改注籍状，诈入仕流，昔为人役者，今反役人"[7]的附带现象出现。此外，一般还有荫庇他人免去赋役的权力，不过这要依士族本身的地位而定。如晋武帝太康元年制定的《户调式》规定："各以品之高卑荫其亲属，多者及九族，少者三世。宗室、国宾、先贤之后及士人子孙亦如之。而又得荫人以为衣食客及佃客"，所荫人数的多寡也依官品大小而定[8]。唐长孺先生认为"多半是'寒微士人为之'的流外官和'仍为清浊'的流内卑官，即是最起码的士族标识"[9]，就是他们有官做，能免役。反之则会导致时局不稳，如宋孝武帝"坏诸郡士族，以充将吏，并不服役，至悉逃亡，加以严制不能禁。乃改用军法，得便斩之，莫不奔窜山湖，聚为盗贼"[10]。但这还是一般士族，真正的高门宋孝武帝还是不敢动的，不过这足以使他名声败坏了。但也不

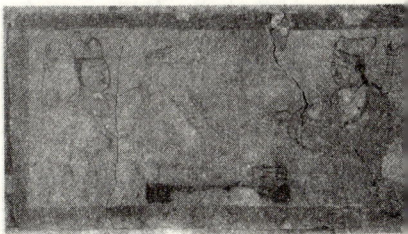

六博图（六博是当时士族中流行的游戏）

[1]《梁书》卷31《王志传》。"马蕃"，一作"马粪"。

[2]《颜氏家训·序致篇》。

[3] 当然会有各种例外，尤其是在战乱或少数族统治的政权下。刘驰先生还指出："在整个北魏政权统治的时期，士族未曾享有复除宗族及客赋役的经济特权。但在孝文帝太和十年立三长前，士族利用宗主督护的形式把赋役负担转嫁到其所控制的依附人口头上。"见其《六朝士族探析》，中央广播电视大学出版社2000年版，第75页。不过士族本人特别是官员应该还是有特权的。

[4]《汉书》卷88《儒林传序》。

[5]《晋书》卷106《石季龙载记上》。

[6]《晋书》卷113《苻坚载记上》。

[7]《南齐书》卷34《虞玩之传》。

[8]《晋书》卷26《食货志》。

[9]《士人荫族特权和士族队伍的扩大》，载《魏晋南北朝史论拾遗》，第72页。

[10]《宋书》卷82《沈怀文传》。

乏有士族借此特权来营私坏政。"先是诸郡役人,多依人士为附隶,谓之'属名'"[1],以逃避公役。由此造成朝廷在征赋役上的困难和社会矛盾的尖锐,这是门阀的一大祸害,也是与皇权之间的一个主要矛盾。

第四,由于门阀是经学与文化世家,所以它有门生;又由于它是官僚世家,所以它有故吏。第一流的门阀,如汉魏之间"四世三公"的袁氏与杨氏,都是门生故吏遍天下。其他能称得上门阀的也都会有门生故吏,只是数目多寡而已。至于文化成就和掌执权位而产生的辐射作用更是广而久的。因此虽然对门阀来说它的郡望至关重要,但它的势力和影响是全国性的,从而与一般局限于地方的豪强或土财主有很大的不同。

除了上述主要特点外,这些家族又重视家谱和婚姻关系,家谱与士籍相对应,婚姻讲究门当户对,以此来构成一个相对封闭的利益集团。而"朝廷每选举人士,则校其一婚一宦,以为升降,何其密也"[2]。因此仕途与婚姻关系往往相连。北齐白建虽非世族,因本人位至卿相且"勤于王室",故"男婚女嫁,皆得胜流,当世以为荣宠之极"[3]。清寒之族如联姻于高门也可使其地位上升,所以"营事婚宦"是家族的一件大事。如安东将军周浚看中了寒族女子李络秀,周浚"因求为妾。父兄不许,络秀曰:'门户珍瘁,何惜一女,若联姻贵族,将来或大益'。父兄从之"。后来李络秀所生子周顗等长大,遂命与李氏婚姻,使李氏得为方雅之族[4]。反面的例子如东晋杨佺期虽然系"汉太尉杨震之后",但"时人以其晚过江,婚宦失类,每排抑之"[5]。因此在那个历史时期,政治上或经济上的暴发户,要被承认为门阀也是很不容易的。如宋到溉已三世显宦,兄弟皆有美名,因其祖到彦之在立功前曾"担粪自给",仍被讥讽为"尚有余臭,遂学作贵人"[6]。又如南齐时中书舍人纪僧真受武帝赏识,求武帝允许其儿与荀氏通婚,为此"就陛下乞作士大夫"。武帝表示此得由时任都官尚书的江斅而定,纪僧真去见江斅,受到冷遇,只得丧气而归,说"士大夫故非天子所命"[7]!其关键就在于皇帝虽可给其所宠之人以官位,文化世家的地位却不是皇帝的权力所能定得了的。这种婚姻上门当户对的讲究,固然有维护士族范围与特权

杨子华·校书图卷(北齐)

[1]《南史》卷5《齐废帝本纪》。
[2]《魏书》卷60《韩麒麟传附韩显宗传》。
[3]《北齐书》卷40《白建传》。
[4]《世说新语·贤媛篇》。
[5]《晋书》卷84《杨佺期传》。
[6]《南史》卷25《到彦之传》。
[7]《资治通鉴》卷136齐武帝永明七年十二月条。

的考虑,但也包含着对家族文化礼法传统的保护,因为受过良好教育的大家闺秀,若"王夫人神情散朗,故有林下风气。顾家妇清心玉映,自是闺房之秀";"东海家内则郝夫人之法,京陵家内范钟夫人之礼"等[1],一般总会给子女亲属一种门风上的熏陶,所谓"尧舜之道,不如寡妻之诲谕"[2]。如公孙叡、公孙邃为堂兄弟,前者"封氏所生,崔氏之婿",都是高门;后者"母雁门李氏"是寒门,两者所受礼法熏陶和亲友关系便不一样,当时人就说:"士大夫当须好婚亲,二公孙同堂兄弟耳,吉凶会集,便有士庶之异。"[3]故《世说新语》专设《贤媛篇》,及"贾充妻李氏作《女训》,行于世"。又若宗少文"母同郡师氏,聪辩有学义,教授诸子"[4],在当时也很普遍。至于本时期颇多的才女和经学中女子翘楚者,亦与此相关,事迹见它章。

有一现象可能跟士族的文化特征相关。唐长孺先生考证出魏晋南朝有了比较地"不违庶孽"新风尚,而北朝一如汉代,一些士族家庭中嫡子与庶子之间的差别很大[5]。如邢邵的"世息大宝,有文情;孽子大德、大道,略不识字焉"[6]。这当然与他们母亲的地位与教养有关,进一步的原因是正式婚姻要讲究门第,但满足情欲只顾年貌,生下儿子便有诸多差别。由此产生的矛盾,如崔道固之母卑贱,故"嫡母兄攸之、目连等轻侮之"[7]。这也是当时门阀的一大弊病。北方士族重礼法和家族关系,所以对嫡庶之类的差别讲究些。范阳卢玄"有五子,嫡唯度世,余皆别生。崔浩事难,其庶兄弟常欲危害之,度世常深愤恨。及度世有子,每诫约令绝妾孽,不得使长,以防后患。至渊兄弟,婢贱生子,虽形貌相类,皆不举接"[8]。因此可以说这也是在异族统治下由于士大夫命运莫测,为了家族利益,避免"身殁之后,词讼盈公门,谤辱彰道路"[9]的一种保护办法。魏晋江左盛行玄学,玄学本是主张"越名教"的,将庶生子"不预人流"当然是反自然的做法,所以对那些名义之别也就不很严格了。

作为世家大族,门阀当然往往会有很多财产:土地、庄园、大宅、奴婢、金银等等,因为在中国古代,作为高官世家及门第本身,都可以成为取得财富的资本。但门阀的社会地位并不根基于财富,有的门阀代表人物甚至相当

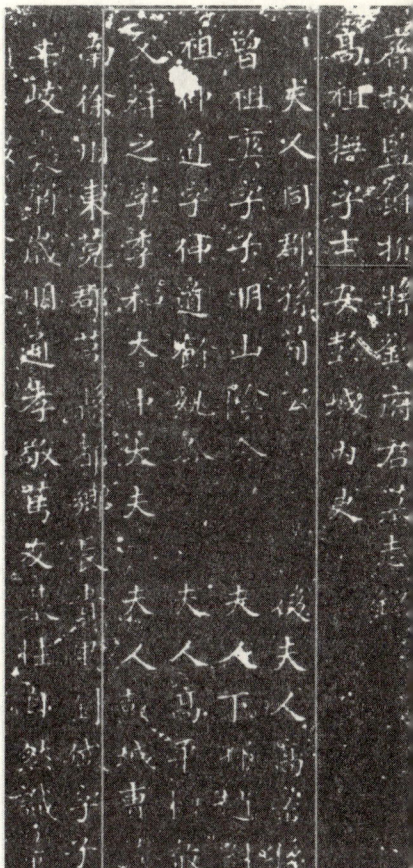

刘岱墓志(其中有刘氏家族四世的婚姻状况)

[1]《世说新语·贤媛篇》。
[2]《颜氏家训·序致篇》。
[3]《魏书》卷33《公孙表传》。
[4]《南史》卷75《宗少文传》。
[5]《读〈颜氏家训·后娶篇〉论南北嫡庶身份的差异》,载《唐长孺社会文化史论丛》,武汉大学出版社2001年版。
[6]《北史》卷42《邢峦传》。
[7]《北史》卷44《崔亮传》。
[8]《魏书》卷47《卢玄传》。
[9]《颜氏家训·后娶篇》。

的清贫。如后来北魏时博陵崔挺"家徒壁立,兄弟怡然,手不释卷"[1]。出身于渤海高氏的高允,官做到中书令、司空,家里却"惟草屋数间,布被缊袍,厨中盐菜而已"[2]。他们的地位来自于其在权力结构中的位置和社会声望,而非对生产资料的掌握。财富只是表明他们地位的一种装饰,有时甚至是卑劣的装饰。若高允,清贫带给他的是更好的名誉和更高的地位。因此王昙首"手不执金玉,妇女亦不得以为饰玩"。济阳江革"历官八府长史,四王行事,三为二千石,傍无姬侍,家徒壁立,时以此高之"[3]。也不乏以财富来换取清誉的例子,如赵郡李士谦"出粟万石以贷乡人,属年谷不登,债家无以偿,皆来致谢。士谦曰:'吾家余粟,本图赈赡,岂求利哉!'于是悉召债家,为设酒食,对之燔契,曰'债了矣,幸勿为念也'"。又"他年饥,多有死者,士谦罄家资为之糜粥,赖以全活者万计"。所以他死后"会葬者万余人"[4]。范阳卢氏代表卢义僖在任都官尚书、骠骑大将军、左光禄大夫之前曾因"幽州频遭水旱,先后有数万石谷贷人,义僖以年谷不熟,乃燔其契,州闾悦其恩德",自己则"麦饭蔬食,怡然甘之"。卢氏的另两位,卢文伟"积稻谷于范阳城,时经饥荒,多所振赡,弥为乡里所归"。卢叔彪"在乡时,有粟千石,每至春夏,乡人无食者,令自载取;至秋,任还其价而不计,岁岁常得倍余"[5]。真是名利双收。门阀为什么能在乡里有持久的势力,如此举措也是原因之一。当然门阀中也不乏贪残放荡者,所以士族中有高下兴衰的转机。

　　这种情况产生的背景是:在中国历史上,从来就是财富作为权力的附属,而不是权力作为财富的附属,是有权就有一切,而不是有钱有土地才有一切。有了权,捞取钱财很容易,只要他愿意;没有权,即使他赚了钱也可能朝不保夕。清代著名小说《儒林外史》里有一段大家熟知的"范进中举"故事:几乎已经沦为叫花子的范进考取了举人,还没有真正做官,就一下子什么都有了,本地的各色头面人物争先恐后地给他送来钱财、房子、土地、奴仆。这非常形象地说明了在中国,只要你走入了通向权力之路,或是凭门第关系,或是读书做官,或是从军立功,你就会拥有很多东西,权力越大,能得到的东西会越多。所以在

王闿之墓志铭(墓志中清楚地记录了他的原籍贯、官职和葬地)

[1]《北史》卷32《崔挺传》。

[2]《魏书》卷48《高允传》。

[3]《南史》卷22《王昙首传》、卷60《江革传》。

[4]《北史》卷33《李孝伯传附李士谦传》。

[5]《北史》卷30《卢玄传附卢义僖传》、《卢观传附卢文伟传·卢叔彪传》。

中国,最重要的斗争就是权力斗争,是政治和军事等一切作为的核心问题。时代愈古,这种现象就愈显著。门阀,就是那个时代里主要靠门第和文化的优势构筑起来的最有权势的阶层。

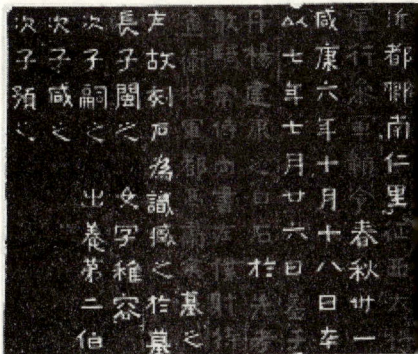

王兴之墓志铭

二、门阀的形成

门阀形成的背景分一般与特殊两个层面。一般的背景如中国是一个以家族为本的社会,当时"江南风俗,自兹已往,高秩者,通呼为尊,同昭穆者,虽百世犹称兄弟;若对他人称之,皆云族人。河北士人,虽三二十世,犹呼为从伯从叔"[1]。这种强烈的宗族纽带,正是门阀赖以存在的重要基础。其特殊的背景则在于以下:

1. 从经学世家到门阀

为什么那个时期的一些大族变成了门阀? 这系一连串的因素所促成的,其最早的源头可以回溯到西汉武帝时的独尊儒术。独尊儒术主要表现在两个方面,一是三纲五常成了社会的最高行为准则,贯彻在法律和道德之中。二是政治制度及其运行是本着礼制而成的。就后者而言,各级官吏只有领会了儒家思想,才能处理好政务,维护这些制度,履行好自身的职责,这也是一种"专家治国"。因此无论是以辟举形式还是以学校形式来培养选拔官吏,学习儒家经典,掌握儒家思想都是务必做到的事。以至有人说:"士患不明经术;经术明,取青紫如拾地芥耳。"[2]

因此,门阀之所以能垄断官位,就是因为它垄断了文化,如博陵崔氏"以文业应利用之秋,世家有业,余庆不已,人位继轨"[3]。而文化能被世家所垄断,又是和当时的社会条件相关。文字是文化表现的一种重要形式,尤其是精英文化,更需要文字来传播。虽然中国系统文字的出现早在三千多年之前,但书刻在甲骨上的文字能读或能读到的人是很少的。以后帛书太贵,文字的流传就主要靠竹简,但竹简的笨重阻碍了文字的普及。在这种情况下,思想与学问的传递很大程度上要依靠面对面的教导,以孔子为首的诸子就是以这样的方式教诲学生的。汉代发明了纸,但从近年出土的长沙走马楼吴简的情况看,县衙的

[1] 《颜氏家训·风操篇》。
[2] 《梁书》卷38"传论"。
[3] 《北史》卷32《崔氏传论》。

青釉神兽尊（宜兴周氏家族墓地出土）

户籍既然都登记在竹简上，说明三国时纸的使用仍不普及。南北朝前期，萧道成"虽为方伯，而居处甚贫，诸子学书无纸笔"，其子萧晔"常以指画空中及画掌学字"。另一子萧锋当时在外家张氏，"张家无纸札，乃倚井栏为书，书满则洗之，已复更书，如此者累月。又晨兴不肯拂窗尘，而先画尘上，学为书字"[1]。封疆大吏的子弟学书尚无纸，可见当时纸的缺乏。因此至少可以说本时期的文化传播仍受很大限制，口耳相授是当时教学的主要方式。如此教学方式强化了师生之间的纽带，也是家学发达的重要成因。这样，文化学术能够很容易被垄断起来，此是门阀得以形成和长盛不衰的一个很重要条件。

　　东汉末最负盛名，号称"四世三公"的汝南袁氏和弘农杨氏都是起始于经学世家。如袁安的"祖父良，习《孟氏易》，平帝时举明经，为太子舍人"。袁安"少传良学"，后为司空、司徒。其子袁敞"少传《易经》教授"，后为司空。另一儿子袁京"习《孟氏易》，作《难记》三十万言。初拜郎中，稍迁侍中"，孙子袁汤"少传家学，诸儒称其节，多历显位。桓帝初为司空"[2]等等。再如杨震"少好学，受《欧阳尚书》于太常桓郁，明经博览，无不穷究"，被称为"关西孔子"，安帝时官做到司徒。其子杨秉"少传父业，兼明《京氏易》，博通书传，常隐居教授"，累官为太尉。秉子杨赐"少传家学，笃志博闻"，屡为司空、司徒、太尉。赐子杨彪"少传家学"，在灵帝"熹平中，以博习旧闻，公车征拜议郎，迁侍中、京兆尹"，亦先后为司空、司徒[3]。其实汉晋间门阀无不如此，就是晋帝室司马氏也是"本诸生家，传礼来久"[4]。会稽贺场"晋司空循之玄孙也，世以儒术显"[5]。《颜氏家训·序致篇》云"夫同言而信，信其所亲；同命而行，行其所服"，因此家学往往很有成效。如此榜样使得到了南北朝中后期，还有人走"既笔耕为养，亦佣书成学"，如王僧孺、蒋少游等[6]。

2. 九品中正制与门阀

　　魏晋南北朝时期为什么门阀势力特别大？除了因皇权衰落外，还与两个因素密切相关。其一是士族成为专籍之族，享有特权。秦及汉前期无专门的士族，士族之起远因是经学世家的形成，近因则是中正之设。

[1]《南史》卷43《萧晔传·萧锋传》。
[2]《后汉书》卷45《袁安传》。
[3]《后汉书》卷54《杨震传》。
[4]《晋书》卷20《礼志中》。
[5]《南史》卷62《贺场传》。
[6]《梁书》卷33《王僧孺传》。王僧孺曾官少府卿。北朝蒋少游"以佣写书为业"，后为"前将军兼将作大匠"，"又兼太常少卿"，见《魏书》本传。

关于中正的设立,是在魏文帝延康元年(220年)"吏部尚书陈群以天朝选用,不尽人才,乃立九品官人之法。州郡皆置中正,以定其选。择州郡之贤有识鉴者为之,区别人物,第其高下"[1]。中正一般是由司徒荐举,尚书诏除,郡县中正也有系地方长官推荐的。整个两晋南北朝,除了北魏前期等部分时段外,都延续此法,同时辟举、门荫、学校等入仕制度也继续存在,互为补充。中正之设是为了适应官吏选拔和提升的需要,即通过中正认定本地可补充为官或已经为官的人士资格,并按其德才优劣加以品第,称之为"乡品"或"品状"。其中"品"指才,"状"指德,还有父祖的仕历称"簿阀",中正就是根据这三者来定品第。宫崎市定先生指出,官品[2]"中正的乡品并不是没有关系的"。乡品以供朝廷选择或升黜,从而使"官无非职,位无非人"[3]。这也是因为"丧乱之后,人士流移,考详无地,故立九品之制,粗且为一时选用之本"[4]。既然"人士流移"的情况贯穿于本时期,九品中正制也就有了一直存在的一条理由。

由于中正并非是属于行政系统的职事官,即把官吏的选举系统和行政系统相分开,避免行政官员凭其权力对选举进行可能的干扰。而且"九品之法,所以系维数百年,正由州论党议,有以治平焉耳"[5]。即中正多多少少要顾及到地方舆论,而地方卜的"清议"有助于一定程度的公正。这不仅大大优于秦代的"以吏为师"的官吏造就办法,比两汉列卿州郡辟举之法也前进了一步,且后者所顾及的只能是少数士人。所以一开始的时候此制也起过积极的作用,如西晋的何攀"为梁、益二州中正,引致遗滞。巴西陈寿、阎乂、犍为费立皆西州名士,皆被乡间所谤,清议十余年。攀申明曲直,咸免冤滥"。及华恒"为州大中正,乡人任让轻薄无行,为恒所黜"[6]。

但九品中正又如何促成了门阀的形成? 南朝的沈约叙述此过程道:"汉末丧乱,魏武始基,军中仓卒,权立九品,盖以论人才优劣,非为世族高卑。因此相沿,遂为成法。自魏至晋,莫之能改,州都郡正,以才品人,而举世人才,升降盖寡。徒以冯藉世资,用相陵驾,都正俗士,斟酌时宜,品目少多,随事俯仰,刘毅所云'下品无高门,上品无贱族'者也。岁月迁讹,斯风渐笃,凡厥衣冠莫非二品,自此以还,遂成卑庶。"[7]造成这种情况的,西晋时的刘毅指

六朝士族墓出土的画像砖

[1]《通典》卷14"历代选举·魏制"。
[2] 宫崎市定《九品官人法研究》第2章,中译本,中华书局2008年版,第62页。
[3]《潜夫论·考绩篇》。
[4]《晋书》卷36《卫瓘传》。
[5] 王伊同《五朝门第》第3章,中华书局2006年版,第31页。
[6]《晋书》卷45《何攀传》、卷44《华表传附华恒传》。
[7]《宋书》卷94《恩幸传序》。

六朝士族墓出土的陶戏楼

出是由于"人物难知,一也;爱憎难防,二也;情伪难明,三也。今立中正,定九品,高下任意,荣辱在手。操人主之威福,夺天朝之权势。爱憎决于心,情伪由于己。公无考校之负,私无告讦之忌。用心百态,求者万端。谦让之风灭,苟且之俗成",以及"今一国之士多者千数,或流徙异邦,或取给殊方,面犹不识,况尽其才力。而中正知与不知,其当品状,采誉于台府,纳毁于流言。任己则有不识之弊,听受则有彼此之偏"。对于已做官者的评定则"虽职之高,还附卑品,无绩于官,而获高叙,是为抑功实而隆虚名"等等[1]。这样中正就有了能影响士族社会地位的力量,直到北魏后期还是如此,州的大中正可以让"姓族多所降抑",也可为旧族沦滞者申达[2]。除此之外,一是中正本身大多出身于士族,"其州大中正、主簿,郡中正、功曹,皆取著姓士族为之"[3],因此在感情上及人才标准的认同上都会有意无意地偏向世家大族,"不考人才行业,空辨氏姓高下"[4],更不用说一部分中正会受亲友关系请托的影响了。二是士族子弟易被知名,易受推荐,当时衡量是否人才,既无考试,当然没有固定标准,因此世家子弟就占了很大便宜。"故据上品者,非公侯之子孙,则当涂之昆弟也。二者苟然,则荜门蓬户之俊,安得有不陆沈者"[5]。三,也不可否认,门阀既是源于经学或文化世家,其子弟受教育条件当然大大优于一般人家,容易成才,即使中正不偏不倚,其列为上品的概率也会高出其他人许多。

在上述三种因素的综合作用下,日积月累地通过在中正那里形成的惯例并不断强化,就形成一种"门品",即士人主要凭其出身门第"在居官之先,就已拥有着一种与官职分离的'品位'"[6]。这种品位反过来又巩固了士族的社会政治地位,若"旧事,东宫官属,通为清选,洗马掌文翰,尤其清者。近世用人,皆取甲族有才望"。又若"秘书郎有四员,宋、齐以来,为甲族起家之选,待次入补,其居职,例数十百日便迁任"[7]。使得士族子弟可以无所用心,"自可随流平进,不需苟求"[8],便能得高官。如此形成了一种相对封闭的内循环,"中正所铨,但存门第,吏部彝伦,仍不才举"[9],把统治阶层的圈子越划越狭,在缩小了统治基础的同时,也在一定程度上弱化了士族子弟的进取心和从政能力。

[1]《晋书》卷45《刘毅传》。
[2]《魏书》卷26《宋隐传附宋弁传》。
[3]《新唐书》卷199《柳冲传》。
[4]《北史》卷44《崔亮传》。
[5]《晋书》卷48《段灼传》。
[6] 阎步克《品位与职位》第6章,中华书局2002年版,第350页。
[7] 分见《梁书》卷49《庾於陵传》、卷34《张缅传》。
[8]《梁书》卷7《太宗王皇后传》。
[9]《魏书》卷8《世宗纪》。

不过，由于世家子弟的数目总是会大大多于官位，尤其是"清官"的位置，所以中正至少在士族的范围内，还能起到择优励才和平衡利益的作用，就使它一直具有存在的理由。

如此，一个起初有利有弊，甚至利大于弊的制度，如果后来因循守旧，没有改进，弊的成分就会大大增加，成为弊制，尤其是在"台阁选举，涂塞耳目；九品访人，唯问中正"[1]的情况下。这是因为在制度的执行者身上日久总会出现制度与其自身利益的结合点（如执行强度和频度对自身的利弊），因此执行者趋利避害的自然反应，如不通过改革纠正，也会使任何一个制度最后弊端百出。

其二是士族领兵。在战乱和不断改朝换代过程中，士族也认识到带兵的重要，先夺兵权后夺帝位的司马氏体会最深，所以"（晋）武帝甚重兵官，故军校多选朝廷清望之士居之"。而"江左以来，都督中外尤重，唯王导等权重者乃居之"。所谓"都督中外"，即"都督中外诸军事"简称，系"总统内外诸军"的最高长官[2]。如此传统在东晋南朝就也一直保持着，至于为地方长官更是兼军职，带将军号而领州郡兵。如南齐"永元诸军官是素族士人"[3]。北朝士族投身在少数族政权之下，带兵打仗更是经常的事，"每见文士，颇读兵书"[4]，在少数族政权中起过很大作用的张宾、王猛等都是善于领兵打仗的，前秦灭前燕的战役就是王猛指挥的。北齐的鲜卑人都瞧不起汉人文臣，但渤海高昂兄弟手下有兵，能打胜仗，鲜卑贵族就很忌惮他们。他们与一般将领不同之处，就是所谓"上马能击贼，下马作露布"，能武能文。这样子就形成了士族领兵的第一个层面。

士族领兵的第二个层面是士族一般都拥有私家部曲，如河东薛强"总宗室强兵，威震河辅"。赵郡李显甫"豪侠知名，集诸李数千家于殷州西山，开李鱼川方五六十里居之，显甫为其宗主"。葛荣起兵时，其子李元忠"率宗党作垒自保，坐于大槲树下，前后斩违命者凡三百人"[5]，其中武装者实际上就是李氏之私部曲。这种现象多与战乱相关，所以在北方更普遍些，即我们在另章中要专叙的私兵、乡兵之类。

上：平东将军金印

下：平东将军章印文

[1]《晋书》卷48《段灼传》。

[2]《晋书》卷24《职官志》。

[3]《南史》卷72《钟嵘传》。

[4]《颜氏家训·诫兵篇》。

[5]《北史》卷36《薛辩传》、卷33《李灵传附李显甫传·李元忠传》。

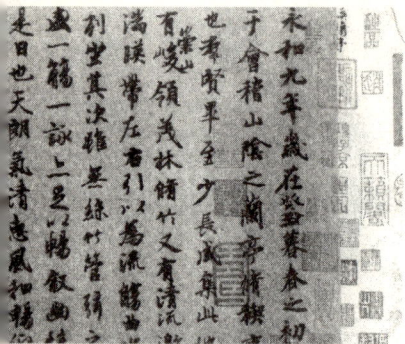

王羲之·兰亭集序(东晋)

上述两种形式的士族领兵合起来，对其在本时期的社会地位有很大的影响。但这对士族并非绝对有利，因为领兵掌兵往往会更深地卷入政治斗争，在带来好处的同时也会带来危险。因此大多数士族宁愿以文守成，平流进取，尤其在时局相对稳定的情况下。至于领兵不仅使士族据有军权，由于以将军开府者皆配有军吏，从而享有重要的待遇，如王羲之也要有个"右军将军"的名号。因此门阀一旦丧失领兵权，它们的影响和利益也随之受到损害。

三、门阀政治

门阀政治与门阀社会是有区别的两个概念。门阀社会是门阀政治的基础，前者指门阀在社会中占据统治地位，后者只有门阀代表直接左右朝政的情况下，才是典型的严格意义的门阀政治，在这样的意义上指的就是东晋政治[1]。

也有广义的门阀政治，这时候此概念约等于门阀社会。如此所谓的门阀政治应该分两个层面，其一是门阀士族在社会政治中起主导作用的局面，因为魏晋南北朝时期的门阀集中了当时社会的主要精英。

首先主要表现在士族的代表者执掌着朝政，实际上是在皇帝的名义下分享皇权，在当时人的眼里，门阀政治的典型现象如东晋，由于"晋朝南渡，优借士族"[2]，所以"晋主虽有南面之尊，无总御之实，宰辅执政，政出多门，权去公家，遂成习俗"[3]。"皇帝也就只是士族利用的工具而非士族效忠的对象"[4]。这当然是就典型的门阀政治而言，广义门阀政治是指在朝廷中，门阀基本上占据着朝廷的权势要津，如"中兴膏腴之族唯作吏部"[5]。门阀占做高官的现象即使到了六朝之末陈朝也是如此，据章义和先生统计，在陈文帝最高统治集团的30个人中间，"高门士族十五人，占总人数的50%"[6]。这与陈武帝初有很大改变，说明当时以文治坐天下还得靠门阀。但门阀政治并不仅仅是一种权力分割，所以其二是在前者的基础上更进一步，朝廷的制度政策设计是本着士族的理念，从而也为着门阀士族的利益服务，门阀的意志总体上决定着当时的政治方向。若"武帝泰始初，衣服上俭下丰，着衣者皆厌裸，此君衰

---

[1] 参见田余庆《东晋门阀制度》"自序"，北京大学出版社2005年版。

[2] 《颜氏家训·涉务篇》。

[3] 《晋书》卷117《姚兴载记上》。

[4] 《释"王与马共天下"》，载《东晋门阀制度》，第23页。

[5] 《晋书》卷75《王国宝传》。

[6] 《地域集团与南朝政治》，华东师范大学出版社2002年版，第206页。

弱,臣放纵,下掩上之象也"[1]。可见这也是当时人的看法。即前者贯彻于魏晋南北朝,后者只是在东晋一朝的大部分时间里体现。如果仅就门阀是社会中政治作用起得最大的一个阶层而言,那还可以将第一层面而言的门阀政治延续到隋唐。

因为门阀是一个众多士族合成的特殊阶层,为了其整体利益的需要,它们的一些代表人物作为社会精英,往往能着眼长远,由是"几家门阀士族势力由平衡进入不平衡,经过复杂的演化又进入新的平衡"[2],使政局维持动态的稳定。

评说门阀政治的功过优劣,关键在于是从什么角度来观察。世家旧族由于本身的持久稳定,所以在门阀主政的时代,政治格局也呈现相对的稳定。将东晋与南朝可作一对比,因为门阀对皇权的制约作用在南朝大为减少,皇权的膨胀加剧了皇位的争夺,南朝非正常取得帝位和皇帝被杀的事例大为增加。东晋103年间有过11个皇帝,南朝宋、齐、陈三朝114年间则换了20个皇帝!梁朝开国皇帝萧衍因寿命长在位久,故有一段时间太平,但自简文帝大宝元年(550年)起的短短7年间就有六人称帝。每一次帝位争夺,哪怕仅局限于宫廷政变,也会带来社会政治的动荡。因此门阀在这段历史时期的政治作用也要进行辩证分析。进一步讲,魏晋南北朝盛行的门阀体制的主要社会功用之一,是将人的社会等级合理化和合法化,因能在制度上及观念上把人与人之间的不平等变成自然而然的东西,从而在相当大的程度上避免了因贫富贵贱之间的心理不平衡和矛盾冲突所引起的社会动荡。这也是门阀制度得以长期存在的一个重要原因。

其第二大影响在于成为文化昌盛的推动力。由于礼法文学亦是构成士族之要素,所以士族要维持其文化特色,必然会有相当的投入。士族成员除在经、玄、佛、道、文、史诸学上能有所长外,为了显示名士风度,往往在艺术上也有擅长,把琴、棋、书、画与文人普遍相连,蔚然成风,也就是在魏晋南北朝。本时期虽然在政治上是一个动乱分裂的时代,但是其思想上之百家争鸣,文化上之百花齐放,自秦之后没有一个朝代能比得上,其中一个重要原

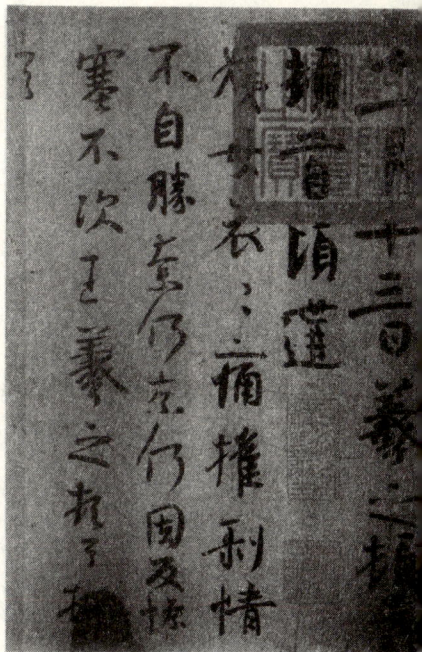

王羲之·姨母帖(东晋)

[1]《晋书》卷27《五行志上》。
[2]《东晋门阀制度》,第34页。

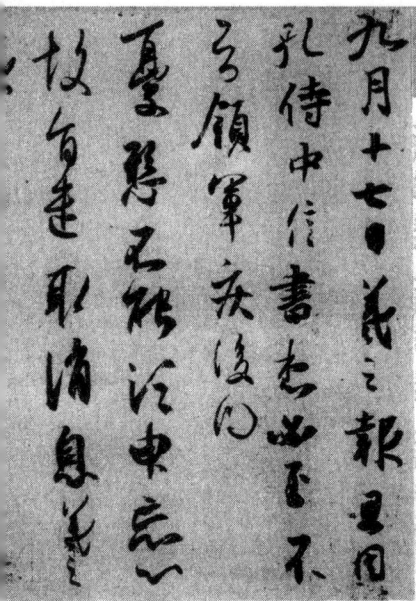

王羲之·孔侍中帖（东晋）

因，就是因为它是门阀社会，士族起着中坚的作用。门阀还对一些文化习俗发生影响，如本时期"避讳更急于古"。还如当时称呼上的变化，"南北风俗，言及祖及二亲，无云家者；田里猥人，方有此言耳。凡与人言，言已世交，以次第称之，不云家者，以尊于父，不敢家也。凡言姑姊妹女子子：已嫁，则以夫氏称之；在室，则以次第称之。言礼成他族，不得云家也"。及"凡与人言，称彼祖父母、世父母、父母及长姑，皆加尊字，自叔父母已下，则加贤字，尊卑之差也"等等[1]。这些都是家族观念强化所致。有的士族标榜"男清女贞"的门风，对当世及后世的道德产生了影响。

门阀政治虽然在政治上能维持平衡，但不可能抑制它们各自在社会上谋利，致使"晋纲宽弛，威禁不行，盛族豪家，负势陵纵"[2]，慢慢地侵蚀着司马皇朝。这是大族政治难以克服的弊病，也为后来皇权制约门阀提供了合理性。

四、地方上的门阀政治

如果说在朝廷中枢与皇权相对的门阀政治主要存在于东晋的话，那由士族支配地方的政治可谓源远流长，贯穿于整个中国古代封建社会。不过就其最典型地方门阀政治，则依然是在两晋南北朝。可以说，呈现在朝廷上的门阀政治也正是以发达的地方门阀政治为基础。

农耕的特点，是民众长期生活在固定的地域里。而聚族而居的习俗，使彼此间有着强烈的认同感。《颜氏家训·风操篇》说"江南风俗，自兹已往，高秩者，通呼为尊，同昭穆者，虽百世犹称兄弟；若对他人称之。河北士人，虽三二十世，犹称为从伯从叔"。颜之推的原意是要说明南北之间的区别，但无论南北，其实都强调了"族"的关系。而其中族之大者，就成为支配乡里的重要势力。门阀是大族，由于其在外的名声和在朝廷中的影响，其在地方上的势力更是一般大族所不能比拟的，这就构成了地方门阀政治。当然，门阀也是豪强大族的一类，后者武断乡曲，门阀也不能完全避免，但门阀较多地是使用政治及文化上的影响力，与当时及后世一般的豪强把持地方还有所不同。后者凭借的是暴力，且往往置身于官方控制之外，这也是与战乱之时代特征相关。如北魏时河北"郡带山河，俗多

---

[1]《颜氏家训·风操篇》。
[2]《南史》卷15《刘穆之传》。

盗贼。有韩、马两姓各二千余家,恃强凭险,最为狡害,劫掠道路,侵暴乡闾"。这韩、马两姓就是典型的豪强,他们是以另一种形式涉及地方政治,一如两汉时的情景。因此也可以说,由于门阀是具有文化特征的强族,所以由他们来把持地方政治,总会比一般豪强多一些儒家色彩,后世的乡绅政治其实与此是一脉相承的。

　　至少是在南北朝时,地方官,尤其是佐吏的俸禄皆由本地支出。北朝在太和前根本没有俸禄。南朝"宋武以来,州郡秩俸及杂供给,多随土所出,无有定准"[1],虽然南齐后来对秩俸多少作了"定格",但只是立个统一的标准,钱还是要地方支出的。而地方财政的好坏与门阀大族的表现大有关系,官吏的收入既然依靠地方财政,门阀的影响就不言而喻了。

　　地方门阀政治主要表现于两种形式。一是郡县出身的行政长官和主要辅佐官员是由门阀出身的人担任。如河东薛湖笃志于学,因其"好以德义服人。或有兄弟忿阋,邻里争讼者,恐湖闻之,皆内自改悔。乡闾化其风教,咸以敬让为先",由是"三召州都,再辟主簿",而为"本州中从事、别驾,除河东太守。兄弟并为本郡,当世荣之"[2]。二是郡望大姓支配着当地的民事活动与治安,在战乱的时候还担当着保卫地方的责任。即"刺史府官,则命于天朝,其州吏以下,并牧守自置。自昔以来,州郡大吏,但取门资"[3]。朝廷以士族为本地长吏,有利于地方稳定,如河东裴果北周时为正平太守,"正平,果本郡也,以威猛为政,百姓畏之,盗贼亦为之屏息"[4]。又如夏侯谱"常停乡里,领其父部曲,为州助防。刺史贞阳侯明引为府长史"[5]。在和平的时候举办乡学,扩展私学与家学,提倡文化,取得声誉,如贺玚"于乡里聚徒教授,四方受业者三千余人"[6]。又如赵郡李祥"学传家业,乡党宗之"[7]。当然这样也有利于这些家族本身的利益,如此双赢的现实性,正是本时期门阀政治普遍地方化之症结所在。当然这也不无弊病,例如余姚"县大姓虞氏千余家,请谒如市,前后令长不能绝"[8]。这种世家大族对利益的过分诉求,是门阀社会的一大通病,如何抑制部分士族利益超常扩张,是当时从朝廷到地方实施良好政治的一个关键。

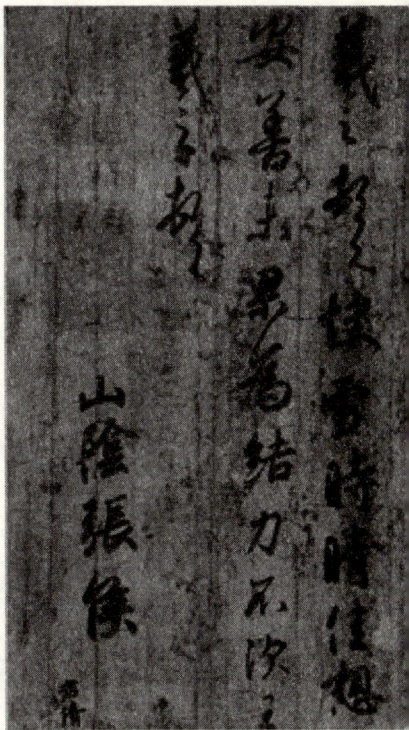

王羲之·快雪时晴帖(东晋)

[1]《南史》卷42《萧巋传》。
[2]《北史》卷36《薛辩传附薛胤传·附薛湖传》。
[3]《周书》卷23《苏绰传》。
[4]《北史》卷38《裴果传》。
[5]《南史》卷55《夏侯详传》。
[6]《南史》卷71《顾越传》、卷62《贺玚传》。
[7]《北史》卷33《李孝伯传附李祥传》。
[8]《南史》卷70《沈瑀传》。

青釉褐彩羊（东晋士族墓出土）

除了以上两种形式外，还有一种特殊情形，那就是虽非本地郡望，但由于累世在一地担任军政长官，因而形成强大的家族势力，如东晋时桓氏之在荆州，仅桓谦就"部曲遍于荆楚"[1]，边远州郡则更为常见。这种情况之发生当然与皇权衰弱相关，所以也是以两晋南北朝时期为代表。

但也有少数强悍的州郡长官，凭着其在朝中的后盾，或对朝廷形势的判断，敢于铲除地方上的豪强大族势力。如陈始兴王叔陵为江州刺史，凭着陈宣帝对他的宠爱，对州内"诸公子侄及罢县令长，皆逼令事已"，还使他们子弟配为将领马仗，以为羞辱[2]。不过如此对高门开刀的例子，还是很少的，尽管当时门阀政治早已成了尾声。

门阀把持地方，主要在州郡一级，而且到了南北朝，由于皇权的加强，影响也趋向于间接。尤其在北方，出现"齐因魏，宰县多用厮滥，至于士流，耻居百里"的现象[3]。不过这情况的另一面，也可能是县令由朝廷指派，不能由本地人担任，但地方门阀势力强大，县令只能无所事事，这样没意思的小官，以至于滥，当时也是形势所至。

五、门阀的衰落

世有兴衰，源于两汉的门阀在两晋之间势力达到了高峰，南北朝就开始走向衰落，隋唐时期虽然在社会上保留着一定影响，但已是夕阳西下了，五代之后，那些轰轰烈烈将近千年的高门世族已不复存在。门阀的兴衰过程是否与社会变迁相关，或者说是与哪一些社会要素的变化相关呢？

首先是和皇权的兴衰相关。门阀与皇权虽然处于同一个体制内，但在利益与权力的配置上是会随着形势的变化而变化的。本时期皇权的相对衰弱导致了所谓门阀政治的强势，南北朝后皇权的复振又使得后者逐渐失势，一如前面所叙。不过在朝代和皇帝如走马灯般地轮换时，一些家族能在数百年间始终把持着政治要津，这就不能单纯以与皇帝关系来解释了。

门阀既然是恃文化而为官僚，其对官场的垄断从根本上说是建筑在对文化的垄断上，因此一旦文化冲破士族的垄断而得到普及，门阀凭借的基础便消失了。在这文化

1 《晋书》卷118《姚兴载记下》。
2 《南史》卷65《陈叔陵传》。
3 《北史》卷55《元文遥传》。

转机中,纸的普及和印刷术的发明起到了关键性的作用。

可能在两晋之间纸张的使用有了很大的普及,因为土法造纸要紧的是技术而不是设备,一旦知道了怎样的方法,因陋就简也能造出纸来。当时纸流行的证据就是户籍分用黄、白纸登录,与三国时大不一样。这当然对书籍的流传十分有利,文化传播加速的直接影响之一就是寒人能在各级行政机构里胜任工作,其实隋唐能实行科举制也与此有关,因为知识阶层的扩大是实施科举制度的充要条件。门阀失去了对文化知识的垄断,慢慢走向衰落就成了不可避免的趋势。唐以后印刷术的利用导致书籍的大量涌现,不仅使宋以降科举进入一个新的阶段,也注定了战乱后的士族销声匿迹,更没有死灰复燃的希望。

灰陶牛车　1971 年南京出土

第三节　移民与流民

移民与流民每个朝代都有,但在本时期特别的多,并与政治变乱互为因果。

从八王之乱到永嘉之变,中国北方已经大乱,而大江南北河西等地却是相对的平静,加之司马渡江,东晋建立,成了人们心目中正朔所在,于是引发了一波又一波向南为主的移民潮。同时各地难以安顿下来的移民则成了流民,或者说那些有一定流动方向最后又定居下来的流民称为徙民或移民,显然流民这个概念内涵更广一些。

一、移民潮和侨置郡县

1. 移民

西晋末产生的移民潮除一般为躲避战火外,还加上为逃北方民族仇杀之难,所以其规模可谓空前。据谭其骧先生的统计,"晋永嘉之丧乱,致北方平均凡八人之中,有一人迁徙南土;迁徙之结果,遂使南朝所辖之疆域内,其民六之五为本土旧民,六之一为北方侨民",其数目,"截至宋世止,南渡人口约共九十万"[1]。

由于战争和由此引起的各种仇恨,当时的移民过程

[1] 谭其骧《晋永嘉丧乱后之民族迁徙》,《燕京学报》第15期(1934年)。

牧马图（嘉峪关 13 号墓壁画）

是一部血泪史。永嘉变乱之后，"青、雍、幽、荆州徙户及诸氐、羌、胡、蛮数百余万，各还本土，道路交错，互相杀掠，且饥疫死亡，其能达者十有二三。诸夏纷乱，无复农者"[1]。正因为这些北方移民也经过如此一番锻炼，在精神上和实力上都是劫后余生的强者，所以他们到了江左后，不仅站住脚跟，而且反客为主，成为当时当地社会的主流。

其时，移民潮自黄河流域向长江流域，乃至更南，是主流，但也有其他方向的。在乱世，哪里是安定的地方，哪里能活下去，再加上地近路易为条件，人就会逃难至哪里。如永嘉后，高瞻"与叔父隐率数千家北徙幽州"[2]。至于流民，由于各种原因，主要是因为逃避战乱和剥削压迫，则在本时期连续不断地出现，他们中一部分也在异地他乡定居下来，成了移民。

2. 侨置州、郡、县

侨置州、郡、县绝大多数都是为流徙到南方的移民所设，"寓居江左者，皆侨置本土，加以南名"[3]。即将同籍移民相对集中的地方划出来新设一行政单位，以原籍郡县之名加上南字为新地方行政单位之名。但这是南朝开始的事，东晋时在江淮间所置青、徐、兖诸州起先都没加"南"字[4]。如"晋成帝咸康三年（328年），分江乘县置临沂县，属琅琊郡。陈亡遂废"[5]。这是北方士族乍到南方，须以郡望自重，郡县前加"南"字就失去意义了。后来北来士族已于江左生根，侨设行政区名称于是因地制宜，方便区别，也有冠以其他方向词的，如南齐之豫州属下有"西南顿郡"、"西汝阴郡"、"北新蔡郡"等等[6]。侨置郡县是针对大股徙民的，特别是其中包括一些北来大族。至于一些零星流民，尤其是在南朝中期以后，往往就是让"州郡县长，明加甄别，良田废村，随便安处"[7]，这些外来者一般就被称为客户。这还算是好的，无法自行谋生的流民只得依附于地方豪强，成为"僮客"或"奴客"。《南齐书·州郡志》"南兖州"条云："时百姓遭难，流移此境，流民多庇大姓以为客。元帝太兴四年（321年）诏以流民失籍，使条民上有司，为给客制度。"建立这个制度是朝廷希图把这些变为僮客的流民从"私荫"的状态变成一种经过官方批准同意的"公

[1] 《晋书》卷107《石季龙载记下》。
[2] 《晋书》卷108《慕容廆载记附高瞻传》。
[3] 《南齐书》卷1《高帝纪》。
[4] 钱大昕《十驾斋养心录》卷6"晋侨置州郡无南字"条。
[5] 张敦颐《六朝事迹编类》卷3"临沂县城"条。
[6] 《南齐书》卷14《州郡志上》。
[7] 《陈书》卷5《宣帝纪》。

荫"。把这些成为荫客的也包括进去,历年的小股流民的总数加起来,也就不少了。管理北来移民是侨置行政单位的最主要职能。侨置州郡县中又分为有、无实土两种,"就地分割土境赋予重要侨郡,使为有土之实郡",也是后来土断的内容之一[1]。

关于创设侨置行政区的动因,胡阿祥先生认为有以下几点:一,显示规复失地的决心;二,有利于南渡士族维护姓望和宗族乡里的纽带关系;三,作为安置流民,组织生产的措施;四,作为标识以引诱北方人民;五,数目相当大的侨置州郡县的设立,可以安置失地官吏[2]。其实就当时而言,最后一点恐怕是很要紧的,因为一大批南渡士族由此担任地方军政实职,既可避免与原来的地方官员发生争官位的矛盾,并在此前提下使南渡士族的官员数量能在整个行政系统里占到较高的比例,作为朝廷政治力量平衡的基础,又能避免北来移民与本地官民之间可能发生的纠葛,可谓一举数得。

由于人口的迁徙是一个不断的过程,所以也会不断有新的侨置州、郡、县出现。如南朝初,"关中流民出汉川,置京兆、扶风、冯翊等郡"。又宋明帝泰始五年"二月丙申,分豫州、扬州立南豫州",及"三月乙卯,于南豫州立南义阳郡"[3]。再如陈宣帝太建十一年(579年)"三月丁末,诏淮北义人率户口归国者,建其本属旧名,置立郡县,即隶近州,赋给田宅,唤订一无所预"[4]等等。

十六国北朝也有侨置郡县,如永嘉之变后慕容廆"刑政修明,虚怀引纳,流亡士庶多襁负归之。廆乃立郡以统流人,冀州人为冀阳郡,豫州人为成周郡,青州人为营丘郡,并州人为唐国郡"[5]。又如北朝时在豫州"东魏侨置七郡十八县,后齐省,以置伍城郡"[6]。著名的北魏平齐郡、平凉郡都具类似的性质。可以说只要有民众的徙移,当时就可能有侨置郡县出现,也会有随之而来的对州郡县的省并,或亦可称之为土断。

3. 特殊的移民——徙民

魏晋南北朝时由官方强迫其成为移民者,一般称此过程为徙民,有时也作为一个名词来称呼这些特殊的移

牛耕图(嘉峪关13号墓壁画)

[1] 参见严耕望《中国地方行政制度史》第1章,上海古籍出版社2007年版。

[2] 胡阿祥《六朝疆域与政区》第7章,西安地图出版社2001年版。

[3] 《宋书》卷5《文帝纪》、卷8《明帝纪》。

[4] 《陈书》卷5《宣帝纪》。

[5] 《晋书》卷108《慕容廆载记》。

[6] 《隋书》卷30《地理志中》"汲郡"条。

采桑图(嘉峪关13号墓壁画)

民,他们之迁移目的地或方向一般是很明确的。本时期徙民现象普遍的一大原因是人口剧减和人力资源稀缺,所以很多统治者把占有人口比占有土地看得更重要,于是徙民往往就成了一种政治手段或战争目的。

徙民之主要目的,是将新占的或占而不固地区的居民转移到已经巩固的统治区,加强实力,有时等于是在抢人口。例子很多,如南凉秃发傉檀"袭徙西平、湟河诸羌三万余户于武兴、番禾、武威、昌松四郡"[1]。又如慕容皝率骑入河北,"掠徙幽、冀三万余户"[2]。后燕慕容垂胜翟钊后,"徙徐州流人七千余户于黎阳"[3]。后秦姚苌"徙安定五千余户于长安"[4],是为了充实残破的京师。其子姚兴"徙新平、安定新户六千于蒲坂"[5],也是为了加强其在蒲坂的力量。西秦乞伏乾归"攻克(姚)兴略阳、南安、陇西诸郡,徙二万五千户于苑川、枹罕"[6]。枹罕是西秦的京城。十六国时前秦的徙民规模是很大的,"徙关东豪杰及诸杂夷十万户于关中,处乌丸杂类于冯翊、北地,丁零翟斌于新安,徙陈留、东阿万户以实青州"[7]。其他朝代也一样,如宋元嘉二十八年(451年)冬,"徙彭城流民于瓜步,淮西流民于姑孰,合万许家"[8]。北魏泰常三年(418年)袭北燕,"遂至龙城,徙其居人万余家而还"。延和元年(432年)"徙营丘、成周、辽东、乐浪、带方、玄菟六郡人三万家于幽州"等等,统统把迁往平城之民称为"新民"[9]。至于东魏初,高欢强迫将洛阳居民悉数迁邺,"诏下三日,户四十万狼狈就道"[10],更是史上罕见的大徙民。本时期另外两次大规模徙民,一次是北燕末冯弘迫迁龙城军民,另一次是伴随着魏孝文帝迁都洛阳。后一次的徙者主要是官吏及军人家属,很多是拓跋族人,有些还是自愿的移民,但也在迁徙过程中"资产罄于迁移,牛畜毙于辇运",使"富者犹损太半",即使过了好几年,还是"事农者未积一年之储,筑室者裁有数间之屋"[11]。其他情况下的徙民都是官方强力所致,其间遭受的损失与苦难更是可以想象,如梁末江陵沦陷,有一姓刘士大夫被俘要迁入关内,"此人先遭侯景丧乱,失其家口,唯余小男始数岁,躬自担负,又值泥雪,不能前进"。监者"逼令弃儿,刘甚爱惜,以死为请。遂强夺取,掷之雪中,杖捶交下,驱蹙使去。刘乃步步回顾,号叫断绝,辛苦顿毙,加以悲

[1]《晋书》卷126《秃发傉檀载记》。

[2]《晋书》卷109《慕容皝载记》。

[3]《晋书》卷123《慕容垂载记》。

[4]《晋书》卷116《姚苌载记》。

[5]《晋书》卷117《姚兴载记上》。

[6]《晋书》卷125《乞伏乾归载记》。

[7]《晋书》卷113《苻坚载记上》。

[8]《宋书》卷5《文帝纪》。

[9]《北史》卷1《魏明元帝本纪》、卷2《魏太武帝本纪》。及程应镠《释"新民"》,《中华文史论丛》1987年第1辑。

[10]《北史》卷42《常爽传》。

[11]《北史》卷43《李崇传》。

伤,数日而死"[1]。如此血泪斑斑的故事在那些徙民中绝不是偶尔发生的。

　　徙民被安顿下来就成了移民,但处不好而逃跑则很容易变成流民。前者如北魏前期大量的新民,后者如南凉秃发利鹿孤统治时,对新占地"不以绥宁为先,唯以徙户为务,安土重迁,故有离叛"[2],造成了新流民。对官府而言,当然也是努力要把流民安顿下来,免得破坏社会的稳定,遣使安抚置制也是方法之一。如后秦姚兴"徙汉中流人郭陶等三千余家于关中"[3]。又如东燕州,"天平中领流民置,寄治幽州宣都城"[4]。当局往往予以特殊优惠,作为羁縻的手段,也作为示范以吸引更多的归依。如陈宣帝太建四年(572年)八月下诏:"无锡等十五县流民,并蠲其繇赋。"[5]对于新附流民,既如梁武帝普通六年(525年)三月"赐新附民长复除,应诸罪失一无所问"[6]。又如陈太建十一年(579年)对北来之民"赋给田宅,唤订一无所预"[7]。

狩猎图(嘉峪关13号墓壁画)

二、土断与黄、白籍

1. 土断

　　侨置的行政组织既然重心在于管理人户而非守土,所以随着时局变化等种种因素影响下,就有土断之举。土断就是重新划分行政区域,并将侨置民户依地落籍。如陈霸先家族在"永嘉中南迁",而于晋成帝"咸和中土断,故为(吴兴)长城人"[8]。东晋南朝的流民和侨置郡县最多,土断也就主要在江左进行。其办法一般是取消侨置郡县,将其版图复归原属州郡,其居民也随之一体对待。亦有保留侨置郡县之名,依然保留作为地方行政区域,但视同寻常郡县。

　　究竟采取何种形式,在很大程度上是取决于其属下的居民数量。东晋范宁提出的标准是:"不满五千户,不得为郡;不满千户,不得为县。"并"以土断人户,明考课之科,修闾伍之法"[9]。又据南齐尚书柳世隆永明元年(483年)的奏言,当时所并省侨郡县的情况是:"凡诸流寓,本无定憩,十家五格,各自星处,一县之民,散在州境"的。与其类

[1]《太平广记》卷120"江陵士大夫"条。
[2]《晋书》卷126《秃发利鹿孤载记》。
[3]《晋书》卷117《姚兴载记上》。
[4]《魏书》卷106《地形志上》。
[5]《陈书》卷5《宣帝纪》。
[6]《梁书》卷3《武帝纪下》。
[7]《陈书》卷5《宣帝纪》。
[8]《南史》卷9《陈高祖本纪》。
[9]《晋书》卷75《范汪传附范宁传》。

牧马图（嘉峪关 13 号墓壁画）

似的荒郡县，即"散居无实土，官长无廨舍，寄止民村及州治"[1]者，也在同样并省之列。因此这里体现了以何种形式处理侨置郡县的一个最小成本原则，即郡县行政组织必须有足够多的属下民众，并由此能向朝廷提供充量的赋役，它才有存在的必要，如果收入大多被其自身所消耗，那就肯定要被并省。

在东晋南朝实行过好多次土断。其所以要不断重复进行，除了有不断的北来移民外，越来越多是由于不良行政造成社会问题所致，其中最主要的是户籍的混乱，以致朝廷赋役的流失。南朝至梁世，"杨、徐之人，逼以众役，多投其募，利其货财。皆虚名上簿，止送出三津，名在远役，身归乡里。又惧本属检问，于是逃亡他境，侨户之兴，良由此故"[2]。也就是说当时很多新侨户其实是其他郡县的逃户。那些新侨户会受到他们新落脚的州郡欢迎，因为他们的到来充实了这些州郡的户口，多多少少会给地方带来税收。但他们"迁来徙去，公违土断"[3]，还有一些"无贯之人，不乐州县编户，谓之浮浪人，乐输亦无定数，任量，准所输，终优于正课"[4]。这些对朝廷来说，却无疑是造成混乱的大弊病，当然要予以纠正，其方法也是土断的一种。

土断也有仅在部分地域进行的，如宋孝武帝大明元年（457年）"秋七月辛未，土断雍州诸侨郡县"[5]。梁武帝天监元年（502年）四月"土断南徐州诸侨郡县"[6]。这样有针对性可能效果更好些，至少可以把土断过程中引起的震动和矛盾减至最小。

2. 土断进程与黄、白籍之争

在东晋南朝，土断是一个很长的过程。土断之所以在不断地进行着，不仅因为土断牵涉到多方的利益冲突，往往难以行之彻底，还因为在这段历史时期里，仍有着民众的不断迁徙，在临时安置了一段时间后，需要正式的编户落籍，亦名之土断。

在江左官府的文书中按性质与程序不同分为"白案"和"黄案"两种，户籍也一样。史载第一次土断在晋成帝咸康七年（341年）四月，"实编户，王公以下皆正土断白籍"[7]。据《晋令》，"郡国诸户口黄籍，籍皆用一尺二寸札，已在官

[1]《南齐书》卷14《州郡志上》。
[2]《南史》卷70《郭祖深传》。
[3]《南齐书》卷34《虞玩之传》。
[4]《隋书》卷24《食货志》。
[5]《宋书》卷6《孝武帝纪》。
[6]《梁书》卷2《武帝纪中》。
[7]《晋书》卷7《成帝纪》。

役者载名"[1]，由此可见所谓黄、白籍即是书写户口的纸张颜色不同以示分类。其中黄籍即是一般的民户之籍，以黄纸登录。黄籍是国家最重要的户籍资料，"黄籍，民之大纪，国之治端"。它包括士庶全体，所以"简贵贱，辨尊卑者，莫不取信于黄籍"[2]。白籍即是侨籍，以白纸登录。对白籍进行处理后当然没有必要再存在两种行政建制，所以也为省并侨置州郡县之理由，二件事情同步做，就是"正土断白籍"。其实这个过程中，"大阅户口"，一起对原有黄籍的一次"检定"，也是包括在土断范围内的。土断之有必要，主要是因为黄、白户籍双轨制会造成很多的弊病，希望通过土断来一起解决这些问题，是执政者们很容易会产生的愿望。

古树裸女猿猴图（酒泉丁家闸5号墓壁画）

　　至成帝世方进行土断是因为东晋内、外的政治形势都已基本稳定下来，是考虑朝廷财政收入和行政效率的时候了，故有是举。

　　第二次著名的土断在晋哀帝的兴宁二年（364年）"三月庚戌朔，大阅户口，令所在土断，严其法制，谓之庚戌制"，胡三省补充道："令西北士民侨寓东南者，所在以土著为断也。"[3]这次土断影响很大，"庚戌土断，以一其业，于时财阜国丰，实由于此"[4]。

　　第三次在晋安帝义熙九年（413年），执政的刘裕上奏，说因"画一之制，渐用颓弛"，所以要按庚戌土断之制再来一次"依界土断"，于是"诸流寓郡县，多被并省"，但依然有不彻底的地方，如"徐、兖、青三州居晋陵者，不在断例"[5]。

　　土断在南朝也一直在进行着。宋"自泰始三年至元徽四年（467-476年），扬州等九郡四号黄籍，共却七万一千户，于今十一年矣，而所正者犹未四万"[6]。梁武帝天监十七年正月诏中还与解决流民结合在一起，具体规定："凡天下之民，有流移他境，在天监十七年正月一日以前，可开恩半岁，悉听还本，蠲课三年。其流寓过远者，量加程日。若有不乐还者，即使著土籍为民，准旧课输。若流移之后，本乡无复居宅者，村司三老及余亲属，即为诣县，占请村内官地官宅，令相容受，使恋本者还有所托。"[7]又如陈文帝天嘉元年（560年）下诏："其亡乡失土，逐食流移者，今年

1 《太平御览》卷606引。
2 《南齐书》卷34《虞玩之传》。
3 《资治通鉴》卷101晋哀帝兴宁二年三月条及胡注。
4 《宋书》卷2《武帝纪中》。
5 《宋书》卷2《武帝纪中》。
6 《南齐书》卷34《虞玩之传》。
7 《梁书》卷2《武帝纪中》。

内随其适乐,来岁不问侨旧,悉令著籍,同土断之例"[1]。可以说,土断附带着户籍整理自始至终伴随着江左各朝,成为它们行政事务中的一个重要方面。

3. 土断的作用

土断对朝廷好处很多。首先,土断取消了对侨民的优待,并通过土断能够检查出以往在户籍上弄虚作假等不法行为,如"窃注爵位,盗移年月,增损三状,贸袭万端。或户存而文书已绝,或人在而反托死叛,停私而云隶役,身强而称六疾"[2]。这样扩大了税源,如在宋孝建元年(454年)"是岁,始课南徐州侨民租"[3],当然增加了朝廷的收入。史云桓温的庚戌土断"以一其业,于是财阜国丰,实由于此"[4]。后来的土断不仅是为解决流民户籍和侨置郡县的问题,更是针对伪籍和荫户,北方的情况尤为如此。

其次,通过省并郡县,减少了行政支出,整理后的地方行政体系,避免了"吴邦而有徐邑,扬境而宅兖民"。更有把南辕北辙的地名混淆在一起,由于"境土屡分,或一郡一县,割成四五,四五之中,亟有离合"[5]。如"建康也,而有高阳、广川;襄阳也,而有扶风、京兆;广陵也,而有雁门、辽西:既以客户而杂主。寿春也而称为睢阳,合肥也而称为汝阴,沙羡也而称为汝南:更以假号而夺真"[6]。而省并了一些居民稀少星散居住而称之为"荒郡"、"荒县"等行政机构。消除此种混乱现象和不合理的郡县设置,行政系统应该会运行得更顺畅,就可节省行政成本,也就是提高了行政效率。

再次,有利于选举等制的贯彻。即当时也有人认为土断能使"同乡邻伍,皆为邑里,郡县之宰,即以居长,尽除中正九品之制,使举善进才,各由乡论"[7]。尽管这一目标从来没有完全达到过,就像土断从来也不可能一劳永逸。

最后,当南北对峙已成定局,江左朝廷不再以规复中原为号召时,取消侨郡县,有利于北来徙民在心理上与本地居民一体化。

其实土断在本时期已经成为行政机构对户籍和连带的税赋等进行不断调整的例行公事,只要官僚系统还存在行政能力,土断每隔一段时间就会进行一次,当然执行

冬寿像(十六国)(今朝鲜黄海南道安岳郡五菊里3号墓壁画)

[1]《陈书》卷3《世祖纪》。
[2]《南齐书》卷34《虞玩之传》。
[3]《宋书》卷6《孝武帝纪》。
[4]《宋书》卷2《武帝纪中》。
[5]《宋书》卷35《州郡志一》。
[6] 钱大昕《东晋疆域志序》,载《潜研堂集》卷24。
[7]《晋书》卷36《卫瓘传》。

的力度与地域根据情况会各不相同。

　　土断既然是要通过行政力量来扭转一些既成事实，自然会激发出很多矛盾。由于将白籍转为黄籍，当然意味着一定优惠条件的失去，所谓"人各有桑梓，俗自有南北。一朝属户，长为人隶，君子则有土风之慨，小人则怀下役之虑"[1]。即北来士族害怕失去郡望等精神寄托和通过中正入仕等政治好处，一般移民则顾虑要多服劳役，此外，官吏也往往会在转籍的过程中给百姓添上麻烦。如宗越家族"本为南阳次门"，由于"襄阳多杂姓"，在土断时地方长史就把宗家黜为役门[2]，由士族降为庶族。如此"连年不已，货贿潜通"，在封建官僚体制下是很难避免的，当然会引起"百姓怨望"。其矛盾激化的地方就会有反抗与起义，他们要么逃避而成流民，要么武装反抗。如南齐永明二年（484年）有所谓"白贼"唐寓之"聚党"，称帝立太子，"三吴却籍者奔之，众至三万"，攻克富阳等地[3]。虽然不久被平定，却是南朝最大一次社会中、下层引发的震荡。

三、两晋南北朝的流民

　　自汉末起，由于战乱不断，所以也一直有流民出现。流民也是背井离乡的迁徙民。但和那些从北方到南方的移民有所不同，后者虽在迁徙过程中也是流民，不过时间只是相对较短的，他们一旦到了南方就基本定居下来，以后虽也有移居的，亦是一个不长的时间过程。而对流民来说，则是常处于变动的状态，虽然也有间或定居的，但一般没有预设之目的地。

　　在北方，流民有两次高潮，一次是在西晋后期至十六国，一次是在北魏末至东、西魏时。两次都是在乱的时候，在本时期，引发流民潮与移民潮一样，主要的根源是苛政和战乱。如永嘉之变后，"时司、冀、并、兖州流人数万户在于辽西，迭相招引，人不安业"[4]。又如北魏末，六镇暴动之后，很多成为流民，当时朝廷专设"六州流民大都督"以安抚之。但似乎并不成功。

　　流民的产生是整个行政系统失效的表现。流民当然往往有特殊的原因为起头，如灾荒、战乱等等，当地官府无力安顿，民众就只能逃离本土，流亡他乡。但由于这些

冬寿妻子座话像（十六国）（今朝鲜黄海南道安岳郡五菊里3号墓壁画）

[1]《晋书》卷75《范汪传附范宁传》。
[2]《宋书》卷82《宗越传》。
[3]《南史》卷47《虞玩之传》，《宋书》卷77《茹法亮传》。《南齐书》卷56《刘系宗传》作"永明四年"。
[4]《晋书》卷104《石勒载记》。

黑陶水田（晋）

民众不能在一个地方长期居住，成为移民，而是继续流动，有关地方长官不予安置或无法阻止，所以是行政系统的整体性失效。

一旦成为流民，就已经脱离了官府的控制。流民无固定生活依靠，在行政力量不足的情况下，就成了滋乱的源头。因为无论是居或行，他们必须要组织起来武装自卫，如东晋初，"流民张平、樊雅各聚众数千人在谯，为坞主"[1]。又齐、梁之际，"天下未定，沔北伧楚，各据坞壁"[2]。也难免为生计而抢掠，如西晋末"秦州流民邓定、訇氏等据成固，寇掠汉中"。及"流民之在颍川、襄城、汝南、南阳、河南者数万家，素为居民所苦，皆烧城邑，杀二千石"[3]。更何况有些贪官污吏乘机搜刮流民，西晋后期，这样的例子是很多的。如流入汉川之流人欲归，"梓潼太守张演于诸要施关，搜索宝货"[4]。又如"巴蜀流人散在荆、湘者，与土人忿争，遂杀县令，屯聚乐乡。（王）澄使成都内史王机讨之。贼请降，澄伪许之，既而袭之于宠洲，以其妻子为赏，沈八千余人于江中。于是益、梁流入四五万家一时俱反，推杜弢为主，南破零桂，东掠武昌，败王机于巴陵"[5]。北魏六镇事变后，这些流民成为不安定因素，"鲜于修礼、毛普贤等率北镇流人反于州西北之左人城，屠村掠野，引向州城"[6]。流民在流动的过程中，常常要克服很多艰险，当他们造反成为一支武装力量后，官军就往往被他们打败。因此流民是社会动荡的产物，又进一步加剧了社会的破坏。

此间一大问题是，如何处理流人与本地居民的关系问题。因为主客间总会有利益冲突，矛盾往往难以避免。而当时北方的大批地区都有着居民武装化，乡村坞壁化的倾向，对新来流民就处于强势。如北魏末邢杲因谋官不成而反，"所在流人先为土人凌忽，闻杲起逆，率来从之，旬朔之间，众逾十万。劫掠村坞，毒害民人，齐人号之为'髇榆贼'。先是，河南人常笑河北人好食榆叶，故因以号之"[7]。如此蔑称当然是"凌忽"的表现，由是观之，习俗相异往往是矛盾的导火索，稳住流人，避免与当地人的文化冲突也是要务之一。

因此流民的动静，即"流"与"安置"，是行政力量张弛的测试表。官府的控制力加强了，民就不流了。如东晋"荆

[1] 《晋书》卷104《石勒载记》。
[2] 《南史》卷51《萧景传》。
[3] 《资治通鉴》卷86永嘉元年五月条、卷87永嘉三年十一月甲申条。胡注"訇氏"："訇姓，氏名。"
[4] 《晋书》卷120《李特载记》。
[5] 《晋书》卷43《王戎传附王澄传》。
[6] 《北史》卷40《甄琛传》。
[7] 《魏书》卷14《元天穆传》。

州刺史庾翼领州,在武昌。诸郡失土荒民数千无佃业,翼表移西阳、新蔡二郡荒民就陂田于寻阳"[1],以成功的移民消除了流民的隐患。又如南朝夏侯亶为豫、南豫二州刺史,所在"寿春久离兵荒,百姓多流散,亶轻刑薄赋,务农省役,顷之人户充复"[2]。北魏张恂为广平太守时,"招集离散,劝课农桑,流人归者数千户"。崔孝芬为赵郡太守,"教其人种殖,招抚遗散,先恩后威,一周之后,流户大至"。北周独孤信为秦州刺史,"示以礼教,劝以耕桑,数年之中,公私富贵,流人愿附者数万家"[3],这些流民就此安定了下来。反之,定居下来的民也要外流。如晋末政乱,"京兆韦华、谯郡夏侯轨、始平庞眺等率襄阳流人一万叛晋"[4]。因此梁武帝在其统治期间曾六次下诏书提及流民,可见对此之关切。北朝也屡下诏令,如"孝昌末,河北流人南度(渡),以(魏)兰根兼尚书,使齐、济、二兖四州安抚,并置郡县"[5]。可以说要把流民定居下来变成移民是历代官府的心愿,至于能否做到是另外一回事了。

四、流民政权成汉之兴亡

武装的流民集团壮大了,就会尝试建立政权,这在本时期并非绝无仅有。但十六国之成汉不仅是统治集团主要来自流民,而且其统治方式在很大程度上保持了流民政权的特色,在十六国中是非常特殊的,可为典型的例子。

成汉的统治者是流民中的氐人,氐人是在西晋末最早参与流民大军的少数族。氐人原来有很多生活在巴郡,汉末有不少氐人流入汉中,当地人称他们为巴人。曹操平定汉中,巴人中以李氏为首的一支约五百余家投顺了他,曹操以其首领为将军,"迁于略阳,北土复号之为巴氐",以与原来在关陇一带的氐人相区别。

晋末动乱,"元康中,氐齐万年反,关西扰乱,频岁大饥,百姓乃流移就谷,相与入汉、川者数万家",其中包括以李特为首的巴氐。永康元年(300年)益州刺史赵廞谋叛,李特弟李庠率四千骑归廞,廞忌庠强盛,借口庠有不臣之言而杀之。于是李特收合七千余人夜袭廞军,击溃之,又攻占成都,纵兵大掠。赵廞逃走,为下人所杀。朝廷

守卫图画像砖

[1] 《南齐书》卷14《州郡志上》"豫州"条。
[2] 《南史》卷55《夏侯亶传》。
[3] 《北史》卷21《张衮传附张恂传》、卷32《崔挺传附崔孝芬传》、卷61《独孤信传》。
[4] 《晋书》卷117《姚兴载记上》。
[5] 《北史》卷56《魏兰根传》。

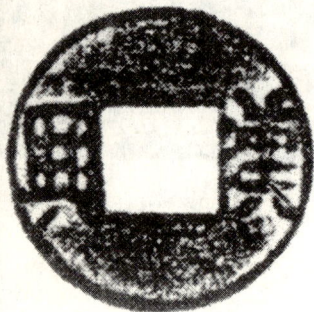

汉兴钱（成汉）

复以罗尚为益州刺史,尚率七千余人入蜀,"特等闻尚来,甚惧,使其弟骧于道奉迎,并贡宝物"。稍后朝廷符下,要秦、雍两州流民返乡,罗尚"催遣流民,限七月上道",其部下辛冉等又欲趁机"杀流人首领,取其资货"。流民"布在梁、益,为人佣力,及闻州郡逼遣,人人愁怨"。李特为民请命,求罗尚放宽期限至秋收后。流民既不乐意回乡,李特为他们出头,就"咸往归特","旬月间众过二万"。辛冉遣兵攻李特,遭伏击而败,"于是六郡流人推特为主"[1]。这六郡流民里,包括他们的为首者,大多是汉人,这也是后来成汉政权体现流民特色要多于民族特色的原因之一。李特屡败辛冉,进占广汉,自称益州牧,又围罗尚于成都,两军相持,互有胜负。太安二年(303年),李特战败,被罗尚所杀。

李特死,其弟李流"自称大将军、大都督、益州牧"。时"三蜀百姓并保险结坞,城邑皆空,流野无所略,士众饥困"。天师道首"范长生率千余家依青城山",他"资给流军粮","故流军复振"[2]。这对成汉政权的建立影响很大,因为十六国中虽不乏笃信宗教的君主,如后赵之石勒、石虎、前秦之苻坚、后秦之姚兴、北凉之沮渠蒙逊等等,但基本上还是属于君王的个人行为。但成汉之信奉道教,则有统治族的举族体制。早在汉魏之间,氐人之流徙在汉中者,就受到张鲁的影响,多信奉天师道。如陈寅恪先生说:"巴賨为笃信天师道之民族,范长生本为天师道之教主,故其拯救李氏于几亡之时,又劝其称帝者,实有宗教之背景。"[3]此与其以流民为立国之基础有很大关系,宗教之信念,对太平世界的追求,无疑是增强这个流动中行国的凝结剂。同时,范长生是个汉族,宗教可以把不同的族群团结起来,对这个少数族为统治者的国家在益州地区的建立与巩固,好处也是不少的。

李流病故,李特子李雄嗣位。雄击败罗尚,克成都,"以永兴元年(304年)僭称成都王","建元为建兴,除晋法,约法七章",接着又"僭称帝位","加范长生为天地太师,封西山侯,复其部曲不豫军征,租税一入其家"。这样两者的结合不仅体现在宗教上,而且在利益的平衡上。不久罗尚卒,李雄得汉嘉、涪陵等地,"于是下宽大之令,降

[1]《晋书》卷120《李特载记》。
[2]《晋书》卷120《李流载记》。
[3]《天师道与滨海地域之关系》,载《金明馆丛稿初编》,第39页。

附者皆假复除。虚己爱人,授用皆得其才,益州遂定"。当时"海内大乱,而蜀独无事,故归之者相寻。雄乃兴学校,置史官,听览之暇,手不释卷。其赋男丁岁谷三斛,女丁半之,斛调绢不过数丈,绵数两。事少役稀,百姓富贵,闾门不闭,无相侵盗"。这客观上得益于川蜀相对封闭的地理环境,也恐怕与李雄经历过的流民生涯有关,他至少由此知道民间的疾苦。或许是因为他是嗣其叔李流之位的,所以他自己虽有十几个儿子,但认为其兄李荡之子李班"姿性仁孝,好学夙成,必为名器",立为太子。这就为其死后内乱埋下祸根。此大约与他对儒家立嫡立长重要性体会不深有关,对照他"为国无威仪,官无禄秩,班序本别,君子小人服章不殊,行军无号令,用兵无部队"等等,体现了流民集体散漫的特色,说明他在位30年内并没有把一个流民政权改造成为封建国家,确实是"此其所以失也"[1]。

公元333年李雄卒,李班继位,不到一年,被李雄子李越、李期等谋杀于宫中。李期被奉为帝,"多所诛夷",包括其兄弟李霸、李保等也据说被其鸩死,"于是大臣怀惧,人不自安"。李特之侄,录尚书事辅政,统兵在外的李寿以数千人袭成都,克之,先后杀李越、李期以及他们所有兄弟,自以为帝。李寿风闻石虎"虐用刑法,王逊亦以杀罚御下,并能控制邦域,寿心欣慕,人有小过,辄杀以立威"。而且"耻闻父兄时事,上书者不得言先世政化,自以己胜之也"[2]。这样,李寿扔掉了流民政权的传统,走的是曹操、石虎等重法治世、以杀立威的路子,这在并非处于乱世的蜀中大失人心。

李寿在位五年而亡,其长子李势即位。李势与其父略同,贪爱财色,加之"性多忌害,诛残大臣,刑狱滥加,人怀危惧"。桓温见其臣民不附,于公元346年末率军入蜀。次年春晋军兵临成都城下,李势降,成汉亡,其实其作为流民性质的政权,早在李寿手里就已经开始消亡了。

五、流民中的"乞活军"

在朝廷衰弱,群雄割据的战乱年代,不仅会产生流民,而且大股流民必然会形成武装组织。典型的如惠帝年间,司马腾为并州刺史,"时并州饥馑,数为胡寇所掠,郡

十六国武士俑

[1]《晋书》卷121《李雄载记》。
[2]《晋书》卷121《李寿载记》。

县莫能自保。州将田甄、甄弟兰、任祉、祁济、李恽、薄盛等，及吏民万余人，悉随腾就谷冀州，号为'乞活'"[1]。因此"乞活"是在国家崩溃的情况下由地方官员组织的集体流民，为"流民之中团结最坚，活动地域最广，历时最久者"[2]。后来司马腾与汲桑交战，兵败被杀，但流民继续以田甄等为首，作为武装流民存在。永嘉初，田甄等破汲桑，后分裂，李恽、薄盛降司马越，田甄等奔上党，其中陈午一支曾与石勒相攻，后又活动到江淮一带而归晋。乞活军的活动踪迹一直延续了100多年，与成汉政权一样成为本时期流民现象中的一个特例。

第四节　社会阶层的分隔和"专役户"

汉晋之间人口的大量流失，导致了魏晋南北朝期间的社会结构发生了重大的变化。在中国古代，从来就不是以掌握生产资料的有无多少来决定人们的政治地位和社会地位，相反，而是人的社会地位和政治地位影响着财富的去向。凭着权力来巧取豪夺是很容易得到土地与财产的，而一旦失势，亿万家产可能顷刻之间化为乌有。在这样的社会里，政治与社会地位靠武力与智力来夺取，然后主要以法律和礼制来维持。因此中国古代的阶层划分依据在于他们的社会地位，这在魏晋南北朝时期特别明显。

魏晋南北朝的社会地位的划分，主要有两条大的界线：一是士庶之别，二是良贱之别。由于这些区别起自汉魏之间，故以魏晋南北朝总述之。

一、士族与庶族

魏晋南北朝是门阀社会，士族是门阀的基础。士族称为"士门"，当中也是有层次的，高门是士族中的上层。它既是文化世家，也是高官世家，前者比后者甚至更重要些。如果这两个传统中断，该门第就走向衰落，与拥有土地财产的多少关系不是很大。士族子弟有入仕的特权，南北朝起的一个重要特征是看起家官任以何职，如被视为"清官"典型的秘书郎和著作佐郎，就几乎被高门子弟所

孙位·高逸图（局部）（唐）

[1]《资治通鉴》卷86光熙元年十二月己酉条。
[2] 周一良《乞活考》，《燕京学报》第37期（1949年）。

垄断。两晋南北朝期间的一流高门有清河崔氏、范阳卢氏、琅邪王氏、陈郡谢氏、太原王氏等。

次于高门的士族就被称为次门。区别门第的标志在于婚姻关系和子弟的起家官,但这些都是不成文的惯例。因为高门与次门的分界虽然在其两端十分鲜明,但两者之间的相交边缘却是模糊的。士族之间还有一些差别,如东晋南朝北来士族与吴中旧族之间的不同政治待遇,北来士族中间因到江左时间有先后,也会构成仕途上的区别,"晚渡北人,朝廷常以伧荒遇之,虽复人才可施,每为清途所隔"[1]。

与士族相对的是庶族,"士庶之别,国之章也"[2]。庶族与士族的最大差别就是前者是要服役的,故称为"役门"。本时期的力役特别沉重,西汉时男子年二十始服徭役,而"晋武帝平吴后,有司奏:男子年十六已上至六十为正丁,十五以下至十三、六十以上至六十五为次丁,十二以下六十六以上为老小,不事"。入役岁数竟比汉代整整提早了七年!这导致了"逃窜求免,胎孕不育"的严重现象,直到宋孝武帝世才改为"十五至十六为半丁,十七为全丁"。北魏的情况见均田制中规定,北齐则是"男子十八以上六十五以下为丁,十六以上十七以下为中,六十六以上为老,十五以下为小"[3],稍微好些。东晋南朝规定"男丁岁役不得过二十日,又率十八人出一役丁"[4],当然实际上不止此数,甚至妇女亦服徭役,如南朝郢州"百姓贫,至于妇人供役"[5]。有如此明文规定之役者即属庶籍,如宗越原属次门,后被黜为役门,在其立了战功后求宋文帝"复次门,移户属冠军县,许之"[6]。可见要脱离这个役籍是很不容易的,这也包括婚姻,因为此涉及籍的改变。也有用贿赂等非法手段改注户籍,以升格为士籍,致使"宋齐二代,士庶不分,杂役减缺,职由于此"[7]。至于其他如仕途等方面的区别,也有一定的规定,如"甲族以二十登仕,后门以过立试吏"[8],即寒庶要年过30才有可能试为吏的机会[9]。庶族这个概念的内涵很大,庶族中也有不小的贫富差别,除了大量的农民与手工业者外,城乡中的一些土财主,商人也都在庶人之列。庶族及庶人是当时社会中最大的群体,基本上是属于社会中下层,但还在"良"的范围内,还不属于社会的最底

孙位·高逸图(局部)(唐)

[1]《宋书》卷65《杜骥传》。
[2]《南史》卷23《王惠传附王球传》。
[3]《通典》卷7"丁中"条。
[4]《隋书》卷24《食货志》。
[5]《梁书》卷22《萧秀传》。
[6]《宋书》卷82《宗越传》。
[7]《通典》卷3"乡党"条。
[8]《梁书》卷1《武帝纪上》。
[9] 各个朝代的规定有所不同,如《魏书·孝明帝纪》载:"诏庶族子弟年未十五不听入仕。"但士庶之间在入仕年龄上有着差别是一致的。

女跪俑（魏晋）

层。

　　由于魏晋南北朝社会的变动很大，阶层之间也有交叉的地方，所以在史料中的名称也有内涵不一的现象。诸如寒门、寒族、寒人就是可以介乎低级士族和庶族之间的一个称呼。

　　这里要辨析一下的是"地主"这个概念。地主广义上是指掌握土地所有权者，狭义上的地主应该是指土地租佃关系中握有生产资料的一方，是通过收租或雇佣作为剥削手段的土地所有者。后者这样的地主在魏晋南北朝是很少的，其中庶族中的富者居多。按广义所说的地主，普天之下莫非王土，皇帝当然是最大的地主，余下的就很难说了，因为他们握有的其实只是土地的相对所有权。因此用地主这个词来指称魏晋南北朝期间剥削者和统治者的身份，是很不妥切的，把他们说成是"人主"或"依附主"至少比"地主"更切合历史的实际。魏晋南北朝时统治和剥削，在人少荒地多的环境下，是主要通过控制人身，而不是通过控制土地实现的，力役（包括公役与私役）是当时最主要的剥削形式。这就是为什么"魏晋以来，以贵役贱，士庶之科，较然有辨"[1]，严格地廓清庶族的界线，就是保证了朝廷的赋役来源。魏晋南北朝时期的统治与被统治关系是建筑在人身控制与被控制，依附与被依附的关系上的，皇朝体制是将这种关系制度化和合法化。

　　二、贱民与专役户

　　良贱之别是魏晋南北朝社会阶层之间的又一大分界线。良贱之分，早已有之，但二者中间的成分复杂化，却在魏晋南北朝，其间的分界线也有了新的变化，即划分的依据主要看它籍在何处。士有士籍，与一般庶民之籍都在州县，除此之外基本上就是属于贱民了。贱民也分两大类，即奴婢和专役户。

　　整个中国古代，从夏、商、周三代至明清都有奴婢和奴婢的买卖。但魏晋南北朝期间的奴婢也有几个特色：一是该时期关于奴婢的记载很多，虽然法律上禁止将良人变为奴婢，但在战乱之间百姓被武力掠卖为奴者不少，这也是本时期关于奴隶的记载很多的原因之一。又据对长

[1]《宋书》卷94《恩倖传序》。

沙走马楼吴简中的户籍简研究,发现里面"包含了众多的奴婢户籍",其中"以一家一奴的情况为最多,个别家庭畜奴达可能有二三人"[1]。可见畜奴现象之普遍,此虽是东吴时的户籍情况,两晋南北朝也不会有多大改变。二是当时奴婢的称呼很多,如还有奴客、僮客、僮奴、僮仆、寺奴、家奴、田奴、织婢、官奴、官婢、官僮、僮隶、獠口、生口、胡奴、胡婢等等,甚至还有"牧猪奴"、"蚕妾"等专有名词。三是有着似乎比任何时候都要多得多的奴婢参加劳动的记载,如苻坚"以关中水旱不时,议依郑白故事,发其王侯已下及豪望富室僮隶三万人,开泾水上源,凿山起堤,通渠引渎,以溉冈卤之田"[2]。又如《颜氏家训·涉务篇》云:"江南朝士因晋中兴内渡江,至今八九世,未有力田,悉资俸禄而食耳,假令有者,皆信僮仆为之。"所谓"耕当问田奴,绢则问织婢"[3]等俗谚在当时也最为流行。

　两晋南北朝时期奴婢特多与战争的频繁有关,这段历史时期内几乎每年都有战争,规模大小不同而已。战争中有大量俘虏往往被转化为奴隶,一些胜利的将士也惯于抢掠对方的居民为奴婢,再加上战乱中流离失所的难民或自卖、或被迫为奴的情况也屡见不鲜。

　正是有着这么些特色,有些学者就认为中国的奴隶社会至少应该是延伸到魏晋。不过尽管他们举出很多当时奴隶存在、被买卖、参加劳动等文献记载,但是无法证明那时奴隶占了社会劳动力总数的一半以上或一半,甚至无法改变读史者有奴隶参加生产因为当时少见才被记载的印象。一个社会如果劳动生产者的大多数不是奴隶,这个社会怎么能被称为奴隶社会呢? 所以大多数的史学家都不同意魏晋南北朝是奴隶社会。问题是其他的朝代更找不出有比魏晋南北朝多的奴隶参加生产劳动的记载,因此每当一个朝代被说成是属于"奴隶社会"时,总会引起很多的争议。

　当时记载中比奴隶多得多的是专役户。所谓专役户是被至少迫服一种专门的役,如在兵户的成年男子就只能当兵,金、银户的男子只能当矿工采掘金、银。当时的专役户种类与名称繁多,还有盐户、牧户、滂民、绫罗户、细茧户、伎作户、渔猎户、驿户、官户、乐户、隶户、馆户、廨养

女仆陶俑(魏晋)

[1] 陈爽《走马楼吴简所见奴婢户籍及相关问题》,《吴简研究》第1辑。
[2] 《晋书》卷113《苻坚载记》。
[3] 《魏书》卷65《邢峦传》。

户、僧祇户、佛图户、屯户、寺户、医户、工户、陵户、吏户，以及统称杂户的"百杂之户"[1]等等，兵户也有士家、军户、府户、营户、镇户、堡户、城民等不同称呼。他们的主要特点是：第一，役有专属。如绫罗户专供纶帛绫罗等织物，盐户专制盐等。但专役户往往也要服兵役。第二，他们籍属有司，不在州县，如兵户之籍在军营，乐户之籍在太常等等。其户册也与一般有别，如北魏"缘坐配没为工、乐、杂户者，皆用赤纸为籍，其卷以铅为轴"[2]。第三，一旦属籍为役，就终身为之，到死为止。甚至平时不能随便离开籍之所在地。第四，专役户世代相继，子孙也只能从事同一职役，不能改变。如北魏曾规定"其百工伎巧，驺卒子息皆当习其父兄所业，不听私立学校。违者师身死，主人门诛"[3]。因为这些职役往往是又苦又脏有危险，其中不少是侍候人的，所以他们被视为贱民。但是他们不能被买卖，且不属于私人，所以他们不是奴隶，地位也比奴隶高。如兵户从军，还有可能做到军官，甚至是"军主"那样的千人之长，个别立功者还能封侯。他们在世家大族的眼里虽然还是低贱的，但在实际上已经是统治和役使别人的人了。还有一点差别是奴婢有官、私之分，但专役户是全部属于官府的。只有极少数的专役户，由于立功或其他机遇摆脱役籍，如南朝黄回"有功，免军户"[4]。

士家是最早的专役户。战乱时代当兵，当然人所不愿，魏晋南北朝当兵之成为苦役，还因为兵士还要被迫劳动，其中以屯田为主，因为在民户稀少的情况下，军队只能生产自给。如曹操"广建屯田，又于征伐之中分带甲之士随宜开垦"，晋代也"非宿卫要任，皆宜赴农，使军各自佃作，即以为廪"[5]。如此苦役，当然逃亡者多，于是曹操又制定"士亡法"，士卒亡走，罪及妻子，至于弃市。但这样对士兵奴役的制度，被后世所继承，南北朝时亦是如此，如《南齐书·高帝纪》云："（沈攸之）养马至二千余匹，皆分赋逻将士，使耕田而食。"《魏书·食货志》云："令番戍之兵，营起屯田，又收内部兵资与民和籴，积为边备。"这种无休止的"且耕且战"、"且田且守"当然是格外的辛苦。当时的兵还不止是打仗种田，各种各样杂务都要做，即使是"羸弱老小之辈，微解金铁之工，少闲草木之作，无不搜营穷

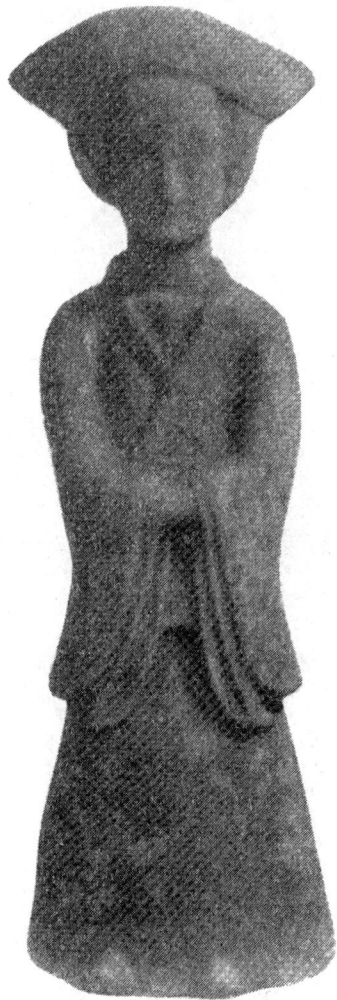

灰陶女侍俑（东晋）

[1]《魏书》卷11《前废帝广陵王纪》。
[2]《左传》襄公二十三年孔颖达《疏》引《魏律》。
[3]《魏书》卷4《世祖纪下》。
[4]《南史》卷40《黄回传》。
[5]《晋书》卷26《食货志》。

全,苦役百端"。将官们对士兵"皆收其实绢,给其虚粟,穷其力,薄其衣,用其工,节其食,绵冬历夏,加之疾苦,死于沟渎者常十七八焉"[1]。被迫服如此苦役者只能沦为贱民了。其他的专役户也和兵户类似,而且他们常常也被迫当兵服苦役。如北魏河东郡"有盐户,常供州郡为兵,子孙见从役"[2]。又《魏书·阎元明传》说乐户皇甫奴兄弟"沉屈兵伍"等等。但在战争激烈的年代,也有着意提高兵户地位的,如后秦姚苌下书:"兵吏从征伐,户在大营者,世世复其家,无所豫。"[3]所以不能执一而论。

与兵户相侔的是吏户。吏户或吏门的出现和在劳动力稀少的情况下,与州郡县各级地方长官的公田存在相关。其田上所产之田米亦为令守之禄米。如陶渊明为县令,"公田悉令吏种秫稻,妻子固请种粳,乃使二顷五十亩种秫,五十亩种粳"。也有吏员被遣作劳务,这时就称为"吏役"或"吏力"。如见宗少文家贫,宋武帝"敕南郡长给吏役"[4]。这时候就有下吏、田吏、贱吏、小吏、武吏等称呼。北齐将吏役进一步制度化,那就是"食幹制"。幹是吏的一种,原属中下吏,所谓食幹,就是敕命少数高级官员享受属于某州某郡某县的幹的劳动果实或服务[5]。这些吏户与一般吏的一大区别,在于后者有俸,前者则不仅要自食其力,还要为官或官府从事生产或进行劳役。鉴此,由于他们地位低下且受制束,这些吏及其家属也就有了专役户的性质。

专役户在魏晋南北朝的出现主要基于四种情况:其一是人口的大量锐减,人力成为稀缺资源,尤其是那些具有特殊技能的人,这对社会而言是缺少财富的创造动力,对统治者而言是缺少统治与剥削对象。于是就对一部分劳动者用另立户籍的办法加强人身控制,并保障官府的一些专门需要。其二是与当时战乱的环境有关。在动乱之中,暴力的滥用和强制的手段司空见惯,一些普通老百姓很容易在如此情况下被逼迫为专役户。"兵役既竭,枉服良人,牵引无端,以相充补"[6]之类现象当时是不少的。与此环境有关的另一个情况是,战争的俘虏也是专役户的一个重要来源。如北魏延兴元年(471年)战胜敕勒后,将其一部分置于冀、定、相三州为营户,次年"连川敕勒谋叛,

簸粮陶俑(魏晋)

[1]《魏书》卷67《袁翻传》。
[2]《魏书》卷57《崔挺传附崔遊传》。
[3]《晋书》卷116《姚苌载记》。
[4]《南史》卷75《陶潜传·宗少文传》。
[5] 参见程应镠《释"幹"》,《中华文史论丛》1979年第2辑。
[6]《晋书》卷75《范汪传附范宁传》。

炊事揉面图

徙配青、徐、齐、兖四州为营户"[1]。其三和皇权的软弱也有一定的关系。在门阀得势的政治中,朝廷为了保证有足够的赋役资源,防止户口被大族豪强荫隐而导致流失,以籍属专司的办法是能起到一定作用的。其四对于某些官方需要但是脏苦的职业,官府也会迫使某些家族(如犯罪家族)成为专役户。因此当上述情况减弱或不存在时,专役户才会大幅度减少乃至消失。不过促成专役户形成的政治观念早已有之,如西晋时傅玄上奏云:"先王分士农工商以经国制事,各一其业而殊其务","尊儒尚学,贵农贱商,此皆事业之要务也"[2]。这种观点是很容易衍生到专役户的设立上去的。

以罪犯为之,当作一种惩罚手段,是专役户沦为贱人的原因之一。王羲之建议将罪犯中"其减死者,可长充兵役;五岁者,可充杂工医寺,皆令移其家以实都邑"[3]。其实王羲之的主张各朝一直在实行,"自魏、晋相承,死罪其重者,妻子皆以补兵。魏虏西凉之人,没入名曰隶户"[4]。

专役户与奴婢生活在社会的最底层,命运当然是最悲惨的,他们如果逃亡,晋法规定:"奴婢亡,加铜青若墨黥两眼后;再亡,黥两颊上;三亡,横黥目下。皆长一寸五分,广五分。"[5]但他们之被视作是贱,不一定是因为他们的生活状况艰苦,他们中的个别可能比一般老百姓过得都好,如常有"奴婢缇衣"[6]等记载,也有"豪奴"之类的称呼。他们绝对比不上一般老百姓的,是他们的身不由己,他们被迫从事他们并非所愿的劳动或做其他的事。当然也有少数的例外,如北朝末"有赵行枢者,本太常乐户,家财亿计"[7]。不过赵行枢钱再多,在社会上也免不了贱的地位。

专役户是在特定的历史条件下出现的,但从思想根源上却与古已有之的人分等级、业有所专等观念合拍,所以能实行数百年之久。而且手工业方面的专役户成了专业户,生产技术因世袭而得到保存发扬,这大概也是一种利弊相辅的表现吧。

到了南北朝,随着户丁的增多和专役户的逃避反抗,渐渐有免放专役户的趋势,虽然其后颇有反复。较早的如宋孝武帝即位初,诏命"武皇帝旧役军身,尝在斋内,人身犹存者,普赐解户"[8],虽然只是对一小部分人。如梁武帝天

[1]《魏书》卷7《高祖纪上》。
[2]《晋书》卷47《傅玄传》。
[3]《晋书》卷80《王羲之传》。
[4]《隋书》卷25《刑法志》。
[5]《太平御览》卷648引《晋令》。
[6]《洛阳伽蓝记》卷4,范祥雍校注本,上海古籍出版社1978年版,第205页。
[7]《北史》卷79《宇文述传》。
[8]《宋书》卷6《孝武帝纪》。

监十七年(518年)八月诏"兵骑奴婢,男年六十六,女年六十,免为编户"[1]。陈宣帝太建二年(570年)八月诏令"军士年登六十,悉许放还"[2]。北魏始光三年(426年)将杂营户"一切罢之,以属郡县";景明二年(501年)"免寿春营户为扬州民";普泰元年(531年)"百杂之户,贷赐民名"[3],这恐怕与当时控制京师洛阳的军队中很大一部分也是出身府户有关,其实北齐创建者高欢也是府户出身。此外的原因首先是为提高军队的战斗力,设立了兵农合一的府兵制很大程度上泯灭了士家兵户与普通老百姓之间的界限。北齐天保二年(551年)"九月壬申,免诸伎作屯牧杂色役隶之徒为白户"[4]。北周武帝建德六年(575年)八月壬寅诏曰:"杂役之徒,独异常宪,一从罪配,百世不免。罚既无穷,刑何以措;道有沿革,宜从宽典。凡诸杂户,悉放为民。配杂之科,因之永削",据说北方"自是无复杂户"[5]。虽然上述免放的形势和原因不一,客观上已使南北朝以后专役户大为减少,但不能绝迹,贱户的残留一直要拖延到清末。

另据北魏律,在北魏还有所谓"盗门",盗门不是专役户,但与后者有一个相同的特点,即户有专籍。并且作为一种惩罚手段,入此籍者当受许多限制与负担,如"注籍盗门,同籍合门不仕"。鉴于当时罪犯也是专役户的一个来源,所以他们之间的社会地位就有了更多的相似之处。

三、宾客、门生、义故、部曲的地位

本时期各种依附者名目繁多,如包括宾客、门生、义故、部曲等,其中情形复杂,不能执一而论。他们社会地位的下沉,也是魏晋南北朝的特有现象。在魏晋之前,宾客、门生、义故、部曲等词各有本义,即使有时派生出附从之意,也一般都只含意为政治依附或名义依附上的人际关系,但在本时期的各种文献中,凡被称为宾客、门生、义故、部曲者,在不同场合下所含词义是不同的。即使作为依附者,他们的个人地位落差也很大,与其依附的程度成正比,这是复杂历史时期概念混用的结果。在本时期,他们中的很大一部分"投杖强豪,寄命衣食"[6],或被主人所荫,变成了人身依附。不管他们成为依附的原因是什么,

煎饼图

---

[1]《南史》卷6《梁武帝本纪》。《梁书》卷2《武帝纪中》作:"男年登六十,女年登五十,免为平民。"

[2]《陈书》卷5《宣帝纪》。

[3]《魏书》卷110《食货志》、卷8《世宗纪》、卷11《前废帝纪》。

[4]《北史》卷7《齐文宣帝本纪》。

[5]分见《周书》卷6《武帝纪下》,《隋书》卷25《刑法志》。

[6]《北史》卷46《孙绍传》。

持刀俑（晋）

哪怕是自愿的,一旦成为人身依附,就得受主人支配。如裴庆孙"任侠有气,乡曲壮士及好事者多相依附,抚养咸有恩纪"[1],这无论是恩还是纪,都体现着对依附的约束与支配。

这些名词列在一起的一个重要原因是它们都是具有一定人际关系为特征的类别划分,并不是说它们属于同一阶层,所以其具体属性要看使用该词时的语境而定。如"门生"一词,第一含义是简单指及门受业之弟子,其时他的身份可以属于任何一个阶层。第二系当时"依势取利者,并不必以学问相师,而亦称门生",他们为得到进身之路,"故不惜身为贱役"[2],成了依附者。此时其身份仍可属良,可以是庶族,也可以是士族,但绝不会是出身高门势族。第三种门生不仅是依附者,人身还受主家之支配,进行劳役,甚至本人完全失去了自由,那就有可能坠入贱的行列了。如谢灵运有"义故门生数百,凿山浚湖,功役无已"[3]。又如范阳卢宗道"大集乡人,杀牛聚会。有一旧门人,醉言疏失,宗道令沈之于水"[4]。反例如宋文帝时徐湛之有"门生千余人,皆三吴富人之子,姿质端妍,衣服鲜丽。每出入行遊,涂巷盈满,泥雨日,悉以后车载之"[5]。再如薛安都投魏受重用,子侄封侯,"至于门生,无不收叙"[6],也都做官了。宋宗室新渝县侯刘义宗的"门生杜德灵放横打人,入义宗第隐蔽"等等。他们之间的身份还会随情况而转化,如南朝刘怀珍系"北州旧姓,门附殷积,启上门生千人充宿卫"[7]。如此一来,这些门生就等同部曲。这些例子都说明了"门生"范围内的复杂性。

"义故"等的情况也一样,它是故吏的一种,当时凡曾具有僚属关系者,皆可称为故吏。至东汉后期,"郡吏之于太守,本有君臣名分,为掾吏者,往往周旋于生死患难之之间"[8],如此当称为"义"。故"义故"之本义,当指那些还追随着旧长官的故吏。由于他们一直追随着,就成了那些长官的依附者了,即使是并非自愿。部曲也是一词多义,当他们没有了军事意义而保留着依附身份时,其地位就近似于贱客或奴客。

其中关键主要体现在对人身的支配上,门阀社会的一大要害表现在高门士族对皇帝所拥有的人身支配权的

[1]《北史》卷38《裴延儁传》。
[2] 赵翼《陔余丛考》卷36"门生"条。
[3]《南史》卷19《谢灵运传》。
[4]《北史》卷30《卢观传附卢宗道传》。
[5]《宋书》卷71《徐湛之传》。
[6]《北史》卷39《薛安都传》。
[7]《南齐书》卷27《刘怀珍传》。
[8] 赵翼《廿二史札记》卷5"东汉尚名节"条。

分割，由民众对皇帝的整体依附变成对皇帝对势族的多种依附。由于世家大族至少在名义上仍是皇帝的臣属，那么臣属依附者的身份应该更低于一般依附者的身份了，宾客、门生等对权贵由政治依附变成人身依附，即他们不管是否自愿都得受主人的人身支配来作为其生存条件，这种支配且受到法律或社会的承认或默认，于是就造成他们社会地位的下降。因此依附者最大的不幸就是自身权利的丧失，由人主宰。他们是否接受这种地位，往往也是他们权衡为官府之隶和私人之隶之间利弊的结果。

由于依附程度参差不一，依附者有高低层次之分，如"客"里面就包含有"宾客"、"门客"、"屯田客"、"佃客"、"衣食客"、"贱客"、"家客"、"浮客"、"将客"、"僮客"、"十夫客"等种种不同的概念，他们之间的地位是有区别的，当然里面有些概念是交叉的。其中有属官府的，也有依附于私家的，对后者的身份有着更重大影响的是在于他最终是否入主人户籍，成为"私附"或"私荫"，这是最重要的界限。但判别具有这些身份或临时具有这些身份的个人实际境遇任何之要点，就看他籍在何处，是否在依附主那里，被主人所荫。"先时诸郡役人，多依士人为附隶，谓之'属名'"[1]。属名就是将其名属在主人籍下，成为附隶，所得回报就是能受主人特权之荫而免除官役。如果其籍不在主人之户，那么他还没有落入"贱"的行列里，至多是人身受到一定的束缚，其实一般情况下大臣的人身也是受到皇帝束缚的，甚至皇帝是可以任意将其杀戮的。这正是中国古代社会的复杂之处。

宾客、门生等在当时有着社会地位低下的趋势是因为他们是依附者，所以只具有依附人格，但他们的生活状况按具体条件而有很大的差异。一般来说，作为社会下层，生活质量当然是比较差的，但也要看依附的性质与形式，鱼弘的"部曲数百，悉衣锦袍，赫弈满道，颇为人所慕"[2]。如此仗势欺人正是当时有人甘愿为依附者的原因之一。而他们付出的代价却是为依附主效劳，如陈方泰为豫章内史，"秩满之际，屡放部曲为劫"[3]，部曲成了他的爪牙。

以上说明，当时的依附与被依附者，既有对立的一面，也有互利的一面。在不入主人户籍的情况下，互利的

持刀俑（晋）

[1]《南史》卷5《齐废帝东昏侯纪》。
[2]《南史》卷13《刘义宗传》、卷55《鱼弘传》。
[3]《南史》卷65《陈方泰传》。

彩绘陶骆驼（北魏）

成分更多一些。这与门阀政治有一致的地方,但对朝廷而言并不有利,因此当后世皇权进一步加强后,这种关系结构就慢慢地消解和淡薄了。

四、商人的地位

"商人"在这里专指以经商为业者,不包括具有其他身份而经商者,他们在中国封建社会中是一个很特殊的群体。一般的说,人的社会地位是由他的政治地位和经济地位所合成的。由于商品经济的活跃会对封建等级制度带来冲击,所以中国历朝多对商人采取抑制的方针,如在秦汉,就把商人列入"七科谪"的范围里,甚至牵连到他们的亲属。但是在一个大帝国内,为了物资的交流和民生,完全取消商业和商人是不可能的,于是就有了对商人限制与反限制的无穷无尽的斗争。

为了降低商人的社会作用,官方经常动用各种手段压低商人的社会等级。前秦苻坚下制:"金银锦绣,工商、皂隶、妇女不得服之,犯者弃市。"[1]又如《晋令》上关于鞋子的规定:"士卒百工履,色无过绿、青、白;奴婢履,色无过纯青;古绘(市侩)卖者,一足著白履,一足著黑履。"[2]又如南齐明帝规定"驱使寒人不得用四幅缴"[3]。北魏也屡下禁令。

但商品经济的发展,商业在社会中作用的增大,如江汉地区"郡少农桑,农不如工,工不如商之务"[4],以及商务税收对朝廷重要性的增加,商人地位也就得到了上升。所以上述禁令往往是失效的,若南朝宋时"商贩之室,饰等王侯;佣卖之身,制均妃后","见车马不辨贵贱,视冠服不知尊卑"。梁时,"市井之家,貂狐在御;工商之子,缇绣是袭"[5]。及如北魏时洛阳"有通商、达货二里。里内之人,尽皆工巧,屠贩为生,资财巨万",其中富商刘宝"海内之货,咸萃其庭,产匹铜山,家藏金穴。宅宇逾制,楼观出云,车马服饰,拟于王者"。尽管"神龟年中,以工商上僭,议不听金银锦绣。虽立此制,竟不施行"[6]。以及"错居混杂"和"衣冠沦于厮皂之邑,臧获显于膏腴之里"和"富商大贾,多被铨擢"[7]。又如北齐权臣和士开母丧,"邺中富商丁邹、严兴等并为义孝"[8],说明他们关系非一般,足见此类现象已屡见

1 《晋书》卷113《苻坚载记上》。

2 《初学记》卷26"履第七"引。

3 《南齐书》卷6《明帝纪》。

4 《荆州府志·地理志》引盛宏之《荆州记》。

5 《宋书》卷82《周朗传》、《梁书》卷1《武帝纪上》。

6 《洛阳伽蓝记》卷4"城西法云寺"条。

7 《北史》卷40《韩麒麟传附韩显宗传》、卷54《段荣传》。

8 《北史》卷24《封懿传附封孝琰传》。

不鲜。尤其到了南北朝后期,随着寒人掌机要等机遇,一些商人出身的人进入了政治高位。如商人之子戴法兴,自己也曾"卖葛山阴市",后以中书舍人"权重当时","尚书中事无大小专断之"[1]。至于一般官位,如北齐后期由于卖官,"于是州县职司,多出富商大贾"[2]。

上述现象之普遍,原因之一是因为士族官僚中不乏经商的事例。如会稽孔道存、孔徽兄弟"颇营产业",请假东还,顺便贩货,"辎重十余船,皆是绵绢纸席之属"[3]。梁尚书左丞贺琛少时因"家贫,常往还诸暨,贩粟以自给"[4]。由此对经商行为本身就不能全盘否定,也对商人的阶层认定带来一定的困难。而商品经济的发展必须以手工业者的自由为前提,江左的商业更发达些,对工户的限制也就从来比北朝宽松,如南齐建武元年(494年)十一月诏云:"细作、中署、材官车府,凡诸工可悉开番假,递令休息。"[5]综观当时文献中的上述批评,就是商业所带来的财富泯灭或缩小了士庶之别、官民之别、甚至是良贱之别。这动摇了等级社会的基础,在讲究门第的本时期,如此现象使一些人痛心疾首是理所当然的。

五、等级的标志

按照礼制,王侯之间、官品之间、宫中的后妃之间等等在服色车马各方面都有着严格的区分,以示等级,这里不作详细的介绍。本节说的是上述服装等同样是作为社会阶层分割的标志。

1.婚姻上的限制

婚姻关系到统治的社会基础,所以政治的干预是不可避免的。官方在婚姻上的权力体现主要表现在两个方面,一是要促进人口的繁殖,如晋武帝泰始九年(273年)"冬十月辛已,制女年十七父母不嫁者,使长吏配之"[6]。甚至用非常专制的手段,如高欢"释芒山俘桎梏,配以人间寡妇"[7],此举目的之一当然是增加户口。二是维护社会的等级秩序,不允许让婚姻来破坏阶级界限,即使在统治上层中也是如此。如南朝沈约奏弹王源,就是因为后者嫁女于"士庶莫辨"的富阳满璋,使"六卿之胄纳女于管库之

商谈线刻画(北齐)

[1]《南史》卷77《戴法兴传》。
[2]《北齐书》卷8《后主纪》。
[3]《宋书》卷84《孔觊传》。
[4]《梁书》卷38《贺琛传》。
[5]《南齐书》卷6《明帝纪》。
[6]《晋书》卷3《武帝纪》。
[7]《北史》卷6《齐神武帝本纪》。

人"[1]。北魏更严厉,和平五年(464年)十二月"制皇族、师傅、王公侯伯及士民之家,不得与百工、伎巧、卑姓为婚,犯者加罪"[2]。这里的"士民"指的是士族,"卑姓"即是庶姓。

2.衣食住行上的等级标志

在封建等级制度下,规定着种种等级标志,是司空见惯的事。但本时期作为等级制度最为凸显的年代,更有些特殊的规定。

由于衣着在身给人在形象上的直观,所以是身份等级的最好标识。历代正史的《礼志》里都记载有关官员按不同品位穿戴之详细规定,有的还专设《舆服志》。服装出格,"逮礼业彫讹,人情驰爽,诸侯征伐,宪度沦亡,一紫乱于齐饰,长缨混于邹鬫"[3],则被视为"服妖"。对于士庶、良贱等区别当然更注意讲究。如《晋令》中有很多关于"士卒百工都得著假髻"、"士卒百工不得服越叠"等限制[4]。前秦规定,"非命士以上,不得乘车于都城百里之内"[5]。又如"两晋南朝的兵和武吏乃至将帅穿的是绛衣,绛衣是戎服。这种衣绛的兵或武吏,是名属军籍,或者已授军职的军人"[6],而一般民众则着白衣。前面提到对商人衣着等种种规定,也是其中一个方面。

但日常生活中严格维护这些界限也不容易,要时时动用行政力量维持的话,需投入太多,成本太高。如西晋太康中,王宏"代刘毅为司隶校尉,于是检察士庶,使车服异制,庶人不得衣紫绛及绮绣锦缋"。然而他并没有因此获得好评,反而"论者以为暮年谬妄,由是获讥于世,复坐免官"[7],说明要严格执行是不容易的。

礼制的一大功用,就是将人分而治之,因此封建社会本质上是一个等级社会。而等级的保持,必须要有明确的界限,在婚姻与衣食住行上,是最容易建立起维护那些界限的标志,所以有了上面种种的例子。至于无形的心理界限,虽然大量存在,但不容易具体勾描,只能请读者在古今的生活事例中去体会。

六、余论

阶层比阶级更细,从而也就更实际地反映了社会地

贵族妇女俑(南朝)

[1] 文在《文选》卷40。
[2] 《魏书》卷5《高宗纪》。
[3] 《晋书》卷25《舆服志》。
[4] 《太平御览》卷715、820、802、807等引。
[5] 《晋书》卷113《苻坚载记上》。
[6] 唐长孺《读书释词》,载《魏晋南北朝史论拾遗》,第260页。
[7] 《晋书》卷90《王宏传》。

位的不平等,尤其在中国古代。但是上述划分只是社会的大致面貌,而实际情况则更为复杂。由于社会的动乱变迁,不少阶层与族群社会地位下沉了,如幹吏、门生、宾客等,甚至"衣冠士人,多没为贱"[1]。另一方面,恰如商富为贵一样,"畜妓之夫,无有等秩,虽复庶贱微人,皆盛姬姜"[2]。势门家的豪奴却"仆妾厌梁肉",或"从奴五十人,皆骏马侯服"[3]。还要欺凌百姓,若北魏元诞为齐州刺史,他"家之奴隶,悉迫取良人为妻"。或如"王国舍人应取八族及清修之门",而魏咸阳王元禧却以隶户为之。高间原为运租车的"车子",因"少好学,博综经书"受到崔浩赏识而知名,入仕途而官至中书令。又北周任计部下大夫的王神欢"出自染工,更无殊异,徒以家富自通,遂与缙绅并列"[4]。类似现象在史籍记载上是常常可以见到的。官场中也是如此,南朝的寒人掌机要,北魏自"景明以来考格,三年成一考,一考转一阶。贵贱内外,万有余人,自非犯罪,不闻贤愚,莫不上中,才与不肖,比肩同转"。崔亮又创"停年格",更是"贤愚同贯,泾、渭无别"[5]。这原本是官僚行政机构庞大后难以避免的惰性之弊,却顺便冲击了官职中清浊之分,士庶之别。所以我们述评历史时,不能仅凭概念,而要看具体的实际。

彩绘陶笼冠侍吏俑(北朝)

第五节　从谈玄到玄学,社会演变中的思想轨迹

魏晋南北朝在思想上的活跃,仅次于春秋战国,这主要是官定的经学独尊局面被打破。

一、魏晋南朝的玄学

汉武帝时开始独尊儒术,儒学从此成了朝廷制定制度与政策的依据,也深深地影响了社会的道德与法律,成了人们行为准则的源泉。这些致使了经学在两汉的兴盛。但一种学说一旦被独尊到不容置疑,它本身就失去了自我发展的动力。于是儒学到了东汉就成了只能恪守师说的繁琐哲学,它的伦理变为空洞的说教。这种繁琐的经学是不能系住人心的,儒学作为统治思想被僵化后,"举孝

[1]《隋书》卷78《庾季才传》。
[2]《梁书》卷38《贺琛传》。"姬姜"一作"姬妾"。
[3]《北史》卷40《韩麒麟传》、卷四十八《尔朱荣传》。
[4]《北史》卷17《元诞传》、卷19《元禧传》、卷34《高间传》、卷30《卢柔传附卢恺传》。
[5]《北史》卷44《崔光传》、《崔亮传》。

廉、父别居"，社会就陷入了道德危机。与此同时是朝廷政治上的失范，外戚与宦官交替把持朝政和党锢之祸都染上了血腥的气味，朝政的昏乱与麻木滋生了黄巾的大起义，结果变成了军阀混战，东汉也随之灭亡。

为了专制集权的需要，政治权威一定要附带上意识和道德的权威，三位一体，兴衰与共。经学僵化和政治上的分裂与鼎革就逼出了玄学。从形式上，谈玄是从清议发展而来的。东汉末时，太学的学生就有三万人之多，这么多士子聚集在一起，就未免议论风生，臧否人物，抨击时政，粪土公侯，引起当政者仇视，于是有党锢之祸。遭到镇压后的士子们一部分由于害怕就把谈论的对象从实际转向空玄，另一些人则思考深入到关于人性或规律性的问题上，但这些话题也都是抽象的。两者都可以谈玄概之，因此以清议到清谈，也是从形而下的具体政治到形而上的玄理，是玄学起始的一条界线。

1.从谈经到谈玄

玄学发达是本时期的一个重要特色，它的意义不仅仅在于思想史上。玄学是从谈玄而来的，所谓谈玄就是探讨《周易》、《老子》、《庄子》及相关的注疏义理。因为这三部书中都有讨论玄而又玄的抽象主题，故"《庄》、《老》、《周易》，总谓三玄"[1]。"玄"之成为谈资，也是受到汉代杨雄的影响。杨雄在他的《太玄》篇里指出，"玄"包含着道德、规律、本体三个层面，"玄者，幽摘万类而不见形者也，资陶虚无而生乎规"，及"故玄者用之至也。见而知之者，智也。视而爱之者，仁也。断而决之者，勇也。兼制而博用者，公也"等等[2]。给后学开拓了广阔的境界。因此当士大夫们的清议开始脱离实际时，就转向了清谈，从谈三玄中谈出了玄学，不过"玄学"成为等同经学的专词正式出现，还要等到南北朝初。

魏晋时期的谈玄，其实是从谈经起始的。单就《论语》而言，据《隋书·经籍志一》，何晏有《集解论语》10卷，王弼有《论语释义》3卷，郭象有《论语体略》2卷、《论语隐》1卷等等。《经籍志》中所列数10种有关《论语》的注释义解等著作几乎全出于魏晋南北朝人之手，可见善谈玄者，原也是十分善于谈经的。不过经典之被谈论，就不可能步步遵

荣启期像

[1]《颜氏家训·勉学篇》。
[2]《太玄》卷7《玄摛》。

照章句师法,而趋向于义理之发挥。

汉代经学中"师法的具体内容则是章句",因为博士在教授中只有章句才有固定形式可以为"法"而被遵习[1]。汉代经学之变成繁琐哲学,与此不无关系。汉晋之间,政局多变,社会动荡,人心失范。对士大夫而言,既有救世之责,亦须防身之虑,这就是无论谈经还是谈玄都谈得起来的原因。然而原来对五经的那些阐释,都已经变成了陈词滥调,学者"空守章句,但诵师言,施之世务,殆无一可"[2],而当政者们却言行不一地把它们当作教条来愚弄大众,掩盖自身的种种阴谋和丑行。一些对如此行为感到厌恶的学者,如阮籍"著《大人先生传》。其略曰:'世人所谓君子,唯法是修,惟礼是克。手执圭璧,足履绳墨。行欲为目前检,言欲为无穷则。少称乡党,长问邻国。'上欲图三公,下不失九州牧"。但他们实际上何异于在裤裆里"行不敢离缝际,动不敢出裤裆,自以为得绳墨"之群虱。也是这个阮籍在议论一件子杀母的案件时说"嘻!杀父乃可,至杀母乎"?引起众人责怪。阮籍解释道:"禽兽知母而不知父,杀父,禽兽之类也。杀母,禽兽之不若。"于是"众乃悦服"[3]。如此谈玄就是借续他说标新立异,以寓疾世愤俗,批判现实之意。这对经学来说当然也构成很大的冲击:"晋世重玄言,穿凿妄作,日以滋生。先王正典,杂之以妖妄,大雅之论,汩之以放诞。陵夷至丁近代,去正转疏,无复师资之法。学不心解,专以浮华相尚,预造杂难,拟为雠对,遂有芝角、反对、互从等诸翻竞之说。"[4]其实这种破坏性仅是对狭义的正统经学而言。

2.从贵无到崇有

后世以魏晋之间谈玄为玄学是因为其有独特的内容和系统的理论。它主要包含了何晏、王弼为代表的贵无之学和向秀、郭象、裴頠为代表的崇有之学。《晋书》卷43《王戎传附王衍传》云:

魏正始中,何晏、王弼等祖述《老》、《庄》,立论以为:"天地万物皆以无为本。无也者,开物成务,无往不存者也。阴阳恃之化生,万物恃之以成形,贤者恃以成德,不肖恃以免身。故无之为

阮咸像

[1] 参见《中国经学史的基础》,载《徐复观论经学史两种》,上海书店出版社2002年版,第75、76页。
[2] 《颜氏家训·勉学篇》。
[3] 《晋书》卷49《阮籍传》。
[4] 《隋书》卷32《经籍志一》。

上：向秀像

下：嵇康像

1《世说新语·文学篇》。
2《世说新语·政事篇》，及注引徐广《历记》、《续晋阳秋》。
3《晋书》卷35《裴秀传附裴頠传》。
4《晋书》卷49《向秀传》。
5《晋书》卷49《嵇康传》。

用，无爵而贵矣。"

这就是所谓"贵无之学"。但他们所说之无并非是虚无之无，而是万有的本体。这个本体不仅是有形的万物之本，也是无形的精神意识之本，即"贤者恃以成德，不肖恃以免身"之本源。何晏等"祖述《老》、《庄》"，是为了能更好"论天人之际"，最后却"以所注为道德二论"[1]，还是为现实服务的。此外，汉晋之间，战乱频仍，人口剧减，民生凋敝，政治学说中倡导贵无，能落实于"强者绥之以德，弱者抚之以仁"，达到"恣其所安，久而益敬"目的，然此亦有利于百姓之休养生息。所以当时凡为政简易清静者皆得时誉，如王导"政务宽恕，事从简易，故垂遗爱之誉也"。谢安则"每以厚德化物，去其烦细"。桓温在荆州也"全欲以德被江汉，耻以威刑肃物"[2]。这道理和西汉初奉行黄老之治的宗旨是一样的。

所谓崇有之学，其论除散见于向秀、郭象的《庄子注》外，主要集中体现在裴頠《崇有论》中。裴頠称，"济有者皆有也"，"生而可寻，所谓理也。理之所体，所谓有也"，是因为"至无者无以能生，故始生者自生也"。既然如此，"众理并而无害，故贵贱形焉。失得由乎所接，故吉凶兆焉"，并由此构成了礼制的合理性，得出"礼制弗存，则无以为政矣"[3]的结论。其实有无之争实质上仅是侧重点放在何处，并非是彼此绝对排斥的。

由于谈玄的特点是"为之隐解，发明奇趣，振起玄风，读之者超然心悟，莫不自足一时"[4]，所以只能是由少数士大夫精英才有资格谈及。也正因为如此，谈玄中所开出的思想之花虽然美艳，但难以成为社会意识的主流。

3.名教与自然的对立统一

自然与名教的对立是当时玄学与经学之间的主要思想冲突。首先，什么是"自然"？郭象在《庄子·大宗师》注中说："天也者，自然也。人皆自然，则治乱成败，遇与不遇，非人为也，皆自然耳。"既然一切在于天命天数，当然用不着再花心思自寻烦恼。嵇康的《养生论》由此主张养生在于养心，"夫气静神虚者，心不存于矜尚；体亮心达者，情不系于所欲"。拘泥名教就是心存矜尚，只有"越名任心"，才能"禀之自然"[5]，真正养生如神仙。且圣人体道而无名,于是意为道德伦理本于自然天性,过分强调名教是舍本求末,免不了虚伪,因此要"越名教而任自然"。

但是由于谈玄的大家们不能舍弃经学,更不敢也不能否定社会公认的概念性行为准则,诸如孝、忠、信、义等等,所以玄学提不出自身系统的行为规范,很多就只能以具体行为来表达其越名教而任自然的观念,虽然他们这样做目的之一也是为了证明名教与自然的一致,"爱敬出于自然,而忠孝之道毕矣"[1]。如阮籍"性至孝。母终,正与人围棋,对者求止,籍留与决赌。既而饮酒二斗,举声一号,吐血数升,及将葬,食一蒸豚,饮二斗酒,然后临诀,直言:'穷矣!'举声一号,因又吐血数升。毁瘠骨立,殆至灭性"[2]。此正能说明"有世俗拘守,视为天经地义,而实则拂逆人性者,惟玄学家为能冲决其网罗"[3]。

而任何一种学说当其流行之时,附随着乘风弄潮者为数不少,其中必有走极端者,做出一些出格的举动。如刘伶"唯酒是务"。谢鲲"恬于荣辱。邻家高氏女有美色,鲲尚挑之,女投梭,折其两齿"。胡毋辅之与阮放等"散发裸裎,闭室酣饮已累日",光逸想进去,"便于户外脱衣露头于狗窦中窥之而大叫",然后一起"与饮,不舍昼夜。时人为之八达"。以示其任自然而越名教,从而授话柄于那些一本正经的儒者,"由是礼法之士疾之若仇"[4],等等。鉴于被记录者往往是最典型者,所以那些所谓"败俗伤化"者,也不过就是这些例子而已。

鉴于所谓名教与自然之争,目的都是为了建立一个更有效的社会道德规范,因此从适应中国古代社会需求而言,两者由争议走向一致是必然的趋势。此正如东晋初李充在其《学箴》中所鼓吹的:"圣教救其末,老庄明其本,本末之涂殊而为教一也。"[5]对本时期玄学来说,它与经学,以及名教与自然结合的完成是最重要的事件。

"自王弼、向、郭以来直到齐、梁时期,正统玄学家所努力的乃是维护名教,不论是说名教本于自然,或者是说名教即是自然,其目的是一致的"[6]。因此在两晋之间,就有以称名教与自然之旨皆"将无同"的"三语掾"阮瞻出现,并由此被太尉王衍等雅重之[7]。这实际上是将自然为体,以

上：阮籍像

下：刘伶像

[1] 《艺文类聚》卷48"侍中"条引裴希声《侍中嵇侯碑》。
[2] 《晋书》卷49《阮籍传》。
[3] 吕思勉《两晋南北朝史》第24章,第1464页。
[4] 《晋书》卷49《刘伶传·谢鲲传·光逸传·阮籍传》。
[5] 《晋书》卷92《李充传》。
[6] 唐长孺《魏晋玄学之形成及其发展》,载《魏晋南北朝史论丛》,三联书店1955年版,第339页。
[7] 《晋书》卷49《阮籍传附阮瞻传·阮修传》。"将无同"中前二词为语气助词,实际上就回答一个"同"字。

名教为用,体用一致,"夫礼律之兴,盖本之自然,求之情理"[1]。具体在做人道德上,则是以情性之质和礼法之文的协调,"文质彬彬,然后君子"。

经学和玄学的最终走到一起,是与中国学术的根本特性相关。早在先秦诸子中,对天与天道的遵奉就能使它们连通起来。由此,儒学和玄学既然都重天道,彼此能通合起来就有了基础。即使对一个儒士而言,只要有助于认识天道,任何学问都可以探索,只要能说明天道,都符合儒家精神,所以儒士谈玄,在当时是觉得很普通的事。

二、谈玄与政治

玄学,尤其在它初期,既然是以崇自然来作为名教的对立面,那么挑战现行社会行为准则就意味着反对现实政治,从这个角度而言,玄学也是一种政治哲学。它的这方面表现,及其社会政治影响,则可分为几个层次。

第一是个人面对政治的态度。

"见机而作,《周易》所贵"[2]。谈玄毕竟是一种智慧的体现,因此谈玄也必定会涉及人生处世之道,从而知玄者往往有与众不同之表现,尤其在多事之秋。由于所谓名教"依魏晋人解释,以名为教,即以官长君臣之义为教,亦即入世求仕者所宜奉行者也。其主张与崇尚自然即避世不仕者适相违反"[3]。即在当时是落实在对现实政治和政权的态度上。

即使在并不参与激烈政治斗争的时候,受玄学感染,一些士大夫也养成了一种特殊的为官之道。这主要表现于做官的态度与方式上,一种如山涛,"吏非吏,隐非隐",既与嵇康、阮籍等"为竹林之交,著忘言之契",又掌选事十余年,官至三公,"爵同千乘"[4],在山林与官场间进退自如。另一种如东晋刘惔"犹好老、庄,任自然趣",他死后"孙绰为之诔云:'居官无官官之事,处事无事事之心。'时人以为名言"[5]。刘惔这种做官态度为当时名流所敬重,说明是一种时尚。如此当时看来潇洒,后人予以批评的官风,其实在当时是有着合理因素的。因为一方面社会基层,尤其在农村,基本上由大姓士族所控制,官府插手不一定会平稳局面;另一方面因地方人口较稀等,郡县的财

上:山涛像

下:王戎像

[1]《宋书》卷55《傅隆传》。
[2]《晋书》卷56《孙楚传》。
[3] 陈寅恪《陶渊明之思想与清谈之关系》,载《金明馆丛稿初编》,第182页。
[4]《晋书》卷56《孙楚传附孙绰传》、卷43《山涛传》。
[5]《晋书》卷75《刘惔传》。

政资源一般是不丰裕的,而在政事上的有为,都要通过消耗资源来实现。这两者加起来,为官无为反而是符合实际的了。

"魏晋去就,易生嫌疑"[1]。假放纵自然之名而在乱世行避祸之实,在当时也作为一种处世之智慧。如阮籍"至慎。每与之言,言皆玄远,未尝臧否人物"[2]。羊曼为王敦右长史,"曼知敦不臣,终日酣醉,讽议而已"。或者如张协为"河间内史,在郡清简寡欲。于时天下已乱,所在寇盗,协遂弃绝人事,屏居草泽,守道不竞,以属咏自娱"[3]。所以本时期多隐逸之士,正是意识与环境结合的结果。

不过士族既然已经身据要津,而依然"祖尚浮虚"的话,那么一定会荒废政事,败坏吏风,所以这也历来成为谈玄被指责的主要流弊。这种流弊之产生是和谈玄与成名之间的联系相关的。以"祖尚浮虚"的王衍"有重名于世,时人许以人伦之鉴"。其实这是王衍长期苦心经营的结果:"衍俊秀有令望,希心玄远,未尝语利。"[4]因为清谈和清议一样是比较容易名闻天下,从深层讲,在汉晋之间以推荐为主的选举制度里,名声好坏是一个非常重要的依据,所以士子们对追求名闻趋之若鹜。鉴于谈玄常常能谈出大名来,为宦途提供资质,由此"虽云谈道,实长华竞"[5],也构成了当时玄学风行的一个重要因素。

第二是作为政治对抗的方式。

这最明显的就是所谓才性四本论之争。《世说新语·文学篇》刘孝标注引《魏志》:"四本者,言才性同、才性异、才性合,才性离也。尚书傅嘏论同,中书令李丰论异,侍郎钟会论合,屯骑校尉王广论离,文多不载。"

自从孟子与荀子提出人性的善恶问题后,一直引起思想家们的关注,因为判定人性如何,认识人性与人能力之间以及人性与人行为之间的关系,对确立人的行为准则至关重要。因此凡偏重于伦理的哲学,总是要涉及这样问题的。如王充在《论衡·命禄篇》中说:"夫临事知愚,操行清浊,性与才也"等等。王充在这里把知愚和操行都归结到性与才的关系中去,首先是因为一个人的才能和行为之间是相互影响的,人行为的功效如不计客观因素则取决于他本人的才能,反过来行为的积累也可以影响才

山水人物画像

[1]《晋书》卷94《孙登传》。

[2]《世说新语·德行篇》。

[3]《晋书》卷49《羊曼传》、卷55《张载传附张协传》。

[4]《晋书》卷43《王戎传附王澄传·王衍传》。

[5]《晋书》卷77《殷浩传》。

干的成长,这些都是显而易见的,因为行为与才能都可以有形地表现出来。但人性却是复杂而难以把握,其与才行的关系更是在无形之中,所以孟子、荀子、王充等没有清楚地解决的问题在汉晋之间就成了讨论的热点。

这个题目之引起重视,和当时的政治有着密切的关系。起先是和荐举制度相关,因为对被荐举对象来说,要看他的才能,也要看他的操行,两者之间的关系就是才与性的关系。但这种关系如何体现,就牵涉到识别人的问题,此正是荐举制度中的一个要害问题。在魏晋之间更和曹氏与司马氏之间的权力斗争关联了起来[1]。曹操是主张"唯才是举"的,只要是"高才异行",就是"负污辱之名,见笑之行",甚至"不仁不孝"也没有关系[2]。实际上是将才和性处于异及离的地位。而作为经学世家的司马氏是高举"名教"旗帜的,也就是着重操行的。但要推举有操行者,是不能认可"有德无才"的,因为这样就不能当官办事,所以在逻辑上就一定要归结到性与才的相同相合。这样,当曹氏与司马氏两个集团的斗争涉及用人标准时,学术分歧就成了政治分歧,后来主张异的李丰和主张离的王广先后被司马氏杀掉,就不是偶然的了。

四本论虽在讨论之初有着政治背景,但时过境迁,就还原为学术问题了。如东晋时阮裕"尝问谢万云:'未见《四本论》,君试为言之。'万叙说既毕,裕以傅嘏为长,于是构辞数百言,精义入微,闻者皆嗟味之"[3]。等到南北朝时顾欢以为"'四本无正,失中故也'。于是著《三名论》以正之"[4]。刘勰再宣说"智苟能谋,奚妨秕行",以为"今忌人之细短,忘人之所长,以此招贤,是画空而寻迹,披水而见路,不可得也",及"以小妨大,以小掩大,非求士之谓也"[5]。这虽是对现状的抨击,但在当时的政治上已起不了大波澜。

以此为例可以说明,当玄学作为时政的理论依据时,参与玄谈者就等于参与了政治斗争,并不得不接受由此带来的各种后果。这就是为什么"魏晋之际,天下多故,名士少有全者"[6]之原因之一。

第三是与社会政治势力的呼应。

那就主要是和门阀政治相关。门阀势力在本时期的

侍女画像砖(着装受到玄学思想的影响)

[1] 参见唐长孺《魏晋才性论的政治意义》,载《魏晋南北朝史论丛》。
[2] 《三国志》卷1《武帝纪》注引《魏书》。
[3] 《晋书》卷49《阮籍传附阮裕传》。
[4] 《南史》卷75《顾欢传》。
[5] 《刘子集校》卷4《荐贤》、卷5《妄瑕》,上海古籍出版社1985年版。
[6] 《晋书》卷49《阮籍传》。

膨胀，当然不希望皇权在地方行政上的加强而最好是任其自然。在这种情况下也出现了一些极端的主张，典型的如鲍敬言的《无君论》。"鲍敬言，身世不详，他的《无君论》是葛洪在《抱朴子》的《诘鲍篇》中提到的；葛洪还同他反复诘难，由此推知他也是两晋之交的人。在《诘鲍篇》中，葛洪称他'好《老》、《庄》之书，治剧辩之言'，所以把他作为清谈家来进行批判"[1]。鲍敬言的观点是非常尖锐的，如他认为君王产生是"强者凌弱，则弱者服之矣；智者欺愚，则愚者事之矣"的结果。还指出朝廷"谷帛积，则民有饥寒之俭；百官备，则坐靡供奉之费；宿卫有徒食之众，百姓养游手之人。民乏衣食，自给已剧，重以赋役"，这一切"皆有君之所致"，所以要"无君"！鲍敬言的论说无疑是老子小国寡民思想的发挥，但讲了那么许多后世看来是无法无天的话，却看不到有他受过任何惩罚的记载，这只能说明当时君权并不是那么至高无上不可侵犯，对所谓欺君的言论是相当宽松的。不过到了南朝，皇权加强了，但以皇帝为代表的皇族则在文化上急于向世家靠拢，包括谈玄。如"宋明帝颇好玄理，以(周)颙有辞义，引入殿内，亲近宿值"[2]。所以玄学能在东晋南朝长盛不衰。

第四是从理论上强化了统治思想和社会行为规范。

这是名教与自然结合的结果。崇尚自然过分，必然以为情性在理而随心所欲，从而与普遍的社会规范发生矛盾。如此结果，则与匡救经学之弊的谈玄初衷相违，所以名教与自然相同之说一出，就受到普遍赞许，就是因为这样可以避免为祖尚虚名而出格，反过来则能为儒家的道德规范提供依据与说明。这正是当时一些士大夫，不管其是崇玄的还是崇儒的，都努力想做的。如"儒玄并综"的江惇"每以为君子立行，应依礼而动，虽隐显殊途，未有不傍礼教者也。若乃放荡不羁，以肆纵为贵者，非但动违礼法，亦道之所弃也。乃著《通道崇检论》，世咸称之"[3]。

三、玄风南渐及其背景

随着司马氏渡江，东晋成立，玄风也由此南渐，且与东晋南朝相始终。永嘉之变后，玄风作为一种社会风尚随着大批士族渡江，而东晋南朝政治体制因禅代而不变，两

青釉裸胸女俑

[1] 王仲荦《魏晋南北朝史》第10章，上海人民出版社1980年版。
[2] 《南史》卷34《周朗传附周颙传》。
[3] 《晋书》卷56《江统传附江惇传》。

执尘尾扶几的维摩诘像

者互为影响,因此玄学在东晋南朝得到了承袭,宋文帝元嘉年间专门设立了作为官学的玄学。如何尚之在元嘉十三年(436年)为丹阳尹,"立宅南郭外,置玄学,聚生徒。东海徐秀、庐江何昙、黄回、颖川荀子华、太原孙宗昌、王延秀、鲁郡孔惠宣,并慕道来游,谓之南学"[1]。可见玄学在江左之盛。

不过江左虽然承袭了玄学,但对玄风所带来的弊病也进行了反思。如东晋戴逵作《放达为非道论》,批判"元康之为放,无德而折巾者也"[2]。因此《世说新语》所载名士放诞轻佻之行,多在元康前后,东晋就很少,南朝更少,江左的玄风主要表现在影响经学等学术层面上。

到了南朝,玄学更多地与经学结合在一起,并在梁朝重新兴起了小小的高潮。首先是皇室成员的带头,"武皇、简文,躬自讲论",尤其是梁元帝"在江、荆间,复所爱习,召置学生,亲为教授,废寝忘食,以夜继朝,至乃倦剧愁愤,辄以讲自释"[3]。据《南朝梁会要》"玄学"篇所集,仅正史里明言梁朝"善言玄理"或"能玄言"者就有26位之多[4]。所以梁时玄学是高潮,经学也是高潮,这种同步不是偶然的,南朝自始至末一直都是如此。如宋时周续之"通《五经》、《五纬》,号曰十经",还被人"称为颜子。既而闲居读《老》、《易》"[5]。顾欢"从豫章雷次宗谘玄儒诸义"。齐沈麟士"著《周易》两《系》、《庄子·内篇训》。注《易经》、《礼记》、《春秋》、《尚书》、《论语》、《孝经》、《丧服》、《老子要略》数十卷"。梁简文帝"尝置宴集玄儒之士",陈朝孙玚为郢州刺史,"常于山斋设讲肆,集玄儒之士,冬夏资奉,为学者所称"[6]。说明他们经常进行讨论和辨析。这种玄学和经学的共同探讨,"善谈名理",导致了彼此的互相渗透,既保持了玄风,也丰富了经学。

谈玄在江左已与政治斗争无直接的联系,但其影响政治务虚不务实之弊害却不能克服,且时有反复,甚至到梁之"大同末,人士竞谈玄理,不习武事"[7]。这也是南朝积弱和侯景之乱轻易成气候的原因之一。

玄风南渐除了因那些谈玄的载体大多来到了江左外,还有一个原因是与佛学交相辉映,彼此促进,因为当时南方佛学也是以义理见长的。如宋时僧慧琳"注《孝经》及《庄子·逍遥篇》、文论,传于世"[8]。齐朝吴苞"善《三礼》及

[1] 《宋书》卷66《何尚之传》。
[2] 《晋书》卷94《戴逵传》。
[3] 《颜氏家训·勉学篇》。
[4] 《南朝梁会要》,上海古籍出版社1984年版,第212—214页。
[5] 《南史》卷75《周续之传》。
[6] 《南史》卷75《顾欢传》、卷76《沈麟士传》、卷71《成衷传》、卷67《孙玚传》。
[7] 《梁书》卷56《侯景传》。
[8] 《宋书》卷97《天竺传》。

《老》、《庄》"[1]。徐伯珍"好释氏、老庄,兼明道术"[2]。梁朝的庾承先"讲《老子》,远近名僧,咸来赶集,论难锋起,异端竞至,承先徐相酬答,皆得所未闻"[3]。周弘正"特善玄言,兼明释典,虽硕德名僧,莫不请质疑滞",并于"梁末为玄宗之冠"[4]。陈朝的陆瑜"受《庄》、《老》于汝南周弘正,学《成实论》于僧滔法师,并通大旨"[5]。

玄学在十六国北朝却受到了冷遇。后秦"时京兆韦高慕阮籍之为人,居母丧,弹琴饮酒。(淳于)诜闻而泣曰:'吾当私刃斩之,以崇风教。'遂持剑求高。高惧,逃匿,终身不敢见诜"[6]。当然这也是相对的,也偶尔有人从事玄学的,如太山羊烈或许因为其出身魏晋旧族而"好读书,能言名理,以玄学知名"[7],但远不能影响学术的主流。

四、玄风吹过以后

自从谈玄之风兴起,对当时及后世都带来很大的影响。从本时期而言,可主要分为三个方面:一是学术上的,主要表现在对经学的冲击和充实;二是对政治的影响;三是对文化艺术的影响,这里主要讲的就是这第三点。

玄学对文化艺术的影响,一个很主要的方面在于对一些理论问题的探索与深入,如关于"言尽意"或"言不尽意","养生论"与"难养生论",及对"声无哀乐"或"声有哀乐"的辩论,从而对语言的功能,精神的作用,心与情的关系等等问题加深了思考,为文艺创作提供了新的理论基础。另一点是由此对自然社会环境有了更细致的观察,不仅是辽阔广大的田野山水,就是树木花草鸟兽鱼虫也无不收入眼中笔下,进一步则心存物产人物,如谢灵运之《山居赋》,左思之《三都赋》等等,大大扩充了文学艺术的内涵。

还有一方面则是在意境上的开拓,突出表现于玄理诗或玄言诗的流行。

"诗言志",在谈论玄而又玄的问题时,一些观点与思考是难以用严格的逻辑形式来表示的,往往只能借助诗歌的意境进行表达,融景于情而寄意象外。所以把玄理诗作为开展玄谈的一种工具,是其存在与发展的主要背景,详见后章。因此玄学无疑对文学的兴盛起很大的促进作用。唐长孺先生注意到南朝文学的北传现象,"北朝末期,

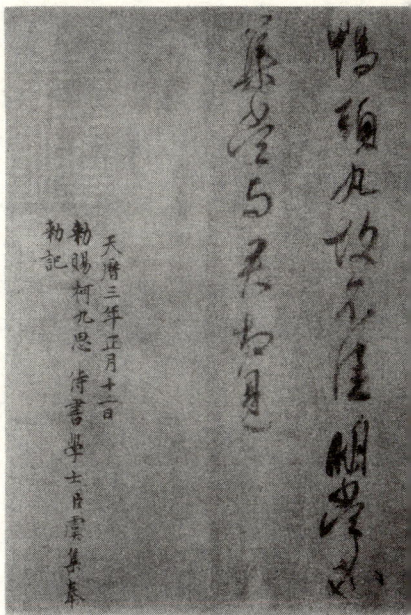

王献之·鸭头丸帖(东晋)

[1]《南史》卷76《吴苞传》。
[2]《南齐书》卷54《徐伯珍传》。
[3]《梁书》卷51《庾承先传》。
[4]《南史》卷34《周朗传附周弘正传》。
[5]《陈书》卷34《陆琰传附陆瑜传》。
[6]《晋书》卷177《姚兴载记上》。
[7]《北齐书》卷43《羊烈传》。

南朝文学完全占领了北方文坛"[1]。这应当与玄学给了文学的新鲜活力有关。

　　玄学虽然在南北朝之后不复以一种独立的思想体系存在，但是它的影响是深远的。其中之一就是名教与自然的结合下，以为"天道玄远，鬼神难言；妖详吉凶，谁知其故"[2]，造就了一种后来被一些学者称之为"唯物"的思想。魏晋之间，稽康的《养生论》里就表达过"形恃神以立，神须形以存"的观念。即若吕思勉先生所言："玄学与迷信，不相容者也。故魏、晋以降，玄学盛行，而迷信遂澹。"[3]因此当玄学与经学相结合，或者玄学融入经学里面后，儒学中的"唯物"思想就大大显突出来了。东晋时，以称名教与自然之旨皆"将无同"的"三语掾"阮瞻，"素执无鬼论，物莫能难，每自谓此理足可以辩正幽明"。其族叔阮修也"好《易》、《老》，善清言。尝有论鬼神有无者，皆以人死者有鬼。修读以为无，曰：'今见鬼者云著生时衣服，若人死有鬼，衣服有鬼邪？'论者服焉"[4]。甚至葛洪《抱朴子·至理篇》也说："形者，神之宅也。故譬之于堤，堤坏则水不留矣。方之于烛，烛糜则火不居矣。身劳则神散，气竭则命终。"甚至陶渊明也以为"魂气散何之，枯形寄空木"[5]。进入南朝，由此持有相同观点者就更多了，如"博涉经史，善写文章"的范晔也"常谓死者神灭，欲著《无鬼论》"[6]。更为典型是范缜的《神灭论》，但此已经是进入经学的范畴了。

　　玄学影响经学的结果造就了南朝最重要的思想家范缜。范缜出身士族，"博通经术，尤精《三礼》。性质直，好危言高论"。他善于高谈阔论经术，显而易见是受清谈之风影响，因此他在当时也是一位名士，南齐时为竟陵王萧子良西邸之友。无论儒家讲名教还是道家讲自然，讲究实际是根本的态度，而且玄学的"崇有"更为实在，所以范缜在其《神灭论》里反复要指出的是，"形者神之质，神者形之用"，神只是形自然的外现之一，所以"形存则神存，形谢则神灭"为可以亲眼目睹之事实，而"形亡而神在"就像没有了刀的刀锋，谁能证明其存在？导致富贵贫贱的关系也一样，"人之生譬如一树花，同发一枝，俱开一蒂，随风而坠"，人之贵贱之"因果竟在何处"？人生殊途即若自然中的万有，形态万千，谁能说得清它们的所以然呢？佛教既

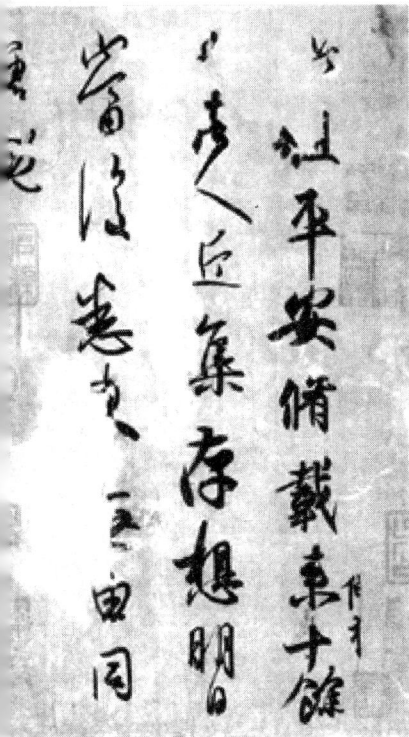

王羲之·平安帖（东晋）

1　《论南朝文学的北传》，载《唐长孺社会文化史论丛》。
2　《晋书》卷75《王湛传附王述传》。
3　《两晋南北朝史》第24章，上海古籍出版社1983年版，第1464页。当时玄谈中也涉及佛理，佛教诸行无常，法我皆空等思想对迷信也有破坏作用。
4　《晋书》卷49《阮籍传附阮瞻传·阮修传》。"将无同"中前二词为语气助词，实际上就回答一个"同"字。
5　《陶渊明集》卷4《拟挽歌》。
6　《宋书》卷69《范晔传》。

然讲因果报应,范缜也就"盛称无佛"了[1]。由于范缜将实在作为道理的判别依据,加上他在清谈中锻炼出来的善辩功夫,所以当时没有人能够驳难倒他。但因为以维系宗族伦理为己任的儒家,不能否定祭祖的意义,所以只能若孔子一样抱着"祭神如神在"的执中态度。因此范缜神灭之说触犯的主要对象并非是佛教,因为佛教真谛中本来就没有鬼神存在之余地,而是儒家怕否定祖先"恐伤名教"的顾虑。可以说在崇有说影响下的范缜《神灭论》将儒家重实精神往"自然"上强调过头,就只能成为士大夫中的孤家绝唱。不过这些正是南朝经学光彩之处,也是玄学的光彩之处。

其中之二是开创了一种士大夫处世立身的格调:"今治世之贤,宜以礼教为先;嘉遁之士,应以无为是务,则操业俱遂,而身名两全也。"[2]这种态度在当时激烈的政治斗争中不失为一种智慧,也和在其位谋其政不在其位不谋其政而崇尚自然的立场相吻合。可以说此后绝大多数士大夫都自觉不自觉地将此奉为信条,直到宋代范仲淹倡言居庙堂之高则忧其民处江湖之远则忧其君,才力图对此有所纠失。

王珣·伯远帖(东晋)

第六节 道教、佛教及民间宗教

两晋南北朝是中国宗教史上的一段重要时期,无论对道教还是佛教,甚至是民间宗教,不仅在这段时光里得到很大的发展,它们各自的特点也明显起来。

一、道教的特点及其在本时期传播的背景

唐以前道教的发展可分两个阶段。自东汉后期起,南方到东晋末孙恩、卢循起事为止,北方到崔浩被杀为止,是为第一阶段,此后为第二阶段。这两个阶段的转换和门阀世家的信仰有关,也与道教的理论发展相关。

1. 道教的特点

道教是中国土生土长的宗教,合成道教的不少成分

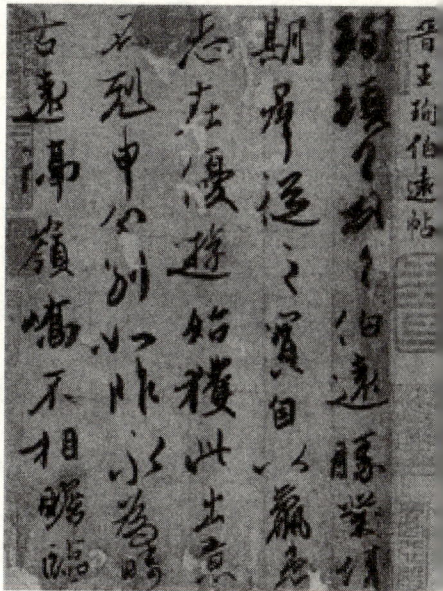

[1] 《梁书》卷48《范缜传》。
[2] 《刘子集校》卷10"九流",第303页。

吹笙引凤图(局部)

可以说从我们民族起始时就已经产生并逐步发展起来，如鬼神观、巫术、神话传说、祭祀仪式等等。但具备了这些宗教因素不等于就是宗教，由于种种原因，这些具有宗教内容的东西合成一个成熟俱全的宗教，还要在佛教传入之后，在佛教刺激下并以佛教为样板，才有了道教[1]。

受着"天地之大德曰生"观念的强烈影响，也与佛教的基本宗旨显示对立，"佛法以有生为空幻，故忘身以济物；道法以吾我为真实，故服饵以养生"[2]。道教在形成之初就有了与众不同的鲜明特色，那就是通过把生命力的无限弘扬来解决宗教信仰的核心问题：生死与命运。道教追求的目标是做神仙，老而不死是曰仙，通而广之或阴阳不测是曰神，因此仙就是说明在纵向上的无限延伸，神就是生命力在横向上的无限扩张，由此就可以泯灭现实世界与彼岸世界之间生死界限，生命就永恒不朽。诚如现存最早的道教经典《太平经》所说："一切含气莫不贵生，生为天地之大德。德莫过于长生，长生者必其外生也。"[3]

所谓长生久视，就是保留现有的肉身躯体，不脱离现实世界，就是"令得天心地意，从表定里，成功于身，使得长生，在不死之籍"[4]。葛洪说得更直接："夫神仙之法，所以与俗人不同者，正以不老不死为贵耳。"[5]道教的这种独一无二的终极关怀当然有非常大的吸引力，这在汉晋之间人口剧减，生命遭受严重威胁的时代尤其如此。

道教在如何取得长生与神通上有着各种各样的方法和途经，由此也构成了道教形形色色的派别。从大的方面讲，也是将本时期道教发展分为两个阶段的标志，就在于追求长生的途径是以群体为主还是以个体为主。

早期道教一个很明确的主题，就是天下太平能使人延年益寿。《太平经》在阐释经名"太平"时云："人有三名：父、母、子；治有三名：君、臣、民，欲太平也。此三者常当腹心，不失铢分，使同一忧，合成一家，立致太平，延年不疑也。"[6]道教认为此与所谓"太平气"有关，这是因为"夫气者，所以通天地万物之命也"，如果"天气和调"，那么"天地为和，人法之其悦喜，得天地人和悦，万物无疾病，君臣为之常喜"[7]。这是从"人天相副"、"天人感应"的思路上发展起来的，把人体也放到天地与国家之间一起贯连，以气

[1] 参见严耀中《中国宗教与生存哲学》，学林出版社1991年版。

[2] 道安《二教论·仙异涅槃第五》，载《广弘明集》卷8。

[3] 《太平御览》卷668引。

[4] 《太平经》卷111"善仁人自贵年在寿曹诀"，王明合校本，中华书局1960年版。

[5] 王明《抱朴子内篇校释》卷9《道意》，中华书局1985年版。

[6] 《太平经》卷18至34"和三气兴帝王法"，王明合校本。

[7] 《太平经》卷86"来善集三道文书诀"、卷113"乐怒吉凶诀"，王明合校本。

相通。作为影响人的要素,天地玄妙,能把握者只是国家人事了,因此只要君臣民和悦太平,人之无病长寿就容易实现了。这就不难解释为什么汉晋期间带道教性质的民众起义特别的多,"奉事黄老道",并以"苍天已死,黄天当立,岁在甲子,天下大吉"[1]为口号的黄巾起义所追求的也就是太平世界。汉魏之间张鲁在汉中"以鬼道教民"[2],还进行了社会实践。在本时期屡屡托名"李弘"在各地发生的起义之目的也是为"天下大乐,一种九收,人更益寿,(寿)三千岁。乃复更易天地,平整日月,光明明于常时"[3]。东晋末的孙恩、卢循起事,亦"号其党曰'长生人'",目的是得天下,"登仙堂",其号召力足以使"旬日之中,众数十万"[4]。据说"卢循有大志,所经必不伤人"[5],也说明他们的起事是抱有理想的,而且是追求天下大吉,无疾延年的理想。

吹笙引凤图(局部)

道教的这种意向,以及作为最早出现的大规模全国性民间组织,使得其在汉晋之间常深深地卷入政治斗争,如据陈寅恪先生考证,八王之乱的中心人物赵王司马伦及其谋士孙秀等皆为奉天师道者。如此结合给道教的好处是迅速扩大了它的社会影响,但也给它带来了危机。

2. 士族信仰与道教的转型

长生不朽,是中华传统中永恒的追求之一,对那些已拥有功名学业的人来说,尤为迫切,而道教对太平世界的憧憬,似乎与儒家的政治理念起初也并不冲突,所以几乎所有当时的世家大族都成了道教世家,或者是家族中的一些成员与道教有所关联[6]。但是在孙恩、卢循起事之后,儒道在现实政治中的矛盾变得难以调和,此使高门大族的信仰有所转变,也连带了道教本身的演变。

孙恩出身于道教世家,也是士族。其父孙泰与当时势倾一时的司马元显过从甚密,随孙氏起事的有 "会稽谢鍼、吴郡陆瓌、吴兴丘尪、义兴许允之、临海周胄、永嘉张永"等士人。卢循出身于高门范阳卢氏,与孙恩一样妓妾成群,一度为"广州刺史、平越中郎将"。所以他们的起事绝不是什么"农民起义",而是具有宗教性质。这次起事,其始作俑者孙泰是"以为晋祚将终",拿此"扇动百姓,私集徒众,三吴士庶多从之",一如"苍天已死,黄天当立"那

1 《后汉书》卷71《皇甫嵩传》。
2 《三国志》卷8《张鲁传》。
3 敦煌文书P·3232,参见唐长孺《史籍与道经中所见的李弘》,载《魏晋南北朝史论拾遗》,中华书局1983年版。
4 《晋书》卷100《孙恩传》。
5 《建康实录》卷11义熙六年二月条。
6 陈寅恪《天师道与滨海地域之关系》,载《金明馆丛稿初编》。

羽人骑麒麟

样，是道教谋建太平世界的又一次尝试。但这次起事的后果是十分严重的，不仅直接导致了数十万人的死亡，残破了江左经济，政治上则是翻天覆地，除促使东晋皇朝崩溃外，给南方士族以沉重打击。"于是吴兴太守谢邈，永嘉太守谢逸，嘉兴公顾胤，南康公谢明慧，黄门郎谢冲、张琨，中书郎孔道，太子洗马孔福，乌程令夏侯愔等皆遇害"[1]。这对那些信奉道教的士族产生极大的冲击，如琅邪王氏"世事张氏五斗米道，（王）凝之弥笃。孙恩之攻会稽，僚佐请为之备。凝之不从，方入靖室请祷，出语诸将佐曰：'吾已请大道，许鬼兵相助，贼自破矣。'既不设备，遂为孙恩所害"[2]。这样的结果当然会动摇士族对道教的信仰，因此东晋灭亡后，原来不少世奉道教的世家大族改信了佛教[3]。

　　如此当然对道教十分不利，因此从东晋开始，道教的长生的追求，在方式上由偏向于建立太平世界转为个人神仙术的修炼。这种过渡的典型说明，就是葛洪的《抱朴子》。《抱朴子》分内篇与外篇。据他自己说，"其《内篇》言神仙、方药、鬼怪、变化、养生、延年、禳邪、却祸之事，属道家。其《外篇》言人间得失，世事臧否，属儒家"。他之所谓道家其实就是道教，至于儒家，他自己说"竟不成纯儒"[4]。实际上《内篇》主要是讲如何修为神仙，诸如吐纳导引、金丹仙药、黄白玄素、禁咒符箓诸法；《外篇》是为了拨乱反正，"起众患于须臾，结百痾于膏肓"[5]，以救桑梓。这也折射着道教谋求长生的两种路子，但葛洪以为这两者关系是"道者，内以治身，外以治国"，及"内宝养生之道，外则和光于世"，达到"治身而身长修，治国而国太平"[6]，因此也就将原先通过太平世界得到长生，修正为两者并举，甚至是先内后外。更重要的是，如何取得太平盛世，葛洪在《外篇》中是崇儒尊法扬墨以集众家之长的治国路线，在其《内篇》中则批判"张角、柳根、王歆、李申之徒，或称千岁，假托小术，坐在立亡，变形易貌，诳眩黎庶，纠合群愚，进不以延年益寿为务，退不以消灾治病为业，遂以招集奸党，称合逆乱，不纯自伏其辜，或至残灭良人"[7]。《抱朴子》中道教观念的转折，到后来愈向着"内宝养生"的方面发展，"积而修习，渐致长生，自然神化，或白日等仙，与道合体"[8]。至东晋南朝际，道教称"求仙者，要当以忠孝和顺仁

[1] 《晋书》卷100《孙恩传·卢循传》。

[2] 《晋书》卷80《王羲之传附王凝之传》。

[3] 严耀中《论陈朝崇佛与般若三论之复兴》，《历史研究》1994年第4期。

[4] 《抱朴子外篇自序》，载王明《抱朴子内篇校释》。

[5] 杨明照《抱朴子外篇校笺》卷24《酒诫》，中华书局1991年版。

[6] 《抱朴子内篇校释》卷10《明本》、卷8《释滞》。

[7] 《抱朴子内篇校释》卷9《道意》。

[8] 《隋书》卷35《经籍志四》。

信为本,若德不修,而但务方术,终不得长生也"[1],注重于个人的品德修养而罕及社会的改造了。

北方士族对道教的信仰也经历了曲折,其转折点是崔浩的被杀。崔浩当时是清河崔氏的代表,也是整个北方士族的代表,崔浩与其父崔玄伯在北魏朝廷中为汉官之首,权倾一时。清河崔氏也是天师道世家,崔浩尊奉天师寇谦之,"独异其言,因师事之,受其法术"[2]。这是因为他们两者之间有着更深的契合。寇谦之对崔浩说他"忽受神中之诀,当兼修儒教,辅助泰平真君,继千载之绝统",要求崔浩"撰列王者治典,并论其大要"。于是崔浩"乃著书二十余篇,上推太初,下尽秦汉变弊之迹,大旨先以复五等为本"[3]。这也是道教的努力目标与儒家理想的结合,但道教的这种目标只能是太平世界的翻版。崔浩后来为什么被杀,原因众说纷纭,其为实现儒道合一的理念及士族利益,"遂不顾春秋夷夏之大防,卒以此触怒鲜卑"[4],肯定是一个因素。由此发生的严重后果是,"清河崔氏无远近,范阳卢氏、太原郭氏、河东柳氏,皆浩之姻亲,尽夷其族"[5]。连带产生的一个事实是,此后可以看到在北方信奉道教的世家难以再续的同时,越来越多的士族信奉了佛教。

陶弘景像

3. 道教自东晋至南北朝时的革新

道教在自东晋至南北朝这段时间里的革新,虽然在地域上有先后,方向上却是一致的,即围绕着两点展开。

其一是以养生而长生,重心放在个人的神仙术的修炼上。如从重视天地之气对长生的客观影响上转到主体的呼吸吐纳以养生延命上。太尉陶侃之孙陶淡"好导养之术,谓仙道可祈。年十五六,便服食绝谷,不婚娶"[6]。陶弘景"善辟谷导引之法"[7]。流风所及,甚至西来的高僧佛图澄也"常服气自养,能积日不食"[8]。于是南北朝时炼丹服食就成了道教的主流。如道士由吾道荣"隐于琅邪山中,辟谷饵松术茯苓,求长生之秘"。又有张远游者,"与诸术士合九转金丹"[9]。

其二是以佛教为样板,编撰扩充经藏,制定科仪戒律,至南北朝末,经陆修静、陶弘景、寇谦之等人的努力,道教的宗教形式已十分完备。如寇谦之推行"音诵",即以

[1]《初学记》卷23"仙"。

[2]《魏书》卷114《释老志》。

[3]《魏书》卷35《崔浩传》。

[4] 参见陈寅恪《崔浩与寇谦之》,载《金明馆丛稿初编》。

[5]《魏书》卷35《崔浩传》。

[6]《晋书》卷94《陶淡传》。

[7]《南史》卷76《陶弘景传》。

[8]《晋书》卷95《佛图澄传》。

[9]《北史》卷89《由吾道荣传》。

音乐配和诵经,增强了读经的感染力。这些足以与佛教分庭抗礼。

二、佛教的本土化和影响的扩大

佛教是近代之前唯一成功地被中国人民所广泛信奉的外来宗教，也是唯一被本土化了的系统的外来文化形态。佛教之能成为一种中国的宗教和文化,和它本身有很大的关系。

1. 佛教的基本教义

佛教是针对人的生死命运问题所建立起来的一种宗教体系。约公元前5世纪左右,相传生活在今尼泊尔南部释迦族的王子悉达多·乔答摩创立了佛教,他也因此被称为释迦牟尼,意思是释迦族的圣人。传说乔答摩见到王宫之外人们生活艰辛、年老病死等种种惨状后,决心离王宫出走修道,寻求解脱之路。经过长时期的苦苦思考与探索,悟明了一系列的道理。如认为苦是人生的基调,于是有所谓苦、集、灭、道四谛,谛是真理的意思;解释苦和欲望之间产生的因果关联,于是有十二因缘之说和如何克服欲念的正见、正行等八正道。他还认为所有的有情物(生命体)都是由五蕴,即色(包括风、火、水、地)、受、想、行、识五者因缘和合而成,蕴系积聚和集合之义。于是提出了所谓三法印,即诸法无我,诸行无常,寂静涅槃。这里法是代表一切事物,前两句是说世界上所有的事物都在运动变化着的,没有常驻不变的,无我就是无自性,即事物的变化生灭都是身不由己的。后一句是追求的目标,所谓涅槃就是一种无差别境界,因为在无明的作用下,就会有动静和位差,而有差别就会有矛盾和欲望,没有差别就不会有矛盾和欲望,也不会有由此发生的种种苦难,那当然是一个值得追求的境界,而此追求是通过在意想言行上奉行"八正道"来实现的。明白了这些道理,乔答摩就成了佛陀,简称为佛,意思是觉者。围绕着佛陀所说的道理所形成的信仰和崇拜体系就是被称为佛教的宗教。

由于佛陀在世的时候并没有用文字记录下他的讲话,佛陀死后他的弟子们就结集在一起回忆他的教导。这

瘗鹤铭（局部）(相传为陶弘景所写)

样的结集进行过三次，每次结集都由各位弟子分别背诵佛陀的教导，记录到贝叶上就是佛经，因此所有佛经的开头都是"如是我闻"四个字，表示以下的内容都是弟子听佛所说的，不过实际上绝大部分现在所流传的佛经都是后人所编撰而成的。佛在世时给弟子信徒们所订下的行为准则称之为律，律部经过陆续的扩展，有小乘与大乘之别，还有各种复杂的仪轨。而后来佛教学者阐释佛陀教导的文章著作称之为论。在佛教发展的过程中，经、律、论构成了三大类佛教文献，统称为三藏，精通了三藏的佛教徒就被尊称为三藏法师。

人们的记忆和理解总是会有差别的，当然还有因用不同语言记录所引起的歧义。约从公元前4世纪中叶起，对佛教教义与戒律的认识差别在佛教徒之间引起了愈来愈大的分歧，先是分为上座、大众二部，后来又分成二、三十个部，史称那个时期的佛教为部派佛教，此前的佛教为原始佛教。到了公元1世纪左右，在印度北部又兴起了一个佛教派别，他们认为先前的佛教派别只是主张个人解脱，修为的结果仅是乘载一个人渡过生死河到达涅槃境界，因此只好叫做小乘佛教。而他们自己认为由于万事万物之间都有着因缘互联的关系，一个人是不可能单独求得完全的解脱，只有乘载着所有的人一起渡过生死河才能真正获得涅槃佛果，因而自称为大乘佛教。追求个人解脱的只能修得阿罗汉果，立志大慈大悲、普度众生者修的则是菩萨果，后者因为要让众生一起成佛，所以必须毫不利己，专门利人，才能一齐进入净土佛国，因此菩萨和修菩萨行是大乘佛教的主要标志。作为宗教，佛教中倡导一般群众施行的念经拜佛、隐恶扬善等等说教，佛教称之为俗谛，俗谛体现着佛教的道德功能，没有俗谛就不成其为宗教，透过俗谛的哲学思想则称之为真谛，只有明悟真谛才能成为真正的觉者。

在真谛的层面，即在探求万物本质和世界本源这样的哲学问题上，大乘佛教在认为一切事物都是因缘和合而成的共同认识基础上又分为空宗和有宗。大乘空宗又叫中观学派，公元3世纪由佛学大师龙树、提婆等人所创。空宗的主要观点首先是"色即是空，空即是色"，这里的

白马寺塔

"色"指的是一切事物,"空"却不是物理学意义上的真空。为什么要这样说呢? 举个例子,如用三根木棍一根绳子搭成一个架子,这个架子搭成了,但世界上并没有多什么东西,架子不过是三根木棍一根绳子存在的另一种形式;当这个架子被拆除时,世界上也没少了什么,依然是三根木棍一根绳子,因此这个架子实际上是"假有",佛教就称它为"空",因为这个架子只是三根木棍一根绳子因缘和合起来的一种形式。其实绳子和木棍也是因缘和合而成的,如绳子就是由无数根麻纤维和合而成的,再加上制造者的手艺,甚至种麻的农民,运输工人等等因子构成的因缘。依此推理,可以说万物都是因缘和合而成的各种存在形式,它们变成这种或那种形式都是身不由己的,且仅仅是一种存在形式而已,就像那架子一样,因此都是假有,都没有自性,都是空。其次,架子也好,绳子和木棍也好,它们每时每刻都与周围的空气呀、水分呀发生作用,日子长了,绳子和木棍,以及它们构成的架子都会朽烂。这说明它们一直是在变化着的,其实每分每秒都有细微的东西从绳子和木棍里进进出出,只是我们肉眼没法觉察罢了,因此一分钟后的绳子和木棍就已经不是一分钟之前的绳子和木棍。就像我们乘船所渡之江,当我们再乘船渡回来时,可以说已经不是同一条江了,因为此时的江水已经不是刚才的江水了,虽然它依然有着那江的名称。佛教从这种因每时每刻若江河一样运动变化而既是它自己又不是它自己的状态解析中,悟出诸法"不生亦不灭,不常亦不断,不一亦不异,不来亦不出"的实相,称之为中道观。这些都是大乘空宗最基本的观点。

大乘有宗亦名瑜伽行派,由难陀、陈那等佛学大师建立。其观点一是认为色空性有,即虽然万物因为是因缘和合而成的,所以说它是空,但万物的"性"却是常在的。举例来说,对于每一个具体的火点,不管是田野旁的篝火,还是炉灶里的火,或者油灯上的火,都是因缘和合而成的,因而是无常的和空的,但它们都有共同的性,即都会发热发光。具体的火点虽然会由于因缘分解而熄灭,但它发热发光的本性却会保留下来,并在新燃起的火点上表现出来,这就叫色空性有。一类事物有一类的性,所有事

前秦甘露元年写《譬喻经》

物也有共同的性,那就叫佛性。涅槃的世界就是佛性的世界。二是万物唯识。对瑜伽行派来说,佛性的世界也就是识的世界。本始的识称阿赖耶识,分为净、染二种。阿赖耶识在无明作用之下由净变染,就是由无差别境界变为有差别境界,也就是由佛性生成万物的过程。受染的阿赖耶识也叫做种子,它有储藏、继续受染、变现等功能。按照中土通俗的说法,受染的阿赖耶识就好比一个个灵魂,根据它受染业因的善恶好坏而在六道轮回中变神变人或变牛变马。同时,阿赖耶识经过它的中间状态摩那识而转化为眼耳鼻舌身意六识,而世界万物则是从六识变现出来的。据瑜伽行派所说,事物之所以在面前出现,不仅是它本身的因缘和合,而且是六识参与的结果。试想一个人如果没有眼识,对他来说世界就是一个没有色彩和形状的天地,一头大象对他来说就可能像一条绳子、一根柱子、一把扇子,或者一堵墙。假如他耳识也没有,那就是一个没有声音的世界;鼻识也没有,那就是一个没有气味的世界;如果他生下来什么感觉都没有,对他来说世界万物就无所谓存在,就是空的,因此说面前的万物只是识作用的结果等等。当然佛教的思想体系非常庞大而又复杂,这里只能挂一漏万作粗线条的介绍。

　　佛教,尤其是大乘佛教,被中国社会所接纳是因为它和中国传统文化有很多相似之处。第一,是它的平和性,佛教因为有“法我皆空”和“权用即方便”[1]等教义,从来没有主动挑起过圣战之类的宗教战争;第二,是它的圆融性,佛教“异法无常异法是常”与方便设教、应机说法等理论和方法使它很容易和本地文化结合,如它进入中国后就极力鼓吹与儒、道三教合一;第三,它的中观哲学和中庸之道在思想方法上极为近似,都是遣除边见,摒斥走极端的思路。此外,佛教因果轮回之说,有力地补充了善有善报恶有恶报的中国传统观念,做坏事来世会变牛变马的恐惧加强了社会的道德约束机制。

2. 佛教本土化的关键

　　佛教虽然具有种种对中土社会的凝聚和稳定有益的道德功能,也有着许多发人深省的高深思想,但其真正在

西凉建初二年写经

[1] 参见梁漱溟《印度哲学史》第1篇第4章,上海人民出版社2005年版,第40页。

红陶佛像(魏晋)

1《法苑珠林》卷54《惰慢篇·引证部》。《旧唐书》卷79《傅奕传》也说:"西晋以上,国有严科,不许中国之人,辄行髡发之事。"

2《弘明集》卷12《桓玄书与王令书论道人应敬王事》。

3《晋书》卷95《佛图澄传》。

4《晋书》卷117《姚兴载记上》。

5 汤用彤《汉魏两晋南北朝佛教史》第9章,中华书局1983年版,第194页。

6 此可参见《高僧传》、《晋书》、《世说新语》等。其中于道邃虽为敦煌人,但他"后与兰公俱过江,谢庆绪大相推重。性好山泽,在东多游履名山"(《高僧传》卷4本传)。其实在记录上没有到过江南的只有道恒与道安。道恒后来过江"常执心无义,大行荆土"(《高僧传》卷5《晋京师瓦官寺竺法汰传》)。道安则长住襄阳。荆襄地邻江南,且当时也有人把荆襄视作广义江南的一部分。

中土站住脚跟,却是在两晋之间。因为在此期间有两件大事对佛教非常有意义。

其一是对汉人出家的解禁。佛教传入中国后,汉晋诸朝允许汉人信佛,但不能出家成为僧侣,这严重束缚了佛教的传播,如西晋"时禁晋人在沙门"[1],致使"晋人略无奉佛,沙门徒众皆是诸胡"[2]。但西晋末年,永嘉之变,司马氏南渡,使正统的专制皇权受到了很大的削弱,对民众对宗教的控制都不得不放松了。对佛教来说也是划时代的,从东晋十六国起汉族信徒可以公开出家了,如后赵石虎下令:"其夷赵百姓有乐事佛者,特听之。"[3]此风一开,波及迅速,甚至一下子达到"事佛者十室而九矣"[4]的地步,可谓星火已成燎原之势。以后一发不可收拾,虽有所谓"三武一宗"的灭佛也无济于事,因为已经形成的信仰兴衰取决于其自身是否适应社会,行政手段是起不了决定作用的。

其二是由于般若学与玄学的结合使大批世家士族信奉佛教,从而使佛教在中国社会扎下了根,这是其他外来宗教所未能做到的。佛教在中国最早传播的佛学学派是般若学,僧史称之为"六家七宗"。根据汤用彤先生的考证,包括心无宗在内的这六家七宗代表人物为:

六家	七宗	代表人
本无	本无	道安(性空宗义)
	本无异	竺法深 竺法汰(竺僧敷)
即色	即色	支道林(郗超)
识含	识含	于法开(于法威 何默)
幻化	幻化	道壹
心无	心无	支愍度 竺法蕴 道恒(桓玄 刘遗民)
缘会	缘会	于道邃[5]

从上述六家七宗代表人物中我们可以知道他们都是东晋时人,并且其中绝大部分人是生活或活动在江南的[6]。般若学在东晋兴起并非偶然,是玄学的盛行为其提供了千载良机。

魏晋之间是玄学最兴盛的年代,何晏、王弼、向秀、郭象的学说风行天下。晋室南迁,玄学不仅作为流风遗俗在南渡高门中存在,更盛于前的所谓"王与马共天下"门阀主政形势,为玄学提供了更大的生存空间。"魏晋玄学者,乃本体之学也"[1]，从而与佛教有了共同探讨的大课题。东晋伊始，"三玄"作为玄学的思想资源似乎很难进行新的发掘，于是玄谈的广泛存在和玄学创新的难以为继形成了尖锐矛盾。对玄学注入新活力的客观需求，为佛教的般若学开创了千载难逢的机遇。因为在佛教诸说中，般若空宗最与"贵无"、"崇有"等玄学思想相近。因此玄学中的不同思想倾向几乎都能在般若学中得到某种回应，特别是在"所谓有无，空有，乃老庄及佛学所共有之问题"[2]上。与般若学和玄学的结合同步，僧侣也和名士们打成一片，甚至可以说前者是通过后者才完成结合的，因为当时佛学和玄学的接触，主要是在玄谈口锋中体现的。在《三国志》、《晋书》、《世说新语》等典籍中鲜有东晋以前名士与僧人交往的记载，到了东晋则遽然增多。如《世说新语·文学篇》云："林道人诣谢公东阳，时始总角新病起，体未堪劳，与林公讲论，遂至相苦。母王夫人在壁后听之，再遣信令还，而太傅留之。王夫人因自出，云：新妇少遭家难，一生所寄，唯在此儿。因流涕抱儿以归。"文中林道人即支道林，谢公东阳即谢朗，太傅指谢安，表明那时僧人已进入一流高门的堂奥。于是名士们渐渐地浸沉到佛学中去，并日后成为江南士大夫的一种风气，"时江左文士，多兴法会，每集名士，连宵法集"[3]。

在门阀社会里，士族对佛教的接受意味着统治阶级对佛教的认可，而其他外来宗教由于没有得到大多数士大夫的信仰，所以难成气候，只能在社会底层内有些传播，最后免不了被视为邪教而遭到镇压。

3. 佛教在中土的发展

本时期佛教的发展可以分社会信奉和佛学发展两个层面，前者是宗教的层面，后者是思想史的层面。从宗教的角度而言，佛教被士族信仰进而被帝王所信奉，成为一种全民宗教，其间的传播过程与成功挫折，将在后面有专节交代，这里只说佛学思想在本时期中的闪光点。

经籍是宗教传播的一个重要载体，因此中国文化中就有了翻译的事业，并在本时期掀起了第一个高潮。两晋之间佛经翻译工作发展很快，已成规模，其原因是很多

孔望山石刻涅槃图（局部）

[1] 汤用彤《中国佛史零篇》，载《理学·佛学·玄学》，北京大学出版社1991年版，第224页。
[2] 冯友兰《中国哲学史》（下册）第2篇第7章，中华书局1961年版，第666页。
[3] 《续高僧传》卷31《隋东都慧日道场释立升传》。

孔望山石刻造像（局部）

的。永嘉之变,西晋颠覆,阻止汉人出家的禁令从此不复存在。由此带来佛教传播事业的空前机遇,使得天竺和西域的热诚传道者们纷纷从已被打通的陆上或海上丝绸之路涌向中土,除了身传言教外,翻译介绍佛经成了他们各自最致力的工作。北方的动乱和南方的经济发展为宗教带来各自不同的因素,也影响着佛教今后的面貌。不同佛经,甚至同一佛经的不同译本,都有着各自的特色和侧重点,这就为不同的流派发展提供了肥沃的土壤。其中鸠摩罗什是大翻译家,不仅译了大量佛经,而且拥有不少门生弟子,对中国佛教贡献良多。在他所译的佛经中,般若类经典居有相当重要的地位,如大小品《般若经》、《维摩诘经》、《道行般若经》、《大智度论》、《大庄严经论》、《成实论》、《中论》、《百论》、《十二门论》、《十诵律》等300余卷。南北朝末的真谛与鸠摩罗什、唐代玄奘并称三大译家,有《俱舍论》、《摄大乘论》、《律二十二明了论》等,著名的《大乘起信论》也是托名于他所译。以后南北朝继续进行大量的佛经翻译。本时期著名的译者还有昙无谶、法显、觉贤、佛驮跋陀罗、求那跋多罗、佛陀耶舍、菩提流支等。

　　带动译经的是西行求法的高潮。因为西域来的高僧所带来的经籍有限,有的并非中土佛教所急需,因此一些有志汉僧纷纷往西土求经,进入了许多中国人先前从未去过的地方。其中最著名的是晋代的法显。法显"以晋隆安三年(399年),与同学慧景、道整、慧应、慧嵬等发自长安,西度流沙",陆路"经历三十余国,至北天竺",又至中天竺,再从海路自师子国至广州,携回《杂阿含》、《长阿含》、《方等泥洹》、《摩诃僧祇律》、《萨婆多部抄律》、《弥沙塞律》等经律。这不仅大大丰富了汉地的佛经,他将"所闻见风俗"而撰的《佛国记》(《法显传》)[1]扩展了中国人的眼界,所以法显也可以说是中国古代第一大旅行家。

　　本时期也是本土高僧迭出的时代,如道安、慧远、智颢等一代名僧。但佛学上最有建树的当属竺道生。竺道生是彭城人,曾师事竺法汰和鸠摩罗什,后在庐山、建康、吴郡等地宣传佛法。他集般若、涅槃二学之长,在江南首倡一切众生皆有佛性之说。他认为"凡夫所谓我者,本出于佛"[2],"良由众生,本有佛之见分,但为垢障不现耳。佛为开

[1]《出三藏记集》卷15《法显传》。
[2] 竺道生《大般涅槃经集解·文字品解》,载《大正新修大藏经》第37册。

除,则得成之"[1]。也就是说一切有情众生都有着可能成佛的原因,甚至是在印度被认为断了善根的所谓"一阐提",对他们应"恒以大慧之明,除其虚妄。虚妄既尽,法身独存,为应化之本。应其所化能成之缘,一人不度,吾终不舍"[2]。一切众生皆有佛性的说法虽然在印度已有,但竺道生是在独立的情况下自己得出结论的。这个意义很重大,因为它标志着中国佛教界在理论上已经有了独创的能力。竺道生还对顿悟说的发展作出了贡献,《宋书》卷97《夷蛮传》云竺道生"年十五,便能讲经。及长有异解,立顿悟义,时人推服之"。这些都为包括禅宗在内的中国佛教的发展打下了理论基础。竺道生与道安、慧远、智顗等高僧的出现,说明中国佛教已经进入了一个开创性的新时代。

三、民间宗教及其与佛、道教的互动

所谓民间宗教主要是指地方崇拜以及民间巫术。民间宗教一直在社会上拥有广泛影响,直到东汉后期,佛教与道教方取代它们而成为宗教信仰的主流,但它们不可能马上替代民间宗教,民间信仰并未因此消失。这一方面是因为中国幅员辽阔,地区之间文化经济、风俗习惯等差异很大,出现地方性崇拜不足为奇。另一方面因"民诚畏天、畏法矣,又使之受命于神,是滋之惑也"[3],即它能在地方上作为一种规范人们行为的威权,而具有存在的合理性。

民间宗教无疑在当时社会生活中也占据着很重要的位置,不过由于正史和其他遗存的文献基本上是以儒家的思维来选择要记载的事件,因此我们今天所能看到的有关当时民间宗教的史料,竟大部分是它们与政治相关的现象,我们所能探讨的,也就只能是民间宗教,包括佛、道教中的异端和其他外入宗教,所扮演的政治角色了。

需要说明一下的是,民间宗教、民间崇拜、地方崇拜三个概念之间的内容虽然大体相通,但也有所区别。由于民间崇拜一般都具有地域性,所以后两个概念主要在于强调侧重点不一。而民间崇拜着重的是对象,中国古代的崇拜对象大多来自人物,若商以相土为社神,周以后稷为

羽人青铜灯座

[1] 竺道生《法华经疏·方便品疏》,载《续藏经》第1辑第23套第4册。
[2] 竺道生《喻疑》,载《全宋文》卷65。
[3] 《林昌彝诗文集》卷11《请毁福州淫祠议》,上海古籍出版社1989年版,第255页。

灰陶镇墓兽（晋）

农神。即如郭璞在《巫咸山赋》所云："生为上公，死为贵神。"这一方面是祖先崇拜传统的影响，另一方面社会持久的动乱与战争，更会产生对强者的崇敬，而不管这个强者是以什么面目出现的。这些对象往往生系强者，死为鬼雄，民众敬畏，遂香火一方。如吴兴"郡界有卞山，山下有项羽庙"，"土人名为'愤王'"[1]。又如陈留城有张良庙；"常山郡境先有董卓祠，祠有柏树"[2]。新林有"慈姥庙"，祈子者求之；暨阳县"郭下庙神甚酷烈，百姓信之"；"义乡县长风庙神姓邓，先经为县令，死遂发灵"；"夷陵有伍相庙、唐汉三神庙、胡里神庙"[3]等等。战乱出强者，故本时期所祀者亦多，如"邺城有石季龙庙，人奉祀之"[4]。而民间宗教一词则侧重于表示信仰者所形成的形态，比如有一定的仪轨、组织之类，所以它更具有染上政治色彩的可能。

作为民间宗教主体的地方崇拜在本时期十分普遍，大多为以前流传下来的，包括最普遍的农神，以及更普通的各家族之祖先，也有本时期新产生的。这些民间崇拜之被称为地方崇拜往往有三个原因。第一是该崇拜对象的原型或是当地人，如建康之蒋子文庙；或在当地有过突出贡献，如成都之诸葛武侯祠；或突出人物与此地相关，如去咸阳十七里的渭河北岸有白起祠，该地即其伏剑毕命处。第二是和当地较为特殊的自然环境有关，如缘高岭则有山神，旁大河则祀江神，多水旱之患总要供奉龙王。西北多风，则常有风伯之祭，如安定郡"西十里，有独阜"，阜上有风伯台，这和"世俗呼称此阜为风堆"[5]是有关联的，因此这也往往与居民生活习俗相关，习俗的形成一般都与生存环境相关。第三，与奇事异闻和特定的事件有关，因为这些事情都是孤立地发生在某个地方上，当然也属于地方崇拜。如广陵郡有"女子杜姜，左道通神，县以为妖。闭狱桎梏，卒变形，莫知所极。以状上，因以其处为庙祠，号曰东陵圣母"[6]。

巫术在本时期也十分流行，各地不尽相同。如有所谓事猫鬼者，"每以子日夜祀之，言子者鼠也。其猫鬼每杀人者，所死家财物潜移于畜猫鬼家"[7]。这是蛊的一种。社会动荡频繁之际，人之生死命运更难把握，更趋向于在宗教乃至巫术中寻求保障与寄托，所以形成了上述景象。

[1]《南史》卷18《萧思话传》。
[2]《北史》卷56《魏兰根传》。
[3]《南史》卷45《张敬儿传·王敬则传》、卷46《周山图传》、卷57《范云传》。
[4]《北史》卷18《元桢传》。
[5]《水经注》卷2，王国维校本，上海古籍出版社1984年版。
[6]《后汉书志·郡国三》"广陵郡"条注引《博物志》。
[7]《北史》卷61《独孤信传》。

民间宗教在本时期的政治作用主要有三个方向。

其一是民间宗教卷入到包括阶级斗争在内的各种社会斗争中。在两晋南北朝这样分分合合的时代，社会矛盾与政治斗争分外激化，宗教的卷入也就不可避免，发生了诸如崇佛、崇道、灭佛等重大事件，以及无数利用宗教进行起义或暴乱。如刘宋时"巴西人赵续伯反，奉其乡人，弘乘佛舆，以五綵裹青石，诳百姓云，当王蜀"。梁时鄱阳"郡人鲜于琮服食修道法"，后得石玺等，"遂结门徒杀广晋令王筠，号上愿元年，署置官属。其党转相诳惑，有众万余人"。及"祅贼沙门僧强自称为帝，土豪蔡伯宠起兵应之，攻陷北徐州"[1]。此"李弘为圣主"，"天与己玉印"等与"佛舆"混杂，正是佛教与道教或民间宗教结合的一种现象。在前一种形式里，有相当一部分是属于民间宗教的。这是因为民间崇拜往往带有分散性和偶发性，僧官制度很难将它们收纳进去，也正因为地方崇拜中的大多数都没有列入官府的宗教管理系统内，所以它们被称为民间宗教。佛教和道教中一部分没有被纳入僧官制度里的，也成了民间宗教，故有所谓民间佛教和民间道教。由于民间宗教往往置身于官方体制之外，而作为宗教既具有精神鼓动的力量，又有着一定的组织形式，所以常被反官府的势力所利用，也是很自然的事情。

灰陶镇墓兽(晋)

民间崇拜作为社会斗争的手段，这在每个历史时期里都有。不过本时期佛、道教开始盛行，对民间崇拜起着很大的影响。其中最重要的是佛、道二教给民间信仰作出了组织化的表率，于是一些民间崇拜转化为民间宗教。如在本时期"由祀土神之社，变为其他性质之社，殆始于晋之莲社"[2]。这当然会引发出各种性质不一的宗教社团，如北魏"关右之民，自比年以来，竞设斋会，假称豪贵，以相煽惑。显然於众坐之中，以谤朝廷"[3]。北齐"又有阳平人郑子饶，诈依佛道，设斋会，用米面不多，供赡甚广，密从地藏渐出饼饭，愚人以为神力，见信于魏、卫之间，将为逆乱"[4]。正若北魏任城王元澄奏言："往在北代，有法秀之谋；近日冀州，遭大乘之变。皆初假神教，以惑众心，终设奸诳，用逞私悖。"[5]由于佛、道两教在其内部也都出现体制外的民间成分，这样民间宗教在卷入社会斗争时，态势就更

[1]《南史》卷13《刘季连传》、卷48《陆慧晓传》、卷61《陈庆之传》。
[2]《述社》，载《柳诒征史学论文续集》，上海古籍出版社1991年版，第278页。
[3]《魏书》卷47《卢玄传附卢渊传》。
[4]《北齐书》卷41《皮景和传》。
[5]《魏书》卷114《释老志》。

加复杂化了。在每个朝代都可以看到这样的例子，如北魏延兴三年（473年）"妖人刘举自称天子，齐州刺史、武昌王平原捕斩之"[1]。"妖人"一般是官府用来指利用宗教手段，但不属于正统宗教的造反者。因此禁止淫祀、图谶等作为稳定统治的措施也就能经常见到了。如北魏太和九年（485年）正月"诏禁图谶秘纬及名《孔子闭房记》，留者以大辟论。又诸巫觋假称神鬼，妄说吉凶，及委巷诸非坟典所载者，严加禁断"[2]。甚至陈后主也下令："僧尼道士，挟邪左道，不依经律，民间淫祀袄书诸珍怪事，祥为条制，并皆禁绝。"[3]至于若北齐文宣帝"以祈雨不降，毁西门豹祠，掘其冢"[4]，是比较少见的，但也反映了统治者心目中民间崇拜的作用与地位。

其二是表现在地方与朝廷，或者区域之间的斗争上。由于本时期道教和佛教都有着很大的发展，确立了它们作为全国性宗教的地位，于是和其他原有的各种崇拜构成了一种信仰上的全国与地方的关系。这样，当朝廷和地方上，或者区域与区域之间矛盾激化时，这在本时期这样分裂的形势下是司空见惯的现象，地方上的民间崇拜就会被赋予一定的政治意义。

本时期的地方崇拜中，开始出现共同的对象，其中影响最大的便是土地神与城隍神。吴泽先生认为前者"实始见于三国东吴孙权为土地神蒋子文立庙事"，后者也"始于魏晋，南北朝时已有所发展"[5]。而对城隍神的祭祀，都与战争相关。如郢城内"先有神祠一所，俗号城隍神"[6]。而梁武陵王萧纪以烹牛"祭城隍神"[7]。因为既然城隍（即城墙）是一种防御设施，而"城隍"又是保护城的神，因此城隍神的普遍出现，应当与本时期战争频繁是有一定联系的。

其三是跟民族矛盾有所关联。这是由于宗教与民族都与文化密切相关，民族性在一定程度上也带有地域性，这样民间宗教与民族斗争就具有某种结合点。本时期有不少与民族斗争相关的宗教事件，如冉闵被前燕杀后，遏陉山"左右七里草木悉枯，蝗虫大起，五月不雨，至于十二月"，慕容儁惧而祀其为天王[8]。如北魏后期，"时有五城郡山胡冯宜都、贺悦回成等以妖妄惑众，假称帝号，服素衣，持白伞白幡，率诸众逆，于云台郊抗拒王师"[9]。

灰陶镇墓兽（晋）

[1]《北史》卷3《魏孝文帝本纪》。
[2]《北史》卷3《魏孝文帝本纪》。
[3]《陈书》卷6《后主纪》。
[4]《北史》卷7《齐文宣帝本纪》。
[5] 吴泽《汉唐间土地、城隍神崇拜与神权研究》，载《魏晋南北朝史论集》，《华东师范大学学报丛刊》1986年版。
[6]《北史》卷53《慕容俨传》。
[7]《隋书》卷23《五行志下》。
[8]《晋书》卷107《石季龙载记下》。
[9]《魏书》卷69《裴延儁传附裴良传》。

除了以上三个主要方面外，有时朝廷还要动用行政力量来捍卫正统信仰或祭祀，免其被民间化。如北魏孝文帝颁布过一个有关祭祀孔子的诏令，说："顷者徐淮未宾，庙隔非所，致令词典寝顿，礼章殄灭，遂使女巫妖觋，淫进非礼，杀生鼓舞，倡优媟狎，岂所以尊明神敬圣道者也。自今以后，有祭孔子庙，制用酒脯而已，不听妇女合杂，以祈非望之福。犯者以违制论。"[1]不论是妇女抱着功利目的去祈孔子，还是女巫参与祭祀典礼，都是祭孔民间化的表现，亵渎了圣人就是触犯政治。

青釉骑兽器

[1]《魏书》卷7《高祖纪上》。

第四章 十六国纷争与民族问题

第一节 中国古代的民族问题
及其在两晋南北朝的特点

一、北方民族问题

所谓中国古代的民族问题实际上是从中原皇朝立场上提出的问题，尽管这个中原皇朝也可能是由少数族建立和统治的，如本时期的前秦、北魏、北周，更不用说后来的金、元、清等朝代。由于这个问题严重地影响着本时期，乃至整个中国古代的历史，所以是要花力气来说明的。

中国古代的民族问题主要集中在北方。因为当时周边形势，东至南皆为海，西南、西北虽然少数族众多，但他们被山地戈壁分割，很难形成合力，因而造不成大危害，唯有北方大草原，各游牧部族可以汇合成庞大的行国。加之游牧族的骑兵具备高度机动性和冲击力，在冷兵器时代占有很大的优势，即他们"散居野泽，随逐水草，战则与家产并至，奔则与畜牧俱逃，不赍资粮而饮食足"[1]。这对从事农耕的汉族而言，非常难以适从与应付，所以重大的威胁总是来自北方。

这些所谓马背上的民族的一大特点就是聚散无常。由于生存背景的单调和人种上的同一，"被发左衽，穹庐毡帐，随水草迁徙，以畜牧射猎为务"是他们的共同特征，因此他们的习俗，甚至在语系上都是比较接近的。如视为"盖匈奴之别种"的突厥，"其书字类胡"[2]。因此他们虽然"以部落为类"[3]，却往往可以迅速地把部落滚大，如果他们中间有一位出色的领袖的话。在一个英雄人物的旗帜下，一、二十年的功夫就有可能把整个草原的部落都联合起

双层甲胄骑士俑

[1]《魏书》卷54《高闾传》。
[2]《周书》卷50《突厥传》。又贾敬颜先生认为，作为古蒙古语的"契丹语中羼有大量的突厥、回纥语成分"。见其《契丹文》，载《中国民族古文字》，天津古籍出版社1987年版。
[3]《晋书》卷98《北狄匈奴传》。

来。当然,这位领袖一旦倒下又后继无人的话,偌大的游牧行国也会很快烟消云散。这些对中原皇朝来说常常会因之措手不及。

因此就北方的民族问题而言, 大体上是反映着游牧民族和农耕民族之间的关系问题。当然所谓游牧民族并不是没有农业,农耕民族也不是不养牲口,仅是就其主要经济形态而言。由于自然环境的缘故,中国北方的农耕区与游牧区(包括小范围半农半牧区)是固定的,所以北方的民族问题是长期的,不是通过战争与征服,或经济文化的交流所能解决的。这和南方及西南方面的民族问题有所不同, 那边主要是由于农业生产方式的不同而形成生活方式的不同,因此可以通过宣教农耕技术和儒家文化,以及设置州县和改土归流等中央行政系统的扩张来不断地进行以夏变夷。这在古代中国的北方是难以做到的,因为游牧与农耕生活的差异在当时是无法改变的, 对一部分人来说除非是改变居住地,于是北方的民族问题就被突出了。

对付北方的威胁,"汉世言备匈奴之策,不过二科,武夫尽征伐之谋,儒生讲和亲之约"[1]。但不论何策,如成定规,则显弊端,因"事无恒规,权无定势,亲疏因其强弱,服叛在其盛衰,衰则欸塞顿颡,盛则率兵寇掠。屈伸异态,强弱相反"[2]。这对那些少数族来说是生存之道,对中原朝廷而言则是谋略的依据。两者高下除与各自内政相关外,则在于是否洞察形势了。

作为农耕经济为基础的政权, 对劳动力投入与发展农业生产的关系有着深刻的经验和认识, 开边战争的成功与否也往往以此来衡量,因此中国历代朝廷在民族问题上是以同化融合为目的,以怀柔安抚为主导。因为这样不仅可以摆脱战争所造成的人口负数,还可为以后劳动力的增长提供可能。这也可解释中国历代朝廷总的对外方针政策是和平的而不是好战的, 因为它们对外政策的一个底蕴,就在于受到人口问题的制约,在于其最后是人口增量还是减负。其结果虽然给中国遗留了世界第一的庞大人口,也使中华民族有着追求天下和为贵的传统。

这个政策得以实行有着两个前提,一是疆域是否开

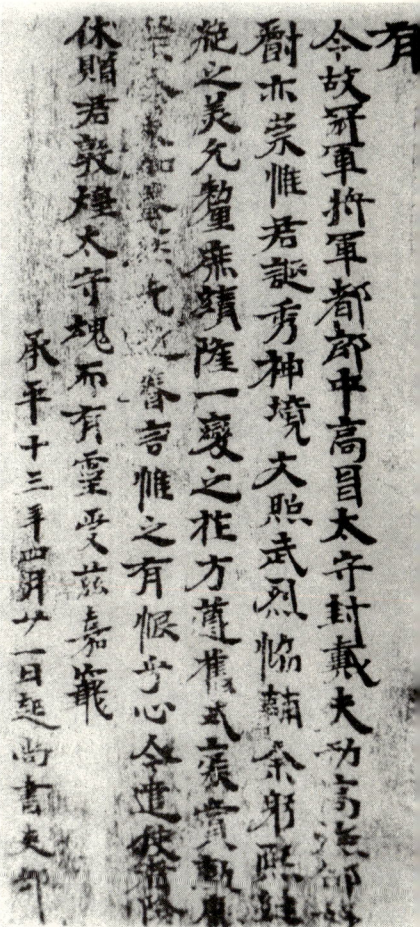

追赠沮渠封戴敦煌太守木表

[1]《宋书》卷64《何承天传》。
[2]《北史》卷99《铁勒传论》。

晋鲜卑率善佰长印文

拓的首要着眼点在于能否实行人口控制；二是民族区别主要不在于血缘人种，而在于文化习俗，所谓"风土殊俗，嗜欲不同"[1]，所以完全能够以夏变夷。这里，前者是必要性，后者是可能性。在文化习俗的深处，是价值趣向之差异。由于中国古代汉化和封建化的一致性，是否采取儒家的伦理道德，就成了胡汉之别的一条重要界限。

但这种情况到了西晋末有了很大的变化，由于北中国的情况如江统《徙戎论》里所描绘的"西北诸郡，皆为戎居"，及"关中之人，百余万口，率其少多，戎狄居多"等等。北方中原也成了各少数族生活的家园。因此当"晋惠不竞，华戎乱起"[2]，民族问题不再是主要表现在中土与四边的关系，而是变成了共同的逐鹿中原。各少数族有愿望，也自以为有资格成为中原主人。这样，两晋南北朝的民族关系有了与前代相比全新的内容。

两晋南北朝促成民族大融合，是和《史记》为代表的民族史观之影响分不开的。《史记》把天下姓氏之始都归诸于黄帝，由于很多少数族首领在接受汉文化时，就受此说之熏陶。所以多有认指同宗的现象，如除拓跋鲜卑自认为黄帝子昌意之后，"黄帝以土德王，北俗谓土为托，谓后为跋，故以为氏"[3]外，慕容鲜卑称"其先有熊氏之苗裔，世居北夷，邑于紫蒙之野，号曰东胡"[4]。北燕主高云为高句丽人，而"自云高阳氏之苗裔，故以高为氏焉"[5]。后秦的统治者姚氏据云"其先有虞氏之苗裔，禹封舜少子于西戎，世为羌酋"[6]。氐族也一样，称"其先盖有扈氏之苗裔，世为西戎酋长"[7]。匈奴的赫连勃勃也宣称："朕大禹之后，世居幽朔"，且"自北迁幽朔，姓改姒氏，音殊中国，故从母氏为刘"[8]。

从这个基础出发，少数族的统治者同样受大一统思想的影响，一旦鹿死其手，便想混一宇内。如《晋书·慕容儁载记》云其占有河北、河南之大部后，"于是复图入寇，兼欲经略关西"。后来前秦、北魏等无不遵循这样的路线。北魏的统治者一开始就有这样的意识。道武帝在天兴三年（400年）十二月的一份诏书中说："《春秋》之义，大一统之美。吴楚僭号，君子贱其伪名，比之尘垢。"[9]就是以这个观念来贬斥司马氏的东晋为"僭号"，为"伪名"。此后的

[1]《北史》卷94《高丽传序》。
[2]《北史》卷44《崔光传》。
[3]《魏书》卷1《序纪》。
[4]《晋书》卷108《慕容廆载记》。
[5]《晋书》卷124《慕容云载记》。
[6]《晋书》卷116《姚弋仲载记》。
[7]《晋书》卷112《苻洪载记》。
[8]《晋书》卷130《赫连勃勃载记》。
[9]《魏书》卷2《太祖纪》。

《魏书》把南方诸朝一概斥为"岛夷",自称是"诸夏",与此是一脉相承的。即使是夏的赫连勃勃也自言"统一天下,君临万邦",而以"统万"命名其都城,并"名其南门曰朝宋门,东门曰招魏门,西门曰服凉门,北门曰平朔门"[1],表达其奄有四方之志。北周武帝更是在"破齐之后,遂欲穷兵极武,平突厥,定江南,一二年间,必使天下一统,此其志也。"[2]

史观上的共识是通过对同类文献的学习取得的,当然接受相同教育是主要的途径,而其基础又在于掌握同一的语言文字。在两晋南北朝,虽然诸多的少数族各说着自己的语言,但是他们没有表达自己语言的文字,并且还没有想到,至少是来不及创立自己的文字!这和唐以后的那些少数族是不一样的。这样就大大加快了胡汉融合的进度。因为凡是要建立国家,建立一个行政系统是其中主要内涵。但如果没有文字,可以建立政权,不过这个没有公文文书的政权之规模肯定大不了,其行政系统也一定很简单,达不到一个正常国家的规模。因此在本时期,一个少数族强大起来,要建立国家,那就必须要采用汉字来书写公文,必须要用那些掌握汉字汉文的士族为官吏来运转这个行政系统。这样一来,这个"国家"就迟早要被汉化!更不用说文字是教育的基础,而教育则是立国之本,使用汉字写成的书进行教育,学生接受的只能是儒家为主的观念!从十六国到北朝,大大小小的少数族政权,无不循着这样的规律,走着这样汉化的路子。

二、两晋南北朝"胡汉斗争"的特点

本时期的胡汉关系[3],由于超越了以往地域与经济生活的界限而变得复杂起来。

当时所谓的胡汉斗争,吕思勉先生总结了两点:"(甲)皆以汉族为高贵之种族而思依附之,观其在血统上恒冒称汉族之胄裔可知。(乙)其称雄窃据,亦思在汉地,以个人之资格称帝称王,而非欲以其民族压服汉族而臣之。惟拓跋氏稍异。"[4]不过后面的说法不够正确,具见下文。从这个问题延伸出来的是少数族政权对汉人的政策。

与第一个特点相关的是,在两晋之间是各少数族参

胡人豪酋像

[1]《晋书》卷130《赫连勃勃载记》。

[2]《周书》卷6《武帝纪下》。

[3] 何德章等先生认为,"汉"作为族称,要到南北朝时,十六国时应该是胡人与晋人的关系。但为了叙述方便,这里统一称胡汉关系。

[4]《中国通史晋朝部分纲要》,载《吕思勉遗文集上》,华东师范大学出版社1997年版,第625页。

与了汉族统治集团的内斗，在十六国北朝时是汉士族融入少数族政权，也参与他们的内争外斗。因此所谓胡汉界限时隐时现。产生这种情况的原因，一是此前各少数族与汉族之间已有一个很长的杂居交流期；二是当时各少数族的首领尚未有以本族为主来统治整个中国之明确目的和坚强意志，包括前秦的苻坚和北魏诸帝，前无先例也是一个重要原因。

这种民族矛盾服从于政治斗争的观念在魏晋时是带有普遍性的。在西晋的正乐里有一篇歌词《明君篇》，其中说："邪正不并存，譬如胡与秦；胡秦有合时，邪正各异津。"[1]显然邪正之间的矛盾绝对性要超过胡与秦，而且这是从"明君"的角度来讲的，所以上述胡汉斗争中的特点完全是有着思想基础的。

还有一点值得指出的是，所谓胡与汉的概念是相对的。因为与胡汉观念相平行的在南北朝还有一个观念，那就是"南人"与"北人"。北魏对这个概念是很讲究的，"咸谓南人不宜委以师旅之任"，且"时制，南人入国者，皆葬桑乾"。崔浩屡屡称赞南来投北的王慧龙，"司徒长孙嵩闻之不悦，言之太武，以其嗟服南人则有讪鄙国化之意。太武怒，召浩责之"[2]。这样一来，在"北人"的范围里，其实也包括崔浩等汉族，汉胡之间的界限就模糊了。

从上述概念的变化派生，那就是谁得中原者谁为正统，胜者为王，得中原就是秉承天命的证据。而退居四边者，败者为寇，不管其原来是什么或者自称什么，都可以斥之为蛮夷戎狄，在朝廷中设四夷馆以待之。如北魏后期元颢与庄帝书中，就以"天不厌乱，胡羯未殄"指射六镇叛兵。又如北魏寿阳公主骂尔朱世隆为"逆胡"、"胡狗"。这是所有入主中原的少数族统治者的主要精神支柱之一，或者是进一步南下而图谋一统天下的最重要理由。如北魏阳固奏请宣武帝"备器械，修甲兵，习水战，灭吴会，撰封禅之礼，袭轩、唐之轨"[3]。可见少数族皇帝在汉士族臣民心目中所期望的，和对汉族君王没有什么两样。

西晋末年，各少数族开始在中土纷纷建立政权，这样胡汉关系中就有了少数族统治汉族的问题，亦成为本时期之一大特色。其中一大脉络是胡汉分治，如后赵建国伊

上：崔遹墓志（后燕）

下：崔遹墓志（后燕）

[1]《晋书》卷23《乐志下》。

[2]《北史》卷35《王慧龙传》。

[3]《北史》卷47《阳尼传》。

始，以"中垒支雄、游击王阳并领门臣祭酒，专明胡人词讼，以张离、张良、刘群、刘谟等为门生主书，司典胡人出内，重其禁法，不得侮易衣冠华族。号胡为国人"[1]。又如前燕慕容廆对投奔他的汉人，立郡以统之，"冀州人为冀阳郡，豫州人为成周郡，青州人为营丘郡，并州人为唐国郡。于是推举贤才，委以庶政"。慕容皝也"分徙辽东大姓于棘城，置和阳、武次、西乐三县而归"[2]。赫连勃勃占领关中后，"于长安置南台，以（赫连）璝领大将军、雍州牧、录南台尚书"[3]，这尚书南台治的就是以汉人为主。分治不仅在行政上显得方便，也有利于加强其本族的团结意识。

胡汉分治虽然在统治上是一大便利，但激化了民族矛盾。必须指出，把胡人称为"国人"，对当时的意识，尤其是汉士族的意识是一个极大的冲击。这明白无误地把夷夏观念给颠倒了过来，虽然这是存在决定意识的结果，毕竟此前是从未有过的。由此，对汉族的政策成了少数族统治者必须考虑的问题，即若上述石勒采取的措施。同时，本时期一系列激烈的胡汉斗争，或多或少与此相关。

当某个少数族为统治的国家属下的汉人越来越多时，因为它既然包含着以汉治汉的制度与政策，就不可避免地使其整个体制有着多多少少的汉化倾向。尤其文官中任用汉人的结果，儒家观念就会不断地渗透到最高统治者的意识中去，而化成整个国家的政治。如后秦姚兴下书："听祖父母昆弟得相容隐"[4]，就是明显一例。更不用说迁都洛阳后的北魏了。

在这方面的一大特例是北周将军队中的汉人将士全部改为鲜卑姓氏，具体情况在关于府兵制章节里介绍。这里要指出的是，此虽然是一个特例，却是一大发明。这样做的一个客观结果是将国内占大多数人口的汉人中，利用民族间在体貌上无大的差异之特点，用文化方式（改变姓氏）进行分裂，使一部分汉人成为统治族，以强化它的统治基础。而且这是北周在政治上实行汉化的同时进行的，从以后隋、唐两朝皇室都出自曾改称鲜卑姓的汉人情况看，宇文泰将汉人精英吸收到统治族里的政策是成功的。

降服鲜卑的晋宗室司马金龙墓志拓片

[1]《晋书》卷105《石勒载记上》。
[2]《晋书》卷108《慕容廆载记》、卷109《慕容皝载记》。
[3]《晋书》卷130《赫连勃勃载记》。
[4]《晋书》卷117《姚兴载记上》。

西安安伽墓石雕彩绘门额局部

三、少数族政权的民族政策

自秦统一中国后,本时期开创了一种先例,即在中国历史上出现了许多由少数族统治的国家。其中有的地域上只有一州数郡,但也有混一北方统治半壁江山的,如前秦、北魏、北周;时间上有短至一、二十年,也有绵延一个多世纪的。不管这些政权在地域上和存在时间上的大小悬殊,一旦朝廷建立,其国内除了统治族本身外,被统治的有汉族,也有不少其他族的民众。纵观两晋南北朝的众多少数族建立的政权,它们不仅在对待汉族上颇有异同,在处理其他少数族方面,也留给了后人很多可借鉴之处。故以少数族的"民族政策"称之。

作为一个在农耕区立足的少数族政权,如何统治占大多数的其他各族人民,从十六国北朝诸政权的情况看,其统治集团内部往往有两种不同倾向的治理思路。其一是大量吸纳汉士族的成员,建立一个包括观念与制度与传统无异的汉式政权,如上所述,可以称之为联汉式政权。其二是抬高其他少数族的地位,吸收它们头面人物进入统治集团,虽然也用一些汉人当文官,却总体上把汉人放在社会下层,此可称为联胡式政权。这当然指其倾向性而言,或者仅是在一个时期内表现得特别明显,并非绝对。在本时期的大多数政权属前者,类似后者的也有,如北齐。所谓少数族的民族政策,在前一类政权中表现得比较明显,当然政策的混合或交替使用的情况更普遍些。

不管是采取何种策略,在大多数的少数族统治者心目中,也会有"非我族类,其心必异"的想法。由此我们就可以理解魏太武帝南征时给南朝守将的战书中所云:"吾今所遣斗兵尽非我国人。城东北是丁零与胡,南是三秦氐羌,设使丁零死者,正可减常山赵郡贼。胡死,正减并州贼。氐羌死正减关中贼。卿若杀丁零胡无不利"[1]。早在十六国时代,北方最早立国的前赵匈奴族皇帝刘聪,也面临"石勒鸱视赵魏,曹嶷狼顾东,鲜卑之众星布燕代,齐、代、燕、赵皆有将大之气"[2],即羯与鲜卑是前赵内政中必须防范的少数族。

各少数族国家对待其他民族的政策,大致可分为征

[1]《宋书》卷74《臧质传》。
[2]《晋书》卷103《刘聪载记》。

服中与征服后两个不同的阶段,各有所侧重。由于征服的过程就是战争的过程,手段一般比较残酷,杀戮连带掳掠是司空见惯的现象,如北魏太武帝"命诸军讨山胡白龙于西河。九月戊子,剋之,斩白龙及其将帅,屠其城"。又如北周陆腾奉诏讨陵州木笼獠,"獠因山为城,攻之未可拔。腾遂于城下多设声乐及诸杂伎,示无战心。诸贼果弃其兵仗,或携妻子临城观乐。腾知其无备,遂纵兵讨击,尽杀破之"[1]。这种手段有时是为了威慑余敌,有时是出于泄愤,后者特别在付出较大的伤亡代价情况下,是对将士欲望的一种顺应。

西安安伽墓石塌后屏乐舞饮宴图(局部)

由于一些少数族的统治者有着相当不错的华夏文化素养,所以十六国时代的很多政权都继承汉晋以来对待少数族的一些政策,其中以夷制夷,设立独立的行政系统来管辖其国中的少数族的办法,也常常被拿来应用。如前赵刘曜"置单于台于渭城,拜大单于,置左右贤王已下,皆以胡、羯、鲜卑、氐、羌豪桀为之"[2]。刘聪时太弟刘义"为大单于,氐、羌酋长属焉"[3]。后赵也承袭此制,设"大单于镇抚百蛮",太子兼领之。石勒还设"门臣祭酒,专明胡人词讼",及"门生主书,司典胡人出内,重其禁法,不得侮易衣冠华族"[4]。稍后,设大单于的还有南凉。前燕的慕容廆、慕容皝等也都有着单于或大单于的称号,羌族的姚弋仲、姚襄、姚苌等先后也有大单于之称。后燕慕容熙"改北燕台为单于台,置左右辅,位次尚书"[5]。匈奴"卫辰入居塞内,苻坚以为西单于,督摄河西诸虏,屯于代来城"[6]。同样,鲜卑族的乞伏司繁投降苻坚后,"坚大悦,署为南单于,留之长安。以司繁叔父吐雷为勇士护军,抚其部众"[7]。该"南单于"所领正是乞伏鲜卑这一支的部众,"西单于"则"督摄河西诸虏",可见单于台以下是一个实在的行政管理系统。所以十六国之少数族国主或储君普遍保留统领胡族的"大单于"特殊身份,绝非偶然现象,而是在文化尚未融合,族种意识却在战乱中苏醒强化后在政治上的必要反应。当然如此也加强了胡汉分治的倾向。此外,它们也和汉族政权一样,同样设立诸如"护羌校尉"、"南蛮校尉",等等,北魏在北方和西北方向所设置的军镇也主要是为了对付与管辖其他少数族的。还如针对少数族的"护军"之设,原是

[1] 《北史》卷2《魏太武帝本纪》、卷28《陆俟传附陆腾传》。

[2] 《晋书》卷103《刘曜载记》。

[3] 《资治通鉴》卷90建武元年三月"汉相国粲"条胡注。

[4] 《晋书》卷105《石勒载记下》。

[5] 《晋书》卷124《慕容熙载记》。

[6] 《晋书》卷130《赫连勃勃载记》。

[7] 《晋书》卷125《乞伏国仁载记》。

西安安伽墓石塌后屏居家饮宴
图(局部)

魏晋为了"安夷"、"抚夷"的,十六国北朝也有同样的设置,如《魏书·官氏志》载道武帝天兴年间"罢匈奴中郎将官,令诸部护军皆属大将军府",此处护军是用来监领匈奴诸部的。直到北朝后期也是如此,若不久前出土的"虞弘墓志资料表明萨保府依然是个管理胡人的机构"[1]。这些都表明了各少数族政权对汉晋政策的一定程度上继承。

当少数族政权的正统地位确立以后,它也会以儒家的教化政策使其他的少数族服从规范。如鲁阳郡是北魏为分治蛮族所设的行政单位。孝明帝时,郦道元为鲁阳太守,他在当地"崇劝学教"[2],得到了朝廷的鼓励。又如北周薛慎为蛮族集中地的湖州刺史,"蛮俗,婚娶之后,父母虽在,即与别居","慎乃亲自诱导,示以孝慈","于是风化大行,有同华俗"[3]。目的是要把他们当作编户齐民,如北周梁州总管赵文表伐獠,"屯军大蓬山下,示祸福,遂相率来降。文表皆抚慰之,仍征其租税"[4]。作为一种谋略,一开始应是较为轻薄的赋税,以便其接受。如北魏对待稽胡,"虽分统郡县,列于编户,然轻其徭赋,有异华人"[5]。

那也包括传统的政治谋略,如宽严相济之类。北魏太武帝时所确立的政策:"以五方之民各有其性,故修其教而不改其俗,齐其政不易其宜,纳其方贡以充仓廪,收其货物以实库藏"[6],确实是高明的治术,其外朝和领民酋长之类的设立,就是该政策的体现。其他还如怀荒镇主抚镇高车,陆俟替代郎孤为镇大将,高车首领们向太武帝告陆俟严急,求郎孤还镇,太武帝许之。陆俟断言高车年内必反,果然如此。后来陆俟向太武帝说出了道理:因为"高车之俗上下无礼,无礼之人,难为其上",如要镇抚有效,就要"渐加训导,使之分限",这就触犯他们,"故讼臣无恩,称孤之美"。而"孤获还镇,欣其名誉,必加恩于百姓,讥臣为失,专欲以宽惠临之,仁恕待之。无礼之人,易生陵傲,不过期年,无复上下"[7],不服管辖,导致叛乱。这种政治经验在少数族政权发展过程中会逐步吸收的。这也是那些少数族统治者要热衷于学汉文化,重用汉臣的一大原因。

不论是在征服中还是征服后,一个通用的办法便是迁徙。其目的随形势而异,或是为了分散其族众,或是让其离开根本之地,或是让其迁入容易控制地区,或是为了

[1] 罗丰《一件关于柔然民族的重要史料——隋〈虞弘墓志〉考》,《文物》2002年第6期。
[2]《北史》卷27《郦范传附郦道元传》。
[3]《北史》卷36《薛辩传附薛慎传》。
[4]《北史》卷95《獠传》。
[5]《北史》卷96《稽胡传》。
[6]《魏书》卷110《食货志》。
[7]《北史》卷28《陆俟传》。

利用其人力资源等等。如前燕军击败段部，占领广固，"徙鲜卑胡羯三千余户于蓟"。又如前秦灭前燕，徙"其王公已下并鲜卑四万余户于长安"[1]。再如北魏"延兴元年（471年）冬十月丁亥，沃野、统万二镇敕勒叛，诏太尉陇西王源贺追击至枹罕灭之，斩首三万余级。徙其遗迸于冀定相三州为营户"[2]。

这种政策的另一个层面，即对边邻的少数族国家之谋略是随形势而定，一如汉族皇朝。十六国时期的彼此争战，自不待言，南北朝时的西魏北周与东魏北齐也是一样。如西魏"时与东魏争衡，蠕蠕乘虚，屡为边患，朝议欲结和亲"。又北周"时与齐人争衡，戎车岁动，并交结突厥以为外援。突厥已许纳女于周，齐人亦甘言重币，遣使求婚"[3]。北齐皇室虽是鲜卑化汉人，但统治集团中大多数都是胡人，故可与北周一样看待。

四、一些与政治相关的少数族风俗

本时期由于少数族在政治舞台上频频亮相，在历史上起着远比以往重要的作用，而一些他们的习俗及其演化也对社会产生了重大影响。以下的例子也可说明少数族中风俗与政治的关系。

由于北方游牧民族在军事方面的优越，他们与此相关的一些习惯做法，竟侵染到中土礼仪。如"后魏每攻战克捷，欲天下知闻，乃书帛，建于竿上，名为露布。其后相因施行。开皇中，乃诏太常卿牛弘、太子庶子裴政撰宣露布礼。及九年平陈，元帅晋王，以驿上露布。兵部奏，请按新礼宣行"[4]。

对以鲜卑族为代表的少数族来说，对政治影响最大的是铸金人占卜之俗。"魏故事，将立皇后，必令手铸金人，以成者为吉，不则不得立也"，如魏道武帝夫人刘氏，"专理内事，宠待有加，以铸金人不成，故不登后位"，及元帝夫人姚氏，"以铸金人不成，未升尊位"等[5]。北魏的后妃常有很大的政治能量，如后来的冯太后、胡太后等，而她们最初身份之确定，却也是此风俗所系。其实与此俗相关的不仅是女人，《魏书·尔朱荣传》说他拥兵入洛，密谋废立，"乃以铜铸高祖及咸阳王禧等六王子孙像，成者

鲜卑人像

[1] 《晋书》卷110《慕容儁载记》、卷110《慕容暐载记》。
[2] 《魏书》卷7《孝文帝纪上》。
[3] 《北史》卷61《窦炽传》、卷69《厍狄峙传》。
[4] 《隋书》卷8《礼仪志三》。
[5] 《北史》卷13《后妃传序·道武宣穆皇后刘氏传·明元昭哀皇后姚氏传》。

灰陶镇墓兽
1964 年河北曲阳出土

当奉为主,惟庄帝独就"。后来他发动河阴之变,"既有异图,遂铸金为己像,数四不成",才打消自为天子的念头。如果他那次金像铸成了,北朝的历史可能就是另外一副样子。此即是说,铸像占卜之俗,以它的不确定性,在一定程度上参与塑造历史。

对于占卜的崇尚,可以说是所有民族文化中都会有的,但中土由于将《周易》作为占卜的著作,以及魏晋南北朝《易》学的发展,使占卜在理论上有很多的阐发,其术之精巧在水平上是少数族原先的占卜术所无法比拟的。所以在汉地"世传术书,皆出流俗"的传染下,经占卜算成了他们较早接受的汉文化之一,尤其是少数族的上层,故亦对他们的政治行为发生了影响。如北魏道武帝"亲览经占,多云宜改王易政,于是数革官号,欲以防塞凶狡,消弭灾变";明元帝"好阴阳术数"[1]。后来乐平王拓跋丕梦登高台而四望无所见,"王以问日者董道秀。筮之,曰'大吉'"。因此占卜结果和拓跋丕参与一谋反案相关,"后事发,王遂忧死,而道秀弃市"[2]。这些都说明易占之术已对北魏高层政治有着很广的影响。后来北周明帝作诗,句中有"六爻贞遁世,三辰光少微"[3]等,说明他对《易》占很知晓。最早投奔拓跋行国的汉人几乎都善占卜,如燕凤"博综经史,明习阴阳谶纬";许谦"善天文图谶学";崔浩"博览经史,玄象阴阳百家之言,无不该览。研精义理,时人莫及"。明元帝闻知他善《易》及《洪范》五行,命他"筮吉凶,参观天文,考定疑惑";邓彦海"博览经书,长于《易》筮"[4]。尔朱荣"信卜筮,(刘)灵助所占屡中,遂被亲待"[5]。这既可以说是受这些人的影响,实际上是燕凤等迎合了游牧社会对占卜的需要。更如高洋对是否要禅代犹豫不决时,"徐之才、宋景业等每言卜筮杂占阴阳纬候,必宜以五月应天命"[6],促使高洋登上帝位。甚至高车族的首领倍侯利"善用五十蓍筮吉凶"[7]。由此进一步就是谶纬在十六国北朝的政治中也很流行。如沮渠蒙逊声讨秃发傉檀时利用谶纬宣称后者"四支既落,命岂久全!五纬之会已应,清一之期无赊"[8]。

更多地还表现在文化融合上,这些我们今天还能更多地从考古发掘中所呈现出来的丧葬仪制里看到,如一些墓中漆棺画"具有波斯艺术风格的联珠纹",而"联珠圈

1 《北史》卷1《魏道武帝本纪》、卷21《崔宏传附崔浩传》。
2 《北史》卷16《拓跋丕传》。
3 《北史》卷64《韦孝宽传》。
4 见《北史》卷21各本传。
5 《北史》卷89《刘灵助传》。
6 《北史》卷31《高允传附高德正传》。
7 《北史》卷98《高车传》。
8 《晋书》卷129《沮渠蒙逊载记》。

纹内童子发式具有明显的鲜卑民族风格特征，棺后挡所画'半启门'的内容，也是汉以来中国传统题材"[1]。

团结游牧民族的一项重大活动是祭天。匈奴"祭其先、天地、鬼神"，其单于自称"天所立"[2]。在鲜卑早期，拓跋力微因白部大人没来参加祭天，"于是征而戮之，远近肃然，莫不震慑"[3]。其他草原民族也是如此，北魏"文成时，五部高车合聚祭天，众至数万，大会走马，杀牲游绕，歌吟忻忻"[4]。或许是由于草原上的天空显得特别广大深邃，所以很多游牧民族都崇拜天，祭天也就成了他们共同的风俗。中国古代北方很多少数族的族源容易混淆，以及互相之间易于归属，彼此有着不少共同的风俗习惯是原因之一，而祭天是其中之大者。由于这种祭天习俗和华夏崇尚上天，信念"天生蒸民，有物有则"的古老传统相吻合，所以也有利于胡汉之间政治上的认同。

由于当时中土，尤其在后来的东晋南朝官方都经常把北方少数族蔑称为"索虏"，即将其习俗特征作为一种政治用语，所以这就成了北方少数族与政治紧密相关的习俗之一了。索虏又称索头虏，"索"是头发式样，"披发左衽，故呼为索头"[5]。索头的一大特征就是披发结辫，最近太原北齐贺拔昌墓中出土的鼓吹陶俑和北齐徐显秀墓中的辫发骑俑提供了实例，前者"陶俑头前部之发似被剃去一部分，余发作扇形笼于背部，长发分十三辫，中间一辫较细且无装饰，其余十二辫左右两边各六辫，并有不规则状小月牙饰，似代表每辫的辫结，发辫至下部以绳系结后分五小辫垂于腰带处"。后者"长发披肩，头发分十二瓣，左右两侧各一瓣结于头后部中央，余十瓣披于背部"[6]。北齐是鲜卑化回潮最显著的地方，两件陶俑的发式当是鲜卑习俗的表现。这与中原打发成髻之俗有着明显的不同。出于身体发肤受之父母的观念是不能随便剃发的，故作髻，冠是用来保护髻的，有时还是高冠，但这不适合在奔马上做动作。而披发结辫则对骑手来说是很合适的，因此"男子辫发"成了北方游牧民族的共同特征[7]。由此，他们与农耕民族之间不同发式代表着不同的生活方式，比衣服更不通融。但这些只是在北齐墓葬中发现的，说明是和北齐"鲜卑化"的政治相一致的。

洛阳北魏杨机墓出土彩绘弹琵琶俑

[1] 山西省大同市考古研究所《大同湖东北魏一号墓》，《文物》2004年第12期。
[2] 《汉书》卷94《匈奴传上》。
[3] 《魏书》卷1《序纪》。
[4] 《北史》卷98《高车传》。
[5] 《南齐书》卷57《魏虏传》。
[6] 太原市文物考古研究所《太原北齐贺拔昌墓》，《文物》2003年第3期；及山西省考古研究所、太原市文物考古研究所《太原北齐徐显秀墓发掘简报》，《文物》2003年第10期。
[7] 参见《吕思勉读书札记》"北族辫发"条，上海古籍出版社1982年版。

灰陶加彩武人俑
法国赛努博物馆(Mus é e Cer-
nuschi)藏

第二节 十六国兴亡

在公元4至5世纪,与东晋对峙,主要在北方存在过的
一些小政权统称为十六国。这段历史时期一般从公元304
年刘渊称汉王及李雄称成都王算起,至公元439年北魏统
一中国北方为止。这十六国的名称为:成汉、前赵(先期亦
称汉)、后赵、前秦、后秦、西秦、前燕、后燕、南燕、北燕、前
凉、后凉、南凉、北凉、西凉、夏。此外还存在过冉魏、西燕、
代、仇池、段部等政权或准政权,至于略具政权形式而昙
花一现者若"翟魏"[1]等更为数不少。

在这些政权中,除地处河西的前凉、西凉、与冉魏是
由汉人所建立的外,其他都由出身少数族者为统治者。这
些少数族分为匈奴、氐、羯、羌、鲜卑,所以旧史称此为"五
胡乱华"。

在这十六国的兴亡中,大致可分为三个阶段。公元
304年至376年前秦灭掉前凉为第一阶段;公元376年至
384年为第二阶段,在此期间中国北方为前秦所统一;公
元384年,后秦、后燕、西燕等从前秦的衰落中纷纷独立出
来,至439年北魏灭北凉再次统一北中国为第三阶段。本
节主要叙述十六国时期的第一阶段和第三阶段的前面部
分。成汉作为典型的流民国家,以及前秦曾一统北方,各
具特殊性,放到另章专述。

一、十六国纷争之背景

冰冻三尺,非一日之寒,在短短的135年间,北部中国
竟有近20个小国政权走马灯似的时兴时亡,其原因可以
远溯到汉末。

东汉晚期黄巾起义,接着军阀混战,尔后三国鼎立也
是战争不息,兵祸连结加之大兵过后必有凶年,使得中国
的人口降至秦以后两千年间的最低点。三国时"天下通
计"共有"户百四十七万三千四百三十三,口七百六十七
万二千八百八十一",此尚不及东汉全盛时户口数的七分
之一! 即使是在被称为"晋之极盛"的平吴后武帝太康元

[1] 《资治通鉴》卷107晋太元十
三年二月条:"(翟)辽自称天
王,改元建光,置百官。"太元
十六年十月"翟辽卒,子钊代
立,改元定鼎"。太元十七年
六月翟钊被后燕慕容垂击
败,投奔西燕慕容永,被后者
所杀。

年,全国人口总数也仅"户二百四十五万九千八百四,口千六百一十六万三千八百六十三"[1]。这些户口数字大约在当时是作为征收赋役的依据,肯定会有一些荫户、逃户之类不在其数,也就是说当时的实际户口应该大于此数,这也是历代的户口田赋统计中经常会出现的通病。考虑到当时是门阀社会,又常在战乱时期,依附豪强大族而成为朝廷难以统计征收赋役的荫户会更多些,但这种现象不会改变魏晋时是两汉以降中国历史上人口最少的基本事实。

大量非正常死亡以及逃散造成人口剧减的凄惨景象不难在魏晋时人的诗文里可以见到。如曹操的《嵩里行》:"铠甲生虮虱,万姓以死亡,白骨露于野,千里无鸡鸣,生民百遗一,念之断人肠。"[2]王粲的《七哀诗》:"出门无所见,白骨蔽平原,路有饥妇人,抱子弃草间。"[3]傅玄《放歌行》:"旷野何萧条,顾望无生人,但见狐狸迹,虎豹自成群。"[4]又仲长统《昌言·理乱篇》云:"以及今日,名都空而不居,百里绝而无民者不可胜数。"[5]与这些诗文相印证,如史称东汉献帝回洛阳后,"长安城空四十余日,强者四散,赢者相食,二三年间,关中无复人迹"[6]。这种情况至魏文帝时仍"土广民稀"。如此人口丧失主要发生在黄河中下游,因为汉晋间多战乱大多与此地相关。

人口的流失荒芜了土地,不仅朝廷的赋役难以征收,下边的豪强地主也失去了足够的剥削对象。同时,农耕生活的优越也对周边从事游牧的少数民族产生很大的吸引力。两种因素相加,中原少数族的人数遽然增加。如关中人口,"戎狄居半";六郡匈奴"五部之众,户至数万,人口之盛,过于西戎"[7]。他们中既有自愿来的,更多的是被强迫或诱骗来的。如晋惠帝太安年间并州饥乱,胡人被诱骗到冀州就谷,"并州刺史、东嬴公(司马)腾执诸胡于山东卖充军实,腾使将军郭阳、张隆虏群胡将诣冀州,两胡一枷",石勒当时"年二十余,亦在其中"[8]。八王之乱期间,还常利用这些少数族人为兵,如司马越"进屯阳武,王浚遣其将祁弘帅突骑鲜卑、乌桓为越先驱"[9]。

大量的少数族众聚居于北中国,虽然开始接受农耕文明的影响,甚至一些上层分子还颇知书识礼。但由于定

加彩武人俑

[1]《通典》卷7"历代盛衰户口"条。
[2]《乐府诗集》卷27"相和歌词"。
[3]《文选》卷23。
[4]《乐府诗集》卷38"相和歌词"。
[5]《全后汉文》卷88。
[6]《后汉书》卷72《董卓传》。
[7]《晋书》卷56《江统传》。六郡,指并州所统之平阳、西河、太原、新兴、上党、乐平郡。
[8]《晋书》卷104《石勒载记上》。
[9]《资治通鉴》卷86晋惠帝永兴二年十二月条。

居的时间不够长,自汉末至晋初不过几十年光景,而习俗的改变,特别是民族心理的转移,甚至不是一、二百年能够解决问题的。社会利益的分配是需要一定的依据,民族差异往往被用来作为不公平分配的借口,"士庶瓺习,侮其轻弱,使其怨恨之气毒于骨髓",这就形成了所谓民族矛盾。魏晋时内乱频繁,形势紧张,这些在中土的少数族人"以贪悍之性,挟愤怒之情,候隙乘便"[1],民族矛盾就像一个火药桶,随时可被利用而爆炸。这种情形引起很多人的担忧,所以江统作《徙戎论》,得到颇多的共鸣,"非我族类,其心必异"成为传诵之名言。但江统"申谕发遣,还其本域"的对策却难以操作,缺乏实际的可行性。

如果当时朝廷是强有力的,即使有着如此危险的因素,也不一定会酿成巨变。可八王之间不仅你争我夺,而且还要利用那些少数族人来参与战争,十六国时代就到来了。

二、前赵、后赵与冉魏

1.前赵(汉)　最先起事的是匈奴族的刘渊。刘渊(字元海)所属原为汉时的南匈奴,一直保持着部落形态,汉末曾"将兵助汉,讨平黄巾","属董卓之乱,寇掠太原、河东,屯于河内"。曹操"分其众为五部",安置他们"于晋阳汾涧之滨",并以刘渊之父刘豹为左部帅。刘渊从小得到很好培养,豹死,"代为左部帅",并被晋廷用为北部都尉。西晋末,司马颖用刘渊为将,并以他为北单于,参丞相军事。颖败,渊"乃迁于左国城,远人归附者数万"。永兴元年(304年),刘渊"为坛于南郊,僭即汉王位"[2]。一般以此为十六国之始。嗣后,刘渊又在永嘉二年(308年)即皇帝位,大赦境内,改元永凤,设立百官,封诸子宗室为王,异姓勋贵皆封郡县公侯,后又以平阳(近今之山西临汾)为都。这样,一个以匈奴人为皇帝的汉制小朝廷正式建立起来了。

永嘉四年(310年),刘渊死,其子刘和继位。刘和虽好学,"及为储贰,内多猜忌"[3]。刘渊遗体尚未入葬,他就要铲除诸王,结果反被刘聪所杀。于是刘聪继位。

刘聪为刘渊第四子。继位后屡胜晋军,陷洛阳,俘怀帝。其军大掠洛阳,杀王公百官以下三万多人。公元313

前将军章(十六国)

[1]《晋书》卷56《江统传》。
[2] 皆见《晋书》卷101《刘元海载记》。元海为刘渊之字,因避唐高祖讳,唐人房玄龄等所修《晋书》将他以字行。
[3]《晋书》卷101《刘元海载记附刘和载记》。

年,即晋建兴四年(316年),迁刘曜攻占长安外城,晋愍帝降,西晋亡。刘聪后来耽于酒色,除立了四个皇后外,还有"佩皇后玺绶者七人。朝廷内外无复纲纪,阿谀日进,货贿公行,军旅在外,饥疫相仍"。致使"兵疲于外,人怨于内",又内轻信国戚靳准、宦官王沈,外放任刘曜、石勒、曹嶷等将领坐大。直臣刘易、陈元达等因屡谏不纳,愤而自杀,国内因此危机重重。聪死于公元318年,在位九年[1]。

继承刘聪的是其子刘粲。此前,刘粲已以皇太子"领相国、大单于,总摄朝政"。刘粲虽然"才兼文武",但"威福任情,疏远忠贤,昵近奸佞",尤其是其皇后之父,屠各人靳准,"以准为大将军、录尚书事。粲荒耽酒色,游燕后庭,军国之事一决于准"。靳准自有异志,先是使其女挑拨刘粲杀太宰刘景等诸王,矫刘粲之命以其从弟靳明为车骑将军,靳康为卫将军,掌握兵权。于是勒兵入宫,"使甲士执粲,数而杀之。刘氏男女无少长皆斩于东市",这时刘粲即皇位才第二个月。靳准"自号大将军、汉大王,置百官,遣使称藩于晋",当时"尚书北宫纯、胡崧等招集晋人,保于东宫,靳康攻灭之"[2]。这些"晋人"就是汉族人,以与刘氏国号之"汉"相区别而称为晋人。

靳准无法对付的是带兵在外的相国刘曜和大将军石勒。刘曜是刘渊的族子,以战功"频历显职,后拜相国,都督中外诸军事,镇长安。靳准之难,自长安赴之"。当时石勒也起兵攻靳准。在重兵压迫下,靳明等杀靳准,"率平阳士女万五千归于曜,曜命诛明,靳氏男女无少长皆杀之"。接着刘曜称帝,一是改国号为"赵",以"冒顿配天,(刘)元海配上帝"。这大概是因为当时北方汉族人在军事政治上已失去优势,各族之间矛盾也十分尖锐,再袭用汉的名义为号召已无多大意思,而且靳准也用过"汉大王"的名义,必须有所区别。于是刘氏的匈奴政权后来就被称为"前赵"。二是迁都长安。长安是刘曜根据地,且是秦汉故都,立为京师名正言顺,但未免重心偏西,留下中原主要地域易受石勒影响。

刘曜好勇好杀好酒,在陇上擒陈安灭其军,与晋及杨氏统治下的仇池国作战,互有胜负,但与石勒打仗则败多胜少。这不仅是因为石勒更善于作战,也因为石勒的实力

后赵"石安韩丑"砖

[1]《晋书》卷103《刘聪载记》。
[2]《晋书》卷103《刘聪载记附刘粲载记》。

后赵鎏金佛像

要比刘曜强大。公元328年秋,刘曜败来犯的石虎军,"斩其将军石瞻,枕尸二百余里"[1],但没有攻下要地金墉城,占领洛阳。其年冬,石勒率军来援。刘曜轻敌,临阵饮酒昏醉,又置军阵于洛阳西长达南北十余里。石勒则分头夹击,以主力捣刘曜中军,"曜军大溃,石堪执曜"[2],不久刘曜被杀。明年秋,关中扰乱,石勒遣石生占长安,石虎又攻占上邽,杀前赵"太子熙、南阳王刘胤并将相诸王等及其诸卿校公侯以下三千余人"[3]。前赵亡。

2. 后赵 还在前赵全盛时,石勒的势力就有着独立发展的倾向。石勒是羯族人,年轻时被卖到山东为奴,西晋末结集十余骑为盗,并投靠当地的牧民首领汲桑。八王之乱中,汲桑、石勒先是依附司马颖的部将公师藩。后者败死,他们"又招山泽亡命",汲桑"乃自号大将军",逐渐势大,于永嘉元年(307年)五月攻入邺,杀晋东嬴公司马腾及万余人。东海王司马越为之"大惧,使苟晞、王讚等讨之"。两军"相持于平原、阳平间数月,大小三十余战,互有胜负。越惧,次于官渡,为晞声援。桑、勒为晞所败,死者万余人",不久汲桑又兵败被杀。石勒则投奔刘渊,屡立战功,被封为平晋王,持节开府,统归附诸军。永嘉三年(309年),石勒"陷冀州郡县堡壁百余,众至十余万,其衣冠人物集为君子营。乃引张宾为谋主,始署军功曹",部署文武,俨然一方。"诸胡惧勒威名,多有附者。进军常山,分遣诸将攻中山、博陵、高阳诸县,降之者数万人"。

刘渊死后,石勒统军南向,占襄阳,"攻陷江西垒壁三十余所",又兵锋转向许昌,攻克之。永嘉五年(311年)四月,石勒在陈郡苦县宁平城给晋军以致命一击。"先是,东海王越率洛阳之众二十余万讨勒,越薨于军,众推太尉王衍为主,率军东下,勒轻骑追及之。衍遣将军钱端与勒战,为勒所败,端死之,衍军大溃,勒分骑围而射之,相登入山,无一免者"。接着又破东海王世子司马毗从洛阳逃出来的军队,"执毗及诸王公卿士,皆害之,死者甚众"。是役,西晋的军政基本力量几乎被消灭殆尽。同年,刘曜与石勒、王弥合围洛阳,陷之,俘晋怀帝,这两事合起来就是历史上所谓的"永嘉之变"。

洛阳既陷,石勒很聪明地归功于刘曜与王弥,自己率

[1] 《晋书》卷103《刘曜载记》。
[2] 《晋书》卷105《石勒载记下》。
[3] 《晋书》卷103《刘曜载记》。

军出屯许昌。接着采用张宾之计，一边把重心移向位于华北中心带的襄国；一边依次削平周围割据之群雄。永嘉六年（312年），石勒进据襄国。在此前后依次攻灭王弥、苟晞、向冰、段就六眷、王浚、刘演等，冀、幽、并诸州之大部。至前赵刘曜称帝，石勒已趋向独立，"于是置太医、尚方、御府诸令"，及立学校，"铸丰货钱"，造《辛亥制度》[1]等。东晋太兴二年（319年）十一月，石勒自称赵王，"天子车骑，礼乐备矣"。

石勒以"张宾大执法，专总朝政，位冠僚首"，并采取一些获得民心的措施，如"均百姓田租之半，赐孝悌力田死义之孤帛各有差，孤老鳏寡谷人三石，大酺七日"。石勒特别注意的就是调整胡、汉两族的关系，一方面禁止作为"国人"的胡人欺压汉人，尤其是士族，并吸收不少士人入朝做官，还在军中成立"君子营"，以示重视；另一方面"又下书禁国人不听报嫂及在丧婚娶，其烧令如本族"，尽量调和两者的文化习俗。但把胡人置于汉人之上，在中原是亘古未有之大变局，不是占民之多数的汉人所能一下子接受的，由此也留下了矛盾的隐患。

在攻灭了曹嶷、祖约、刘曜后，后赵的版图与国势到了强盛的顶点，统治了大半个北中国，于是在公元330年初，石勒登皇帝位，"大赦境内，改元曰建平"[2]。但事变起于肘腋之下，当石勒病重时，其侄石虎实际上乘机夺取了大权。石虎作战勇敢残忍，"指授攻讨，所向无前，故勒宠之，信任弥隆，仗以专征之任"。石勒"即大单于、赵王位，署（石虎）为单于元辅，都督禁卫诸军事"，因此石虎在后赵不仅是武将的代表，在胡人的治理系统中地位仅次于石勒。后来石勒把大单于的位置给了儿子石弘，他"深怨恨"，甚至"不复能寝食"[3]，可见其把大单于看得比太子的地位还重。形成对照的是，石弘幼受儒学熏陶，及"立为太子，虚襟爱士，好为文咏，其所亲昵，莫非儒素"。在石勒麾下，张宾、程遐等汉官掌执朝政。张宾死后，掌执朝政的右仆射程遐、中书令徐光等汉官拥护太子，并屡屡向石勒陈言石虎对太子的威胁，当除之。但"勒默然，而竟不从"。公元334年，石勒病死，在石虎挟持下，石弘登基，"诛程遐、徐光。弘策拜季龙（石虎字）为丞相、魏王、大单于，加九

后赵"丰货"钱

1 《晋书》卷104《石勒载记上》。

2 《晋书》卷105《石勒载记下》。

3 《晋书》卷106《石季龙载记上》。

金饰牌

锡"[1]。年余,石弘禅位于石虎,寻与其母太后程氏、弟石宏、石恢等皆被杀。在战乱的年代里,代表文治的势力是敌不过代表军事势力的,尤其在有着武力传统的少数族统治国家。但石虎这样做也意味着与汉士族力量开始分道扬镳,并为他死后胡汉间血腥残杀埋下祸根。

石虎即位后,一件大事便是在公元335年秋自襄国迁都于邺。他也在治国上采取了一些措施,如"依晋氏九班选制";如"以租入殷广,转输劳烦,令中仓岁入百万斛,余皆储之水次"。又"令刑赎之家得以钱代财帛,无钱听以谷麦,皆随时价输水次仓",有灾则"遣御史所在发水次仓麦,以给秋种"。这样有利财政也便民。又如兴立学校,及"解西山之禁,蒲苇鱼盐除岁供之外,皆无所固。公侯卿牧不得规占山泽,夺百姓之利"等。然而以武力夺取天下者往往以为可凭权力来夺取一切以满足自己,如"以其国内少马,乃禁畜私马,匿者腰斩,收百姓马四万余匹以入于公"。又如多设女官,"大发百姓女二十已下十三已上三万余人,为三等之第以分配之。郡县要媚其旨,务于美淑,夺人妇者九千余人。百姓妻有美色,豪势因而胁之,率多自杀"。热衷武力者也必"志在穷兵",所以石虎连年征战。他最大的军事成功在于击溃段部,平辽西。于是得寸进尺,北边的慕容皝、南面的东晋,西头的凉州,他都要征讨,但没有明确的战略,也没有占到什么便宜。沉重的赋税兵役却无休无止地压到人民头上,如"将讨慕容皝,令司、冀、青、徐、幽、并、雍兼复之家五丁取三,四丁取二,合邺城旧军满五十万,具船万艘,自河通海,运谷豆千一百万斛于安乐城,以备征军之调"。又如"制:'征士五人车一乘,牛二头,米各十五斛,绢十匹,调不办者以斩论。'将以图江表。于是百姓穷窘,鬻子以充军制,犹不能赴,自经于道路死者相望,而求发无已"。他还以"宜苦役晋人以厌其气"为得计。这些倒行逆施激起民众,主要是汉族民众莫大的仇恨。

但引发这些怨恨爆发出来的却是石虎宫廷里的内变。所谓有其父必有其子,这是因为成功的父亲总是儿子的榜样。太子石邃和其父一样骁勇而"荒酒淫色,骄恣无道",他"总百揆之后"因其弟石宣、石韬有宠于石虎,就对

[1]《晋书》卷105《石勒载记下附石弘载记》。

石虎怀恨而无礼。石虎因此"大怒,废邃为庶人,其夜,杀邃及妻张氏并男女二十六人,同埋于一棺之中。诛其宫臣支党二百余人",立石宣为"天王皇太子"。石宣也酷如父兄,游猎无厌,随行"十有六军,戎卒十八万","兽殚乃至",而"士卒饥冻而死者万有余人"。后因与石韬争权夺利,遣刺客杀韬。石虎得知真相后以酷刑杀宣及其妻子,"又诛其四率已下三百人,宦者五十人,皆车裂节解,弃之漳水","东宫卫士十余万人皆谪戍凉州",立10岁幼子石世为太子。

石氏父子兄弟互相残杀,大伤元气。被谪东宫卫士中多力善射者称为"高力",其万余人赴凉州途中马匹被雍州刺史张茂等所夺,"令步推鹿车,致粮戍所。高力督定阳梁犊等因众心之怨,谋起兵东还",于是起事,一呼百应。起义军"攻战如神,所向崩溃,戍卒皆随之,比至长安,众已十万"。赵军石苞、李农等军皆不敌,石虎大惧,最后遣燕王石斌率精骑方击灭之,斩梁犊首。变故中石虎因此发病,权臣张豺勾结石世母皇后刘氏矫诏杀石斌。公元349年春夏之交,石虎死,石世即位。在外统兵石虎子石遵闻讯以"戎卒九万,石闵为前锋"赴邺。张豺无法抵御被杀,石世只得禅位于石遵,仅在位33天,寻与其母刘氏皆被杀。镇蓟之石冲、镇长安之石苞先后反,兵败被杀。石遵麾下石闵则因军功而"总内外兵权"。石闵本姓冉,汉人,其父石瞻为石虎养子,故姓石。石虎征慕容皝失败,"闵军独全,由此功名大显。及败梁犊之后,威声弥振,胡夏宿将莫不惮之"。既而与石遵相互猜忌,遂废遵而立石鉴为帝。"遵凡在位一百八十三日",石鉴也是石虎儿子,由于和石闵矛盾激化,仅"在位一百三日"。凡被逼下位的皇帝,都很难逃杀身之祸,石遵与石鉴也不例外。

3.冉魏　与石虎家族内讧不同,因为石闵是个汉人,因此在他夺权过程中得到汉族文武官员的大力支持,如大司马李农、司徒申钟、司空郎闿等。自然而然地,石闵也遭到诸石与胡人的激烈反对,如"中领军石成、侍中石启、前河东太守石晖谋诛闵、农,闵、农杀之。龙骧孙伏都、刘铢等结羯士三千伏于胡天,亦欲诛闵等"。"闵、农攻斩伏都等,自凤阳(门)至琨华(门),横尸相枕,流血成渠。宣令内外

凤鸟型冠饰

六夷敢称兵杖者斩之。胡人或斩关,或踰城而出者,不可胜数"。至此,一场宫廷夺权已转化为民族斗争。于是公元350年初,石闵称帝成了真正的改朝换代,"改元曰永兴,国号大魏,复姓冉氏",故史称其国为"冉魏",以与其他魏朝区别。与此同时,赵新兴王石祗"称尊号于襄国,诸六夷据州郡拥兵者皆应之",形成了胡汉对决的局面。

冉闵勇猛善战,世罕匹敌,如"石琨及张宁、王朗率众七万伐邺",他仅"率骑千余,距之城北。闵执两刃矛,驰骑击之,皆应锋摧溃,斩级三千。琨等大败,遂归于冀州"。后又灭石祗与刘显。文治上一度也能"清定九流,准才授任,儒学后门多蒙显进,于是翕然,方之为魏晋之初"。但冉闵受石氏影响太深,至少犯了三大错误。一是诛杀李农及尚书令王谟等。李农与其并肩灭石氏,且固让帝位予他,登基不久便杀之,既伤情理,亦失盟友。二是不善纳谏。如冉闵以降胡一千配给其子冉胤,自率步骑十万攻石祗于襄国,"光禄大夫韦謏启谏甚切,闵览之大怒,诛謏及其子孙"。以刀斧对待谏者终究是坐不稳帝位的。三是放纵民族残杀。"闵躬率赵人诛诸胡羯,无贵贱男女少长皆斩之,死者二十余万,尸诸城外,悉为野犬豺狼所食。屯据四方者,所在承闵书诛之,于时高鼻多须至有滥死者半"。如此屠杀不仅伤天害理,也大大缩小了他的统治基础。事实上,冉闵是被各少数族联合起来打败的。当赵土方乱之间,公元352年初,"时慕容儁已克幽蓟,略地至于冀州,闵帅骑距之"[1]。冉闵不听谏言,虽十战连胜,又逞勇掠阵,马死被俘杀。接着慕容评率军入邺,魏诸臣或降或自杀,冉魏亡。

三、诸凉兴亡

十六国中有五国与凉土相关,故以诸凉为国号,可为一类,这是由于凉州独特的地理环境决定的。凉州远离洛阳、长安等政治中心,州治姑臧(今甘肃武威)在河西走廊,山多路长,供应不便,中原战乱难以波及,一般北方在接近统一时才会顾及凉土,否则无暇劳师远征。河西诸郡其实都是一个个大的绿洲,能自给自足,亦能通商西域,容易成为割据基础,诸凉政权赖此得以成立。不过一般都

前凉 凉造新钱

[1]《晋书》卷107《石季龙载记下》及《附冉闵传》。

因地狭民稀,难以持久,尤其在北方强势政权出现之后,更不用说它们是否有能力有志向问鼎中原了。

1. 前凉　晋末在此最早建立政权的是张轨。张轨是西晋的凉州刺史,"于时天下既乱,所在使命莫有至者,轨遣使贡献,岁时不替。朝廷嘉之,屡降玺书慰劳"。这使得张氏对凉州的统治名正言顺,具有合法性,又有一定治绩,如兴建学校,举纳人才等。还如当地以布通货不便,则"立制准布用钱,钱遂大行,人赖其利"。因此张氏能屡次挫败内外挑战者,坐稳江山。公元314年张轨病卒,州吏表请晋愍帝以世子张寔嗣位。寔在位六年后被刺,弟张茂摄位,五年后病卒,传位于张轨子张骏。张骏时,"尽有陇西之地,士马强盛","不行中兴(东晋)正朔",而"所置官僚府寺拟于王者,而微易其名"。公元346年张骏卒,子张重华继位。至张重华,张氏一直称臣于晋,接受"凉州牧"的头衔,作为统治合法性的依据。张重华在位11年,卒,子张耀灵年10岁,嗣位。其伯父张祚"初与重华宠臣赵长、尉缉等结异姓兄弟",又私通重华妻母,遂借口"时难未夷,宜立长君",废耀灵并杀之。张祚主凉州后,于晋永和十年(354年)正月"僭称帝位,立宗庙,舞八佾,置百官",建凉国。故史称其为前凉。张祚虽雄武有才,但淫暴不道,尽失人心,又用兵失利,于是国人起义,张祚被杀,"暴尸道左,国内咸称万岁"。众复推张耀灵弟张玄靓为凉州牧,重新用晋愍帝建兴年号,当时已是公元355年。由于张玄靓年仅七岁,权臣张瓘、宋澄、张邕先后擅政,也因专权树敌而先后被杀,最后由其叔张天锡辅政。公元363年秋,张天锡害玄靓自立。张天锡"少有文才,流誉远近",即位后虽"政事颇废",政权应该还可维持,但"时苻坚强盛,每攻之,兵无宁岁"[1]。公元376年秋,前秦军平凉州,张天锡兵败被俘,前凉亡。

张氏在凉州实际统治前后达76年,期间无大的兵乱。这在北方混乱之际,简直成了一方乐土。张轨时"中州避难来者日月相继,分武威置武兴郡以居之"。战乱使"雍、秦之人死者十八九。初,永嘉中,长安谣曰:'秦川中,血没腕,唯有凉州倚柱观。'至是,谣言验矣"。由于前凉政权奉行的是晋家制度礼法,所以它的存在不仅保全了一方生

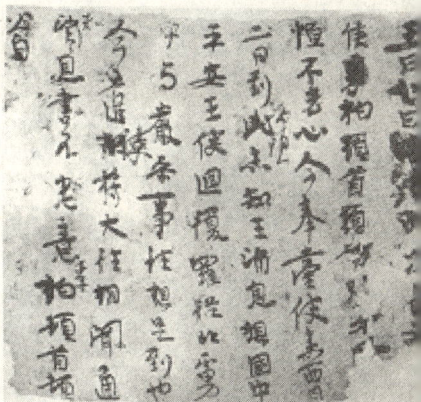

李柏尺牍稿(前凉)

[1]《晋书》卷86《张轨传》及各附传。

命，还延续了中原制度文化。

2. 后凉　前秦崩溃，群雄竞起，不同政权也乘势在凉土纷纷建立。公元383年苻坚败于淝水，前秦顿成土崩瓦解之势。越二年之秋八月，姚苌杀苻坚，九月，"吕光据姑臧，自称凉州刺史"[1]，首先开始在凉土割据，但已晚于慕容垂、姚苌、慕容泓等。此当是凉州位于边地，对中原事变反应较慢。

吕光是氐族，故特受苻坚信任，淝水之战前，苻坚命他"总兵七万，铁骑五千，以讨西域"。平龟兹，"王侯降者三十余国"，史说他"抚宁西域，威恩甚著"。吕光班师时，苻坚丧败，遂据凉州。公元389年春，吕光自称三河王；396年夏，即天王位，国号大凉，改年龙飞。故史称其国为后凉。吕光虽"崇宽简之政"，但迷信而易信谗言，杀尚书沮渠罗仇等，其侄沮渠蒙逊、沮渠男成等策动段业反。公元399年末，吕光病甚，"立其太子绍为天王，自号太上皇帝。以吕纂为太尉，吕弘为司徒"[2]，寻卒。丧未竟，吕弘约吕纂起兵攻入宫城，吕绍自杀，吕纂于公元400年初即天王位，谥绍为隐王。吕纂是吕光的庶长子。吕弘亦是光之子，"自以功名崇重，恐不为纂所容，纂亦深忌之，弘遂起兵东苑"，寻败，为纂所杀。"纂纵兵大掠，以东苑妇女赏军，弘之妻子亦为士卒所辱"。大臣房晷悲泣陈言："天祸凉室，衅起戚藩。先帝始崩，隐王幽逼，山陵甫讫，大司马惊疑肆逆，京邑交兵，友于接刃。虽弘自取夷灭，亦由陛下无棠棣之义。宜考己责躬，以谢百姓，而反纵兵大掠，幽辱士女。衅自由弘，百姓何罪！且弘妻，陛下之弟妇也；弘女，陛下之侄女也，奈何使无赖小人辱为婢妾。天地神明，岂忍见此！"一席话使吕纂"改容谢之，召弘妻及男女于东宫，厚抚之"。吕纂"游田无度，荒耽酒色"，虽不杀谏臣，"然昏虐自任，终不能改"[3]。公元401年春，吕超、吕隆兄弟乘其昏醉袭杀之，据武库，拥精兵，遂立吕隆为天王。吕隆为吕光之侄，即位后"多杀豪望，以立威名，内外嚣然，人不自固"。后秦、南凉、北凉轮番来攻，若后凉这样以绿洲经济为支撑的国家是经不起统治者挥霍和兵祸之双重折腾的。"姑臧谷价踊贵，斗直钱五千文，人相食，饿死者十余万口，城门昼闭"[4]。公元403年秋，吕隆不得已降后秦，后凉亡。

北凉承平十五年写《佛说菩萨藏经》

[1]《晋书》卷9《孝武帝纪》。
[2]《晋书》卷122《吕光载记》。
[3]《晋书》卷122《吕纂载记》。
[4]《晋书》卷122《吕隆载记》。

3. 北凉 公元397年春末,后凉建康太守段业被沮渠男成兄弟所推,据张掖为中心数郡割据,自称凉州牧,寻又称凉王。史称其国为北凉。"吕光遣其二子绍、纂伐业,业请救于秃发乌孤,乌孤遣其弟鹿孤及杨轨救业"。三方军相会,各无取胜之道,相持而退,北凉得以立足。外事甫定,沮渠蒙逊先挑唆段业杀张掖太守马权,又密告沮渠男成谋叛,"业收男成,令自杀"。蒙逊复煽动兵士为男成报仇,"男成素有恩信,众皆愤泣而从之","契胡多起兵响应"。段业左右皆散,为蒙逊所擒杀。段业本为儒士,从征至河西为官,"无他权略,威禁不行,群下擅命,尤信卜筮",却受王位诱惑而为之,不知己也不知彼,难逃一死。公元401年夏末,沮渠蒙逊自为凉州牧,张掖公,至此,北凉国主由汉人转为匈奴人。蒙逊能"擢任贤才,文武咸悦",他的"伯父中田护军亲信、临松太守孔笃并骄奢侵害,百姓苦之。蒙逊曰:'乱吾国者,二伯父也,何以纲纪百姓乎!'皆令自杀"。政权巩固后,兵锋东指,克姑臧,并迁都于此,公元412年冬,即西河王位,改元玄始。"蒙逊闻刘裕灭姚泓,怒甚。门下校郎刘祥言事于蒙逊,蒙逊曰:'汝闻刘裕入关,敢研研然也!'遂杀之"[1]。这也反映了他对胡汉关系的敏感,以及在与西凉相持下对汉族势力的恐惧。公元433年春夏之交,沮渠蒙逊卒,在位33年,世子沮渠牧犍(一作茂虔)嗣位。蒙逊长期称臣于晋、后秦、北魏等,也是其能维持日久的原因之一。公元439年秋,北魏军至凉州,牧犍"兄子万年所领降魏,姑臧城溃,牧犍帅其文武五千人面缚请降"[2],北凉亡。

4. 南凉 几乎于段业同时,秃发乌孤也开始割据。秃发与拓跋鲜卑同源,两者为汉字的同音异译。其部在汉魏间曾占有凉州之地,为晋军击溃后,部众尚存。吕光署乌孤为河西鲜卑大都统。公元397年初,秃发乌孤"自称大都督、大将军、大单于、西平王",占有湟河流域数郡,不久"更称武威王。后三岁,徙于乐都"。秃发乌孤能不分夷夏随才授官,公元399年夏末,"乌孤因酒坠马伤胁"而卒,其弟秃发利鹿孤继位。利鹿孤"在位三年而死",弟秃发傉檀嗣位,并于公元402年春自号凉王,故史称其政权为南凉。"傉檀以姚兴之盛,又密图姑臧,乃去其年号,罢尚书丞郎官,遣

北凉石造像塔

[1] 《晋书》卷129《沮渠蒙逊载记》。

[2] 《资治通鉴》卷123元嘉十六年九月丙戌条。

敦煌第 272 窟 供养菩萨壁画
（北凉）

参军关尚聘于兴"。先是傉檀"上表姚兴，求凉州，不许"，于是"献兴马三千匹，羊三万头"。或许姚兴以为姑臧离长安太远，沮渠蒙逊也有志于此，便以傉檀为凉州刺史，镇姑臧。公元406年夏末，傉檀率步骑三万入姑臧，"宴群僚于宣德堂，仰视而叹曰：'古人言作者不居，居者不作，信矣'"。孟祎乘机进言道："此堂之建，年垂百载，十有二主，唯信顺可以久安，仁义可以永固。"傉檀虽善之，仍好征战。伐北凉，败；伐夏，又轻敌，败；"傉檀惧东西寇至，徙三百里内百姓入于姑臧，国中骇怨"。姚兴闻之，"乃遣其将姚弼及敛成等率步骑三万来伐，又使其将姚显为弼等后继，傉檀命诸郡县悉驱牛羊于野，敛成纵兵虏掠。傉檀遣其镇北俱延、镇军敬归等十将率骑分击，大败之，斩首七千余级"。后秦军只能无功而返。傉檀于是即凉王位，又遣军伐北凉，又败。沮渠蒙逊进围姑臧，百姓惊散，"傉檀遣使请和，蒙逊许之"。傉檀惧为蒙逊所灭，乃迁于乐都。焦谌等叛，以姑臧降于蒙逊。傉檀不听谏言，又伐蒙逊，败。蒙逊二围乐都，不克而还。于是"傉檀议欲西征乙弗。孟恺谏曰：'连年不收，上下饥弊，南逼炽磐，北迫蒙逊，百姓骚动'"，应该"结盟炽磐"，休养生息一番。傉檀则说正因为"内外俱窘"，所以要用西征的胜利来救此弊，于是"率骑七千袭乙弗，大破之，获牛马羊四十余万"。但西秦伏乞炽磐乘机袭乐都，"一旬而城溃"，"男夫尽杀，妇女赏军"[1]。闻讯将士皆散，傉檀只能投降炽磐，不久被杀。公元414年，南凉亡。

5. 西凉 前秦瓦解时，凉州的西端还出现了一个汉人政权，那就是李嵩所创建的西凉。吕光末，段业自称凉州牧，正好敦煌太守孟敏病卒，时任效穀县令的李嵩被推为太守。段业以索嗣为敦煌太守率骑500来就任，李嵩逆战胜之，段业只得以李嵩(字玄盛)为镇西将军。公元400年冬，晋昌太守唐瑶等推李嵩为凉公，以酒泉为中心，治敦煌、高昌等郡，史称西凉。"初苻坚建元之末，徙江、汉之人万余户于敦煌，中州之人有田畴不辟者，亦徙七千余户"，后来因战乱自"武威、张掖已东人西奔敦煌、晋昌者数千户"。这些人基本上是汉人，由此大大增加了敦煌地区的汉族比例，故有建康、晋昌、会稽等郡名出现，因此当地出

[1]《晋书》卷126《秃发乌孤载记·秃发利鹿孤载记·秃发傉檀载记》。

现个汉人政权,亦非偶然。这同样是西凉自始至终奉东晋为正朔的一个原因。公元417年初,李嵩卒,世子李歆(字士业)嗣为凉公,领凉州牧。对西凉而言,主要的外敌,甚至可以说是唯一的外敌是北凉的沮渠蒙逊政权。沮渠蒙逊的军事才能无疑高于李氏父子,兵力也强于西凉。两相对峙时,当西凉处于防御态势时,远道而来的北凉军难以取胜,甚至会落败。如"且渠蒙逊来侵,至于建康,掠三千余户而归",李嵩大怒,"率骑追之,及于弥安,大败之,尽收所掠之户"。又如对来侵的北凉军,李歆"亲贯甲先登,大败之,追奔百余里,俘斩七千余级"。这是因为当地州治、郡治俱在绿洲,中间多是不毛之地,客军远来,若不野战,顿兵于坚城之下,久之后勤难继,斗志易懈,士气衰落,只能撤退,此时守军寻机反击,往往取胜。但李歆有喜功的倾向,"用刑颇严,又缮筑不止"[1]。公元420年秋,李歆闻蒙逊南伐秃发傉檀,率军三万袭张掖,不意蒙逊已偷偷班师,两军对阵,李歆一败再败而被杀。其弟李翻、李恂等逃往敦煌等地抵抗,次年春末,北凉军筑堤壅水灌敦煌城,城破屠民,李恂自杀,西凉亡。

四、慕容诸燕(附北燕)

"燕"之名虽与地域相关,然为本时期之慕容鲜卑视为发祥地,不仅前燕、后燕,以及亦由慕容氏为缘起的北燕,就是远在山东半岛的南燕,和建于关中却不在十六国之数的西燕也以燕为国号,故一并叙之。

1.前燕　慕容部为鲜卑一支,与拓跋部同出于大鲜卑山,曹魏初入居辽西,开始了与汉文化及中原政权的接触。晋武帝时,其首领慕容廆遣使归附,拜为鲜卑都督。晋元康四年(294年),移居大棘城(今辽宁义县附近),从"风俗官号与匈奴略同",变为"教以农桑,法制同于上国",也为以后吸纳汉族流民创造了可能。慕容廆一直奉晋为正朔,也是他能聚集胡汉,以成气候的一个原因。"永嘉初,廆自称鲜卑大都督",晋怀帝、愍帝、元帝等屡封其大单于等号,皆不受,后受辽东公之封。"时二京倾覆,幽冀沦陷,廆刑政修明,虚怀引纳,流亡士庶多襁负归之"。并以裴嶷为长史,委以军国之谋。平州刺史崔毖"阴结高句丽及宇文、段

辽宁朝阳三合成出土铜鎏金箭箙饰(前燕)

[1]《晋书》卷87《李玄盛传》及《附李士业传》。

上：北燕　桑木包铜马镫

下：辽宁北票县北燕墓出土提梁铜腹壶

1 《晋书》卷108《慕容廆载记》。

2 《晋书》卷109《慕容皝载记》。

3 《晋书》卷110《慕容儁载记》。

国等,谋灭廆以分其地"[1]。慕容廆认为此乃乌合之众,先离间,后各个击破。晋咸和八年(333年)五月,慕容廆卒,被立为世子的第三子慕容皝嗣位。皝为世子时,庶兄慕容翰"骁武有雄才,素为皝所忌",弟慕容仁与慕容昭"并有宠于廆,皝亦不平之。及廆卒,并惧不自容",翰、仁出逃,昭被杀。慕容皝先后击败段部、宇文部,及割据辽左的慕容仁,于是在公元337年冬自称燕王,故史称其政权为前燕。及胜后赵军,又出兵逼使高句丽归附称臣,并于公元341年迁都龙城(近今辽宁朝阳),"号新宫曰和龙"[2]。公元348年秋,慕容皝卒,世子慕容儁嗣位。时石虎死,"赵魏大乱,儁将图兼并之计","简精卒二十余万以待期"。这种有远见的做法不久便有了报酬,冉闵杀石祗后,慕容儁便遣慕容恪、慕容评等分兵入河北略地,并正确判断"闵师老卒疲,实为难用;加其勇而无谋",果然擒杀冉闵,占有河北,进据河南,公元352年冬,慕容儁"即皇帝位,大赦境内,建元曰元玺,署置百官"[3]。公元357年冬,燕迁都于邺,此举是适应其版图扩大的变化。公元360年初,慕容儁驾崩,太子慕容暐即位。慕容暐国事皆委之于其兄,太宰、录尚书慕容恪,太师"慕舆根自恃勋旧,骄傲有无上之心,忌恪之总朝权,将伺隙为乱",被慕容暐与慕容恪识破而杀之。不久,慕容恪病死,由太傅慕容评掌执朝政。慕容评外宽内忌,时前燕百姓多有隐户,仆射悦绾建议慕容暐清查,被后者所纳。"绾既定制,朝野震惊,出户二十余万。慕容评大不平,寻贼绾,杀之"。大都督慕容垂击败桓温有功,"威德弥振,慕容评素不平之",太后"可足浑氏素恶垂,毁其战功,遂与评谋杀垂。垂惧,奔于苻坚"。这样虽然其时前燕疆域最大,但对外"兵革不息;内则暐母乱政,评等贪冒,政以贿成,官非才举"。时值前秦正欣欣向荣,公元370年冬,前秦军灭前燕,慕容暐、慕容评等先后被执,前燕亡。

2. 后燕　由于苻坚对投降之各族臣民都采取比较宽容的政策,以为其用,所以慕容部族人在前秦为数不少,尤其是先前投奔的慕容垂"历位京兆尹,进封泉州侯,所在征伐,皆有大功"。公元383年,苻坚军"败于淮南也,垂军独全,坚以千余骑奔垂"。慕容垂子慕容宝,弟慕容德皆劝垂杀苻坚,慕容垂认为"君子不怙乱,不为祸先,且可观之",便将所统兵权交还给苻坚。当时,苻坚声望还在,慕容垂所统兵亦非皆鲜卑人,所以他采取了明智的一着。垂欲回邺,苻坚亦许之。慕容垂在邺杀阻止其参拜家庙的亭吏,有将领名石越的向镇邺的苻丕陈言,说慕容垂"既不忠于燕,其肯尽忠于我"? 正好借此罪杀之。苻丕不纳,还是让他到洛阳平叛。石越叹道:"公父子好存小仁,不顾天下大计"。至河南后,慕容垂杀监视他的苻飞龙及氐兵,"招募远近,众至三万"。慕容垂留在邺的儿子慕容农,侄子慕容楷等奔赵魏各地起兵,"众咸应之",不久"各率众数万人,众至十余万"。其中虽不一定都是鲜卑人,但应当大部分是胡人,这正是少数族国家能在北方纷纷建立的一个原因。公元384年初,慕容垂自称燕王,建元曰燕元,成立了后燕政权。慕容垂在与苻丕交战的同时,向东发展,遣慕容农"进伐高句丽,复辽东、玄菟二郡,还屯龙城"。公元385年底,后燕定都中山,次年初,慕容垂登皇帝位,立慕容宝为太子。在占邺城,击败翟钊得河南七郡后,慕容垂发步骑七万伐西燕慕容永,设伏使"永师大败,斩首八千余级",得晋阳、长子等地,慕容农也在南边得阳城及太山、琅邪诸郡,后燕的国势达到了最强盛。复遣太子慕容宝等率军近十万伐北魏,遭参合大败,"士卒还者十一二",成了后燕国运的转折点。这个打击使慕容垂"惭愤呕血"[1],崩于公元396年夏。太子慕容宝嗣位,"遵垂遗令,校阅户口,罢诸军营分属郡县,定士族旧籍,明其官仪,而法峻政严,上下离德,百姓思乱者十室而焉"。这表明慕容宝有进行汉化改革的倾向,此对于定都于中山的政权来说虽势在必行,但总会引起不少异议和反对。"校阅户口"本身就体现政府与民众的矛盾,再"法峻政严"来实行,当然"上下离德"。如果慕容宝有高的威望,军事上能打胜仗,这一切尚可做。但参合大败,他难免其咎,魏军下并州,燕军又连败,所以思乱者多,甚至其庶子慕容会、赵王慕容麟、开封公慕容详等先后叛。魏军入中山,公元398年夏,慕容宝至龙城,为尚书兰汗所诱杀。宝之庶长子慕容盛集旧部以计杀兰汗,"盛谦挹自卑,不称尊号。其年,以长乐王称制",平慕容奇叛军后,方称帝。虽讨库莫奚等胜,然

辽宁北票北燕墓出土玻璃碗

[1] 《晋书》卷123《慕容垂载记》。

"威严御下,骄暴少亲"[1],公元401年秋,被叛将暗袭,伤重而死。其叔慕容熙继位。慕容熙为政虐,伐高句丽不成,士卒多死。公元407年秋,被慕容燕所杀,后燕亡。

3. 北燕　慕容云为慕容宝养子,原姓高,是高句丽人。其杀慕容熙系中卫将军冯跋所策动,事成,"云遂即天王位,复姓高氏",国号大燕。因国号已改,此燕非彼燕,故史称其为北燕。北燕以龙城(一作黄龙城)为京,地仅北平、辽西、建德等数郡。公元409年冬,高云被其幸臣桃仁等所杀。"云自以无功德而为豪杰所推,常内怀惧",所以养桃仁等壮士为腹心,赏赐月至至数千万,桃仁等仍不满足而生怨,故有是举。旋即桃仁等被帐下督张泰、李桑所杀,众推冯跋为天王,国号不改。冯跋能"励意农桑,勤心政事",所以能平安地维持政权10余年。公元430年秋,冯跋病死,"弟弘杀跋子翼自立"[2],称天王。在北魏军力的日益逼迫下,公元436年春末,冯弘火焚龙城宫室,徙阖城军民投奔高句丽,队伍前后长达80余里。北燕亡。

4. 南燕　在慕容诸燕中延续到最后的是南燕。南燕政权的开创者是慕容皝的少子慕容德。时后燕瓦解,"魏师入中山,慕容宝出奔于蓟,慕容详又僭号",公元398年初,慕容德"率户四万、车二万七千乘"徙于滑台,置百官,建立政权。此时慕容德"地无十城,众不过数万"。次年春,将领李辩以滑台降魏,于是慕容德放弃这四通八达之地,"引师而南,兖州北鄙诸县悉降,置守宰以抚之。存问高年,军无私掠,百姓安之,牛酒属路"。于是"进据琅邪,徐、兖之士附者十万,自琅邪而北,迎者四万余人"。公元399年春,入广固(在今山东淄博东),并定为都。次年末,慕容德即皇帝位,统治今之山东大部,为诸燕中立国最南者,史称其为南燕。慕容德"立治于商山,置盐官于乌常泽,以广军国之用"[3],此利用地理与传统,在十六国经济中颇具特色。公元405年秋慕容德崩,无子,其侄慕容超嗣位。超之才德,中主已下,刘裕北伐,其势难挡。公元410年春,广固城破,慕容超被俘杀,南燕亡。

5. 西燕　乘苻坚在淝水之败,在公元384年兴起的还有西燕。当年春,秦之北地长史慕容泓闻燕王垂攻邺,"亡命奔关东,收诸马牧鲜卑,众至数千,还屯华阴",自称济北

[1]《晋书》卷124《慕容盛载记》。

[2]《晋书》卷125《冯跋载记》。

[3]《晋书》卷127《慕容德载记》。

王。同时，秦平阳太守慕容冲亦起兵，有众二万。冲投奔泓，合众至10余万。泓持法苛禁，其谋臣高盖等杀泓，"立冲为皇太弟，承制行事"。公元385年初，慕容冲即皇帝位于阿房宫城，史称其为西燕。冲后据长安，"毒暴关中，人皆流散，道路断绝，千里无烟"[1]。慕容冲又畏慕容垂，不敢东归，欲久留长安，属下鲜卑咸怨之，"左将军韩延因众心不悦，攻冲，杀之，立冲将段随为燕王"。接着仆射慕容恒等又杀段随，立慕容颧为王，颧"帅鲜卑男女四十余万口去长安而东"[2]，又被杀。最后，慕容永被推为西燕主，治晋阳、长子等地。公元394年，后燕军下晋阳，秋，破长子，俘杀慕容永，西燕亡。

五、割据纷纷：二秦与夏（附段部、仇池）

1. 后秦 淝水之战后，前秦政权还在挣扎中，后秦就已经很快浮了出来。十六国中后秦是唯一由羌族所统治的政权，其统治者姚氏"世为羌酋"。魏晋之间，关中一带已迁入大量羌人，永嘉之乱后，其首领姚弋仲有"随之者数万，自称护西羌校尉、雍州刺史、扶风公"，先后臣服于前、后赵。弋仲死，其子姚襄承其业，桓温北伐时为温所败，又为前秦军所擒杀。姚苌为姚襄之弟，降苻生，后为苻坚任为将军，累有大功。慕容泓等起兵，姚苌奔渭北，西州羌豪尹详等推其为盟主。于是在公元384年春自称"万年秦王"，建后秦政权，这也表明其志在必得关中之地。姚苌明智之处是让慕容冲与苻坚相攻，等"秦弊燕回，然后垂拱取之"。果然"苻坚为慕容冲所逼，走入五将山"，姚苌遣骑围袭，并擒而杀之，慕容鲜卑之众也思东归而离开关中，一如其所预料。公元386年春，姚苌即皇帝位于长安，国号大秦。然关中亦氏人聚居很多的地方，故前秦苻登并不罢休，"相持积年，数为登所败"。但他能"苞罗偶贤，弃嫌录善"[3]，所以不断有投奔他者。公元393年底，姚苌崩，太子姚兴嗣位。次年姚兴胜苻登而斩之。姚兴性俭约，"自下化之，莫不敢尚清素"，能"军无私掠"，"刑政有不便于时者皆除之"，且能用人，所以当时后秦在西北诸国中为一时最强者。然姚兴也好田猎，好崇佛，好战，致使"国用不足，增关津之税，盐竹山木皆有赋焉"。更主要的是，面对北方

后秦鸠摩罗什舍利塔

[1] 《晋书》卷114《苻坚载记下》。
[2] 《资治通鉴》卷106太元十一年二月、三月条。
[3] 《晋书》卷116《姚苌载记》。

正兴起的北魏,却被打得大败。姚兴又宠其庶子姚弼,后者位居将相,收结朝士,与太子泓形同水火。姚兴病甚,姚弼作乱,"兴力疾临前殿,赐弼死"[1]。然后秦已元气大伤。公元416年初,姚兴崩,姚泓嗣位。次年,刘裕领军来伐,陷洛阳后又进逼长安,姚泓计无所出,只能降,及宗室百余人皆被刘裕所杀,后秦亡。

2. 西秦　一度在陇上形成割据的还有乞伏鲜卑所建的西秦。乞伏氏也是鲜卑的一支,辗转迁徙到今宁夏、甘肃一带。前秦时,部众镇于陇西。苻坚淝水战败,当时乞伏部首领乞伏国仁"乃招集诸部,有不附者,讨而并之,众至十余万"。公元385年秋末,闻苻坚被杀,乞伏国仁"自称大都督、大将军、大单于、领秦河二州牧",置武城等12郡。公元388年夏末,乞伏国仁病卒,弟乞伏乾归为众所推,继位。因连胜后凉及氐王杨定等军,"于是尽有陇西、巴西之地"。为后秦姚兴军所败,降之。姚兴以其为主客尚书,留长安,其子乞伏炽磐"行西夷校尉,监抚其众"。公元409年春,乾归自秦逃回。其年秋,乞伏乾归称秦王,复都苑川(今甘肃兰州东)。公元412年夏末,乞伏国仁子乞伏公府刺杀乾归,走保大夏城。乞伏炽磐迁都枹罕,并遣将攻克大夏,杀乞伏公府。同年秋,乞伏炽磐继位。公元414年夏,炽磐率步骑二万袭南凉京城乐都,一旬而克,南凉主秃发傉檀降,于是西秦"兵强地广"[2]。公元428年夏,乞伏炽磐病卒,子乞伏暮末即位。因受沮渠蒙逊所逼,乞伏暮末欲投魏,乃焚宫室,帅户万五千东走,为夏兵所阻,留保南安,故地皆入于吐谷浑。公元431年初,夏主赫连定遣军一万攻南安,城中大饥,人相食,乞伏暮末无奈出降,西秦亡。

3. 夏　东汉时,西河就是南单于庭之所在。魏晋时,河套一带一直是匈奴族的主要滋息地之一。前秦时,和刘渊同族的刘卫辰被苻坚任为西单于,"及坚国乱,遂有朔方之地,控弦之士三万八千"。北魏来攻,卫辰战败被杀,其子勃勃投奔后秦,姚兴命其镇朔方。勃勃却不久劫河西鲜卑献给姚兴的八千匹马,于公元407年夏自称天王、大单于,因其"自以匈奴夏后氏之苗裔也,国称大夏"。能打仗,善设伏,故连胜南凉、后秦军,然性残忍,常杀战俘。公元413年春,"发岭北夷夏十万人,于朔方水北、黑水之内营起都

"大夏真兴"圆钱

[1] 《晋书》卷117《姚兴载记上》、卷118《姚兴载记下》。
[2] 《晋书》卷125《乞伏国仁载记·乞伏乾归载记·乞伏炽磐载记》。

城",名为"统万"(在今陕西靖边北),筑城以蒸土,"锥入一寸,即杀作者而并筑之"。又以刘姓来自母氏,宣称"帝王者,系天为子,是为徽赫实与天连,今改姓曰赫连氏,庶协皇天之意",故自以赫连勃勃为姓名。刘裕灭后秦,赫连勃勃乘其不能久待关中而返南之机,率兵南伐长安,刘义真不能守,反而"大掠而东",于是百姓"迎勃勃入于长安"[1],即皇帝位。公元425年秋,赫连勃勃崩,其子赫连昌嗣位。其时北魏越来越强劲,427年夏,魏军入统万城,次年春,俘赫连昌,昌之弟赫连定即帝位。431年,魏军攻占夏之全境,夏亡。

乱世之间,有兵有地即可割据,为时稍长地亦稍广,又称王称帝者一般就称之为"国",即史家所谓的十六国。其余自成行政系统,治理一方者也有若干,除上面已经叙述的冉魏和西燕外,较大的还有段部,它们都显突了当时政权林立的状态。

4. **段部**　汉魏之间,当鲜卑在北方有着广泛的分布时,段部则在他们的最东头,也是最早接受中原皇朝臣封的鲜卑部落之一。首领段务目尘"据辽西之地而臣于晋。其所统三万余家,控弦上马四五万骑"。晋幽州刺史王浚曾用段部兵战石勒。务目尘死后,其子就六眷立。就六眷与弟匹磾、从弟末波等率五万骑围石勒于襄国,但石勒用计擒末波,又盟誓而遣之,段部归于辽西。就六眷死,其子幼弱,段部内乱,刘琨卷入其中而被杀。石勒又击破段文鸯部,段匹磾"遂率其属及诸坞壁降于石勒",末波则自称幽州刺史屯辽西。末波死,段部国众立护辽。公元338年春,石虎进攻辽西,占四十余城,段护辽投前燕,被慕容晃所杀。另一支段部后来由段龛率领,乘冉闵之乱,"率众南移,遂据齐地"[2]。后被慕容儁所灭,段龛及三千余人被前燕军杀害,从此段部不复作为一支割据力量。

5. **仇池**　氐人组成的仇池国,也是一个由时势、地理、部族三结合而成的政权。"略阳清水氐杨氏,秦、汉以来,世居陇右,为豪族"。汉献帝时杨驹始率部落迁至仇池。仇池位于今之甘肃、陕西、四川交界处,是个乱世时举族避难的绝好去处:"地方百顷,因以百顷为号,四面斗绝,高平地方二十余里,羊肠蟠道,三十六回。山上丰水泉,煮土成

大夏胜光二年铭金铜佛坐像

[1]《晋书》卷130《赫连勃勃载记》。

[2]《北史》卷98《徒何就六眷传》。

上：晋率善氐邑长铜印

下：晋率善氐邑长铜印印文

盐。"内能自给自足，外则易守难攻。晋惠帝元康六年（296年）杨戊搜"率部落四千家，还保百顷，自号辅国将军，右贤王。关中人士奔流者多依之"。公元337年杨初自立为仇池公，控制着以仇池为中心的武都、阴平等郡，称臣于石虎，也称藩于晋，并得到两者对"仇池公"的承认。但仇池毕竟弹丸之地，乱世时是个安全岛，若逢朝廷强大，是不能持久的。公元371年夏，前秦兵临仇池，当时首领杨纂战败被俘，苻坚"徙其民于关中，空百顷之地"。前秦崩溃，首领杨定复将家奔陇右，"置仓储于百顷，招合夷、晋，得千余家"，自称仇池公，称藩于晋。公元390年，杨定得"天水略阳郡，遂有秦州之地，自号陇西王"。四年后，杨定卒，无子，侄杨盛继位守仇池，后乘汉中空虚而占有之。又"分诸四山氐、羌为二十部护军，各为镇戍，不置郡县"[1]，保持形态单一的少数族政权。公元425年夏末杨盛病卒，长子杨玄嗣位。四年后，玄卒，其弟杨难当废玄子保宗而自立。后来杨保宗、杨难当先后投北魏，宋文帝遣军平仇池。其时南北朝对峙局面已成，后来双方都利用杨氏子弟，予以仇池公或武都王等名号，以争取实际地盘和氐民归顺，但他们不复成为一个政权。尽管如此，由于天时、地利、人和（宗族）三者的因缘会合，虽偶有断续，杨氏的仇池政权竟在十六国时代比任何一个割据政权的存在时间都长。

第三节　苻坚南下和淝水之战

由于中国的地理环境，统一总是成为一种趋势。因为在四周相对封闭之中，都是属于农耕区域的黄河中下游与长江中下游却是可以连成一片的，除了那两条大河还起些阻隔作用。上古三代之时，华夏文明主要表现在黄河中下游，即所谓中原，为了防治黄河的灾难，更推动了统一的进程。所以在中国古代思想意识中就是以一为本，以一为贵，这化到政治上就产生天下大一统观念。儒家更是力主其说。

独尊儒术之后，天下一统观念和天下太平的愿望一致起来，非常符合农耕生活的需要，而变成一种牢不可破

[1]《宋书》卷98《氐胡杨氏传》。

的社会信念。因此,凡是从事农业生产的,凡是受到儒家思想影响的,无不以天下一统为理所当然。所以即使在南北分离时期,也常常发生大举南下或北伐。

一、氐族发展和前秦兴起

氐与羌一样是中国最古老的民族之一,见诸于上古的文献里。在漫长的历史进程中,一部分进入农耕区域的早已成为汉族的一源,另一部分坚守着原有生活方式的,也保有着氐的族名,这样就一直到了魏晋之间。

略阳临渭蒲氏是氐人中的豪族,永嘉之乱后,首领之一的蒲洪因"好施,多权略,骁武善骑射"而被宗人推为盟主,至后赵末,"洪有众十余万"。"时有说洪称尊号者,洪亦以谶文文有'艸付应王',又其孙坚背有'艸付'字,遂改姓苻氏,自称大将军、大单于、三秦王",就此正式开创了前秦的历史。苻洪死,其子苻健承其业,且乘后赵之乱,于公元350年秋入关中,氐、羌莫不响应,三辅郡县壁垒俱降,其年冬,入长安。次年初,即皇帝位,国号大秦。354年桓温北伐至关中,然被秦军拒于长安之外而退兵。苻健能"与百姓约法三章,薄赋卑宫,垂心政事,优礼耆老,修尚儒学,而关右称来苏焉",由此也为前秦的日后发展打下了一定的基础。355年夏末,苻健驾崩,太子苻生继位。苻生雄勇好杀,屡立战功。苻健病危时,太尉苻菁勒兵入宫欲杀苻生自立,后虽平定,但使苻生对王公大臣常起疑心,加之苻健临终前对其所言:"酋帅、大臣若不从汝命,可渐除之。"所以对违其意者动辄诛杀,"常弯弓露刃以见朝臣",如杀太傅毛贵、尚书令梁楞、左仆射梁安、太师鱼遵、广平王苻黄眉、太后弟左光禄大夫强平等,及皇后梁氏,又诛丞相雷弱儿。雷氏系羌中大姓,故"诸羌悉叛"。虽然苻生自谓"杀不过千",可是他所杀者都是其身边近侍或宗族大臣中重要成员,势必引起人心惶惶,众叛亲离。357年夏,清河王苻法与弟东海王苻坚,深感危机,率壮士数百入宫,"宿卫将士皆舍杖归坚"[1]。苻生被废、杀,在位二年。苻法为庶子,因此让帝位于苻坚。坚母太后苟氏"以法长而贤,又得众心,惧终为变,至此,遣杀之"[2]。权力斗争总是残酷的。

前秦·大秦龙兴化牟古圣瓦当

[1]《晋书》卷112《苻洪载记·苻健载记·苻生载记》。
[2]《晋书》卷113《苻坚载记上》。

前秦建元四年广武将军碑

二、北方的暂时统一

当时的北方,除偏在一隅的前凉和代国外,有资格逐鹿中原者,就是前秦与前燕。其时北方正值大乱之后,冉魏建国前后,胡汉各族之间的相互残杀,不仅使中土地荒人稀,而且各族间的仇恨和离心力一时难以消除。谁能更好地解决这些问题,谁就有更大的机会问鼎中土。

黄河中下游主要是农业区域,虽然汉晋之间该地区进入了大量的少数族,形成五胡与汉杂居的局面,但汉人毕竟是其中人数最多的一族。何况定居下来的不少胡人从事农耕,变成农民,与汉人相差无几。因此对少数族政权而言,能否相处好胡汉关系,联系到能否管理好农业行政以富国强兵,这是其立国强国的要点,更是实行统一的前提。

或许是氐族人进入关陇各地较早而有不少务农者;或许是氐族与汉族自古有着和合的渊源,和慕容鲜卑相比在缓和胡汉矛盾上占了些优势。慕容氏不同于其他鲜卑族,可能皮肤特别白而被称为"白部"或"白虏",与汉人差别就更大;他们在进入中原时与冉闵血战,一些冉魏的大臣宁愿自杀也不投降,这种十六国时代很少见的现象说明至少一部分汉士族与前燕国隔阂之深,虽然慕容廆等君主也有重视任用士人的记载,但汉人从未进入过前燕的核心统治层内。苻氏则不同,中书、尚书诸省首脑多为汉人,如中书监胡文、中书令王鱼、尚书右仆射董荣等,尤其是为苻洪、苻健所重用的王堕,"及为宰相,著匪躬之称"。至苻坚为帝,更是为少数族政权中之最。

苻坚即前秦的皇帝大位后,以王猛佐政,自谓如刘备之遇诸葛亮。当时"诸氐纷纭,竞陈猛短",其中特进樊世负气倨傲,朝议时辱骂王猛,苻坚大怒,将其斩之。另一特进强德,"健妻之弟也,昏酒豪横,为百姓之患。猛捕而杀之,陈尸于市"。"自是公卿以下无不惮猛焉"。于是政令通行,"修废职,继绝世,礼神祇,课农桑,立学校"及"遣使巡行四方,观风俗,问政道,明黜陟,恤孤独不能自存者"[1]等等。综合王猛在政时的苻坚所为,可主要归纳为"重农、尊儒、强皇权"。因此他们之间的关系,并非仅仅是君臣相

[1] 《晋书》卷113《苻坚载记上》。

得,而是一种政策合作,符合他们所各自代表(君权、士族等)的利益。但客观上能使前秦民生安定,经济发展,国力强盛,有了进一步统一北方的基础。

作为十六国时代的一位杰出君主,苻坚还注意到北方民众并非只有氐、汉两族,因此也很注意吸纳其他各族的精英参与朝政,即使是一些被前秦所灭政权之君臣,只要投降便基本不杀,有才还重用之。这样的好处不仅大大和缓了这些被征服族群的对立与反抗,而且扩大了前秦皇朝的统治基础与行政效率。从前期的事实看,也是成功的,如姚苌"为坚将,累有大功";慕容垂在前秦也"所在征伐,皆有大功"[1]。尽管后来慕容垂、姚苌等都背叛了苻坚。宋代司马光就此辨析道:"论者皆以为秦王坚之亡,由不杀慕容垂、姚苌故也。臣独以为不然。许劭谓魏武帝治世之能臣,乱世之奸雄。使坚治国无失其道,则垂、苌皆秦之能臣也,乌能为乱哉!"[2]应该说司马光的话是很有见地的。

乱世时的人才,不仅要能理政,而且要能用兵。王猛也经常为苻坚四出征讨。公元370年秋,借桓温北伐前燕受到打击而两弊之机,苻坚遣王猛率精兵六万伐燕,自督运漕。秦军先攻取壶关、晋阳,前燕太傅慕容评"率众四十余万以救二城,评惮猛不敢进,屯于潞川"。王猛遣奇兵"烧其辎重,火见邺中"。两军对阵,王猛阵前誓众动员,说"与诸君深入贼地,宜各勉进,不可退也。愿戮力行间,以报恩顾,受爵明君之朝"!于是"众皆勇奋,破釜弃粮,大呼竞进"。王猛又重赏冲杀的勇将,"及日中,评众大败,俘斩五万有余,乘胜追击,又降斩十万,于是进师围邺"。不出旬日,秦军陷邺,慕容暐被俘,前燕亡。至此,前秦在北中国已无强敌。于是又顺势平仇池杨氏,定益州,灭前凉与代国,"居九州之七",基本上统一了北中国,并占有西南,攻陷襄阳,远征西域成功。国内"百姓丰乐,自长安至于诸州,皆夹路树槐柳,二十里一亭,四十里一驿,旅行者取给于途,工商贸贩于道"。前秦写下了十六国中最辉煌的一章。

三、苻坚南下与淝水之战

北方在苻坚手里得到了统一,"至是民户殷富,四方

王猛像

[1]《晋书》卷116《姚苌载记》、卷123《慕容垂载记》。
[2]《资治通鉴》卷106太元十年七月辛丑条"臣光曰"。

略定,东极沧海,西并龟兹,南包襄阳,北尽沙漠,唯建业一隅,未能抚服"[1]。

盛极必衰,古今中外无不如此。不过前秦之盛衰骤然,关键在于一步错棋,即南伐东晋,而导致淝水之败。此犹如百尺之塔被抽去基石而轰然倒塌,一个已经统一了北方的大帝国顿时四分五裂。此后二年,苻坚被杀,再过九年,前秦被彻底灭掉。

公元378年秋,王猛死。猛临终前,苻坚亲自探视他,并访以后事。王猛回答道:"晋虽僻处江南,然正朔相承,上下安和,臣没之后,愿勿以晋为图。鲜卑、西羌,我之仇敌,终为人患,宜渐除之,以便社稷",言终而卒[2]。王猛的遗言说明他可能已经觉察到苻坚有南下一统天下之意,所以想以最后的努力来说服苻坚。

但是王猛的话似乎对苻坚没有起多大作用。378年春,前秦以苻丕为征南大将军总率步骑十七万,分四路会攻晋之襄阳,次年二月秦军克襄阳。此后在南北边境上,前秦军队多有主动之举,获胜者居多。公元382年冬,苻坚会群臣于太极殿,议论南下讨晋事宜。其中,秘书监朱肜、冠军将军、京兆尹慕容垂等赞同,以为前秦虎旅百万,威加海外,这次一定有征无战。但是其余群臣都表示反对,包括皇弟阳平公苻融,太子苻宏,苻坚所宠的张夫人,小皇子苻诜,甚至当时名重一时的高僧释道安也加入反对者的行列。他们的主要理由可归纳为:1,东晋"君臣和睦,上下同心",加上"国有长江之险,朝无昏贰之衅",又系"中华正统";2,秦军数战,"兵疲将倦,有惮敌之心",自古"穷兵极武,未有不亡";3,当时"鲜卑、羌、羯,布满几甸",其国都为秦所灭,"皆我之仇敌,思问闻风尘之变"如慕容垂等。今倾国南下,太子以弱卒数万留守京师,"如有风尘之变者,其如宗庙何"! 4,天道不顺,"吴今得岁,不可伐也"。此外,道安还提出一个理由:"欲以百万之师,求厥田下下之土。且东南地区,地卑气厉。昔舜禹游而不反,秦皇适而不反"[3],是不值得的。

从苻坚的回答中,可以看出他对那些反对者的意见都不以为然。如他认为:首先,"昔始皇之灭六国,其王岂皆暴乎"?何况"每思桓温之寇也,江东不可不灭"。既然东

咸阳平陵出土吹角骑马俑(十六国)

[1]《高僧传》卷5《晋长安五级寺释道安》。
[2]《资治通鉴》卷103晋孝武帝宁康三年七月条。
[3]《高僧传》卷5《晋长安五级寺释道安》。

晋一直在要北伐，这就有南下的理由。其次，自己实力强大，"自谓战必胜，攻必取"，"以累捷之威，击垂亡之寇，何不克之有乎"。再次，"天道幽远，未可知也"，"往年车骑灭燕，亦犯岁而捷之"。而由此更可"简天心，明大运所在耳"。最后，当慕容垂发言拥护南下后，"坚大悦，曰：'与吾定天下者，其惟卿耳。'赐帛五百匹"[1]，表明他不信慕容垂等可能会背叛，也没有意识到北方的统一其实尚未巩固。苻坚如此固执己见，固然有因以往的功业产生骄傲轻敌之意，但不尽然。苻坚八岁就从徐统受儒学，在位后起明堂，广修学官，"公卿已下子孙并遣受业"，他自己"每月一临太学，诸生竞劝焉"。苻坚俘虏敌国政要后，不仅不杀，还任以高官，这一方面是因为氐族人数实在太少，务必广揽各方英才，方可治理越来越大的版图，且收罗它族代表人物才能以夷（鲜卑等）治夷，以汉治汉，以汉治夷，以夷治汉，用王猛、用慕容垂等应该都是这个思路。另一方面也是他深信德能服人，用儒家纲常把夷汉各族行为规范统一起来，方有统治如此众多复杂对象的依据，且"苟求诸己，何惧外患焉"。所以他灭代国后，以为代王涉翼犍"未参仁义，令入太学习礼"[2]，进行思想改造。但如此倡导儒学的结果，一来灭晋而实现大一统，"然后回驾岱宗，告成封禅，起白云于中坛，受万岁于中岳"的目标成了逻辑上的必然；二来东晋以中华正统为旗号，对他以天子治夷汉百姓和以德治国的原则是个极大的威胁，会使他名分不正，所以务必灭之而后快，"终不以贼遗子孙，为宗庙社稷之忧也"。作为政权合法性的一种表现，东晋实际上也不断有北伐之议和北伐之举，如在祖逖北伐之后又有殷浩、桓温的北伐。彼可为之，我为什么就不行？臣下反对的意见都没有切中这个要害，所以苻坚都听不进去。

此外，在西晋后的南北对峙中，由于北方处于小国纷争中，所以东晋在国力对比上颇占优势，因此也就有从祖逖到刘裕的屡屡北伐。这些北伐都没有取得完全成功，最多是一些临时的胜利。但对北方的政治家们，不管他们是汉族还是少数族，产生了强大的刺激，至少是认识到江左是影响北方政治的重要因素，北方统一局面的稳定不能排除南方的作用。当然如何评估这个作用，会有不同的看

咸阳平陵出土黄釉陶铠马（十六国）

[1] 均见《晋书》卷114《苻坚载记下》，及《高僧传·释道安》。
[2] 均见《晋书》卷113《苻坚载记上》。

咸阳平陵出土彩绘陶铠马（十六国）

法，显然在苻坚的心目中，这个作用被估量得很大。

苻坚"留心儒学，王猛整齐风俗，政理称举"的结果，也使这个氐族政权迅速改造成一个专制集权的整体，因此尽管有那么多宗室大臣的反对，也无法改变皇帝的旨意。在排斥众议后，公元383年秋，在挫败了晋桓冲率众十万对襄阳的进攻后，苻坚下诏"悉发诸州公私马，人十丁遣一兵"，大举伐晋。其年20以上良家子从军者皆拜羽林郎，"至者三万余骑"。其规模之大，"戎卒六十余万，骑二十七万，前后千里，旗鼓相望。坚至项城，凉州之兵始达咸阳，蜀汉之军顺流而下，幽冀之众至于彭城，东西万里，水陆齐进。运漕万艘，自河入石门，达于汝颖"[1]。这样的场面，与其说是军事部署，则更像是武装示威大游行。以苻融为统领的25万步骑为先锋，攻陷了寿春、郧城等地。迎战的晋军约有8万，主力是由谢石、谢安所率领的北府兵。北府兵是晋孝武帝时谢玄以建武将军、兖州刺史、领广陵相、监江北诸军事开府，招募徐、兖二州骁勇所练成的一支劲军，故以北府名之。两军"列阵临淝水，玄军不得渡"，谢玄要求秦军稍退，以便让晋军渡河决战。苻坚以为让晋军渡河，可"以铁骑数十万向水，逼而杀之"，于是挥军后退。但苻坚没有考虑到他的数十万大军都是临时征发，没有指挥合练过，一退便奔，"乱不能止"，谢玄"以精锐八千涉渡淝水"而击之，"坚众奔溃，自相蹈藉投水死者不可胜计，淝水为之不流。余众弃甲宵遁，闻风声鹤唳"，皆以为晋军追至，"草行露宿，重以饥冻，死者十七八"[2]，苻融略阵马倒被杀，苻坚为流矢所中，至此秦军一败涂地。

淝水之战也是历史上著名的以少胜多的战例。但秦军之败是主要败在自己手里，因为虽然其号称"虎旅百万"，前线实际投入的兵力并不太多，"(苻)坚至项城，凉州之兵始达咸阳"，大部分所征发的军队没有派上用场，反而因为求声势浩大而成扰民疲兵之举。仅就战役本身而言，作为统帅的苻坚被自己军队的声势所陶醉，不知彼为劲敌也不知己军之素质，所以实际上是未战先自乱而铸成败局。从战略层面上讲，苻坚之能迅速统一北中国的一个重要原因，是得到了以王猛为代表的汉族士民之支持。由于传统心理等原因，出仕少数族政权的汉士大夫，

[1]《晋书》卷114《苻坚载记下》。
[2]《晋书》卷78《谢安传附谢玄传》。

可以出力辅佐新主扫平其他少数族政权，但不会愿意去反对视为正统的江左朝廷。张宾之在石勒麾下，崔浩之在北魏，都是和王猛一样的态度。因此苻坚一定要南伐，就得不到汉族的支持，也就分裂了他统治北方的基础。淝水之战败后，只见苻氏诸首领率氐族军民在孤军挣扎，几乎看不到汉士族力量对他继续支持，就是最好的说明。

淝水之战之著名，不仅仅也是个以少胜多的战例，而在于它是个历史进程的转折点。不过这个转折点并非是如一些人所言打断了中国统一的进程，因为在当时根本就不可能有这样的进程，苻坚硬要以此作为抱负，就使一个理论上并不错的小小战术动作，竟导致秦军雪崩般的溃败。而是在于其中断了北方的统一，推迟了南北朝时期的到来。

由于淝水之战的失败，本来苻坚所行的一些政策，立刻走向其反面。其一是对其他少数族的宽容，尤其是对降将的任用，马上由促成安定转变成分裂的因素，一时之能臣都成了断送前秦的叛逆，一如上引司马光所云。其二是分氐族于四方的政策。秦军占领洛阳后，北方统一的局面基本形成，苻坚"以关东地广人殷，思所以镇静之"，就将集中于关陇一带的十五万户氐族"于四方要镇"。如果着眼于巩固前秦对整个北方的统治，这样的举措其实无可厚非，甚至是必要的，就如后来清军入关分遣八旗兵驻防全国各大邑要地一样。然淝水败后烽烟四起，氐族的自身力量分散，被各个击破，"远徙种人留鲜卑，一旦缓急语阿谁"！连关陇的老本都保不住。由此可见一项政策得当与否，不仅在于其措施本身，还在于形势的变化，否则宽严两误，苻坚南下江左之失策，可以为鉴。

在本时期，苻坚可以说是一个具有悲剧性的皇帝。他有才能，他作为统治者的素质远高于本时期的大多数君王，问题是他的抱负更大于他的能力。孙子说："兵者，国之大事，生死之地，存亡之道，不可不察也。"苻坚为实现自己的宏图而轻易用兵，致使国破身死，使人触目惊心，而此举唯一的贡献就是在历史上留下了一个教训。

四、走向衰亡的前秦

淝水战后，一度统一的北方重新四分五裂，但前秦作

谢安像

东晋四蛙虞军官鼓
现藏扬州市博物馆

为一个氐族政权仍在苦苦挣扎。苻坚自淮南经洛阳回长安,告罪太庙,"厉兵课农,存恤孤老"[1],以图东山再起。但此时上下各族民众的心理已经起了变化,对苻坚朝廷失去信心,氐族的基本力量又分散各地,苻坚也就无力回天了。先是,慕容垂等回到鲜卑众多的幽冀诸州起兵,孤军在邺的苻丕粮草竭尽,进退失据,陷于困境。而原先迁徙至关中的鲜卑、丁零等杂夷及原有之羌族等纷纷起叛,苻坚穷于应付,又迷信谶言,于公元385年夏轻易离开长安,率数百人奔凤翔五将山,被姚苌乘机俘杀。

苻坚驾崩的消息,苻丕是在晋阳得到的。他是苻坚的庶长子,当时正在由邺回长安的途中,于是就在晋阳即帝位。次年秋,苻丕留王腾守晋阳,自率兵四万进据平阳,与东归之西燕慕容永军相遇而战,兵败,率骑数千南奔至洛阳以西的东垣,晋将军冯该"自陕要击,败之,斩丕首"[2],太子苻宁等被俘送建康。于是其征西大将军、南安王苻登继位。苻登系苻坚之族孙,关中乱后,被推举在陇西率氐兵,专统征伐。时岁旱众饥,苻登让士卒"噉死人肉,辄饱健能斗",使姚苌的军队颇为害怕。苻登即位后,立苻坚神主于军中,鼓舞将士斗志;又"每战以长稍钩刃为方圆大阵,知有厚薄,从中分配,故人自为战,所向无前"[3]。苻登与姚苌连年战争,互有胜负,直至姚苌病卒。但苻登所进行的仅是局部范围内的纯军事行动,所辖最多时不过十余万户,部下也降叛无常,势不能持久。公元394年秋,在马髦山南与姚兴军相攻,战败被杀。其太子苻于湟中即位,其年冬,被西秦军所杀,前秦亡。

第四节　中西交通和北方两侧的边地形势

既然北方大草原是对中原政权构成最危险的地域,其两侧西北与东北的边地当然也就很重要了。两相比较下来,西北方向更重要些,因为其中有着古代中国对外联络的主要通道。虽然中国一向以农为本,有时还要闭关自守,但仍然情不自禁地渴望着外边的种种信息,因此总是尽量把自己的触角远远地伸出河西走廊,伸向西域。这是

---

[1]《晋书》卷114《苻坚载记下》。
[2]《晋书》卷115《苻丕载记》。
[3]《晋书》卷115《苻登载记》。

看到过历代疆域图的人所不会忘却的印象。

一、东北边地的一般形势

在本时期，东北边地与内地的关系，远比西北来得平静和紧密，这取决于两个情况。第一，在本时期纷纷在中国北方建立的少数族政权和准政权，如诸燕、段部、北魏等都属于自东北迁徙出来的鲜卑诸部，他们和还在东北的各少数族有着天然的联系。第二，中原向东北边地在文化上是单向扩展的，如"辽西地区发现的鲜卑马具，基本都是西晋太康十年"之后的。"具有鲜明地方特色、民族风格的辽西慕容鲜卑马具，在十六国时期，曾经直接或间接地传播到高句丽、朝鲜半岛、日本列岛"。而出现在4世纪初的中国早期马镫资料主要发现在中原地区，"以农耕为主的汉族人，不如骑马民族那样可以不用马镫便能熟练地驾驭马匹，故发明了马镫"[1]。这条线路就是从中原至辽西，再到东亚的其他地方，而该方向上相对量小的商贸还主要是通过海路。这样和西北边地双向交流的情况就不一样了，至少不会有大的文化冲突的现象发生。

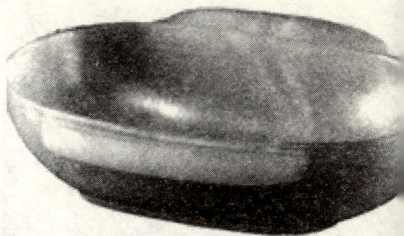

高句丽墓出土新疆和田玉耳杯

二、西晋的边疆政策

西晋作为一个统一皇朝，其边疆政策的出发点和本时期嗣后年代的诸政权是不一样的，因为后者还涉及对中土其他政权的种种考虑，对一些少数族政权来说，还得更多地顾及内部的民族关系。古往今来，内政总是外交的基石。几乎所有的统治集团，都是把如何维护自己的统治放在第一位，然后再来决定对外政策。不过中国古代有它的特殊性，由于有着"天下"的观念，边地上的事情，是对外但也是内政。真正的"外国"，如当时张华在其《博物志》中所列，其民大多奇形怪状，甚至是"人首鸟身"之类，这在西晋也是表现得很明显的。

正如本章第一节里已经说明的，"胡汉"、"夷夏"之别并非"中外"之别。就西晋皇朝而言，边地上的夷或胡都与内地一样，能控制得住的就是内，控制不住的才是外，内外之间的界线是可以移动的，界线的标准就是朝廷建置

[1] 董高《公元3至6世纪慕容鲜卑、高句丽、朝鲜、日本马具之比较研究》，《文物》1995年第10期。陈山《北票新发现的三燕马具研究》，《文物》2003年第3期。齐东方《中国早期马镫的有关问题》，《文物》1993年第4期。孙机《唐代的马具与马饰》，《文物》1981年第10期。田立坤、张克举《前燕的甲骑具装》，《文物》1997年第11期。

带翼天使像

所及。理论上四海里边的都是内,实际上能不能成为内,则要看统治者的本事。

西晋的边疆政策是汉魏的延续,因为虽然朝代鼎革,但中原皇朝的体制与观念,及其在边地的利益所在,都是一样的。不过从西晋起的本时期除了传统之外,还有着一些新的因素。那就是汉魏之后,在中原,尤其在关陇一带,进入了大量的少数族居民。其中很多是从东北来的,突出的就是鲜卑诸部。西来的少数族虽然与西域诸族并不一定属于同一种族部落,但他们在汉人,尤其是汉族统治者的眼里,都是"胡人",当然他们在风俗与心理上也确有不少相近之处,有的也确来自于西域,如"湟中月氏胡,其先大月氏之别也"[1],故他们常常被统称为"杂胡"。

因此对西晋朝廷而言,对包括西域的态度必须与对边地的政策结合起来考虑,而这两者又都与西晋当局的民族政策和朝廷政局关联在一起。从这点上说,后来北朝的边疆政策和西域,因为情况与西晋也有相似之处,所以往往也有同样角度的考虑。

如西晋继续在西域设戊己校尉,也同样收到抵消北部边患的效果。咸宁二年(276年)七月"鲜卑阿罗多等寇边,西域戊己校尉马循讨之,斩首四千余级,获生九千余人,于是来降"[2]。后来北魏也碰到同样的问题,北方的大敌柔然与高车都先后把势力深入到西域。如柔然曾占有鄯善和进犯于阗,并在政治上控制了高昌的阚氏王国。公元488年高车王阿伏至罗袭杀高昌国王阚首归及其兄弟,立敦煌人张孟明为王,高昌国转为高车的附庸[3]。再后来,突厥势力也进入了西域。北魏对此也进行了外交上和军事上的反击,一如本节后半部分所要叙述的。两者争夺之激烈,不仅是从双方冲突的战略形势上考虑,也有着经济利益上的考虑,即谁占有了天山诸道,谁就垄断了丝绸之路的商业。因此,西域始终是中原皇朝和北方游牧行国之间角力的场所,中土政权对此都是不敢怠慢的。

汉武帝通西域后,不仅商贸交通带来了利益,而且对北部蒙古大草原上可能产生的强敌进行战略上牵制的好处,后来被越来越多人所认识。鉴于这正是一个中土泱泱大国安全与地位的表征,所以在西域的一定军事存在和

[1]《后汉书》卷117《西羌传》。
[2]《晋书》卷3《武帝纪》。
[3]《魏书》卷102《高昌传·于阗传》、卷103《高车传》。参见王素《高昌史稿(统治篇)》第5章,文物出版社1998年版。

中西交往的开通，竟成了一个维系皇朝威望而勉力为之的事务。

三、十六国北朝时代的中西交通

十六国时代虽然政局纷纭，但凉州在西晋末没有受到战乱的破坏，成为当时较为安定富饶的地区，其富饶的原因之一便是能在东西交通中得益。立足于凉土的一些小国中间虽互有征伐，规模却不大，因此只要稍有安定，便注目西域。如古代的吐鲁番地区"汉西域长史及戊己校尉并居于此。晋以其地为高昌郡。张轨、吕光、沮渠蒙逊据河西，皆置太守以统之"[1]，将其作为经略西域的桥头堡。其中最突出的便是前秦。

前秦平定凉境后，先是经营河西走廊，曾迁江汉民众万余户于敦煌，加上来自中州等地的徙民，使进入西域有一个强大的中继站。接着又遣梁熙出使西域。梁熙"称扬坚之威德，并以缯彩赐诸国王，于是朝献者十有余国"，其中"鄯善王、车师前部王来朝"，大宛国献天马千里驹，"及诸珍异五百余种"，又"天竺献火浣布，康居、于阗"皆遣使贡其方物[2]。如此一定使苻坚感到做一个中土皇帝的尊严与荣耀，也是正统地位的象征，所以都被郑重其事地记录下来。

在十六国北朝时代有很多理由还能保持中西交通，一来是对西域的通商有利于调剂绿州经济之不足，这几乎是诸凉政权共同的态度。作为中西交通主要路段的天山道当时没有大的动乱，河西走廊虽被割据，但不断商路。既然贸易有利，当然交通继续。如北凉的一大收入就是"切税商胡"，既然如此，那么当然要让过境商队继续，北魏说它"以断行旅"[3]未免是欲加之罪，谁会断自己的生财之道呢？二来是保持政权权威的需要。在所谓西域使臣来贡中体会做皇帝的感觉。即使是后来万俟丑奴这样昙花一现的政权还因得波斯国送来的狮子而建年号为"神兽"，来提高他这个短命天子的威望。三是尽管彼时中原战乱不断，诸凉小国实力不济，但至少在高昌地区（今之新疆吐鲁番）还保持着行政组织和一定的军事实力。至于曾统一北方的前秦，更是"以骁骑吕光为持节、都督西讨

东罗马帝国银盘

---

[1] 《北史》卷97《高昌传》。

[2] 《晋书》卷113《苻坚载记上》。

[3] 《魏书》卷99《沮渠蒙逊传》。

《吴书》晋写本 残卷
新疆吐鲁番出土

诸军事,与陵江将军姜飞、轻骑将军彭晃等配兵七万,以讨定西域"[1],吕光后来也确实完成了使命。这些军政力量的存在,对商旅,尤其是来自中土的商旅提供了一定的安全保障。四是在整个两晋南北朝时期中土有着大量的少数族人,其中有的还来自西域或与之同种,彼此之间有着同样的生活习俗和语言。前者形成的生活用品需求为商业提供契机,后者则是为交易进行提供了方便。五是佛教传播的促进所致。自东晋十六国始,随着汉人出家的解禁和一些国君信奉,佛教在中土的传播开始进入了高潮,佛教徒人数急增。在传教需要的带动下,西来的经像与高僧源源不断,如北魏洛阳"沙门之外,自西域来者三千余人,魏主别为之立永明寺千余间以处之"[2]。又如西域"有歌营国,去京师甚远,风土隔绝,世不与中国交通;虽二汉及魏亦未曾至矣",至南北朝"始有沙门菩提拔陀至焉"[3]。也有愈来愈多的自东向西取经者,东晋取经僧人"计自法显、法领至于法勇,西行者无虑数十人",而南北朝中后期"西行者接踵,比晋宋之间为盛也"[4]。他们的往来、驻锡和沿途所需,当然也促成了这条交通要道的繁忙。沿途不少国土君主皈依佛教,对传法取经者之保护,也构成了当时中西交通顺畅的另一要素。

四、南北朝时对西域的经营与通商

　　"玉门以西达于西海,考之汉史,通为西域,高昌迄于波斯,则其所也"[5]。这表明对中原政权而言,西域的概念只表明它是天下的西部地域,对边地和边邻的划分并不很清楚。中土政权的西北边疆政策,十六国时期的苻坚,有过一个很正确的方略表述:"西戎荒俗,非礼义之邦。羁縻之道,服而赦之,示以中国之威,导以王化之法,勿极武穷兵,过深残掠。"[6]这也是唯一能行得通的政策。

　　不过在北魏建立之初,对通西域的认识只局限于"可以振威德于荒外,又可致奇货与天府",觉得"远开西域,使海内虚耗",得不偿失,所以在道武帝和明元帝世,"竟不招纳"[7]。魏太武帝统一北方后,情况起了变化,转而对西域以军事征服为主,原因主要有三个。其一是为了彻底消灭北凉的残余势力。如沮渠无讳与沮渠安周兄弟先后在

[1] 《晋书》卷114《苻坚载记下》。

[2] 《资治通鉴》卷147梁武帝天监八年十一月条。

[3] 《洛阳伽蓝记》卷4"城西永明寺"条。

[4] 汤用彤《汉魏两晋南北朝佛教史》第12章,中华书局1983年版。

[5] 《南史》卷79《西域诸国传序》。

[6] 《晋书》卷114《苻坚载记下》。

[7] 《北史》卷97《西域传序》。

鄯善一带建立年号，维持北凉的残局，并一度占领高昌，破车师国。这是北魏所不能放心的。其二是为了对付柔然的需要，一如当年汉朝之对匈奴，因为柔然的兵锋已临于阗城下，而且确实是起到作用的。如太武帝太平真君九年（448年）命"韩拔为假节、征西将军、领护西戎校尉、鄯善王，镇鄯善，赋役其民，比之郡县"后，马上"悦般国遣使求与王师俱讨蠕蠕，帝许之"，达到了一定效果。其三是由于北魏的强大。即使仅就经商而言，直接的军事存在会带来更多的好处，贡赋和税收就是一大宗，所以在灭了北凉，完全控制了河西走廊后，就情不自禁深入西域。太平真君六年（445年）四月"成周公万度归乘传发凉州以西兵袭鄯善"，开始对西域用兵。同年八月，"度归以轻骑至鄯善，执其王真达以诣京师"。初次轻易得手，大大激发了太武帝的雄心，于是就有了更多的军事行动。三年后，"万度归千里驿上，大破焉耆国，其王鸠尸卑那奔龟兹"。接着又"诏成周公万度归自焉耆西讨龟兹"[1]。太武帝死后文成帝继续在西域用兵，太安二年（456年）八月"平西将军、渔阳公尉眷北击伊吾，克其城，大获而还"[2]。

军事上的胜利保持了政治影响的扩展，如北魏攻灭鄯善后，"拜交趾公韩拔为假节、征西将军、领护西戎校尉、鄯善王以镇之，赋役其人，比之郡县"[3]，达到了完全的控制。于1999年在太原出土的虞弘墓志可以看出，因其中有"鱼国领民酋长"之职衔。"鱼国既有领民酋长，则应和北魏有服属关系"；"只能解释为，鱼国此时已进入鲜卑拓跋魏的势力范围之内并附属了鲜卑拓跋"[4]。

应该说明的是，十六国也好，北朝也好，对西域的用兵是临时的，只有自身非常强大，如前秦苻坚或魏太武帝时才有可能，因为地处今之新疆的西域诸国都不大，一般都只有一、二千兵员，少的如米国只有"胜兵数百人"，因此中土军队要打败它们也不难。但长期驻守也不可能，因为它们之兵少，是由于它们系绿洲小国，无力承担大军的给养，所以实行长期的军事占领是不行的。

对于北魏来说，当时它最要紧的事是稳定北方，对抗南朝，"于是中原始平，天子方以混一为心，未遑及此。其

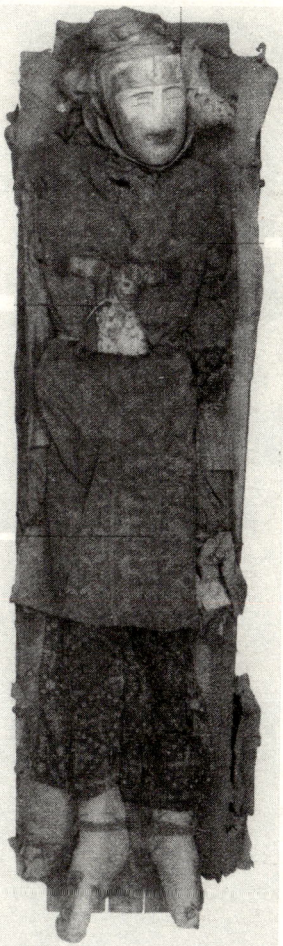

新疆营盘墓地墓主人（学者研究认为其应是一名西方商人）

[1]《魏书》卷4《世祖纪下》。
[2]《魏书》卷5《高宗纪》。
[3]《魏书》卷102《鄯善传》。
[4] 张庆捷《"虞弘墓志"中的几个问题》，《文物》2001年第1期。

波斯武士斗野猪银盘

信使往来,得羁縻勿绝之道"[1]。因此从太武帝开始,不仅在敦煌、枹涵、鄯善等地设立军镇,而且把军镇进设到焉耆。虽然后来焉耆镇可能由于经营成本太大而被撤,因为以后在文献上再也找不到有关记载。不过坚守住河西走廊西端却是始终不移的,因为这样可以进退自如。北魏曾有人提出撤销敦煌军镇,但遭到反对,认为如此会使"关右荒扰,烽警不息"[2],于是不撤。这样做的最大好处,就是降低了交通西域的成本。

另一个要提及的地方是高昌,即今之新疆吐鲁番,地理上为内地进入新疆的一个门户。汉至西晋都在此屯田驻军,为中原政权在西域的桥头堡。十六国时前凉于此地设高昌郡,后凉、北凉因之。柔然攻占高昌后,扶汉人阚伯周为高昌王,由于北凉末沮渠无讳率万余户自敦煌奔至高昌,其中绝大多数为汉人,所以此后高昌王几经变易,也都是汉人统治,直至最后的麴氏王国在公元640年为唐军所灭。因此可以说,在本时期的前半段,高昌是内地政权在西域的主要据点,后半段时间里虽然这种军政上的联系没有了,但继续是汉文化的桥头堡,不仅是汉语言文字在当地通行,而且儒家观念在此有着强大的影响,"文字亦同华夏,兼用胡书。有《毛诗》、《论语》、《孝经》,置学官弟子,以相教授"[3],现今出土的大量吐鲁番文书能够予以证明[4]。

值得注意的是,虽然有着北朝的阻隔,但西域与南朝也保持着一定的政治与经济的联系。如宋元嘉五年(438年)十二月"天竺国遣使朝贡"。大明三年(459年)"西域献儛马"。梁天监二年(503年)七月,"龟兹、中天竺国各遣使朝贡",中大通五年(533年)和大同元年(535年)四月"波斯国遣使朝贡",贡物中还包括狮子等等[5]。又如"一件永康九年、十年所写高昌送使的记录,提供了当时高昌送往迎来的信息。……往来使者有从南朝来的吴客,从塔里木盆地西南沿来的子合国使,还有遥远的南亚次大陆来的乌苌使和婆罗门使者"[6]。在《南史·夷貊传下》里记载向南朝朝贡的还有高昌、滑国、白题、龟兹、于阗、呵跋檀、波斯等等,虽然这些中间也可能有仅是借着进贡名义的商人,但毕竟反映了两者之间的经济与文化联系。何况贡物中有着马、狮子等大动物,即使是商队,那商队的规模也是不

[1]《北史》卷97《西域传论》。
[2]《北史》卷27《韩秀传》。
[3]《北史》卷97《高昌传》。
[4] 参见文物出版社出版的《吐鲁番出土文书》10册,及严耀中《麴氏高昌时期的孝经与孝的观念》,《中华文史论丛》1986年第2辑。
[5]《南史》卷2《宋文帝本纪·孝武帝本纪》、卷6及卷7《梁武帝本纪》、卷50《刘瓛传》。
[6] 荣新江、李肖、孟宪实《新获吐鲁番出土文献概说》,载《文物》2007年第2期。

小的。其中一次就有"商胡二百四十人,驼骡六百头,杂彩丝绢万计"[1]。唐长孺先生指出,"从益州到西域有一条几乎与河西走廊并行的道路","它联结了南朝与西域间的政治、经济和文化,曾经起颇大的作用"[2]。宋人段国曾撰写过《吐谷浑记》,说明南朝人对这个处于交通要道上政权的重视与了解,也说明对这条为西域与南朝的联系提供了有利条件的通道之重视。对这种联系的重视和坚持,是双方在贸易上的利益和文化上的自然流通,尤其对南朝在政治上更有意义,其一,因为没有四方来贡,就成不了天子的气象,这是自命正统的东晋南朝政权所不能放弃的。其实,这也正是所有中原政权要与西域保持联系的一个重要原因。其二,江左与西域联系的加强,多多少少也能对北朝形成一种牵制,所以即使是陆路的贸易成本会比海路大,江左政权也要进行这方面的努力。

　　不管是北方还是南方,军事和政治上的措施,最终是要落实到经济与文化上的。可以看到不少本时期中土文化在中西交通路上的传播事例。如北凉的"(敦煌)城西岷州庙的一座,其塔身婆罗谜文(Brhmí)与汉文合镌的经文足可说明,丝绸之路重镇敦煌是中西文化交流最为活跃的地方"[3]。又如"在北齐胡化的社会风气下,以萨珊波速为代表的西亚文化和以苏特为代表的中亚文化各以不同的方式进入北齐境内,在音乐、舞蹈、绘画等艺术领域有明显的反映。以绘画而言,东魏北齐时曾流行一种传出于中亚的绘画,其画法与中国传统的绘画十分不同,是用特别炼制的胡桃油调颜色来作画,以色彩表现见长,近似于今天意义上的油画。因其传自西域,故称之为胡画"[4]。在青州出土的佛像中有一件北齐无头石佛像,"造像袈裟用红、蓝、绿、赭石、黄、黑色彩绘出各种图案",其右肩部绘有三个人物。"此三人有的头发和胡须卷曲,有的头后梳辫,均为深目隆鼻,为波斯人的形象。在其前后和下侧,画有怪石装饰"[5]。这种艺术还波及居民的日常生活中,如使用的陶器上"纹饰既有鲜卑早期文化的暗纹、水波纹,又有受中原和西方文化影响的忍冬纹和方格纹等"[6]。这在西域通南朝的路上也一样,"四川地区佛教及其造像有来自江南建康的因素,也有来自西域的因素",及"汶川南朝造像的

卷发、长靴少年俑

[1] 《周书》卷50《吐谷浑传》。
[2] 唐长孺《南北朝期间西域与南朝的陆道交通》,载《魏晋南北朝史论拾遗》,中华书局1983年版。
[3] 黄文昆《十六国的石窟寺与敦煌石窟艺术》,《文物》1992年第2期。
[4] 罗世平《北齐新画风》,《文物》2003年第10期。
[5] 山东省青州市博物馆《青州龙兴寺佛教造像窖藏清理简报》,《文物》1998年第2期。
[6] 大同市考古所《山西大同七里村北魏墓群发掘简报》,《文物》2006年第10期。

出土地点在岷江上游,位于古代由江南经成都,通往西域的交通要道上"[1]。

　　西域与中土的商贸往来,可以说一直没有停止过,如"西域诸番多至张掖与中国交市"[2]的状况延续到隋。商贸往来是丝绸之路存在的一个基本价值。贸易形式可分朝贡赐赏和一般贸易两类,前者通过这种特殊名义进行交换,实质上也是一种贸易。很明显,自太平真君年间起,西域诸国遣使来贡的记载就不绝于史,如嚈哒国"自太安以后,每遣使朝贡"[3]。这种朝贡赐赏形式贯穿于两晋南北朝的每一个时期。如太和二年(478年)"龟兹国遣使献大马名驼珍宝甚众"。后来孝文帝有诏云诸国使者"贡飨既毕,言旋无远。各可依秩赐车旗衣马,务令优厚",即以数目不一的锦帛酬答诸国之贡[4]。如此也可说是完成了一种交易。到北魏宣武帝时"蕃贡继路,商估交入,诸所献贸,倍多于常",其货价之大,致使北魏朝廷出现"珍货常有余,国用恒不足"的地步[5]。

　　诸史《西域传》在叙述各国的特产时,珍宝、金银、名马等往往是被列举的主项,如北魏时南天竺"国王婆罗化遣使献骏马、金、银"。这些东西既为中土史家所瞩目,当然也是这些国家贡物中的主要内容,即所谓"朝贡方物"。良马在军事上的价值自不待言,十六国北朝那些游牧族出身的统治者当然明白。而由于古代中土开采金银的记录很少,因此也可以说中土是缺乏自产的金银。而金银具有作为一般等价物的突出资质,比当时在中原也作为通货的帛匹具有很大的优越性,西域之迷密、波斯、呼似密、阿钩羌、厨宾、拔豆、康国、钹汗、漕国等都盛产金银。于是"河西诸郡,或用西域金银之钱,而官不禁"[6]。其他一些商贸物品也主要是为了满足上层贵族的需要,但他们是国家的执政者,他们的需求也就往往转化为官方政策。所以这些流入中土的东西正是诸朝朝廷即使遇到困难也要维持中西交往的原因所在。

　　除官方贸易外,有着更多的对西北方向境外的普通贸易。如韦艺"大修产业,与北夷贸易,家资巨万"[7]。商贸还带来更多的好处。太武帝时,大月氏"国人商贩京师,自云能铸石为五色瑠璃。于是采矿山中,于京师铸之,既成,光

拜占庭网纹玻璃杯

[1] 雷玉华、李裕群、罗进勇《四川汶川出土的南朝佛教石造像》,《文物》2007年第6期。
[2] 《北史》卷38《裴佗传附裴矩传》。
[3] 《北史》卷97《嚈哒传》。
[4] 《魏书》卷7《孝文帝纪上、下》。
[5] 《北史》卷43《邢峦传》。
[6] 《隋书》卷24《食货志》。
[7] 《北史》卷64《韦孝宽传》。

泽乃美于西方来者"。乃诏为行殿,容百余人,光色映彻,观者见之,莫不惊骇,以为神明所作。自此,国中瑠璃遂贱,人不复珍之"[1]。北魏洛阳盛时,交通西域的"商胡贩客,日奔塞下,所谓尽天地之区已。乐中国土风,因而宅者,不可胜数。是以附化之民,万有余家"[2]。万余家西域商户定居洛阳,可以反映出当时两地之间的商品流通量有多么之大。

魏晋墓葬中出土的波斯萨珊王朝银币

与西域的通商满足了达官贵人的生活需要。如北魏的河间王元琛在做秦州刺史时,"遣使向西域求名马,远至波斯国,得千里马",他还有"水晶钵、玛瑙盂、琉璃碗、赤玉卮数十枚,作工奇妙,中土所无,皆从西域而来"[3]。一般民众亦有机会得利,如韩褒为西凉州刺史,"每西域商货至,又先尽贫者市之。于是贫富渐均,户口殷实"[4]。看来西域来的货物中不仅仅是金银珍宝,能让贫者参与贩卖的,恐怕是胡椒、胡桃、香药、安石榴等日常之物,且数量当不少,因为贫户毕竟不少,没有足够的货物,是难以做到"贫富渐均"的。

五、中西交通发展对西域的影响

西域是一个广宽的概念,且有着不同的定义,但不管它的地域范围大到什么程度,在中西交通的影响下,都或多或少地与中土文明发生了联系,从而使其自身也得到了某些改变。

首先是经济生活上的,中土向其输出的丝绸等物品当然程度不等地改变了西域地区的经济与生活。在文化上,有儒家概念和道教的影响。如北魏使者宋云向乌场国王"具说周、孔、庄、老之德,次序蓬莱山上银阙金堂,神仙圣人并在其上",又说"管辂善卜,华佗治病,左慈方术"。使得该国王十分羡慕,说:"若如卿言,即是佛国。我当命终,愿生彼国。"又如在吐谷浑的"国主床头有书数卷,乃是(温)子升文也"[5]。更不用说在敦煌、吐鲁番等地所发现的当时大量汉文文书与相关实物所证明的汉文化在丝绸之路上传播之事实。如在吐鲁番莫吉沙古城遗址发现晋本《三国志·孙权传》残纸[6],可见中土史学的影响力。

即使是佛教,中土的逆向影响也是存在的。如左末城,"城中图佛与菩萨,乃无胡貌。访古老,云是吕光伐胡

[1] 《北史》卷97《大月氏传》。
[2] 《洛阳伽蓝记》卷3"城南宣阳门"条。
[3] 《洛阳伽蓝记》卷4"城西法云寺"条。
[4] 《周书》卷37《韩褒传》。
[5] 《北史》卷83《温子升传》。
[6] 郭沫若《新疆新出土的晋人写本〈三国志〉残卷》,《文物》1972年第8期。

所作"。其地大佛寺"悬彩幡盖亦有万计,魏国之幡过半矣。幡上隶书云:太和十九年、景明二年、延昌二年。唯有一幅,观其年号,是姚秦时幡"[1]。又如天台宗也将其影响扩展到丝绸之路上,《法华经》是天台宗主经,而在敦煌文书中,仅公元8世纪的100年中,就有关于汉译《法华经》的各种题记88则。甚至吐鲁番都有汉文注读《法华经》的抄本。又《宋高僧传》卷27《唐京兆大兴善寺含光传》云:

> 时天台学湛然解了禅观,深得智者膏腴,尝与江淮僧四十余人入清凉境界。湛然与光相见,问西域传法之事。光云:有一国僧体解空宗,问及智者教法。梵僧云:"曾闻此教定邪正,晓偏圆,明止观,功推第一。"再三嘱光或因缘重至,为翻唐为梵附来,某愿受持。屡屡握手叮嘱。详其南印土多行龙树宗见,故有此愿流布也。

上述表明当时天台宗的声望已超越国界,流播海外,甚至到了佛教的发源地印度。这虽然是唐时的现象,但所谓"智者教法"则源于本时期,其传播的通道更是本时期扩展之结果。由此可见,当时中西相通是对流的,也就是互利的,此正是丝绸之路一直被维持着的动力。

西凉建初六年写《妙法莲花经》

[1]《洛阳伽蓝记》卷5"城北闻义里"条附《宋云家记》。

第五章　南朝政治与社会

第一节　宋、齐、梁、陈更迭与"禅让"制

公元420至589年，中国处于南北分裂的状态，史称该时期为南北朝。其中南方前后相继的宋、齐、梁、陈四个朝代被合称为南朝。

一、南朝政局的特点

南朝政局的第一个特点就是多变。在南朝百余年间，共经历了四朝24帝，还不算刘劭、萧栋、萧纪、侯景、萧渊明等皇位上的匆匆过客，如果去掉当了四十几年皇帝的梁武帝，其他皇帝在位时间平均只有二、四年。一朝天子一朝臣，每换一个皇帝就有一番斗争与变化。尤其是一些年仅10来岁的青少年皇子遽登帝位，在皇权扩展的条件下，行为失控而成为不断政局变动的导火索。这样，在江左政局上就形成了一些特点。

在南朝，凡是有些作为，甚至是能保住皇位的君主，除了四个开国皇帝外，几乎无一不是通过自己的努力或经历过战争来"夺"得皇帝宝座的，如宋文帝、宋孝武帝、宋明帝、齐明帝、梁元帝、陈文帝、陈宣帝等，而按法定次序名正义顺继位的除齐武帝外可以说鲜克有终。这种似乎成了规律的现象是值得深思的。

南朝政局的第二个特点是在君权逐步加强的情况下，门阀政治的延续。虽然门阀对朝廷的直接操纵力越来越小，不过南朝君权的动向主要是皇帝个人权力的扩张，包括皇帝利用寒人来执掌机要，因而门阀透过其社会存

刘裕像

甲马画像砖(南朝)

在来保持政治体制连贯的影响未见显著减弱。关于门阀与寒人掌机要之间的政治格局在本书另章中叙说。

其第三个特点是主要以宫廷政变的形式来进行权力转移,即使是动用军队,军事行动展开的时间也比较短。这不仅使社会对朝代变换只支付了较低的成本,也为禅让制的实行提供了条件。

禅让是两晋南北朝期间朝代更替的一种主要形式。除了十六国时期及晋灭吴和北周灭北齐外,其他的皇朝几乎都是以这种形式结束它的存在的。本节以南朝为例来展示以禅让的形式来改朝换代的过程。封建时代的政治主要是围绕着皇权展开的,包括皇朝的鼎革与时代的标示。

对此,在本节的后面将重点叙述。

二、刘裕父子的武功文治

刘宋不仅是南朝中存在时间最长,国势相对最盛的皇朝,其开国皇帝刘裕的武功、其子宋文帝的文治,在南朝诸帝中都显得出类拔萃。

1. 刘裕的征战

宋武帝刘裕的武功虽然主要显突在晋末,却为刘宋打下了统治的基础。刘裕出身寒微,从其初仕为军司马,应募北府即为刘牢之参军的情况看,似属于低级士族。加入当时江左最强的一支军队,就为他日后的军功打好了基础。桓玄东下至建康执政,刘牢之在依违之间被逼自尽,刘裕被任为中兵参军,在攻打孙恩、卢循军中屡立战功。公元403年冬,桓玄逼晋安帝禅位于他,建新朝曰楚。次年春,刘裕联合何无忌、刘毅、诸葛长民等北府旧将率愿从者百余人于京口起事,斩徐州刺史桓修,于是进军建康,张旗帜为疑兵,北府将士多倒戈投向刘裕,于是破桓玄所遣桓谦、卞範之军。桓玄锐气尽失,弃建康而下舟西行。刘裕等迎安帝复辟,被任为使持节,都督扬、徐等八州军事,徐州刺史,掌执兵权。此后,刘裕不断地建立功勋,晋义熙六年(410年)初率军灭南燕,占有青、齐诸州;同年九月大破卢循、徐道覆军,次年三月交州斩卢循首,平定了江左最大一次反官府的动乱；义熙十三年（417年）北伐灭后秦，入长安，同时又翦灭不少政敌。义熙北伐的成功，也有着机遇的成分，彼时北方诸国经过长期纷争，大多师老兵疲，正处于统一前夕，刘裕乘虚而入，是占了很大便宜的。

刘裕初宁陵石天禄

义熙十四年（418年）六月，刘裕留12岁的儿子刘义真镇关中自回建康，接受安帝在义熙十二年时所加的相国、宋公、九锡之命，开始了禅代进程。不久关中诸将互相残杀，晋军被夏所败，刘义真只身逃回。所以至晋恭帝即位，于元熙元年（419年）正月，方"又申前令，进公爵为王"。二年六月晋恭帝下诏禅位于宋，说："桓玄之时，天命已改，重为刘公所延，将二十载。今日之事，本所甘心。"[1]尔后经过几次"陈让"，刘裕即皇帝位，改元永初。不过他皇帝位坐了不足二年，于永初三年（422年）五月驾崩，传位于太子刘义符，即宋少帝。

刘裕的事迹主要是在宋建立之前，其武功包括重新收回蜀地在内，可以说是江左第一，正因为如此，他才能取代绵延百年的晋朝。但他为了达到这个目的，实际上是放弃了关中，也放弃了重新统一中国的可能。因为当时他的心腹刘穆之在建康病故，政局可能有变，如果他失去了对朝政的控制，不仅以后做不了开国皇帝，面对夏及北魏这样的强敌，继续北伐或驻守关中都会受到牵制而十分危险，一如祖逖曾所遭遇，于是他就不得不错过中古时代唯一一次能由南到北实行统一的机会。

2. 宋文帝的元嘉之治

少帝刘义符是刘裕的长子，在位不到二年，耽迷于在宫内游戏欢乐。当时受武帝遗诏佐政的大臣徐羡之、傅亮、谢晦、檀道济等，以为他难守社稷，于是以太后的诏命将其废为营阳王，不久遣人杀之。他们共议迎立武帝第三子，时为荆州刺史都督军事而在江陵的宜都郡王刘义隆为帝。公元424年秋，刘义隆即皇帝位，是为宋文帝，改是年为元嘉元年。

不管徐羡之他们的真正动机是什么，其废立皇帝事件本身就是对皇权至高无上的一种威胁。新帝即位后，徐

[1]《南史》卷1《宋太祖本纪》。

宋文帝像

羡之他们继续当政,这不仅使文帝感到一种威胁,与文帝就藩江陵时的佐臣集团也产生了权力之争,于是在元嘉三年正月,徐、傅、谢三人被诛,檀道济虽早已向文帝输诚,并参与征讨谢晦,后来又守卫北境有功,但10年后还是被杀了。

除梁武帝外,宋文帝是南朝统治时间最长的皇帝,因此治迹也较容易显著。由于他的帝位亦是从乱难中得之,所以比较注意亲政和治道,史称元嘉时"纲维备举,条禁明密,罚有恒科,爵无滥品",对官员赏罚分明是政治清明的重要条件,所以元嘉之治优于南朝其他任何时候,当时"凡百户之乡,有市之邑,歌谣舞蹈,触处成群,盖宋世之极盛也"[1]。其间在政治上一大事变是彭城王刘义康的被杀。徐羡之等被杀后,义康"与王弘共辅朝政。弘既多疾,且每事推谦,自是内外众务一断之义康"。王弘死后,"既专朝权,事决自己,生杀大事,皆以录命断之"。如此十年,其权势已使文帝深为不满,但刘义康"既闇大体,自谓兄弟至亲,不复存君臣形迹。率心而行,曾无猜防"。元嘉十七年十月,文帝突然罢义康司徒、录尚书事等职,诛其亲近。义康先前不读书,禁闭中"读《汉书》见淮南厉王长事,废书叹曰:'前代乃有此,我得罪为宜也'"。但为时已晚,魏军南侵时,文帝"虑有异志者奉义康为乱"[2],杀之。不过此事属宫廷权力之争,尚未影响大局。与文治相比,文帝时代的武功大为逊色,曾有几次北伐,最后都不成功。较大的如在元嘉七年,由到彦之率兵五万、长沙王刘义欣、豫州刺史刘德武等率军共四万为后援北伐,当时南军靠的是舟船,诸军由淮入泗,但"泗水渗,日裁行十里"。如此迟缓的行军能力,遇到机动性强的北方骑兵,就只有被动挨打的份。结果洛阳等地得而复失,诸军败退,"凡百荡尽,府藏为空"[3]。元嘉二十七年(450年)的北伐,更是致使战火回烧到江北沿岸。原因主要有三个:一是或许出于晋宋中间政变教训和他自身的体验,宋文帝对军队是抓得很紧的,"遥制兵略,至于攻日战时,莫不仰听成旨"[4]。将领失去了主动权,不能适应战场的瞬息万变,败多胜少就不可避免了。二是南军太依靠舟船,受自然地理条件约束很大。又缺乏骑兵,在华北和黄淮平原上与北军交战,不利

[1]《南史》卷70《循吏传序》。
[2]《南史》卷13《刘义康传》。
[3]《南史》卷25《到彦之传》。
[4]《宋书》卷5《文帝纪》。

因素太多。三是正好遇到了武力强大又蒸蒸日上的北魏,尤其是军事才能出众的魏太武帝,打仗吃亏就变得寻常了。

　　给元嘉之治带来致命一击的是魏太武帝的南侵。这次战争的结果虽然也使北魏的实力大受损伤,但由于仗基本上是在宋的土地上打的,使得当地"强者为转尸,弱者为系虏,自江、淮至于清、济,户口数十万,自免湖泽者,百不一焉。村井空荒,无复鸣鸡吠犬。时岁惟暮春,桑麦始茂,故老遗氓,还号旧落,桓山之响,未作悲哀"[1]。由于南北对峙,社会经济难以就此复原,这样就使这一大片土地不仅没能给南朝带来赋税利益,甚至当地驻军的给养也往往难以支撑,由此也成为南朝渐渐地丢弃此土予北朝的原因之一。

　　结束元嘉之治的是太子刘劭。劭与始兴王刘濬涉及女巫严道育诅咒案,文帝有废太子意,然犹豫不决。元嘉三十年(453年)二月,刘劭闻文帝正与亲信大臣徐湛之、江湛谋议,遂率东宫甲兵入殿杀之,自即皇帝位。

3. 孝武帝以后的宋政局

　　文帝第三子武陵王刘骏,时为江州刺史都督军事,闻讯传檄起兵,受到大多数文武大臣的支持,同年四月,军临建康城下。刘劭兵败被俘杀,刘骏即皇帝位,是为宋孝武帝。宋孝武帝是个颇有才能的强势皇帝,"王威独用",他是"寒人掌机要"的始作俑者,控制佛、道的僧官制度在他手里完善,"上又坏诸郡士族,以充将吏"[2]等等,不过在加强皇权的同时,激化了社会矛盾,尤其是同士族的矛盾[3]。大明八年(464年)闰五月,孝武帝驾崩,年仅17的太子刘子业即位。但新皇帝无其父之政治能力,却更专断杀戮,如"自率宿卫兵,诛太宰江夏王义恭、尚书令骠骑大将军柳元景、尚书左仆射颜师伯、廷尉刘德愿"等。由于他"诛杀相继,内外百司,不保首领"[4]。因此"左右常虑祸及,人人有异志",时在京都的湘东王刘彧及其心腹勾结侍臣寿寂之、姜产之等于殿内杀死刘子业,故子业被称为前废帝。公元465年冬,刘彧即皇帝位,是为宋明帝,以该年为泰始元年。明帝在政治上并无建树,但他不仅把孝武帝的儿子全杀光,还将其兄弟建阳王休仁等杀了。由于皇族室内操

宋废帝像

[1] 《宋书》卷95《索虏传》"史臣曰"。
[2] 《宋书》卷82《沈怀文传》。
[3] 严耀中《评宋孝武帝及其政策》,《上海师范大学学报》1987年第1期。
[4] 《宋书》卷7《前废帝纪》。

像祖高齐

齐高祖像

戈，一些被卷入的地方军政官员投奔北魏，"遂失淮北四州及豫州淮西地"。而且他"奢费过度，务为彫侈"，"须一物辄造九十枚，天下骚然"，"宋氏之业，自此衰矣"[1]。泰豫元年（472年）四月，明帝崩，太子刘昱即位。但十五岁的刘昱比前废帝更嬉戏变态，更"天性好杀，以此为欢"，"内外百司，人不自保"[2]，这样又给别人造就了篡政的机会。元徽五年（477年）七月，中领军萧道成部将王敬则等谋杀刘昱，由萧道成掌军政大权，迎立明帝第三子刘准为帝，是为顺帝，以行禅代故事，刘昱则被称为后废帝。顺帝升明三年（479年）四月禅代完成，宋灭。

三、兰陵萧氏的崛起：齐、梁二朝造就了一个文化高门

虽说世代高官是作为门阀的一个重要条件，但真正凭借政治地位而造就一流文化世家的却为数极少，典型的恐怕只有兰陵萧氏一门。南北朝结束的时候，就江左而言，萧氏的社会影响已经胜于王、谢，这不能不得益于该氏之曾产生过两朝帝室。

1. 南齐的兴亡

刘宋王室在帝位继承上的非正常，为萧道成创建齐皇朝提供了机遇。萧道成祖籍兰陵，《南齐书·高帝纪》里面上溯至萧何的世系并非十分可信，萧道成在元嘉二十三年（446年）随雍州刺史萧思话征讨山蛮，"初为左军中兵参军"，说明其和当年刘裕的境况差不多。因为没有突出的战功，宋孝武帝时，还是个中兵参军兼建康令，"值明帝立，为右军将军"，达到了与东晋王羲之一样的职阶，不过还未若王羲之那样兼"会稽内史"，为一方之长。由于青、齐诸州的失陷和张永、沈攸之等失利，萧道成逐渐迁升至督南兖徐二州诸军事、南兖州刺史，在长江下游主抗北魏的主将。"明帝崩，遗诏为右卫将军，领卫尉"，参掌京畿军事。江州刺史桂阳王刘休范以后废帝年幼起兵，京师震动。但休范当年能够逃过明帝的诛杀，是因"人凡获全"[3]，于是萧道成遣其亲信张敬儿、黄回伪降，休范喜，召二人至辇侧，黄回向休范陈述萧道成也要投降之意，休范信之，张敬儿则出其不意"夺取休范防身刀，斩休范首，休范

[1]《宋书》卷9《明帝纪》。
[2]《宋书》卷9《后废帝纪》。
[3]《南齐书》卷1《高帝纪上》。

左右数百人皆惊散"。因此江州兵虽然攻占了石头城、新亭等京师要地，终因群龙无首而失败。于是萧道成地位上升，与司徒袁粲、中书监褚渊、尚书令刘秉合称"四贵"。又乘宋后废帝凶暴失道，勾结内侍将其弑之，迎立顺帝，把持朝务，"移易朝旧，布置私党，披甲入殿"[1]。袁粲、刘秉，及荆州刺史沈攸之等，觉察道成篡政意图，先后举兵谋诛道成，皆失败被杀。公元479年，齐朝建立，以该年为建元元年。史称齐高帝萧道成"沈深有大量，宽严清俭，喜怒不色"[2]，所以能在自身没有大功勋的情况下，抓住机遇，建立新朝。建元四年(482年)三月，高帝驾崩，太子萧赜继位，是为齐武帝。

丹阳胡桥南朝墓出土 "骑马武士"壁画拓片

　　武帝其实是以文治见长，因为永明年间"外表无尘，内朝多豫，机事平理，职贡有恒，府藏内充，民鲜劳役，宫室苑囿，未足以伤财"。但也有史料说当时"后宫万余人，宫内不容"[3]。尽管萧道成临终前告诫武帝："宋氏若不骨肉相图，他族岂得乘其衰敝"，后者对其兄弟未见亲宠，"当时论者以世祖优于魏文，减于汉明"[4]。永明十一年(493年)七月武帝驾崩，因文惠太子早逝，太孙萧昭业继位。由于武帝平素对这位太孙"慈爱曲深，每加容掩"，因此登基后"恣情肆意，罔顾天显"，如"极意赏赐，动百数十万"，以致"世祖斋库储钱数亿垂尽"。在太傅萧子良病卒后，高帝的侄子，尚书令萧鸾就完全掌握了朝政大权。隆昌元年(494年)七月，萧昭业做皇帝不到一年，萧鸾领兵入宫，宿卫"各欲自奋，帝竟无一言"[5]，于是被杀，贬称郁林王。萧鸾先是立昭业之弟昭文为帝，同年十月即被废为海陵王，寻被杀。然后萧鸾假太后令自行即位，是为明帝。明帝在史书上唯一显得较为突出的事迹就是杀戮宗室诸王之凶残甚于六朝的任何君主，他曾感叹："我及司徒诸儿子皆不长，高、武子孙日长大"，唯恐自己子孙不能保有帝位，于是对高帝与武帝子孙大开杀戒。或许是为了减轻心理压力，他欲诛诸王，"每一行事，高宗辄先烧香火，呜咽涕泣，众以此辄知其夜当相杀戮也"[6]。永泰元年(498年)七月，做了近四年皇帝后，明帝驾崩，太子萧宝卷即位。萧宝卷和以前那些青少年皇帝没有什么两样，把帝业当作游戏，包括杀人游戏，尽情地享受着皇帝权力所能提供的无限快乐。如

[1] 《南齐书》卷25《张敬儿传》。
[2] 《南齐书》卷2《高帝纪下》。
[3] 《建康实录》卷15"齐武帝"条。
[4] 《南齐书》卷35《萧晃传》。
[5] 《南齐书》卷4《郁林王纪》。
[6] 《南齐书》卷40《萧子岳传》。

齐武帝萧赜景安陵石天禄

"起芳乐苑,山石皆涂以五采,跨池水立紫阁诸楼观,壁上画男女私亵之像";又如"素好斗军队,初使宫人为军,后乃用黄门。亲自临阵,诈被疮,使人舆将去"。在后面一例中,萧宝卷就像军事剧的导演兼演员,简直可在中国戏剧史上记一笔。当叛军入宫时,他还"在含德殿吹笙歌作《女儿子》"。早在永元二年(500年)十一月,因尚书令萧懿被害,雍州刺史萧衍起兵东下,次年三月与萧颖胄等拥立南康王萧宝融为帝,是为和帝。至十二月,建康宫城破,萧宝卷被杀,以太后令追封东昏侯。和帝中兴二年(502年)二月以执政的大司马萧衍为梁王,四月完成禅代,南齐亡。

南齐前后只存在23年,是江左六朝中最短的一个朝代。说不上这个短暂的朝代对中国历史的发展作出多大的贡献,却为兰陵萧氏登上一流高门作了铺垫。或许是齐朝建立并非凭借赫赫武功,所以开国伊始就比较重视文治。建元元年(479年)七月,萧道成登基后不到三个月,就由"八座丞郎通关博士议"礼。"永明二年,太子步兵校尉伏曼容表定礼乐。于是诏尚书令王俭制定新礼,立治礼乐学士及职局,置旧学四人,新学六人"[1]。高帝、武帝、明帝也都重视办学,不管最后结果如何,这些举动在当时也是不小的事,至少产生了相当的氛围。这种文化氛围也鼓励了相当一部分萧氏宗室成员投入文化学术。高帝诸子中,萧映"善骑射,解声律,工左右书左右射,应接宾客,风韵韶美";萧晷"工弈棋,与诸王共作短句,诗学谢灵云体";"时鄱阳王(萧)锵好文章,(桂阳王萧)铄好名理,时人谓之'鄱桂'";萧锋"好琴书"[2]。宗室衡阳王萧钧"常手自细写《五经》,部为一卷,置于巾箱中,以备遗忘",于是"诸王闻而争效为巾箱《五经》,巾箱《五经》自此始也"[3],由此亦见皇族的读书风气之盛。武帝子萧子良更是当时文化学术的主要推动者,"集学士抄《五经》、百家,依《皇览》例为《四部要略》千卷。招致名僧,讲语佛法,造经呗新声,道俗之盛,江左未有也",于是"天下才学皆游集焉"包括陆倕、萧衍、范云、王融、谢朓、沈约、任昉、萧琛、范缜、江革等西邸之友。这不仅大大提高萧氏的文化地位,其家族本身也涌现杰出人才,如子良之弟萧子显便是《南齐书》的作者,同族萧衍一支更是才学之士辈出,一流高门的文化条件

[1]《南齐书》卷9《礼志上》。
[2]《南齐书》卷35《高帝十二王传》各本传。
[3]《南史》卷41《萧道度传附萧钧传》。

开始成熟。其之所以如此,一来是门阀社会对皇族本身的要求所致,宗室成员没有文化素养就要被士族所瞧不起;二来或许是政治的残酷使他们望而生畏,身为诸王却求"勤学行,守基业,治闺庭,尚闲素,如此足无忧患"[1],然这样的努力正符合士族的标准,客观上也有利于文化事业的发展,成为南齐皇朝少有的亮点。

萧衍像

2. 梁武帝,梁朝的缩影

　　梁武帝萧衍是中国历史上非常突出的皇帝,其在位时间之长在历代帝王中屈指可数,作为一个正统皇朝的开创者同时又是实际葬送者,所谓"自我得之,自我失之"[2],恐怕君主中也无出其右,其学问之渊博大约没有其他皇帝能及得上。实际上,梁武帝个人的历史几乎就是梁的皇朝史。关于他崇佛的前因后果和侯景之乱,将另章交代,这里从他的发迹说起。

　　萧衍的父亲萧顺之是齐高帝萧道成的族弟,都在兰陵萧氏的范围内。萧衍"少而笃学,洞达儒玄",所以当齐"竟陵王子良开西邸,招文学",他是"西邸八友"之一,成为名士云集中的名士。出身皇宗同族,又负盛名,所以萧衍在宦途上十分从容,至"隆昌初,明帝辅政",起"为宁朔将军,镇寿春。服阙,除太子庶子、给事黄门侍郎,入直殿省"。魏晋南北朝期间,士族虽然可以平流进取,但要在政局中发挥作用,一是要在皇帝近侧供职,二是要带兵,能够把这两种权力资源结合起来,就大有前途。萧衍入仕不久就已经初步做到了。东昏侯嗣位后,萧衍判断其"岂肯虚坐主诺,委政朝臣。积相嫌贰,必大诛戮",在朝中是不安全的,应"得守外藩,幸图身计",劝其兄萧懿留任于地方,不要进京。他自己在雍州刺史任上于襄阳"潜造器械,多伐竹木,沉于檀溪,密为舟装之备"。萧懿进京为尚书令,不久被杀。消息传来,萧衍当即召集僚佐建牙起兵,"于是收集得甲士万余人,马千余匹,船三千艘,出檀溪竹木装舰"。建康遣刘山阳率精兵三千以赴任名义会同荆州刺史萧颖胄偷袭襄阳。萧衍认为"荆州本畏襄阳人,加唇亡齿寒",必在犹豫中,乃遣参军王天虎等持"天虎口具"空函至荆州,使州府俱知,"及问天虎而口无所说"。萧颖

[1] 《南齐书》卷22《萧嶷传》。

[2] 《梁书》卷29《萧纶传附萧确传》。

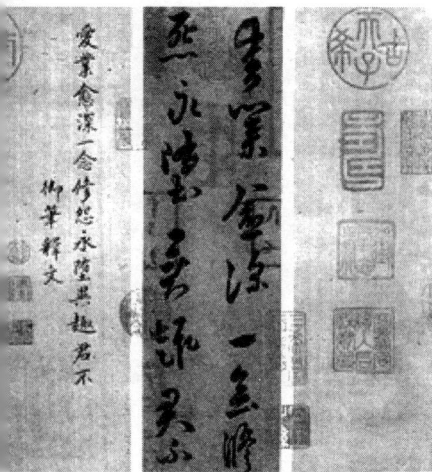

梁武帝萧衍书法作品

胄无以自明,刘山阳惑而疑之,屯兵不进。"颍胄大惧,乃斩天虎,送首山阳。山阳信之,将数十人驰入,颍胄伏甲斩之"[1],送其首至襄阳,与萧衍结盟,共推萧宝融为天子,是为齐和帝。由于南朝"荆州居上流之重,资实兵甲居朝廷之半"[2],这使萧衍具有控制整个江左的实力。次年萧衍受禅,取代南齐建立梁朝。

作为一个有才干有雄心的君主,梁武帝登基后似乎做了一个明君应该做的所有事情,如立学校、行土断、定律令、课农桑、减税赋等等,尽管其中有些在实际上并没有被很好执行过。梁武帝在官制上还想出新的办法,以供官吏升迁。如天监七年(508年)置125将军,分24班,班即官阶,以班多为贵,同班以优劣为前后。大通三年(529年)又扩至240号,44班,以此有足够的官衔阶号来满足官员们不断升迁的要求,从而能保持他们的效力。但如此失去了考核的升迁,也易产生"贪冒苟进者以财货取通,守道论退者以贫寒见没"[3]。

海内一统是梁武帝耿耿于怀的愿望,为此他几番努力。早在天监四年(505年)十月,就下诏大举北伐,"王公以下各上国租及田谷,以助军资"[4]。北伐军"所领皆器械精新,军容甚盛,北人以为百数十年所未之有"。但梁武帝任人唯亲,所选统帅是他昏庸无能的弟弟萧宏。"宏部分乖方,多违朝制,诸将欲乘胜深入,宏闻魏援近,畏懦不敢进",停军徘徊至次年九月,"其夜暴风雨,军惊,宏与数骑逃亡。诸将求宏不得,众散而归。弃甲投戈,填满水陆,捐弃病者,强壮仅得脱身"[5],由此梁军元气大伤。天监五年,魏中山王元英率军乘势围钟离城,久攻不下。次年春,淮河春水暴涨,梁将韦叡、曹景宗借机以舟师火攻魏军营垒和运粮便桥。魏军"诸垒相次土崩,悉弃其器甲,争投水死,淮水为之不流"[6]。这样就遏制了魏军南下势头,重新争得了南北间军事上的平衡。天监末,梁武帝又欲"求堰淮水以灌寿阳",也不顾群臣"咸谓淮内沙土漂轻,不坚实,其功不可就",役使军民20万筑之,"堰将合,淮水漂疾,复决溃"。再筑,"士卒死者十七八"。堰成三年后秋"淮水暴长,堰坏,奔流于海,杀数万人"[7],使梁武帝最终不得不放弃此计。大通二年(528年)十月丁亥,乘北魏大乱,其北海

[1]《梁书》卷1《武帝纪上》。
[2]《南史》卷13《刘道规传》。
[3]《南史》卷60《徐勉传》。
[4]《梁书》卷2《武帝纪中》。
[5]《南史》卷51《萧宏传》。
[6]《南史》卷55《曹景宗传》。
[7]《南史》卷55《康绚传》。

王元颢、临淮王元彧、汝南王元悦等来投之机，以魏北海王颢主魏，遣东宫直阁将军陈庆之卫送还北。陈庆之只带七千兵，却一路攻占荥城、考城、荥阳、虎牢，屡胜魏军，140天内"平三十二城，四十七战，所向无前"[1]，于次年五月进入洛阳，元颢登基为北魏皇帝。但梁武帝对此没有准备，所以陈庆之没有后继援兵，两个月后，尔朱荣反攻，兵入洛阳杀元颢。陈庆之率残兵在嵩山又遇洪水，士卒死散，只能只身逃回，梁朝也失去了一个大好时机。

打仗的消耗，崇佛的费用，都是数目巨大的开支，梁武帝是怎样来处理经济问题的呢？当然我们可以看到这样的记载："百姓不能堪命，各事流移，或依于大姓，或聚于屯封"等等，但这样官府的税源不是更少了吗？梁武帝声称："我自除公宴，不食国家之食，多历年稔，乃至宫人，亦不食国家之食，积累岁月。凡所营造，不关材官，及以国匠，皆资雇借，以成其事"。那么梁武帝的钱从哪里来？他透露道："近之得财，颇有方便"，还据说由此"民得其利，国得其利，我得其利，营诸功德"[2]。其实他的财源就是遍及全境的治、署、邸、肆，它们都是事关商业的，由此所得的利税，就是他得财的方便之道。这和江左的商品经济比北方发达有关，部分也可解释为什么南方不怎么依靠田制，因为晋代的占田制至此已十分淡化了。

他自己也注意"克俭于身"，如"日止一食，膳无鲜腴，唯豆羹粝食而已"；如"不饮酒，不听音声"，不仅自己"身衣布衣"，后宫贵妃以下"皆衣不曳地，傍无锦绮"[3]等等。但这些并没有使他在历史上赢得英明君主的声誉。就是因为他处理不当而引起侯景之乱，还由此断送了梁朝，以及他颇引起争议的崇佛。太清三年（549年）四月，梁武帝崩于宫中，侯景立太子萧纲为帝，是为简文帝。简文帝实际上是侯景的傀儡，大宝二年（551年）七月又被废为晋安王，同年九月被杀。侯景又立萧栋为帝，后者为昭明太子之子。同年十一月，侯景使萧栋禅位于己。侯景失败后，萧栋被梁元帝遣人沉于水。元帝萧绎系武帝第七子，侯景围攻建康台城时，他为江州刺史，都督江州等地军事。武帝密诏命他统兵勤王，他却和时为湘州刺史，昭明太子之子萧誉互相攻战。大宝元年五月，遣"王僧辩克湘州，斩河东

梁萧宏墓石碑及神道柱

[1]《梁书》卷32《陈庆之传》。
[2]《梁书》卷38《贺琛传》。
[3]《梁书》卷3《武帝纪下》。

梁萧景墓前石兽

[1]《梁书》卷5《元帝纪》。

[2]《南史》卷7《梁武帝本纪下》。

[3]《梁书》卷22《萧秀传·萧伟传·萧恢传》。

[4]《梁书》卷8《萧统传》。

[5]《梁书》卷4《简文帝纪》。

[6]《梁书》卷5《元帝纪》。

[7]《北史》卷93《萧詧传·萧琮传》。

[8]《南史》卷51《萧宏传》。

[9]《南史》卷51《萧勔传》。

王誉"。大宝三年二月,令"王僧辩众军发自寻阳","三月,王僧辩等平侯景,传其首于江陵"[1]。同年十一月,萧绎即皇帝位于江陵,改元承圣。于此前后的各种变局和梁朝的灭亡,俱在本章下一节交代。

梁朝最可观的业绩还是在文化上,因为梁武帝"专事衣冠礼乐",这也与以他为首的皇族的示范与推动有关。梁武帝治国无大的成绩,治学却很有方法效果,且非常勤奋,"虽万机多务,犹卷不辍手,然烛侧光,常至戊夜"。他文、史、经学俱精,佛学也有很深的造诣,还多才多艺,"棋登逸品,阴阳、纬候、卜筮、占决、草隶、尺牍、骑射,莫不称妙"[2]。他的弟弟萧秀"精意术学,搜集经记";萧伟"崇信佛理,犹精玄学,著《二旨义》,别为新通";萧恢"年七岁,能通《孝经》《论语》义,发摘无所遗",既长,"涉猎史籍"[3]。他的子女也个个了得。昭明太子萧统"读书数行并下,过目皆忆。每游宴祖道,赋诗至十数韵。或命作剧韵赋之,皆属思便成,无所点易",且"总览时才,网罗英茂"[4],编《文选》30卷传世。萧统死后继为太子的萧纲,"九流百氏,经目必记;篇章辞赋,操笔立成;博综儒书,善言玄理",作诗自成一格"当时号曰'宫体'"[5],有著作数百卷,还集庾肩吾、徐摛等十人于王府为"高斋学士"。后来也做皇帝的萧绎,"既长好学,博总群书,下笔成章,出言为论,才辩敏速,冠绝一时",而"著述辞章,多行于世"[6]。萧詧"所著文集及《孝经》《周易义记》及《大小乘幽微》,并行于世",其子萧琮也"博学有文义"[7]。此外"帝诸女临安、安吉、长城三主并有文才,而安吉最得令称"[8]。同族之文礼学优者也很多,如萧勔"聚书至三万卷,披玩不倦,尤好《东观汉记》,略皆诵忆。刘显执卷策勔,酬应如流,乃至卷次行数亦不差"[9]。当时,江左已经没有一族能在文化学术上能与兰陵萧氏相提并论了,就是南北朝时因改朝换代而投奔北朝的萧氏子弟或好学而善属文,或具气质而享荣名,其中萧撝、萧大圜更是著名学士。与此同时,梁朝的文化事业在各方面都达到了南朝的高峰。

四、陈朝建立与南朝终结

梁朝灭亡之际,北方的北周与北齐还处于对立中,所以江左继续进行着朝代的更替。取代梁的新朝是陈,由陈霸先所建。陈霸先在发迹之前,"拔起垅亩","初仕乡为里司,后至建邺为油库吏",正所谓"其本甚微"[1]。而在当时,里司及油库吏之类实为所谓下吏。这种下吏实质上属于专役户,与当时劳动者相混迹,社会身份十分低下。但他"读兵书,多武艺",走从军的路,一直在西南征讨,屡立战功,为高要太守、督七郡诸军事。侯景乱后,陈霸先助萧勃镇广州,后者命霸先监始兴郡(今广东韶关)。大宝元年(550年)正月,率军讨侯景,进顿南康,次年六月,沿赣水北上,并遣使至江陵劝进,萧绎授其"东扬州刺史,领会稽太守、豫章内史"等。大宝三年(552年)二月,随王僧辩军东进,平侯景后,军镇京口。同年十一月,西魏军袭破江陵城,元帝被俘杀。王僧辩欲立北齐送归之贞阳侯萧渊明。陈霸先袭杀之,复立萧方智为帝,自己掌执朝政,太平二年(557年)梁敬帝禅位,陈朝建,史称陈霸先为陈武帝。

陈武帝即皇帝位后的三年内,主要精力放在平定王琳等反对势力和熊昙朗等反叛上。永定三年(559年)六月,陈武帝因病驾崩,因皇子陈昌在江陵陷落时没于西魏,身在长安,彼时已是北周,武帝曾频频遣使要求将他送返,"周人许之而未遣"[2],故章皇后秘不发丧,有所希冀,"文书诏敕,依旧宣行"。大将侯安都班师,与武帝之侄、临川王陈蒨俱还建康。"安都与群臣定议,奉王嗣位,王谦让不敢当。皇后以昌故,未肯下令,群臣犹豫不能决。安都曰:'今四方未定,何暇及远!临川王有大功于天下,须共立之。今日之事,后应者斩!'即按剑上殿,白皇后出玺"[3]。当日,陈蒨即皇帝位,是为陈文帝。陈昌此时对北周已无大的利用价值,于次年二月被送回,归途中过江船坏溺死。

至陈朝,疆土已基本局限于长江以南的中下游地区和珠江流域,在通常的情况下根本无力作统一之计,所以能够在这样的版图中维持社会安定,已经是不错的政治局面了。陈文帝由于"起自艰难,知百姓疾苦",所以能兢兢业业治国,做到"见善如弗及,用人如由己,恭俭以御身,勤劳以济物"[4],对一个君主来说如此已经很不容易了。天康元年(566年)四月驾崩,太子陈伯宗继位。但伯宗"仁

陈霸先像

[1]《南史》卷8《陈武帝本纪》。
[2]《陈书》卷14《陈昌传》。
[3]《资治通鉴》卷167永定三年六月丙午条。
[4]《陈书》卷3《世祖纪》。

陈文帝像
阎立本《历代帝王图》(局部)

厚儒弱",旬日之间便"以骠骑将军、司空、扬州刺史、新除尚书令安成王顼为骠骑大将军,进位司徒、录尚书、都督中外诸军事"[1],大权尽落在陈顼之手。陈顼是文帝之弟,陈伯宗之叔。这样的政治动向当然会引起反应,中书令刘师知、右卫将军韩子高、南豫州刺史余孝顷、湘州刺史华皎等先后反对。在平定了这些反叛后,光大二年(568年)十一月由皇太后出面,使陈伯宗让位于陈顼,前者史称为陈废帝,后者为宣帝。太建五年(573年)三月,乘北齐末政局昏乱之际,陈宣帝遣吴明彻统众十万北伐,至年底,得淮南诸州郡,这是南朝最后一次成功的局部北伐。太建九年周灭齐,宣帝又欲夺徐、兖诸州,诏吴明彻进军,尚书毛喜曾异议:"淮左新平,边氓未义。周氏始吞齐国,难与争锋,岂以弊卒疲兵,复加深入。且弃舟楫之工,践车骑之地,去长就短,非吴人所便。"[2]宣帝不听,陈军在吕梁(今江苏徐州东南)先胜后败,全军覆没,吴明彻被俘,"陈之锐卒,于是歼焉"[3]。至太建十一年底,周军在淮南攻城略地,南北复以长江为界。太建十四年正月驾崩,太子陈叔宝嗣位,即是南朝最后一个皇帝陈后主。

　　陈氏起于寒微,而彼时南朝还是以门阀为主导的社会,所以作为帝室不仅大力崇儒崇佛,自己也努力进入文化主流,如文帝"留意经史,举动方雅,造次必遵礼法"。至其第三代,更是学人名士辈出,如陈伯茂"好学,谦恭下士",并"大恭草隶,甚得右军之法";陈伯智"有器局,博涉经史";陈叔坚"犹好数术、卜筮、祝禁、镕金琢玉,并究其妙";陈叔献"性恭谨,聪敏好学";陈叔齐"风采明赡,博涉经史,善属文";陈叔文"好虚誉,颇涉书史";陈叔彪"少聪慧,善属文";陈叔慎"少聪敏,十岁能属文","每应诏赋诗,恒被嗟赏"[4]等等。作为皇族有着这样的努力,当然会带动整个文化事业。陈后主在文学艺术上的造诣在当时是处于最高水平的,更重要的是,作为皇帝,"后主嗣业,雅尚文辞,傍求学艺,焕乎俱集。每臣下表疏及献上赋颂者,躬自省览,其有辞工,则神笔赏激,加其爵位,自以缙绅之徒,咸知自励矣"[5]。所以陈朝存在的时间虽然不长,所涌现的文化人才却济济一代:如史学家顾野王、姚察,文学家江总、徐陵,经学家沈文阿、张讥、周弘正,佛学家真谛、智

[1]《陈书》卷4《废帝纪》。
[2]《陈书》卷29《毛喜传》。
[3]《北史》卷62《王轨传》。
[4]《陈书》卷3《世祖纪》、卷28各本传。
[5]《陈书》卷34《文学传序》。

颐等。唐代的魏征批评他"扇淫侈之风。宾礼诸公,唯寄情于文酒,昵近群小,皆委之以衡轴",这当然算不上一个好皇帝,但能团结宗室,任用袁宪、萧摩诃等旧臣,不滥杀无辜,所谓"文案簿领,咸委小吏"[1]不过是寒人掌机要之延续,与当时很多皇帝相比,至少不失中下。最大的问题是他系亡国之君,但如果换个中上之君,小国之坚,大国之擒也,恐怕也难逃同样的命运。公元589年隋军大举过江,兵入建康,陈叔宝被俘,陈亡,南朝结束。入隋后,陈后主以刘禅之智装糊涂,终其天年,且陈室子弟能"并为守宰,遍于天下"[2],这在亡国史中也不多见。

陈文帝墓麒麟

　　上述南朝的政治史之所以围绕皇帝,尤其是以四位开国皇帝来陈说,是由于当时的专制集权体制是以皇帝为核心的,皇帝犹如舞台上的主角。历史的舞台是人民,没有人民就没有历史,更谈不上历史的舞台。历史的舞台宽大雄伟,但是我们能在历史舞台所见到的表演者却为数有限。舞台上表演的人物形象不一,表演出色者更是寥寥无几。

　　历史上的演员表演得好坏很大程度上取决于他是否了解与熟悉这个舞台,是否能把自己所演的角色与这个舞台匹配起来。舞台是永恒的,剧情与角色则是暂时的,成功的演员知道如何利用舞台来展示自己的才华,将惊人的一幕与舞台融为一体,那他就可以伴随着伟大的舞台一起名垂青史,反之也一样。但不管他们演技如何,表演者们出自不同的原因,都会在舞台上尽情投入,剧情的开展有时如火如荼,留给观众的则是无穷的回味与思考。我们阅史亦如观剧,无非是增长知识、启迪智慧、满足情感。然历史之与戏剧不同,则在于要求之重心有异,即更在于启智增知。

五、因缘时会的禅让制

　　禅让在两晋南北朝是朝代更替的主要形式,甚至还有把帝位授予儿子自己做太上皇的"内禅"。如北魏献文帝禅位给儿子孝文帝,北齐武成帝禅位给儿子齐后主,后者在国亡之际又禅位给自己八岁的儿子齐幼主等等。即使在十六国纷乱中,一些掌权者也想通过禅让来成为君

[1] 《陈书》卷6《后主纪》。
[2] 《陈书》卷28《陈伯山传附陈君范传》。

主。这是因为禅让的形式对政权的合法性有一定的重要性。如苻坚被姚苌所俘,后者遣人说坚,"求为尧舜禅代之事",苻坚拒绝,说:"禅代者,圣贤之事。姚苌叛贼,奈何拟之古人!"[1]

由于禅让在本时期频频举行,所以形成了固定的程式。这种过程虽然有时长达一年半载,但只要有了开头,就成了路人皆知的公共仪式,几乎没有悬念。禅让的程式,一般是先从建立实质性封国,和以"剑履上殿,入朝不趋,赞拜不名"标志着具备禅代的资格已经形成。至"备九锡之礼"及"建天子旌旗",就可以说是开始禅代的过程,其中一些步骤有时分开有时合一,或有增添,但出入不大。先是旧朝皇帝下禅位诏,诏中一般叙述"五运更始,三正迭代"的道理,预示鼎革的种种符瑞和为受禅者的评功摆好,如是要"谦让再三,群臣固请,乃许"。若萧衍开始也"谦让不受。是日,太史令蒋道秀陈天文符谶六十四条,事并明著,群臣重表固请,乃从之"[2]。于是新帝登基,柴燎告天,建庙分封等等,绝大部分的前朝逊帝在短时期内都难逃死路一条,不过其丧葬仪式仍享有皇帝的礼遇。

两汉以降阴阳五行学说的流行,为禅代更替提供了重要的理论依据。而魏晋南北朝之谶纬不绝,禅让制的需要也是一大根由。因为谶纬符瑞是在和平的形式下更替政权的最冠冕堂皇的理由,所以即使注意到了谶纬对统治可能带来的危害,新朝的建立者还是要情不自禁地利用它,然后又想再让它从此消失。周隋禅代结束了本时期的禅让制,隋文帝"既受周禅,恐黎元未惬,多说符瑞以耀之。其或造作而进者,不可胜计"[3]。隋文帝的忧虑也是所有受禅者的心理,于是谶纬的彻底禁止和禅让形式用以改朝换代的不再,都定格在隋代,恐怕也不是巧合。

本时期的禅让形式的流行,首先是和门阀社会的性质相关的。因为禅让不仅使朝代更替披上了合法性的外衣,而且使朝代之间保持了制度的连贯,这样就大大减轻了政治事件对社会稳定所带来的冲击,因为在这一段时期里已经有太多的变乱了。就新朝而言,由于不需要重起炉灶,最大限度地减少了建立新政权所需的工作量和人事变更,虽然这也意味着因循守旧。后者于门阀社会分外

陈废帝像
阎立本《历代帝王图》(局部)

[1] 《晋书》卷114《苻坚载记下》。
[2] 《南史》卷6《梁武帝本纪》。
[3] 《隋书》卷6《礼仪志一》。

合适,要想做皇帝的大权在握者为了得到士族的支持,就必须尽量符合士族的意愿,因为如此改朝换代就对高门世族的社会地位不会产生根本性的威胁,整个社会也对这类政治巨变付出尽可能少的代价,这在魏晋南北朝这样多变的时代显得尤为重要。

第二节　侯景之乱及其前因后果

侯景之乱不仅决定了梁朝的灭亡,作为南朝最重要的政治事件,还是整个江左社会政治演变的一个转折点,也由此决定了南北朝形势发展的趋向。

一、梁武帝接纳侯景

侯景,羯族人,原为北魏边镇上的一名军吏,骁勇善战,魏末北方大乱,乃追随尔朱荣逐鹿中原,以功擢为定州刺史,自是威名遂著。尔朱荣在内乱中被杀,侯景又投奔高欢。侯景驭军严整,然把攻掠所得财宝,皆班赐将士,故咸为之用,战争中所向多捷。高欢依仗他对抗西魏"若己之半体",使他拥兵10万,专制河南达十四年之久。公元547年高欢卒,其子高澄嗣位。侯景与高澄素有隙,不愿应高澄之召赴邺,高澄遣大将慕容绍宗率军讨侯景。于是侯景分别向西魏和梁称臣求救。

西魏丞相宇文泰听取行台左丞王悦的意见,认为侯景与高欢情义"有同鱼水。今欢始死,景便离贰",因为侯景此人图谋很大但"不恤小隙","尚能背德于高氏,岂肯尽节于朝廷"[1],是不可以信任的。于是西魏一面征召侯景入朝,一面令诸将深为之防,并分布诸军,占据侯景的7州、12镇。侯景在这时的唯一收获是通过他的倾心接纳,西魏将领任约率千余人归附了他。

梁武帝素有一统天下之志,曾在天监四年(505年)十月大举北伐。又自普通二年(521年)至大同二年(536年)期间乘北魏内部动乱,屡屡遣诸军向北进兵,攻城略地,招降纳叛。所以当侯景带着军队与河南境土要求归属时,梁武帝觉得机会难得就很高兴地予以接纳。梁朝廷中并

河北磁县东魏茹茹公主墓出土胡人俑

----

[1]《周书》卷33《王悦传》。

非没有人对侯景表示怀疑,"帝锐意中原,群臣咸言不可"[1],以尚书仆射谢举为首的官员们皆云接纳侯景非宜。但梁武帝或许是因为追求一统王业之心太迫切;或许是作为一个虔诚的宗教徒对占梦之类深信不疑,因为侯景求降之前平素少梦的他正好做了一个"中原牧守皆以其地来降"的梦;也或许经过盘算觉得由此凭空人地两得至少不是什么坏事,由是排斥众议,封侯景为河南王,都督河南南北诸军事,使侯景有了立足之地。但梁武帝的如意算盘最后成了自酿自饮的苦酒。

先是,乘侯景叛东魏之机,梁司州刺史羊鸦仁率军前出至汝水,占领了悬瓠城。于是在太清元年(547年)八月,梁武帝下诏以贞阳侯萧渊明为大都督率诸军大举攻东魏,东魏遣慕容绍宗之军对阵。萧渊明是梁武帝的侄子,地位亲贵而不知军,对于左右将领的建议不予采纳,也将侯景对梁军不能轻敌深入的告诫置若罔闻,结果受东魏军围击而大败。萧渊明及大部分将领被东魏俘虏,梁军亡失士卒数万人。接着东魏军将兵锋转向侯景,两军对垒了几个月,侯景虽屡有小胜,但军粮食尽。侯景想往南撤退,诳骗将士说他们家属已被高澄所杀。慕容绍宗闻讯后在阵前遥向侯景士兵喊话,说他们家属安好,回东魏则官勋如旧,并披发向北斗发誓。侯景将士本不愿南渡,闻之军心大乱,或降或散。侯景只能带残兵数百逃入梁境。侯景在以计骗梁监州韦黯开寿阳城门而入驻该城后,梁武帝任命他为南豫州刺史。梁军则在东魏军的攻击下,悬瓠等城相继失去,退守淮河一线。侯景成了梁与东魏北齐边境上的一着孤棋。

二、侯景占领建康到最后失败

东魏收复失地后,遣使至梁愿意和好,并让被俘的萧渊明与梁武帝通信。这使节往来引起了侯景的怀疑,侯景乃伪造东魏文书送至建康,求以贞阳侯萧渊明换侯景。梁朝廷议时,中书舍人傅岐说"侯景以穷归义,弃之不祥",况且侯景身经百战,岂肯束手受絷。朱异等则认为侯景是奔败之将,一使之力就能制服他。于是梁武帝就复信道:"贞阳旦至,侯景夕返"。侯景见了信对左右说,"我固知吴

河北磁县东魏茹茹公主墓出土持盾俑

[1]《南史》卷34《周朗传附周捨传》。

老儿薄心肠"！决计反梁,将属城居民悉招募为军士,百姓子女悉以配将士,但梁朝君臣总以为"侯景数百叛虏,何以为役",对侯景所为毫不在意。梁武帝对侯景使者说"譬如贫家畜十客五客,尚能得意,朕唯有一客,致有忿言,亦是朕之失也",于是还按侯景所请,拨送布帛器杖给他。

太清二年(548年)八月,侯景在豫州城内集其将帅,登坛歃血,以诛朱异等为名起兵清君侧。当马头城被侯景所陷,太守刘神茂等被执投降的消息传到建康时,梁武帝还笑着说侯景"是何能为,吾以折箠笞之",于是诏发诸军,四路讨景。但是梁武帝所没有能够料到的是,侯景会买通了萧正德。

临贺王萧正德是梁武帝的侄子。武帝早年没有儿子的时候,曾养他为子,武帝起事反萧齐时有了自己的长子萧统,登基后就立萧统为太子,即昭明太子。萧正德则认为太子之位原本属他,"自此怨望,恒怀不轨",睥睨宫宸,觊幸灾变,甚至一度逃奔北魏,再逃回来。大概武帝觉得有点欠他的,不仅没有对他惩罚,依旧封他为王。先是,侯景受到梁军大兵压境,谋士王伟献策侯景诱通萧正德,说"彼众我寡,必为所困。不如弃淮南,决志东向,帅轻骑直掩建康;临贺反其内,大王攻其外,天下不足定也。兵贵拙速,宜即进路"[1]。于是侯景一面声趋合肥,实际袭谯州而向建康;一面修书给萧正德,说如今奸臣乱国,政令颠倒,本为储贰的你也被废辱,所以我自奋起兵,为苍生扶助大王云云。萧正德得信大喜,以为天助,遂许之。当年十月,"景至江,正德潜运空舫,诈称迎获,以济景焉。朝廷未知其谋,犹遣正德守朱雀航。景至,正德乃引军与景俱进,景推正德为天子,改元为正平元年,景为丞相"。可以说,没有萧正德,侯景对建康难以构成大威胁,可能他的军队连长江都过不了。过江后的侯景军队,才马数百匹,兵千人。后来侯景攻下了建康台城,萧正德还率手下带刀进台城,要侯景履平城之日不得全二宫之约,但被侯景所阻。侯景又"复太清之号,降正德为大司马。正德有怨言,景闻之,虑其为变,矫诏杀之"[2]。萧正德利欲熏心而不顾一切,所以如他那般利令智昏的人要避免自取灭亡的结局也很难。

侯景自采石矶过江,京城里的人还不知道,兵临城下

河北磁县东魏茹茹公主墓出土箭箙俑

[1]《资治通鉴》卷161梁武帝太清二年八月条。
[2]《梁书》卷55《萧正德传》。

才仓促应战。侯景在攻占了四周的石头城、白下城、东府城等外围之后，集中兵力围攻梁武帝所居的建康台城。台城墙高池深，各路勤王兵马也陆续到达建康郊外，于是双方互有攻防，相持数月。其间，侯景招募为人奴婢者，悉免为良。有朱异家奴越城投降者，侯景封他为仪同三司，让他乘良马，衣锦袍，在城下喊话，说朱异"五十年仕宦，方得中领军；我始事侯王，已为仪同焉"。于是"三日之中，群奴出就景者以千数，景皆厚抚以配军，人人感恩，为之致死"。侯景军人数也渐渐扩至10余万。梁军一方，依次到达的勤王军缘淮河造栅立营。起先，"援军初至，建康士民扶老携幼以候之，才过淮，即纵兵剽掠。由是士民失望，贼中有谋应官军者，闻之，亦止"。来援诸军虽然众号百万，连营相持，但号令不一，"互相猜阻，莫有战心"[1]。台城里粮食匮乏，鼠雀皆尽，又流行疫病。城围之日，里面有男女10余万，贯甲者3万，至是疾疫者且尽，横尸满路，无人埋瘗，能登城守者仅两三千羸懦。侯景军也食尽，于是百道猛攻台城，先后造各种攻城车、火烧城门，又筑土山，又决玄武湖水灌城等等。太清三年（549年）三月，台城被攻陷。

入台城后，侯景自为大都督、大丞相等，并矫诏解散各路援兵，然后遣军占领大江南北各地。同年五月，梁武帝因又饥又病而驾崩，侯景立太子萧纲为帝，大宝二年（551年）萧纲被杀，其子哀太子萧大器等王侯20余人也皆被杀。侯景又立武帝之孙豫章王萧栋为帝，寻逼其禅位于己，并改元封百官，国号汉。

侯景率军刚到达建康时，期望即日克定京师，号令严明，不犯百姓，还停责市估及田租。后来台城久攻不下，梁勤王军又汇集于外，怕军心离散，于是纵兵杀掠，富室豪家，恣意衰剥，子女妻妾，悉入军营。军纪一旦败坏，就很难再肃整，逢打仗用兵时更无法收拾。侯景攻下建康后，其将于子悦等分略吴地时，又任意调发，逼掠子女，毒虐百姓。再加上在整个战争过程中，总会给社会与人民带来各种各样伤害，而这一切都是侯景引起的。于是吴人莫不怨愤，各立城栅拒守。本来侯景入城后虽自作威福，却可以挟天子以令诸侯，总能镇住一批梁朝官员服从他。但他自己做了皇帝后，借口就没有了。做天子要修七庙，侯景

河北磁县东魏茹茹公主墓出土骑马俑

[1]《资治通鉴》卷161梁武帝太清二年十一月条、卷162太清三年正月条。

只记得其父名标,此情况传出去后"众闻咸笑之",只得由王伟找了"汉司徒侯霸为始祖,晋征士侯瑾为七世祖"。在门阀时代,侯景的如此出身使得皇帝头上的神圣光环也由此消失殆尽。这种政治资源的丧失,很快产生心理上的逆转。侯景军队初围台城时,梁朝30万援军见之气消胆夺,侯景称帝后仅三个月,其兵见到官军,还未列阵就"皆举幡乞降,景不能制"[1]。大宝三年(552年)二月,众叛亲离下的侯景不得已带着心腹数十人自沪渎乘船出逃,在一个叫胡豆洲的地方被擒杀。侯景尸体被送到建康曝于市,都下百姓的怨恨皆集中在他身上,其肉被噉,骨被焚,同党王伟等也先后被杀,但动乱并没有就此结束,余波还在继续。

三、结局:梁朝的解体

由于梁武帝与简文帝的处于逆境和相继罹难,在外分掌地方军政大权的萧家子弟们,早就动起了争夺皇位的念头,侯景垮台前后,就已经拉开了他们兵戈相见的帷幕。梁武帝尚未死,执掌荆州军政的湘东王萧绎就忙着攻打湘州刺史河东王萧誉,直到将其置之死地为止,也不承认简文帝的继位。王僧辩进军建康时,萧绎暗示他要把兵威加于简文帝或后继者,由于王僧辩不想背上弑君的恶名,侯景逃出建康后萧绎就另遣人将继帝位的萧栋杀了。雍州刺史岳阳王萧詧也自称梁王,攻打萧绎,双方都图谋借助魏兵。大宝二年(551年)四月,益州刺史武陵王萧纪声讨侯景,然按兵不动,八月方挥师东下,以图荆陕。次年四月,萧纪在蜀称帝改元。十一月,萧绎在江陵称帝改元,是为梁元帝,然元帝以为建康残破,止留江陵。两军交战,萧绎起用所囚侯景旧将任约、谢答仁等率军与萧纪作战。每战,萧纪则将黄金百斤及大量银、锦帛等悬示将士,但从不用此为赏,有请示者也称疾不见,由是将卒解体。元帝承圣二年(553年)六月,萧纪军败,与其子萧圆满等被俘杀。承圣三年十月,萧詧会合西魏军于襄阳。十一月,由于梁军主力都被梁元帝分派出去打内战,对北方入侵缺乏足够的防范,所以魏军能很快攻陷江陵,元帝被俘,不久与其子萧元亮等被萧詧所杀。

西魏立萧詧为梁主,辖荆州内300里地,居江陵东城,

河北磁县东魏茹茹公主墓出土骑马乐俑

[1] 以上史料见《梁书》卷56,《南史》卷80《侯景传》。

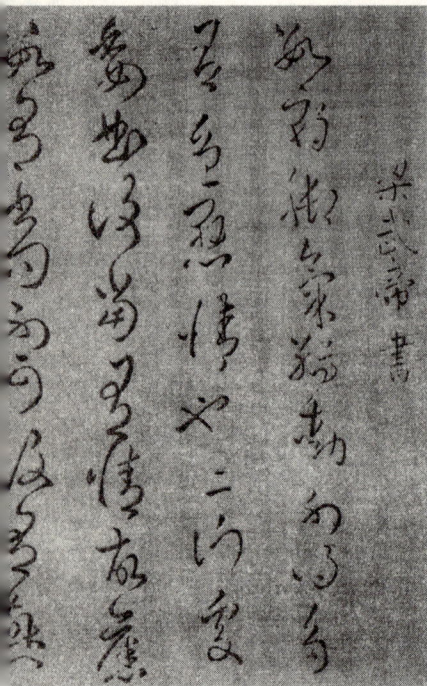

梁武帝萧衍·数朝帖

史称后梁。江陵西城则驻扎魏军，名为助防，而将王公以下至百姓数万口为奴婢分赏三军，连同所掠珍宝驱归长安，仅留下300余户给萧詧。与此同时，梁将王僧辩、陈霸先等在建康拥立元帝子萧方智登基，是为敬帝，改元绍泰。稍后，北齐送被其所俘之贞阳侯萧渊明来主梁嗣。绍泰元年（555年）七月，因与齐军战不利，王僧辩等纳萧渊明入建康，后者称帝，而以敬帝为皇太子。同年九月，陈霸先袭杀王僧辩，黜萧渊明，敬帝复位，仍称臣于齐，请为藩国。太平元年（556年）六月，陈霸先大破北齐军。次年十月，敬帝禅位于陈霸先，名义上的梁朝也灭亡了。

在西魏北周羽翼下的后梁，一直存在至隋开皇七年（587年），其第三代主萧琮率臣下200多人朝隋。隋文帝将他们扣留，并发兵占领江陵，梁朝最后一点政治余脉也消失了。

四、侯景之乱的背景和历史影响

一个带着数百残兵败卒来投奔的北方将军，竟能在二三年的时间里把整个梁朝掀翻，应该怎样来看这个历史现象呢？任何历史事件的形成总会包含着偶然与必然的因素，一般的说，担当事件角色的人都具有偶然的因素，因为个人的性格、能力及此前的遭遇是独一无二的，也是无法预定的，但是他这个角色所在场合之形成却有着必然的因子。就此而言，侯景作为善战多诈的枭雄确世无多见，但梁朝给了他一个比做军阀大得多的发挥空间。这首先是梁朝的政治所致，当时梁武帝已经八十多岁，在皇帝位置上也有四十多年了，由此形成的自信、自负加上雄心依然，却与其年老而政治洞察力和政务能力下降之间产生了矛盾，"时武帝年高，任职者缘饰奸诡，深害时政"[1]，遂使侯景有点不可思议的阴谋得以顺利进行。可能是吸取了宋、齐二朝皇室成员相互残杀以致江山落入他人之手的教训，梁武帝对宗室子弟的纵容姑息，可以说在历史上无出其右。萧正德的出卖和萧纶等勤王军的顿兵不前，可以说是台城被陷的两大关键。这都是梁武帝自己一手造成的，尤其是萧正德，其怨望如此之大竟不被觉察，也许正因为武帝不想觉察所以没人汇报揭发。萧正德

[1]《南史》卷62《贺玚传》。

叛逃投魏不惩罚也就算了，还复其封爵，委以兵权。梁武帝自己的儿子萧综、萧纶等或反叛、或谋逆，"武帝竟不能有所废黜，卒至宗室争竞，为天下笑"[1]。所以即使没有侯景，一样也会有内乱，之后诸王之间的猜疑与残杀证明了这一点。史云"梁武帝敦睦九族，优惜朝士，有犯罪者，皆讽群下，屈法申之。百姓有罪，皆案之以法。其缘坐则老幼不免，一人亡逃，则举家质作。人既穷急，奸宄益深"[2]，由是梁武帝在包庇宗亲王侯同时，对普通庶民则十分严酷。这些宗室贵族"及在位庶僚，姬姜百室，仆从数千，不耕不织，锦衣玉食，不夺百姓，从何得之"[3]。而形成境内"太半之人，并为部曲，不耕而食，不蚕而衣。或事王侯，或依将帅，携带妻累，随逐东西。与藩镇共侵渔，助守宰为蟊贼。收缚无罪，逼迫善人。民尽流离，邑皆荒废"[4]。社会矛盾变得十分尖锐，所以侯景入建康之初，有这么多的人来投奔他的军队。可以说，梁武帝家族政治所形成的腐败，为侯景之乱提供了最好的政治环境。

　　由于宗室子弟都被梁武帝委以重任，包括州郡的军政长官，他们因为无所顾忌，往往为所欲为。如萧综为南徐州刺史时，"政刑酷暴"。萧机"为州专意聚敛，无治绩"。萧纶为扬州刺史时"侵渔细民"，还派人把揭发他的少府丞何智通刺杀[5]。萧续"耽色爱财，极意收敛，仓储库藏盈溢"。萧朗为桂州刺史"性偯而虐，群下患之"。萧宏更是恣意聚敛，有钱三亿余万，堆满30多间库房，还占夺民宅，使"都下东土百姓，失业非一"。萧正则"恒于第内私械百姓令养马，又盗铸钱"。萧泰为谯州刺史"遍发人丁"，且不限士庶，"耻为之者，重加杖责，多输财者，即放免之，于是人皆思乱"[6]。虽然萧家子弟中也有不少好的，但以上述害群之马为榜样，足以使当时"勋豪子弟多纵恣，以淫盗屠杀为业"，而梁武帝则对此"每加掩抑"[7]，无疑会使他们更加无法无天，从而对整个社会与政治秩序造成难以弥合的冲击。因为这些皇亲贵族所侵犯的对象还包括一般士族，再加上后者对梁武帝平素使寒人掌机要的一贯不满，就极大地动摇了梁朝的社会基础。侯景进建康后，南朝士族代表人物之一琅邪王氏的王克与其合作，"仕侯景，位太宰、侍中、录尚书事"[8]。被"士大夫以笃行称之"的殷不害和

梁武帝萧衍陵神兽

[1] 《南史》卷53《萧纶传》。
[2] 《隋书》卷25《刑法志》。
[3] 《资治通鉴》卷161梁武帝太清二年十一月乙丑条。
[4] 何之元《梁典·总论》，载《文苑英华》卷754。
[5] 分见《梁书》卷55《萧综传》、卷22《萧机传》、卷29《萧纶传》。
[6] 分见《南史》卷53《萧续传》、卷51《萧朗传》、《萧宏传》、《萧正则传》、卷52《萧泰传》。
[7] 《南史》卷51《萧正德传》。
[8] 《南史》卷23《王克传》。

梁萧景墓前神道石柱

"善玄理,为当世所宗"的周弘正[1]也分别在侯景朝廷里官拜侍中与太常。他们在侯景事件过后,依然受到尊重,周弘正在陈朝还做到尚书左仆射,说明他们在侯景事件中的态度并没有被士族所否定。

侯景之乱的影响远远超越了一般的历史事件。首先,梁朝由此而被推翻。不仅如此,南朝与北朝之间的平衡被完全打破。当时在南北的对抗中,虽然黄河中下游的综合经济实力要略大于长江中下游的综合经济实力,但如果北方处于分裂状态的时候,南方还会有相当的优势,如东晋十六国时期,基本上还是东晋占优,所以有屡屡的北伐。北魏统一北方后,南方则政变不断,于是南北的分界线就被步步地往南压。魏末的动乱,梁武帝没有抓住机会,不过随之而来的东魏与西魏、北齐与北周的分裂和对持,使梁朝的总体实力超过了北面两个政权中的任何一个,还是可以有所作为的。应该说梁武帝也看到了这一点,所以他想利用侯景,但由于处置不当而反受其祸。侯景平后,萧绎、萧詧等还勾结北军,相互残杀。疆土也因此大为减缩,"州郡太半入魏,自巴陵以下至建康,缘以长江为限。荆州界北尽武宁,西拒硖口,岭南复为萧勃所据,文轨所同,千里而近,人户著籍,不盈三万而已"[2]。如此狭小的版图已经失去了支持统一中国的资源基础,加之侯景之乱对南方社会经济的损伤,绝非短期所能弥补,这就成了北方压倒南方的转折点。

其次,它造成了东晋南朝最大一次的破坏,因为以前虽有朝代更迭,也常有兵戎相见的时候,但在范围和时间上均不及这一次。胡三省说,"侯景之乱,东极吴、会,西抵江、郢,死于兵、死于饥者,自典午南渡之后,未始见也"[3]。其中仅"都下及上川饿死者十八九"[4]。双方后来军纪都坏,元帝手下王僧辩从侯景手中夺回建康后,一样纵兵蹂掠。逃难百姓听说官军来了就老小竞出,不意"军人掠之,甚于寇贼"[5],男女裸露,号泣于道,官军比侯景还凶狠残酷。他们交替掠杀百姓,整个社会就满目疮痍了。这也包括文化上的破坏,如在台城攻防战中,"烧东宫台殿遂尽,所聚图籍数百厨,一皆灰烬"。后来在江陵被西魏军攻占前夕,梁元帝以为自己"读书万卷,犹有今日",又命舍人高宝善

[1] 分见《陈书》卷32《殷不害传》,《南史》卷34《周朗传附周弘正传》、卷80《侯景传》。
[2]《南史》卷8《元帝本纪》。
[3]《资治通鉴》卷159梁武帝大同十一年十二月条注。
[4]《南史》卷67《鲁悉达传》。
[5]《南史》卷80《侯景传》。

将古今图书14万卷付之一炬，其中大部分是因侯景之乱而从建康送至江陵的。

再次，这次动乱不仅严重地破坏了江南最富饶地区的社会经济，还附带破坏了依附于这个经济体制之上的社会结构，即门阀赖以存在的基础被破坏了，门阀才真正衰落。这是因为一来由于士族本身的大批死亡，除直接死于战争外，还死于由此引起的饥荒和疾病。士族旧家中"其绝粒久者，鸟面鹄形，俯伏床帷，不出户牖者，莫不衣罗绮，怀金玉，交相枕藉，待命听终。于是千里绝烟，人迹罕见，白骨成聚如丘陇焉"[1]。自陈以后，南朝士族的势力大为消退，这也是个重要原因。二是大批奴婢得以解放。仅太清三年（549年）四月壬午侯景矫诏免北人在南为奴婢者，就数以万计。依附人口的大量减少，不仅使门阀养尊处优的生活难以为继，大家族的聚居形态也不易维持，这也给士族带来很大伤害。同时，"村屯坞壁之豪，郡邑岩穴之长，恣陵侮而为暴，资剽掠以为雄"[2]。这些土著豪强，包括一部分少数族的酋长，如侯安都、侯瑱、欧阳頠、徐世谱、陈宝应等等皆为陈朝的军政大员。据朱大渭先生的统计，陈朝初由少数族酋帅或寒族出身的皇族成员和将相大臣有20人，占其全部的87%。"这20人在侯景乱前，未入仕的有9人，入仕的11人中，太守3人，县令1人，郡佐2人，军主、参军4人，东宫直后1人，这些都属于不显要的中下级官吏"。而在梁朝的最高统治集团中，属高门士族的占到85%[3]。两相比较，就可以看出侯景之乱的后果了。

第三节　在变动中形成的各种行政制度

在中国政治制度史中，经汉末动乱，三国纷争之后，西晋统一而建立起来的行政制度与秦、汉有较大的差别，而多为十六国至南北朝，尤其是南朝所本。在此以两晋南朝为主，对其有特色的新制作一概述。

由于中国的政治体制贯彻着人治与专制相结合的原则，所以行政制度是以职官制度的形式体现出来的，而官位权力轻重之异不仅在于其原初所设定，也往往通过任

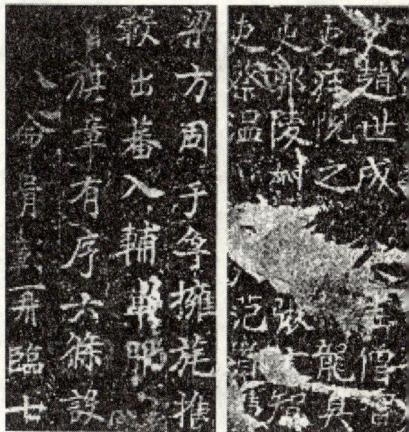

萧秀碑　江苏上元出土

[1]《南史》卷80《侯景传》。
[2]《南史》卷80《贼臣传论》。
[3] 朱大渭《梁末陈初豪强酋帅的兴起》，载《六朝史论》，中华书局1998年版。

职者的人格与能力有不同的表现。其差别间所激起的种种矛盾则是政治制度沿革的动力之一。正因为如此,其制度变革带有很大的连续性,即新制新官之设有前因可寻,而废置之制或官大多不会完全销声匿迹。由于本时期朝代的鼎革多采取禅位形式,所以对制度的延续性影响不大。

由于中国封建体制的连续性,行政制度庞大复杂,每个时代不仅有发展也有承袭,限于篇幅,这里只介绍其在本时期有明显特点之处。至于在制度主流之外的一些特例,如北魏的分部制和内、外朝制,北周在官署职名上仿古改制,以及僧官制度等,将在另章叙述或提及。

一、三省制的基本形成

三省制因为其系中枢,所以是本时期政体上最重要的演变。所谓三省制是指中书、门下、尚书三个并列的行政机构相互结合所组成,作为施行皇权之行政中枢体制。三省制中的一些职名虽始于秦汉,但作为一种权力结构的组合则在魏晋,然后逐步完善于南北朝,集大成于隋唐,宋以后则有畸变,三省也不复为中枢之代称。

三省制作为行政系统的核心是对秦汉三公九卿制的一种取代。三公九卿制虽然与周制有很大的区别,但和后世其他的行政制度相比,仍是较多地保留三代的制度,如三公九卿并为天子之辅佐,它们之间主要体现的是一种分工关系,横向的工作联系并不十分紧密。因此可以说,这样一种制度虽然已经构成了一个较为完备的行政系统,它还是比较松散的,也不会有太高的效率。这和中央集权体制的还在初建阶段有关,秦初横征暴敛,各地揭竿而起,也和此制不能适应一个大帝国的有效统治相关。西汉前期反其道行之,以黄老之学为指导的政策方针与此制正相符合。司马迁一再说:"百姓无内外之繇,得息肩于田亩";"自天子以至于封君汤沐邑,皆各为私奉养焉,不领于天下之经费";"汉兴,破觚而为圜,斲雕而为朴,漏网于吞舟之鱼"等等[1],这种行政上清净简化的情况和两汉的体制是互相适应的。其间,汉武帝为了实现他的雄心壮志,加强其行政控制,于是不仅有了众多的酷吏,也萌发

太尉司马(宋)

[1] 分见《史记》卷25《律书》、卷30《平准书》、卷122《酷吏列传序》。

出尚书办事机构的雏形。但由于整个体制未变,武帝最后也只好以罪己诏的形式走回头路。

　　魏晋南北朝期间,皇帝个人的狭义皇权虽然受到了门阀很大的制约,但作为广义皇权的中央行政机构却是在不断加强的过程中。这是因为当时诸朝诸国在绝大多数时间里都是处于外有它国的竞争,甚至是战争,内要拼命控制劳动力和其他资源以支撑其政权的存在,所以不得不加强朝廷的威权与效率,也就有了新的三省制成长的契机。

　　中国古代行政制度的历史,虽然迭经改朝换代,但保持着连贯性,即始终是承袭和演变两者结合起来发展着的。因此三省制对三公九卿的取代只是将后者从行政权力的中心挤到边缘,使后者在很大程度上成为一种荣誉身份的标志,虽亦设一些吏属以供差遣。本时期九卿的职名大体保留着或略有增加,三公到西晋扩展为"八公"。《通典》卷20"三公总述"条云:"晋武帝即位之初,以安平王(司马)孚为太宰、郑冲为太傅、王祥为太保、义阳王(司马)望为太尉、何曾为司徒、荀顗为司空、石苞为大司马、陈骞为大将军,凡八公同时并置。"这些名位在以后诸朝都有,并略有变化,北魏等又在其中分出上公、三公等,以便分出等第。而三省则操实权,简叙如下:

1. 中书省

　　虽然西汉时期已有过中书职名,但中书省基本形成于曹魏时,两晋南北朝因之。中书省在当时的主要职责为"掌赞诏命,记会时事,典作文书",简而言之就是起草诏书旨令。由于在皇权专制体制中,代表皇权的政令与法令都是通过诏书来颁行的,因此起草诏书就意味着政策与法律的制定和重大政治处分的发布,中书省也由此成为朝廷中枢之地,所以史称"魏晋重中书之官,居喉舌之任"[1]。中书省的首长是中书监和中书令,前者居右为尊,晋代"并第三品,秩千石",宋、齐因之,梁、陈"(中书)监增秩至中二千石,令秩增二千石,监、令并增至二品",北魏亦置监、令,孝文帝以"中书监正第一品,中书令正第二品",以后小有变动,北齐因之[2]。但是北魏前期实行的是内、外朝

材官将军章(南齐)

[1]《通典》卷22"尚书省"条。
[2]《唐六典》卷9"中书令"条。

双重政治体制，所以它的中书省权位较轻，省内中书侍郎、中书博士等也都由汉人任职，可以算是特例[1]。

2. 尚书省

尚书省的源头最为长远，战国时就有尚书的职名，汉武帝时尚书分曹办事，至东汉设尚书台。在本时期，"魏晋宋齐并曰尚书台"，"梁陈后魏北齐隋则曰尚书省"[2]。其"出纳王命，赋政四海"，"政令之所由宣，选举之所由定，罪赏之所由正"，权力很大，所以"亦谓中台"[3]。魏晋以降，决策诏命之任虽被中书所分割，但由于尚书总揽政务，仍是非常重要的权力机构，何况"尚书省"的名称却是在南北朝定下来的，并为隋、唐等朝代所袭用。

两晋南北朝期间，尚书省作为朝廷的办事机构，诸国各朝根据实际的需要，设立不同的曹署，如北魏前期曾"分尚书三十六曹及诸外署"[4]。这一切可以说是大同小异，至南朝梁、陈间，随着"尚书省"名的确立，其组织形制也基本定了下来。据《隋书·百官志上》所载，当时"尚书省，置令，左、右仆射各一人。又置吏部、祠部、度支、左官、都官、五兵等六尚书。左右丞各一人。吏部、删定、三公、比部、祠部、仪曹、虞曹、主客、度支、殿中、金部、仓部、左户、驾部、起部、屯田、都官、水部、库部、功论、中兵、外兵、骑兵等郎二十三人。令史百二十人，书令史百三十人"。其中"令总统之，仆射副令，又与尚书分领诸曹，令阙，则左仆射为主"。诸尚书中因吏部负选官之任，故"自晋以来，谓吏部尚书为大尚书，以其在诸曹之右，且其权任要重也"[5]。

与尚书权力密切相关的还有"录尚书事"和"八座"。录尚书事之职名起于东汉章帝，"和帝时，太尉邓彪为太傅录尚书事，位在三公上，汉制遂以为常"，"自魏晋以后，亦公卿权重者为之，职无不总"[6]。所以凡"录尚书事"者，权位已同于宰相，也正因为如此，所以并不常设，南北朝以后亦不设此职。八座是尚书省首长的一种办事形式，起于东汉，后来也成为尚书省首脑的代称。南朝宋、齐二朝以"五尚书、二仆射、一令，谓之八座"[7]，有的朝代则"不言八座之数"[8]。录尚书事和八座虽非常设，但它们的出现也说明在本时期，尚书省仍是国家的政务中心。

[1] 参见严耀中《北魏前期政治制度》第3章，吉林教育出版社1990年版。
[2] 《初学记》卷11"尚书令"。
[3] 《通典》卷22"尚书省"条。
[4] 《魏书》卷113《官氏志》。
[5] 《资治通鉴》卷119宋营阳王景平元年正月已未条胡注。
[6] 《通典》卷22"录尚书"条。
[7] 《宋书》卷39《百官志上》。刘宋初，五尚书为吏部、左民、度支、五兵、都官，因"若有右仆射，则不设祠部尚书"。
[8] 《通典》卷22"历代尚书附八座"条。

作为政务要地，如何对主事者的错误进行处理也是保证制度运行的重要一环。处理轻了起不到督促的作用，重了则有损有才干的官员。南朝规定："凡尚书官，大罪则免，小罪则遣出。遣出者百日无代人，听还本职。"[1]如果排斥了任人唯亲的情况，则此条足以保证干练人才不会从尚书省流失，因为平常可能犯的都是小错误小罪，没人顶缺说明当时没有合适任此职者，犯了小罪的官员还能官复原职；有人顶则说明已有更强者，对尚书省来说当然是有利的。

3. 门下省

所谓门下指宫门之下，门下省管门下众事，这些众事都与皇宫内之事密切相关。虽然门下省之名到南北朝才定下来，但其中一些官员职名却出现甚早。如作为门下省主官的侍中秦时已有，东汉则有侍中寺。晋置西省，直宿禁军，并与散骑省、侍中省合称"门下三省"，所以"东晋与刘宋三省并立而异名，当时凡称'门下'或'门下'省，实系三省之总称，而非侍中省所专有"[2]。至于南齐、梁、陈及北魏、北齐等在大多数情况下门下是专指侍中、黄门郎。

侍中本为加官，得入禁中，为皇帝亲近之职。魏晋起权位渐重，由于能在皇帝身边"备切问近对，拾遗补阙"，至南北朝中后期切割了中书、尚书的一些职权，"对掌禁令，此颇为宰相矣"[3]，所以当时的权臣几乎都有"侍中"的加职。

《通典》卷21在门下省的"侍中"条下列举属于门下的多种官职，在两晋南北朝期间出现过的有侍郎、给事中、散骑常侍、谏议大夫、起居、城门郎、符宝郎（符节令）等。这些官职中主要可分两大类，一类为起居、城门郎、符宝郎（符节令）等，是掌执与宫内相关事务的职官，另外的恐怕都是侍从御驾，拾遗应对的了。也就是说，本时期的门下省已经具有"驳议"的任职。不仅如此，由于侍中一职的显要，本时期的行政权力有向门下集中的趋向，尤其在北魏。正如纪昀说："后魏虽有丞相、司徒等官，而门下省独膺钧衡之寄，故侍中称为宰相。"[4]这从《文馆词林》中所保存的诏书格式上也可以反映出来，汉至西晋其起首用"制诏"，除北周外的南北朝诏书起首皆用"门下"，"东晋一朝

讨难将军（陈）

[1]《宋书》卷81《顾琛传》。
[2] 王素《三省制略论》第3章，齐鲁书社1986年版，第82页。
[3]《通典》卷21"侍中"条。
[4]《历代职官表》卷2"内阁上"条。

则两种格式兼具,明显处于过渡交替时期"[1]。由此从一个侧面显示出该时期门下省作用的重要。

综上所述,可以看到中书、尚书、门下三省在魏晋南北朝期间,不仅已经形成了较为完备的机构形态,而且职能上的主要倾向也显露了出来。不过这三省在本时期既处于发展变化的过程中,主要职官的权限分割得并不是太清楚,以致中书、尚书、门下诸省的主官都一度具有宰相的职权。再加上原来的三公、三师等名号的继续保留,且并非完全是虚衔,如诸州大中正一般由司徒推荐,以及丞相、相国等职名的有时使用,即这些官衔仍然是一种政治资源,有时候还很重要,所以两晋南北朝的中枢官制是变化而复杂的。

尽管如此,两晋南北朝的整个政制变化的脉络还是清楚的,即以三省制替代秦汉的三公九卿制。从三省的发展过程来看,它们都是由贴近皇帝的宫职逐步发展为执掌大权的中枢机构,使行政机构以只是作为部门首长的附属变成行政主官,只是该部门的一分子,一个"大吏"而已。从这点上说,这个权力由三公向三省的转移进程,就是皇权扩张的过程。应该弄清楚的是,皇权有两层含义,狭义的就是皇帝个人的权力,广义的是指皇帝名义下的中央政府机构,即所谓朝廷。鉴于在三省制发展的过程中,经历了不下百位的皇帝,虽然其中少数皇帝精明强干,但大多数是少、弱、病、狂,不过三省制的发展并没有因他们而停下,这就说明三省所代表的是广义皇权。中书、尚书、门下三省之间的权力联系和交错,即使在两晋南北朝期间也比三公九卿之间来得紧密,更具备系统的特点,当然比三公九卿更符合行政需要,因此这个权力转移也是行政系统自我完善的过程,与皇帝个人的行为关系并不是很大。

二、地方行政中的几个倾向

首先是军政合一。由于魏晋南北朝期间改朝换代频繁和小国林立,以及由此而战乱不断,地方上形成军政合一的倾向是合乎形势的。这种合一主要表现在三个方面。一是地方官都有将军的名号,所以州刺史通称州将,郡太守通称郡将,一些县令也有将军的名号,如刘宋时的大将

魏兴太守章(宋)

[1] 罗永生《三省制新探》第2章,中华书局2005年版,第55页。

朱龄石就曾"迁武康令,加宁远将军"[1]。个别无此名号者,在《通典》中被称为"单车刺史",但"单车刺史虽无将军之号,而仍加督或都督,故不妨用州将、郡将之通称也"[2]。因为地方军政长官系一人所兼,由此地方上并存着行政和军府两个僚属机构。这两个机构虽然职名有异,掌执事务也轻重不同,但实际上是互补的。在一些边远地区如高昌郡,据出土的吐鲁番文书,当地军府和地方行政系统出现职能上合一,事务上合办的倾向[3]。

　第二是源自于汉代的督军或监军,而在三国前后产生,作为主要带兵者的都督(北周称总管)一职,至本时期凌驾于州刺史以上而越来越具有行政化倾向。"至东晋以下,更通列州刺,不注都督;盖以都督统军例由重要州刺史兼充,不别用人故耳。实则刺史位任颇轻(四五品),加都督或且督数州者,称为'都府'或'都督府',乃为重任,称方镇;仅为刺史,非方镇之任也"。严耕望先生根据《晋书·范宁传》里有"府以统州,州以监郡,郡以莅县"说法等史料,认为当时地方行政实为四级,即县、郡、州之上还有一个都督区[4]。这其实是军政合一倾向的另一个表现,都是战时状态下对地方行政影响的结果。但都督区还不能算是一个真正的行政区,虽然它有着称之为"军府"的机构,往往也掌有实际的地方行政权力,仍至多只能视作一级准行政区。这是因为一来其一般全称为"使持节(或持节、假节等)都督某地诸军事",统督军事始终是其主要职责。二来在本时期即使在同一朝代里都督下辖区域是因人而异,说明所谓都督区皆无固定地域,难以成为经常性行政单位。如在东晋同样是荆州刺史兼都督,桓温为"都督荆梁诸军事",殷仲堪是"都督荆益宁三州诸军事",桓玄是"都督荆司雍秦梁益宁七州",刘毅是"都督荆宁秦雍诸军事"等等。三来在当时的制度规定,以及当时人们的心目中都没有把都督区当作一级行政单位,本时期所出的正史如沈约的《宋书·州郡志》、魏收的《魏书·地形志》和萧子显的《南齐书·州郡志》里都没有把都督区当作一级地方行政单位。更何况在整个魏晋南北朝,"都督"一职名下的品位权力差异很大,如东晋曾授姚弋仲"六夷大都督,都督江淮诸军事"等职名,实际上是没有固定辖区的,以

河东太守章(南齐)

[1]《宋书》卷48《朱龄石传》。
[2] 周一良《魏晋南北朝史札记》"郡将、州将"条,中华书局1985年版。
[3] 参见严耀中《吐鲁番文书中所见高昌郡兵民和军政关系初探》,载《1983年全国敦煌学术讨论会文集》"文史·遗书编上",甘肃人民出版社1987年版。
[4] 严耕望《中国地方行政制度史》第1章,上海古籍出版社2007年版。

及当时朝内执政权臣往往兼有"都督中外军事"之衔。此外三国时的"帐下都督"和北朝后期的"帅都督"、"子都督"等军职,其间的差异就更大了。这里讨论的"都督",为一些军事单位或作战范围内主要掌权者之通称,虽然其军管地方时亦负行政之责,然其辖区终究算不得地方行政区。

第三是尚书行台作为朝廷的行政派出机构,随军征讨或镇守。《文献通考·职官考六》云:"行台自魏晋有之,魏末晋文帝讨诸葛诞,散骑常侍裴秀、尚书仆射陈泰、黄门侍郎钟会等以行台从。至晋永嘉四年,东海王越率众许昌,亦以行台自随。越请讨石勒,表以行台随军。"但当时的行台只是配合军事行动的临时措施,"非驻治地方而统治之者。统治地方之行台当始于北魏道武帝世"[1]。北齐"行台兼总人事"[2],具有更大的权力。行台是在特殊情况下,或为展开大规模军事行动或为平抚一方,分割朝廷中央行政权力的举措。少数族政权往往有多处设立都城的传统,以方便其对广袤地域的统治,这样就把魏晋时期的临时举措变为一种常驻机构了。因此主职行台者必是数职相兼,如魏末孝武帝为了对付高欢,拜贺拔胜"都督三荆、二郢、南襄、南雍七州诸军事,进位骠骑大将军、开府仪同三司、荆州刺史,加授南道大行台尚书左仆射"[3]。在贺拔胜众多的职衔中,尚书左仆射是与行台性质相连,道是行台的政权范围,都督军事与行台是为达到目的之军政双方,这当然是因为军队的行动需要强有力的行政系统来保障其后勤供给的需要。所以主行台者几乎都具备此三种职衔[4]。不过由于行台和都督在职权上有一定的重复,到北齐时就渐渐取代了后者。

第四是地方官吏考课制度的加强。为了行政系统的更好运转,对官吏进行考绩十分必要,应该也是官职升降的依据。但本时期的门阀政治,使官位之清浊升迁多取决于门第,从而使朝官的考核已无多大实际意义。而且在一切官僚体制中,按年资决定升降是最省事少矛盾的做法,虽然这会使整个行政机器慢慢地消失活力,变得麻木不仁。但掌事者多图眼前太平,所以这种做法在官僚体制中司空见惯。本时期北魏吏部尚书崔亮所订停年格最为典型:"不问士之贤愚,专以停解日月为断。虽复官须此人,

西城令印(南齐)

[1] 严耕望《中国地方行政制度史》第12章。
[2] 《北史》卷50《辛雄传》。
[3] 《周书》卷14《贺拔胜传》。
[4] 陈仲安、王素先生称之为"督军行台",见《汉唐职官制度》第2章第3节,中华书局1993年版。

停日后者终于不得;庸才下品,年月久者灼然先用。沉滞者皆称其能。"[1]

　　而地方官由于直接治理民众,事关社会稳定和朝廷财政收入,所以本时期在这方面还是不断有制度推出。西晋王戎"为尚书左仆射领吏部","始为'甲午制',凡选举皆先治百姓,然后授用"。此制具体条例不详,似乎是做官先得从地方做起,因为直接治理民众最能看得出其德与才,用意是好的,但也产生弊病,即如当时司隶傅咸所奏:由此"送故迎新,相望道路,巧诈由生,伤农害政"[2]。其意思有两层,一是如此考察官员,其地方任上最多只能一年半载,换来换去,不堪其烦,行政成本太高。二是为了升迁,官员在地方任上,势必"驱动浮华",大搞政绩形象工程,伤害农民,败坏官风。再加上高门子弟入仕者也会感到麻烦,所以这"甲午制"就无疾而终了。

　　对地方官的考课还一直以不同形式进行,各具特色。如晋武帝在泰始四年(268年)十二月,"班五条诏书于郡国:一曰正身,二曰勤百姓,三曰抚孤寡,四曰敦本息末,五曰去人事"[3]。又北魏文成帝和平六年(465年)九月丙午诏:"先朝以州牧亲人,宜置良佐,故敕有司班九条之制,使前政选吏以待后人。"[4]最著名的是西魏大统三年(537年)宇文泰命苏绰"又为六条诏书,奏施行之"[5]。据《周书·苏绰传》载,这六条是:1,先治心;2,敦教化;3,尽地利;4,擢贤良;5,恤狱讼;6,均赋役。周一良先生认为此"六条诏书为西魏北周之经国大法",而其为六条"盖宇文氏仿效周礼之建邦六典,又设立六官,事事多以六为基数"[6]。值得注意的是在北周,"其牧守令长,非通六条及计帐者,不得居官"[7]。一些学者认为正是北周对地方吏治的强化,成了对北齐的政治优势之一。

　　第五是行政机构以地方财政为依托,包括行政开支和官员俸禄。尤其是"宋世以来,州郡秩俸及杂供给,多随土所出,无有定准"[8]。北朝也一样,如北齐有"州、郡、县制禄之法",将各级行政都分成九等,作为官员俸禄多寡的级差,"皆以其所出常调课之"。同样是刺史,"上上级刺史,岁秩八百匹",下下州刺史只有300匹,相差悬殊,就是因为各州的户口和财政收入不一的缘故。当时北齐"官一

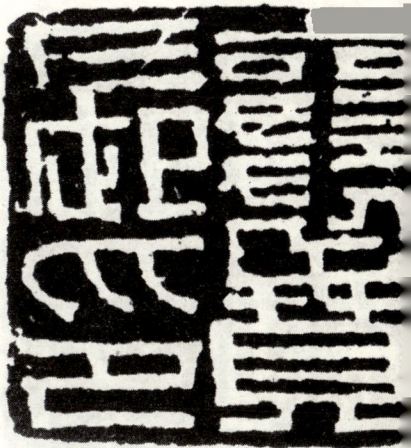

襄贵长印(梁)

[1] 《魏书》卷66《崔亮传》。
[2] 《晋书》卷42《王戎传》。
[3] 《晋书》卷3《武帝纪》。
[4] 《北史》卷2《魏献文帝本纪》。
[5] 《周书》卷23《苏绰传》。
[6] 周一良《魏晋南北朝史札记》"六条诏书"条,中华书局1985年版,第421页。
[7] 《周书》卷23《苏绰传》。
[8] 《南齐书》卷22《萧嶷传》。

品,每岁禄八百匹"[1],也就是说诸王或位居三师、三公的俸禄收入竟和上上州刺史一样,何况后者还可得到其他各种供给。所以不止是北齐,其他各朝都有官员因为家贫求外放为地方官的情形。

三、散官制度发展的背景

魏晋南北朝是散官制度迅速发展的时期,所谓散官一般是指不掌具体事务,不负行政责任的官员,包括"并无员秩"仅是"奉朝会请召"的"奉朝请"。

魏晋时"散骑'虽隶门下而别为一省',其始置于泰始末,最迟不晚于咸宁四年前"。"西晋末之散骑省,原有散骑常侍、散骑侍郎、通直散骑常侍和员外散骑常侍、员外散骑侍郎;至东晋元帝太兴元年(318),增置通直散骑侍郎。'六散骑'之称始备"。黄惠贤先生总结道:"总体而言,散骑省是宗室、贵族子弟、名家大族麇集之所。散骑省的成立,实际上为他们提供了合法养尊处优之所在,在这里地甚清华而无所事事,是门阀制度在发展过程中形成的一个怪胎。"[2]又,虽然武散官之称见于隋代,但本时期众多具有将军等称号而"无综事实"的"无兵军校"[3]已是实质上的武散官了。

散官的发展大大扩展了食禄者的队伍,加重了行政系统的财政开支。早在西晋时,皇甫陶、傅玄等就先后上奏指出散官之弊,"今文武之官既众,而拜赐不在职者又多",竟使"南面食禄者叁倍于前"[4]。但散官之设,可以吸收更多的士族成员进入官吏行列,使他们在政治上有晋身之阶,成为政权的支持者,又可避免行政系统由此臃肿庞大,难以运转。也可以说,散官之设是解决了士族成员的政治出路和行政系统必须保持工作效率之间的矛盾。这也是门阀政治所表现的一个侧面。

地方行政系统中的"散吏"也是散官的一种。《晋书·职官志》规定:"郡国户不满五千者,置职吏五十人,散吏十三人;五千户以上,置职吏六十三人,散吏二十一人;万户以上职吏六十九人,散吏三十九人",县按户口多寡亦置散吏,如三千户以上的县可以有散吏26人。这大概还是西晋时的状况。《宋书·百官志》里郡县的编制中已经没有

陇城护军司马

[1]《隋书》卷27《百官志中》。
[2] 黄惠贤《西晋散骑省及其所领诸官》,载《魏晋南北朝隋唐史资料》第17辑(2000年);《东晋时期中央决策机构(中书省)的一次短暂变革》,载《魏晋南北朝隋唐史资料》第20辑(2003年)。
[3]《晋书》卷76《王廙传》。
[4]《晋书》卷47《傅玄传》。

"散吏"的名称了,其实当时地方上的吏并不少,但那些无具体职权的吏恐怕都沦为劳动者与专役户了。皇甫陶、傅玄等曾提出"令赐拜散官皆课使亲耕,天下享足食之利",后来这竟落实到散吏头上,恐非他们始料所及。

四、官品

官品之制起于魏晋之间,"魏秩次多因汉制,更置九品"。后来"晋、宋、齐并因之"。并有了新的发展,"梁因之,更置十八班,班多为贵,陈因之",及"后魏置九品,品各置从,凡十八品,自四品以下每品分为上下,阶凡三十阶。北齐并因之"。又"后周制九命,每命分为二;以正为上,凡十八命"[1],实质上是一样的。

这分为九品的官品之设,恐怕是和选举制度中的九品官人法相对应。南北朝中后期向更加复杂化的方向发展,至少是和两点相关。一是人口,即被管理的对象多了,官吏队伍也随之扩大,增设品阶以适应之。二是随着皇权的增强,贯彻专制集权也需要行政机器复杂化。

官品在本时期还越来越呈现复杂化的趋势。其中之一便是"勋品"、"勋位"等在南朝出现。"勋品的出现始于刘宋,至迟不晚于宋明帝时",同时刘宋又有所谓"勋位"之制。勋品的定位经讨一些浮动不定后,于南北朝中期大体厘定。梁天监七年(508年),由吏部尚书徐勉制定了文官十八班、流外七班、三品蕴位、三品勋位,武官二十四班,流外八班等制度。"梁武帝建立官班以后,勋品制度与九品中正制复与之密切合流,并正式建立起以流内和流外为区分标界的两大任官体系"。并大体上形成"流内官=士人,流外官=寒微士人,勋位=寒流即庶人"这样的官僚政治格局[2]。

五、官吏的特权

在中国古代朝廷,官吏的特权是其执行公务的动力,也是其地位保障和能力发挥的因素之一。虽然本时期政权众多,具体情况不一,但基本要点还是相似的。

官吏特权的最大处在于政治和社会身份上的,这决定其他一切。如在本时期法律中一直保留"八议"条款,

南昌男章(齐)

[1]《通典》卷19"官品"条。
[2] 关于勋品的叙述,基本上采自张旭华《南朝勋品制度试释》和金裕哲《梁武帝天监年间官制改革思想及官僚体制上之新趋向》,均载《魏晋南北朝史研究》,湖北人民出版社1996年版。

"大者必议,小者必赦"[1]。对于一般官僚,刑法上可以"官当",这起自于"刑不上大夫",在本时期已具体化而明确入律。如《陈律》规定:"五岁四岁刑,,若有官,准当二年,余并居作。其三岁刑,若有官,准当二年,余一年赎。若公坐过误,罚金。其二岁刑,有官者,赎论。"[2]还有其家人可以免役,子弟有门荫入仕入学的特权等等,另章详叙。以下主要说当官在物质方面的好处。

此大略可分为经济上与职能上。经济上的官员权利不仅在于给其得到俸禄等生活保障,南朝梁陈还专征"禄绢八尺,禄绵三两二分"[3]以保证之,还以特权显示他的社会地位。如在西晋制定的"户调式"中规定:

> 其官品第一至于第九,各以贵贱占田,品第一者占五十顷,第二品四十五顷,第三品四十顷,第四品三十五顷,第五品三十顷,第六品二十五顷,第七品二十顷,第八品十五顷,第九品十顷。而又各以品之高卑荫其亲属,多者及九族,少者三世。宗室、国宾、先贤之后及士人子孙亦如之。而又得荫人以为衣食客及佃客,品第六已上得衣食客三人,第七第八品二人,第九品及举辇……命中武贲武骑一人。其应有佃客者,官品第一第二者佃客无过五十户,第三品十户,第四品七户,第五品五户,第六品三户,第七品二户,第八第九品一户。[4]

占田和占客都是作为官吏的一种报酬形式。此制被东晋南朝所继承。此外,州郡县各级地方还有公田,田之收入称为各级主官的田禄。宋初"郡田禄以芒种为断,此前去官者则一年秩禄皆入后人。始以元嘉末改此料,计月分禄"[5]。南朝还在晋制基础上拓宽官吏的得益范围,"官品第一第二听占山三顷;第三第四品二顷五十亩;第五第六品二顷;第七第八品一顷五十亩;第九品及百姓一顷。皆依定格,条上赀簿"[6]。本书第六章中揭示,均田制中各级官吏也给公田,只是数目不同而已。此外,官吏作为"士"所享有的免役权和按官品大小的荫人权,以及种种的"给客"、"食幹"等制度。

职能特权表现于几个方面,并且随不同的官职类分,在特权有无及多少上,也有很大的区别。首先是有权受到

关外侯印(梁)

1 《太平御览》卷652引《傅子》。
2 《隋书》卷25《刑法志》。
3 《隋书》卷24《食货志》。
4 《晋书》卷26《食货志》。
5 《南史》卷70《阮长之传》。
6 《南史》卷36《羊玄保传》。

服务,典型的如北齐"自一品已下,至于流外勋品,各给事力"等等[1]。其次是行罚权,如宋"大明五年制,二品清官行僮幹杖,不得出十"[2]。"幹"在当时是一类中下级官员的职名,其中相当一部分的他们下沉为专役劳动者,故有僮幹之称[3]。这条规定就是给高级官吏督促低级官吏一种手段,由于"杖"可以视作一种刑,所以是给了高级官员一定的行刑权。

在秦以后的官僚体制中,做官得到的物质好处大致可分三种,一是制度明文的收入,如俸禄及上述及占田收入等。以及其他经济上的好处,如南朝"旧制军人士人,二品清官,并无关市之税"[4]。二是因时因人而异所得的奖励与赐赏。三是无明文的陋规所得,在本时期主要是"送故"。送故分送钱物和送人力两种,但因地因部门等而异。如东晋以降"方镇去官,皆割精兵器仗以为送故,米布之属不可称计",其"送兵多者至有千余家,少者数十户"[5]。又如南朝永嘉郡是"送故钱二十余万"[6],甚至包括船只。这些都被有关监司所默认,而成为官场惯例[7]。北方也一样,如北周之河北郡,"此郡旧制,有渔猎夫三十人,以供郡守",又"有丁三十人,供郡守役使"[8],在该郡做地方主官就与其他郡守的待遇不一样,可以无偿享受山珍水鲜和各种服务了。

上述官场陋习既然成"规",当然是公开的和合法的,成为 种准制度化的东西,不拿者反而成了清官循吏,或者是更多地成为官场中的异类。因为送故等陋规之产生本以人情为借口,所以所送之多少和价值等等都有很强的地方色彩,随土所出,也就是说官吏所得好处厚薄是不均的,官场上所谓"肥缺"之类的说法,与陋规关系极大。

做官有优惠获特权是多方面的,其衣食住行都有等级规定,甚至还有这样的权利,如"《晋令》:诸王置妾八人,郡公侯妾六人。《官品令》:第一第二品有四妾,第三第四有三妾,第五第六有二妾,第七第八有一妾"[9]。

以上种种特权还都是官吏有形的享受,其权势所带来的无形好处,如遇事官官相护等,更是难以作清楚的勾描。

官吏得到种种好处与特权,他们也就成为政权的运行者和捍卫者。

巴陵子相之印(宋)

[1] 《隋书》卷27《百官志中》。
[2] 《南史》32《张邵传》。
[3] 程应镠《释"幹"》,《中华文史论丛》1979年第2辑。
[4] 《南史》卷77《沈客卿传》。
[5] 《晋书》卷75《范汪传》。
[6] 《南史》卷70《范述传》。
[7] 参见周一良《魏晋南北朝史札记》"送故",中华书局1985年版。
[8] 《周书》卷35《裴侠传》。
[9] 《魏书》卷18《临淮王谭传附元孝友传》。

四铢钱(宋)

第四节　"寒人掌机要"之背景

官吏是朝廷的骨架,否则就不成其为国家。国家犹如一架机器,运转的效率在于其各个部件的协调。在专制集权的政权里,作为"人治"的特征之一,权力的体现不仅仅在于职位之间的分约关系, 还在很大程度上取决于在位者的个人因素,如其能力、精力、人际关系等等,这甚至会对官位本身的性质产生影响。而这些个人因素之表现与发挥,又往往与社会政治的时代特征相关,在本时期则促成了寒人掌机要。

一、"寒人"的概念

寒人是寒士和寒庶的合称。寒士是出身于士族中门第寒微者,如相对于高门的次门或寒门之类。寒庶即是普通庶人,因为在门阀当道的社会里,所有的庶人当然就是寒人,故称之寒庶。"寒人"这个名词在南朝特别引人注目是因为和"寒人掌机要"这个重大政治现象联系在一起。清代赵翼在提及"南朝多以寒人掌机要"时,举了一些例子,其中最突出者系梁武帝时为中书通事舍人的朱异,说他"权震内外。归饮私第,虑日晚台门闭,令卤簿自家列至城门,门者遂不敢闭。此可见威势之熏灼也"[1],而朱异自称"我寒士也",并愤愤不平说:"诸贵皆恃枯骨见轻,我下之,则为蔑尤甚。我是以先之。"[2]再如陈后主时为中书舍人的司马申,"父玄通,梁尚书左户郎",其门户最多属二流士族,又"太清之难,父母俱没",是个寒士。为舍人则"内掌机密,颇作威福"[3],也是个"寒人掌机要"的典型。所以当时指称的"寒士"是可视为"寒人"的。

《南齐书·倖臣传序》说中书舍人之职,自刘宋"孝武以来,士庶杂选"。王夫之认为"孝武以近臣间大臣而终于乱"[4],所以正是从宋孝武帝时起所谓寒人掌机要现象才凸显出来。其中书舍人既然是"士庶杂选","士"只能是寒

[1] 赵翼《廿二史札记》卷8"南朝多以寒人掌机要"条。
[2] 《南史》卷62《朱异传》。
[3] 《南史》卷77《司马申传》。
[4] 《读通鉴论》卷15"宋孝武帝"条。

士,"庶"当然是寒庶,寒士与寒庶杂加起来不就是寒人掌机要吗。要说明的是,由于"有关六朝时期的文献中往往有同一个名词而表达的是两种或几种不同的概念"[1],所以文献中也有以寒人专指寒庶的用法出现,不过在说南朝寒人掌机要时,它包含着寒士。其实据《隋书·百官志》,梁时"流外七班"的小官,尚且以"寒微士人为之",寒士为什么不能做中书舍人?

可以说,寒人这个概念是门阀社会的产物,是作为"衣冠"、"贵胄"的对立面而存在,它在政治上的活跃,反映了当时社会的一个新动向。

二、什么是"寒人掌机要"

所谓"寒人掌机要"之说,开始于宋孝武帝,出现在差不多整个南朝。它包含着两个层次。狭义的是指寒人为中书通事舍人(中书舍人)后,虽官轻而职重。宋初所设的四员中书舍人,"入值阁内,出宣诏命。凡有陈奏者,皆舍人持入,参决于中",职权重于中书侍郎。南齐时四员舍人"各住一省,时谓之四户,权倾天下"。梁时"专掌诏诰兼呈奏之事,自是诏诰之任舍人专之"[2]。广义者凡以皇帝亲近恩倖而操弄权势之出身寒微者,都可以笼统称之,即以"权要"包括"机要"。但一般谓"寒人掌机要"仅是指前者。

当然,掌握着政治机要,尤其在专制集权的体制里,是足以叱咤风云一时的。如宋前废帝时,太宰、录尚书事的江夏王刘义恭对舍人戴法兴"积相畏服",而"废帝未亲万机,凡诏敕施为,悉决法兴之手,尚书中事无大小专断之,颜师伯、义恭守空名而已"。又如茹法亮和吕文度"并势倾天下,太尉王俭常谓人曰:'我虽有大位,权寄岂及茹公'"[3]。

寒人掌机要是相对概念而不是绝对概念。首先,是寒人掌机要,而不是寒人掌政治,更不是寒人为统治。掌了机要的寒人权势虽然有时"亚于人主",但他们凭借的靠山是皇帝,没有皇权就没有他们的地位,上述似乎是无限风光的戴法兴不久就给还是少年的前废帝轻易杀了,就是最好的说明。又如陈朝时,"武帝崩,(章皇)后与中书舍人蔡景历定计,秘不发丧"[4],欲等被囚在北周的皇子陈昌。

刘宋 永光钱

[1] 熊德基《魏晋南北朝时期阶级结构研究中的几个问题》,《魏晋隋唐史论集》第1辑(1981年)。

[2]《通典》卷21"中书令附中书舍人"条。

[3]《南史》卷77《戴法兴传·茹法亮传》。

[4]《南史》卷12《陈武宣章皇后传》。蔡景历自称"衡门衰素,无所闻达"(《陈书》本传),是寒士出身无疑。

五铢钱（梁）

蔡景历参与定计,说明其掌参机要,但拗不过大将侯安都和皇侄陈蒨,事竟不成,表明在紧要关头他们是缺乏左右政治的力量的。其次,寒人掌机要并不是寒人参与政治的开始,因为高门世族从来无法把整个行政机器都包揽下来,即使在门阀政治的高潮时期,寒人也有阶梯可上,并不是绝对与政治绝缘。如东晋在"王导、郗鉴、庾亮相继而薨"的情况下,出身吴中士族的陆玩为侍中、司空,他"所辟皆寒素有行之士"[1]。南朝的张缵"居选,其后门寒素,有一介皆见引拔,不为贵要屈意,人士翕然称之"[2],即寒士在门阀间的孔隙中在政治上也有一定的上升空间。这些都可为后来者作铺垫。

寒人掌机要现象的突出,还和中书省的行政地位日益重要相关。"魏晋以来,中书监、令掌赞诏命,记会时事,典作文书,以其地作枢近,多承宠任,是以人固其位,谓之凤凰池焉"[3]。当中书省以一个结构来代替中书监、令的个人职能时,就为中书通事舍人的作用发挥开辟了活动空间。因为中书监、令成为中书省的首脑后,"伏奏之务既寝,趋走之劳亦息"[4],具体的事务就转移给舍人们做了。"《晋令》舍人位居九品"[5]。梁时官品分为18班,以18班为最高。中书令是15班,中书监13班,中书舍人仅为4班。陈朝以一品为高,中书监二品,中书令三品,中书通事舍人则是八品[6],品位低的官职当然得多干活,高门世族不干的就由寒人干,甚至到了南齐明帝"建武世,诏命殆不关中书,专出舍人"[7]。但这些"掌赞诏命,记会时事,典作文书"的工作正是朝廷的机要事务,于是就成了"寒人掌机要"。

在权力系统中,官员或官员所在部门权力的大小是按其在整个系统里的位置重要性而定。在中国古代的专制集权系统里,由于皇权独大,且是权力的源泉,所以皇帝可以将一些权力赋予某些官员或部门,使其重要性一时显突出来。南朝时,一些由寒人所担任的职务如制局监、外监等由于皇帝的意愿变得权势非凡。若"制局小司,专典兵力",任此职者从原先"领器杖兵役"[8]到"殿内军队及发遣外镇人,悉关之,甚有要势"[9]。从而与中书舍人为皇帝个人左右的一文一武,直接体现狭义的皇权。又如南齐萧宝卷为帝时,茹法珍等为外监,王咺之等为中书舍人,

[1]《晋书》卷77《陆玩传》。
[2]《梁书》卷34《张缅传附张缵传》。
[3]《通典》卷21"中书令"条。
[4]《南史》卷77《恩倖传论》。
[5]《南齐书》卷56《倖臣传序》。《南史·恩倖传》也说:"于时舍人之任,位居九品。"
[6]《隋书》卷26《百官志上》。
[7]《南齐书》卷56《倖臣传序》。
[8]《南史》卷77《恩倖传论》及《序》。
[9]《南齐书》卷56《吕文度传》。

"控制大臣，移易敕诏"，使"公卿见之，莫不慑息"[1]，门阀的尊严暂时扫地。

　　还如典签本系掌管府州部内论事用签的五品吏，由于南朝皇帝委以监督诸王及刺史之任，"刺史行事之美恶，系于典签之口，莫不折节推奉，恒虑弗及，于是威行州部，权重蕃君"，致使"诸州唯闻有签帅，不闻有刺史"[2]。典签威权的盛行主要是在宋、齐之世，其中一个背景是和皇位争夺相关，因为这两个朝代的多次夺位斗争都是由任地方长官的皇子发动的。如宋文帝、宋孝武帝等都是以藩镇起兵入继大统的，还如宋明帝即位后，"江州刺史晋安王子勋举兵反，镇军长史邓琬为其谋主，雍州刺史袁顗赴之"，同时"郢州刺史安陆王子绥、会稽太守寻阳王子房、临海王子顼并举兵同逆"，接着刘子勋还在寻阳称帝，"年号义嘉"。宋后废帝时，"江州刺史桂阳王休範反"等等[3]。为了防止如此对皇位造成的威胁，加重典签之权，致使"大明、泰始，长王临蕃，素族出镇，莫不皆出内教命，刺史不得专其命也"[4]。它的一个客观效果是朝廷对地方的控制加强了。

　　这些任制局监、典签的寒人虽非掌"机要"，但掌的亦是"权要"，他们地位的见重其实和中书舍人掌机要一样，本质上都是皇权扩张的一种体现，所以这也烘托了寒人掌机要的形势，一同形成了当时的政治特色。

　　从广义上说，诸如尚书各曹郎也都是寒人所掌，"膏腴之族唯作吏部，不作余曹郎"[5]。那些办文案处理具体事务的令史之类当然更是寒人。他们其实都是政府里的中下级官员，所以当时实际有权的多是寒人，不过他们不在皇帝左右，不出名而已，但他们却是那些掌机要的寒人之基础。没有他们的存在，寒人就很难登上掌机要的位置。

三、寒人掌机要的背景

　　寒人之能掌机要，首先是出于皇帝的意愿。这些掌机要之寒人，都是皇帝的近臣，"人寒则希荣切而宣力勤，便于驱策"[6]，"既而恩以倖生，信由恩固"，由此"耳目所寄，事归近习"，皇帝以为他们"身卑位薄"，"外无逼主之嫌，内有专用之功"，且"皆可鞭杖肃督"，于是"出内王命，由其

棋子方褥

棋子方褥图

[1] 《南史》卷77《茹法珍传》。
[2] 《南史》卷44《萧子伦传》。
[3] 《南史》卷3《宋明帝纪·后废帝纪》。
[4] 《南史》卷77《吕文显传》。
[5] 《通典》卷22"历代郎官"条。
[6] 赵翼《廿二史札记》卷8"南朝多以寒人掌机要"条。

高齿屐

高齿屐图

掌握",让他们"势倾天下,未之或悟"[1]。

　　其次,寒人既然以皇帝近臣而掌管机要,因此他们的得势,其实是体现了皇权的扩张。自东晋末起,高门著姓虽然依旧是文化世家和高官世家,但是已渐渐地脱离了军权。和平年代,军队容易被文官所控制,动乱战争时期,掌握军权就是拥有最大的权威。南朝正处于动荡的时期,不仅是与北朝时有战争,也不仅是常有反叛需要镇压,在南朝的170年间,就变换了四个朝代,甚至一朝之内也有多次对皇位的争夺,几乎每一次都少不了武力,所以带过兵,参与过战争的皇帝们在位时间,占了这170年中间的大多数时间。而此间门阀却与军权渐行渐远。这样君权与门阀之间的关系与东晋时就大不相同了,于是宋世"孝建、泰始,主威独运,官置百司,权不外借"。孝武帝"亲览朝政,不任大臣,而腹心耳目不得无所委寄"[2],寒人在门阀社会里势单力薄,反而能使皇帝放心。以后诸朝也一样。这样,门阀面对日益增强的皇权也只能容得寒人掌机要了。

　　再次,与门阀自身能力的消退有关。由于魏晋以来门阀在社会上占有优越的地位,不少高门子弟养尊处优,颜之推说南朝"文义之士多迂诞浮华,不涉世务",又说"梁世士大夫,皆尚褒衣博带,大冠高履,出则车舆,入则服侍,郊郭之内,无乘马者",甚至有被烈马惊吓得以为是虎[3]。但这些显例都是发生在南朝,则有其深层原因。门阀到了南北朝,虽然还都保持着文化世家的特色,但南北之间有了区别。北方的士族依然保持着经学世家、礼法世家的传统,这种传统对子弟来说比较注重自律和自强,以经世致用为君子之道。而当时南方继续受着玄学影响,一些士族成了玄学世家、文学世家,以致贵游子弟不读《论语》《孝经》,而"无不熏衣剃面,傅粉施朱,驾长檐车,跟高齿屐,坐棋子方褥,凭斑丝隐囊,列器玩于左右,从容出入,望若神仙"[4]。这些都是谈玄名士的典型形象,致使"尚书丞郎以上,簿领文案,不复经怀,皆成于令史,逮乎江左,此道弥扇"[5]。但这样的人一遇战争动乱就只能"转死沟壑之际",就是在平时,"求诸身而无所得,施之世而无所用"[6]。或者说,士族矜持的是素养风度,寒人凭的是实际才干,官僚

[1]《宋书》卷94《恩倖传序》,《颜氏家训·涉务篇》。
[2]《宋书》卷94《恩倖传序》,《南史》卷77《戴法兴传》。
[3]《颜氏家训·涉务篇》。
[4]《颜氏家训·勉学篇》。
[5]《梁书》卷37《姚察论曰》。
[6]《颜氏家训·勉学篇》。

的形象虽然要讲究体面风范，行政机器的运行却是要具体去做的，既然世家子弟时尚空谈而不能办实事，就只能让有能力的寒人来做事了。所以中书舍人刘係宗"久在朝省，闲于职事"，齐武帝为此常感叹："学士辈不堪经国，唯大读书耳。经国，一刘係宗足矣。沈约、王融数百人，于事何用！"[1]

最后，由于门阀政治的观念及其流弊，"薄综世之务，贱功烈之用；高浮游之业，埤经实之贤"[2]，导致在官职中有"清"、"浊"之分，并"以为升降，从浊得清，则胜于清"[3]。高门世族由门荫而唾手可得官位，所谓"贵仕素资，皆由门庆；平流进取，坐致公卿"[4]，因此只愿任清要之职，如"东宫官属，通为清选，洗马掌文翰，尤其清者。近世用人，皆取甲族有才望"[5]。又如"秘书郎四员，宋、齐以来，为甲族起家之选，待次入补，其居职例不数十日便迁任"[6]，变成一种过渡的台阶。一切繁忙之任、位卑之官都被列入浊官，如"甲族向来多不居宪台"[7]，当然只能由次门或寒人来担任。即所谓"自魏正始、晋中朝以来贵人虽有识治者，皆以文学相处，罕关庶务，朝章大典，罕参议焉。文案簿领，咸委小吏，浸以成俗"[8]。但是一来务剧事烦之职却是磨炼人才干之处，不经历这些职司，也掌不好机要。这样一来，到了南朝中期，也只有寒人才能把机要掌握好。上述刘係宗就是当时小吏出身的一位中书舍人。二来是权力来自于对事务的处理，因为即使是一些具体细节的更动也会影响事情的走向，士族把繁琐的行政事务推给寒人们去做的时候实质上也在把行政权力拱手让给了寒人，无形之中进行了权力转移。

所谓寒人掌机要既然只是发生自南朝，那么应当怎么解释？这除了前面提到的南北士族因观念差异而在仕途上采取不同的态度外，最主要的是东晋南朝是门阀政治，而十六国北朝基本上是少数族的统治政权，即使是魏孝文帝要把鲜卑勋贵作为门阀来对待，北朝的最主要统治阶层也不是汉族门阀，因此这段时间里北方门阀在社会中，也在政治中起着很重要的作用，但毕竟不是朝廷的主宰者。有门阀而没有门阀政治，士族成员在少数族为统治的朝廷中担当的一项重要工作，就是掌文字机要。如北

斑丝隐囊

斑丝隐囊图

[1]《南史》卷77《刘係宗传》。
[2]《晋书》卷35《裴秀传附裴頠传》。
[3]《通典》卷14"选举·陈依梁制"条。
[4]《南齐书》卷23《史臣论》。
[5]《梁书》卷49《庾於陵传》。
[6]《南史》卷56《张弘策传》。
[7]《南齐书》卷33《王僧虔传》。
[8]《陈书》卷6《后主纪论》。

魏前期之中书省成员几乎全是出身世家的士人任之。魏末河东薛孝通"内典机密,外参朝政,军国动静,预以谋谟"。又如东魏"移门下机事,总归中书",而实掌文书,预闻密谋大计的是身为中书侍郎的博陵崔季舒。西魏范阳卢柔"与郎中苏绰掌机密",当时"书翰往反,日百余牒,柔随机报答,皆合时宜"[1]。苏绰也出身于"累世二千石"的士族,为宇文泰"始制文案程式,朱出墨入,及计账、户籍之法"[2]。机要事务既然由士族之干练者自任,北朝也就有寒人而没有与之对照的寒人掌机要了。

四、寒人掌机要的时代意义

细细考察寒人掌机要现象发生的时代,第一,它是发生在门阀时代,只有门阀社会里才有寒人这个概念。第二,它是发生在门阀衰落的时代,否则的话就轮不上寒人来掌机要。这样,它也就有了时代意义。

掌机要的寒人中不乏才干之士,如朱异处理公务"属辞落纸,览事下议,纵横敏赡,不暂停笔,顷刻之间,诸事便了"[3]。这已无须多说。寒人中有风雅之士,如南齐中书舍人纪僧真"容貌言吐,雅有士风",齐武帝赞其"人何必计门户,纪僧真常贵人所不及"[4]。陈时的沈客卿"美风采,善谈论,博涉群书";孔范"容止都雅、文章赡丽"[5]等等。且寒人中也有清廉正直之士,如宋时的杨运长"质木廉正,治身甚清,不事园宅,不受饷遗",最后因忠于刘宋皇室被萧道成所杀[6]。

因此这些寒人被赋予机要之任,其中大多数应该说是称职的,不仅是中书舍人们,就是"台阁令史,主书监帅,诸王签省,并晓习吏用,济办时须"[7]。这些寒人在封建史家笔下往往受到抨击,不仅在于寒人的重用冒犯了封建等级的规则,更在于皇帝个人之权和朝廷整体之权的冲突中,使得过分倾斜于前者。两晋南北朝期间,有过不少年轻而任意的小皇帝,膨胀的皇权使得他们留下了很多的劣迹,把责任推给在他们左右受到重用的寒人们,指责寒人是小人,皇帝因此得不到礼法德操的熏陶,是维护制度的一种最方便辩解,也是本末倒置的。

不过寒人依仗的是狭义的皇权,体现的是皇帝个人

[1]《北史》卷36《薛辩传附薛孝通传》、卷32《崔挺传附崔季舒传》、卷30《卢柔传》。

[2]《周书》卷23《苏绰传》。

[3]《南史》卷62《朱异传》。

[4]《南齐书》卷56《纪僧真传》。

[5]《南史》卷77《沈客卿传·孔范传》。

[6]《宋书》卷94《杨运长传》。

[7]《颜氏家训·涉务篇》。

的权力,因此当皇帝个人品质欠佳,是个"坏皇帝"时,寒人,尤其是在制局监、典签等掌权要职任上者,会做上有损于百姓甚至是朝廷的事来。即使从中书舍人这样的层面上而言,正因为寒人掌机要打破了皇权与门阀之间的平衡和原来的社会等级次序,所以也必然会引起很大的矛盾,成为众矢所的,因为社会舆论是掌握在体现主流文化的阶层手里,而当时主导社会文化的阶层正是士族门阀,所以对皇权过分扩张的不满都集中到掌机要或权要的寒人们头上。甚至侯景反梁亦"以诛中领军朱异、少府卿徐麟、太子左率陆验、制局监周石珍为辞,以为奸臣乱政,请带甲入朝"[1]。在寒人所依靠的皇帝死亡或被废后,这些寒人也会跟着倒霉,但中书舍人等职务的重要性并未改变,又会有一些新的寒人来递补这些官缺。这也正是寒人掌机要的历史意义之所在。

　　撇开以封建价值观上对寒人所做的道德判别,从政治制度的演变上寒人掌机要现象的出现表明了当时的几个重要趋向。第一是皇帝和门阀之间权势的彼此消长,此前面已有论说。这种势力的消长迫使门阀更多地容忍寒人,如梁时吏部尚书张缵对寒人不遗余力的提拔而被赞誉[2]。一个反例是梁朝王暕系名公子,"及居选曹,职事修理;然世贵显,与物多隔,不能留心寒素,众颇谓为刻薄"[3]。在选拔官吏上不留心寒素就是"与物多隔",就是刻薄,就会受到舆论谴责,这就是当时的形势变化! 第二是意味着皇朝的统治基础有所扩大,寒人参政不正是对左思《咏史诗》中"世胄蹑高位,英俊沈下僚;地势使之然,由来非一朝"[4]现象的一种克服吗? 政府的工作能有更多阶层出身的人来参与,这也是政权统治基础的扩大。一个政权的稳固与否,在相当程度上取决于它是否能把社会底层的才俊之士吸引到政权里来工作,而不是让他们跑到政权的对立面去。第三,以这些有才善文的寒人来掌管机要,至少是可以提高朝廷中枢的行政效率,这时候的"主威"能够"独运"起来,也说明了效率的作用。当然寒人掌机要是一种非正常的人才使用方式,客观上是对九品中正制的否定,但这也引起了开辟吸收人才参政正常途经的催唤。需要是产生新制度的动力,南北朝之后马上就

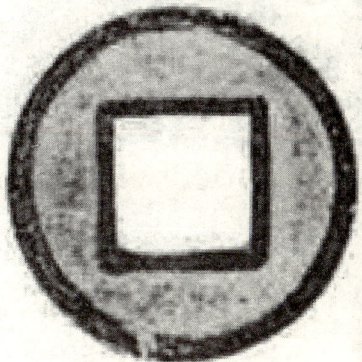

五铢钱(陈)

[1]《南史》卷80《侯景传》。
[2]《南史》卷56《张弘策传》。
[3]《梁书》卷21《王暕传》。
[4] 载《文选》卷21。

有了科举制,恐怕与此也不无关系。第四,寒人掌机要也揭示了中国封建皇帝专制制度运行的一个规则,鉴于出入诏命即是权力的源泉,那种官位经手其事,不论其品位高低,都成了最有权势的衙门,任其职者当然往往会势倾天下。

第五节　崇佛与灭佛,僧官制度及三教会通
局面的形成

宗教虽然鼓吹出世,但本身离不开社会,也离不开政治。但社会政治有了宗教,也就增加了自身的内涵与变数,因此在中国历史上也就有了崇佛与灭佛这样的大震动。所以本时期内梁武帝崇佛和魏太武帝、北周武帝的灭佛不仅是中国佛教史上的大事,也集中体现了政治与宗教的关系。

一、梁武帝的崇佛

1. 士族的信佛潮流

本时期佛教在中国的发展达到了高峰,尤其是在江左。其中一大因素是士族被佛理所吸引而导致对佛教信仰的热忱。在江左,信佛的家族越来越多,尤其是数量不少原先信奉道教的世家自宋齐以降或改奉佛教,或二者兼奉。这类的家族任继愈先生举出有汝南周氏,吴郡张氏、陆氏,琅邪王氏,陈郡谢氏等[1]。本人又补充考证出有东阳娄氏,吴兴姚氏,会稽贺氏,丹阳陶氏,济阳江氏,义兴周氏,太原王氏(指南渡的一支。后面所举之北方郡望,皆指南渡者),平原明氏,南阳刘氏,河东裴氏,河南褚氏,北地傅氏,东海徐氏,清河崔氏,会稽孔氏,琅邪颜氏,平原刘氏等等[2]。此外还如吴兴沈氏、吴郡顾氏等,可以说信佛不仅成了士族的主流,而且辨析佛教哲理成了名士衡量学问的时尚。

2. 梁武帝的崇佛

兰陵萧氏本来也是信奉道教的世家, 如汤用彤先生指出"(梁)武帝弱年之所以奉道,当由家世之熏染"[3]。兰陵

故宫博物院藏宋文帝元嘉年间石佛坐像

[1]《中国佛教史》第3卷第1章,中国社会科学出版社1988年版,第7页。
[2] 严耀中《陈朝崇佛和般若三论的复兴》,《历史研究》1994年第4期。
[3]《汉魏两晋南北朝佛教史》第13章,中华书局1983年版,第341页。

萧氏信仰进行彻底的转变，大概主要是基于两个原因，一是政治上的理由，即作为后起士族要追随时尚，尤其在建立政权的情况下要取得士族的认同与支持，信佛也是重要的一环。这从南齐时就开始了，突出的是文惠太子萧长懋、武帝萧赜和竟陵王萧子良，他们是萧氏信佛的开创者。《南齐书》卷40《竟陵文宣王子良传》云其"与文惠太子同好释氏，甚相友悌。子良敬信尤笃，数於邸园营斋戒，大集朝臣众僧，至于赋食行水，或躬亲其事，世颇以为失宰相体。劝人为善，未尚厌倦，以此终致盛名"。兰陵萧氏后来能成为一流高门，其佛学的水平和崇佛的影响也是其中一个因素。二是为佛学所吸引。佛学为当时最深奥的哲理，佛学水平的高低影响着名士的声誉，在萧子良的西邸之友中不乏佛学造诣很深者，梁武帝是一个好胜心极强的人，曾与沈约比谁知道关于栗的典故多，因此他信佛很可能是早年在西邸时为交流学问钻研佛学而信仰佛教的。以后，对佛学的研讨与实践也就成了梁武帝崇佛的一个重要方面，他"笃信正法，尤长释典，制《涅盘》、《大品》、《净名》、《三慧》诸经义记，复数百卷。听览余闲，即于重云殿及同泰寺讲说，名僧硕学、四部听众，常万余人"[1]。其佛学造诣，在慧远、道生之后，真谛、智顗之前，简直可以独步江左。这也影响了萧氏的很多人，如萧统"招引名僧，谈论不绝。太子自立二谛、法身义，并有新意"。萧伟"崇信佛理，尤精玄学，著《二旨义》，别为新通。又制《性情》、《几神》等论，其义，僧宠及周捨、殷陆倕并名精解，而不能屈"。萧子晖"尝预重云殿听制讲《三慧经》，退为《讲赋》奏之，甚见称赏"[2]。萧詧"所著文集十五卷，内典《华严》、《般若》、《法华》、《金光明》义疏三十六卷，并行于世"[3]。萧纶"时自讲《大品经》"[4]等。

梁武帝崇佛之所以在历史上显得特别突出，是他几次三番地到寺院舍身，然后再由群臣一齐出钱把他赎出来。这在传统上把皇帝当作天子、视为圣人的中国确实是石破天惊，史无前例之事，因此凡说帝王崇佛，必以梁武为例。当然，说对佛学奥义有深入了解者，历史上也没有一个皇帝能比得上梁武帝的。这两者合起来，梁武帝就成

鎏金佛像（梁武帝大通二年）

[1] 《梁书》卷3《武帝纪下》。

[2] 《梁书》卷8《萧统传》、卷22《萧伟传》、卷35《萧子恪传附萧子晖传》。

[3] 《北史》卷93《萧詧传》。

[4] 《陈书》卷19《马枢传》。

了最崇佛的皇帝了。但这又恰恰说明了梁武帝的崇佛是主要表现在文化意识上，而不是在政治上。

3. 梁武帝的崇儒

在崇佛的表象后面，是梁武帝对儒学的着力，"制造礼乐，敦崇儒雅"[1]。梁武帝自己讲说儒家经典之着力是不亚于讲佛经的，如"高祖自讲《孝经》"等记载可屡屡见到，且"《周易》、《尚书》、《礼记》、《毛诗》并有高祖义疏"。同时兴办学校，史说他"诏求硕学，治五礼"[2]，情况具见本书"经学"一节。因此后人评说："梁武之世，不特江左诸儒崇习经学，而北人之深于经者亦闻风而来，此南朝经学之极盛也。"[3]

不仅是致力学校，其他如"改阅武堂为德阳堂，听讼堂为仪贤堂"[4]这样的举动来表达他提倡文治德化的意愿。而梁朝所行各种制度，和其他的皇朝一样，都是本着儒家的理念设计运行的。对此，梁武帝当然明白，这也就是他为什么要尊儒，而且实际上是把尊儒放在崇佛之前的原因所在。

梁武帝的崇儒也是和维护士族利益分不开的，他要比一般皇帝在这方面走得更远。史称他"优惜朝士，有罪多屈法申之，百姓有犯则按法"。杜佑就此解读道："衣冠之与黎蒸，如草木之有秀茂。若戮一士族，虽或无冤，如摧茂林，薙翘秀，或睹其疹瘁，则多伤悯之怀，使人离心，皆如崩角。"[5]所谓衣冠，儒士而已，故屈法以重之。

4. 崇佛对梁朝的影响

梁武帝的崇佛究竟有多大的后果。崇佛对梁朝政权而言，有弊有利，利大于弊。其影响究竟如何可从政治影响和社会影响两个方面进行评价。

要看佛教对梁朝的政治影响有多大，我们可以从两个层面上进行剖析。第一是对梁朝政策的影响，即对作为一个政权根本的制度与施政方针，是否受到或受到佛教的多少影响。这些内容包括：官制爵制与官员任命；土地与赋税制度及财政开支；法律与司法实践；学校与教化；对外和战等等。以下逐一分析：

上海博物馆 释慧影造像（南朝）

[1]《南史》卷7《梁武帝本纪》。
[2]《梁书》卷38《朱异传》、卷40《刘子遴传》、卷48《儒林传序》。
[3] 赵翼《廿二史札记》卷8"南朝经学"条。
[4]《南史》卷6《梁武帝本纪》。
[5]《通典》卷164"刑二·梁"。

其中官制爵制、土地与赋税制度、《梁律》制定等都没有佛教影响的任何证据。南朝的学校制度虽不完整，但此与佛教无关，其实梁武帝对太学的重视远过于绝大多数的南朝皇帝。各种选官制度，如九品中正、辟举、门荫等等也显然与佛教没有瓜葛。梁朝的对外政策及战争的胜负与佛教更是风马牛不相及。再说得远一些，萧衍夺取政权和梁朝的建立，都没有凭借过佛教的势力。因此从梁朝的制度和重大决策上来说，梁武帝的崇佛基本上与之没有关系，政教基本上是分离的，佛教在那时也就无所谓具备真正"国教"的地位。

财政支出方面可能关系大一些。如"武帝于钟山西造大爱敬寺，（王）骞旧墅在寺侧者，即王导赐田也。帝遣主书宣旨，就骞市之，欲以施寺"[1]。不管这买地的钱是来自国库还是梁武帝的私房钱，其实都来自于税收，都是国家的财政支出。虽然"南朝四百八十寺"大部分当非公款所造，但梁武帝频频举行法会，也是要费用的，因此崇佛占用了朝廷一定的财政支出，当是不争的事实。由于佛教观念的影响，对律令的公正与严格执行产生了坏的影响。如"（梁）武帝年老，厌于万机，又专精佛戒，每断重罪，则终日弗怿"[2]。这样无疑影响到法律的实施，其表现之一就是因佛教而进行大赦，梁武帝天监十八年（519年）"夏四月丁巳，帝於无碍殿受佛戒，赦罪人"。又大同四年（538年）七月"癸亥，诏以东冶徒李胤之降如来真形舍利，大赦天下"[3]。故后人评价："梁武（帝）、元顺（帝）溺佛教，有罪者不刑。"[4]由此对梁朝的坏政乱法是要负一定责任的，不过主要导致梁朝法纪败坏的是宗室贵族的无法无天，"悖逆萌生，反噬弯弧，皆自子弟，履霜弗戒，卒至乱亡"[5]。而梁武帝对他们宽容曲赦的动机却与佛教无关，出发点是儒家的亲亲观念。佛教在其对官吏提升任用上可能有影响，但至多是间接的，因为没有仅因信佛精佛学而为官的例子，相反诸如何佟之精《礼》学，"高祖践阼，尊重儒术，以佟之为尚书左丞"，崔灵恩"高祖以其儒术，擢拜员外散骑侍郎"，及"梁台建，以（伏）曼容旧儒，召拜司马，出为临海太守"[6]等记载倒是比比皆是。所以陈武帝在其告天诏书中总结梁亡之因果时说："有梁末运，仍叶遘屯，獯丑凭陵，久移

上海博物馆 南朝佛坐像（南朝）

[1]《南史》卷22《王昙首传附王骞传》。
[2]《隋书》卷25《刑法志》。
[3] 分见《南史》卷6《梁本纪上》、《梁书》卷3《武帝纪下》。另《隋书·刑法志》云北齐文宣帝"尝幸金凤台，受佛戒，多召死囚，编籧篨为翅，命之飞下，谓之放生"，虽然飞者"坠皆致死"，成了"放生"的讽刺，但名义上总是皇帝受佛戒则可以使死囚"放生"。
[4]《明史》卷151《郑赐传》。此话是明成祖对"西域贡佛舍利，赐因请释囚"的回答。然事虽未果行，但郑赐奏请的本身，已经说明佛教观念对司法的影响。
[5]《南史》卷7《梁武帝本纪》。
[6]《梁书》卷48《何佟之传》、《崔灵恩传》、《伏曼容传》。

南京栖霞山石佛立像（南朝）

神器,承圣在外,非能祀夏,天未悔祸,复罹寇逆,嫡嗣废黜,宗枝僭诈,天地荡覆,纪纲泯绝"[1],里面没有一点是提及佛教的。

梁武帝崇佛当然扩大了佛教的社会影响,"武帝方锐意释氏,天下咸从风而化"[2]。从弊的方面说,宗教是一种文化消费事业,在它兴盛时,必定会消耗一些社会财富,严重的时候还会影响到朝廷的税收和兵役劳役来源,也是不争的事实,如北魏后期大修佛寺,"百姓疲于土木之功,金银之价为之踊上"[3],但在梁朝还没有到达能使其亡国的地步。梁武帝之弟萧宏搜刮聚敛,设库贮"钱三亿余万,余屋贮布绢丝绵漆蜜纻蜡朱沙黄屑杂货,但见满库,不知多少"[4],这些财富已经足够超过武帝个人在崇佛上的耗费。而从利的方面看,在江左,"自帝王至于民庶,莫不归心"佛教,由于其因果轮回之说能起到道德约束的作用,所以"进可以系心,退足以招劝"[5],对稳定政权与社会无疑是很有利的。梁朝尽管各种社会矛盾也很尖锐,宗室贵族在梁武帝的纵容下简直无法无天,但也没有产生足以推翻梁朝的底层民众起义或社会内乱,这至少说明佛教盛行不会增强反抗朝廷的力量,如果不是削弱它的话。本章第二节里分析过,梁朝是亡于外来的侯景之乱,其起因与佛教无关,故"斋戒修而梁国亡,非斋戒之罪也"[6],这是隋代大学者王通的结论。

在比较了梁武帝的崇佛与崇儒两个方面后,如果一定要从梁武帝的主观上寻找其亡国的原因,应当与他对儒家思想的片面理解或实践脱节相关,而与崇佛没有多大的关系。一个有力的事实是,继梁之后的陈朝,无论是士族庶民还是皇帝都依然热忱地信佛崇佛,陈武帝、文帝、后主都步梁武帝的后尘舍身于佛寺。他们中的大多数都是梁朝灭亡的亲历见证者,因此他们在接踵而后的新朝继续崇佛,足以说明在他们心目中梁朝倾覆与崇佛毫无关系。后来之所以在梁亡的因果关系上产生迷雾,那是因为后来历史的叙说者主要是那些以儒为本的史家。尤其在隋唐以后,新儒学的主体意识逐渐增强,一些儒者在清算历史时,情不自禁地要把责任推向别处,梁武帝所热衷的佛教正好做了替罪羊。

[1]《陈书》卷2《高祖纪下》。
[2]《南史》卷58《韦叡传》。
[3]《北史》卷18《元澄传》。
[4]《南史》卷51《萧宏传》。
[5]《宋书》卷97《天竺传》。
[6]《文中子》卷4《周公篇》,上海古籍出版社1985年版《二十二子》印本。

二、北朝的灭佛

本时期佛教在北方遭受两次重大挫折，即北魏太武帝和北周武帝的灭佛。佛教在中国两千多年的历史里一共遭受了四次大的灭佛，在北朝自道武帝登国元年（386年）至北周静帝大定元年（581年）这205年的时间里竟占了两次，当然不会是没有原因的。

1. 北魏太武帝灭佛

北魏太平真君七年（446年）太武帝下令灭佛。先是诏"自王公已下，有私养沙门者，皆送官曹，不得隐匿。限今年二月十五日，过期不出，沙门身死，容止者诛一门"。在当年三月又下了更严厉的诏："诸有佛图形像及胡经，尽皆击破焚烧，沙门无少长悉坑之。"[1]不仅当时北方"杀道人且尽"，即使在征战时，若"元嘉南寇，获道人，以铁笼盛之"[2]。因此这次灭佛是中国历史上第一次，也是最血腥的一次灭佛。

北魏太昌元年比丘尼惠照造弥勒像（龙兴寺）

这次灭佛的导火索是因当时盖吴反杏城，有众10余万，关中骚动，魏兵与其"大小数十战，不能剋"[3]。太武帝亲率军至长安，在长安佛寺中发现有弓矢矛盾等武器，认为"此非沙门所用，当与盖吴通谋"，并"人得酿酒具及州郡牧守富人所寄藏物，盖以万计。又为屈室，与贵室女私行淫乱"，于是有了灭佛诏书的颁行。

如此严厉的灭佛当然不仅仅是因为在一个寺院里看到武器，产生怀疑而致。冰冻三尺，非一日之寒，应该有更深的原因。有一种说法是因为佛教与道教的矛盾，大臣崔浩崇信天师道，在太武帝面前"数加非毁"，"帝以其辩博，颇信之"，于是成为灭佛的背景。但灭佛诏中明明是说佛教"接乞胡之诞言，用老庄之虚假，附而益之，皆非真实"，即不过是个冒牌道教而已，仅此值得这样大动干戈吗？其实诏书中的要害在于太武帝认为佛教是"政教不行，礼义大坏，鬼道炽盛，视王者之法，蔑如也"，而"至使王法废而不行，盖大奸之魁也"[4]，即他把佛教看作一股挑战朝廷权威的异己政治力量。

[1]《魏书》卷114《释老志》。
[2]《南齐书》卷57《魏虏传》。
[3]《宋书》卷95《索虏传》。
[4]《魏书》卷114《释老志》。

北魏－东魏胁侍菩萨（龙兴寺）

北方自十六国起，由于汉人的大量出家，不仅使佛教信仰大大地普及化，而且达到了中国佛教史上教团化的高潮。如佛图澄的门徒前后累计有万人之多，常追随他身边的也有数百人，并在其所游历过的州郡建造了983所寺院。这些由他督造的寺院，当然由他指派主持，一般他们也就是他的门徒。于是实际上就形成了一个以他为中心的庞大教团，这样一种官方之外的宗教势力，在当时是空前的。另一个高僧鸠摩罗什仅在长安草堂寺一个寺院内就集"义学八百人"，虽然仅是搞翻译经本，声势也非常大了。这时的佛教僧侣由于受印度的影响，自称"天上天下，唯佛为大"[1]。是把教权置于皇权之上，至少是置于皇权之外，即在"方外"。这必然要与传统的政治体制与观念产生矛盾与冲突，而且一定会在具体的事情上爆发出来。

在这次灭佛中，有两条被人疏忽的记载。一是据说"有道人射杀虏三郎将斛浴真，佛狸大怒，悉毁浮图，杀道人将尽"[2]。这说明寺院中的弓箭是用来武装僧人的，且对北魏军队也构成了威胁。二是据说在灭佛的过程中，"毁邺城五层佛图，淤泥象中得玉玺二，其文皆曰'受命于天，既寿永昌'。其一刻其旁曰'魏所受汉传国玺'"[3]。所以"魏氏之王天下也，每疑沙门为贼"[4]。这不仅要说明佛教私藏象征权力的国玺所包藏的政治野心，还突出灭佛所得到的政治意义。这就是太武帝诏书上那些话的由来，也是魏太武帝对佛教施以如此残暴手段的原因所在。

但当灭佛打击了佛教势力，从而消除了佛教在政治上可能产生的威胁后，佛教"助王政之禁律，益仁智之善性，排斥群邪，开演正觉"[5]等有利方面反而显凸出来了。加之一些促使灭佛的其他因素已不复存在，如盖吴已被镇压，崔浩在政治斗争失败而被处死等等，更主要是太武帝也驾崩了，于是转机到来，在嗣位的文成帝登基后的第三个月，即兴安元年（452年）十二月"乙卯，初复佛法"[6]。此后北魏的佛教越来越兴盛，"至延昌中，天下州郡僧尼寺，积有一万三千七百二十七所，徒侣逾众"[7]，仅京城洛阳盛时便有一千余寺。这是太武帝所始料不及的。

2. 北周武帝的灭佛

[1] 道宣《归正篇序》，载《广弘明集》卷1。
[2] 《建康实录》卷16《魏虏》，中华书局1986年版，第649页。
[3] 《北史》卷2《魏太武帝纪》。
[4] 《续高僧传》卷26《魏荥阳沙门释超达传》。
[5] 《魏书》卷114《释老志》。
[6] 《魏书》卷5《高宗纪》。
[7] 《魏书》卷114《释老志》。《资治通鉴》卷158梁大同四年十二月条："魏自正光以后，四方多事，民避徭役，多为僧尼，至二百万人，寺有三万余区。"这两个数字之间是有时间差的。

北周武帝灭佛时,正好又是三国鼎立的局面,当时毗邻的北齐和陈都在大兴佛教,因此灭佛有着对比而显得分外突出。这事周武帝是分两步做。先是在建德二年(573年)"十二月癸巳,集群臣及沙门、道士等,帝升高座,辨释三教先后,以儒教为先,道教为次,佛教为后"。此前他还让沙门、道士与百官一起听他亲讲《礼记》。这一是说明他通过崇高儒学,来表示要秉承宇文泰的治国方针,即对儒家道德教化理念的推重,以为政治的根本之策。史云其"命辎軒以致玉帛,征沈重于南荆。及定山东,降至尊而劳万乘,待熊生以殊礼。是以天下慕向,文教远覃"[1]。大受汉士族的欢迎支持。二是以此贬低佛教,使臣民对灭佛有个思想准备。以为此前佛教在中国的发展势头已经后来居上,超过了道教。宣布佛教并不是一个好的信仰,对信者是一下警钟,对反佛者是一个鼓劲的信号,宇文邕以皇帝之尊主持这样一个辩论会,就是要扩大此举的影响,最大限度地起到反佛的舆论动员作用。半年之后,即建德三年五月"丙子,初断佛、道二教,经像悉毁,罢沙门、道士,并令还民。并禁诸淫祀,礼典所不载者,尽除之"[2]。由于北周武帝不久又灭了北齐,所以灭佛的结果也包括北齐境内的。

北齐佛像(龙兴寺)

这次灭佛与魏太武帝那次相比至少有两个不同,一是没有进行杀戮,还宣称将僧侣恢复与平民一样的身份是"劝行平等,非灭法"[3],反而是符合佛教宗旨的。周武帝没有采取杀沙门那般极端做法,这也许是与他本人推崇儒家的仁政相关,但给后来的灭佛者开创了一个榜样。二是佛、道,包括淫祀一起禁。但实际上宇文邕很快在六月戊午下诏说"至道弘深,混成无际,体包空有,理及幽玄",并允许"可立通道观"[4]。这样一来,灭道教就成了虚晃一枪。但至少表明这次灭佛与宗教相争无关。

这些做法是因为在背景上有了很大的不同。首先佛教对朝廷的直接政治威胁已不复存在,虽然仍有打着佛教旗号的起义或反叛出现,但佛教的主流已经完全接受朝廷以沙门统为首的僧官的管辖,因此用不着采取更加激烈的措施。其次,由于佛教的发展和出家人的众多,"时人多绝户为沙门"[5],致使官府在力役和赋税上的流失,而

[1]《周书》卷45《儒林传序》。

[2]《周书》卷5《武帝纪上》。

[3]《广弘明集》卷7《叙列代王臣滞惑解》。

[4]《周书》卷5《武帝纪上》。虽然此道与彼道并不相等,但诏书中道的概念是接近道家的。

[5]《北史》卷33《李孝伯传附李瑒传》。

佛徒"崇建图塔,壮丽修造"等耗费社会财富引人注目,这些促使了佛教与官方在经济上的矛盾显凸出来,所以这次灭佛将"三宝福财,簿录入官",在齐地就使"五众释门减三百万,皆复军民,还归编户"。达到"求兵于僧众之间,取地于塔庙之下"[1]之目的,经济上的意义显露了出来。再次,如《历代三宝记》说:"八州寺庙,出四十千,尽赐王公,充为第宅",让统治集团的众多成员也得到好处。这和前面一条加起来说明周武帝灭佛,有经济上的考虑。最后,这次灭佛是在崇儒的背景进行的,具体情况见第七章第二节。所以道教、淫祀也一起禁了,虽然此前他重道尊儒,是"以儒教为先,道教次之,佛教为后"[2]。

周武帝的灭佛在"三武一宗"里持续的时间是最长的了,首尾相加一共五年。在他死后,即宣帝大成元年(578年),"是岁,初复佛像及天尊像",宣帝且与"二像俱南面坐,大陈杂戏,令京城士民纵观"[3]。结束了又一次灭佛。

3. 灭佛的影响

灭佛的影响是多方面的。灭佛使中国古代政治与宗教关系得到了定格,佛教必须全面接受皇权的约束,改变其在印度时的"出家人法,不合礼拜国王、父母、六亲,亦不敬事鬼神"[4]。僧侣应以服从世俗礼法为先,佛教只有将"王化通于佛化而不相悖"[5],才能在中土存在下去。从南北朝起的一个明显事实是,佛教,还有道教,它们都是在僧官制度的控制之下,其教团的规模一般不超过一个寺庙宫观的范围。灭佛对寺院经济带来了严重的打击,使朝廷短期内在财政上得到很大的好处,这也构成了以后灭佛的一大诱因。但从长远而言,灭佛使寺院经济在经营方式与税收关系上都向世俗经济靠拢[6],从而使它依然十分兴旺。

以暴力来解决意识形态上的问题,结果总是适得其反。野火烧不尽,春风吹又生,体现对人生死终极关怀的宗教是没有替代物的。因此即使在北朝,灭佛是短时的,崇佛是长时期的,这已足以说明包括宗教信仰在内的意识形态是用暴力消灭不了的。与此相关还有一个现象是,北朝以佛教名义的叛乱要远远多于南朝,如孝文帝时沙

北齐菩萨像(龙兴寺)

[1]《广弘明集》卷10《周祖平齐召僧叙废立抗诏事》、卷24《昙积谏周祖沙汰僧表》。

[2]《周书》卷5《武帝纪上》。

[3]《周书》卷7《宣帝纪》。

[4]《梵网经》卷下《第四十轻戒》。

[5] 喻文碧《敕赐建大悲寺碑记》,载《咸丰天全州志》卷5。

[6] 严耀中《论中古寺院经济的特殊性及在唐宋间的变化》,载《佛教与三至十三世纪中国史》,宗教文化出版社2007年版。

门法秀谋反,党羽中上有御史等官员,下结奴隶,面很广。
又如仅在宣武帝永平、延昌年间,就有"泾州沙门刘慧汪
聚众反,诏华州刺史奚康生讨之";"秦州沙门刘光秀谋
反,州郡捕斩之";"幽州沙门刘僧绍聚众反,自号净居国
明法王。州郡捕斩之"[1]等。其规模有时也很大,最著名一次
是在孝明帝时期的所谓"大乘教"之乱。《魏书·京兆王子
推传附元遥传》云:

> 时冀州沙门法庆既为袄幻,遂说渤海人李归
> 伯,归伯合家从之,招率乡人,推法庆为主。法庆
> 以归伯为十住菩萨、平魔军司、定汉王,自号"大
> 乘"。杀一人者为一住菩萨,杀十人者为十住菩萨。
> 又合狂药,令人服之,父子兄弟不相知识,唯以杀
> 害为事。于是聚众杀阜城令,破渤海郡,杀害吏
> 人。刺史萧宝夤遣兼长史崔伯驎讨之,败于煮枣
> 城,伯驎战没。凶众遂盛,所在屠灭寺舍,斩戮僧
> 尼,焚烧经像,云新佛出世,除去旧魔。

社会骚乱当然与社会矛盾的尖锐有关,但借宗教名
义起事的,必涉及意识形态的冲突,而以烧杀等暴力手段
来解决意识差异,往往会形成一种以暴易暴的因果链。法
庆的大乘教,无疑是佛教的异端,但以如此极端的方式来
表达意识诉求的,应该与社会政治环境也有一定的联系。
因此在北朝可以见到这样对立的两个方面,一面是灭佛
和建立远比南方完整的僧官系统以进行控制,一面是也
比南方多得多的有着佛教色彩的反抗,夹在中间的是大
起大落的主流佛教,从而也和南朝佛教形成了对比。

佛教在灭法中遭受了重大打击,但对其本身来说也
未必全是坏事。佛教在本时期得到极为迅速的开展,这使
得它本身未免鱼龙混杂、良莠不齐,戒律受到了很大的损
害。而灭佛都是拿佛教戒律败坏作为下手的理由之一。在
这两次灭佛前后,操行问题便成了官方对佛教攻击与制
裁的一个主要借口。如据"《晋书》云:晋桓帝时,欲删除佛
法,召庐山远法师,帝问曰:'朕比来见僧尼戒行不纯,多
有毁犯。朕欲删除拣择,事今可否?'"[2]虽然在慧远的反对
下,此事未行,但"僧尼戒行不纯"是预备下手的理由,暴
露无遗。再如南北朝初宋武帝下《沙汰僧徒诏》:"佛法讹

北齐佛头(龙兴寺)

[1] 《北史》卷4《魏宣武帝本纪》。
[2] 见敦煌文书《历代法宝记》(S·516),载《英藏敦煌社会历史文献释录》第2卷,第470页。此段文字为房玄龄等所修《晋书》无。

北齐思惟菩萨（龙兴寺）

替,沙门混杂,未足扶济鸿教而专成逋薮。加以奸心频发,凶状屡闻,败道乱俗,人神交忿。可付所在,与寺耆长,精加沙汰。后有违犯,严其诛坐"[1]。又如宋孝武帝时周朗上书抨击时弊,其中指责佛教"习慧者日替其修,束诫者月繁其过,遂至糜散锦帛,侈饰车从。复假请医术,托杂卜数,延妹浃堂"[2]。此上书虽然没有被采纳,但无疑起了舆论上的作用,宋孝武帝曾令沙门致敬王室,与此应有呼应的关系。北魏太武帝灭佛是"以沙门多违佛律,群聚秽乱"[3],而"无行富僧"[4]的存在却也是打动周武帝灭佛的一个理由。因此灭佛使相当一部分不遵戒律的僧侣被淘汰,更重要的是,由此朝廷通过政治暴力,实现了将世俗的约束:法律、礼制及伦理规范,加于佛教戒律之上,使后者成为前者的依附,让全体僧徒服膺世俗社会的行为准则。从此世俗的道德与法律不仅凌驾于戒律之上,而且往往替代戒律来制约僧徒,从而使佛教在宗教形态上完全中国化了。

三、僧官制度的建立

宗教和政治在中土博弈的结果,便有了僧官系统,大大小小的"灭佛"从中起着重要推动作用。僧官制度后来并非只管佛教,也包括道教和其他宗教。僧官系统是在本时期完成其体制的,这种体制举世无双,以后一直在中土发挥作用。

所谓僧官的主体部分是由僧人来担当一部分官方所赋予的行政职能,但也不完全是,如北朝魏齐二代"昭玄一曹纯掌僧录,令史员置五十许人,所部僧尼二百余万"[5],这些令史员都是世俗官吏。因此僧官制度是中国特有的以政治机构管理宗教的制度,是封建专制行政体系内的一个专业化的分系统,体现着国家行政法规对僧尼的强制约束,也是世俗约束与佛教自身规范的交叉点,僧众由此接受全面的行政约束。

东晋十六国时就开始出现僧官,是汉人可以合法出家的结果。南北朝时已经形成了从朝廷到地方的僧官系统。僧官制度的一个重要作用就是要让僧众属地,把尽可能多的僧侣固定在寺院里,受地方上的约束。所以地方政权中都有僧官之设,"郡僧正之设在东晋末已经出现",且"南朝的地方性僧官层次较多"[6]。

---

[1] 文载《广弘明集》卷24。
[2]《宋书》卷82《周朗传》。
[3]《隋书》卷33《经籍志四》。
[4]《广弘明集》卷10《周祖天元立对卫元崇上事》。
[5]《续高僧传》卷8《齐大统合水寺释法上传》。
[6] 谢重光、白文固《中国僧官制度史》第2章,青海人民出版社1990年版,第19页。

在汉人刚被允许出家的东晋十六国之初，佛图澄也曾在河北等地建立庞大的教团[1]，而十六国后期僧官制度开始发展后，超越寺院范围的大规模佛教教团就在中国趋向绝迹，两者应该是有一定联系的。

僧籍是官府控制僧侣的要件也是僧官制度的根本，可以理解为是专役户制度的一种特殊变形。刘宋末，"令诸尼不得辄复重受戒，若岁审未满者，其师先应集众忏悔竟，然后到僧局。僧局许可，请人鉴检，方得受耳。若有违拒，即加摈斥"[2]。又《高僧传》卷8《齐京师天保寺释道盛》云："后憩天保寺，齐高帝敕代昙度为僧主。丹阳尹沈文季素奉黄老，排嫉能仁。乃建义符僧局，责僧属籍，欲沙简僧尼，由僧纲领有功，事得宁寝。"掌握僧籍是僧官制度的基本功能，沈文季虽然当时没有能建成义符僧局，但后来者竟是不可阻挡。"北魏灵太后以前，度僧权操之寺院，是私度时期。灵太后时始诏禁私度，国家收有度僧权"[3]。其实南朝的情况也是如此，如南齐武帝曾下令："自今公私皆不得出家为道，及起立寺塔，以宅为精舍，并严断之。唯年六十，必有道心，听朝贤选序，已有别诏。诸小小赐乞，及阃内处分，亦有别牒。"[4]这些说明官方是在一步接着一步地达到掌握僧籍之目的，即使是在不同的朝代之间。

通过本时期发展起来的这些环节，完善了僧官体系，由此官方逐步控制了宗教，而宗教干预政治的可能性则被降到最低限度。这也是本时期留给后世的一份遗产。

四、儒、道、佛三家共存局面的形成

灭佛从一个侧面推动着佛教的本土化，在政治威权的高压下，佛教最急于认同中土文化，主张与儒、道一致的呼声也最强，而儒、道、佛三家共存的局面则是在本时期基本形成的。不是说在汉魏时社会上不存在这三家，而是当时这三家的社会存在还不般配。两晋之后，三家之间达到了某种的相称，才在对抗中发现共同点和进行互补，所谓三家一致才越来越成为一种共识。梁时大臣徐勉"以孔、释二教殊途同归，撰《会林》五十卷"[5]，也可以说是当时统治阶层主流的共识。

北齐佛立像（龙兴寺）

[1] 参见严耀中《中国宗教与生存哲学》第14章，学林出版社1991年版。

[2] 《比丘尼传》卷2《普贤寺宝贤尼》。

[3] 何兹全《中古时代之中国佛教寺院》，《中国经济》1943年第2卷第9期。谢重光先生认为北魏文成帝时已"企图从教团手里收回度僧权的初步尝试"，见其《汉唐佛教特权的盛衰》，载《汉唐佛教社会史论》，国际文化事业有限公司1990年版。

[4] 《南齐书》卷3《武帝纪》。

[5] 《南史》卷60《徐勉传》。

黑釉楼阙佛像魂瓶

1《南史》卷71《张讥传》、卷62《徐摛传》。

2 法琳《破邪论》，载《广弘明集》卷11。

3 汤用彤《汉魏两晋南北朝佛教史》第13章，第300页。

4 文载《弘明集》卷3。

5 明僧绍《正二教论》，载《弘明集》卷6。

6《中国宗教思想史大纲》第4章，第118页。汤用彤先生也说："本末之分，内学外学所共许。而本之无二，又诸教之所共认。"见《汉魏两晋南北朝佛教史》第13章，第338页。他们都指出了当时三教有着共同的理论基础。

7《南史》卷76《隐逸陶弘景传》。

8《北史》卷33《李孝伯传附李士谦传》。

9 韩伟《陕西石窟概论》，《文物》1998年第3期。

　　本时期三家共通的情况是常见现象，如南朝末著名儒士张讥，"一乘寺沙门法才、法云寺沙门慧拔、至真观道士姚绥，皆传其业"。徐孝克"每日二时讲，旦讲佛经，晚讲《礼》传，道俗受业者数百人"[1]。"暨梁武之世，三教连衡"[2]，三教一词出现在文献上的频率也越来越高了。在两晋南北朝时期，道教和佛教作为强大的社会存在已经无可置疑。时人于佛儒、佛道、儒道之间的互补共通之处，分别有很多的建议论述，尤其是"南朝人士偏于谈理，故常见三教调和之说"[3]。如孙绰在《喻道论》中云："周孔救极弊，佛教明其本耳，共为首尾，其致不殊。"[4]明僧绍则认为"佛开三世，故圆应无穷；老止生形，则教极浇淳"，所以"周孔老庄诚帝王之师"而"释迦发穷源之真唱，以明神道主所通"[5]。王治心先生就张融、顾欢等人"道同器殊"思想阐述道："在形而上方面的道，本来是一；唯在形而下的器方面，方有释教道教之分。……这些都是六朝三教同源的意见，这种意见，影响于后世亦非常之大。"[6]此外，作为体现此类理念的人物在当时也大量出现，著名的如道士陶弘景既著《孝经》、《论语》集注"，又"诣鄮县阿育王塔自誓，受五大戒"[7]。北朝也是如此，如李士谦形象地把三者关系比喻为："佛，日也；道，月也；儒，五星也"[8]，三者合成就是完整的一片天。这些在文物遗址上也可以得到证明，如"开凿于西魏大统元年（535年）的宜君福地石窟，后壁主龛内却雕道教天尊形象，发愿文中之供养者称'道士'、'道民'，是迄今发现最早有纪年的佛道混合造像石窟"[9]。

　　三家共通有着不同的层面，包括它们对民间宗教的共同影响。民间宗教与正在全国传播方兴未艾的佛、道二教之间的互相影响，从宗教之间关系产生的形式讲，则主要有两种：一是佛、道二教分别把民间崇拜收入进自己的宗教体系；二是民间的各种占卜渗透到佛道两教，使之成为一种共同的宗教功能。即佛、道二教在与民间宗教结合的过程中，后者意外起到一个联结佛、道教的桥梁作用。换言之，佛、道教中的民间信仰成分使得这二者之间的界限模糊起来。这里边，中国民众对宗教的功利性需求是促使佛、道、民间宗教三者相合的主要因素，正是在免灾、免病、占卜等事项上，这三个宗教的功能与结果渐渐变得没有什么大区别。如在前秦,有人"虚静服气,不食五谷,日能行五百里,言未然之事,验若指掌。能以秘祝下神龙。每旱,(苻)坚常使之咒龙请雨,俄而龙下钵中,天辄大雨"。这是一位巫师,还是一位道士,或者是僧人? 从服气辟谷,呼风唤雨的事迹看,似乎更像是道士,但实际上却是一个叫僧涉的沙门[1]。

三家共存或三教一致局面在古代中国的产生有着特殊的外因和内因。第一,表明作为社会的意识力量,儒、道、释各有影响范围,可以说三分天下,虽然其间常有高低先后之争。第二,所谓三教归一、三教一家之类的说法,不论是出于哪一家之口,无一不是从维护社会道德,有利政治统治为出发点和归宿,认为在这方面是完全"一"致的。正如北周的韦夐认为:对社会而言,"三教虽殊,同归于善,其迹似有深浅,其致理如无等级"[2]。第三,三家共通的一大因素是它们的目标境界和追求途径都是人的自我修为。无论是圣人、是佛或菩萨、还是神仙,都是人修为而成的,而且是人人皆可为之,只要你坚定不移地努力的话。

从这点讲,儒家成为三者中之主也是当然的,因为儒家学说的一个核心内容便是做人的道理。

儒、道、佛三家共存并相通,符合当时及后来的社会政治需要,并由此形成中国宗教的特色。

云冈石窟执尘尾的维摩诘

第六节　岭南、西南地区的经略

自秦始皇建立专制集权的统一大帝国后,中央政权就对岭南、西南地区进行连绵不断的势力拓展和经营,而在两晋南北朝期间所建置的行政区域之规模已与今天相差无几,甚至还略为大些。这是该时期留给今日中国的一笔重要历史遗产,值得一书。这里所谓的经略,是汉族政权对这些地区的政治、经济、文化发生影响的过程,也是当地当时历史进程中的一个主要方面。

一、南方与西南地区的少数族

这里所谓的南方和西南地区,主要是指广、交、宁三

[1] 《晋书》卷95《僧涉传》。
[2] 《北史》卷64《韦孝宽传附韦夐传》。

州,即今之两广、云贵、海南及北越。吕思勉先生指出:交、广、宁三州"西通缅甸,东苞东京湾为内海,实为中国向南拓展之枢机"[1]。对当时中土政权而言,这些地方不仅连成一片,而且面临类似的问题,执行的对策也是相同的,即历代中央政权对南方与西南地区的经略, 就是如何处理与当地少数族的关系问题。

按照传统的说法,南方的少数族一般统称为蛮,西方的统称为戎,或者概称为夷。他们与中央政权,不管这个政权的统治者是否是汉族,在政治上、文化上、经济上都处于绝对的不平等状态。他们对中央政权都构不成严重威胁,更没有取而代之的危险,这和北方少数族有着很大的不同, 所以我们在历史上见到的基本上是诸代皇朝在此地的经略。

"古史民族名称,其界说颇涉混淆,不易确定",史书上关于本地少数族的称谓很多,大多是汉人称呼他们的,这是因为"汉人与胡人之分别在文化,而不在种族"[2],所以在文化特征认识上不同而造成族称差异。附带说一下,所谓蛮夷与汉族的分别其实同样如此, 虽然彼此同属蒙古人种和汉藏语系,但都会被环境所异化。构成当时民族特色的要素是地缘条件下的习俗和语言, 以及在这两者基础上的认同感。西南及南方少数民族之界限特别容易混淆,他们和浙、闽一带的原居住民在古代都属"百越",在文化上异中有同,也同中有异。东南的夷汉之间的融合比较早一些,本时期就主要在西南方向了。融合往哪个方向倾斜则要看具体情况,如汉人也会夷化,假若失去了对汉文化坚持的话, 如日南郡外的林邑在晋末乱后"秦余徙民。染同夷化,日南旧风,变易俱尽"[3]。因此本地区的汉夷之别在很大程度上也是文化之别。

岭南与西南地区,除了珠江三角洲的一小块平原,都是丘陵、高原与山地,而珠江流域正是当时汉族在那里聚居最多的地方。高山崇岭对人们生活产生最大的影响就是由此造成的交通不便和气候多变。于是,一方面,大致相同的气候地貌会有大致相同的文化形态;另一方面,气候多变容易导致生活习惯不一, 交通不便则容易造成语言差异, 相隔一山就有一种方言的现象在当地是司空见

牛车图(南朝)

[1] 吕思勉《两晋南北朝史》第16章,第808页。
[2] 陈寅恪《魏书司马叡传江东民族条释证及推论》,载《金明馆丛稿初编》,上海古籍出版社1980年版,第70、106页。
[3] 《水经注》卷36"鬱水"条注引《林邑记》。

惯的。两者的结合,使得身处万里之外的汉族统治者或文人看起来难免眼花缭乱,在族群甄别上前后不一。

山高谷深,交通不便和语言差异,既妨害经济生产的发展,诸多的族群也难以形成一个大的民族共同体。这样的情况使得这些少数族处于相当软弱的地位,不断地被征服,被掠夺,被流徙,被同化,当然也就不会对中央政权构成什么威胁。不过交通不便和语言差异,加上水土不服,"土地下湿,皆多瘴疠,人多夭折"[1],同样妨害中土朝廷的军力与行政力在那里展开,对当地的征服也不容易,"迁徙叛逆,代亡代有"[2]的现象就屡见不鲜了。

二、地区行政的建设

本时期诸朝在该地区经略的主要成果就是行政机构的设置或扩大设置,它是朝廷威权的最主要体现,即是"以部族区域为郡县区域,以部族分合为郡县分合",且用"任命流官与土长并存"[3]的方式体现中土皇朝行政权力的存在,这也使本节的叙述有了主要意义。在此过程中,宋文帝元嘉二十七年(450年)"正月辛未,制交、宁二州假板郡县,俸禄听依台除"[4],有着非常积极的意义,因为这表明了朝廷在经略西南边地有情愿付出一些代价的远见。

东晋南朝最重要的举措,就是把广州和交州,有时候包括宁州的军事合由一个都督管辖,即使后来在本地区设置了一些新州,如桂州、越州之类,但基本上也是由同一都督行事。由于都督军府都具有一定的行政功能,说明东晋南朝在该地区是以军政合一的方式来通盘经略的。

1. 岭南地区

这片区域之成为华夏疆土,起自"秦始皇略定",设置郡县,"自汉以后,历代开拓",按照《通典·州郡十四》所载刘宋时划定的行政区域,当为广州、交州和越州,该地行政区域的规模由此廓定。它们都位于大庾等五岭之南,唐在此建立岭南道,以后常以岭南称之,其部分地区与今天的"西南"地域重叠。这些地方都滨际海隅,与内地崇山相隔,相连成一地理区域。原居住民多为少数族,如"广州诸山并俚、獠,种类繁炽"[5]。

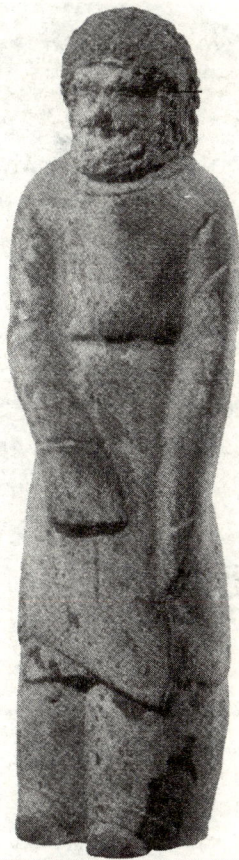

昆仑奴陶俑

[1] 《隋书》卷31《地理志下》。

[2] 《南齐书》卷15《州郡志下》。

[3] 方国瑜《中国西南历史地理考释》第2篇,中华书局1987年版,第29页。

[4] 《宋书》卷5《文帝纪》。

[5] 《宋书》卷97《南夷林邑国传》。

青釉莲花尊(南朝)

对比《后汉书·郡国志》和《晋书·地理志》的南方疆域,一个非常明显的对比是,后者户口减少了,州郡县数目却大大增加,如交州就分成了交州和广州。而且这个趋势至南朝还在进行着,若宋明帝时将交州一些郡县分给了所新立的越州,如合浦、宋寿等郡。越州领有十郡,大部分为宋世所立[1]。在《南齐书·州郡志》所载上述三州的新置郡县名上,如广州的晋康、晋兴、宋康、宋隆、齐乐、齐康、齐建、齐熙等郡,吴安、晋兴、晋城、晋化、晋平、宋元、宋平、齐昌等县。交州的宋平、宋寿郡,吴定、吴兴、晋化等县。越州的齐宁、齐隆等郡,晋始、宋丰、宋广、宋西、宋和等县。都具有很明显的朝代特色[2]。

到了南齐此数目又翻了一番,达20个郡。那么这种情况说明了什么?户口的减少我们不能归咎于战乱,因为中原的战争并没有直接波及到那里。但中原动乱使各种荫户大增的现象却在那里同步。除了新增郡县分散了户口的因素外,《晋书·地理志》中的人户数字都是指纳税交租的人家,并不包括荫户和叛服无常的少数族,因此两晋南朝时期该地区当时实际人口要远多于上述数字。如谭其骧先生指出《水经注·温水注》引王氏《交广春秋》中提到交州的朱崖、儋耳二郡晋时有"人民可十万家",比汉时增加四倍多,其原因之一就是可能著录了不在户籍上的实际人口[3]。又如"广州南,周旋六千余里,不宾属者乃五万余户,及桂林不羁之辈,复当万户。至于服从官役,才五千余家"[4],有户口之籍者仅为无籍者的十二分之一。对于这些难以确信的户口数字,无法作进一步的分析。但对于地方行政建置的增多,还是可以作一些说明的。

本时期郡县设置有增多倾向,其有利有弊,不能一概而论,从经略边地而言,还是积极的因素居多。新建置的郡县主要是为了处置那些无籍的少数族群。而大量诸如怀化、绥宁、怀安、绥安、归顺、抚纳、抚宁、怀熙、文招、义立、绥定、招兴、招怀、新招、归化等等的县名,以及这些郡县名下往往没有征收租赋的户口数,也反映了当时各朝政权都以招抚羁縻作为拓边的主要方式,而这些地名的长时间存在也证明那种经略方式是成功的。如此虽然会发生"数好反叛"的事件,但这样方式的开拓成本低而有

[1] 以上见《宋书》卷38《州郡志四》"交州"、"广州"、"越州"条。
[2] 如《元和郡县图志》卷34《岭南道一》"康州"条云:"晋末于此置晋康郡";"封州"条云封川县"梁于此置梁信郡"。卷38《岭南道五》"邕州"条云:"晋于此置晋兴郡";"钦州"条云:"宋分合浦置宋寿郡"等等。其中有一些具有羁縻性质,这也是行政体制上的一种开创。
[3] 谭其骧《自汉至唐海南岛历史政治地理》,《历史研究》1988年第5期。
[4]《晋书》卷58《陶璜传》。

利。一如《隋书·食货志》所指出："岭外酋帅,因生口、翡翠、明珠、犀、象之饶,雄于乡曲者,朝廷多因而署之,以收其利,历宋、齐、梁、陈,皆因而不改。其军国所须杂物,随土所出,临时折课市取,乃无恒法定令。列州郡县,制其任土所出,以为征赋。"而且一旦将少数族被收编于郡县的名义之下,官方在文化和心理上就占有了先机,为以后进一步名正言顺的征服打下了基础。

2. 西南地区

西南地区的地理范围,在不同时期有不同的理解。如在六朝时主要指的是云贵高原、横断山脉及其缘边地带,包括现在四川及缅甸、越南与印度的一小部分。

就这个地理范围而言,两汉一般视其为西南夷。《后汉书·西南夷列传》云:"西南夷者,在蜀郡徼外。有夜郎国、东接交阯,西有滇国,北有邛都国,国立君长。其人皆椎结左衽,邑聚而居,能耕田。其外又有嶲、昆明诸落,西极同师,东北至叶榆,地方数千里。无君长,辫发,随畜迁徙无常。自嶲东北有莋都国,东北有冉駹国,或土著,或随畜迁徙。自冉駹东北有白马国,氐种是也。此三国亦有君长。"其实这段文字和《史记》、《汉书》中的《西南夷列传序》差不多。微有不同的是《后汉书》文中以"在蜀郡徼外"来说西南诸夷,表明它们不在行政版图之内,不受朝廷的直接控制,仅是服外之夷国而已。

但这并非等于中央政权对其放任,而是有着要将它们纳入行政范围的不断努力。如汉武帝以夜郎为犍为郡,"平南夷为牂柯郡",又"以邛都为越嶲郡,莋都为沈犁郡,冄駹为汶山郡,广汉西白马为武都郡"[1]。但那些郡县官职往往是作为一种羁縻录名而已,他们"服叛难常",所以至东汉"关守永昌,肇自远离,启土立人,至今成都焉"[2]。

但是《南齐书》竟无西南夷传,在《南史·西南夷列传》中所列西南诸国却是诃罗陀、呵罗单、婆皇,乃至天竺迦毗黎等10余国,其中无一与《史》、《汉》诸史中西南夷诸国重合,因为秦汉时的西南夷诸国到隋代之前已经统化为郡县了。而这个过程主要是在魏晋南北朝期间完成的。《宋书》卷38《州郡志四》云:

青釉刻莲瓣六系罐(南朝)

[1] 《史记》卷116《西南夷列传》。
[2] 《后汉书》卷86《西南夷列传》。

青釉覆莲盖罐（南朝）

　　宁州刺史，晋武帝泰始七年分益州南中之建宁、兴古、云南、永昌四郡立。太康三年（282年）省，立南夷校尉。惠帝太安二年（303年）复立，增牂牁、越嶲、朱提三郡。成帝咸康四年（338年），分牂牁、夜郎、朱提、越嶲四郡为安州，寻罢并宁州。越嶲后还益州。今领郡十五，县八十一，户一万二百五十三。

　　从以上引文中我们可以看到两晋是巩固西南郡县的重要时期。这当然也得益于蜀汉时诸葛亮对南中的征服，此后，蜀将李恢在那里"钮尽恶类，徙其豪帅于成都，赋出叟、濮耕牛战马金银犀革，充继军资，于时费用不乏"[1]。于是原西南夷故地被蜀汉牢牢控制住了。但晋代对这片地方也不是简单地继承，而是在不断地加强和扩展在那里的军政存在。东晋时，建宁郡的万安、新兴二县，牂牁郡的晋乐、丹南二县，夜郎郡的谈乐县，朱提郡的临利县，南广郡的晋昌、常迁县，兴古郡的西安、南兴县等等，都是"江左立"。而建德郡的所有六个县，西平郡的所有五个县，西河阳郡的成昌、建安县，云南郡的云平县等却都是"晋成帝立"[2]。朝廷既然掌握着这些郡县的户口，并征收赋税，当然在那里建立了行政控制。

　　东晋以降，南朝的宋、齐、梁、陈，在北朝的逼迫下，国家的军政实力可以说是一朝不如一朝，但它们在西南边地的经营，还是尽了力的。其中一个重要方面是建置更多的行政区域，如宋元嘉八年（431年）正月"于交州复立珠崖郡"[3]。在《南齐书·州郡志下》的"宁州"条下，其所辖之郡已经不止是晋宋之间的15个郡，而是翻了一番，达30个郡。其中一些是南齐所置，如南犍为郡"永明二年（484年）置"；益宁郡"永明五年，刺史董仲舒置，领二县，无民户，自此以后皆然也"；即隆昌元年（494年）所置的西益、江阳、犍为、永兴、永宁、安宁六郡，延兴元年（494年7月以后）所立的东朱提郡，以及建武三年（496年）刺史郭安明启置的安上郡等等，所谓"夜郎、滇池解辫请职"[4]。这些新建置的郡县虽然大多"无民户"，但不等于那里是无人区，所谓无民户是州郡户籍上是空白的。因为地方籍上有一户就得有一户的赋税，收不到赋税就只能不立户，变成了

[1]《三国志》卷43《李恢传》。
[2]《宋书》卷38《州郡志四》
[3]《宋书》卷5《文帝纪》。
[4]《南史》卷61《陈伯之传》。

无民户之郡县。尽管如此,这些郡县的设置,"分城列邑,名号殷阜",至少说明了南齐朝廷在西南地区政治影响的扩大和对此所作的努力。

梁武帝继续"务恢境宇,频事经略",在西南一带"平俚洞,破牂柯,又以旧州遐阔,多有析置"[1]。梁武帝在这里"多有析置"其实就是一种加强行政存在的方式,因此"征赋所及之乡,文轨傍通之地,南超万里,西拓五千"[2]。即使是最弱的陈朝也有所经略,如也在古夜郎国之地,"于此置兴州"[3]。同时西魏乘侯景之乱,于公元553年遣大将尉迟迥率军占有巴、蜀后,势力也进入到西南地区,设南宁州以辖兴古、云南、建宁、朱提四郡,"绥缉新邦,经略未附,夷夏怀而归之",并使"其与华民杂居者,亦颇从赋役"[4]。北周建立后,在昆明"周武帝立定笮镇";在邛都"周武帝天和三年(568年)于此置本可泉县",并"开越嶲地,于嶲城置严州",及"立台登县"和"复立苏祁县,属严州"[5]等等。值得注意的是,在这些行政单位的设置中,诸朝都没有在长江中、上游地区所做的那样,在少数族地区设置的郡县名称前面加上"俚"、"獠"、"左"等字样,体现了促成西南与内地行政一体化的意图。

由于这些地方行政的费用,一般并非由朝廷支给,所以不会给中央财政造成负担。再者,那些郡县的衙署大小与运行,全按形势而定,辖民多则大之,反之则小,甚至有时是虚名羁縻。这样,既设之后,反正它们没有给朝廷增加经济压力,就不大会被撤销。史家给边地行政扩展意义打折扣的原因也在于此。

总之,无论如何,行政建制的迅速增加,至少说明两晋与南北朝政治影响和行政权力是在那里得到了扩展,意味着羁縻住了更多的少数族。考虑到离京师的遥远和群山的阻隔,以及东晋南朝只拥有半壁江山,能有如此发展已经难能可贵了。可以说魏晋南北朝通过郡县等地方行政区域的设置,基本上廓定了中国西南的疆域,意义重大,以后诸朝的所为就是不断把国家行政权力实际化而已。

青釉刻莲瓣鸡首壶(南朝)

1 《隋书》卷29《地理志上》。

2 《梁书》卷3《武帝纪下》。

3 《元和郡县图志》卷38《岭南道五》"峰州"条。

4 分见《周书》卷21《尉迟迥传》、卷49《獠传》。

5 《元和郡县图志》卷32《剑南道中》"嶲州"条。

青釉博山炉(南朝)
1975 年福建出土

三、伴随行政建设的经略

经略首先是以疆域开拓的方式进行，主要是通过新行政区的设置，其实际情况已在前面讲过。这种方式包含着互相关联的两点，即以武力为后盾和以控制人口为最终目标，后者是具有中国传统的，尤其是当时的特色。如此我们就可以在史书记载上看到对四夷来附的强调。

从武力方面讲，除了两晋南朝期间各地方官在任上的征讨外，典型的如北周控制西南地区后，凭借强大的武力，实行更严厉的措施，把当地的头领征召入朝。这是北魏以来巩固新占地域的一种行之有效的办法。如诏令"交州渠帅李佛子入朝"，佛子不愿，准备作乱，于是用武力解决，"行军总管刘方禽佛子送京师"[1]。

我们更多看到的是通过对边民的招抚形式。行政组织的功能就在于对民行政，人口是建立行政组织的基础，没有"民"这个行政对象，郡县等行政单位的扩置就无任何意义。而要使所辖民安稳下来，最好的方式还是招抚。这主要有两大内容，一是因为汉晋之间中土动乱等，因而有民众向边疆迁徙的趋势，这也包括南及西南方向，如惠帝末年，"吏民流入交州者甚众"[2]。把这些吏民安顿好，也是非常重要的招抚。二是对诸少数族的招抚。两晋时，平吴之后，太康四年(283年)六月，"牂柯獠二千余落内属"[3]。再加上原有之民，所以这些郡县都并非虚设。

作为被动一方的那些少数族，历代朝廷所采取的各种经营方略，并非是他们所愿意承受的选择，故常"皆楼据山险，不肯宾服"[4]。他们所能选择的只是对朝廷经略方式的反应，"遇有道则时遵声教，钟无妄则争肆虔刘，趋扇风尘，盖其常性"[5]。在强大的军政实力与先进的经济文化面前，这种被动的选择也是一种无奈，虽然有选择总比没有好。不过由于地理位置的险要，气候水土的特殊，使得南及西南方的少数族在中央政权政策不当时，能够一直保留着是否认可朝廷的选择权。

再次是推行文化认同，这是巩固疆域的一大关键。因为汉化就是农业化和儒家化，应该说这种政策从两汉就开始了，一以贯之，如"九真太守任延，始教耕犁，俗化交

[1]《北史》卷67《令狐整传》。
[2]《资治通鉴》卷86光熙元年三月条。
[3]《晋书》卷3《武帝纪》。
[4]《南齐书》卷14《州郡志上》"广州"条。
[5]《晋书》卷97《四夷传序》。

土，风行象林，知耕以来，六百余年，火耨耕艺，法与华同"。又"建武十九年(43年)，马援树两铜柱于象林南界，与西屠国分汉之南疆也。土人以之流寓，号曰马流，世称汉子孙也"，其"言语饮食，尚与华同"[1]。本时期则更重于儒教，当儒家的行为准则被普遍接受时，效忠朝廷成为理所当然时，边地的向心力就大为增加。所以有远见的地方长官必定会在当地大力提倡教化。如杜慧度为交州刺史，"禁断淫祀，崇修学校"，"乃至城门不夜闭，道不拾遗"。梁朝范云为广州刺史，"至任，遣使祭孝子南海罗威唐颂、苍梧丁密顿琦等墓"[2]，以为示范。

青釉印花唾壶(南朝)

　　经略岭南的重心在于广州，由于广州本身置于区内，十分顺当。而经略西南的重心在于益州，管辖西南的宁州本来就是从益州分割出来的。川蜀在谁手里，治理得好坏，直接决定西南的统治状况。南朝时情况好的如萧纪"在蜀十七年，南开宁州、越巂，西通资陵、吐谷浑。内修耕桑盐铁之功，外通商贾远方之利，故能殖其所用，器甲殷积"[3]。这是因为蜀中汇聚着通向西南的要道，本身号称天府，是最靠近西南的汉文化经济中心，故川蜀治理得好，经略西南就有了充分的物质基础，反过来蜀地也得到好处。北周得了益州后，能够顺势进入西南，也就是这个道理。

　　总之，魏晋南北朝期间对南方及西南方边地经略是成功的，是诸朝政权努力的结果。这种努力是和六朝的地缘形势相关，在大部分时间里，南方政权在北方强敌面前都处于守势，为了保持足够的生存空间，就有了向南方和西南方进行开拓的动力，而西魏北周在此地加强存在则是为对南方政权形成夹击之势。由于中土诸朝军政实力上都处于优势，并施行较适当的策略，就有了上述的成功。

四、边邻边地的关系

　　必须指出的是，在"天下——天子——王土——四夷"的观念下，"边邻"与"边土"之间并没有清晰的区分，视为何者是依据朝廷的力量和当时的形势而定，因此边疆，尤其是西南边疆是处于一种弹性的状态，虽然在某一

[1] 《水经注》卷36。
[2] 《南史》卷70《杜慧度传》、卷57《范云传》。
[3] 《南史》卷53《萧纪传》。

青釉莲瓣纹烛台（南朝）

个时间段里还可以说是固定的。如晋人认为"林邑国本汉时象林县，则马援铸柱之处也"[1]。这里还需要指出的是，此处的"国"，犹如十六国之"国"，古人指的仅是一种政权形态，和现代独立的主权国家之"国"的含义有所不同。

由于南土之外是海，所以边邻的关系集中在西南，尤其是和林邑的关系上。从地缘政治的角度讲，如果邻疆与边地的文化地理环境处于同一个类型，其中又兴起了一个具有相当实力的政权，这个边区就潜伏着争议的因素。由于林邑与当时的交州正属于如此情况，"林邑素无田土，贪日南地肥沃，常欲略有之"[2]，又有着战士四、五万人，所以时有冲突出现。

处理边邻关系，无非是和好通商与武力捍卫两种方式。采用何种则首先要依朝廷与边邻的总的国策与国力对比。和平时期利用通商是一种很好的方式，甚至可以作为屈人之兵的一种手段。如陶璜为交州刺史时就采用"南岸仰吾盐铁，断勿与市，皆坏为田器。如此二年，可一战而灭"[3]的策略。就局部而言，在当时，有力的军事存在是前提，如内地动乱，就会影响在边地的军事态势。所以在两晋时，就有很频繁的冲突。如据《晋书》所载，晋永和三年（247年）三月，"林邑范文攻陷日南，害太守夏侯览，以尸祭天"，七月"范文复陷日南，害督护刘雄"，次年四月"范文寇九德，多所杀害"。此正是桓温攻占成都之际，当然也影响了西南边局。永和五年四月，益州平后的"征西大将军桓温遣督护滕畯讨范文，为文所败"。九年三月"交州刺史阮敷讨林邑范佛于日南，破其五十余垒"。升平三年（359年）十二月"交州刺史温方之帅兵讨林邑叁黎、耽潦，并降之"。义熙九年（413年）三月"林邑范胡达寇九真，交州刺史杜慧度斩之"等等。至宋初，"南讨林邑，林邑乞降，输生口大象金银古贝等"[4]。

趁着有利的大形势而主动消灭对方赖以来犯的有生力量，是保障边地的久安之计。刘宋初，是南朝最强盛的时期。宋文帝元嘉二十二年（446年），以交州刺史檀和之、振武将军宗悫率兵伐林邑，宗悫分军数道，以所制狮子形貌惊象来破林邑军的象阵，大获全胜，得黄金生口铜器等物。从此，在交州方向，南朝就有了很长时期的安定，也为

[1]《晋书》卷97《林邑国传》。
[2]《南史》卷78《林邑传》。
[3]《晋书》卷57《陶璜传》。
[4]《南史》卷70《杜慧度传》。

后来隋炀帝"平林邑,更置三州"[1]奠定了基础。

由于岭南和西南存在着边地和边邻内外的一体性。即在经略的过程中,朝廷的政策策略与执行情况对两边的族群都起着同样的作用,而两边的反应也是相呼应的。

边地少数族的反叛主要在四种情况下发生,一是中土政权处于变乱之际,边地的行政力量也随之削弱,甚至陷入混乱,引发少数族武力的攻击。如晋永嘉元年(307年)五月,"建宁郡夷攻陷宁州,死者三千人"。

二是,某些地方军政长官欺压少数族过甚,如南海"郡常有高凉生口,及海舶每岁数至,外国商人以通货易,旧时州郡以半价就市,又买而即卖,其利数倍,历政以为常"[2]。高凉郡属广州,但更接近交州,这些生口当是郡府所掠少数族人,长官又以此牟利。还有所谓"广州刺史但经城门一过,便得三千万"[3]之说。如此剥削和压迫激起民变不在意外,如梁武帝大同七年(541年),"是岁,交州土民李贲攻刺史萧谘,谘输赂,得还越州"。萧谘输赂才得过关,说明反他是因为他贪赃太多。

三是,少数族地方首领的反叛,如宋元嘉十八年(441年)十二月,"晋宁太守爨松子反叛,宁州刺史徐循讨平之"。其原因有时与上条相关,有时亦系个人恩怨或野心。

四是,边外邻国来犯所形成的干扰,有时候来犯也和以上两个因素相关。

当然也有记载不明的,如晋太元六年(381年)七月"交阯太守杜瑗斩李逊,交州平"。但这很可能与上述林邑来犯有关系。这些少数族之反叛,其中一大原因是夷夏之别所带来民族认同感上的矛盾,以及一些汉族统治者利用民族矛盾对他们的欺压,这对于边邻来说也是一样的。由此表明,对本地区的经略成功与否,在于当局是否能坚持通过教化,"修文服远"来取得认同上的一致,以及不让逐利短见来破坏这种认同感的建立,从而巩固中央政权在此地的行政存在。以诸葛亮为代表的成功经验在魏晋南北朝期间于本地区所取得的功用和意义,就是本节所要说明的。

上述边邻与边地的一体性是当时诸朝在经略所谓"四夷"中都会遇到的,不过在本地域方向显得更为特殊

青釉骑蟾插器(南朝)

[1]《隋书》卷29《地理志上》。
[2]《梁书》卷33《王僧孺传》。
[3]《南齐书》卷32《王琨传》。

些而已。

五、诸朝经略及其影响

所谓历史影响就是对历史的影响。对于这个历史进程的影响,大致上可从三个方面来说。

首先,从政治上说,对作为现代的华夏民族,以及作为民族国家的中国,这无疑是件好事,如上所述。历代诸朝在那里的经略实际上也是一种代表国家利益的行为,所以虽然朝代变更,但前后的努力却是一致的,包括经略的方式也大同小异,并与国家发展的历史进程相一致。不过附带着经济和文化的影响,对当地的经济生产的发展,文化水平的提高,还是有着积极的作用的。并且从此跟内地建立起更为紧密的经济与文化的联系,随着内地社会经济的发展而发展,文化教育的提高而提高。

魏晋南北朝时期对该地区的经略是成功的,因为这些经略为以后该地区成为中国的一部分打下了坚实的基础。荀子说:"兼并易能也,唯坚凝之难焉",解决难题的方法是"凝士以礼,凝民以政,礼修而士服,政平而民安。士服民安,夫是之谓大凝"[1]。诸葛亮之安定南中,为此作出了表率。两晋南北朝的统治者有意无意间承袭他的政策,大体上能征抚结合,恩威并用,并以恩抚为主,攻心为上,历代"多委旧德重臣抚宁其地也"[2]。此期间行政建制的不断扩充在很多情况下是仿照诸葛亮"皆即其渠率而用之"[3],给诸族头人以守宰之职即是引其服礼法之制,籍中无户而不收租赋即是使其民安,如此久而久之,被称为蛮荒的不毛之地,就凝成为不可分割的华夏疆土,对中国历史的发展也就有了重要意义。有意思的是,《通典·州郡十四》说那里"人强吏懦,豪富兼并,役属贫弱,俘掠不忌"。其中"吏懦"说明官方历来在那里的统治是温和的,而弱肉强食的情况则说明当时儒家文化的影响还跟不上行政区域的扩展。

其次,即使从当时来说,对这些州郡经略的结果,还至少扩大了海外的中西交通,保障和畅通了中土与外部世界的通道。这一大方向上的通道又分两路,一条就是以岭南为主要集散地的海上丝绸之路,至广州的外国船舶

青釉四管器(南朝)

[1]《荀子·议兵篇》。
[2]《通典》卷185《州郡十四》。
[3]《三国志》卷35《诸葛亮传》注引《汉晋春秋》。

少则每年不过三数,多则"岁十余至"[1];另一条就是由西南通向东南亚之路。这两条通道的存在促进了中外在经济、文化上的交流,当时"四方珍怪,莫此为先,藏山隐海,瓌宝溢目。商舶远届,委输南州,故交、广富实,牣积王府"[2]。这对东晋南朝来说尤为重要,因为这相当程度上弥补了难以利用北方丝绸之路的窘促。此也促进了岭南地区的发展,广州也是从这时候崛起为华南重镇的。

由此也发展了通天竺,甚至是西域之路。如由日南至扶南,再至天竺的线路,"从扶南发投拘利口,循海大湾中正西北入,历湾边数国,可一年余到天竺江口,逆水行七千余里乃至焉"[3]。作为水上的丝绸之路,"舟舶继路,商使交属"[4],十分繁忙。这对东晋南朝而言是很重要的,因为在与北方对立的情况下,以陆路通西域毕竟有诸多不便,且海路交通的船舶运载量大,成本远比走陆路的低,因此师子国等自东晋开始与中土交通就不是偶然的了。

从文化传播来说,海上丝绸之路的畅通对当时佛教来说,意义重大。东晋著名高僧法显是经过这条海路回国的,后来被尊为禅宗初祖的菩提达摩和大翻译家真谛都是在南北朝时从海上到达华土的。除了海路外,西南的滇缅路也有作用,如约在公元3世纪有"僧二十许人,从蜀川牂柯道而出"到印度,当地室利笈多大王特地为他们造了一座"支那寺"[5]。《宋书》、《梁书》和《南史》都把对佛教的介绍放在南夷、海南或西南夷列传里,也间接说明南朝时佛教信息传来的方向。同时,作为佛教传播的通道,当然也会受到佛教的影响。佛教与当地各种旺盛的民间崇拜相结合,后来就有了以云南阿阇利佛教为代表的民间色彩浓厚的地方佛教。

如此开通引起了中土士人对南及西南边地的强烈关心,涌现了不少有关当地风土人情的地理著作,如《交州以南外国传》、朱应《扶南异物志》、《林邑国记》、《日南传》、顾微《广州记》、裴渊《广州记》、刘欣期《交州记》、沈怀远《南越志》、《交州杂记》、刘澄之《交州记》、竺芝(枝)《扶南记》,以及王氏《交广春秋》、杨氏《南裔异物志》等等。这些书籍的出现不仅和在那里设置新行政区域的意向相呼应,也证明了中土朝野对这片土地的版图意识。正

青釉双环灯架(南朝)

[1]《南史》卷51《萧劢传》。
[2]《南齐书》卷58《东南夷传论》。
[3]《南史》卷78《中天竺国传》。
[4]《宋书》卷97《蛮夷传》。
[5]《大唐西域求法高僧传》卷上,王邦维校注本,中华书局1988年版,第103页。

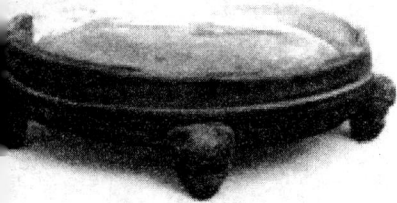

青羊宫窑四兽头足砚（南朝）

是这种意识,对以后中国边疆在那里的轮廓十分重要。

最后从经济方面讲,岭南和西南地区除有"两熟之稻"、"盐池田渔之饶"和"桑蚕年八熟茧"的"所谓八蚕之绵"而"恒为丰国"外,主要是有能供应内地的稀缺品。交广一带有贵重的奇木良材,各种珍异水果如龙眼、荔枝等,已生产称之为"越叠"的棉布,细柔的麻葛。再如合浦"百姓唯以采珠为业,商贾去来,以珠贸米"[1]。又"南海、交趾,各一都会也,并所处近海,多犀象瑇瑁珠玑,奇异珍玮,故商贾至者,多取富焉"[2],其中"一箧之宝,可资数世"[3]。"南宁州,汉世牂柯之地……户口殷众,金宝富饶,二河有骏马、明珠,益宁出盐井犀角"[4],这些当地特有的丰富物产可资与中土交流。从蜀汉起,诸朝就把该地当作取得资财的一个来源。如梁时萧励为广州刺史,屡向朝廷贡献,"军国所须,相继不绝"[5]。又如宋元嘉时击败林邑后,"以林邑所获金银宝物,班赍各有差"[6]。此外,当地产金银,仅在始兴郡采银的银户就有300余户,千有余口[7],所以南朝梁时"交、广之域,全以金银为货"[8],此前应该也一样。其中金银的流入,对缺乏通货的内地商品经济尤为重要。所以其地多胡商。故当地的少数族重商,"富室专于趣利"[9],也有"不知教义,以富为雄"[10]的商业精神,促成了其与内地的制度等对当地生活及社会发展的影响愈到后来愈是巨大,这里就不细说了。

[1]《晋书》卷57《陶璜传》。
[2]《隋书》卷31《地理志下》。
[3]《晋书》卷90《吴隐之传》。
[4]《隋书》卷37《梁睿传》。
[5]《南史》卷51《萧励传》。
[6]《宋书》卷5《文帝纪》。
[7]《宋书》卷92《徐豁传》。
[8]《隋书》卷24《食货志》。
[9]《隋书》卷29《地理志上》。
[10]《通典》卷185《州郡十四》"风俗"条。

嘎仙洞石刻

第六章 平城至洛阳：
北魏皇朝的兴衰

第一节 拓跋鲜卑，一个游牧行国的兴起

一、鲜卑的渊源及其在汉晋之间的发展

鲜卑作为一个族名，先秦时是指称与楚相关的一支蛮夷。《楚辞·大招》："小腰秀颈，若鲜卑只。"《国语·晋语八》："楚为荆蛮，置茅蕝，设望表，与鲜卑守燎。"但此鲜卑与汉以后出现的鲜卑之间的关系，目前唯一能够确定的，就是他们都是少数族。关于汉以降的鲜卑，其之得名也有不同的说法，如《三国志·鲜卑传》注引王枕《魏书》说："鲜卑亦东胡之余也，别保鲜卑山，因号焉。"另外也有说鲜卑是一种瑞兽名，奉其为图腾而以为族名。这两种说法有一个共同点，即鲜卑是该族之自称。还有说胡服中带钩的人腰带称"犀毗"或"鲜卑"，后来就称着此服的东胡为鲜卑了。这是他称，他称一般是晚于自称的。

这种对早期鲜卑的模糊认识，甚至在鲜卑已经于北中国纷纷建立政权的魏晋时期，仍还有很多的误会。如东晋的葛洪在《抱朴子·内篇》里还说"西羌以虎景兴，鲜卑以乘鼅强"，但所谓"以乘鼅强"可能是把夫余的事张冠李戴了[1]。

近代以来根据考古学、民俗学的成果，对鲜卑族有更多的了解。如现代民俗学者经调查，"锡伯人最崇拜的是一种似狮非狮、似狗非狗的传说中的动物——鲜卑兽。男人把它的头像铸刻在皮带钩上，每当进山打猎都要系上它。清代有的人还把它的头像贴在八仙桌前墙壁上，逢年过节对之烧香磕头"[2]。锡伯和鲜卑其实是一音之转，锡伯

[1] 参见王明《抱朴子内篇校释》卷8《释滞》，中华书局1985年版。

[2] 贺灵《锡伯族过去的信仰和禁忌》，《民俗》1989年第11期。

鲜卑墓葬中出土方形开窗毡帐陶模型

族应该是鲜卑族留居在东北的一支后裔。近年来从考古发掘中我们得知了鲜卑族更多的生活状况，如"棺板彩画中所绘人物服装主要有两种，男性上衣下裤（袴褶服），女性上衣下裙（襦裙服），男女均戴鲜卑垂裙皂帽。……代表了当时鲜卑人的形貌，说明北魏在迁都洛阳前，当地仍然保持着本民族原来的装饰"。另外一些墓葬中的壁画也反映了类似的情况[1]。1980年考古工作者又在大兴安岭山脉的东端找到了北魏太平真君四年（443年）太武帝遣使祭祖的石室——嘎仙洞，洞内还保留着当时铭刻在壁上的祭文，从而可以认为该山就是所谓大鲜卑山[2]。这些情况可以将古代的传说串联起来：鲜卑当是该族神化了的图腾，山因其出没而名之。但鲜卑兽别的民族都没见过，只能以相关的该族所居山名或所带之饰物名来称呼该族，遂有鲜卑之族。也有学者根据上海博物馆所收藏的鲜卑头玉带扣指出，"这里无论是山名还是兽名，'鲜卑'作为带扣的名称，完全是出于鲜卑人的一种民族信仰和崇拜"[3]。

鲜卑既然是一种瑞兽，当然与打猎相关，也很容易被处于相似环境的游猎民族所共同遵奉，所以有众多的鲜卑族。汉和帝时匈奴被汉军击破，"北单于逃走，鲜卑因此转徙据其地。匈奴余种留者尚有十余万落，皆自号鲜卑，鲜卑由此渐盛"[4]。此前，鲜卑族也常与乌桓族相混杂，这说明只要文化习俗相同或相近，所谓民族界限是很模糊的。

拓跋族是鲜卑族的一个分支。《魏书·序纪》说"成皇帝"时鲜卑有"大姓九十九"，当然这"九十九"是虚指，但如果加上那"成皇帝"本家的拓跋氏，岂不正好是百姓，所以这也可能暗喻拓跋氏本来是鲜卑中的普通一员而已

有意思的是，在东魏时所修的《魏书·序纪》中开宗明义宣称："昔黄帝有子二十五人，或内列诸华，或外分荒服，昌意少子，受封北土，国有大鲜卑山，因以为号。……黄帝以土德王，北俗谓土为托，谓后为跋，故以为氏。"此说当是魏收撰史前早就有之，这种对中华共同祖先的认同，为鲜卑汉化在心理上奠定了基础。因为"只要由共同的祖先分衍的事多少在记忆中存在，那么无论隔了多少世代也不失为同宗者"[5]。哪怕如此记忆有误，只要记忆被产生，尤其是它被文字所固定和阐明，同宗也就成为了现

[1] 刘俊喜、高峰《大同智家堡北魏墓棺板画》，《文物》2004年第12期。又如这些墓葬里"漆画和壁画中的人物服饰，主要是男性上衣下裤，女性上衣下裙两种。男女大多冠以垂裙皂帽，个别人物的发饰显露出来。这说明在北魏早期，拓跋鲜卑是以本民族服饰为主，同时也吸收了汉族服饰的一些特点"。见大同市考古研究所《山西大同沙岭北魏壁画墓发掘简报》，《文物》2006年第10期。

[2] 参见米文平《鲜卑石室的发现与初步研究》，《文物》1981年第2期；及《鲜卑石室所关诸地理问题》，《民族研究》1982年第4期。

[3] 王玉书《上博玉雕精品鲜卑头铭文补释》，《文物》1999年第4期。

[4]《后汉书》卷90《鲜卑列传》。

[5] 滋贺秀三《中国家族法原理》第1章，法律出版社2003年版，第20页。

实。拓跋鲜卑的这种记忆，可作为整个中华民族共同记忆的一个典型例子。

东汉后期，由于"此土荒遐，未足以建都邑"，所以在推寅、邻等首领的先后谋策下，由诘汾率部经"山谷高深，九难八阻"的长时期迁徙，终于"始居匈奴之故地"[1]——今之蒙古大草原。在他们迁移所经历的今之满洲里附近的扎赉诺尔、呼伦湖一带，留下了不少遗迹[2]。

进入草原，使鲜卑族的实力，乃至其部族社会的本身都获得了巨大的发展。诘汾子力微平伏了附近各个部族，"诸部大人悉皆款服，控弦上马二十余万"[3]。与此同时，鲜卑的社会体制也发生了重要变化。《魏书·序纪》中的诸帝名号是后来追加的，他们虽然作为游牧行国的首领，但并未具备真正的皇帝权威，如"坐王庭决词讼，以语言约束"的是由四部大人来"临时决遣"的[4]，这说明当时还处于部族社会的阶段。直到力微在位的第39年时，白部大人没有来参加祭天，"于是征而戮之，远近肃然，莫不震慑"[5]，开始将首领的权力染上专制的色彩。其实在被称为"第二推寅"的邻之前，首领们不一定全是直系血缘上的世袭。后来在拓跋族中传说力微是由诘汾与天女所生之子，所以"诘汾皇帝无妇家，力微皇帝无舅家"。又说天女还预言其"子孙相承，当世为帝王"等[6]。这或许暗示着血缘相传的继承制至此才完全得到确立。即便如此，在以后一段时间里，兄弟间横的继承关系也多于直的父子间相传关系。如力微死，其子悉鹿立；悉鹿死则由其弟绰立；绰死，所立者为其侄，即力微的孙子弗；弗死，再由力微子禄官立；禄官又与弗的两个哥哥猗㐌和猗卢"分国为三部"，各主一部，并称"三帝"。说明其继承关系还未完全循照封建体制。

"三帝"并立的时候，拓跋鲜卑变得空前强大，"财畜富实，控弦骑士四十余万"。这也许正是他们为什么要分为三部的一个原因，无疑分开来便于对人马进行管理，此在晋惠帝时。不久，禄官死，拓跋猗卢"遂总摄三部，以为一统"，拓跋鲜卑部开始进入了一个新的历史时期。

二、代国的兴亡

猗卢统一拓跋部后的第8年，即公元310年，晋愍帝封

鲜卑墓葬中出土桦树皮罐

[1] 《魏书》卷1《序纪》。"推寅"在鲜卑语中有"钻研"之义。
[2] 参见宿白《东北、内蒙古地区的鲜卑遗迹》，《文物》1977年第5期。
[3] 《魏书》卷1《序纪》。
[4] 《魏书》卷111《刑罚志》。
[5] 《魏书》卷1《序纪》。
[6] 《魏书》卷1《序纪》。

猗卢"为代王,置官属,食代、常山二郡"[1]。代国的建立,是拓跋鲜卑与中原政治交流的结果,当然这也使它自身有所改变,即所谓"及交好南夏,颇亦改创"[2]。但这种改变实际上是意味着鲜卑社会体制的转型,所以它一方面乘着中原混乱而获得发展的大好时机,实力得到了很大发展,郁律时"西兼乌孙故地,东吞勿吉以西,控弦上马将有百万"[3]。但另一方面却使它本身也陷入了政治动荡。猗卢是被其长子六脩所杀,原因是猗卢对"少子比延有宠,欲以为后"[4],即此事变是为了继承权的争夺。还如后来被称为平文帝的郁律是拓跋弗,猗禷妻祁氏"以帝得众心,恐不利于己子,害帝,遂崩,大人死者数十人",祁氏儿子贺傉与纥那先后为帝,但纥那为帝五年后"出居于宇文部,贺兰及诸部大人共立烈帝"。烈帝就是郁律的长子翳槐,这是政权的又一次转移。但事情并未了结,翳槐在位七年后,由于内部矛盾,"国人复贰",纥那"自宇文部还入,诸部大人复奉之",翳槐出奔后赵,三年后在石虎支持下又复位,纥那再度"出居于慕容部"[5]。这些宫廷政变的频频发生,很大程度上是因为王位继承权上的观念混乱所致,昔日诸部大人共推首领的遗风犹存,至少嫡长子继位的封建宗法尚未最后确认。所以这种现象在社会变革时期是最容易发生的。

翳槐复位后一年而崩,除了修筑新盛乐城外,他在这一年里所作的最重要决定就是遗命其大弟什翼犍继位。什翼犍当年也仅19岁,翳槐的儿子们可能都很小,单是为了应付内部的复杂局面,立长君也是个明智的决定。

后来被称为昭成皇帝的什翼犍在位后的一个重要举措,即是系统采用中土官制,"昭成之即王位,已命燕凤为右长史,许谦为郎中令矣。余官杂号,多同于晋朝"。与此同时,原先鲜卑的体制也基本保留,依然维持部落制和王公大人的地位,并有所创新,如"又置内侍长四人,主顾问,拾遗应对,若今之侍中、散骑常侍也"[6],北魏内外有别的双重政治体制至此已具雏形。

什翼犍在位39年,南征北战使拓跋鲜卑部不断壮大。如其在建国26年(363年)时,"讨高车,大破之,获万口,马牛羊百余万头";次年又"讨没歌部,破之,获牛马羊数百

鲜卑骑兵俑

[1]《魏书》卷1《序纪》。
[2]《魏书》卷113《官氏志》。
[3]《魏书》卷1《序纪》。
[4]《魏书》卷14《六脩传》。
[5]《魏书》卷1《序纪》。
[6]《魏书》卷113《官氏志》。

万头";建国30年征匈奴左贤王卫辰,"收其部落而还,俘获生口及马牛羊数十万头"[1]等等。但什翼犍统治下的大好形势,并不能避免代国的灭亡。因为那时候地处中原的前秦在苻坚统治下,再加上王猛的辅佐,政策得当,国势正欣欣向荣,进占巴蜀与襄阳,并先后灭掉了前燕和前凉,以不可阻挡之势席卷北方。仅据西北一隅之地的代国,凭借有限的资源力量,即使竭尽全力,似乎也难以匹敌,此所谓小国之坚,大国之擒也。

公元376年,苻坚在平凉州后,发兵30万分二路夹击代国,什翼犍兵败"退还阴山,其子翼圭缚父请降"。苻坚把什翼犍送入太学读书,而"散其部落于汉鄣边故地,立卫、监行事,官僚领押,课之治业营生,三五取丁,优复三年无税租。其渠帅岁终令朝献,出入行来为之限制"[2]。拓跋族建国的努力就此告一段落,但由此树起的宏图雄心和得到的政治经验,却留下了长长的投影,所以北魏人在迁都洛阳前,一直往往自称"大代大魏"。

公元386年什翼犍的孙子拓跋珪在族人拥戴下即代王位,三个月后改称魏王,代国的历史有了后续。

三、分部的政治体制

当游牧部落开始凝聚成一个国家时,往往采取分部制的形式,尤其在其刚自部落联盟化成国家的过程中。西晋时,在西北的匈奴也分成五部,并被当时朝廷所认可。如刘渊"代为左部帅。太康末,拜北部都尉"[3]。后燕慕容熙曾"引见州郡及单于八部耆旧于东宫"[4]。后来系匈奴别部的稽胡里有"北部王",说明也是分部的。这种分部因为是高于自然血缘构成的部落,所以它已经是一种政治体制。

不管是五部还是八部,其划分都是依照方位原则。按方位分部不仅有利于区别部落,实际上还是游牧场地的一种划分方式。对一个行国来说,它也是一种制度,一种适合于在不断迁徙移动中的国体里能行之有效的行政体系。所以一个游牧行国实行的必然是分部制,部分保留行国性质的,就部分保留分部制。我们把迁都洛阳之前称之为北魏前期,广义的前期包括定都洛阳前的整个拓跋鲜卑的历史。

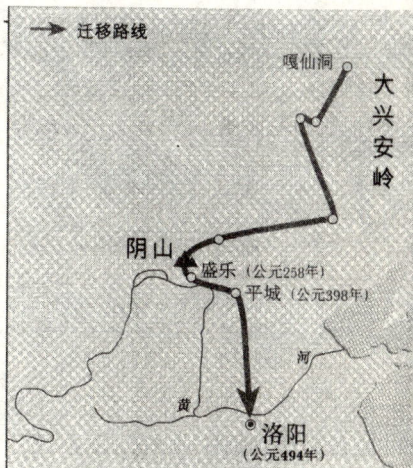

拓跋 鲜卑迁徙路线图

---

[1] 《魏书》卷1《序纪》。

[2] 《晋书》卷113《苻坚载记》。

[3] 《晋书》卷101《刘元海载记》。

[4] 《晋书》卷124《慕容熙载记》。

拓跋族供养人像（局部）

作为逐渐发展起来的行国，拓跋鲜卑有着实行分部制的漫长历史。至少在"第一推寅"的宣帝时就已经实行了四部制。至此，原先的"统国三十六，大姓九十九"的简单部落联盟已经转化成一个具有行政系统的游牧行国了。往后"至献帝时，七分国人，使诸兄弟各摄领之，乃分其氏"。这七部加上献帝自己的本部，说明当时鲜卑已经实行了八部制。从四部变八部，表示拓跋鲜卑通过"自后兼并他国"[1]，使之人户增多和实力增强。

拓跋鲜卑在魏晋之间与中原靠得很近，因而也受到中原政治变动的冲击，这也影响到了分部制，使之在经常的变动中。禄官时"分国为三部"，即东部、中部与西部，整个族群犹如一轮新月紧贴在北方农耕区与游牧区的交界线上。当拓跋猗卢在受封代公后，乘机从晋并州刺史刘琨处"求句注、陉北之地"[2]，逐步占有山西北部。拓跋行国统治的地域因此在南北方向上也有了深度，于是设置了南、北部。如此分部一直是代国的一项基本制度，如前秦时有鲜卑"北部人突贤"[3]。为加强控制，什翼犍还使其"弟孤监北部，子寔君监南部，分民而治，若古之二伯焉"[4]。但原来的三部还继续存在，新的南、北部纯由前来投奔的名为乌丸的"诸方杂人"组成。他们与原来的鲜卑族人有了新人、旧人之分[5]。

苻坚灭代后，当然分部制这样的行政制度不会被保存，但基层的部落没有被打散，彼此间的相对位置恐怕也没有什么大变化。不久，前秦瓦解，拓跋鲜卑获得了重新崛起的机会，分部制也随即恢复。道武帝拓跋珪于登国元年（386年）"即代王位，郊天，建元，大会于牛川。复以长孙嵩为南部大人，以叔孙普洛为北部大人"[6]。

这时候南部与北部之分，大约是以盛乐的位置为参照，定都于平城后，当以平城为参照。盛乐与平城的地理位置其实相差不太远，几乎在同一纬度上，因此北魏南、北部的相对位置应该没有什么大的变化。而盛乐、平城一线以南大体上是农业区域，以北则是游牧区域，这种差异后来在南朝人的眼光里就是"南部尚书知南边州郡，北部尚书知北边州郡"[7]。

但北魏分部制实际上要更复杂些，因为此后通过收

1 《魏书》卷113《官氏志》。
2 《魏书》卷1《序纪》。
3 《晋书》卷114《苻坚载记下》。
4 《魏书》卷113《官氏志》。
5 参见严耀中《试论北魏前期分部制的演变》，《中华文史论丛》1989年第2期。
6 《魏书》卷2《太祖纪》。
7 《南齐书》卷57《魏虏传》。

编与征服,又有大量的新成员加入了进来。其中可粗略分为二类。第一类是主动降附者,如"纥奚部大人库寒举部内属";"纥突邻部大人屈地鞬举部内属";"郦城屠各董羌、杏城卢水郝奴、河东蜀薛榆、氐帅苻兴,各率其种内附"[1]等等。此类归属者为数众多,拓跋统治者给他们的待遇也较为平等,如让纥奚部帅稽根因"率部归魏,尚昭成女",其子稽拔也"位尚书令",并"尚华阴公主"[2]。第二类称作为"新民"。"新民,新附之民也",指的是北魏在破灭敌人占领新地之后,常将其民众的一部或全部迁徙到畿内,故又称之为"新徙民"[3]。这些新民里各种身份,各个民族都有,他们虽然是被征服者,地位当然比那些主动投奔者要低,但北魏并没有将他们视作奴隶,而是将其编入诸部。

　　由于人数由此得到大大扩充,所以魏初又很快恢复为八部。天兴元年(398年)"十二月,置八部大夫",且"其八部大夫于皇城四方四维面置一人,以拟八座,谓之八国"[4]。胡三省在注《通鉴》时,认为"八部大夫,恐当作八部大人"。这八部即"东、西、南、北、左、右、前、后。后又置八部尚书"[5]。由于这八部情况复杂,因此在天赐元年(404年)十一月有"以八国姓族难分,故国立大帅、小帅,令辩其宗党,品举人才"之举。假若这八部是由拓跋本族组成的话,在北魏建国伊始是绝对不至于"姓族难分"的。何况这大帅、小帅之设同于州郡,"比今之中正也"[6]。恐怕就是因为在八部中有大量汉人,故以汉制治汉。又《魏书·食货志》说:

　　　　既定中山,分徙吏民及徙何种人、工伎巧十万余家以充京都,各给耕牛,计口授田。天兴初,制定京邑,东至代郡,西及善无,南极阴馆,北尽参合,为畿内之田;其外四方四维置八部帅以监之,劝课农耕,量校收入。

　　这八部帅就是八部大人,所谓"八部帅监之"可以说是什翼犍时代拓跋寔君与拓跋孤分监南、北部之翻版。

　　八部的主要成员既然很多都不是拓跋鲜卑族人,那么后者在分部之中处于一个什么样的地位呢?我们从《魏书·官氏志》里看到了稍后出现的六部:"泰常二年(417年)夏,置六部大人官,有天部,地部,东、南、西、北部,皆以诸公为之。大人置三属官。"这六部并非是取代八部的,

拓跋族供养人像(局部)

[1]《魏书》卷2《太祖纪》。

[2]《北史》卷25《万安国传附稽根传》。

[3] 分见《资治通鉴》卷123元嘉十三年九月高丽不送燕王于魏条胡注及卷110隆安二年正月魏王珪如繁畤宫条。

[4]《魏书》卷113《官氏志》。

[5] 分见《资治通鉴》卷111隆安三年二月甲子条及卷117义熙十一年九月魏比岁霜旱条胡注。

[6]《魏书》卷113《官氏志》。

骑马俑(北魏)

因为不仅三年前,即"神瑞元年(414年)春,置八大人官,大人下置三属官,总理万机,故世号八公",而此后"八公"一直存在,八部里独有的"左部"在泰常二年后也出现过,足以证明二者是并存的。那么这二者之间是何种关系呢?

相对于八部,这六部的成员主要是由拓跋鲜卑的自由牧民组成,如在"泰常六年(421年)诏六部民羊满百口,调戎马一匹"[1]。八部主要分布于京邑之外的四方四维的环形带,可能也有少数在畿内。其东、西、北三方的诸镇镇治所在地大致上是在这个圈子的外线,以为拱卫。六部则主要定居在被称为京邑的畿内土地上,一部分人还住进了都城。如属勋臣八姓之一的贺兰部就聚居在离平城不到百里的安阳城,当拓跋绍杀死其父道武帝后,"肥如侯贺护举烽于安阳城北,贺兰部人皆赴之,其余诸部亦各屯聚"[2],说明他们仍以部的形式存在于平城附近。六部也是拓跋鲜卑武力的基础,如高闾建议每年秋天,"七月发六部兵六万人,各备戎作之具"[3],以为打击柔然的主力军。故魏人常以"六军"称其中军,直到魏末,犹把这支寄任宿卫的中军称为"六坊之众",可见他们来自六部之遗迹。

无论"八部"还是"六部",都是北魏建立后,将原有部落重新编制,即所谓"登国初,太祖散诸部落,始同为编民"[4]的结果。随着北魏版图的扩大和体制的演变,分部制也作着相应的变化。首先是"部"越来越行政衙门化了,以太武帝始光年间为界线,诸部首脑的称谓从"大人"变成了"尚书"。其佐僚也由"三属官"而变得愈来愈多,大夫、令、给事中等等都出现了,与其他的尚书机构日益类似。其次是"部"的划分也在不断变化中。如八部在太武帝时一度缩编为四部,故有"四部尚书"的头衔出现。不久又压缩为南、北两部,"南部尚书知南边州郡,北部尚书知北边州郡"。南部事务主要与农业有关,如征收租粮等;北部事务大多与游牧有关,关心"北部放牧无抄掠之患"[5]。与此相应,六部在孝文帝前期似乎也集为一部——中部。

分部制在北魏的长期保持表明拓跋鲜卑的大部分还没有脱离游牧状态,至少是处于一种半游牧半农耕的社会状态之中。北魏在很长一段时间里保持这个制度,是它能维持统治族的人员基础,并适当吸收它族来加以扩大,

[1]《魏书》卷110《食货志》。
[2] 安阳城北魏孝武帝永熙后为高柳郡治。见《资治通鉴》卷115义熙五年十月己巳条及胡注。参见《中国历史地图集》第4册第47图,中国地图学社1975年版。
[3]《魏书》卷54《高闾传》。
[4]《魏书》卷113《官氏志》。
[5]《资治通鉴》卷136永明二年九月高闾上表条。

从而有能力来统治人数众多的汉族与其他少数族。它在军事上还有一大好处是能够保持一支强大的骑兵，北魏主要是靠着他们才能统一北方的，这在一个以农立国的朝廷里是无法想象的。

可是北魏迁都洛阳后，分部制就基本结束了，那是因为就整个北魏国家来说，社会体制到了重大变化的转折点。那些没有像拓跋族一样走上社会形态转轨之路，依然停留在原地的鲜卑部落，则还是保留着分部制。"北魏初年，鲜卑人还是聚族而居，道武帝时实行'离散诸部'的政策，但只能施行于归附拓跋部皇权之下的各部落，对活动在西北地区，依附于后秦姚兴的破多罗部并无作用"[1]。还如南北朝后期的"库莫奚，鲜卑之别种也。其先为慕容晃所破，窜于松漠之间。后种类繁多，分为五部：一曰辱纥主，二曰莫贺弗，三曰契箇，四曰木昆，五曰室得。每部置俟斤一人，有阿会氏者，最为豪帅，五部皆受其节度，役属于突厥"[2]。两相比较，就可以知道拓跋族拥有推寅、诘汾、猗卢、拓跋珪等一系列领袖是多么的幸运。

第二节　北魏开国与定都平城

将平城定为京都，是北魏皇朝建立的重要标志，并在其统一北方的过程中起到非常重要的作用。

一、平城的地理位置和北魏立都

拓跋鲜卑在尝试建立政权的过程中，长期徘徊于北方农牧交界的区域，没有像其他的一些少数族那样，急于贸然地冲向中原。公元3至4世纪，中原文明对鲜卑各族产生了很大的吸引力，他们先是分布在一个漫长的缘边地区，或许是拓跋与匈奴结合得最深，所以他们离开东北后在草原上走得最西，至少在力微时，已迁徙到今之山西与内蒙古的接合部。在这个基础上，后来就有了代国。代国被前秦灭后，拓跋族没有迁徙，所以前秦瓦解后，什翼犍的孙子拓跋珪能在此基础上复国，建立了北魏。北魏初期的中心区域当然依旧是雁北一带。

骑马俑（北魏）

[1] 赵瑞民、刘俊喜《大同沙岭北魏壁画墓出土漆皮文字考》，《文物》2006年第10期。
[2] 《周书》卷49《库莫奚传》。

大同湖东北魏 1 号墓发掘现场

力微时,曾驻于定襄之盛乐,但似乎那时尚未筑城。猗卢统一各部后之第六年,"城盛乐以为北都,修故平城以为南都",并在"更南百里,于灅水之阳黄瓜堆筑新平城,晋人谓之小平城"[1]。猗卢不以一城为都,可能是游牧习气的一种遗存。这三个城的方位,盛乐位于草原,新平城最南,平城居中,却正好在农业区边缘。不过还基本上是游牧行国的拓跋代仍钟情于草原中的盛乐。公元337年,代王拓跋翳槐"城盛乐而居之"。什翼犍继位代王后,尽管其母反对定都:"吾自先世以来,以迁徙为业;今国家多难,若城郭而居,一旦寇来,无所避之。"但在形势稍微稳定后,不到一年"代王什翼犍始都云中之盛乐"[2],并依宫筑城。这是因为立国必须立都,疆域有了较为固定的边界,里面的政治中心也需要固定下来,这样统治才能更有效。

拓跋珪初即代王位时,没有确立京都,却在登国元年(386年)二月"幸定襄之盛乐",算是对祖上传统的继承,其实也是时有内难,且有后燕的来犯,只能因势四巡,虽在当年四月已改称魏王,仍无法定都。至皇始元年(396年)北魏立国初具规模,"始建天子旌旗,出入警跸",并"初建台省,置百官"。从"治兵于东郊"的情况看,北魏朝廷已有固定的驻地,但拓跋珪尚未有定都的决心。因为在魏军占领邺城后,拓跋珪曾"至邺,巡登台谢,遍览宫城,将有定都之意"。不过在权衡之下,魏道武帝拓跋珪最终还是舍弃了邺城现成的宫殿,于天兴元年(398年)"秋七月,迁都平城,始营宫室,建宗庙,立社稷"[3]。

邺与平城相比,太深入于农业区域的腹地了,这对还未完全脱离游牧社会的北魏来说很不适应,所以拓跋珪不得不明智地放弃。而已经立国的北魏,再驻地于草原上的盛乐也显然非长久之计,于是前秦时就为护乌丸府所在的军事重镇,位置在农业区边上,依山带水,面向草原,雄居今之山西通向内蒙古要津上的平城之被定为北魏京都,成了合理的选择。

二、定都平城对北魏统治的意义

由于定都与立国的基本构想有关,因此只有国策被认真地讨论过,平城的京都地位才不会动摇。所以明元帝

[1] 《魏书》卷1《序纪》。
[2] 分见《资治通鉴》卷95咸康三年十一月条;卷96咸康五年五月条;咸康六年三月条。
[3] 皆见《魏书》卷2《太祖纪》。

拓跋嗣统治时关于对应灾荒的一次争议最后确立了平城的首都地位。神瑞二年（415年），平城一带"秋谷不登"，处于农耕与畜牧边缘地区的平城当然会有很深的感受。当时太史令王亮等就提出来迁都邺城的建议，虽然王亮的迁都主要理由是"治邺，应大乐五十年"的谶言，但位于华北平原腹地的邺城粮食供应总会比平城好，所以大部分朝臣持赞成态度。

对此，崔浩与特进周澹从少数族如何吸取历史教训进行统治的方略高度提出反对意见："今国家迁都于邺，可救今年之饥，非长久之策也。东州之人，常谓国家居广漠之地，民畜无算，号称牛毛之众。今留守旧都，分家南徙，恐不满诸州之地。参居郡县，处榛林之间，不便水土，疾疫死伤，情见是露，则百姓意沮。四方闻之，有轻侮之意，屈丐、蠕蠕必提挈而来，云中、平城则有危殆之虑，阻隔恒代千里之险，虽曰救援，赴之甚难，如此则声实俱损矣。今居北方，假令山东有变，轻骑南出，燿威桑梓之中，谁知多少？百姓见之，望尘镇服。此是国家威制诸夏之长策也。至春草生，乳酪将出，兼有菜果，足接来秋，若得中熟，事则济矣。"由于这话切中了少数族统治一个大国的政治要害，因为北魏前期的武功主要是依靠其强大的骑兵，背依草原的平城有利于调动与指挥骑兵，所以"太宗深然之，曰：'唯此二人，与朕意同'"[1]，平城的首都地位经过治国策略的论证，最后得到了巩固。

道武帝是一个很善于在汉族历史中吸取政治经验的人。他听崔浩讲《汉书》，提到"娄敬说汉祖，欲以鲁元公主妻匈奴，善之，嗟叹者良久。是以诸公主皆嫁于宾附之国，朝臣子弟、良族美彦不得尚焉"[2]。道武帝学会了利用和亲作政治手段，并最大限度地运用了它，让所有公主都去和亲！这是其他皇帝难以做到的。也正因为如此，他才能做一个开国皇帝，北魏后来能统一北中国，当与此不无关系。

崔浩等提出的这些意见当然有利于北魏统治，但其实他们也有自己作为士族代表的考虑。因为首都作为统治中心，离此越近，朝廷对地方的控制力也就会越强。如果北魏首都设在平城，那么位于太行山以东的华北，因天

大同七里村北魏 1 号墓发掘现场

大同七里村北魏 22 号墓出土陶俑

高皇帝远,山东士族的势力可以得到很大保持,如果首都设在邺城那就很难说了。所以崔浩建议之被采纳,是拓跋统治者和汉士族的一种双利。

应该一提的是,平城作为北魏京都地位的巩固,也和北魏采取不断从新被征服的地域上移民京畿的政策相关。这些被徙之民在平城周围,"计口受田",从事农、牧业,使作为首都的平城有了充裕的物资保障,情况另节专叙。

三、道武帝拓跋珪开国后的政治形势

道武帝将平城定为北魏京师,太武帝世北魏完成了北方的统一。在此期间,北魏的国势蒸蒸日上,平城作为京都的优越性也得到了充分的体现。

从《魏书·太祖纪》所载来看,道武帝在位时主要做了三方面的事。一是进行各项政权建设,尤其是符合一个正统皇朝所必须具备的。诸如正封畿、制郊甸、典官制、立爵品、定律令、申科禁,以及制定各种朝仪等等,这些都由"吏部尚书崔玄伯总而裁之",说明鲜卑官员们对此都不熟悉,从没有任何鲜卑官员对此发表的议论来看,似乎他们对这些制度也不大关心,好像与他们关系不是很大。二是与上述装点朝廷必要的门面相关,道武帝热心儒学,礼贤士人,因为要建立种种制度都离不开他们。如登国十年破慕容宝军后,"于俘虏之中擢其才识者贾彝、贾闰、晁崇等与参谋议,宪章故实"。史云:"帝初拓中原,留心慰纳,诸士大夫诣军门者,无少长,皆引入赐见,存问周悉,人得自尽,苟有微能,咸蒙叙用。"

少数族的统治在中土成功与否,很大程度上取决于他与汉族士大夫结合的能力。北魏前期结合的成功,除了少数族统治者的良好意愿与措施外,当时士族们阅历了十六国形形色色的政权以及对南方汉族朝廷绝望后,从而对拓跋政权抱有相当的好感与期待,也是很有关系的。如皇始二年(397年)拓跋珪与慕容宝对阵时,"宝尚书闵亮、秘书监崔逞、太常孙沂、殿中侍御史孟辅等并降,降者相属,赐拜职爵各有差"。

三是武功卓著,这对打天下来说,是非常必要的。若

北魏这样的少数族政权，要建国要壮大就必须先要靠武功。拓跋珪的用兵主要指向两个方向。其中一个方面是平定内乱及邻近部落，这是一个部族要走向称霸立国所必然会经历的。从登国元年拓跋珪称代王起，此后这类征讨战争几乎年年都有。如当年破窟咄，次年征刘显，登国三年征库莫奚部，四年袭高车诸部大破之，五年西征破高车等部，六年西讨黜弗部和北征柔然（蠕蠕）等，七年讨叛走的西部大人茂鲜，八年南征薛干部等，九年驱走柔然社仑等部，十年侵逼附塞诸部及治兵河南等等，有时一年要几次，皇始元年以后也是如此[1]。这时期的矛头所向主要是北方的游牧民族，因为当鲜卑族的主体压向南方，对逐鹿中原产生越来越大的兴趣时，留下来的大草原不会变成无人区，新的游牧民族会迁徙进去，重复着鲜卑族的老路，也给后者带来新的麻烦，他们就是上述柔然、高车等部。由于他们虽然都是"东胡之绪余，冒顿之枝叶"[2]，但作为一个族的力量却是新近聚合发展起来的，与纵横已久的鲜卑铁骑相比，力量还相差很大，所以道武帝先去攻打他们，是高明的战略。

其第二个方面是与后燕作战并取得重大胜利。魏初，因为同是鲜卑，与慕容垂的后燕还有一定程度的合作，如共讨库莫奚等。但北魏通过武力征讨逐步壮大起来后，利益关系发生了变化，彼此转向敌对。对后燕来说，防止出现强大的邻国，是安全的要务。对新立国的北魏来说，只有扳到强大的邻国，自身的生存与发展才有保障。两者冲突的直接导火线是后燕向北魏求马未果，慕容鲜卑虽亦出于游牧部落，但早在西晋末就基本上离开了草原。慕容垂复国后主要统治的又是农业区域，因此急需战马来维持其军队的战斗力。拓跋珪当然也认识到这一点，就不惜为此与慕容垂翻脸。当时后燕的实力远强于北魏，所以慕容垂执意要趁早除去这个后患。由于慕容垂自己有疾在身，只能"遣其太子宝及（慕容）农与慕容麟等率众八万伐魏，慕容德、慕容绍以步骑一万八千为宝后继"[3]。拓跋珪一边采用张衮的计策，故意示弱，"悉徙部落畜产，西渡河千余里以避之"。一边遣使向后秦求援，当时后燕最强大，二弱合纵符合彼此的利益，姚兴后来也果然起兵。慕容宝率

大同七里村北魏 22 号墓出土陶灶

[1] 以上皆见《魏书》卷2《太祖纪》。
[2] 《北史》卷98《高车传论》。
[3] 《晋书》卷123《慕容垂载记》。

大同七里村北魏 4 号墓出土石磨盘

领的燕军开始也取得一些胜利，"降魏别部三万余家，收穄田百万余斛，置黑城"，直至黄河边，并开始"造船为济具"。但此非一日之功，于是"燕、魏相持积旬"[1]。此时拓跋珪遮断燕军与后方的信使往来，散播慕容垂病死的谣言，引起燕军内乱。当年十月，慕容宝不得不烧船撤军。由于"时河冰未成"，加上自以为兵众，所以燕军缓缓后撤，不作戒备。不意"十一月，天暴风寒，冰合"，于是拓跋珪"进军济河，留辎重，简精锐二万余骑急追之，晨夜兼行，暮至参合坡西"。当时燕军在坡东，魏军乘夜包围，第二天"众军齐进，日出登山，下临其营。宝众晨将东引，顾见军至，遂惊扰奔走"，燕军"有马者皆蹶倒冰上，自相镇压，死伤者万数。宝及诸父兄弟，单马迸散，仅以身免。于是宝军四五万人，一时放仗，敛手就羁矣。其遗迸去者不过千余人"[2]。这是一场以少胜多的典型战例，此仗也成了魏、燕间盛衰的转折点。拓跋珪显示了其杰出的军事才能，但对那些俘虏，既带不回平城，又怕放回去增强燕军实力，于是全部坑杀。此举符合当时魏军的利益，也显出拓跋珪野兽般残忍的另一面。这或许是乱世枭雄们往往具有的两面性。

　　参合坡大败后，慕容垂不顾病体于来年三月亲率大军伐魏。拓跋珪依然是敌进我退，慕容垂攻克平城后只得"收其众三万余人而还"。途经参合，慕容垂"见往年战处积骸如山，设吊祭之礼，死者父兄一时号哭，军中皆恸。垂惭愤呕血，因而侵疾"[3]。慕容垂死后，继位者慕容宝"好人佞己"，"柔而不断"[4]，国势不振。拓跋珪于公元396年亲勒六军40余万讨慕容宝，于次年十月克中山，398年年初又攻占邺城。至此，华北平原的大部为魏所有。拓跋珪由此为北魏立国打下了良好的基础，无负其为北魏"太祖"之称。

四、道武帝之死与北魏政权的巩固

　　公元409年，也就是道武帝拓跋珪建立北魏后的第二十三年，却被他的儿子清河王拓跋绍杀死在宫内。这场宫廷事变的直接原因是道武帝将拓跋绍的母亲贺夫人囚禁起来，并要杀她。史载："会日暮，未决。贺氏密告绍曰：'汝将何以救吾？'绍乃夜与帐下及宦者数人，踰宫犯禁。左右

[1]《资治通鉴》卷108太元二十年七月、八月条。
[2]《魏书》卷95《慕容廆传附慕容垂传》。
[3]《晋书》卷123《慕容垂载记》。
[4]《北史》卷92《慕容宝传》。

侍御呼曰：'贼至！'太祖惊起，求弓刀不获，遂暴崩"[1]。时年39岁。

这突如其来的事变也并非偶然。道武帝在死前，宫廷内外已经被恐怖气氛所笼罩。他是北魏的开创者，也是把拓跋族人引入一个新的社会时代之带路人，东征西讨，武功赫赫。巨大的成功也带来了巨大的精神压力，而服寒食散又会产生一些幻觉，于是大局既定后他显得有些精神变态。《魏书·太祖纪》对此有一大段描绘，说他"忧懑不安，或数日不食，或不寝达旦。归咎群下，喜怒乖常，谓百僚左右人不可信，虑如天文之占，或有肘腋之虞。追思既往成败得失，终日竟夜读语不止，若旁有鬼物对扬者。朝臣至前，追其旧恶皆见杀害，其余或以颜色变动，或以喘息不调，或以行步乖节，或以言辞失措，帝皆以为怀恶在心，变见于外，乃手自殴击，死者皆陈天安殿前。于是朝野人情各怀危惧，有司懈怠，莫相督摄，百工偷劫，盗贼公行，巷里之间人为稀少"。据此，道武帝有着现今所谓的心理疾病是无疑的，其征象已远远超出服寒食散后的生理反应，一个整日谋算，又杀人如麻的人患上如此疾病恐怕也是很必然的。问题是道武帝之所为，不仅是人人自危，朝政也无法维持。当时希望道武帝死的人或许不止拓跋绍一个，所以道武帝临死前找不到弓刀反抗就不像是巧合了。

皇帝制度是封建政体的核心，所以道武帝被杀虽然起于家庭内部恩怨，但性质上则属于宫廷政变。道武帝死后局面一度复杂化的原因之一就是那时还没有立太子。当时继位问题之发生，原因很多。远的来说，代国的继位没有固定的次序，如前所述。拓跋珪建位后虽然重用儒士，设立百官制度，但主要是为了统治汉族人民和参议对外谋略，这些还影响不了继承皇位这样的核心大事，汉晋制度中的皇位继承观念在那时北魏朝野在继统上还没有成为共识，所以拓跋绍在杀死道武帝后的第二天，开了宫门问群臣："我有父，亦有兄，公卿欲从谁也？"，"良久，南平公长孙嵩曰：'从王'"[2]，于是拓跋绍也就做了几天非正式的皇帝。

这个局面的形成，也和拓跋嗣的出走相关。拓跋嗣是

大同迎宾大道北魏 75 号墓出土陶马

[1]《魏书》卷16《拓跋绍传》。
[2]《魏书》卷16《拓跋绍传》。

道武帝的长子,母亲是不知名的刘贵人。道武帝原意选拓跋嗣为太子,却把刘贵人杀了,理由是他对拓跋嗣所说:"昔汉武帝将立其子而杀其母,不令妇人后与国政,使外家为乱。汝当继统,故吾远同汉武,为长久之计。"由此开启了北魏的一个极不人道的传统,此前拓跋族的历史上并未有这样的事,反而妇女往往起着重要的政治作用。如据《魏书·皇后传》:桓帝猗㐌皇后祁氏,"平文(帝),崩,后摄国事,时人谓之女国。后性猛忌,平文之崩,后所为也";平文帝郁律皇后王氏,不仅机智地救了昭成帝什翼犍,且"烈帝之崩,国祚殆危,兴复大业,后之力也";昭成皇后慕容氏,"性聪敏多知,沉厚善决断,专理内事",什翼犍"每事多从";就是道武帝的母亲献明皇后贺氏,在代魏存亡之际和拓跋珪登上帝位,起了重要作用[1]。这些故事道武帝当然是从小耳闻目睹的,在他自己当了皇帝,又受到儒家观念影响,不会允许此类现象再现,所以痛下杀手,并立了规矩。但对拓跋嗣来说,亲生母亲由此被杀当然难以忍受,再加上对道武帝喜怒无常的担心,所以听左右劝说而出逃。他在朝中的空缺,也使朝臣们一时默认了拓跋绍的既成局面。

拓跋绍当时16岁,也懂得"出布帛班赐王公以下"来收买人心,并募人寻访拓跋嗣,杀接济过后者的李道。但杀父篡位之事在任何社会里都是犯忌触众怒的,何况以拓跋绍这份年纪也不可能在朝臣和部族里拥有多大势力。所以当拓跋嗣决定露面后,"众皆响应","卫士执送绍,于是赐绍母子死"[2]。拓跋嗣则在群臣拥戴下登了帝位,是为明元帝。

明元帝当政的十几年里,北魏皇朝得到了巩固,形成"隆基固本,内和外辑"的局面。首先是他不断地遣军征讨柔然、高车与诸胡等周边较弱的少数族,这不仅有利于疆土的安稳与扩展,也锻炼了军队,提高了自己的威望。其次是抚伐结合,如"诏将军周观率众诣西河离石,镇抚山胡"之类,明元帝本人也屡屡车驾四巡,存恤民俗,致使大量其他游牧族的内附。仅《魏书·太宗纪》所载,就有"昌黎、辽东民二千余家内属"等来附、来降的记载21条,其密度为魏世之最。这些内附者大大增强了北魏的实力。再次

大同迎宾大道北魏19号墓出土铁灯

[1] 李凭先生认为是贺氏将什翼犍缚送前秦军。参见《北魏平城时代》第3章第1节,社会科学文献出版社2000年版。
[2] 《魏书》卷16《拓跋绍传》。

是不断赐"诸王、公、侯、将士布帛各有差"等，如此大规模的赐赏仅《本纪》所载就至少有15次，甚至临死前还"遗诏以司空奚斤所获军实赐大臣，自司徒长孙嵩已下至士卒各有差"。北魏前期实行的是班赐制，频频分赐有利于利益均沾，足以团结拓跋鲜卑的核心力量。而赐物中的相当一部分是战利品，也更激发了鲜卑武士好战求胜的心气。最后就是尊重儒学，加强吸收门阀士族参与北魏政权，如在永兴五年（413年）"诏分遣使者巡求俊逸，其豪门强族为州闾所推者，及有文武才干、临疑能决，或有先贤世胄、德行清美、学优义开为人师者，各令诣京师，当随才叙用，以赞庶政"，并据此设立了颇具特色的中书学。所以他也就博得了"礼爱儒生，好览史传"的时誉[1]。到公元423年明元帝去世，如此的政策一直坚持未变，从而成为一朝的政治特色。

相对于道武帝和继之而来的太武帝，明元帝时的北魏领土扩张处于相对的间歇期，但明元帝的一些措施，巩固了道武帝的胜利果实，这也符合所谓一张一弛的文武之道。

第三节　北中国的统一与开创性的政治体制

一、北方的统一

公元436年北魏灭北燕，439年又灭北凉，标志着中国北方的重新统一。完成这个统一的是太武帝拓跋焘。

拓跋焘是明元帝的长子。或许是吸取了以往继位上的教训，所以明元帝在泰常七年（422年）五月以拓跋焘"为监国"，旋即又让他"总摄百揆"。次年十一月明元帝驾崩后，拓跋焘就很顺利地登上了帝位，是为太武帝，以明年为始光元年（424年）。

太武帝登基不久就开始征讨柔然（蠕蠕），始光二年亲率大军"东西五道并进"，击溃柔然军，"杀其大人数百"，"于是国落四散，窜伏山谷，畜产布野，无人收视"。"前后归降三十余万，俘获首虏及戎马百余万匹"[2]。接着又顺势征讨高车，"高车诸部望军而降者数十万落，获马牛

大同智家堡北魏墓棺版画

[1]《魏书》卷3《太宗纪》。
[2]《魏书》卷103《蠕蠕传》。

羊亦百余万,皆徙置漠内千里之地",此后北魏"国家马及牛羊遂至于贱,毡皮委积"[1]。收拾好北方后,太武帝就把注意力放在西方的赫连昌身上。公元425年,夏国主赫连勃勃死,其子赫连昌嗣位,"关中大乱"。太武帝不失时机,于次年"以轻骑一万八千济河袭昌。时冬至之日,昌方宴飨,王师奄到,上下惊扰"。结果是,魏军"杀获数万,生口牛马数十万,徙万余家而还"。魏将奚斤则攻下长安。始光四年(427年)五月,太武帝再度率军伐夏,兵临统万城下。面临坚城,太武帝"退军城北,示昌以弱"。赫连昌又听信了魏军逃兵"官军粮尽,士卒食菜,辎重在后,步兵未至"之说,"引众出城,步骑三万"。魏军佯败,诱夏军深入五六里后,分兵左右夹击,"昌军大溃,不及入城"[2]。魏军攻入统万城,赫连昌逃跑后被俘。此后其弟赫连定又在关、陇一带与魏军相持了一段时期,公元430年夏军复败,平凉、关中皆被魏军所占。赫连定率残余夏军退守上邽,于次年被吐谷浑袭俘,所以夏国实际上是亡在太武帝手里。

延和元年(432年)太武帝开始亲自讨伐北燕的冯弘政权。很快燕之营丘、辽东等六郡投降魏军,魏"徙其三万余户于幽州"。冯弘曾"废其元妻王氏,黜世子崇,以后妻慕容氏子王仁为世子",于是冯崇与其两个同母弟以辽西地降魏,被魏封辽西王。在魏军不断征讨下,北燕"日就蹙削,上下危惧"[3],冯弘终于在太延二年(436年)投奔高丽,二年后在高丽被杀,其地大部分为北魏所有。

残留在西北一隅的还有北凉,北凉当时的国主是沮渠蒙逊的第三子沮渠牧犍。或许彼此都出于远交近攻的考虑,北凉与北魏长期都遣使往来。随着北魏势力的增大,北凉接受了北魏的封号,如沮渠牧犍被封为西河王,尚太武帝的妹妹武威公主。牧犍之母又"称河西国太后。公主于其国内可称王后,于京师则称公主"。但当北魏扫平了北方其他政权后,这样的关系就维持不下去了。太延五年,书责沮渠牧犍"外从正朔,内不捨僭"等十二大罪状,同时魏军渡河伐凉。魏军势不可挡,很快占领北凉全境,沮渠牧犍投降。魏"徙凉州民三万余家于京师"[4],在京畿设平凉郡以置之[5]。

北魏灭北凉,正式结束了十六国时代,统一了北方,

大同智家堡北魏墓棺版画临摹图

[1]《北史》卷98《高车传》。

[2]《魏书》卷95《铁弗刘虎传附昌传》。

[3]《魏书》卷97《冯跋传附冯文通传》。冯弘,字文通。

[4]《魏书》卷99《沮渠蒙逊传附沮渠牧犍传》。

[5] 严耀中《北魏平凉郡考》,《北朝研究》1996年第3期。

南北对峙局面得以最终形成。

二、北魏的内朝

从道武帝复国到太武帝统一北方，在这短短的53年时间里，魏军所向披靡，北魏也从偏于一隅的小国一跃为雄踞中原的大朝代，其内朝制的维持十分重要。因为在北魏前期，其社会是一个具有游牧和农业二元结构的社会。虽然随着时间的推演，农耕区域在北魏国土中的比重越来越大，中原传统体制在北魏国家中的成分越来越显著，但拓跋皇朝依然刻意保持着适合游牧社会的行政系统，那就是由内行官们组成的内朝。

北魏在迁都洛阳之前称之为前期。在这段时间里，北魏朝廷并存着内、外两个朝官系统，各有职司，分庭抗礼。如天赐二年（405年）四月的一次祀天，"祭之日，帝御大驾，百官及宾国诸部大人毕从至郊所。帝立青门内近南坛西，内朝臣皆位于帝北，外朝臣及大人咸位于青门之外"[1]。当时在不少诏书和其他文献中，也往往内、外及地方官三个系统并列，如《魏书·世祖纪》所载太延三年（437年）五月乙丑诏云："比年以来，屡诏有司，班宣惠政，与民宁息，而内、外群官及牧守令长，不能忧勤所司，纠察非法，废公带私，更相隐置，浊货为官，政存苟且。"又同书《高宗纪》载和平四年（463年）三月乙巳诏云："今内、外诸司，州镇守宰，侵使兵民，劳役非一"等等。这些内官员并非日后宫禁内监之流，除了分部制中的各部大人，他们和依附诸部的"外朝大人"迥然有别外，内朝官员包括行政、军事、司法三大系列，宫廷内监也是内官，这和其他朝代没有什么区别，但不是我们所说的内朝官[2]。

文职系列的内朝官有内行长（内侍长）、内行尚书、内主书、内给事、内秘书及令、内中散、内博士等；武职系列有内细射、内三郎、内幢将、内侍校尉、内将军、内都幢将、内大将军等；司法系列是由内都坐大官、外都坐大官、中都坐大官合称的"三都大官"及其下属构成。

从文职系列看，内朝官执掌机要，出入诏命，职责广泛。如"内侍长四人，主顾问，拾遗应对，若今之侍中、散骑常侍"[3]。其实影响皇帝决策的内行官也不仅是内侍长，若

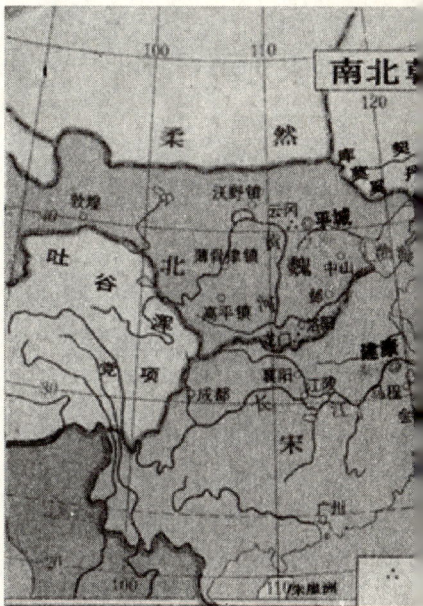

北魏宋对峙形势图

[1] 《魏书》卷108《礼志一》。

[2] 参见严耀中《北魏内行官试探》，载《魏晋南北朝史研究》，四川省社会科学院出版社1986年版。

[3] 《魏书》卷113《官氏志》。

北魏石刻画

由三长制代替宗主督护制是由内秘书令李冲提出并付之实行的[1]。又李敷在兼领内外秘书时"朝政大议,事无不关"[2]。他们权侔南朝的中书舍人,但身份地位却大大高于那些中书舍人。如在《魏书》、《北史》和《汉魏两晋南北朝墓志集释》里统计到的内行长共有23人,其中出于皇宗、勋臣等鲜卑族姓17人,其他胡姓3人,汉士族3人。内行长还有察举百僚之任,如《魏书·安同传附安颉传》说其"辩惠多策略,最有父风。太宗初,为内侍长,令察举百僚。纠刺奸慝,无所回避",因此那些内行长在北魏朝廷中形同宰相,权力很大。在内朝官所管的尚书诸曹中,分掌畜牧、羽猎等事务较为突出,如魏初重臣长孙肥之孙长孙头为内行长时就典龙牧曹,另一重臣罗结曾孙罗伊利做内行长时,也领羽猎诸曹事。当时内朝官的任命往往与其家世有密切的关系,如奚和观在"太祖时内侍左右,太宗以其世典戎御,遂拜典御都尉"[3]。又如"世典畜牧"的庾和辰为内侍长时也统领畜牧,只是因为他"分别公私旧畜,颇不会旨"[4],而引起拓跋珪的不满。这些都说明内行官与游牧社会关系密切。《南齐书·魏虏传》说北魏早期有"殿中尚书知殿内兵马仓库,乐部尚书知技乐及角史伍伯,驾部尚书知牛马驴骡,南部尚书知南边州郡,北部尚书知北边州郡",主掌这些部的尚书都属于内朝。

以内三郎、内幢将等武官服务的是北魏前期的中军。他们平时守卫京师及宫城,战时随驾征讨,为魏军之中坚。如陆真"少善骑射。世祖初,以真膂力过人,拜内三郎。数从征伐,所在摧锋陷阵,前后以功屡受赏赐。真君中,从讨蠕蠕,以功赐爵关内侯"。又如陈建"以善骑射,擢为三郎,稍迁下大夫、内行长。世祖讨山胡白龙……世祖坠马,几至不测,建以身捍贼,杀贼数人,身被十余创,世祖壮之"[5]。所以军功是内行武官升迁的主要依据之一,《北史·豆代田传》云其"明元时,以善骑射为内细射。从攻武牢,诏代田登楼射贼,矢不虚发,以功迁内三郎"。后来豆代田又在征赫连昌之战中,以率先冲入夏宫等战功升为内都幢将。从上述内行武官的事迹中,可以看到其所在的是骑兵部队,在《魏书》、《北史》和《汉魏两晋南北朝墓志集释》中出现的内行武官有21人,20人是鲜卑族人,1人为其他

[1]《资治通鉴》卷136永明四年二月条。
[2]《魏书》卷36《李顺传附李敷传》。
[3]《魏书》卷29《奚斤传附奚和观传》。
[4]《魏书》卷28《庾业延传》。
[5] 分见《魏书》卷30《陆真传》、卷34《陈建传》。

胡人，其中7人还出于拓跋本宗，故或以"宗子军"称之，可以说内朝军队是北魏武装力量的核心。

内朝的司法系统是以三都大官为主。三都大官负责"听讼折狱"，但地位很高，是游牧社会习俗的一种遗存。《魏书·刑罚志》说："魏初，礼俗纯朴，刑禁疏简。宣帝南迁，复置四部大人，坐王庭决词讼，以言语约束，刻契记事，无囹圄考讯之法，诸犯罪者，皆临时决遣。"而都坐大官之"都坐"，有坐朝堂的意思，或云"谓尚书都省为尚书都坐，都坐大官盖尚书长官"[1]。据统计，在《魏书》中所载约52个担任过三都大官之职者中间，皇子皇孙就有19个，其他绝大多数都有王、公、侯等爵位。其中载明有战功，或因善战而受赏者有近20人之多[2]，他们的地位相当于以往的部落大人，因此这是鲜卑旧传统在北魏建立后的新形式。献文帝之后，三都大官的下属越来越多，置令、下大夫、奏事中散等等，也表明其从案狱的主审者慢慢转化为刑法部门的主管者。与此相应，内朝也有监察部门，如在天兴四年(401年)"九月，罢外兰台御史，总属内省"[3]，可见内朝职权之大。

上述三个系列已经囊括了一个政权的主要功能，所以内朝可以构成一个相对独立的行政系统。但对整个北魏皇朝而言，其发挥行政效能的主要对象，无论是民众还是地域都仅是一小部分，即鲜卑为主的分部制下族人和以游牧为主的区域，因此它又仅是整个北魏朝廷的一个组成部分。换言之，北魏的内朝是在其与外朝紧密联系的情况下存在着的，而且在名义上和功能上受到外朝越来越大的影响，向着中土传统的制度形式转化。

内朝官是部落体制向君主集权制演变过程中的产物，在北魏特定的历史条件下，又和外朝的传统官制不断交叉，因此和作为其基础的分部制一样处于动态变化中，一直到孝文帝改革为止。

三、双轨政体的作用

北魏自建国起到孝文帝太和年间，这种内朝与外朝并存的局面一直维持着，这是中华政体上前所未有的现象。这种双轨的政治体制能运用将近一个世纪，当然有着

北魏石刻画

[1] 《资治通鉴》卷128大明二年正月丙辰条、及卷115义熙五年十月壬申条胡注。
[2] 参见严耀中《北魏三都大官考》，《中华文史论丛》1983年第1辑。
[3] 《魏书》卷113《官氏志》。

北魏石刻画

它历史的合理性。

很明显，如此内外朝并行不悖是符合拓跋统治者的主观意愿的，它实际上也是北魏政权在就事论事应付实际情况的过程中所形成的。于是我们也可以说，内朝是游牧行国走向君主集权进程中，不断行政化、机构化而形成的，不过为了不太脱离原有的族俗与观念，所以采取了与汉晋制度有别的名称与形式。如道武帝"欲法古纯质，每于制定官号，多不依周汉旧名，或取诸身，或取诸物，或以民事，皆拟远古云鸟之义。诸曹走使谓之凫鸭，取飞之迅疾；以伺察者为候官，谓之白鹭，取其延颈远望。自余之官，义皆类此，咸有比况"[1]。其诸曹、候官等设是拓跋政权发展的需要，而为贴切实际而取官名，原因之一恐怕也是汉晋官名与当时鲜卑体制名实难副。当然以鸟名官后来接受汉晋官场文化多了则有所改变，但至少至太武帝世，内朝官都有独特的称呼，"有俟懃地何，比尚书；莫堤，比刺史；郁若，比二千石，受别官比诸侯。诸曹府有仓库，悉置比官"[2]。只是到了魏收撰《魏书》时，语境又有了很大的变化，所以留给我们的北魏前期内朝官名就是笼笼统统的内尚书、内主书之类。

外朝则是为了方便地统治汉族人民与农耕区域，沿袭中原旧制而设立，并据需要而不断完善起来。外朝也使北魏政权更像个传统的朝廷，这对急于入主中原，欲以正统自居的拓跋统治集团来说，在心理上也是十分需要的。因此两者的结合就是北魏皇朝的不断壮大。

就拓跋统治者而言，分部制既是其保持军事实力的前提，那么与分部制相关的行政体系也一定要与汉晋官制有所不同。既然内朝制是鲜卑族军事机器的基础，甚至是这个机器的主要组成部分，因此只要条件允许，北魏皇室是愿意将内朝如此保持下去的。

实行内外双轨行政体系，也表现在对汉族官员的监督，尤其是在地方行政上。如魏初"又制诸州置三刺史，刺史用品第六者，宗室一人，异姓二人，比古之上中下三大夫也。郡置三太守，用七品者。县置三令长，八品者"[3]。这三位地方长官中，两位是汉人，实行"对治"，即共同治理（但又有互相督察之意），另有一位鲜卑人监视之[4]。如此史

[1]《魏书》卷113《官氏志》。
[2]《南齐书》卷57《魏虏传》。
[3]《魏书》卷113《官氏志》。
[4] 谷霁光《北魏地方官制》，载1936年6月7日天津《益世报》。

无前例制度的实行，根本原因在于拓跋鲜卑无论在人的数量上和素质上都无力大面积地管理已高度封建化的占领区，因此明智地保留原来的行政机构，一般还任命降官以治理之。但仅仅这样又不放心，必须让一本族人居其上督察之。然鲜卑武士因语言习俗的隔阂，以及文化水平等难以适应封建的行政方式和掌握汉地的民情风俗，于是从京师外朝中再选派一员汉官去共治。因他们与当地官员的立场与利益有异，二者就能相互监督，另一位鲜卑长官则兼听而明。三人的具体分工大致是：鲜卑长官监察整个官属，包括另二位汉人长官，对政事纠纷进行仲裁和决断。另外鲜卑长官还掌管当地的仓库与州郡兵，如果后者有的话，则该长官又称"都统"。财赋之征收可能由外朝派遣的汉官负责，如北魏攻占三齐时，曾在尚书省里担任东曹主书的韩麒麟就受命与降官房法寿"对为冀州刺史"，后来北魏军队去进攻东阳城时，"麒麟上义租六十万斛，并攻城器械，于是军资无乏"[1]。这些征收供应之事皆韩麒麟一人所为，亦当是外朝所遣官员之职责了。其他如户口管辖、地方治安、徭役征发、民事诉讼等等事务大约都是由降官或本地豪望充任的官员来担当了。

北魏石刻画

　　如此的地方行政结构，虽然工作效率不会高，但能维持拓跋皇朝对汉地的有效统治，这对一个人数较少，又不熟悉农业社会的统治族来说，应该是最好的选择了。不清楚这三刺史或三太守等的任命程序，但这种安排是把他们分成两个层次，所以是内外朝制在地方上的一种延伸，同时这也正体现了内外朝的统治价值。

　　内朝与外朝有着不同的社会基础和行政对象，但它们毕竟属于同一个朝廷，是同一个皇帝下的左右手，所以彼此是二也是一。首先是人员上有着一定程度的对流，即鲜卑族人可任外朝之官，少数汉族人，尤其是早期投奔拓跋政权的汉人也可获得内朝之职，如游雅"拜中书博士、东宫内侍长，迁著作郎"[2]。以及在两朝之间的兼任。

　　其次是内朝官员逐步有了一些仿汉晋官制中的头衔，其"事出当时，不为常目，如万骑、飞鸿、常忠、直意将军之徒"，其实所谓宋兵将军、吴兵将军、晋兵大将军等也是如此。文官若天兴三年（400年）十月"置受恩、蒙养、长

[1]《魏书》卷60《韩麒麟传》。
[2]《魏书》卷54《游雅传》。

北魏石刻画

德、训士四官。受恩职比特进，无常员，有人则置，亲贵器望者为之。蒙养职比光禄大夫，无常员，取勤旧休闲者。长德职比中散大夫，无常员。训士职比谏议大夫，规讽时政，匡刺非违"[1]。这"职比"一词本身就说明一些内朝官职的设置是出于对外朝的模仿与对应，也就有了名称上的借鉴。至于封爵制，那是以前游牧体制中不可能有的，所以基本上采用的是晋制，略有不同，其爵"分为四，曰王、公、侯、子，除伯、男二号"[2]，以及官品之类，因为都是模仿中原制度所建立，所以内外朝在这些方面都是一体应用的。

　　再次是职能上的交叉，最典型的就是地方上的三刺史、三太守等，还有如前面提到的，将御史职能"总属内省"，等等。其中最重要的是鲜卑军制和汉晋军制的合璧。这分两个层面，其一是采用汉晋军制中的将军名号，这在道武帝建国后不久就开始了。如长孙肥"从征中山，拜中领军将军。……慕容宝弃城奔和龙，肥与左将军李栗三千骑追之"[3]。这虽然可以说是接受汉晋军制的开始，但毕竟是表面的。其二，是军府的建立，这是对中原制度的一种实质性的接受。内朝禁军中的幢将、军将、都将等，来自于鲜卑兵制，实际上是百夫长、千夫长、万夫长等名称的美化。如幢将率百，军将率千，故军将亦称"千人军将"。这种军队编制十分简要，便于指挥，在行军作战中很管用，与游牧部落的组成很相契合。但随着北魏疆土的扩大，在一些边防或战略要地驻扎鲜卑武装是必须的，于是就有军镇及镇将之设。如道武帝灭后燕，"虑还后山东有变，乃置行台于中山，诏左丞相、守尚书令、卫王仪镇中山，抚军大将军、略阳公元遵镇渤海之合口"[4]。可是这些驻要地的带兵武官面临着比打仗复杂得多的事务，如维持治安，筹措给养，与地方交往等等，不是原来那种军制所能应付得了的。于是除由一些镇将兼任地方州刺史外，太武帝还下诏："昔太祖拨乱，制度草创，太宗因循，未遑改作，军国官属，至乃阙然。今诸征镇将军、王公仗节边远者，听开府辟召，其次增置吏员。"[5]然军府之设，对拓跋鲜卑来说是史无前例的，可参照实行的只有中土制度，但原来鲜卑的军队编制也不会被废除，于是在北魏前期所设的那些军镇里，实行了互为补充的混合军制。而对于一些设在州治所之

[1]《魏书》卷113《官氏志》。
[2]《魏书》卷113《官氏志》。
[3]《魏书》卷26《长孙肥传》。
[4]《魏书》卷2《太祖纪》。
[5]《魏书》卷4《世祖纪上》。

镇,其镇将兼刺史者,则州行政与军府两个机构并存[1]。

最后,概括地讲,当游牧行国的开始建立有固定驻地的"行政机构"时,它原先的制度就开始了质变。对中古时期的北方少数族来说,当他们需要并着手建立如此的结构时,不论这机构是什么功能,南边的中土政权里早已有了完善的样板,对这些样板采取拿来主义的态度,是唯一符合实际的做法。北魏前期统治者们的智慧在于,一是把中土制度里的一些部分进行某些改造,使之更加适应北魏政情;二是需要什么就模仿什么,一点一点地模仿。于是我们就看到了内、外两朝在平城有分有合,长期共存的历史现象。

北魏石刻画

第四节 南北对峙下的北魏政治

一、南北对峙的形成

《宋书·索虏传》说:"夫地势有便习,用兵有短长,胡负骏足,而平原悉车骑之地,南习水斗,江湖固舟楫之乡,代马胡驹,出自冀北,梗柟豫章,植乎中土,盖天地所以分区域也。若谓毡裘之民,可以决胜于荆、越,必不可矣;而曰楼船之夫,可以争锋于燕、冀,岂或可乎。"这种地理上的差异确实给冷兵器时代的军事产生很大影响,但政治愿望或统帅的自信总会产生一种推动力去试图克服这些不利因素,南北朝期间魏太武帝就是作过最大努力的一个。

1. 太武帝的南侵

统一了北方后,打了胜仗的北魏军事机器无法紧急刹车。班赐制的性质决定了掠夺与战功是鲜卑武士的利益与光荣的来源,甚至内、外朝臣都能从中得到好处,因此拓跋铁骑的主要矛头必然会指向南朝的刘宋政权。当然一块接着一块新占领的土地需要整合,各种反抗需要平息,更北边的柔然也要给予进一步的打击。这中间,南朝曾"遣使送雍、秦二州所统郡及金紫以下诸将印合一百二十一纽"给反魏的盖吴军队,并"使雍、梁遣军界上,以

[1] 参见严耀中《北魏前期政治制度》第3、4、6、7章,吉林教育出版社1990年版。

宋绍祖墓地发掘现场

相援接"。这两者呼应,尤其是魏军进攻盖吴"大小数十战,不能克"[1],大大拖延了南北双方直接冲突的时间,虽然两者之间不交锋一番是不可能的。

在宋元嘉七年(430年)南方出兵不利,"(檀)道济再行无功,(到)彦之失利而返"后[2],曾有一段平静的岁月。但大规模南北战事在公元450年又开始了。此前双方还有着遣使往来,也时有冲突,但一边是无暇南顾,另一边是因为"马步不敌,为日已久",所以双方维持着一种非正式的和平。如此局面的打破则先是刘宋一方。当时宋文帝经过二十几年的文治,积蓄起一定的实力,想要建立一些武功也是很自然的事。他提出北伐有两条主要理由:一是"北方苦虏虐政,义徒并起";二是"今夏水浩汗,河道流通,泛舟北下,碻磝必走,滑台小戍,易可覆拔",意思是水大有利于南方的水军水运。当时沈庆之、刘康祖等武将反对,一些被称为"白面书生"[3]的文臣赞同,出兵北伐就这样决定了。此前,当年三月,魏军攻悬瓠40余日不下,"肉薄攻城,死者与城等",被"杀伤万计,汝水为之不流"[4],时城内宋军不满千人,当然也大长了南方的士气。

于是该年七月,宋文帝"遣宁朔将军王玄谟北伐,太尉江夏王义恭出此彭城,总统诸军"。碻磝魏军弃城走,接着"玄谟攻滑台,不克"[5]。不久魏军就开始反攻,当年九月太武帝兴师南伐,十月至枋头,另遣五千骑截断王玄谟后路。"玄谟大惧,弃军而走,众各溃散"。魏军"追蹑斩首万余级,器械山积",接着扎苇筏数万渡淮,破南朝胡崇之军,"枭崇之等,斩首万余级,淮南皆降"[6]。至"十二月庚午,魏太武帝率大众至瓜步,声欲渡江,(南朝)都下震惧,咸荷担而立。壬午,内外戒严,缘江六七百里舳舻相接"。宋文帝只得"使馈百牢于魏",以求和。拓跋军队中的绝大多数是第一次见到如此浩荡辽阔的江水,当然一时难作渡江之计,自身在作战过程中也损失颇大,"其士马死伤过半"。如"因攻盱眙,尽锐攻城,三十日不能克,乃烧攻具退走"[7]。吃了不小的亏。而魏军一路上抢夺"杀略不可胜算,所过州郡,赤地无余"[8]。但如此也使魏军供应难以为继,无法久驻,只能回撤。次年正月魏军班师,带着所俘"降民五万余家分置近畿"[9]。这次战争中断了太武帝的武功事业,

[1]《宋书》卷95《索虏传》。
[2]《宋书》卷77《沈庆之传》。
[3]《资治通鉴》卷125元嘉二十七年六月上欲伐魏条。
[4]《南史》卷14《萧铄传》。
[5]《宋书》卷5《文帝纪》。
[6]《魏书》卷4《世祖纪下》。
[7]《宋书》卷95《索虏传》。
[8]《南史》卷2《宋文帝本纪》。
[9]《魏书》卷4《世祖纪下》。

证明北军在攻城、水战等项上还有欠缺，使北魏失去了南下的势头，由此也基本上奠定了此后将近一个半世纪的南北对峙局面。

这次大战是进入南北朝时期后双方的第一次大战，甚至可以说是南北朝最大一次的南北大战。这是因为双方在当时都处于南北朝时段内最强盛的时候。这次战役证明双方暂时都没有能力吃掉对方，统一中国，哪怕是以前一直所向披靡的鲜卑铁骑，在河道纵横的江淮之间也难以舒展，因此也造就了以后大部分时间里的南北和平。由于该战基本上是在南朝的国土上进行，两淮诸州所受破坏尤其严重，决定了以后南北对峙中南方稍弱的局面。

大同司马金龙墓出土石柱础（局部）

2. 青、徐地区的易手和"平齐郡"之设

献文帝拓跋弘时，刘宋朝廷的一次变故使南北之间力量对抗的天平向大大有利于北魏方面倾斜。公元465年，宋的湘东王刘彧通过一场宫廷政变废除了小皇帝刘子业而登基，嗣后又平息了带兵在江州的晋安王刘子勋反抗，并把宋孝武帝之子几乎杀尽。由于当时有相当一批文武官员是站在刘子勋一边的，子勋失败后，有的官员，如徐州刺史薛安都、兖州刺史毕敬众、司州刺史常珍奇等举地投魏。刘彧遣张永、沈攸之带兵讨伐薛安都等，北魏则以镇南大将军尉元引兵救援。尉元绝南军粮运，获其辎重。张永等弃城夜遁，"时大雨雪，泗水冰合，永弃船而走"。魏军则"邀其走路，南北奋击，大破于吕梁之东。斩首数万级，追北六十余里，死者相枕，手足冻断者十八九"[1]。稍后，"刘彧青州刺史沈文秀、冀州刺史崔道固并遣使请举州内属"，于是北魏遣长孙陵、慕容白曜等率骑兵受降，"沈文秀、崔道固复叛归刘彧，白曜回师讨之，拔彧肥城、垣苗、麋沟三戍"，不久"崔道固及刘彧梁邹戍主、平原太守刘休宾举城降"[2]。至此，北魏大获全胜，南朝元气大伤，失淮北四州及豫州淮西之地。南北的分界线大体上南移至淮河一线，南朝显得更加窘迫了。

这次青、徐诸州的易手，事起突然。由于宋明帝刘彧皇位得手后，处置不当，不能敞怀抚降，致使边将屡叛。而薛安都、崔道固等人之降魏事出无奈，情有反复，当地的

[1] 《魏书》卷50《尉元传》。
[2] 《魏书》卷6《显祖纪》。

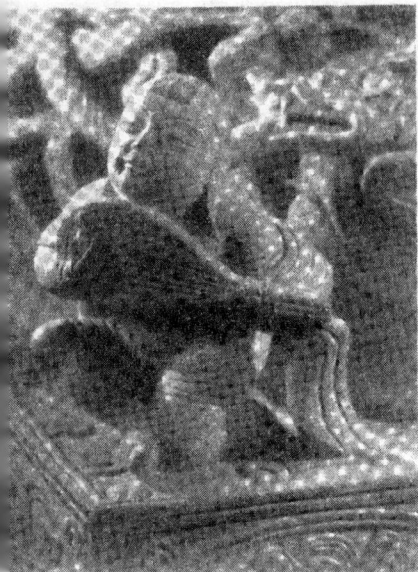

大同司马金龙墓出土石柱础(局部)

士民更不能接受遽然易朝的事实,如汝南、新蔡等"淮西七郡多不愿属魏,连营南奔"[1]。因此对北魏来说,在趁机吞并了一大块土地后,如何牢固地长期占有是一个大问题。于是北魏从两方面着手,一是采取安抚政策,献文帝下诏,要求"当招怀以德,使来苏之泽,加于百姓"。而前线诸将如慕容白曜也能"抚慰百姓,无所杀戮","接待人物,宽和有礼","督上土人租绢,以为军资,不至侵苦"等。尉元也"运冀、相、济、兖四州粟,取张永所弃船九百艘",以济救战地民众[2]。胡三省就此评论道:"荀卿有言:兼并易也,坚凝之难。魏并青、徐,淮北四州之民未忘宋也;惟其抚御有方,民安其生,不复引领南望矣。《书》云:抚我则后,虐我则雠。信哉!"[3]以后这片区域就一直为北朝所有,没有变动过。

二是将当地的士望豪强以及降官迁至平城的京畿地区,设"平齐郡"以置之。《魏书·慕容白曜传》说崔道固、刘休宾等降后,"白曜皆释而礼之,送道固、休宾及其僚属于京师。后乃徙二城民望于下馆,朝廷置平齐郡,怀宁、归安二县居之"。被迁往平齐郡之民称平齐民,大都为北方著名士族之戚属,有清河崔氏、清河房氏、渤海高氏、彭城刘氏、陈郡袁氏等等。这些人迁到平齐郡后,作为"新民",命运参差不齐,其中有不少做高官,登台省。如崔光、刘芳都官至中书令,崔亮最后官至尚书仆射,房坚、房景先为齐州中正等等,也有沦为僧祇户或兵户的。

平齐郡的设立是魏初将被征服土地上一部分民众迁至京畿为新民政策之延续,但它和先前所设的平凉郡一样,有了新的变化。平齐郡情况是由"青、齐士望共(崔)道固守城者数百家于桑乾,立平齐郡与平城西北北新城,以道固为太守"。不久又挪了一次位,"寻徙治京城西南二百余里旧阴馆之西"[4]。因此平齐民是来自同一地方,有着同一渊源的人们,即如"立平齐郡,乃以梁邹民为怀宁县,(刘)休宾为县令"[5]。他们迁徙至京畿后,被挪来挪去,实际上是把他们当作一个部落来安置,这也是和新民属于分部制的归属相符。然而平齐郡立于皇兴三年(469年),其时已在"太安三年(457年)五月,以诸部护军各为太守"之后[6],也就是说当时分部制下已按州郡编制,所以才有平齐

[1]《资治通鉴》卷131泰始二年十二月己未条。
[2]《魏书》卷50《慕容白曜传·尉元传》。
[3]《资治通鉴》卷132泰始五年二月己卯条胡注。
[4]《魏书》卷24《崔玄伯传附崔道固传》。
[5]《魏书》卷43《刘休宾传》。
[6]《魏书》卷113《官氏志》。

郡这样的形式。太和改革时，随着分部制的取消，平齐郡也就消失了[1]。

还要指出的是，平齐民虽然也是属于所谓"新民"一类，但平齐郡之设则主要不是为了让这些新徙民到京畿来计口受田，供养京师的。魏得青、齐诸州的过程中，一些宋之降官，如崔道固、沈文秀等都有悔心和反复，地方的士族当然也不愿意接受被视为胡虏者所统治。为了免除这些地方势力以后有可能乘机兴风作浪，北魏早有效仿秦始皇迁六国豪杰于关内之举，如在天兴元年（398年）十二月"徙六州二十二郡守宰杰吏人二千家于代都"[2]，因此将这些降官士望及其家族徙至京师平城附近，就近控制，而免除青、徐诸州之隐患，在政治上是很高明的。

二、崔浩被杀的真相

崔浩被杀，就其本人身份之高，该案所牵涉面之广，以及情节之复杂和对政局之震动，都堪称北魏前期的第一大案。因此对此案之解析，可以作为了解当时北魏社会政治的一大入口。

崔浩出身北方一流高门清河崔氏，是崔玄伯之子。在前秦兴亡的动乱中，崔玄伯本"欲避地江南"，但机遇不巧，未能成行。道武帝重建拓跋王国，"素闻其名"，见面后又为其博识卓见所折服，"悦之，以为黄门侍郎，与张衮对掌机要，草创制度"，包括"有司制官爵，撰朝仪，协音乐，定律令，申科禁，玄伯总而裁之"，甚至"魏"之国号也是采用了崔玄伯的建议。可以说，崔玄伯由于其对礼法之熟悉，是用汉晋制度为北魏创建了外朝。不仅如此，由于最早那些投靠拓跋政权的汉人都被纳入鲜卑部落中，以及道武帝的亲信，崔玄伯还参与分部制的改编。"及置八部大夫以拟八座，玄伯通署三十六曹，如令仆统事，深为太祖所任，势倾朝廷"。明元帝时，"又诏玄伯与长孙嵩等坐朝堂，决刑狱"，以及"神瑞初，诏玄伯与南平公嵩坐止车门右，听理万机事"[3]。这已经是把崔玄伯当作鲜卑本族的元老来看待了，所以崔玄伯也一度为六部之一的天部大人。

作为崔玄伯的长子，在泰常三年（418年）崔玄伯死

大同司马金龙墓出土石柱础（局部）

---

[1] 参见严耀中《平齐民身份与青齐士族集团》，《上海师范学院学报》1983年第1期。

[2] 《北史》卷1《魏道武帝本纪》。

[3] 《魏书》卷24《崔玄伯传》。

后,成了北魏朝廷中地位最高的汉人官员。拓跋焘为监国时,明元帝为其择六位辅相,除崔浩外,其余长孙嵩、穆观等五位都是鲜卑重臣。太武帝登基后,对崔浩也十分宠爱,"引浩出入卧内,加侍中、特进、抚军大将军、左光禄大夫",不久进为司徒。崔浩博识多智,"少好文学,博览经史,玄象阴阳,百家之言,无不关综,研精义理,时人莫及"。当时北魏很多重大政策,都是由崔浩谋定的,所谓"恒与军国大谋"。同时,崔浩平时也是很小心谨慎的。如与道武帝相处"浩独恭勤不怠"。又如"浩既工书,人多托写《急就章》。从少至老,初不惮劳,所书盖以百数,必称'冯代强',以示不敢犯国"。那么既然"谋虽盖世,威未震国",为什么又"斯人而遭斯酷"呢?

　　崔浩的门第、才智、权势在当时北魏是无人能出其右,处于如此优越的地位,虽然他还能做到谨慎自律,但由此产生的巨大自信是不难想象的,所谓"常自比张良,谓己稽古过之"。通观《魏书·崔浩传》,其与谋军国大事,凡在争议后诸帝听从崔浩意见而成功者有六次,即反对迁邺;立皇子焘为国之副主;始光年间击赫连昌;同年击蠕蠕;讨赫连定而得平凉;讨沮渠牧犍得凉州。争议而未听从崔浩意见,事后又证明其正确者也有五件事:兵拒刘裕而败;遣奚斤南伐不成;没有穷追蠕蠕;从公卿议增兵备刘宋入侵;讨盖吴而军无所克。还有一件是关于再讨蠕蠕,尚书令刘洁异议,太武帝从崔浩计,但因刘洁"沮误诸将,无功而还"[1]。此外,由崔浩占验,或分析作预言而被证明正确者,也不下五、六件事之多。

　　由于崔浩自信正确,所以总是直言不改,坚持自己意见。然而争议是要得罪人的,有时被证明是错误的争议一方甚至还有杀身之祸。如李顺"议以凉州乏水草,不宜远征。与崔浩庭诤。浩固执以为宜征。世祖从浩议。及至姑臧,甚丰水草。世祖与恭宗书以言其事,颇衔顺"[2]。此最后成了杀李顺的一个主要原因。又如上述崔浩与刘洁争议是否要再讨蠕蠕,后来"洁以军行无功,奏归罪于崔浩。世祖曰:'诸将后期,及贼不击,罪在诸将,岂在于浩。'浩又言洁矫诏,事遂发"[3],刘洁被杀。因此崔浩参与争议越多,树敌也越多。如"议击蠕蠕,朝臣内外尽不乐行,保太后固

崔浩像

[1]《魏书》卷35《崔浩传》。
[2]《魏书》卷36《李顺传》。
[3]《魏书》卷28《刘洁传》。

止世祖,世祖皆不听,唯浩赞成策略"。后来击蠕蠕虽然成功,但保太后是不会觉得脸上有光的。保太后对太武帝有养育之恩,得罪了她,对崔浩不会有什么好处。如是,崔浩运用才智的结果,却为自己制造了不利的因素,可谓聪明反被聪明误。再加上他欲"整齐人伦,分明姓族",得罪的人就更多了,特别是他不顾皇太子拓跋晃的反对,坚持要把"冀定相幽并五州士数十人"推为郡守,涉及掌握地方政权的根本利益,"浩败,颇亦由此"[1]。

更主要的是冒犯了皇家的尊严,因为这涉及皇帝制度的要害。有那么多次,不论是明元帝还是太武帝,都被证明是听信了错误意见,而崔浩是正确的,所谓"苟逞其非,而校胜于上"[2]。虽然太武帝有时把出错误主意的大臣杀了解气,但对帝王的自尊心来说总是一种伤害。关键的是,《魏书·崔浩传》把这些情节细处都描绘出来,这说明当时有不少人知道,且做了记录,才会有后来史书上的记载。联系到崔浩被杀的直接原因是:"初,郄标等立石铭刊《国记》,备而不典。而石铭显在衢路,往来行者咸以为言,事遂闻发。"发露皇族的丑事和宣露皇帝错误成为众所周知是性质一样严重的事,但皇帝自己错了不好马上杀说对了的臣子,其实立石刊记原本是太子拓跋晃赞成的,太武帝却对此进行最严酷的惩罚,不能不说他有借题发挥的成分。史云:"及浩幽执,置之槛内,送于城南,使卫士数十人溲其上,呼声嗷嗷,闻于行路。自宰司之被戮辱,未有如浩者。"卫士们这样做是有人"使"的,可谁有权能指使对一位司徒,哪怕是在囚的司徒进行如此侮辱呢? 答案应该是明显的,对崔浩的这种侮辱当是在崔浩面前自尊心曾受伤害后的积怨之发泄。

崔浩一案中惨被诛杀面之广,在北魏也可算是空前绝后的了:"真君十一年(450年)六月诛浩,清河崔氏无远近,范阳卢氏、太原郭氏、河东柳氏,皆浩之姻亲,尽夷其族。"不仅如此,"有司按验浩,取秘书郎吏及长历生数百人意状。浩伏受赇,其秘书郎吏已下尽死"[3]。其诛杀的范围已远远超过一般的"门诛"和"族诛",且石刊国史,虽可当作大不敬,但毕竟不是谋逆,如此刑律不相称,必有隐情无疑。陈寅恪先生认为崔浩一案主因是"浩为一代儒宗,

大同司马金龙墓出土漆屏风

[1]《北史》卷31《高允传》、卷30《卢玄传》。
[2]《魏书》卷48《高允传》。
[3]《魏书》卷35《崔浩传》。

孙叔敖（大同司马金龙墓出土漆
屏风局部）

于五胡乱华之后，欲效法司马氏以图儒家大族之兴起，遂不顾春秋夷夏之大防，卒以此触怒鲜卑，身死族灭，为天下后世悲笑"[1]！即崔浩要在鲜卑政权下实现儒家的政治理想。这还要努力提高士人的政治地位，如"崔浩荐冀、定、相、幽、并五州士数十人，各起家为郡守"。太子拓跋晃反对说："先召之人，亦州郡选也，在职已久，勤劳未答，今可先补前召，外任郡县"，还说"守令宰人，宜使更事者"，意思是读书士人，不一定适宜管民政。但崔浩不惜"固争而遣之"[2]。当然如此做的思想基础是深信士族代表着优越的文化，而崔浩本人又是士族的代表。这种优越感一旦萌生，即使平素很注意谨慎，也难免有不由自主流露出来的时候，尤其在争议的场合。儒家重夷夏之防，也就是必定带有民族意识。道武帝当年占领河北时，《宋书·索虏传》说："开（拓跋珪）暴虐好杀，民不堪命。先是，有神巫诫开当有暴祸，唯诛清河杀万民，乃可以免。开乃灭清河一郡，常手自杀人，欲令其数满万。或乘小辇，手自执剑击檐辇人脑，一人死，一人代，每一行，死者数十。"此敌国传闻，或许有所扩大，但魏初在清河杀了不少人，作为该郡首姓之崔氏当有深切感受，在"国史"中有所流露，亦属可能。

这一切时间久了，太武帝对此是不会不感觉到的。与此不无关系的是，几乎在所有相关东晋南朝的朝议中，崔浩都是主和主退避而反战的，虽然在每件具体事情上崔浩的理由都很有说服力，可是把所有的事情都串联起来看，就能说明一种立场。一种会使拓跋统治者感到不安的立场，"非我族类，其心必异"的想法汉人有，鲜卑人也会有。这种想法和自尊心受损的感觉加起来虽然强烈但是模糊，崔浩平时又小心谨慎，遇事也在理，不过终于有了清算一切的时机，于是石刊国史那般看起来并不很严重的错误，竟使那么多人死在刀下。

处理崔浩之案虽然来得凶猛，但毕竟是起自于太武帝内心的莫名愤怒，所以事后依然勾画不出实行如此严酷重刑的罪状来，甚至太武帝自己恐怕也讲不清什么名堂，只得说一声"崔司徒可惜"，来表明其"果于诛戮，后多悔之"[3]。于是除了给后人留下可作种种猜测的谜团外，对当时北魏的政治体制和政策方针也难以形成意识上的冲

[1]《崔浩与寇谦之》，载《金明馆丛稿初编》，第138页。
[2]《北史》卷31《高允传》。
[3]《魏书》卷4《世祖纪下》。

击力。再加上太武帝不久后死去，所以北魏政治格局和发展方向依旧，就是那些曾被灭族的高门，春来草生，仍然是北方的赫赫世族。

三、太和之前的政治走向

太武帝统一了北方，构成了北魏一个轰轰烈烈的时代。公元452年，太武帝被宦官宗爱谋杀。事先，太子拓跋晃监国，与宗爱有矛盾。拓跋晃手下擅行权势，被宗爱所告，太武帝震怒，就把他们杀了，太子晃也"遂以忧薨"。宗爱担心太武帝后悔而责其罪，"遂谋逆"。宗爱是怎样把太武帝弄死的，我们现在不知道，当时朝臣们大约也不清楚，所以太武帝死后，宗爱还能参与政事，并运用手段把秦王拓跋翰及拥戴他的大臣杀了，而矫皇太后令立吴王拓跋余。"爱既立余，位居元辅，录三省，兼总戎禁，坐召公卿，权恣日甚，内外惮之"。拓跋余做了半年多的皇帝，对宗爱逐渐不满，"遂谋夺其权。爱愤怒，使小黄门贾周等夜杀余"。这次宗爱的谋逆角色明显了，于是鲜卑贵族大臣们"诛爱、周等，皆具五刑，夷三族"[1]。他们共立太武帝的孙子，拓跋晃的长子拓跋濬为帝，是为文成帝。

由于拓跋濬是在非常情况下做皇帝的，所以在他登基之初，北魏朝廷内的斗争十分激烈。他皇帝才做了一个多月，太宰、录尚书事元寿乐与尚书令长孙渴侯因"二人争权，并赐死"。嗣后在半年多一点的时间里，就有乐陵王周忸、京兆王杜元宝、建宁王拓跋崇、济南王拓跋丽、濮阳王闾若文、永昌王拓跋仁等六王被处死，可见矛盾之激化。但在其后的日子里，其内政外交都显得相对平和。拓跋濬当了将近10年的皇帝后，于公元465年驾崩，"时年二十六"[2]。继位的是他的儿子拓跋弘，是为献文帝。

献文帝在位的时间更短，不到七年，即在公元471年，就把帝位传给了儿子拓跋宏，自己做太上皇帝。献文帝在位时对北魏最有意义的变化是顺应机遇，从南朝处争得了淮北四州及豫州淮西之地，一如前面所叙。如果说太武帝时是拓跋帝国在表面上"张"的时代，那么文成、献文二帝统治时则比较地"弛"，这一张一弛虽非拓跋统治者有意为之，却也体现出治国的必然规律。不过这"弛"只是指

鲁母师（大同司马金龙墓出土漆屏风局部）

---

[1] 《魏书》卷94《宗爱传》。
[2] 《魏书》卷5《高宗纪》。

最高统治者在主观上没有要搞什么大动作，社会本身仍是在悄悄地变化发展着，这相对的一静一动之间，就孕育出孝文帝时代大张旗鼓的改革。

第五节　均田制及本时期田制的沿革

魏晋南北朝期间有好几个田制留在历史上，其中以北朝的均田制最具代表性，影响也最大，它和其他的田制之间亦有联系。本节就以均田制为中心叙说魏晋南北朝的田制。

中岳嵩高灵庙碑篆额（局部）

一、均田制产生的诸多因素

均田制在北朝出现绝非偶然，有着一系列的远因与近因，包括观念、先期形式和当时客观环境。

1. 关于实行均田制的意识条件

均田制是一个少数族政权在大力推行汉化的过程中出现的，因此即使在观念上也是鲜卑与汉两种文化结合的产物。

中国古代自周公姬旦至孔子所发展出来"敬天保民"的民本思想，落实在农业社会里，必然会导致耕者有其田的政治观念。荀子把"《传》曰农分田而耕"作为"礼法之大分"的一项内容[1]。孟子进一步提出若民无恒产苟无恒心，有恒产方有恒心的政治思想，宣传"五亩之宅，树之以桑，五十者可以衣帛矣；鸡豚狗彘之畜，无失其时，七十者可以食肉矣；百亩之田，勿夺其时，数口之家可以无饥矣"，如是，"黎民不饥不寒，然而不王者，未之有也"。后来朱熹就此注解道："至此则经界正，井地均，无不受田之家矣。"[2]也就是说孟子的政治思想中已经包含着均田思想，其实他所极力宣扬的井田制已成了儒家政治理念的形象先导，这在西汉"独尊儒术"之后尤为如此。孝文帝诏书中"井乘定赋，所以均逸劳"[3]之"井"就是指井田制，此后的北方社会上下也有以"井田之赋"[4]来称代均田户调的，说明井田中给民以恒产的观念确是均田制的一个重要理论依

[1] 参见《荀子·王霸》。
[2] 《孟子》卷1《梁惠王章句上》。载《四书章句集注》，中华书局1983年版，第211、204页。
[3] 《魏书》卷110《食货志》。
[4] 如见吴钢主编《全唐文补遗——千唐志斋新藏专辑》，三秦出版社2006年版，第461页。

据。"时人困饥流散,豪右多有占夺,安世乃上疏陈均量之制,孝文深纳之。后均田之制,起于此矣"[1]。究其因,"北朝经学之胜于南朝,则指均田之令,有自来矣"[2]。使耕者有其田的制度会使经济发展与社会稳定,这也有利于君权的加强。但也就此为止,均田制等要达到的只是政治和经济上的目标,并不是理想社会的高目标,两者还是有差异的。

　　均田制在北魏推出,以后北周、北齐继承实行,而这些都是鲜卑族为统治者的政权,那至少说明,均田的观念与他们在物质分配上传统思想并不违背,虽然他们以前过的是游牧生活。因此从某种意义上讲,均田制是中原土地制度和游牧行国分配观念相结合的产物。

　　包括均田制在内的魏晋南北朝时期田制的建立,还包含着"尽地力"的意味,即通过各种田制,让劳动力与土地进行最大限度的结合,从而使当朝政府能从中得到尽可能多的收益。而且这是当局建立和维持各种田制的最基本动机。

《魏书·食货志》中关于均田制的记载

2. 均田制之前的田制

　　在中国历史上存在于均田制之前,称得上土地制度的就是井田制、屯田制和占田、课田制。如果鲜卑早期的游牧经济中不会有什么土地制度的话,那么要创建一种新的田制必然要借鉴中原实行过的土地制度。在上述几个田制中,遥远的井田制最多只是传闻和概念上的影响,但曹魏大力推行的屯田制和起始西晋的占田、课田制,为鲜卑族人所耳闻目睹,更为当时从政的儒家士大夫所亲身经历,其直接影响是不能排除的。

①屯田制

　　屯田的形式虽然早已有之,但大规模,成制度地实行却是在三国时期,尤其是民屯。三国时期的屯田由于军屯和民屯混杂,遍于州郡,故在组织形式、所耕土地与收获成果的分配条件等方面都有创新之处。它的一个很重要的意义,就是魏晋南北朝时期的屯田由依附于军事需要的后勤保障生产变成一种社会的生产形式,如梁裴邃"为竟陵

[1] 《北史》卷33《李孝伯传附李安世传》。

[2] 陈伯瀛《中国田制丛考》卷4"元魏均田背景"条,大东图书公司1980年版。

太守,开置屯田,公私便之",后为"北梁、秦二州刺史,复开创屯田数千顷,仓廪盈实,省息边运,民吏获安"[1]。屯田制从而成为中国历史上的田制之一。

在整个两晋南北朝期间,屯田制度还结合新的情况延续着,在北朝也是如此。如北魏登国九年(394年)"使东平公元仪屯田于河北、五原,至于稒阳塞"[2]。后来太和年间,为解决朝廷的财政收入并不至于均田制中人民负担过重,"又别立农官,取州郡户十分之一,以为屯民。相水陆之宜,断顷亩之数,以赃赎杂物市牛科给,令其肆力。一夫之田,岁责六十斛,甄其正课并征戍杂役"[3]。其中有两点值得注意,一是北魏此处设农官屯户,是在太和十二年(488年)均田制施行以后,说明朝廷从中收益要大于从均田制的户调中所得,"自此公私丰赡"。二是从"市牛科给"作为屯田的配套措施来看,成为屯民者应该是些最贫穷的人,但他们一旦为屯民实际上就沦为专役户了。不清楚官府是怎样"取州郡户十分之一的",但这至少说明官方的专制权力是产生专役户的关键因素,当然也说明屯田与均田两种田制形式之间是能转换的。此外,"置屯田"的一个重要目的依然是"以资军国"[4],作为提供军费和粮草补给的特殊措施和有时能利用士兵劳动力的方便,所以与均田制并行而设。由于屯田制中有牛户与无牛户的分成是不一样的,这不仅影响到以后的均田制内容,或许还可以解释为什么"特别是牛车的随葬,更具有西晋社会的现实意义"[5]。

②占田、课田制

西晋统一中国后实行了新的田制,其大略情况,《通典》卷1《食货·田制》云:

> 男子一人占田七十亩,女子三十亩。其丁男,课田五十亩,丁女二十亩;次丁男半之,女则不课。其官第一品五十顷,每品减五品以为差,第九品十顷。而各以品之高卑荫其亲属,多者及九族,少者三代。宗室、国宾、先贤之后、士人子孙亦如之。而又得荫人以为衣食客及佃客,量给官品以为差降。

《晋书·食货志》说得稍微详细些,如说明"男女年十

兵屯图

[1]《梁书》卷28《裴邃传》。
[2]《魏书》卷2《太祖纪》。
[3]《魏书》卷110《食货志》。
[4]《周书》卷23《苏绰传》。
[5] 河南省文化局文物工作队第二队《洛阳晋墓的发掘》,《考古学报》1957年第1期。

六已上至六十为正丁；十五已下至十三，六十一已上至六十五为次丁；十二已下，六十六已上为老小，不事。远夷不课田者输义米，户三斛，远者五斗，极远者输算钱人二十八文"。由于史载的简单，关于占田、课田的具体情况多有争议。课田是指要纳租税的田，这点分歧不大。问题是这50亩的课田是否包括在70亩的占田里，占田是不是一种授田？笔者比较同意张维华、唐长孺、陈连庆、王仲荦等先生的见解："占田只是空洞的准许人民有权占有法令上规定的田亩，法令上已经规定贵族、官僚的占田数字，那么也得规定一下平民的占田数字。至于占得到占不到，那是另外一个问题。占田的意义既在于'占'，不论自耕、出租、使用奴隶，甚至作牧场或任其荒废都不在考虑之中，所以无须分正丁、次丁。……占田规定七十亩，政府并不要求你全部耕种，但至少要有五十亩田不被荒废。"[1]也就是占田只是一个限制数字，课田是必须耕种的数字，官方以此数征租赋。这种田制是为了鼓励开垦当时较多的荒地，在人少田多的时候能起促进农业生产的作用。

　　这里还要补充几点，一是男女正丁合起来的占田数正好是一百亩，与孟子之意相符，也与司马氏政权标榜儒家名教的意识色彩相符。二是男女分别有占田、课田之数是与战乱中男丁更容易死亡的情况也相符。这样的田制实际上起到促使妇女参加农业劳动的作用。三是如此占田之制也符合"江南六州之土，尚又荒残"[2]的土地状况和两晋之间南渡士族的需要，可以满足他们在江左的求田问舍，凭着他们各自的实力与努力，以获得相应的田庄。所以此制在东晋继续施行，但为了不至于形成争田而造成冲突，占田也是一种限田[3]，避免由此争夺土地引起矛盾激化和不良兼并的倾向。四是课田表面上是一种田税，但实质上是一种丁税，因为课田数是按丁计算的。或者说，课田是一种田、丁合一的简易税收制度，它在行政系统比较弱的情况下特别适合。五是在占田与课田之间，是以课田为主，占田是为课田服务的。因此就整个占田—课田制而言，与其说是一种田制，还不如说是一种税制，更准确地说，它是一种以田制依附户税制的混合经济制度。六是依官品授田成为一种俸禄形式。这不仅说明当时政权行

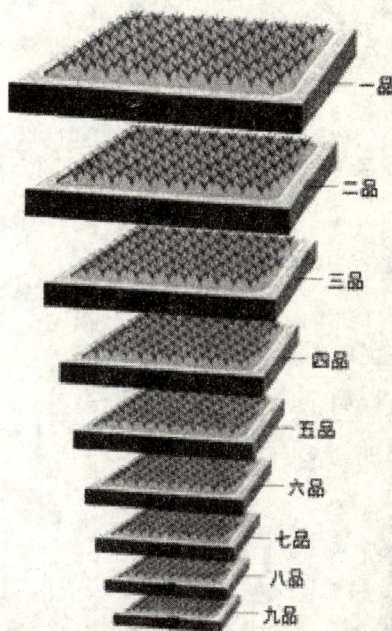

西晋官员占田规定示意图（第一品占田 50 顷，以下每降一品递减 5 顷）

---

[1] 唐长孺《西晋田制试释》，载《魏晋南北朝史论丛》，三联书店1955年版，第49、50页。张维华《试论曹魏屯田与西晋占田上的某些问题》，《历史研究》1956年第9期。

[2] 《晋书》卷67《温峤传》。

[3] 堀敏一据《汉纪》卷8"至哀帝时，乃限民占田，不得过三十顷"的记载，认为汉代的名田与限田"堪称为西晋占田的先驱"。见其《均田制研究》第2章，中译本，福建人民出版社1984年版，第53页。

西晋咸宁四年买地宅券

政能力的薄弱,也意味着权力的重心是放在人身依附上,因为土地需要人来耕种,为了让官品田有出产,必定有强迫劳动的现象。如《晋书·应詹传》说:"都督可课田二十顷、州十顷、郡五顷、县三顷,皆取文武吏、医、卜,不得扰乱百姓。"两晋南北朝期间一些下级吏员因被迫劳动而下降为专役"吏户",与此也有一定关系。

除以占田课田形式所表现的田租外,还有从汉之算赋与口钱演变至本时期的户调内容。本时期户调所征收的具体数目虽然不一,但大体相同的是:1,户调数按户赀多寡计算,户等分为九品,计赀定课。所谓的赀财多少,一般是按其田、桑、宅屋等主要不动产"围桑品屋",来计算分等"以准赀课"[1]的。2,实行九品相通或九品混通,即各郡县之户数×户调均额=户调总额,再以此总额按户品分配各户应缴额,富者多交,贫者少交或不交。3,基本上是以实物税的形式,如"丁男之户,岁输绢三匹,绵沂、奶次丁为户者半输"等。但粮食有时候要折成布,或者都折成钱。这些规定和占田课田的内容合起来统称户调式。在中国历史上大多数的时间里,往往是多重赋税制度叠加在一起,包括中央与地方上的,因此苛捐杂税毫不奇怪地成了常用的名词,这在本时期尤为如此。

有证据表明后赵和成汉都实行过占田课田制[2],更被东晋南朝所承袭。不过到了东晋中后期,在江左的有效统治地区由于人口滋长和土地有限,占田已经不能成"制"地维持下去,一度改成了度田收租制,即将按亩收租和按口收税相结合,其额后亦有变。但占田的政策仍以一定的形式继续着,如梁武帝大同七年(541年)十一月诏云:"凡是田桑废宅没入者,公创之外,悉以分给贫民,皆使量其所能以受田分。"[3]而与均田制形成了对比。

③新民与计口授田

均田制是北魏首先推行的,在均田制之前,北魏已有它的先期形式,这就是在平城的京畿与近畿地区实行"计口授田"的"新民"垦殖区。在北魏前期,将新征服地区的部分居民迁徙到平城及附近,这些人被统称为新民。新民的成分复杂,有汉族也有"徒河高丽杂夷",有柔然、高车

[1]《南齐书》卷40《萧子良传》。
[2]参见陈连庆《占田制的形成及其存续问题》,载《魏晋南北朝史研究》,四川省社会科学院出版社1986年版。
[3]《梁书》卷3《武帝纪下》。

的牧民，有"百工伎巧"，有一般的民吏，也有原来的"民望"或"土望"，但有一点是相同的，即他们都是逼迫移来的被征服者。这些新民的数量很大，仅魏道武帝天兴元年（398年）正月从"山东六州"的一次迁徙就达"十余万口"[1]。

迁移这些被征服者到平城及其周围地区做"新民"的目的之一，就是要通过他们的生产劳动来支撑平城作为北魏首都的供应需要。其中从事农业劳动的，就对他们实行"计口授田"。这种计口授田的方式却与前面的占田制和后面的均田制在授田形式上是一致的，就是田制和赋税制度都是围绕着人丁展开的。

更早一点，前燕慕容皝曾"以牧牛给贫家，田于苑中，公收其八，二分入私。有牛而无地者，亦田苑中，公收其七，三分入私"[2]。其租赋如此之重，一个大的原因便是这"苑田"系属"公"的，跟新民的情况有点相似。慕容与拓跋同是从大鲜卑山出来的，思路与制度接近是很自然的。

需要指出的是，这里的授田和均田制里面的授田一样，并不是给予已经耕种的熟地，更不是分配别人正在使用的土地，而是将名义上作为"王土"的无人耕种之荒土分给新民耕种，"各给耕牛，计口授田"。新民分布的地域，"于漠南，东至濡源，西暨五原、阴山，竟三千里"[3]，这些本是半农半游牧区，兵荒马乱之后早已成了无主荒地，因此所谓授田和晋世的占田也没有太大的区别。

拓跋晃监国时，曾"制有司课畿内之民，使无牛家以人牛力相贸，垦殖锄耨。其有牛家与无牛家一人种田二十二亩，偿以私锄功七亩，如是为差，至与小、老无牛家种田七亩，小、老者偿以锄功二亩。皆以五口下贫家为率"[4]。其对象当亦包括新民，因为他们也是被课的"畿内之民"。组织牛人力相贸是为了提高土地的利用率，"无令人有余力，地有遗利"，但如此牛人力相贸形式却可能来自游牧部落中的互助习惯，由于汉族的新民却不习惯，故要官府课督逼使之。

3. 均田制实施的其他背景

影响一个制度的产生与发展的因素当然很多，就均

南齐永明五年秦僧猛买地券

[1] 分见《魏书》卷2《太祖纪》、卷4上《世祖纪上》、卷24《崔道固传》。

[2] 《晋书》卷109《慕容皝载记》。

[3] 《魏书》卷4《世祖纪上》。

[4] 《魏书》卷4下《恭宗纪》。

北魏永安五铢钱

田制而言,一般学者都提到,有较多无主荒地的存在是均田制得以推行的一个先决条件。因为它不可能通过没收私有土地的方式来"均田",那就只能利用荒地来进行一定程度的均田。当能够再分配的荒地所剩无几时,均田制就难以为继了。由于各地所有荒地多寡不一,因此后世实行均田制时常有将民户迁往宽乡的记载,所谓宽乡就是荒地多的地方。如北齐"天保八年(557年),议徙冀、定、瀛无田之人,谓之乐迁,于幽州范阳宽乡以处之"[1]。魏晋南北朝期间的频繁动乱和人口锐减,在"四望无烟火,但见林与丘;城郭生榛棘,蹊径无所由"[2]情况下当然会有很多荒废的土地和当局对尽快开垦荒地的需求,均田等田制是最大限度利用战争带来的荒田。从这点上讲,包括均田制在内的各种田制显露于魏晋南北朝绝非偶然。

土地制度实施的另一个条件,就是中国古代无论在观念上还是在法律上,都有"普天之下莫非王土"的强固传统,所谓私有土地实际上私有的是土地永久使用权和对这种使用权的处置权,土地的最终所有权是属于国家的。没有这样的传统,要推行各种土地制度是很难想象的,因为官府有权处置土地是田制得以成立的前提。当北魏从一个游牧行国转型为传统的农业王国时,也会承袭这样的传统,更何况均田制实行的对象主要是早就习惯于此的汉族农民。

均田制实行的一个重要目的是朝廷通过此制来掌控民众,保证赋税。这与任何的制度实行或制度改革一样,都是出于推动者维护其自身利益的考虑,不过有的设计周到,有的匆忙粗疏;有的只顾眼前,有的放眼将来;有的侧重一面,有的多方兼顾而已,由此也分出高下和效果。最后还有一点,那就是下文要说的,即均田制既然是孝文帝改革的一部分,那么整个孝文帝改革也都成了均田制实施的背景了。

二、均田制的实行与孝文帝改革

[1]《隋书》卷24《食货志》。
[2] 王粲《从军诗(五)》,载《文选》卷27。

1. 均田制的实行

北魏均田制的实行是孝文帝改革的一个组成部分。

孝文帝太和九年(485年)十月诏"遣使者,循行州郡,与牧守均给天下之田,还受以生死为断,劝课农桑,兴富民之本"[1],开始推行均田制。关于实行均田的具体情况,《魏书·食货志》有具体的记载:

> 诸男夫十五以上,受露田四十亩,妇人二十亩,奴婢依良。丁牛一头受田三十亩,限四牛。所受之田率倍之,三易之田再倍之,以供耕作及还受之盈缩。
>
> 诸民年及课则受田,老免及身没则还田。奴婢、牛随有无以还受。
>
> 诸桑田不在还受之限,但通入倍田分。于分虽盈,没则还田,不得以充露田之数。不足者以露田充倍。
>
> 诸初受田者,男夫一人给田二十亩,课莳余,种桑五十树,枣五株,榆三根。非桑之土,夫给一亩,依法课莳榆、桑。奴各依良。限三年种毕,不毕,夺其不毕之地。于桑榆地分杂莳余果及多种桑榆者不禁。
>
> 诸应还之地,不得种桑榆枣果,种者以违令论,地入还分。
>
> 诸桑地皆为世业,身终不还,恒从见口。有盈者无受无还,不足者受种如法。盈者得卖其盈,不足者得买所不足。不得卖其分,亦不得买过所足。
>
> 诸麻布之土,男夫及课,别给麻田十亩,妇人五亩,奴婢依良。皆从还受之法。
>
> 诸有举户老小癃残无授田者,年十一已上及癃者各授以半夫田,年逾七十者不还所受,寡妇守志者虽免课亦授妇田。
>
> 诸还受民田,恒以正月。若始受田而身亡,及买卖奴婢牛者,皆至明年正月乃得还受。
>
> 诸土广民稀之处,随力所及,官借民种莳。役有土居者,依法封授。
>
> 诸地狭之处,有进丁受田而不乐迁者,则以其家桑田为正田分,有不足不给倍田,又不足家内人别减分。无桑之乡准此为法。乐迁者听逐空荒,不

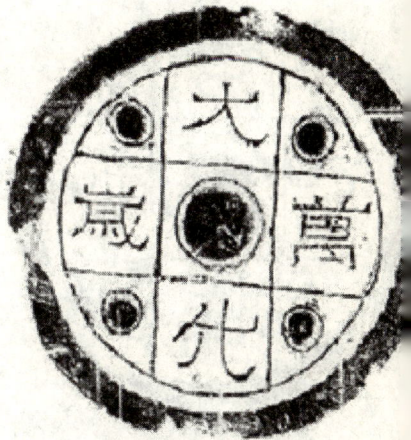

上:"大代万岁"瓦当(北魏平城遗址出土)

下:"万岁富贵"瓦当(北魏平城遗址出土)

[1]《魏书》卷7上《高祖纪上》。

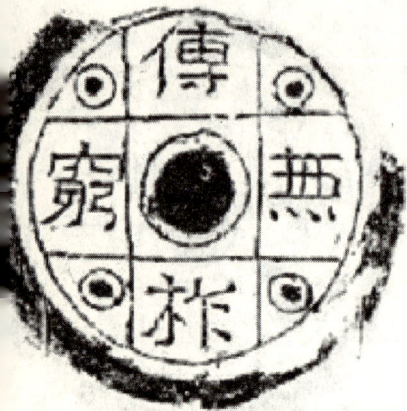

"传祚无穷"瓦当(北魏平城遗址出土)

限异州他郡，唯不听避劳就逸，其地足之处，不得无故而移。

诸民有新居者，三口给地一亩，以为居室，奴婢五口给一亩。男女十五以上，因其地分，口课种菜五分亩之一。

诸一人之分，正从正，倍从倍，不得隔越他畔。进丁受田者恒从所近。若同时俱受，先贫后富。再倍之田，放此为法。

诸远流配谪、无子孙、及户绝者，墟宅、桑榆尽为公田，以供授受。授受之次，给其所亲，未给之间，亦借其所亲。

诸宰民之官，各随地给公田，刺史十五顷，太守十顷，治中、别驾各八顷，县令、郡丞六顷。更代相付，卖者坐如律。

上述均田令规定得如此详细，说明它具有相当大的可操作性，不是一纸空文；同时也说明它有着以往各种田制为蓝本，不是无源之水，无根之木。然而跟以往的田制相比，均田制有一些值得注意的新东西。第一，它规定了土地的"还受之法"，以此来维持和延伸该田制的活力。所以它是一种着眼维持长远的土地制度。后来均田制也被隋唐所采用，绵延数百年，与此不无关系。第二，它把分授的土地分为世业的桑地和得以还受的露田，不仅表明它承认某种的土地私有权，而且说明均田制并不是通过剥夺原来的私有土地以实行新制的。"露田虽复不听买卖，卖买亦无重责"[1]，允许土地在一定程度上买卖也是私有土地保留的佐证。第三，均田制中规定了奴婢与耕牛都有授田资格，说明了它目的之一在于尽田地之力。它也说明当时使用奴婢从事农业劳动的现象较为普遍，当然由此均田制亦不损害拥有很多奴婢及其他依附人口的豪强大族。尤其是太和改革之前在鲜卑贵族和百官中所施行的班赐制常有奴婢的分赐，如献文帝在公元469年攻占青州和齐州后，将大多数当地居民"悉为奴婢，分赐百官"[2]。又如太和五年四月"壬子，以南俘万余口班赐群臣"[3]，因此他们拥有大量从事生产劳动的奴婢，"婢使千余人，织绫锦贩卖，酤酒，养猪羊，牧牛马，种菜逐利"[4]，分田给奴婢就是

[1]《通典》卷2引宋孝王《关东风俗传》。这里虽然讲的是北齐，但情况应与北魏相似。
[2]《魏书》卷50《慕容白曜传》。
[3]《魏书》卷7上《高祖纪上》。
[4]《南齐书》卷57《魏虏传》。

促使主人们让他们更多地参加生产劳动，这对主人们也有好处。像均田制这样重要的制度在推行的过程中，竟无明显的反对或反抗的记载，其中一大原因就是它让受损对象减少到最低限度，虽然制度改革往往意味着利益的再分配。另一方面，朝廷通过对奴婢授田而使他们被纳入朝廷的税收范围，也增加了朝廷的收入。这无疑也是朝廷加强中央集权上的一个胜利，此方面的作用往往被以前史家所忽视。第四，田制中规定种植桑、枣、榆等树木，按今天的眼光看是绿化保护环境，或者是副业富民之举，而以统治者的角度，不仅在于这些树木能为织造调帛等提供材料，恐怕还在于因"十年树木"，即由此可将农民牢牢拴缚在土地上。农民与土地分离而成为流民，在古代中国往往是政权动摇的征兆，均田制使普通农家都有数十甚至数百株树木，平时果桑柴薪以为副业，碰到灾荒也有树皮榆叶可充饥活命，如此就一般再也难下决心"背树离乡"，轻易迁徙了。第五，"魏以均田入律"。程树德先生在其《九朝律考·后魏律考》中已经注意到此，这是和其他田制有差异的地方之一。这也意味着均田制在实施过程中有着更加强制性的一面。

兽面纹瓦当

　　与均田制相配合的是户调，规定：

> 民调，一夫一妇帛一匹，粟二石。民年十五以上未娶者，四人出一夫一妇之调；奴任耕，婢任绩者，八口当未娶者四；耕牛二十头当奴婢八。其麻布之乡，一夫一妇布一匹，下至牛，以此为降。大率十匹为公调，二匹为调外费，三匹为内外官俸，此外杂调。民年八十已上，听一子不从役。孤独癃老笃疾贫穷不能自存者，三长内迭养食之。[1]

　　从奴婢、耕牛所负担的调很轻的情况来看，对豪强大族应该是很有利的，因为只有他们才拥有奴婢和耕牛的大多数，当然也间接证明当时是使用奴婢来从事农副业劳动的，证实了这现象在魏晋南北朝似乎要比其他时候更为突出。

　　关于户调，不能光看它的表面数字，还要看它在不同情况下的实际征收量。《魏书·食货志》云："旧制民间所织绢布，皆幅广二尺二寸，长四十尺为一匹（绢），六十尺为

[1]《魏书》卷110《食货志》。

一端(布),后乃渐至滥恶,不依尺度。"突出的一个例子是:"时相州刺史奚康生征民岁调,皆七八十尺,以邀奉公之誉。"[1]这种官员为了政绩升迁,巧立名目想方设法剥削百姓的情景不仅均田制中有,其他制度中也有;不仅北魏有,任何朝代都有,这是读中国史者所要注意的。

2. 均田制实行在改革中的意义

均田制是在孝文帝太和年间施行的,是太和改革的一个组成部分。此制实行后,北魏财政收入增加,国库充裕。《洛阳伽蓝记》卷4"法云寺"条云:"于是国家殷富,库藏盈溢,钱绢露积于廊者,不可较数。及太后赐百官负绢,任意自取,朝臣莫不称力而去",正是由于均田制的实行取得了成功,汉化等下一步改革才能继而行之。如果说改革是一种既得利益再分配的话,那么这种再分配不仅必须要落实到经济层面上,与社会生产的变化相联系,也就是必须要有相应的经济制度改革,而且要在经济上实行利益增量。否则的话,就不能称之为改革,只能称之为政变,因为政局的变动也能进行既得利益的再分配。

孝文帝太和改革之所以反响巨大,影响深远,制度改革是它不可或缺的一部分,而制度改革的中心则是均田制的实施。因为在农业社会里,土地是最重要的生产资料,是老百姓养家餬口和朝廷租赋收入的最主要来源。所以均田制实施顺利了,其他的改革才可能进行下去,实际情况也正是如此。反之,改革中建立的三长制、户调式等都对均田制起到配套作用,否则均田制是难以单枪匹马实施的,迁都和后来政权汉化等改革也使田制的推行不可能再走回头路。

三、东魏、西魏、北齐、北周时期的均田制及相应制度

北魏崩溃后,均田制并没有随之消失。既然东魏、西魏在形式上是北魏皇朝的一种延续,北齐、北周也是通过禅让的形式取得统治权的,故政体都基本上保持着连续性,当然也包括对均田制的承袭。1954年山本达郎先生考证敦煌文书S·613号为"西魏大统十三年(547年)瓜州劾穀郡计账"[2],该文书中有关"计受田"、"应受田"、"计租"、

兽面纹瓦当

[1]《魏书》卷76《卢同传》。
[2] 山本达郎《敦煌发现计账式文书残简(上)、(下)》,《东洋学报》第3卷第2、3号(1954年)。

"计布"、"计麻"等内容，证实了即使在敦煌这样的边地，西魏也实施了均田制。

北齐与北周继续实施均田制，这说明了均田制在北方的各个朝代上是延续着的。正如《通典》卷2"田制下"所载，"北齐给授田，仍令依魏朝。每年十月，普令转授，成丁而授，丁老而退，不听卖易"。

北齐均田制的内容，集中在河清三年（564年）的诏令中。与北魏的均田制相比，北齐的均田制又有了些新的发展。据主要有：第一，"十家为比邻，五十家为闾里，百家为族党。男子十八以上，六十五已下为丁；十六已上，十七已下为中；六十六已上为老，十五已下为小。率以十八受田，输租调，二十充兵，六十免力役，六十六退田，免租调"[1]。"丁、中、老、小之名，始定于此"[2]，这说明税收负担的分配比以前显得合理，且"一党之内，则有党族一人、副党一人，闾正二人，邻长十人，合有十四人，共领百家而已。至于城邑，一坊侨旧，或有千户以上，唯有里正二人，里吏二人，里吏不常置"[3]。

这里首先是里、党中的户数翻了一番，但管理每百户的三长合起来只有14人[4]。北魏125户有三长31人，可见北齐三长人数大为减少，也没有他们及其家人能免役的规定。这说明北齐朝廷的中央集权力有所加强，不必对地方势力作过多的让步，与北魏当年废去宗主督护制，准备将权力中心迁入中原时的形势不可同日而语了。其次，北齐专门设置了城市户口官吏的里正与里吏，说明北齐的城市已有长足的发展，以至需要专门条款规定吏员设置。这两者合起来，可能也反映了华北平原和黄土高原上生产与户口的恢复，北齐被北周所灭时，尚"有户三百三万二千五百二十八，口二千万六千八百八十"[5]，各类专役户和荫户可能还没有被统计到这个数字里。对比西晋极盛时全境的编户不足246万，口不足1,617万，因此只占大半个北方的北齐户口算得上是十分殷实了。这也导致居民点的扩大，并在相当程度上摆脱了坞壁的色彩，纳入正常的国家行政管理。

第二，除依品占得公田外，"职事及百姓请垦田者，名为永业田。奴婢受田者，亲王止三百人……八品已下至庶

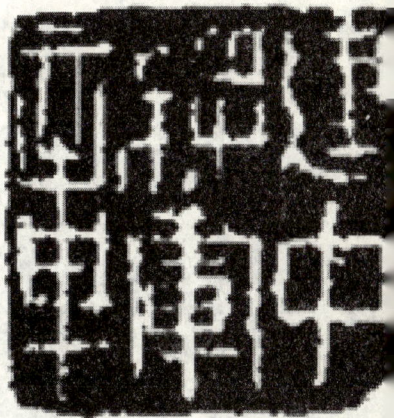

建中将军章（北魏）

[1] 《隋书》卷24《食货志》。
[2] 沈家本《历代刑法考》，第1334页。
[3] 《通典》卷3"乡党·北齐"条。
[4] 东魏时的三长还是北魏之制，见《北齐书》卷28《元孝友传》。
[5] 《通典》卷7"历代盛衰户口·北齐"条。

武毅将军印(北魏)

人,限止六十人。奴婢限外不给田者,皆不输。其方百里外及州人,一夫受露田八十亩,妇四十亩。奴婢依良人,限数与在京百官同。丁牛一头。受田六十亩,限止四牛。又每丁给永业二十亩,为桑田。其中种桑五十根,榆三根,枣五根。不在还受之限。非此田者,悉入还受之分。土不宜桑者,给麻田,如桑田法"[1]。

北齐授田中没有"倍田"一项。其实倍田之设是与土质有关,也与施肥技术相关。北魏制定均田制时,尚未迁都,依据的是平城京畿地区的耕作经验,当地也没有良好施肥条件,故设倍田以休田力。而北齐实施均田制的主要地区是在华北平原,土质自然要好得多。从《齐民要术》所描写的情况来看,当地农业技术已有很高的水平,如先在谷地里种豆类作物为"美地之法",这样"为春谷田,则亩收十石,其美与蚕矢、熟粪同"[2]等等。田制中取消倍田,以供有更多可授之田成为可能。与北魏时相比,奴婢数有了固定,但丁可拥有牛四头,"奴婢依良人",奴丁也可有牛四头。对一位亲王来说,若其以奴丁请垦田,每奴四牛,可得露、桑田340亩,三百奴丁加牛可得田102,000亩,再加上其亲王本人与亲属,受田数十分庞大。对一夫一妇一牛的小农家庭来说,也可受露、桑田200亩,达到了他们所能耕种的极限。因此北齐的均田制比北魏更接近西晋的占田制,受田云云只是限田之数,贯穿着"尽地力之教"的理念而已,但在实际上却为鲜卑贵族巧取豪夺土地几乎是取消了任何限制。

第三,北齐初"始立九等之户,富者税其钱,贫者役其力"。河清三年令中,"垦租皆依贫富为三枭。其赋税常调,则少者直出上户,中者及中户,多者及下户。上枭输远处,中枭输次远,下者输当州仓。三年一校焉。租入台者,五百里内输粟,五百里外输米。入州镇者,输粟。人欲输钱者,准上绢收钱。诸州郡皆别置富人仓。初立之日,准所领中下户口数,得支一年之粮,逐当州谷价贱时,籴量割当年义租充入。谷贵,下价粜之;贱则还用所粜之物,依价籴贮。"[3]

按户等来纳税输粟,占田制中和北魏前期都有,献文帝时"因民贫富,为租输三等九品之制。千里内纳粟,千里

[1]《隋书》卷24《食货志》。
[2]《齐民要术》卷1《耕田》,缪启愉、缪桂龙译注本,上海古籍出版社2006年版,第34页。该书《杂说》部分中有更为系统的"踏粪法",但可能为唐人伪托之作。
[3]《隋书》卷24《食货志》。

外纳米；上三品户入京师，中三品入他州要仓，下三品入本州"[1]。北齐的制度比北魏以"九品混通"来划分租输远近，规定得更详细周到，更有可操作性和相对合理性。尤其是地方州郡可利用户调所得，设置类常平仓的"富人仓"，作为田制功能的一种延伸和结合，对后世有着启迪意义，"隋、唐义仓，当即由此发展而来"[2]。这种制度江左也有，但都会有同样的弊病，因为"桑长一尺，围以为价；田进一亩，度以为钱；屋不得瓦，皆责赀实。民以此树不敢种，土畏妄垦，栋焚榱露，不敢加泥"[3]。

　　第四，"每岁春月，各依乡土早晚，课人农桑。自春及秋，男十五已上，皆布田亩。桑蚕之月，妇女十五已上，皆营蚕桑。孟冬，刺史听审邦教之优劣，定殿最之科品。人有人力无牛，或有牛无力者，须令相便，皆得纳种。使地无遗利，人无游手焉"[4]。

广宁太守章（北魏）

　　这段看上去没有直接谈"均田"的文字，实际上是说明北齐实行均田制的基本目的，即"使地无遗利，人无游手"，因而是河清三年令中最重要的段落。它更表露了北齐均田制与西晋占田制之间的相同本质。北齐均田制还注意结合北魏早期政策，甚至是其他鲜卑族建立的国家中的一些传统，如前燕慕容皝劝课农桑的办法是"力田者受旌显之赏，惰农者有不齿之伐"[5]。而以严厉手段来课督农桑更是拓跋王国对待农民的一贯政策，如北魏早期于"四方四维置八部帅以监之，劝课农耕，量校收入，以为殿最"[6]。均田制颁行后，依然与这个政策紧密结合，如孝文帝在太和二十年（496年）五月诏令"畿内严加课督，惰业者申以楚挞，力田者具以名闻"。同年七月又诏命"京民始业，农桑为本，田稼多少，课督以不，具以状言"[7]。河清三年令里进一步强调了以行政力量来"课人农桑"，并使其与均田制结合而常制化，突出了官府督办农业的职权，对后世产生了十分深远的影响。"有人力无牛者"和"有牛无力者"之间交换互补，这种互助合作形式也被正式结合到田制之中，且这种互助组合又是通过官府来实现，并在朝廷的诏令里明文规定，由此中国的农业生产，乡村组合和农民生计越来越与政权的行政功能相关联。从这些情况来看，北齐的河清三年令是有所发展的。

[1]《魏书》卷110《食货志》。
[2] 韩国磐《北朝隋唐的均田制度》第3章，上海人民出版社1984年版，第109页。
[3]《宋书》卷82《周朗传》。
[4]《隋书》卷24《食货志》。
[5]《晋书》卷109《慕容皝载记》。
[6]《魏书》卷110《食货志》。
[7]《魏书》卷7下《高祖纪下》。

赵郡太守章(北魏)

上述四点中颇有溢出北魏均田制里的东西，但北齐均田制的基本框架是和北魏相一致的。与此相一致的还有北周的均田制，《隋书·食货志》关于此制及相关之制曰：

> 司均掌田里之政令。凡人口十已上，宅五亩；口九已上，宅四亩；口五已下，宅三亩。有室者，田百四十亩，丁者田百亩。司赋掌功赋之政令。凡人自十八以至六十有四，与轻癃者，皆赋之。其赋之法，有室者，岁不过绢一匹，绵八两，粟五斛；丁者半之。其非桑土，有室者，布一疋，麻十斤；丁者又半之。丰年则全赋，中年半之，下年一之，皆以时征焉。若艰凶札，则不征其赋。司役掌力役之政令。凡人自十八以至五十有九，皆任以役。丰年不过三旬，中年则二旬，下年则一旬。凡起徒役，无过家一人。其人有年八十者，一子不从役，百年者，家不从役。废疾非人不养者，一人不从役。若凶札，又无力征。

北周虽然仿西周之制"创制六官"，但是其田制及其相关之制也是承袭北魏的，这从前述西魏大统十三年（547年）关于户籍田亩的计账文书中也可略知。或许是在政体上采用西周之制的关系，北周田制的内容里就比北齐之制有更多尊老抚残的条款。其中特别规定宅田，有类似于今天农村之宅基地，由于这类土地附带有宅旁菜地之类的用处，因为"口五已下"之家是绝对不需要，也盖不起占地三亩的大宅，实际上这是北魏田制中"三口给地一亩，以为居室，奴婢五口给一亩。男女十五以上，因其地分，口课种菜五分亩之一"[1]条的综合与简化，所以被列入田制之中。同样，北周也赋予地方官课督农桑的职责，在大统十年（544年）的《六条诏书》中就有"诸州郡县，每至岁首，必戒敕部民，无问少长，但能操持农器者，皆令就田，垦发以时，勿失其所。……若有游手怠惰，早归晚出，好逸恶劳，不勤事业者，则正长牒名郡县，守令随事加罚，罪一劝百。此则明宰之教"[2]。此诏之颁虽与均田制没有直接关系，但既与均田制平行，当然也有配合田制之功用。

[1]《魏书》卷110《食货志》。
[2]《周书》卷23《苏绰传》。

四、余论

在中国历史上，田制的凸显主要是在魏晋南北朝，隋唐时期是它的延续。追究这种现象的根底，我们可以发现，所谓田制实质上是国家政权对普通农民加紧实行人身控制的一种手段。它在允许农民占有一定数量土地的前提下，把他们更直接地纳入官方的行政管理之中，所以户调式、课田制、三长制等等都是与其配套的。在这点上北齐的河清三年令最为暴露无遗。

之所以造成这种情况的，还是由于东汉末年以来大量人口丧失的结果，因此它与专役户形成的原因是一致的，不过后者在数量上相对较少而已。这些田制的一个共同特点，就是按人头分配土地，按人头收租税、征赋役，制度的关键在于人丁而非田亩。从敦煌文书等一些史料看，诏令中规定的田亩数实际上只是一个限田的数目，私有土地可以在限田数目中不予触及，而农民真正得到的土地却无定数，一切皆凭当地具体情况而定。数字中唯一能够确定并且落实的是套在田民身上的租赋与力役，农民在田里种了庄稼栽了树，要想逃避租赋就很困难了。所以制度表面上被称为田制，实质上是一种人身制度。因此当国家政权真正把赋税落实到田亩上，而不是人身上时，所谓田制就不需要了。魏晋以前，五代以后就是这样的情况。在那些朝代里，人丁不是稀缺资源，土地才是相对稀缺资源，人身控制的经济需要（对人身控制的政治需要在封建专制集权底下是始终不会放松并要逐步加强的）不被重视了，当局也就不花费大精力去搞什么田制了。

从另一方面说，无论是田制还是人身控制，都是统治者以国家朝廷的名义来从民众中得到收取的手段，因此它们都是税赋制度的附属，这也是后来田制可以不立但赋税制度不能没有的一个根本原因。本时期税赋制度与田制一起复杂多变，这成了因为大小政权众多的时代原因外，根本上还是因为在专制集权政治体制下，财政上的方针多数的情况下是量出为入而不是量入为出，本时期事变不断，战乱频仍，财政上为了适应，田赋制度上就只能花样百出了。

阴密男章（北魏）

北魏孝文帝礼佛图

正因为田赋制度是国家权力结构下的一个系统,所以权力的参与者或分享者不仅在制度中已占有很多好处,而且往往凭其身份来逾越制度,这就继续了土地兼并现象,其结果就是出现了一些大庄园。北朝如咸阳王元禧"田业盐铁徧于远近"。南朝如孔灵符"于永兴立墅,周回三十三里,水陆地二百六十五顷,含带二山,又有果园九处"[1]。但这种大庄园因为是逾制的结果,所以也会随着权力的转移而转移的,这种庄园的多少随制度的破坏情况而定。而且这些庄园并非是自身生产经营而成的,因此它们对社会经济没有好处,也就是缺乏生命力的。

五代以后不立田制,但此后的士大夫却多有怀念颂扬田制的。这除了对消失了的东西往往会只记住它好的一面以表示不满现状外,还因为孟子所论述的井田制里包含着使百姓安康社会大同的儒家理念,所以士大夫们从均田这样的名词上能得到一些寄托。本时期的各种田赋制度的建立虽然没有孟子那样的出发点,但形成制度的东西总是公开于社会的东西,且或多或少地会包含着一些公平的因素,哪怕只是在某一个层面上的均平,即若"均田"这样表面上的名称。因此我们在回顾历史时,总会记住并讨论本时期的各种田赋制度,在从中获取政治与经济关系如何使之互相适应的智慧外,感叹理想对历史的重要性,尽管只有其一点点附加上去的余晖。

第六节　迁都洛阳与孝文帝改革

改革是既得利益的调整,被称为政治或社会改革的举措是指由统治当局启动并首先对统治集团内部进行的调整,由此带动一系列的制度变革和影响整个社会。因此,若非情势所逼,一般是不会轻易发动改革的。

北魏太和改革,其主要发动者孝文帝历来受到史家的称誉,故亦以孝文帝改革而著名。问题是,对于这样一场对北魏国家命运甚至对中国历史也产生深远影响的改革,其启动主因究竟是由于孝文帝个人的出现而作为一种历史偶然,还是当时各种因素综合成必然趋势尔后借

[1]《宋书》卷54《孔季恭传》。

孝文帝之手而行之？本书的答案是后者，而且认为，在各种推动改革的因素中，迁都洛阳是最关键的一条，不仅如此，孝文帝改革的全部内容都直接间接地与此相关。

一、孝文帝登基

孝文帝拓跋宏是在公元471年登基的，时年仅5岁，他是二年前被立为皇太子的。拓跋宏当皇帝的过程很特殊，因为这个帝位是他的父亲献文帝拓跋弘内禅给他的。献文帝拓跋弘是在公元465年继位的，传位给拓跋宏时才当了不到7年的皇帝。关于他为什么要禅位，史书说他是因"好黄、老、浮屠之学，每引朝士及沙门共谈玄理，雅薄富贵，常有遗世之心"[1]。其间还有一段曲折，因为据说献文帝以儿子拓跋宏年幼，要把帝位禅给叔父京兆王拓跋子推。这引起王公百官们的纷纷反对，认为此举"骇动人情"，会"上乖七庙之灵，下长奸乱之道"[2]。如此形势下，献文帝也只好让步，传位给长子拓跋宏，自己做太上皇帝，在西山建鹿野浮图"与禅僧居之"的同时，也"国之大事咸以闻"[3]，这样一直到孝文帝承明元年（476年）时驾崩，年23岁。至于那位京兆王拓跋子推不仅没得到帝位，而且在孝文帝登基后，即拜为青州刺史，并在上任途中"道薨"[4]。由于这段过程有悖一般情理，于是后来引起很多疑问，但也都是些推测。其实历史的事实可能并不像后世的猜疑那样隐晦复杂，因为献文帝要禅位时才17岁，有点少年斗气任性而已，所以最后也拗不过群臣，还是传位给自己的儿子。

太上皇帝驾崩的时候，孝文帝也只有10岁，仍是一个小孩子，所以他依然没有亲政，掌握国家大权。当时操纵国政的是文明太后冯氏，冯氏是文成帝的皇后，按照封建礼制，她是献文帝的嫡母，孝文帝的祖母，孝文帝登基后她已经是太皇太后了。其实冯氏很早就已经干预政治，因为文成帝在公元465年去世时献文帝也才12岁，当时"太尉乙浑为丞相，位居诸王上，事无大小，皆决于浑"[5]。可是不到半年，乙浑因"专制朝权，多所诛杀"，树敌较多，"会侍中拓跋丕告浑谋反"，于是"冯太后收浑，诛之"，并"临朝称制"[6]，掌执大政。随着献文帝年岁逐渐长大，母子间会

北魏永固陵石券门

[1] 《资治通鉴》卷133宋明帝泰始七年八月条。

[2] 《魏书》卷19中《任城王拓跋云传》。

[3] 《资治通鉴》卷133宋明帝泰始七年八月条。

[4] 《魏书》卷19上《京兆王拓跋子推传》。

[5] 《魏书》卷6《显祖纪》。

[6] 《资治通鉴》卷131宋明帝泰始二年二月条。

北魏永固陵石券门上的孔雀石刻

有权力之争也是可以想象的。如果说献文帝禅位是和谁斗气的话，那唯一可能的对象就是冯太后，他之所以拗不过群臣，其中一大原因恐怕也是群臣背后有着冯太后。因此太上皇帝死后，孝文帝很乖巧，"雅性孝谨，不欲参决，事无巨细，一禀于太后"[1]，朝政继续由冯太后操纵是自然而然的事情。

文明冯太后对孝文帝的影响是很大的。不管怎么说，孝文帝能登上皇帝的宝座，冯太后无形的力量是起着作用的。或许是由于这一点；或许也是因为冯太后对年少的孝文帝一向管教很严，曾"杖帝数十"，甚至"于寒月，单衣闭室，绝食三朝"，从而对冯太后有着依畏之心；也或许因为从小受到儒家思想的熏陶，"雅好读书，手不释卷。《五经》之义，览之便讲，学不师受，探其精奥。史传百家，无不该涉"[2]。因而恪守孝敬之道。历来史家也提到，文明太后出于长乐冯氏，其母出身乐浪王氏，也都是士族旧家，后因父亲冯朗被诛而以罪人子女入宫，被文成帝选为贵人，再受宠而为后。孝文帝从小被她"躬亲抚养"[3]，以后在改革中大力推行汉化，与此当有一定的关联。

太和十四年（490年）冯太后崩，时年49岁。此前文明冯太后虽然主持方针，但孝文帝亦已亲自参政，如"自太和十年以后诏册，皆帝之文也"[4]。所以太和改革的前期与后期都有着连贯性，也说明冯太后与孝文帝对当时的政治形势是有着共同认识的。

二、迁都洛阳的大势

到了孝文帝时代，北魏应该把它的京都由平城迁向洛阳的趋势已经明朗。首先是至孝文帝登基时，北魏的版图已大大扩展，其与南朝分界线已至淮河一线，基本上占有了北部中国。北魏统治区域的如此扩大导致了两个结果，一是北魏境内汉族人口大大增加，因为新占领的山东半岛与黄淮间平原的居住民大都是汉族。二是就新的北魏版图而言，平城的地理位置就处于太偏远了，尤其是太行山的自然险隔，严重地阻碍了平城和广大华北平原的交通。道武帝为了巩固对太行山以东的统治和能将此地征收的租赋送往平城，曾"发卒万人治直道，自望都铁关

[1]《魏书》卷10《文明皇后冯氏传》。
[2]《魏书》卷7下《高祖纪》。
[3]《魏书》卷10《文明皇后冯氏传》。
[4]《魏书》卷7下《高祖纪》。

凿恒岭至代五百余里"[1]，大概此举并不济事，所以不得不在以亲王领重兵坐镇中山。由此人心不稳，如右军将军尹国闻讯谋反，这无疑威胁着北魏朝廷对这一大片疆域的有效统治。这两个因素加起来，使得平城作为京都的地位受到了重大的冲击。如果北魏要想统一中国的话，以边远的平城为京都就更不适宜了。

更重要的是平城作为北魏京都，多年来已不堪重负，周围地区生态环境严重恶化。由于"新民"的过分垦殖造成水土大量流失，后果之一就是史书里记载平城地区几乎三年两头有水、旱、风等灾。比较大的如据《魏书·灵征志》载，仅永兴三年（411年）至太和十四年（490年）"京师大风，发屋拔树"止，平城一带发生过16次风灾，有的甚至能把宫墙吹倒，"杀数十人"。又如"太宗永兴中，频有水旱……神瑞二年，又不熟，京畿之内，路有行馑"。再如"至天安、皇兴间，岁频大旱，绢匹千钱"。再如太和元年孝文帝"祈雨于武州山"，二年又"京师旱"，三年复"祈雨于北苑"。太和四年"膏雨不降，岁一不登"，至"六月丁卯。澍雨大洽，曲赦京师"。五年四月诏曰"时雨不霑，春苗萎悴"。六年十二月诏曰"去秋淫雨，洪水为灾"。太和八年（484年）六月"戊辰，武州水泛滥，坏民居舍"。九年"京师及州镇十三水旱伤稼"。太和十一年"大旱，京都民饥。加以牛疫，公私阙乏"[2]。太和十五年平城"自正月不雨，至于（四月）癸酉"[3]等等。孝文帝要迁都的表面理由就是"平城地寒，六月雨雪，风沙常起"[4]，这是地方生态恶化的典型症状。"云中饥，开仓振恤"和更积极地打通运粮路是其必然结果。

与此同时，由于帝国版图的扩大，致使行政机构庞杂，太和十七年所颁职官令中，官品等级有54级之多，"前世职次皆无从品，魏氏始置之"[5]，官品级别的增多正说明官职的杂多，而此现象是并非短期所能形成的。据《魏书·食货志》，迁洛后"内外百官及诸番客廪食及肉"，每年需米107,864石；肉3,199,712斤。此外酿"百官常给之酒"所需一岁"合米五万三千五十四斛九升，糵谷六千九百六十斛，面三十万五百九十九斤"，还不算"四时郊庙，百神群祀"之用。迁都前需要的数量当与此差不多。这不包括宫

北魏永固陵石券门上的莲花童子

[1]《魏书》卷2《太祖纪》。
[2] 分见《魏书》卷110《食货志》，卷7上《高祖纪》。
[3]《魏书》卷7下《高祖纪》。
[4]《资治通鉴》卷138齐武帝永明十一年五月条。
[5]《魏书》卷113《官氏志》。

内和百官家属,还有在京畿地区大量军队的驻扎,需要大量的衣食等物品供养。如太和十七年(493年)八月孝文帝"发京师南伐,步骑三十余万"[1],这些都是驻在京畿的中兵。如果考虑到京师还得有些军队留守,平时总得有四十万以上的军队驻扎,且"平城无漕运之路"[2],太和六年"秋七月,发州郡五万人治灵丘道"[3],灵丘位于平城通向华北平原要道上,这是迁都前最后一次努力,但恐怕效果不大,这势必造成物资供应的紧张。据葛剑雄先生计算,"由平城迁入洛阳的人口约108万,由其他地区迁入洛阳的约15万"[4]。这是平城迁至洛阳的人口,应还有相当的人户未迁,当然总数就很大了。平城有这样庞大的人口数,因此即使仅仅是"为了解决代京的严重粮食问题,迁都就有必要"[5]。

另一方面,洛阳作为京都的优越性却逐步显示出来。在孝文帝迁都前,洛阳及其周围地区已经过上了半个多世纪的和平生活,昔日战争的创伤早已被悄然抚平,由于当时盛行早婚,经历了至少三代的人口繁殖,使主要依靠劳动力投入的中国古代农业有了复兴的足够基础,加上传统的农作技术,洛阳地区重新成了当时最发达的农业区。同时,由于处于中原的中心、黄河的沿岸,丝绸之路的延长线上种种有利的地理位置,使洛阳的商业也日趋发达。《洛阳伽蓝记》卷3"宣阳门"条云:

> 自葱岭已西,至于大秦,百国千城,莫不欢附,商胡贩客,日奔塞下,所谓尽天地之区已。乐中国土风,因而宅者,不可胜数。是以附化之民,万有余家。门巷修整,阛阓填列,青槐荫陌,绿树垂庭,天下难得之货,咸悉在焉。

杨衒之所描写的城市繁荣虽是孝文帝迁都之后,但商业都市的形成绝非一朝一夕之功,此前的洛阳至少已呈现了商业发展的前景,是无可置疑的。因此在经济上,当时的洛阳已经完全具备了能够支撑京师的基础。

此外,洛阳的地理位置,恰在当时北魏版图之中心,尤其他曾作为周、汉、魏、晋等朝代的首都,是一种正统的象征,有着其他城市无法比拟的传统心理优势,也是偏离农业文化中心而"文轨未一"的平城[6]难以及得上的。因此孝文帝的迁都之举,是大势所趋。

北魏孝文帝万年堂石雕门框

1 《北史》卷3《魏孝文帝本纪》。

2 《资治通鉴》卷140齐武帝建武二年四月条。

3 《魏书》卷7上《高祖纪上》。

4 葛剑雄《中国移民史》第2卷第13章,福建人民出版社1997年版,第591页。不过这数字可能估计过高些,后来高欢将洛阳居民悉数迁邺时是40万,纵然魏末人口有所损失,洛阳盛时人口也不应超过100万,当时由平城迁至就要更少些。

5 唐长孺《魏晋南北朝史论丛续编》,三联书店1959年版,第142页。

6 《北史》卷18《元澄传》。

尽管对北魏朝廷而言，迁都是一种正确的选择。但平城作为百年的首都总会有很多值得留恋的地方，就达官朝贵而言，宅院田产也都是难以舍弃的，对惯于游牧习俗的鲜卑族人来说，到一个远离家乡的内地去过上另一种生活，陌生不安的感觉会油然而生。这几个因素合起来，反对迁都的呼声此起彼伏。如太和十八年（494年）二月"群臣更论迁都利害，各言其志"，发言的几乎都是反对的，燕州刺史穆罴说："今四方未定，未宜迁都。且征伐无马，将何以克？"尚书于果认为平城"自先帝以来，久居于此，百姓安之；一旦南迁，众情不乐"。平阳公拓跋丕则建议："迁都大事，当讯之卜筮"。而反驳他们的都是孝文帝自己，也正是由于他的坚持，更由于他是皇帝，"群臣不敢复言"[1]。一个有成就的政治家，不仅善于前瞻长远利益，而且在能力控制的范围内，敢于排除众议，孝文帝的了不起就是他做到了这一点。

迁都经历了一个比较长的过程。太和十七年五月，孝文帝"将迁都洛阳，恐群臣不从，乃议大举伐齐，欲以胁众"[2]。六月"将南伐，诏造河桥"，八月"车驾发京师，南伐"，这实际上是迁都行动的开始。九月庚午孝文帝到达洛阳，"丁丑，戎服执鞭，御马而出，群臣稽颡于马前，请停南伐，帝乃止。仍定迁都之计"[3]。至太和十八年十月戊申，孝文帝在平城"亲告太庙，使高阳王雍、于烈奉迁神主于洛阳"。十一月"戊申，诏代民迁洛者复租赋三年"，以为巩固民心之计。太和十九年"九月，庚午，魏六宫、文武悉迁于洛阳"[4]。前后过程经两年有余。

在这个过程中，孝文帝不惜以诡伪权谋来执行迁都之计，大多数臣下，尤其是鲜卑权贵的心中是不服的，于是次年二月发生了上述的争辩。但事情并非就此而止，太和十九年七月，皇太子拓跋恂因"体貌肥大，深忌河洛暑热，意每追乐北方"，于是"欲召牧马轻骑奔代"，并手刃"苦言致谏"的中庶子高道悦。事发后，孝文帝亲自处理，太子被"废为庶人"，次年赐死，"时年十五"[5]。这件轰动一时的大事，并非完全是太子个人情绪所致，当时司空、太子太傅穆亮，尚书仆射、少保李冲都为他求情。此前，拓跋恂自平城迁洛阳时，鲜卑勋贵"元隆与穆泰等密谋留恂，

帝王出御图

[1] 《资治通鉴》卷139齐武帝建武元年三月条。胡注："魏闰二月，齐历之三月也。"
[2] 《资治通鉴》卷138齐武帝永明十一年五月条。
[3] 《魏书》卷7下《高祖纪》。
[4] 分见《资治通鉴》卷139、卷140。
[5] 《魏书》卷22《废太子元恂传》。

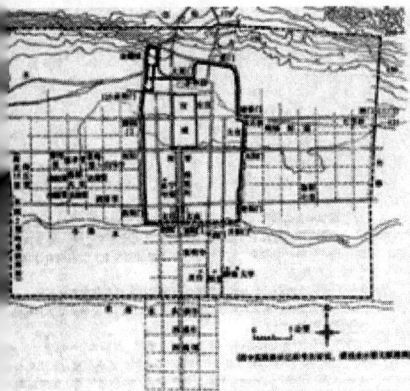

北魏洛阳城图

因举兵断关,规据陉北"。此后,孝文帝"以北方酋长及待子畏暑,听秋朝洛阳,春还部落,时人谓之'雁臣'"[1]。说明这一切都是与迁都和反迁都相关。但这阵反对的风暴很快就过去了,因为对那些迁到洛阳的臣民来说,气候可以适应,习惯可以养成,房屋可以再造;对权贵们来说则产业可以比以前搞得更大,农业文明所造就的物质生活毕竟是舒适的。迁都造成的北魏政权隐患,在彼不在此。

对古代中国的游牧民族而言,农业化、封建化和汉化三者之间是紧密关联的,因为它们实际上代表着中原的经济基础、政治体制和文化习俗的三位一体。因此当北魏政权将京师从平城迁到洛阳,绝非是京都地理位置的简单改变,而是意味着国家经济基础重心由半游牧半农业的双重型转为农业主导型。这也必然会促使从制度上文化上进行全面改革的要求。

三、孝文帝改革的内容

孝文帝太和年间的改革可分为两大阶段。前期的改革主要是在太和九年至十年间的三项制度改革。一是太和九年(485年,一说在太和十年)实行的三长制,以替代原来的宗主督护制。

北魏是以宗主督护作为乡党组织的。所谓宗主督护制里面的宗主,基本上就是当时星罗棋布般分散在北部中国的坞壁主。坞是小城,壁是军垒,合起来就是20世纪前叶还能在北方见到的那种武装土围子。自东汉末,中国北方就陷入了不断的战乱之中,兵盗交替掳掠逼使居民除了流徙外,就只能躲到坞壁里自保。由于这些坞壁大都是一宗为主、他姓依附,居民坞外务农,壁上操戈,就像后来小说《水浒传》里面的祝家庄、扈家庄一样。坞壁主往往就是里面的一宗之长,如同祝太公、扈太公那般,故称为宗主,或称宗帅、壁主等。华北平原上"至若瀛、冀诸刘,清河张、宋,并州王氏,濮阳侯族,诸如此辈,一宗将近万室,烟火连接,比屋而居"[2],所以宗主们都是地方实力派,不过这些宗族中很多都是汉魏延续下来的礼法之家,坞壁也就成了北方儒家文明的存传地[3]。

推行三长制就是要取代宗主督护制,建立户籍制度。

[1] 见《资治通鉴》卷141齐明帝建武四年二月条。
[2] 《通典》卷3"乡党"条引宋孝王《关东风俗传》。
[3] 程应镠《四世纪初至五世纪末中国北方坞壁略论》,《上海师范学院学报》1979年第1期。

因为宗主制在实行中"人多隐冒。五十、三十家方为一户，谓之荫附。荫附者皆无官役，豪强征敛，倍于公赋"[1]。北魏前期之所以允许这样的制度存在，一是由此将北方汉族居民统统纳入行政体制之下而进行一定规范。二是以此建立基本而简易的纳税单位。因为朝廷如要从平城派官吏直接征收，吏员是汉人怕不放心，是鲜卑族人则入手不够。若对抵制者使用武力则要从平城调动大量军队，游牧骑兵攻打坞壁也非其所长，"骑士习于野战，未可攻城"[2]，远道奔袭更是兵家所忌，硬打起来，肯定会两败俱伤，亏了北魏的元气。通过宗主督护，朝廷虽然在租赋上有所损失，但来得简便安全，故不失为一种明智的做法。

但若要迁都洛阳，利弊就不一样了。首先迁都建都需要大量粮帛力役，这只能在中原各地就近取之，原先的征收办法就不适用了。其次，首都洛阳自然也是军事重镇，几十万大军近在眼前，坞壁主们是不敢轻言抵抗的。何况当时北魏军队的编成有了很大的改变，步兵的比重越来越大[3]，对坞壁更具威胁。所以三长制得以推行。

三长制就是"五家立一邻长，五邻立一里长，五里立一党长，长取乡人强谨者。邻长复一夫，里长二，党长三。所复复征戍，余若民。三载亡愆则陟用，陟之一等"[4]。三长制在名分上是乡官制度的一种恢复，体现正统的封建体制和一定程度加强皇权与庶民的联系，所以建三长的同时要向地方上派遣"定户籍大使"。但这对乡村宗族的实际势力也没有多大的触动。由于乡村中的宗族之长是三长最合乎逻辑的人选，"三长皆是豪门多丁为之"[5]，因此原来那些宗主的实际利益并无多大损失，他们虽然失去了对荫附者的一些剥削，但也得到了本人及家属免除征役的特权。在唐中期之前，力役地租是国家征收百姓的一种主要形式，所以好处也是可观的。更重要的是，魏晋以降士庶之别的一大标准就是在于是否有免役的权利。给三长及三长以上的人士（如"诏诸州中正各举其乡之名望，年五十以上守素衡门者，授以令长"[6]）免役之权，巩固了老士族的地位，也使十六国以来北方的地方有势力宗族进入士族范围，当然皆大欢喜。

于是在三长制建立的过程中，北魏朝廷得到利益的

酒宴图（十六国北朝）

[1]《通典》卷3"乡党"条。
[2]《魏书》卷58《杨播传附杨侃传》。
[3] 何兹全《府兵制前的北朝兵制》，载《读史集》，上海人民出版社1982年版。
[4]《魏书》卷110《食货志》。
[5]《北史》卷42《常爽传》。
[6]《魏书》卷7下《高祖纪》。

老人俑〔北朝〕

大头;老百姓损失不了什么,甚至一部分依附者能恢复良民地位;宗主们则有利有弊,因此在其推行时基本没有受到大的阻碍,是可想而知的。

二是均田制,其具体内容在另章叙述。由于均田并不是通过没收私有土地来开展的,而是"土广人稀"所提供的有利条件,所以也不会有什么大的阻力。

三是在太和八年(484年)始班禄制。为此增加税赋,"户增帛三匹、粟二石九斗,以为官司之禄,后增调外帛满二匹"。这些粟帛主要是给朝官们的,于是"其以十月为首,每季一请,于是内外百官,受禄有差",即以俸禄制替代原有的班赐制。所谓班赐制就是由于当时"官无禄力,唯取给予人"[1],而将战利品或专役户所生产的手工业品按功劳大小以赐赏的形式在功臣官员中进行分配,作为酬禄的一种形式。由于战利品获得的时间与多少,都难以预料和确定,手工业品也是皇室余物,所以百官的正常收入没有保障。这在游牧行国里可以用来推动好战与善战风气的形成,但在战事较少,"承平日久"的岁月,则会严重影响官吏的士气和行政效率,且即使有班赐,文官也肯定比打仗的武官少得多,清廉的官如高允"恒使诸子樵採自给"[2],品质差的于是有借口去盘剥百姓或收纳各种外快好处,甚至贿赂,此则不利于文治。俸禄制使官员收入有了保障,有助于消除贪污,"食禄者跼蹐,求谒之路殆绝"[3]。此外,由于俸禄制使官品位制更具实际意义,也间接使行政机构的运转更具有程序性和节奏性。同时对打胜仗的军队依然班赐战利品,如太和二十三年三月打败南齐陈显达军,"收其戎资亿计,班赐六军"[4],武官们因此更不会反对俸禄制。

改革作为既得利益的调整,成功与否在很大程度上能否致使更大的受益面与更小的受损面。太和改革的前期基本上做到了这一点,所以能很顺利地进入到下一阶段。同时,建立这些制度之目的是进行直接统治,以利于在中原地区取得更多的人力物力,同时削弱汉族地方势力,北魏朝廷也是赢家。

孝文帝改革的第二阶段是在其亲政以后,大多是直接围绕着迁都展开的,一般以汉化统称之。它大致包括以

[1]《北史》卷21《崔浩传附崔宽传》。
[2]《北史》卷31《高允传》。
[3]《魏书》卷111《刑罚志》。
[4]《魏书》卷7下《高祖纪》。

下几个方面：

一是把原来分治鲜卑与汉的内、外朝双重行政体系会二为一，分别在太和十七年与二十三年基本上模仿晋代官制颁布职员令，"八族以上，士人品第有九；九品之外，小人之官，复有七等"[1]，并设立中正。于是那些与鲜卑旧制相关的职官名称此后几乎消失殆尽。这也包括军事制度上的改革，只保留了一小部分鲜卑旧制。如对于分部制里原来一些依附的游牧部落，仍然在其原地保持其原来状态，而将"领民酋长"等作为官号给其部落大人。

二是伴随着迁都，原来"因民贫富为三等输租之法，等为三品：上三品输平城，中输他州，下输本州"[2]，至少要作根本调整，因为至京师的运输距离完全改变了。

三是在太和十六年"班新律令"。其律之制定在太和五年可能已经完成，"凡八百三十二章"，但在修改中而已。值得注意的是，新律中掺入了儒家伦理观念。如太和十一年春诏："三千之罪，莫大于不孝，而律不逊父母，罪止髡刑。于理未衷，可更详改。"又诏曰："前命公卿论定刑典，而门房之诛犹在律策，违失《周书》父子异罪。推古求情，意甚无取。可更议之，删除繁酷。"太和十二年诏："犯死罪：若父母、祖父母年老，更无成人子孙，又无期亲者，仰案后列奏以待报，著之令格。"[3]还如新律中有《违制律》："居三年之丧而冒哀求仕，五岁刑"[4]等等。由于北魏律令没有被保存下来，今天已无法弄清其全貌，但就从上述内容就已经说明太和以后的北魏律，儒家色彩已相当浓厚，并符合法律与道德混杂的华夏特色。

四是崇尊孔子，宣扬德化，推行礼制，宣称"营国之本，礼教为先"[5]。太和十六年正月"丁未，改谥宣尼曰文圣尼父，告谥孔庙"。同年七月"己酉，以尉元为三老，游明根为五更。又养国老、庶老。将行大射之礼"。十七年八月"幸太学，观《石经》"。九月诏"孝悌廉义、文武应求者，具以名闻"。十八年正月，又诏"孝悌廉义、文武应求者，具以名闻"。十九年四月己未"遣使以太牢祠岱岳"。庚申"行幸鲁城，亲祠孔子庙。辛酉，诏拜孔氏四人、颜氏二人为官。……又诏选诸孔宗子一人，封崇圣侯，邑一百户，以奉孔子之祀。又诏兖州为孔子起园柏，修饰坟垄，更建碑铭，

加彩老人俑（北朝）

[1]《北史》卷29《刘昶传》。
[2]《资治通鉴》卷132宋明帝泰始五年二月条。
[3]《魏书》卷111《刑罚志》。
[4]《魏书》卷108《礼志四》。
[5]《魏书》卷19中《任城王元澄传》。

巩县石窟礼佛图(北魏)

褒扬圣德"。五月"乙酉,行饮至之礼"。六月诏"孝悌廉义、文武应求者,具以名闻"。戊午,"诏改长尺大斗,依《周礼》制度,班之天下"。十一月,"议定圆丘。甲申,有事于圆丘"。二十年正月"壬寅,诏自非金革,听终三年丧。丙午,诏畿内七十以上暮春赴京师,将行养老之礼"。二十一年五月,诏"其孝友德义、文学才干,悉仰贡举"等等。这还不包括常常令"民年七十已上,赐爵一级"等尊老举措[1]。当然还有祭祀制度上的改革。没有任何其他北朝皇帝在尊孔崇儒上能与孝文帝相匹配。

五是令鲜卑族人汉化,并向门阀制度靠拢。如太和十八年十二月"壬寅,革衣服之制",令鲜卑人皆改胡服为汉服。还如太和十九年"六月己亥,诏不得以北俗之语言于朝廷,若有违者,免所居官","丙辰,诏迁洛之民,死葬河南,不得还北。于是代人南迁者,悉为河南洛阳人"。太和"二十年春正月丁卯,诏改姓为元氏"[2]。此前,"魏主雅重门族,以范阳卢敏、清河崔宗伯、荥阳郑羲、太原王琼四姓,衣冠所推,咸纳其女以充后宫。陇西李冲以才识见任,当朝贵重,所结姻娅,莫非清望,帝亦以其女为夫人。诏黄门郎、司徒左长史宋弁定诸州士族,多所升降"。并令皇弟诸王娶相应门第的汉士族女为正妃,以"前者所纳,可为妾媵"[3]。在无形中操纵了汉士族门第上下的评定权后,太和十九年已下诏制定鲜卑姓族门第,"其穆、陆、贺、刘、楼、于、嵇、尉八姓,皆太祖已降,勋著当世,位尽王公,灼然可知者,且下司州、吏部,勿充猥官,一同四姓",其余依次悉改,分列等级[4]。改胡姓为汉姓,就是要达到心理上的认同。基于鲜卑人与汉人都属蒙古人种,所以经历几代以后彼此就很容易混同了。而孝文帝在颁布族姓的同时,规定了门第的高低,从而与门阀制度接上了轨。历来对孝文帝此举多有批评者,以为门阀制度腐朽,效仿其是一种倒退,但这未免有些武断。说门阀制度腐朽是对其以后越来越暴露出来的缺陷而言,它能在魏晋南北朝长期存在,必具有其合理性的一面,这些姑且不说。孝文帝要实行汉化,必然是要封建化,而封建礼制的核心就是"亲亲有等",就是等级制。太和改革前,北魏政权还保留了相当浓厚的游牧体制特色,尤其是在鲜卑族人的内部社会,氏族平等的

[1]《魏书》卷7下《高祖纪》。
[2]《魏书》卷7下《高祖纪》。
[3]《资治通鉴》卷140齐明帝建武三年正月条。
[4]《魏书》卷113《官氏志》。

残余还随处可见。而实行封建化就必须把等级制强加到原有的氏族关系中，这在孝文帝以前已经有了这样的趋势。如北魏立朝伊始就"稍僭华典，胡风国俗，杂相揉乱"[1]。又如文成帝和平五年（464年）十二月壬寅关于士民的婚姻诏中强调"尊卑高下，宜令区别"，指责"贵贱不分，巨细同贯，尘秽清化，亏损人伦"，"制皇族、师傅、王公侯伯及士民之家，不得与百工、伎巧、卑姓为婚，犯者加罪"[2]。这诏令明显的是受到门阀观念的影响，并将此化为政策。因此当鲜卑族社会的主体迁徙到河洛农业区时，除了门阀制以外，社会中还有什么等级制可以参照实行的呢？后来唐太宗运用皇权坚持把李氏放在族姓中的第一等，但对姓族的等级划分也是无可奈何地承认，所以怎么能苛求比他早100多年的孝文帝呢。再者，当时中原的实际统治阶级正是那些礼法士族，对急于要联合胡汉上层统治广大中原的孝文帝，也只能采用此举以取得汉地门阀的认同，打成一片。此前，孝文帝太和二年五月也下了一个内容几乎相同的诏，最后说："先帝亲发明诏，为之科禁，而百姓习常，仍不肃改。朕今宪章旧典，祗案先制，著之律令，永为定准。犯者以违制论。"[3]因此孝文帝推行门阀制度也是冰冻三尺，非一日之寒，百年积累的量变，托起一次汉化的飞跃。

六是在文化艺术上亦全面汉化。如"江左所传中原旧曲，《明君》、《圣主》、《公莫》、《白鸠》之属，及江南吴歌、荆楚四声，总谓《清商》。至于殿庭飨宴兼奏之"[4]。这当然是配合了政治，却无意中使汉族民歌进入了大雅之堂。

十六国北朝的许多少数族皇帝，或多或少都要实行一些符合汉化的措施，但都没有如孝文帝那样全面和猛烈，他甚至也超过了本时期后任何一个少数族在汉地的统治者。孝文帝从小由汉族太后冯氏抚养而亲近汉文化，当然是一个因素，但形势所逼才是主因，并由于缺乏前车之鉴而使他的变革在历史长河中格外引人夺目。

四、孝文帝改革得失论

孝文帝改革在中国历史上创造了很多第一。如在秦统一中国后，第一次实行整体性的政治经济改革；在一个

明器

---

[1] 《南齐书》卷57《魏虏传》。

[2] 《魏书》卷5《高宗纪》。

[3] 《魏书》卷7上《高祖纪》。

[4] 《魏书》卷109《乐志》。

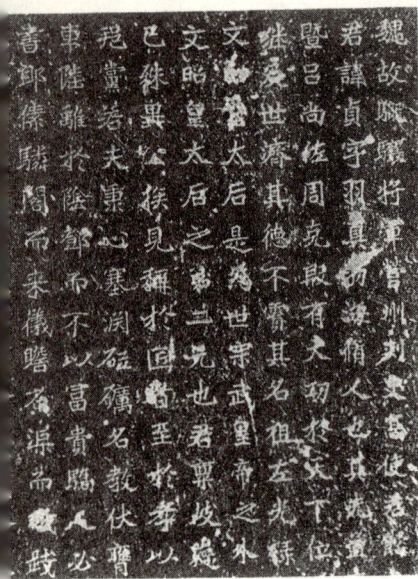

高贞（渤海高氏）墓志铭（北魏）

少数族为统治者的国度里进行大规模的汉化；创建了均田制等制度等等，因此在中国历史上有着非常重要的影响，也值得后世借鉴。

改革总是意味着既有利益或获利走向的一种调整，因此对于孝文帝改革的成败得失，横看成岭侧成峰，站在不同的角度看会得出不同的结论。这里试从对北魏政权、对鲜卑族人、对华夏历史影响以及不同立场的道德判别等四个层面对此进行剖析，力求取出客观的认识。

改革的初衷，当然首先是为了北魏政权的巩固，但总体而言，这个目的并没有达到[1]，反而是"往在代都，武质而治安；中京以来，反华而政乱"[2]。首先是统治区内的各种动乱和反抗，无论在改革期间还是在改革之后，发生的次数与规模至少不比改革之前来得少。仅就《魏书·高祖纪下》中就有四次：太和十二年三月"中散梁众保等谋反，伏诛"。十四年四月"沙门司马惠御自言圣王，谋破平原郡"。二十一年正月"定州民王金钩讹言惑众，自称应王"。二十二年八月"敕勒树者相率反叛。诏平北将军、江阳王继都督北讨诸军事以讨之"。对于这类谋反叛乱，一般本纪非大事不载，可见已有相当的规模。此后《魏书》中此类记载更多，如孝文帝于太和二十二年（499年）驾崩，宣武帝元恪即位，那年"十有一月，幽州民王惠民聚众反，自称明法皇帝。刺史李肃捕斩之"[3]，以后类似记载就更多，至正光四年（523年）以怀荒镇士兵杀死镇将于景为起始的六镇暴动，给北魏政权以致命一击。这说明改革对减少叛乱与民众反抗上没起多大作用，其实改革的重点内容也与这方面的作为无直接关系。最能说明问题的是武泰元年（528年）四月，军阀尔朱荣发动的"河阴之变"杀王公朝官二千余人，从此北魏政权处于风雨飘摇，名存实亡之中。公元534年大将高欢拥立年仅12岁的元善见为帝，北魏分裂为东、西魏，至此离太和改革不过三十来年。从事实出发，孝文帝改革没有最终促进北魏政权的巩固，欲速则不达，反而是促成了它的灭亡。

如此轰动当时及后世的改革壮举竟得到这样的结果，是值得深思的。要究其原因，还得一一进行具体分析。改革前期的建立俸禄、三长、均田等制没有遇到多大的阻

[1] 参见陈汉玉《也谈北魏孝文帝的改革》，《中国史研究》1982年第4期。

[2] 《魏书》卷78《孙绍传》。

[3] 《魏书》卷8《世宗纪》。

力,应该说是成功的,这没有什么疑问。后期的迁都和汉化虽然是势在必行的事,但在具体执行上却大成问题。第一是操之过急。如生活习惯非一朝一夕而成,用行政命令去强迫,结果肯定是适得其反。语言的改变更是不切实际,少小离家老大回尚且乡音未改,短期内要由胡语改说汉语更谈何容易。到头来法不罚众,不仅激化矛盾,还严重损害了朝廷的威信。

第二,对王公权贵的约束不够。当人们一开始进入较高的文明中生活时,最先追求的是感官上的满足,慢慢地才会转向精神上的追求。虽然孝文帝自身"性俭素,常服瀚濯之衣,鞍勒铁木而已"[1],也提倡民风的教化,但或许是出于对亲党的宽容,"笃于兄弟",如"皇族有谴,皆不持讯"[2]。或许是为了减少本族人对迁都与汉化的反对,总之他给鲜卑贵族待遇优厚,"礼遇优隆",对他们在物质利益上的追求没有过有效的限制,更不用说在他之后的那些北魏皇帝了。因此鲜卑贵族在迁洛后的财产急剧膨胀,如受孝文帝遗诏辅政的咸阳王元禧有"奴婢千数,田业盐铁遍于远近,臣吏僮隶,相继经营",且"姬妾数十,意尚不已"[3]。高阳王元雍"岁禄万余,粟至四万,伎侍盈房",有"近百许人"之多[4]。在洛阳"帝族王侯,外戚公主,擅山海之富,居川林之饶,争修园宅,互相竞夸"。河间王元琛亦为诸王中之豪富,十余匹西域名马皆"以银为槽,金为锁环",还说"不恨我不见石崇,恨石崇不见我"[5]!这不仅引起了各种尖锐矛盾,而且还意味着他们的统治意志和政治道德在享受的欲海中消失殆尽。

另一方面,"高祖始建禄制,法禁严峻,司察所闻,无不穷纠"[6]。但其纠察的对象主要是州郡县的地方官,如"更定义赃一匹,枉法无多少皆死",以至一次"坐赃死者四十余人"[7]。此固然证明俸禄制的实行对防止官吏贪污有了依据,但也说明这些官吏在贪欲上的放纵。值得注意的是,《魏书·酷吏传》中的全部十位传主的主要事迹都在孝文帝世及以后时代,此正反映了改革之后的矛盾尖锐。

第三,最要紧的是,改革致使了拓跋鲜卑本族的分裂。当政权的性质是属于由一个少数族来统治其他族的大多数民众时,族别也是一种利益分界线。保持这种分界

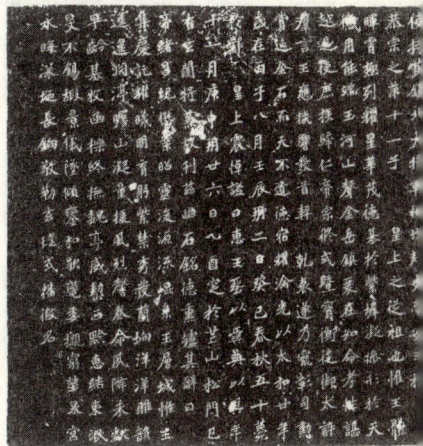

元桢墓志铭

[1]《魏书》卷7下《高祖纪》。
[2]《魏书》卷111《刑罚志》。
[3]《魏书》卷21上《咸阳王元禧传》。
[4]《魏书》卷21上《高阳王元雍传》。
[5]《洛阳伽蓝记》卷4城西"寿丘里"条、"法云寺"条,范祥雍校注本,上海古籍出版社1978年版,第206-208页。
[6]《魏书》卷89《李洪之传》。
[7]《魏书》卷111《刑罚志》。

北魏石砚

线的存在,对该政权来说是至关重要的,因为它巩固着作为少数族政权的统治基础。因此明智的少数族统治者,必须使其整个本族保持某种地位,即使其本族内部存在着贵贱贫富之别,也要注意不让这种差别撕破其在多数民众前的整体优越感。这种优越感本身就是一个少数族政权存在的情理本源,当然这不排斥当局采取各种缓和民族矛盾的措施以示高明,但缓和不等于泯灭,只要有少数族政权的存在,民族的矛盾就泯灭不了。当时北魏为了防御活跃在北方草原深处柔然族的侵犯,在平城以北的草原上建立一系列的军镇以为防御,当时担任驻卫诸镇的主力是善于骑射的鲜卑精英。但迁都洛阳后情况有了改变,这在广阳王元深的奏书中说得很明白:

> 昔皇始以移防为重,盛简亲贤,拥麾作镇,配以高门子弟,以死防遏,不但不废仕宦,至乃偏得复除。当时人物,忻慕为之。及太和在历,仆射李冲当官任事,凉州土人,悉免厮役,丰、沛旧门,仍防边戍。自非得罪当世,莫肯与之为伍。征镇驱使,但为虞侯白直,一生推迁,不过军主。然其往世房分留居京者得上品通官,在镇者便为清途所隔。或投彼有北,以御魑魅,多复逃胡乡。乃峻边兵之格,镇人浮游在外,皆听流兵捉之。于是少年不得从师,长者不得游宦,独为匪人,言者流涕。[1]

北魏朝廷并没有采纳元深的奏言,一方面是北镇的防御确实少不了那些旧日的"亲贤"和"高门子弟",另一方面迁洛的贵族又不肯把改革后获得的种种好处割舍一部分让仍在北镇的同胞分享。于是物质生活的差别致使价值观念的异化,使得鲜卑族人由此一分为二。那些驻守边镇者沦为等同于兵户的镇人,由于他们原先的身份不同于一般兵户,所以特别不安于现状,终于在公元523年爆发了起义,也由此导致了以后一系列冲击北魏政权并使其一步步垮台的事变发生。

然而从鲜卑族人的利益来说,他们的得失是复杂的。首先是北魏末的动乱使绝大多数的鲜卑族人吃足了苦头,但其他族人也一样。其次,北魏政权的颠覆使鲜卑丧

[1]《魏书》卷18《广阳王元深传》。

失了统治族的地位，但继起的东魏、西魏、北周都是鲜卑政权，北齐是准鲜卑政权。只不过族人中间的位置来个大转换，如北周、北齐朝廷中的很多权贵都出自于六镇。再次，把孝文帝改革作为一个里程碑，鲜卑族开始消融在中华民族的熔炉里，但这并不意味着鲜卑人的吃亏。笔者曾对《隋书》诸传的传主做过一番统计，其中明确出身胡族的，约占全体传主总数的六分之一。正史中入传的人物，不管是正面的还是负面的，都是一个时代里各方面的代表人物。虽然我们现在无法知道当时少数族在总人口中的比例，但以鲜卑裔为主体的胡族人占传主总数的六分之一，应该是高出其实际所占的人口比例。

尤为重要的是实行了均田等制度的中国北方，在社会经济上取得了巨大的发展。仅就户口数而言，在均田等制度推行后不到40年，据《魏书·地形志序》：“正光以前（520年以前），时唯全盛，户口之数，比夫晋之太康，倍而已矣。”另据杜佑在《通典》卷7中的估计，北魏当时“户有至五百余万矣”。考虑到西晋的户口数是灭吴后全境之数，而北魏当时只有中国的半壁江山！这数目是相当可观的。古代中国的财富主要是由农业劳动力来创造，而人口中的绝大多数就是农业人口，那么当时北中国所形成的经济总量至少是西晋全境的二倍。《魏书·食货志》称：“魏初至于太和，钱货无所周流，高祖始诏天下用钱焉。十九年，冶铸粗备，文曰‘太和五铢’，诏京师及诸州镇皆通行之。”这当然也是商品经济发展的一种表现。均田制在北魏之后被一再沿袭，当与该制具有释放社会生产力之潜能相关。

纵观古今中外的历史，有社会就会有问题，有发展就会有变革，其实古今中外的政治经济乃至所有方面都是动态的，上层政治体制会对此作出各种各样的回应。但是我们一般对大量缓慢的、细小的、被动的回应习以为常，只把重大的、主动采取的、一时集中的反应举措称之为变革，孝文帝改革就是这样的变革。

在中国古代历史上，孝文帝的太和改革是史无前例的。改革所推行的均田制、三长制等为后世所袭用或模仿。汉化措施不仅导致了鲜卑族完全融入华夏文明，也为

贾思勰（北魏）《齐民要术》

以后统治者，尤其是少数族统治者留下了丰富的政治经验。更重要的是，孝文帝的汉化之举，有力地证明了儒家文化的政治价值和历史价值，对新儒学高潮的兴起不无刺激作用。因此尽管后来有些士人如王夫之等对孝文帝颇有微词，大多数的史家都给他以高度的评价。

牛车

第七章　东魏、西魏到北齐、北周

第一节　"六镇暴动"和北魏分裂

一、柔然与六镇之设

北魏把重兵的驻扎点称为镇,设都将统之。六镇是北魏在平城北面自西向东所设的六个军镇:沃野、怀朔、武川、抚冥、柔玄、怀荒之合称,以作为保卫平城的屏障。六镇最早是在太武帝时代所置,如怀朔就是"本汉五原郡,延和二年(433年)置为镇"[1]。北魏后来对其北疆基本上采取防御态势,尤其在迁都洛阳后,于是一方面又在北方缘边增设了高平、御夷、薄骨律等军镇,不过仍习惯以"六镇"统称之。另一方面对既有军镇不断加强,筑造城池,如"武川镇城,以景明中筑以御北狄矣"[2]。

北魏设立六镇是为了防御柔然。柔然的出现可以说是一种历史的必然。当鲜卑各部,慕容、宇文、拓跋,还有段部都向往着更高的文明而志在中原时,他们都不知不觉地离开了蒙古大草原的腹地。凡能使人生存的地方总会有人去占据,于是那里就有了被北魏称为蠕蠕的柔然。"蠕蠕,东胡之苗裔也",说明他们和鲜卑同源,甚至他们很可能是和鲜卑一起从东北山区迁往大草原的,传说中柔然最早的首领木骨闾(即后来的姓氏郁久闾)是从拓跋猗卢处逃出来的,也是一个证据。史云木骨闾"收合逋逃得百余人,依纥突隣部。木骨闾死,子车鹿会雄健,始有部众,自号柔然"[3]。由于草原上的牧民在人种上的几乎一致和习俗上的差别细微,这使得他们在组合与分散上十分容易,因此他们在历史上留下的名称及其渊源都变得十

北魏文成帝南巡之碑拓片〔局部〕

[1] 《魏书》卷106《地形志上》"朔州"条。

[2] 《水经注》卷3。

[3] 《魏书》卷103《蠕蠕传》。

宋绍祖墓骑兵俑群(北魏)

分复杂和模糊。即使是在当时,沈约《宋书·索虏传》把柔然说成是"芮芮,一号大檀,又号檀檀,亦匈奴别种"。和同样是南北朝时人魏收写的《魏书》不同。其实这关系并不大,也可能都对,假如木骨间开始纠集的百余人中间大部分是来自匈奴的话。因此有的学者认为柔然和河西鲜卑(秃发鲜卑)一样,"都是鲜卑族与匈奴族融合后形成的"[1]。

不管柔然的来源和成分有很多模糊不清,对北魏来说却是现实的威胁。因为草原有多大,占据这个草原的民族之规模也有可能发展到多大,柔然占领了大草原,它的部族也迅速地膨胀起来。尤其在其首领社崘建立了一个游牧大行国后,"其西则焉耆之地,东则朝鲜之地,北则渡沙漠,穷瀚海,南则临大碛。其常所会庭则敦煌、张掖之北,小国皆苦其寇抄,羁縻附之,于是自号丘豆伐可汗"[2]。如此与北魏形成南北分庭抗礼之势。为了生存也为了扩展,他们也必然会和其他北方游牧民族一样,"常南击索虏,世为仇雠"[3],引起北魏与其连绵不断的战争。

道武帝征讨柔然取得了很大的胜利,但柔然似乎是乍散即合,挥去即来,所有的北魏皇帝都有着与柔然的作战记录,就是在迁都洛阳之前统治时间最短的献文帝,也和柔然打过大仗。如在皇兴四年(470年)八月,"蠕蠕犯塞。九月丙寅,舆驾北伐,诸将俱会于女水,大破虏众"[4]。虽然《魏书》上几乎都是魏军打胜仗的记录,但这记录本身却说明了柔然是个打不垮的强敌。

战争中攻防易守是常有的事,对一个游牧行国来说,打得赢就攻,打不赢就走,没有什么东西可守的,就是汗帐也是移动着的。但对已经定都的北魏来说,就没有那份自由了,必须要有军事据点前出拱卫,这就是六镇之设的由来。

对北魏来说幸运的是北方草原上除了柔然还有高车。高车,《魏书·高车传》云:"北方以为敕勒,诸夏以为高车、丁零。其语略与匈奴同而时有小异,或云其先匈奴之甥也。"因此在族缘上与柔然也是很接近的,所以"其迁徙随水草,衣皮食肉,牛羊畜产尽与蠕蠕同,唯车轮高大,辐数至多"。这也是高车之名的由来。

高车为了争得生存之地"常与蠕蠕为敌,亦每侵盗于

[1] 周伟州《敕勒与柔然》下编,上海人民出版社1983年版,第79页。
[2]《魏书》卷103《蠕蠕传》。
[3]《宋书》卷95《索虏传》。
[4]《魏书》卷6《显祖纪》。

国家"。同样,北魏既利用其与柔然为敌,也常讨伐他们,以"虏获生口马牛羊"。高车在三边关系中处于较弱的地位是因"高车士马虽众,主甚愚弱,上不制下,下不奉上,唯以掠盗为资,陵夺为业"[1]。也就是说高车当时还未建立传统的国家体制,所以凝聚不成合力,难以与北魏或柔然抗争。不过这也是有前提的,那就是北魏或柔然都要处于强势的统治下,若本身政治涣散乏力,在古代史家眼里,那时高车各部犹如草原上的群狼,虽无统一号令,但其东冲西突,前仆后继,也足以为患。所以六镇之设也是为着防御高车的,史书上也常把它们混称为"北狄"。

宋绍祖墓出土甲骑具装俑（北魏）

由于柔然、高车的存在几乎与北魏相始终,所以六镇长期负荷着守卫魏之北疆的重任,直到六镇兵变后,那时的北部疆界对北魏朝廷来说已经没有多大实际意义,方于正光五年(524年)八月下诏"镇改为州,依旧立称"[2],结束了它的历史使命。

二、胡太后当政前后的北魏政治

太和二十三年四月,孝文帝驾崩,继位的是他第二子元恪,即宣武帝,第二年改为景明元年(500年)。在宣武帝当政的10多年时间里,局势显得相对的平淡。最大的战事是在正始三年(506年)大破北伐之梁军,但这主要是梁武帝用将不当。但紧接着魏车主将中山王元英不听众议,倚胜顿兵于坚城之下,然久攻钟离不克,北人善骑而不善攻城,"魏军死者与城平",又被曹景宗所率梁之援军击败。当时梁军借淮河春水暴涨之机,乘舰破魏桥,又登岸攻魏营。魏军大乱,"诸垒相次土崩,悉弃其器甲,争投水死,淮水为之不流"[3]。由是南北相持局面就继续了下去。

在这表面平淡之下,北魏的社会政治正在悄悄转变着。标志之一是元恪成了文人形象的皇帝。自道武帝起,北魏历代君主都是亲自率军征讨,屡建武功的,就是提倡汉化的孝文帝也率军南讨,虽然"好为文章"但"善射,有膂力,年十五岁,能以指弹碎羊髆骨。及射禽兽,莫不随所志毙之"[4],可谓文武双全。但元恪则完全是文士形象了,"雅爱经史,尤长释氏之义,每至讲论,连夜忘疲。善风仪,美容貌"[5]。封建专制政体中,皇帝的形象显示着政治的倾

[1]《魏书》卷69《袁翻传》。

[2]《魏书》卷9《肃宗纪》。

[3]《梁书》卷18《昌义之传》、卷9《曹景宗传》。

[4]《魏书》卷7《高祖纪下》。

[5]《魏书》卷8《世宗纪》。

向，由此可说，至宣武帝世，拓跋皇朝是真正汉化了，其"宣武"之号，简直有点像讽刺。标志之二是拓跋贵族财富有了惊人的扩张。如第六章第六节所引咸阳王元禧、高阳王元雍等。又如北海王元详"珍丽充盈，声色侈，建饰第宇，开起山池，所费巨万"，这些又是靠"公私营贩，侵剥远近"和"驱逼细人，规占第宅"[1]所得。元修义为吏部尚书，"唯专货贿，授官大小，皆有定价"[2]。又元遥为"凉州刺史，贪暴无极。欲规府人及商胡富人财物，诈一台符，诳诸豪等云欲加赏，一时屠戮，所有资财生口，悉没自入"[3]。这些说明拓跋贵族在汉化这个接受高级文明的过程中，优先接受的是其生活质量的享受，而对其道德伦理规范则相对滞后，如此结果就是政治上的迅速腐败。

宣武帝在当了十几年皇帝后，崩于延昌四年（515年）正月，其子元诩登基，是为孝明帝。但当时元诩只有六岁，皇帝的大权就落在他母亲胡充华手里。充华，即充华嫔，是胡氏生了儿子后所封的官职。元诩是在延昌元年被立为太子的，按道武帝立下的规矩，儿子被立为皇储，生母就得被处死。但胡氏是个不简单的女人，明知如此，仍"谓夫人等言：'天子岂可独无儿子，何缘畏一身之死而令皇家不育冢嫡乎？'及肃宗在孕，同列犹以故事相恐，劝为诸计。后固意确然，幽夜独誓云：'但使所怀是男，次第当长子，子生身死，所不辞也'"[4]。由于道武帝的决定与鲜卑早期的传统不合，也和后来接受的儒道不符，所以这个所谓国之旧制执行得并不严格。当年献文帝母冯太后也没被处死，至少宣武帝在世时，也没有把胡氏处死。不过风险总是有的，"世宗崩后，高太后将害灵太后。刘腾以告侯刚，刚以告（于）忠，忠请计于崔光。光曰：'宜置胡嫔于别所，严加守卫，理必万全，计之上也'"[5]。其实元诩是宣武帝保存下来的唯一儿子，做皇帝是必然的，他当上皇帝，胡氏的地位也是不可动摇的，关键是要此前不让高太后执行祖制的借口生效，所以崔光之计是万全的。

胡氏有志竟成，做了太后当然不会放过权柄。先是，"临朝听政，犹称殿下，下令行事。后改令称诏，群臣上书曰陛下，自称曰朕"。胡太后"性聪悟，多才艺"，于是"亲览万机，手笔断决"[6]，当上了一个实实在在的女皇帝。胡太后

偃师前杜楼北魏石棺墓出土石棺

[1]《魏书》卷21上《元详传》。

[2]《魏书》卷19上《汝阴王天赐传附元修义传》。

[3]《魏书》卷19上《京兆王子推传附元遥传》。

[4]《魏书》卷13《宣武灵皇后胡氏传》。

[5]《魏书》卷31《于栗磾传附于忠传》。

[6]《魏书》卷13《宣武灵皇后胡氏传》。

在当政初期,内外大事并不多,境内的一些骚乱,如大乘教起事,虽是社会不稳的一种迹象,但这样的动乱北魏每个皇帝在位时都有,境北柔然正走向衰弱,境南与梁基本保持平和,熙平元年还打胜了梁军。但胡太后的强势作风却激发了统治集团内部的矛盾。"时灵太后临朝,每于后园亲执弓矢",又"频幸王公第宅"[1],这些举动都与太后的身份不大相符。更过分的是,"时太后得志,逼幸清河王怿,淫乱肆情,为天下所恶"[2]。当时元怿"以亲贤辅政,参决政事",与"既在门下,兼总禁兵"[3]的元叉和宦官刘腾都发生了矛盾。元叉和刘腾骗孝明帝说元怿要谋逆,于是以皇帝旨意杀怿,并"废灵太后于宣光殿,宫门昼夜长闭,内外断绝"[4],连与皇帝也不能母子相见。如此四年,刘腾先病死,元叉对宫室的防范又渐渐松懈,虽专朝政,但"耽酒好色,与夺任情",致使"政事怠惰,纲纪不举,州镇守宰,多非其人"[5]。正光六年(525年)四月,胡太后以计解元叉兵权,复临朝执政。刘腾原为胡太后亲信,元叉是她的妹夫,因此这场反复的宫廷政变,完全是为了对权力无节制的追求。在这个过程中,朝廷的政治规范,即所谓纲纪,化为乌有,"自是朝政疏缓,威恩不立,天下牧守,所在贪惏"。

北魏后期的纲纪失范还有着更深的背景。北魏前期的双轨政治体制,是内重外轻,承袭着鲜卑早先的传统,从升迁到班赐都是凭武功占先。孝文帝改革中将体制混一,采用的是儒家观念为主导的汉晋制度,此中权利的分配除凭血缘关系外,就是以文官为主导。一部分不适应此的鲜卑族人,尤其是仍在旧都与六镇者,利益受到了损害并感到不满。以胡太后为代表的北魏最高统治集团因本身行为的失范与分裂,极大地削弱了维持改革后体制的威权,并很快受到了挑战。史云神龟二年(519年)正月,"征西将军张彝之子仲瑀上封事,求铨削选格,排抑武人,不使豫清品"。但当时形势已不是孝文帝世,甚至不是宣武帝世了,鲜卑武士们"于是喧谤盈路,立榜大巷,克期会集,屠害其家;彝父子晏然,不以为意。二月,庚午,羽林、虎贲近千人,相帅至尚书省诟骂,求仲瑀兄左民郎中始均不获,以瓦石击省门;上下慑惧,莫敢禁讨。遂持火掠道中薪蒿,以杖石为兵器,直造其第,曳彝堂下,捶辱极意,焚

偃师前杜楼北魏石棺墓出土镇墓兽

[1]《魏书》卷67《崔光传》。
[2]《魏书》卷13《宣武灵皇后胡氏传》。
[3]《魏书》卷16《京兆王黎传附元叉传》。元叉,《通鉴》作"元义"。然《魏书》本传云"元叉本名夜叉,弟罗实名罗刹",故《通鉴》误。
[4]《魏书》卷94《刘腾传》。
[5]《魏书》卷16《京兆王黎传附元叉传》。

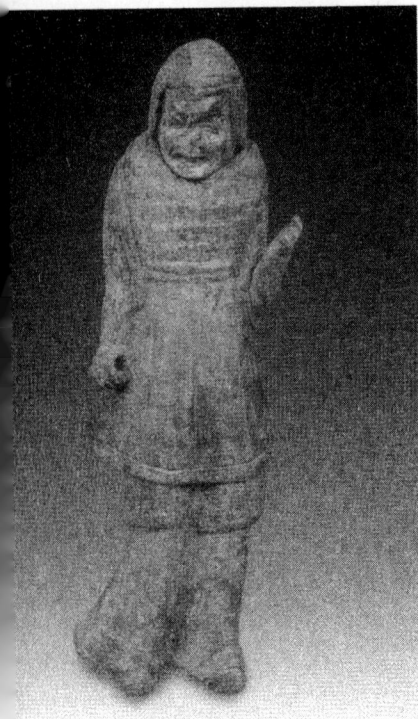

偃师前杜楼北魏石棺墓出土武士俑

其第舍"。结果张彝、张始均死,仲瑀重伤。"远近震骇。胡太后收掩羽林、虎贲凶强者八人斩之,其余不复穷治。乙亥,大赦以安之,因令武官得依资入选"。这一事件的严重性在于它标志着体制汉化的最后终结,但回归旧制的努力竟是通过无绪的暴力开端,于是"识者知魏之将乱也"[1]。

统治集团内部的争权夺利和分裂,导致了广泛的政治失范和腐败,这又使争权互斗更加形同水火,成为一种恶性的互动。宣武帝世,就有皇叔咸阳王元禧、北海王元详等二件"谋为逆乱"的案件。至胡太后复辟后,滥用权力更无忌惮,又"自以行不修,惧宗室所嫌,于是内为朋党,防蔽耳目"。鉴于孝明帝已长大,皇帝的位置自然会形成一个权力中心,"母子之间,嫌隙屡起",故"肃宗所亲幸者,太后多以事害焉"[2]。这就使母子之间矛盾白热化,以致武泰元年(528年)二月,"癸丑,帝崩于显阳殿,时年十九"[3]。早在元叉、刘腾当政时,六镇已经开始动乱,"文武解体,所在乱逆,土崩鱼烂,由于此矣"。但胡太后依然沉溺于权谋,先是,"肃宗之崩,事出仓卒"。于是"太后计,因潘充华生女,太后诈以为男",即"奉潘嫔女言太子即位。经数日,见人心已安,始言潘嫔本实生女,今宜更择嗣君。遂立临洮王子钊为主,年始三岁,天下愕然"。胡太后大概以为有了权就可以如此忽悠天下,但后来事态发展显然出乎她的预想。不久,军阀尔朱荣"称兵渡河",并"遣骑拘送太后及幼主于河阴。太后对荣多所陈说,荣拂衣而起。太后及幼主并沉于河",一直到"出帝时,始葬以后礼而追加谥"[4],故史称她为"灵太后"。

胡太后的结局,也预示着北魏皇朝的命运。因为此后皇帝都系军阀所立,且在军阀势力的转换中,轮流登基又下台,并最后悲惨地被结束生命。

三、从"六镇暴动"到"河阴之变"

1.六镇起事

随着北魏由游牧行国日益向中原的传统皇朝转化和版图的向南扩展,军事上向南不断发动攻势的同时,不得不在北面采取守势。但因为六镇关系着京师的安全,所以

[1]《资治通鉴》卷149天监十八年正月条。
[2]《魏书》卷13《宣武灵皇后胡氏传》。
[3]《魏书》卷9《肃宗纪》。
[4]《魏书》卷13《宣武灵皇后胡氏传》。

驻守者"或征发中原强宗子弟,或国之肺腑寄以爪牙"[1]。对于崇尚武功的鲜卑战士来说,肩负此任也不失为一件光荣的差事。迁都洛阳后,六镇虽然失去了捍卫京师的最主要的任务,但作为边境的守卫要点仍是需要的,不过其地位之重要性却大大降低了。

六镇分布在北方大草原深处,气候寒冷,生活条件较差。如果与平城相比区别还不是太大的话,与洛阳比较就实在太大了。而且因为交通的原因,粮食运输不便,因此多处于水滨的六镇之屯兵,结合着屯田的方式。如刁雍在太平真君五年(444年)为薄骨律镇将时,用四千兵士开新渠,"凿以通(黄)河,似禹旧迹。其两岸作溉田大渠,广十余步,山南引水入此渠中"。其渠水充足,"溉官私田四万余顷"。所生产的粮食不仅能满足薄骨律镇,邻近高平等镇也连带受益,自太平真君七年起,还"出车五千乘,运屯谷五十万斛付沃野镇,以供军粮"[2]。但士兵既要戍边,又要参加生产劳动,"士兵役苦,心不忘乱"[3],情况就和魏晋时的士家相近了。

与此同时,柔然迭经内乱而衰弱。太和十六年(492年)八月,孝文帝遣"十二将七万骑讨豆崙。部内高车阿伏至罗率众十余万落西走,自立为主。豆崙与叔父那盖分二道追之",然那盖屡胜而豆崙屡败,柔然军众杀豆崙而立那盖。那盖死后其子伏图立,"伏图西征高车,为高车王弥俄突所杀,子丑奴立"。丑奴不久"为母与其大臣所杀,立丑奴弟阿那瓌。立经十日,其族兄俟力发示发率众数万以伐阿那瓌,阿那瓌战败",投奔北魏。而"阿那瓌来奔之后,其从父兄俟力发婆罗门率数万人入讨示发,破之",示发被杀,众立婆罗门。北魏置阿那瓌于怀朔镇外,婆罗门因谋叛被禽[4]。

柔然威胁的减轻对北魏来说是好事也是坏事,那些守边大吏由此无所顾忌,"或用其左右姻亲,或受人货财请属,皆无防寇御贼之心,唯有通商聚敛之意。其勇力之兵,驱令抄掠。若值强敌,即为奴虏;如有执获,夺为己富。其羸弱老小之辈,微解金铁之工,少闲草木之作,无不搜营穷垒,苦役百端"[5]。诸镇兵民"为豪强陵压,积年枉滞,一朝见申者,日有百数"[6]。身居洛阳的权贵还要"剥削六镇,

偃师前杜楼北魏石棺墓出土击鼓俑

[1] 《北史》卷56《魏兰根传》。
[2] 《魏书》卷38《刁雍传》。
[3] 《北史》卷46《孙绍传》。
[4] 《魏书》卷103《蠕蠕传》。
[5] 《魏书》卷69《袁翻传》。
[6] 《北史》卷28《源贺传附源怀传》。

交通互市,岁入利息以巨万计"[1]。这样就更加激化了边镇上的各种矛盾。

然而真正引起六镇将士极大不满的是把他们和在洛阳的同门同族割裂开来,当作另类。他们作为"丰沛旧门,仍防边戍。自非得罪当世,莫肯与之为伍。征镇驱使为虞候、白直,一生推迁,不过军主。然其往世房分,留居京者,得上品通官;在镇者,便为清途所隔"。以至"少年不得从师,长者不得游宦。独为匪人,言者流涕"[2]。熙平二年(517)十月乙卯诏那些尚在北边的拓跋族人,"若未迁者,悉可听其仍停,安堵永业"。此诏虽然说得冠冕堂皇,"周之子孙,汉之刘族,遍于海内,咸致蕃衍,岂拘南北千里而已",实际上是当时迁都已经20多年,洛阳生活的优越性已充分显示出来,但"北京根旧,帝业所基"[3],包括拱卫的六镇不能没有拓跋族人,于是就禁止他们再迁往南方。如此则致使"本宗旧类,各各荣显,顾瞻彼此,理当愤怨"[4]。

这种愤怒的爆发在公元523年,是年冬"沃野镇人破六汗拔陵聚众反,杀镇将,号真王元年"[5]。事情的起因是,时武卫将军于景在镇,"及蠕蠕主阿那瓌叛乱,镇民固请粮廪,而景不给。镇民不胜其忿,遂反叛。执景及其妻"[6],杀之。此立刻引起连锁反应,诸镇华、夷之民往往响应。北魏"临淮王大败于五原,安北将军李叔仁寻败于白道,贼众日甚"[7]。并且范围不断扩大,"正光五年,南、北二秦城人莫折念生、韩祖香、张长命相继构逆",这是"金以州城之人莫不劲勇,同类悉反"[8]。

北魏依旧保持鲜卑武士传统的精兵强将都在北边的镇城,尔今他们中的大部分都造反了,前去镇压的北魏军队打不过他们是情理之中的事。情急之下北魏朝廷一是请昔日的敌人柔然军队来镇压六镇叛兵。孝昌元年(525年)春,柔然主"阿那瓌拜受诏命,勒众十万,从武川西向沃野,频战克捷"[9]。六镇之兵本来是为防御柔然而设,现在反过来借柔然来打六镇之兵,这只能说明对统治者来说"安内"比"攘外"更重要,因为外敌不一定要推翻他的政权,而内乱闹大了肯定会改朝换代,两者之间的轻重,使我们看到历史上一幕又一幕攘外必先安内的景象。

北魏朝廷的另一决策是招用部落兵。北魏前期在征

偃师前杜楼北魏石棺墓出土持瓶俑

[1]《魏书》卷94《刘腾传》。
[2]《北史》卷16《元深传》。
[3]《魏书》卷9《肃宗纪》。
[4]《北史》卷56《魏兰根传》。
[5]《魏书》卷9《肃宗纪》。
[6]《魏书》卷31《于栗磾传附于景传》。
[7]《魏书》卷66《李崇传》。
[8]《魏书》卷104《自序》。
[9]《魏书》卷103《蠕蠕传》。

讨中,曾收编了不少游牧部落,其中有些并没有被离散,仍是依原来建制归属北部,契胡的尔朱部也包括在内。道武帝时,尔朱羽健于"登国初为领民酋长,率契胡武士千七百人从驾平晋阳,定中山。论功拜散骑常侍。以居秀容川,诏割方三百里封之,长为世业"。孝明帝时的领民酋长是尔朱荣。尔朱荣"好射猎,每设围誓众,便为军陈之法,号令严肃,众莫敢犯"。尔朱部人也保持着游牧族的强悍习气。这自然是北魏朝廷要利用的对象,于是尔朱荣"除直寝、游击将军。正光中,四方兵起,遂散畜牧,招合义勇,给其衣马"[1]。曾随李崇征讨柔然,又参与镇压一些牧民起义,屡立功劳。六镇兵起,北魏朝廷当然要利用尔朱荣及其部下,但此后的事态发展,不是北魏朝廷所能控制的。

2. "河阴之变"

六镇叛军的发展也强化了尔朱荣的部队。自孝昌二年(526年)八月起,六镇叛兵以葛荣为主,"九月辛亥,葛荣败都督广阳王渊、章武王融于博野白牛逻,融殁于阵。荣自称天子,号曰齐国,年称广安"。次年,葛荣又接连陷殷州、冀州,"十有二月戊申,都督源子邕、裴衍与葛荣战,败于阳平东北漳水曲"[2]。源子邕部是魏军主力之一,其部覆灭,北魏朝廷就更加倚重尔朱荣了。"于是荣遂严勒部曲,广召义勇,北捍马邑,东塞井陉"。

若尔朱荣这般的领民酋长,以往与朝廷联系并不紧密,更难说受到汉制观念的影响与束缚。草原上崇尚的是武力,因此尔朱荣军力强盛后,就开始显露其自行其是作风。如"荣率众至肆州,刺史尉庆宾畏恶之,闭城不纳。荣怒,攻拔之,乃署其从叔羽生为刺史,执庆宾于秀容。自是荣兵威渐盛,朝廷亦不能罪责也。寻除镇北将军"。因此当"寻属肃宗崩,事出仓卒,荣闻之大怒",当即"与元天穆等密议称兵入匡朝廷,讨定之","于是遂勒所统将赴京"。在兵近洛阳时,尔朱荣做了三件事,第一是立献文帝之孙、彭城王元勰之子元子攸为帝,史称孝庄帝,以武泰元年(528年)为建义元年。这样,尔朱荣既顺应了众心,又可以挟天子而为所欲为。第二是沉灵太后与幼主于河。这是与前事相关联的必然结果。第三是在近洛阳的黄河南岸史

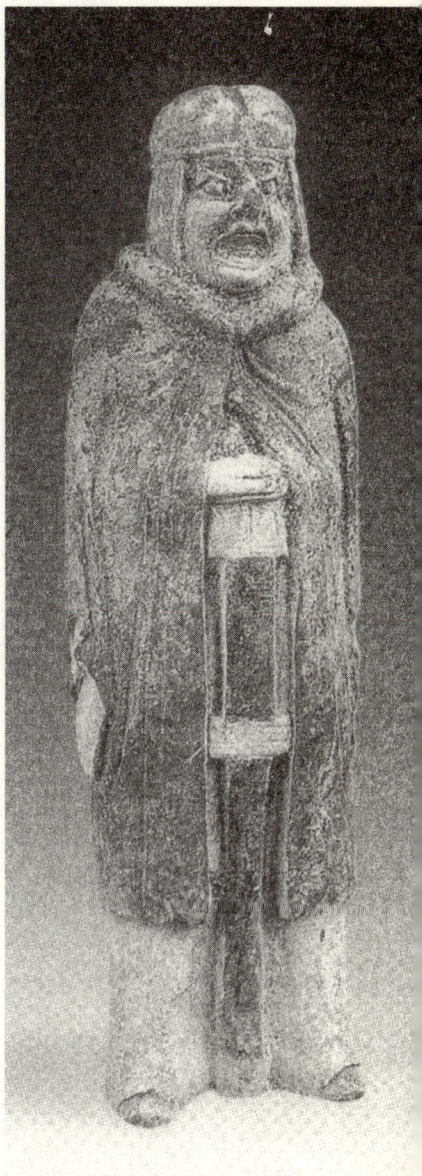

洛阳北魏杨机墓出土持剑武士俑

[1]《魏书》卷74《尔朱荣传》。
[2]《魏书》卷9《肃宗纪》。

无前例地大肆屠杀朝臣。事情发生在孝庄帝即位后第四天,即当年四月十三日,尔朱荣听从"武卫将军费穆之说,乃引迎驾百官于行宫西北,云欲祭天。朝士既集,列骑围绕,责天下丧乱,明帝卒崩之由,云皆缘此等贪虐,不相匡弼所致。因纵兵乱害,王公卿士皆敛手就戮,死者千三百余人(《魏书·孝庄纪》作"二千余人"),皇兄、皇弟并亦见害"[1]。史称"河阴之变"。

河阴之变基本上消灭了太和之后汉化了的行政系统,"胡贼入洛,官司文簿,散弃者多,往时编户,全无追访"[2],北魏朝廷从此名存实亡。这次事变虽与尔朱荣的野心和残暴相关,实质上是代表游牧与农业不同文化的两个利益集团之间的大搏杀。尔朱荣的动机是:"洛中人士繁盛,骄侈成俗,不加芟翦,终难制驭"[3],或许这是一个武夫要统治较高的文明社会时能想出来的最简单办法。从这一点上说,尔朱荣集团与六镇兵变集团没有本质上的区别,只是以不同的姿态对剥夺了他们原来权益的洛阳政权进行反攻倒算。

3. 尔朱荣之死

尔朱荣的暴行,使他"兵权在己,遂有异志"[4]而无法实现,因为洛阳城空,无人为他服务,更不用说在北魏统治集团里所引起的广泛仇恨。于是他只好向孝庄帝上表请罪,并要求官赠死者以为安抚,自己带兵回晋阳,北魏朝廷暂时得到表面上的维持。但局势既已动荡,就不可能简单地平复,兴起又一波澜的是葛荣。"时葛荣将向京师,众号百万",朝官们以为"众寡非敌,议者谓无制贼之理"。于是尔朱荣主动要求讨伐,他乘葛荣兵多骄敌,亲帅七千精骑"潜军山谷为奇兵",分一部分将士"令所在扬尘鼓噪,使贼不测多少",其主力快速突入,"壮勇所当冲突,号令严明,战士同奋。荣身自陷陈,出于贼后,表里合击,大破之。于陈擒葛荣,余众悉降"。这又是一个以少胜多的典型战例,随后尔朱荣在处置数量众多的降众时也显得很高明,"以贼徒既众,若即分割,恐其疑惧,或更结聚,乃普告勒各从所乐,亲属相随,任所居止。于是群情喜悦,登即四散,数十万众一朝散尽。待出百里之外,乃始分道押领,随

洛阳北魏杨机墓出土牵手双人俑

[1]《魏书》卷74《尔朱荣传》。
[2]《魏书》卷106上《地形志序》。
[3]《北齐书》卷20《慕容绍宗传》。
[4]《魏书》卷10《孝庄纪》。

便安置,咸得其宜。擢其渠帅,量力授用,新附者咸安"[1]。这就大大增强了尔朱荣的实力。尔朱荣招降纳叛策略的成功,部分原因也是因为六镇之众在文化心理上是与尔朱荣及其所部相同,所以容易平和地得到认同。

外敌大患去掉后,尔朱荣和孝庄帝的矛盾重新突出了起来。尔朱荣立了大功,孝庄帝"以柱国大将军、太原王尔朱荣为大丞相、都督河北畿外诸军事",并将他的两个儿子也封为王。次月丁酉,以七郡各万户"增封太原王尔朱荣为太原国",第二天即戊戌日,"又加荣太师"[2]。此时尔朱荣的权位几乎到了极点,但他的加封分几次进行,也可能说明孝庄帝并非甘愿,只是形势所迫下的不得已而为。

尔朱荣执掌兵权,继续平定各方的反对势力,如在梁支持下的北海王元颢、葛荣枝党韩娄,活跃在关陇的万俟丑奴,乘机反叛的西讨大都督萧宝夤,"又擒王庆云、万俟道乐,关西悉平"。于是尔朱荣"身虽居外,恒遥制朝廷,广布亲戚,列为左右,伺察动静,小大必知。或有侥幸求官者,皆诣荣承候,得其启请,无不遂之"。这样的形势发展,要么尔朱荣篡夺帝位,要么孝庄帝把他除掉,不大可能再会有其他的结果。与此,没有历史知识的尔朱荣还不大清楚,但孝庄帝是清楚的,"于是庄帝密有图荣之意"。永安三年(530年)九月,孝庄帝声称尔朱皇后生子,尔朱荣入朝谒帝,并无戒备。孝庄帝则伏兵于殿内,自己也"横刀膝下"。尔朱荣进宫后,与其子菩提、同党太宰元天穆俱被杀。当时尔朱荣是38岁。

虽然尔朱荣被杀的消息传开后,"内外喜叫,声满京城"[3],说明此举深得民心,不过洛阳居民的这种情绪,也包含着文化冲突的内蕴。也正因为如此,尔朱荣虽死,他的堂弟尔朱世隆、尔朱仲远、堂侄尔朱兆、尔朱天光等依然掌握着北魏最强大的一支军队,这支军队主要由契胡和六镇降兵组成,洛阳民情影响不了他们,尔朱家族的将领们当然不会善罢甘休。乱世之中,最有威力的是干戈。先是,尔朱世隆"奉荣妻,烧西阳门率众夜走,北攻河桥,杀武卫将军奚毅,率众还战大夏门外。朝野震惧,忧在不测"。接着,尔朱兆"自汾州率骑据晋阳",并与世隆立宗室元晔为帝,"定谋攻洛"[4]。永安三年十二月"甲辰,尔朱兆、

尔朱绍墓志盖

[1]《魏书》卷74《尔朱荣传》。
[2]《魏书》卷10《孝庄纪》。
[3]《魏书》卷74《尔朱荣传》。
[4]《魏书》卷75《尔朱世隆传·尔朱兆传》。

洛阳龙门石窟供养比丘像

尔朱度律自富平津上,率骑涉渡,以袭京城。事出仓卒,禁卫不守"[1]。于是孝庄帝及一些王公大臣被俘被杀。

当时威权尽在尔朱家族手里,"天光控关右, 仲远在大梁,兆据并州,世隆居京邑,各自专恣,权强莫比"[2]。但他们都是一介武夫,又群龙无首,谁也不服谁,所以还得推举元家人为帝。"尔朱世隆等以元晔疏远, 又非人望所推",逼其将帝位禅让给献文帝之孙元恭,后者即是节闵帝,改元为普泰元年(531年),时在二月[3]。

四、北魏的分裂

发生在节闵帝朝的最大变故是高欢军事集团和尔朱家族武装之间的分裂与对抗。高欢祖籍渤海,其祖坐法徙居怀朔镇,因"累世北边,故习其俗,遂同鲜卑"[4],娶妻交友,也是鲜卑。六镇乱后,作为鲜卑化的汉人也随六镇兵变,先后追随葛荣与尔朱荣,后者死时高欢以军功累升为晋州刺史。在尔朱家族控制的军队中,出身六镇的军人最多,有20多万,但他们是降兵,故"为契胡陵暴,皆不聊生"。高欢看到尔朱诸将皆非任大事者,自己亦是六镇出身,于是立意招引士兵。在夺取了尔朱荣妻的300匹马后自立门户,高欢"自向山东,养士缮甲,禁侵掠,百姓归心。乃诈为书,言尔朱兆将以六镇人配契胡为部曲,众皆愁"。这些士兵为高欢所吸引,高欢兵威大振,"及李元忠与高乾平殷州,斩尔朱羽生首来谒",李元忠为当地豪强,曾归属葛荣,高乾乃高欢所遣,后者"乃抗表罪状尔朱氏",时在普泰元年六月。

是年十月,高欢也推宗室元朗为帝,改元中兴,史称后废帝。高欢又在尔朱诸将中行反间计,使彼此相疑,"(尔朱)度律、仲远不战而还",打败了势孤的尔朱兆。中兴二年(532年)闰三月,尔朱诸将"同会邺,众号二十万,挟洹水而军",当时高欢"马不满二千,步兵不至三万,众寡不敌。乃于韩陵为圆阵,连牛驴以塞归道。于是将士皆为死志,四面赴击之"[5],由此打败了尔朱联军,尔朱天光、尔朱兆、尔朱仲远等先后被杀。

公元532年,高欢率军开进洛阳后,又改立孝文帝之孙元修为帝,改元太昌,是为孝武帝。后者以高欢为大丞

[1]《魏书》卷10《孝庄纪》。
[2]《北史》卷48《尔朱荣传附尔朱仲远传》。
[3]《魏书》卷11《前废帝纪》。
[4]《北齐书》卷1《神武帝纪上》。
[5]《北史》卷6《齐高祖本纪》。

相、天柱大将军、太师。元修虽系高欢所推立,但高欢在邺遥控朝政,使性格刚强的他难以忍受。由于两者之间矛盾日益尖锐,魏永熙三年(534年)七月,魏孝武帝元修离开都城洛阳进入关中,投靠宇文泰。当时,宇文泰在关陇一带已隐然形成与高欢对抗之势,为了使朝政能更直接地置于自己的控制之下,高欢谋议迁都至邺,并下令将诸州输往洛阳的粮食改运至邺,这就成了孝武帝出走的导火线。

孝武帝去长安之同年九月,高欢在洛阳立清河王世子元善见为帝,是为孝静帝,北魏由此一分为二,史称它们为西魏与东魏,北朝从此进入了一个新的时期。

东魏茹茹公主墓前室

第二节　北齐、北周的建立与政权比较

由东魏、西魏而生成的北齐与北周是同根同质的两个政权,后来由于它们内部政治的演变,却兴衰有别,形成了一段耐人寻味的历史。

北魏的拓跋政权自东、西两分那天起在实质上已经消亡,因为无论是从东魏到北齐,还是从西魏到北周,都只是朝廷形式上的改变,它们早已分别是高家和宇文家的天下了。

一、东魏北齐政治

东魏初建,高欢考虑到洛阳离敌境太近,便决心立即迁都。而且迁都不只是迁个朝廷,而是要把洛阳城内的百姓全部迁走,因为当时对一个政权来说,人口远比土地重要。于是"诏下三日,车驾便发,四十万人狼狈就道"[1]。这对近40万的洛阳居民来说真是一场空前的劫难,房屋土地等产业化为乌有不说,不到三天的功夫怎么能准备好行李和交通工具,就是准备路上吃的也不容易,洛阳至邺几百里地,还要翻坡越水过黄河,此情境恐怕"狼狈"二字难以概括。高欢此举是为了自己政治需要,根本不顾老百姓死活,可以说集中体现了中国专制集权体制对人民的残忍本性。

[1] 《北齐书》卷2《神武帝纪下》。

萨满巫师俑
东魏茹茹公主墓出土

迁都后,高欢自己则在军事重镇晋阳设大丞相府,遥控朝政,这种模式一直维持到北齐代取代东魏,其好处是除了能更直接地掌握军队以利于和西魏作战外,还最大限度杜绝了若尔朱荣那样受皇帝暗算的可能性。后来北齐建立,晋阳也依然是国家的军事中心,而邺城则一直是其文化中心。据宋燕鹏统计,"在东魏文士69人中,有55人曾在邺城居住过,占总数的79.7%;其中到达邺城不再转移的有45人,占总数的65.22%,这部分文士是构成东魏时期邺下文士的主体"。其中又"以山东士族为主力,占总数的68.12%"[1]。这种情况到了北齐还继续着,并演化成一种文臣武将间,乃至胡汉间对立的条件,因为高氏所依仗的武装力量是由六镇兵将为主转化过来的六州鲜卑,还保持着强烈的胡风,从而成为北齐政治的一大隐患,此非高氏始料所及。高欢本人是能够维持胡汉之间势力平衡的,他常对鲜卑贵族们说:"汉民是汝奴,夫为汝耕,妇为汝织,输汝粟帛,令汝温饱,汝何为陵之!"在汉人面前又说:"鲜卑是汝作客,得汝一斛粟,一匹绢,为汝击贼,令汝安宁,汝何为疾之!"[2]但他的继承者们却难以做到。

在通过与西魏打了几次大仗后,东魏的形势稳定了下来,东西对峙的格局也形成了。武定五年(547年)正月高欢死于晋阳,后来被北齐尊为高祖、神武皇帝。嗣高欢之位而主持朝政的是其长子高澄,高澄所处理的第一件大事是侯景的叛变,侯景败逃后,武定七年四月,以相国封齐王。高澄比较注意任用汉臣和整肃政风,但同年八月高澄被所俘奴刺杀,其弟高洋承其位。

高洋在众兄弟中貌陋若愚,起先老臣宿将都轻视他,他于是"推诚接下,务从宽厚,事有不便者咸蠲省焉,群情始服",此或许与他"幼时师事范阳卢景裕有关"[3]。东魏北齐是一个常处于战争状态中的政权,军情军法偏向严急也在情理之中,高洋起初向民示以宽厚,纠正了过分之处,符合了一张一弛的文武之道,所以受到了拥护。

高洋接下来做的大事就是不顾一些大臣疑虑,逼魏帝禅位,自己当皇帝,国号齐,史称北齐,是年为公元550年,为齐之天保元年。高洋虽然到邺城做了皇帝,但仍重视高欢在并州的基业,所以在那里亦设尚书省,简称并

[1]《籍贯与流动:东魏文士的地理分布》,载印行本《中国魏晋南北朝史学会第九届年会论文集》。
[2]《资治通鉴》卷157大同三年九月条。
[3]《北史》卷7《齐文宣帝本纪》。

省,这种情况在北齐一直维持着,而历代高氏皇帝也常在并州处理朝政,这是北齐行政的一大特点[1]。同时重新实给百官俸禄,这自北魏孝庄帝时起才第一回,并给百官进两大阶,分封宗室及功臣为王,由此大得官心。然后率军分讨库莫奚、山胡、契丹、蠕蠕等,皆大破之。内政则重用尚书令杨愔等士族文臣,使之朝政粲然,井井有条。但这一系列的成功和皇权的至高无上,使高洋以功业自矜,渐渐放松了自我的克制,变得放纵而凶残,尤其不放过那些早年曾轻视奚落他的人,包括他的一些兄弟。如永安王高浚先前曾常使他难堪,又聪明豪爽,于是高洋将他与另一位威名甚盛的上党王高涣一起关在地牢里,以火烧杀之。由于与高洋以前有睚眦者基本上都是些鲜卑勋贵和皇亲国戚,所以后者就成了主要受害者。高洋也由此得罪了北齐政权中的主要成员,包括其母娄太后,以致他后来死时,除杨愔外,大臣们竟无一人掉泪的。

　　高氏虽是汉人,却早已鲜卑化了,他们在心理上和习俗上都与鲜卑族毫无二致,高洋给高德正定的罪名就是他"常言宜用汉除鲜卑,此即合死"[2]。北齐统治集团的绝大多数成员也是鲜卑人,因此北齐是魏孝文帝以后最典型的鲜卑政权。这是因为北齐军的骨干,除了由渤海大族高敖曹兄弟所率的一支武装外,多是由六镇起家的。戍守六镇的鲜卑武士勇猛善战,尤其是骑兵,所以北齐有专门的骑兵省,北齐政权不论是开创还是维持都得靠那些鲜卑将领,所以在朝廷中形成了"鲜卑共轻中华朝士",及将汉人蔑称为"头钱价汉"的风气[3]。

　　这些鲜卑勋贵虽然打仗勇敢善战,但大多奢侈贪残,桀骜不法。如韩轨好酒诞纵,"一席之费,动至万钱,犹恨俭率";娄叡"以外戚贵幸,纵情财色,为瀛州刺史,聚敛无厌";尉景为冀州刺史,"又大纳贿,发夫猎,死者三百人";段孝言骄奢放逸,无所畏惮,曾勾搭有夫之妇,"为其夫觉,复恃官势,拷掠而殒";孙腾"求纳财贿,不知纪极",为尚书令及司徒"生官死赠,非货不行,餉藏银器,盗为家物,亲狎小人,专为聚敛"[4]等等。当时邺都"政乱时艰,纲纪不立,近臣内戚,请属百端"[5]。可以说翻开史书,这些北齐亲贵们的劣迹就触目皆是。高欢曾经无奈地表示:"天下

山西寿阳出土东魏鎏金力士像

[1] 严耀中《北齐政治与尚书并省》,《上海师范大学学报》1990年第4期。

[2]《北史》卷31《高允传附高德正传》。

[3]《北史》卷31《高允传附高昂传》。流风所及,"高齐上层深染胡俗,提倡鲜卑化,佛教造像一反北魏孝文以来褒衣博带式之服饰,接受多种形式之薄衣叠褶的印度服制"。见宿白《青州龙兴寺窖藏所出佛像的几个问题》,《文物》1999年第10期。由此可见北齐的鲜卑化是全方位的。

[4] 分见《北齐书》卷15《韩轨传》、《娄昭传附娄叡传》、《尉景传》,卷16《段荣传附段孝言传》,卷18《孙腾传》。

[5]《北史》卷86《路去病传》。

太原西南郊北齐洞室墓出土镇墓兽

浊乱,习俗已久,今督将家属,多在关西,黑獭(宇文泰)常相招诱,人情去留未定;江东复有一吴老翁萧衍,专事衣冠礼乐,中原士大夫望之,以为正朔所在。我若急作法网,恐督将尽投黑獭,士子悉奔萧衍,则何以为国。"[1]问题是,高欢的纵容是有偏向的,主要放纵的是那些鲜卑勋贵,且其权宜之计由于环境形势没有变化,而因陋成习,变成了北齐难以克服的政治顽症。

鲜卑亲贵们的无法无天,无疑败坏了朝政,对文治也是极大的妨害。对这些现象进行治理,是正常的行政系统所必须要做的,杨愔所代表的就是这种要求,维持了"主昏于上,政清于下"[2]的局面。此前高隆之也试图有所作为,他早与高欢结识,后者认他为从弟。就是以高隆之这样身份,"自军国多事,冒名窃官者不可胜数,隆之奏请检括,向五万余人,而群小喧嚣,隆之惧而止"[3]。杨愔先后以尚书仆射、尚书令等职维持朝纲,风化肃然,主要依靠的是高洋这位强势皇帝。但文官们也抱有"鲜卑车马客,会须用中国人"[4]的心态来治国,未免与鲜卑勋贵集团产生矛盾。天保十年(559年)十月高洋以饮酒过度而崩,使情况徒然起变。

继位的是高洋长子高殷。高殷之母李后是汉人,所以高殷自幼"得汉家性质","温裕开朗,有人君之度,贯综经业,省览时政,甚有美名"[5],但也较为懦弱。高洋临死前知道他的二位同母弟常山王高演和长广王高湛"位地亲逼",对皇位虎视眈眈,因此遗诏辅政的是以杨愔为首的一批行政官员。但高演等深受鲜卑勋贵们的拥戴,娄太后也出面支持,半年后就发动宫廷政变,废黜高殷,杀杨愔等。于是高演自为帝,是为北齐孝昭帝,改元皇建元年(560年)。不久又将高殷杀死。杨愔代表着士族势力,他之死,意味着文治路线的结束,"刑政于是衰也"[6],所以有人感叹"礼既废也,其能久乎"[7]。嗣后不断有"汉儿文官"成为牺牲品,北齐的政治不久后就发展成"视人如草芥,从恶如顺流,佞阉处当轴之权,婢媪擅回天之力,卖官鬻狱,乱政淫刑,剥削被于忠良,禄位加于犬马,谗邪并进,法令多闻",且"土木之功不息,嫔嫱之选无已,征税尽,人力殚"[8]。这样的政权垮台,当然是指日可待。

高演只做了不到一年半的皇帝,就因坠马受伤而亡。

[1]《北史》卷55《杜弼传》。
[2]《隋书》卷25《刑法志》。
[3]《北齐书》卷18《高隆之传》。
[4]《北史》卷55《杜弼传》。
[5]《北齐书》卷5《废帝纪》。
[6]《颜氏家训·慕贤篇》。
[7]《北史》卷28《源贺传附源师传》。
[8]《北齐书》卷8《后主纪论》。

临死前手书给其弟高湛,请其"宜将吾妻子置一好处,勿学前人也"[1]!娄太后宣布由高湛继位,是为北齐武成帝,改元大宁元年。高湛也不久将高演的儿子,前太子高百年杀了。这一来是因为恶行所带来的满足欲望的快感是很有被模仿之诱惑力的,二来是皇帝的位置实在是太宝贵了,要杜绝一切可能的觊觎者,所以高演自己杀了亲侄子,却要弟弟不学样,确实有点一厢情愿打如意算盘。高湛总结了教训,决定让自己的儿子先做皇帝,于是在北齐河清四年(565年)禅位给长子高纬,改是年为天统元年,自己做太上皇。太上皇在晋阳遥控着朝政,一直到天统四年十二月驾崩为止。

高纬亲政后,觉得做皇帝真好,可以为所欲为,如"一夜索蝎,及旦得三升"之类,朝政则交给近臣亲信去办,自己逍遥纵乐,"人间谓之无愁天子"。整个朝廷"官由财进,狱以贿成","庶姓封王者百数,不复可纪。开府千余,仪同无数"[2]。武平七年(576年)十月北周大军伐齐,十二月高纬禅位给8岁的儿子高恒,改元承光,自己也做太上皇,史称齐后主,高恒被称为齐幼主。但没几天周军先后攻占邺与晋阳,北齐灭,太上皇成了俘虏,不久与诸多高氏宗室一起被周人处死,此后高欢的子孙所存者仅一二而已。

二、西魏北周政治

魏孝武帝到达长安,开始了西魏的历史。孝武帝以宇文泰为大丞相,两者不久就有了冲突,当年十二月闰月,宇文泰使人在酒中下毒,孝武帝饮后而崩。于是元宝炬被立为帝,是为西魏文帝。

宇文泰能够开创西魏,与高欢相对抗,后来被北周尊为太祖,是抓住了一次机遇。宇文泰为武川镇人,系鲜卑化了的匈奴族人,其父参与六镇之变。他随父从军,几经战斗,魏孝昌二年(526年)时在葛荣手下为统军,又以别将随贺拔岳迎魏孝庄帝,成为后者军中骨干之一。太昌元年(532年)贺拔岳为关西大行台,雄踞一方,宇文泰为行台左丞,领岳府司马,后又为夏州刺史。永熙三年(534年)二月,贺拔岳被侯莫陈悦暗害,一时军中群龙无首,诸将先推年资最长的都督寇洛总兵事,但寇洛推卸不就,于是

太原西南郊北齐洞室墓出土镇墓武士俑

[1]《北齐书》卷6《孝昭帝纪》。
[2]《北齐书》卷8《后主纪》。

北周武帝像
阎立本《历代帝王图》(局部)

再推选在夏州的宇文泰。宇文泰轻骑至平凉安抚军众,并上表孝武帝,于是受命为大都督以统贺拔岳留下的军队,同年四月,又率军讨侯莫陈悦,后者兵败自杀。孝武帝即任命他为尚书仆射、关西大行台,使其与高欢分庭抗礼,不久后来投奔他,没有想到会被他所杀。

东魏的存在,使宇文泰不敢轻易改朝换代,所以只能以都督中外诸军事、录尚书事、大行台,后来再加上丞相的职位把持着西魏的军政大权。除了与东魏打仗外,宇文泰在朝政上进行了几个大动作,不仅使西魏北周的政治在整体上出现一种蓬勃的生气,其所创之制度也有着长远的历史影响。

首先是在西魏大统十年(544年)由尚书苏绰将原来所颁行的各条新制,损益整理成五卷,又为六条诏书,班行天下。这六条的内容是:1,先治心;2,敦教化;3,尽地利;4,擢贤良;5,恤狱讼;6,均赋役。虽然在中国政治思想史上,这六条里面所包含内容,大多都是老生常谈,但谈的是儒家的治国方针。宇文泰对这六条"甚重之,常置诸座右。又令百司习诵之。其牧守令长,非通六条及计帐者,不得居官"[1]。这表明,西魏北周是遵循儒家理念作为治国的根本之策,并一直坚持着。周武帝"诚心好贤,屈己忘势,干戈之间,独高经师,征尘未洗,先驱陋巷",亲自拜访名儒熊安生,并遣使聘另一位名儒沈重,宋代叶适称之为"殆战国以来所未有也"[2],从而与当时的东魏北齐形成了鲜明的对比。

其次是建立府兵制,该制度及其前因后果,将在本章中另节专叙。

再次,以复古的形式进行官制改革。这是在西魏废帝三年(554年)正月,"始作九命之典,以叙内外官爵。以第一品为九命,第九品为一命。改流外品为九秩,亦以九为上。又改置州郡及县",如改东雍州为华州、北雍州为宜州等,"凡改州四十六,置州一,改郡一百六,改县二百三十"[3]。此事先由苏绰掌办,苏绰死后由卢辩接任,"依《周礼》建六官,置公、卿、大夫、士,并撰次朝仪,车服器用,多依古礼,革汉、魏之法"。即把三省等行政结构改成六官:"天官府,管冢宰等众职;地官府,领司徒等众职;春官府,领宗

[1]《周书》卷23《苏绰传》。
[2]《习学记言》卷35《周书》。
[3]《周书》卷2《文帝纪下》。

伯等众职；夏官府，领司马等众职；秋官府，领司寇等众
职；冬官府，领司空等众职"[1]。此制在魏恭帝三年（556年）
颁布实行。为了与此制相适应，又改革文书格式，即针对
"有晋之季，文章竞为浮华"[2]的现象，试图以《大诰》文体为
代表的简朴古文作公文，提高行政系统运行的效率。宇文
泰将行政系统变革得面目一新，或许是为了配合他奉行
儒家文治的路线，但汉、晋制度是按着行政治理的实际需
要发展而成的，现在突然要恢复到一千多年前的老制度，
就像让成年人再去穿他少年时的服装，很不适应。因此就
在当时，"其内外众职，又兼用秦、汉等官"，宇文泰在此制
实行后不久死去，"自兹厥后，世有损益"，甚至"朝出夕
改，莫能详录"[3]。所以等到隋取代北周时，此制就自然而然
地寿终正寝了。

　　魏恭帝三年十月，宇文泰死，其第三子宇文觉"嗣位
太师、大冢宰"。宇文泰是在西巡路上生病死的，病笃时召
见侄子宇文护，对他说："诸子幼小，寇贼未宁，天下之事，
属之于汝。"宇文护尽力办好后事，"纲纪内外，抚循文武，
于是众心乃定"，他接着做的大事就是使魏帝禅位于宇文
觉，建立北周，后者称天王，是为孝闵帝。

　　宇文护自然而然地掌执了北周的军政大权，但他昧
于史识"威福在己，征伐自出"，引起了一系列宫廷政变。
首先是宇文觉对宇文护大权在握十分不满，与左右密谋
诛护，但事泄，反被宇文护所废杀。宇文护又立宇文泰长
子宇文毓为天王，后又改称皇帝，是为北周明帝。但不久
宇文护又与宇文毓有矛盾，深忌之，又使人毒死了后者，
再立宇文泰的第四子宇文邕为帝，是为北周武帝，改元保
定元年（561年）。周武帝沉毅有智谋，善于韬晦，所以宇文
护不以为防。建德元年（572年）三月，武帝骗宇文护入宫
而袭杀之，接着又杀其诸子和亲信。宇文护的悲剧在于不
知其位高而危，这种情况下要么自己夺取帝位，如宋明
帝、南齐明帝那般，要么歉恭自退，而他做了"为人主不堪
之事"还自以为是，所以史书说他"暗于大体"和"寡于学
术"[4]了。

　　亲政以后，宇文邕主要做了两件大事。第一件是灭佛
崇儒，具体情况见第五章第五节。他做的第二件大事，就

上：北周"天元皇太后玺"

下：北周"天元皇太后玺"文

[1] 关于这个行政制度的详细
序列，可参见王仲荦先生所
辑《北周六典》。
[2]《周书》卷23《苏绰传》。
[3]《周书》卷24《卢辩传》。
[4]《周书》卷11《宇文护传》。

西安北周康业墓出土石榻上的
线刻山羊

是在公元577年将北齐灭掉，统一了中国北方。以及采取巩固统一的相应措施，如"议定权衡度量，颁于天下。其不依新式者，悉追停"，并"分遣使人，巡方抚慰，观风省俗，宣扬治道"等，以安抚新占地的人心和巩固统一。还立即"诏山东诸州，各举明经幹治者二人。若奇才异术，卓尔不群者，弗拘多少"，及"诏东土诸州儒生，明一经已上，并举送，州郡以礼发遣"[1]。这除了一般意义上把当地人才尽可能地吸引来为政权服务，以既能消除隐患又可扩大统治基础外，还隐含着把以儒治国的政策推行到新占区，以获得当地汉人士族的支持。

正当宇文邕还欲平突厥，定江南，一统天下时，因突发疾病驾崩，时年36岁。继位的是其长子宇文赟，是为北周宣帝，时在公元578年。宇文赟在东宫时，武帝管束得很严，"每有过，辄加捶扑"，他"惮高祖威严，矫情修饰，以是过恶遂不外闻"。但严而不教，得到的只是表面效果，武帝一死，他的欲望一下子解放出来，"便恣声乐，采择天下子女，以充后宫。好自矜夸，饰非拒谏"，皇后就置了五位，"耽酗于后宫，或旬日不出"[2]。这是一个问题青少年放在一个可以为所欲为的位置上之必然表现。或许是纵欲太过，只做了一年多皇帝，以暴疾卒。其长子宇文阐立，是为静帝。宣帝近臣刘昉等，矫诏使外戚杨坚辅政，总知中外兵马事，朝政就落在杨坚手里。

三、北周灭北齐

对北齐与北周来说，两者紧密胶加，对方不亡，自身安全也难以保障，更何况要统一中国必先统一北方，所以自从魏分东西，彼此之间的战争激烈不断。魏分东、西之后，东魏北齐在经济和军事实力上都强于西魏北周，其全盛时"西苞汾、晋，南及江、淮，东尽海隅，北渐沙漠"[3]。地理上北齐还有渔盐之利，"计终岁合收盐二十万九千七百二斛四升。军国所资，得以周赡"[4]。王育民先生推算出北周户数为北齐户数的52.8%，也就是北周户数几乎只有北齐的二分之一，考虑到这已经是北周颁行六条诏书大力劝课农桑后的情况，在西魏时应该更差一些[5]。由于有人才能种地、打仗，所以人口数是衡量当时经济或军事实力的一个

[1]《周书》卷6《武帝纪下》。
[2]《周书》卷7《宣帝纪》。
[3]《北史》卷8"魏征论曰"。
[4]《魏书》卷110《食货志》。
[5]王育民《中国人口史》第3章，江苏人民出版社1995年版，第186页。

主要指数。即使就军队战斗力而言,东魏也更强些,因为他的军队基干主要是身经百战的六镇老兵,自然要比西魏军队战斗力强些。故"齐谓兼并有余,周则自守不足"[1],但结果却是相反。

两者在军事上的较量主要经历了以下几次大的回合。第一次是公元537年底的沙苑之战,当时高欢自率十万,高敖曹率偏师三万,分两路进攻关中,而宇文泰所部战士不满万人。高欢军轻敌冒进,被埋伏在渭水芦苇中的西魏军杀个措手不及,损失近八万人,弃铠仗十八万。第二次是在538年的河桥之战,这次也是东魏主动,先围攻西魏将独孤信于金墉,继之在洛阳之河阴、邙山一带两军展开决战,西魏军先有胜,东魏司徒高敖曹阵亡,然西魏军各部失去联络,被各个击破而大败,被俘数万人,宇文泰逃回关中,高欢一直追至崤,不及而还。第三次是在543年,东魏将领高慎据武牢西叛,高欢要讨伐,宇文泰要接应,两军就在邙山会战,经历数日,两军主将皆险遭不测,最后西魏军损失六万余人,被迫退回关中。这三次大战,证明高欢的军队强于宇文泰之军,西魏军元气大伤,但东魏也胜之不易,无力一鼓作气荡平关中。546年高欢再一次西征,顿兵于玉壁城下,苦攻50天,士卒战及病死者共七万人,不得已退军,高欢因而发疾,三个月后身亡。

此后,双方进入相持阶段,一时谁也无法灭掉谁,彼此的较量转移到国力的消长上,由此慢慢地在内政上的高低差异开始显露出来,并决定了最后的胜负。

公元576年十月,北周武帝亲自率军东征。此前,他曾遣使至北齐打探虚实,因为当时北周在军事上并没有占什么优势,但得知北齐"上下离心,道路以目",及大将斛律光因谗言被杀后,周武帝就下决心灭齐了。北齐的京师在邺,军事重心则在晋阳,晋阳也设尚书省某行政机构。周武帝首先不顾诸将反对,把矛头直指晋州、并州方向,他认为"晋州本高欢所起之地,震慑尤重,今往攻之,彼必来援,吾严军以待,击之必克。然后乘破竹之势,鼓行而东,足以穷其窟穴,混同文轨"[2]。情况发展正如他所料,当月攻下晋州后,齐后主率军自并州来援,周军先是主力撤军,留一部守晋州,待齐军攻城师老后,于十二月初杀回

西安北周凉州萨保史君墓石堂南壁西侧四臂守护神

[1]《北史》卷64《柳虬传论》。
[2]《周书》卷6《武帝纪下》。

马枪，两军在汾水、乔山之间对阵。周武帝巡视兵阵各部，呼诸将之名勉励之，于是将士感知己之恩，奋勇进击，齐军大溃，齐后主仅与亲信数十骑逃回。但接下来攻并州州治所在地晋阳却是硬仗。晋阳的守将是齐后主的从兄高延宗，属下们在此危急之际拥其即帝位，改元德昌，他倾府藏分赐将士，"见士卒皆亲执手，陈辞自称名，流涕呜咽。众皆争为死，童儿女子亦乘屋攘袂，投甎石以御周军"[1]。所以攻防争战至为激烈，周武帝曾一度率千余骑突入城内，被围攻险遭不测，退出城外后再攻，乘齐人因胜而懈怠之际得手，高延宗被俘。晋阳为齐之军力国本所在，一旦失守，北齐就失去了抵抗的支撑点。来年正月，周军势如破竹般地攻下齐之邺京，扫平齐境，北齐皇帝父子被俘，齐亡。

北周之能够灭北齐，表明两国相争，胜负不仅取决于军力和经济实力的对比，还在于人心的向背。然民心的动向则要看治国者之政策。在这方面，北齐与北周走的是两条不同的路。北齐的失败可以说是从杨愔被杀那一刻就已成定局，因为这也断送了北齐走向文治之路。并且意味着高氏集团内部缺乏礼法的软性约束，只能以赤裸裸的暴力来解决相互间的纠纷。不仅如此，弘农杨氏是当时北方的士族代表，杀杨愔也意味着高氏皇室与汉士族的决裂，北齐朝廷的统治基础就剩下很小的一块了。

北周推行儒家文治，崇尚社会的道德教化，"虽通儒盛业，不逮魏晋之臣，而风移俗变，抑亦近代之美"[2]。这不仅有利于社会的稳定，也为统治集团自身确立了行为规范。作为崇武崇力，轻文鄙儒的结果之一，北齐统治集团的绝大多数成员"骄恣傲狠，动违礼度"[3]。在对待前朝的宗室成员上，高氏与宇文氏也是大相径庭。北齐立国后不久，就"大诛元氏，自昭成已下并无遗焉。或父祖为王，或身常贵显，或兄弟强壮，皆斩东市。其婴儿投于空中，承之以稍。前后死者凡七百二十一人，悉投尸漳水，剖鱼多得爪甲，都下为之久不食鱼"[4]。北周则采取较为宽仁的方针，除恭帝禅位后被弑外，"元氏戚属，并保全之，内外任使，布于列职"[5]，其中很多任司徒、尚书令、大将军等显职。高氏倚仗鲜卑勋贵集团治国，但本身又不是正宗鲜卑，畏惧

西安北周凉州萨保史君墓石堂南壁东侧四臂守护神

1 《北齐书》卷11《高延宗传》。
2 《北史》卷81《儒林传序》。
3 《北史》卷81《儒林传序》。
4 《北齐书》卷28《元韶传》。
5 《周书》卷38《元伟传》。

元氏的正统地位在鲜卑人心目中的作用，也许是将元氏斩尽杀绝的心理原因。但如此残暴地大规模杀人，不仅在鲜卑统治集团中造成裂痕，而且杀戒一开，由此手滑，内部斗争必然会血腥味愈来愈浓，直至同归于尽。

虽然北周和北齐一样都有宫廷政变，也都有刀光剑影的残杀，这在利益生死之间，情势所逼之下也是一种迫不得已。但北周造成伤害的范围要小得多，宇文护受乃叔宇文泰之托维持政权，虽然先后暗暗地谋杀了两个皇帝，最终还是再让宇文泰的儿子做皇帝，自己不篡位。宇文邕把宇文护父子杀了，两年后即"诏故晋国公护及诸子，并追复先封，改葬加谥"[1]，以作为一种弥补。这说明北周统治集团的成员之间似乎是受到一种潜规则的约束，使自己的行为不随心所欲，以逞一时之快，而顾全大体，这不能不说是受到儒家政治智慧的影响。统治集团内部的火并对政权来说是最伤元气的，其间的内耗越小，整个国家的动能就会越大。统治集团成员的自我约制力越强，社会的秩序就会越稳定。如果把打天下的崇武观念放在内政上，其必定使统治集团内部也以实力利益为导向，以享受荒淫为目的，争斗不已，社会上下当然都有离散之心。这就是北齐灭亡的主要原因。

西安北周凉州萨保史君墓粟特文题记（局部）

第三节　就"府兵制"说魏晋南北朝的兵制

中国古代所谓的兵制主要包括三个部分，即兵役制度、军队序列及武官编制。后两者应该有着密切的联系，但魏晋南北朝的时代特性把这三者之间的关系弄得非同寻常。府兵制却是把这三者拧在一起的一种特殊兵制。

就两晋南北朝的兵制而言，还有一个与其他时代不同的特殊之处，那就是同时并存着从秦汉基础上发展演变出来的传统兵制和以鲜卑兵制为代表的游牧民族军事制度，后来这两者在北朝又混而为一，府兵制就是它的典型。所以这里先从头说起。

[1] 《周书》卷5《武帝纪上》。

骑兵步兵攻战图

一、专役的兵户制度

在战争频繁的时代是不可能只有单一的兵役制度的，何况本时期要说的兵役制不在于一个朝代或一个国家政权，可以说中国古代各种征兵的形式，在本时期几乎都出现过。这里主要说的是占主流的，前所未有的兵役制度，那就是以曹魏时士家制为起始的兵户制度。这种制度开创了本时期的专役户制度（详见第三章第四节）。

兵户制度为本时期的各个政权提供了主要兵源，但在战争频繁或紧急的情况下各种征兵方式是都会出现的。如西晋永嘉年间徐州刺史裴盾"大发良人为兵，有不奉法者罪便至死"[1]。士家——兵户制度虽然在本时期内保持着它的基本特征，但此间也有一定的变化。其中之一是在曹魏时，将士和他们的家属是分开居住的，这样做部分原因是为了军队征战中不致有太多的累赘，部分原因也是把家属作为一种"人质"，防止可能的哗变。另外，也可能是汉代遗存的习惯，因为汉代没有兵户，当然将士家属不会在军营里。但在魏晋征战不断的情况下，如果守戍或征战时期很长的话，将士与家庭分离时间太久，就会严重地影响士气，不利于军队的战斗力。所以到了东晋南朝，朝廷也借鉴私家武装中部曲与其妻子"全家营居"的方式，把将士家属安置在兵营里，使之籍在军营。这样做还促成了兵户制度在南方的最终消亡，南朝"免军户而立郡县的史事不绝书，一定是军户家族在一起，所以能由军籍一变而成民籍，若是'各在一方'就不可能了"[2]。不过北朝除了北魏迁都洛阳后开始出现类似士家的府户外，在大部分时间里，有被拉去当兵的专役户，但没有专门的兵户。

十六国时的营户是一种特殊的兵户，其当兵的也多籍在军营。但与两晋南朝军户不一样的是，这些军人多是统治的少数族人，所以并不低人一等。如苻坚平洛阳之后，"分四帅子弟三千户，以配苻融镇邺"[3]。这里去镇邺的士兵单位是"户"，且他们离关中时是与"父兄"，而不是与"妻子"告别，说明这些士兵是带着小家庭走了，所以是籍在军营。不过把小家庭从大家庭里分出来，在当时也是背

[1]《晋书》卷35《裴秀传附裴楷传》。

[2] 周一良《魏晋兵制上的一个问题》，载《魏晋南北朝史论集》，中华书局1963年版。

[3]《晋书》卷113《苻坚载记上》。

离人情,以致"悲号哀恸"了。这也说明,十六国北朝沿用籍在军营,和游牧部落的兵制在形式上比较吻合。这样还有一大好处,兵户们聚集在军营里,也不大会感受到社会上,尤其是汉士族对兵家的歧视。因此除了北魏后期六镇军人因为和他们在洛阳的飞黄腾达亲属相比而愤愤不平外,兵士的心态和士气要远好于魏晋以降的士家、军户制。

北魏军阵

魏晋兵户制度到了东晋南北朝还有一大问题,就是由于当时劳动力的缺乏,耕战结合是当时军队一大特色,故常见"田兵"、"田驷"之称。专以务农为业的田兵久之等同贱役。《宋书·徐豁传》载:"郡大田,武吏年满十六,便课米六十斛;十五以下至十三,皆课米三十斛。一户之内,随丁多少,悉皆输米"。他们受到的剥削是很沉重的,这正是兵户被沦为贱役户的一个重要原因。

在政治腐败的情况下,不少士兵被转入私门役使。如南齐"太子使宫中将吏更番筑役,营城包巷"[1]。再如"方镇去官,皆割精兵器仗以为送故……既力入私门,复资官廪布。兵役既竭,枉服良人,牵引无端,以相充补"[2]。又如"当州兵皆僚佐驱使,饥寒死病,动至千数"[3]。士兵们被如此送到官长私家当厮役,不仅严重地削弱了军队的战斗力,还更降低了军士的社会身份。同时,由于对士兵的各种需求,可以看到通过各种来源扩充兵员的事例。北朝就将专役户等作兵户,如"乐户皇甫奴兄弟",都"沉屈兵伍"[4]。其他包括僧侣、奴婢,甚至罪犯,往往都在征发之列。正如沈家本指出:"自魏、晋相承,死罪其重者妻子皆以补兵,此充军为常刑之始,然犹是缘坐之犯也。北齐河清三年,奏上《齐律》,流刑鞭、笞各一百,髡之,投于边裔以为兵卒,此本犯正身充军之始。"[5]把当兵充军作为处置罪犯的一种手段,当然大大降低了兵的地位,后世"好铁不打钉,好男不当兵"之谚当根源于此。

二、南北军队的序列

1. 两晋南朝的军队编成

两晋南朝的军队编成,虽然大体上是沿袭汉、魏军制

[1] 《南史》卷44《萧长懋传》。

[2] 《晋书》卷75《范汪传附范宁传》。

[3] 《北史》卷55《房谟传》。

[4] 《北史》卷83《阎元明传》。

[5] 《历代刑法考》"充军考上"条,中华书局1985年版,第1271、1272页。

北魏军阵

而来,但也有自己的特色。它基本上分为三个部分:中军或台军、诸军、州郡兵。

中军是朝廷的主要武力,"晋的中军,不仅宿卫宫殿,保卫京都,而且常常征战四方,是国家的重兵所在"[1]。其基干部分隶尚书台,故或称台军。中军的编成内,其主干部分由领军将军(或称中领军)、护军将军(或称中护军)、及左卫、右卫、骁骑、游击四将所领营兵合称"六军";由左、右、前、后四将所领之军称"四军";由车骑、步兵、越骑、长水、射声等五校尉所统称"五校"。各部所辖兵员数目不一。一般情况下,由领军将军统领上述各部,是中军的指挥官;护军将军由"主武官选"改领营兵。此外,中军还包括"前驱、由基、强弩为三部司马,各置督史"和武贲、羽林等,以及东宫前后左右四率"各领一军"等等,有时达36营之多。晋代中军在打仗布阵时,由特殊的旗帜如白兽幡来指挥各部的进退分合,皇帝亲征,"白兽幡在乘舆左右"[2]。南朝诸代,稍有变化,如梁朝将骁骑、游击分置左右等等,中军的基本构成因袭晋制。中军的任务是拱卫京师,征讨四方,是国家武力的重心所在,在江左政权里又是与长江下游的军事中心重合,所以兵员即精且多。如宋文帝时仅东宫兵就"与羽林相若,至有实甲万人"[3]。

州郡兵之设是为了维持地方治安。虽然西晋州郡悉去兵,仅大郡置武吏百人,小郡50人,但自八王之乱起州郡各拥多少不一的兵员成为事实,一般经济较为富庶的州郡所拥兵员较多。其来源,一是由地方屯田兵转化;二是在战事逼近时,由地方长官招募,战事过后依然保留了下来,所以他们也往往被称为"武吏"。这些州郡兵与其他军人的一大差别是,虽然他们也往往自有专籍,但籍在州郡之军府,而不在军营。

朝廷除州郡兵之外的在各地驻扎的军队统称诸军,或称外军,以与中军相区别。其所以不称为州郡兵是因为它们的防区与一州一郡之行政界限往往并不重合,有些州郡之有军也并非制度规定而在于形势。诸军中大约有以下几类,一是诸王属军,如西晋大的封国拥有三军达五千人,"宋氏以来,一用晋制,虽大小国,皆有三军"[4];二是受朝廷节制(至少在名义上),但以将领个人或家族为核

[1] 何兹全《魏晋的中军》,载《读史集》,上海人民出版社1982年版。

[2]《晋书》卷24《职官志》。

[3]《资治通鉴》卷127宋文帝元嘉三十年正月条。

[4]《宋书》卷40《百官志下》。

心的军队,其士卒往往听命于主将甚于朝廷。其来源,有的是以族人、旧部曲等为主干的,如祖逖、祖约所领军队;有的是从敌方带过来的队伍,如侯景在叛前所领之军;三是在特殊情况下以朝廷名义招募训练而成,但由专将带领,如北府兵。上述诸军的给养供应主要来自于地方财政,所以其主将一般都兼刺史等地方主官,及都督一州或数州诸军事。但诸军中士兵籍在军营,而与州郡兵不同。不过随着政治斗争的起伏,诸军和中军的成分会不断变化乃至角色转换,这是江左与三国西晋时的一个重要不同之处。如在刘宋初,北府兵中的几支部队成了中军,稍后谢晦出镇荆州时"精兵旧将,悉以配之,器仗军资甚盛"[1],这支军队也就脱离了中军的序列。无论是什么兵种,"十人同火"为一队[2]恐怕都是最基本的作战单位。

2. 十六国北朝的军队编成

十六国的军队情况比较复杂,因为它们规模不大,有的存在时间也很短,留下史料不多,很难一一作全面的介绍,其中除前凉、西凉等少数汉人政权外,大多数小国的情况和它们的政治体制差不多,有着部落兵制和汉晋军制的双重影响。典型的如前赵刘聪时"置辅汉,都护,中军,上军,辅军,镇、卫京,前、后、左、右、上、下军,辅国,冠军,龙骧,武牙大将军,营各配兵二千,皆以诸子为之"[3]。这"以诸子为之"说明其带有部落兵的性质,但将军名号是来自汉晋兵制。北朝的情况多多少少与此类似,所提供证明的史料却更多些。

北魏的军队编成情况分为两个阶段,以孝文帝改革为界线。北魏前期是以鲜卑军制为主。鲜卑军制的主体是分部领兵制。在北魏道武帝之前,作为游牧行国,其部众皆兵,按姓氏部落编成,之上又随形势按分为分成几个大部,各由被称为大人的首领统率下作战。

北魏建号立国,表明开始接受汉晋的政治体制,作为兵制上的一种表现,就是采用了一些汉制的将军名号。另一发展是建立了一支由内行长、内都将、内幢将、内三郎将等各级内行武官率领的宿卫兵。这样,北魏的中军就分成了两个层次,一支是宿卫兵,在战时同样冲锋陷阵;另

北朝加彩武人俑

[1] 《宋书》卷44《谢晦传》。

[2] 《宋书》卷91《卜天兴传附卜天生传》。

[3] 《晋书》卷102《刘聪载记》。

镇北将军章(南朝)

一支是分辖于六部或八部之下的诸部部落兵，这些部落分散在京畿，有战事就召集，是中军中的大多数，且以骑兵为主。宿卫兵的编制基本上是百人为一幢，以幢将领之；十幢为一军，以军将领之，军将也称军主；再由都将统率若干个军。部落兵在参与征战时，编制是和宿卫兵一样的，各级将领当然也来自各部。

在重要的战略地区，也驻有重兵，如"自太祖平中山，多置军府，以相威慑。凡有八军，军各配兵五千"[1]。这"八军"与"八部"相关，也就是说北魏的这些驻扎在外的也是有着与宿卫禁旅同样性质的部落兵，从而与东晋南朝的诸军有所不同。其缘边或在战略要点的军府称为军镇，以镇将统率，下面的编制则是一样的。除此之外，也有州郡兵，在平时主要是维持治安，战时则配属于各地军府，保卫乡土，因此往往是以汉人为主，但数量并不很大。

在北魏孝文帝改革中，军队的编制可以说是变动得最少的地方之一。在改革之前，北魏就采用一些汉、晋制度中的将军名号分授各级都将、军将、镇将等，以为军阶，以定品位。如于栗磾在太武帝时为"镇南将军，枋头镇将"，万安国为"宁西将军，长安镇将"，陆真在文成帝时"迁安西将军、长安镇将"[2]等等。孝文帝的改革并没有触动军队的基本编制，如作为近卫军的中兵，"由羽林、虎贲、宗士、庶士、望士、千牛备身等构成。这些士兵主要来自于以鲜卑为主的北族"[3]。主要是将各级将领的军阶官品大体上按照魏晋时的名号规范化了。但也并不是简单抄袭晋制，而是按实际情况有所改动，如将"都督中外诸军事"单列为从一品，表示对实际指挥职权的尊重。

至魏分东、西，嗣后北齐、北周，制度有所变化。西魏北周不久便行府兵制，东魏北齐军事指挥系统则颇为独立。先是，因高欢父子为相，"丞相府外兵、骑兵曹，分掌兵马。及受禅，诸司咸归尚书，唯此二曹不废，令唐邕、白建主之，谓之外兵省、骑兵省"[4]，骑兵实为中军。不过部队的基本编成没有太大的变化。

此外，军礼也是战斗序列的一种反映，尤其是皇帝"讲武"之礼。军礼虽主要用之于国家的大典，但也包含着平常的军规和作战的序列，因此军礼在一定程度上也能

---

[1] 《魏书》卷58《杨播传附杨椿传》。

[2] 分见《魏书》卷31《于栗磾传》、卷34《万安国传》、卷30《陆真传》。

[3] 谷川道雄《北魏末的内乱与城民》，载《日本学者研究中国史论著》第4卷。

[4] 《北史》卷55《唐邕传》。

表现出军队的面貌。在《隋书·礼仪志三》所记述的军礼中,北朝的部分要大大多于南朝,也从一个侧面反映出南北军事的不平衡。又,梁满仓先生指出,西晋开始"试图把讲武练兵活动与《周礼》所设计的模式结合起来",到了南北朝,"双方的发展轨迹虽然不同,但最终都建立起以《周礼》设计的模式为旗帜的讲武练兵制度"[1]。这种逐步发展出来的军队儒家化过程,也是本时期在军事上非常有意义的一种变化。

三、具有时代特色的武官系统

关于武官的军职、军阶、官品,在魏晋南北朝期间也有个发展的过程。魏晋之间,军职与军阶往往并没有严格的区分。如《晋书·职官志》云:"魏黄权以车骑将军开府仪同三司;开府之名,起于此也。骠骑、车骑、卫将军、伏波、抚军、都护、镇军、中军、四征、四镇、龙骧、上军、辅国等大将军,左右光禄、光禄三大夫,开府者皆位从公。"这里,将军开府,即设立幕僚机构,当然是为了治军的需要,所以车骑将军、车骑大将军等是武官之名,但从车骑将军和车骑大将军之差别,又表明它们代表军阶。此间,凡带军阶性质的将军号,都与官品有着直接的联系,这到了南朝就愈发明显了。

由于将军名号所代表的军阶与品位相连,于是在战争频繁,行政系统的重心往往偏向于为战争服务的两晋南北朝时期,造成了武散官的大量出现。宋时除大将军等高品将军外,还有凌江将军、裨将军等40个名号,这"自左右前后将军以下至此四十号,唯四中郎将各一人,余皆无定员"[2]。梁武帝更是有意为之,"增置镇卫将军以下为十品,以法日数;凡二十四班,以法气序;不登十品,别有八班,以象八风;又置施外国将军二十四班,合一百九号"[3]。这样的好处是可以最大限度地满足军官们的欲望,可以平流进取,年年能加官晋级。但将领们也因此会失去锐气,梁军打仗败多胜少,恐怕与此也不无关系。都督州军事或数州军事者是纯粹的军职,而其所带的军号则成了军阶,当然这仅是对在外诸军而言,详见第五章第三节。

武官是职官中的一类,它主要的特征是官。之所以这

安北将军章(北朝)

[1] 梁满仓《论魏晋南北朝时期的讲武》,《唐研究》第13卷(2007年)。

[2]《宋书》卷39《百官志上》。

[3]《南史》卷6《梁武帝本纪》。

样说,是因为在两晋南北朝这样战乱频仍的时代,一是军阶与军队实际编成脱节,二是职名之于文武官员有时混淆不分。这两者其实是交错的,如宋时,"太宗已来,皇子皇弟虽非都督,亦置记室参军。小号将军为大郡边守置佐吏者,又置长史,余则同也"[1]。参军为军府官却与军队无关,郡守是文官却有着将军的头衔。这种现象的背景是,在应付战乱的情况下,地方上军、政必须是合一的,所以在职官功能上,不能如承平时期那般撇得很清楚。

四、私兵与地方武装

私兵是对官军而言,但本时期在顶着朝廷名号之下,却有着大量私人的或家族的武装存在,这在战争连绵不断的当时,却是一种合理的现象。如"萧宝夤西征,以(李)瑒为统军。瑒德洽乡间,招募雄勇,其乐从者数百骑"[2]。李瑒军成,完全是其本人的号召力,此后虽有官军名义,实质上是他的私兵。又如高季式为济州刺史,"自领部曲千余人,马八百疋,衣甲器仗皆备",这些都是高刺史的私兵。李崇为扬州刺史,"在州凡十年,常养壮士数千人,寇贼侵边,所向摧破,号曰'卧彪'"。席固"久居郡职,士多附之,遂有亲兵千余人"[3]。黄回"时为南兖州,部曲数千"等,情况很普遍,"时江表将帅各领部曲,动以千数"[4]。可见当时官属的地方武装也带有私兵的性质,但往往并非专指某人或某族之私兵,而是一地私兵之统称。其特点是虽得到官方认可,但不在编制,不支朝廷军饷。

当时的私兵之属一般多以部曲称之,如南朝初"广州人周灵甫有家兵部曲"[5]。部与曲原来是军中编制单位,引申为军队与士兵的代称,这在本时期一直存在,如北魏崔长儒"授徐州刺史,给广宗部曲三百,清河部曲千"[6]。除此之外,自东汉末,不断的战乱在逼使幸存的居民在武装化的同时,不得不投靠一些豪强族望以求庇护,结成一种依附关系,此种现象在北方尤甚。当时北方民众不管是迁徙他乡的,还是屯聚坞堡的,常要处于武装的状态,也时常有自卫之举。因此他们与宗主族首的关系就不止于一般的依附,还具有军事性质,所以这些依附者往往也被称为部曲,因而也具有私兵的性质。正是由于这种情况,那些

部曲将印(南朝)

[1]《宋书》卷39《百官志上》。
[2]《北史》卷33《李孝伯传附李瑒传》。
[3]《北史》卷31《高允传附高季式传》、卷43《李崇传》、卷66《席固传》。
[4]《南史》卷46《桓康传》、卷67《鲁悉达传》。
[5]《南史》卷33《范泰传》。
[6]《北史》卷24《崔逞传》。

私兵一般是与家属在一起的,而且平时种地谋生,有来犯者则执戈自卫,是兵农合一的。

如果这些坞主、堡主、行主等得到朝廷的官封,领受守土或作战任务的,这些私兵也就成了官军中的诸军,所以部曲一词在当时官、私军中都通用。这些武装在接受朝廷指令时是官军,自行其是时实际上还是私兵,这是本时期的一大特色。

这些时常戴了个官帽子的私家武装,既常常在动乱中扮演重要的角色,依违于大的政权势力之间,守土保境,也担当着维护地方的重任。如裴邃在"大统三年(537年),东魏来寇,邃乃纠合乡人,分据险要以自固"[1]。其在维持地方治安时,一般会得到官方的认可,犹如后世之民团。在西魏、北周时称之为乡兵,如郭彦系"当州首望,统领乡兵";韦瑱"以望族,兼领乡兵"[2]。

五、府兵制的内容与产生背景

上述的情况在南北朝是并存的,因此府兵之成军免不了受它们的影响。

从西魏开始的府兵制主要包括兵役制度和军队编制两个方面。该制初现于大统八年(542年)"宇文泰仿周典置六军,合为百府。(大统)十六年籍民之有材力者为府兵"[3]。这似乎是先整合编制,然后固定兵源的补充办法。

骑兵俑(北齐)

府兵的编成是,最上层为八位柱国大将军。其中宇文泰自大统三年起即任之,"位总百揆,都督中外军事",另一位广陵王元欣是挂名的,其余六位柱国"各督二大将军,分掌禁旅"。此下,"每大将军督二开府,凡为二十四员,分团统领,是二十四军。每一团,仪同二人"。仪同之下还有大都督、帅都督、都督等各级军官,这府兵构成了西魏北周的中军主力,为了保证其战斗力,它还有着自己的兵役制度。府兵"自相督率,不编户贯。都十二大将军。十五日上,则门栏陛戟,警画巡夜;十五日下,则教旗习战。无他赋役。每兵唯办弓刀一具,月简阅之。甲槊戈弩,并资官给"[4]。其自备弓刀戎装,不仅反映出对部落征兵制度的一些承袭,对军队后勤来说也是一种简化,虽然这样在装备上可能外观有些不大整齐,但能使兵器在士兵手中平

[1]《周书》卷37《裴文举传附裴邃传》。
[2] 分见《周书》卷37《郭彦传》、卷39《韦瑱传》。
[3]《玉海》卷137《兵制》引《后魏书》。
[4]《北史》卷60《传论》。

时保养得好,战时使用得更顺,因此是适合冷兵器时代之战争要求的。

府兵多由所谓"关陇豪右"所率的私家武装或地方武装上升组成,如令狐整"以国难未宁,常愿举宗效力,遂率乡亲二千余人入朝,随军征讨"[1]。裴侠于"大统三年,领乡兵从战沙苑,先锋陷阵"[2]等。但在定制的时候,可能进行过一番简选。"初置府兵,皆于六户中等以上家有三丁者选材力一人,免其身租用调,郡守农隙教试阅,兵仗衣驮牛驴及糇粮旨蓄,六家共备,抚养训导,有如弟子,故能以寡克众"[3]。

这种官兵之间的关系引出了府兵制的另一大特色,就是套上了鲜卑旧制的形式。"魏氏之初,统国三十六,大姓九十九,后多绝灭。至是,以诸将功高者为三十六国后,次功者为九十九姓后,所统军人,亦改从其姓"[4]。此虽如旧瓶装新酒,却有几大妙用。一是等于把全军将士都变成鲜卑族人,这样消除了鲜卑族与汉族将士之间的界限与隔阂;二是士兵与官长同姓,也可视作改善官兵关系的一种努力;三是在前两者的基础上,最大限度地消除魏晋以来士家制的负面影响,对提高普通士兵的士气,对增强军队战斗力无疑有积极的影响。周军最后能战胜齐军,与此不无关系。

更具有实质性的是,府兵制的兵农合一,和士家制中的兵农合一是不同的,主要在于三个地方。一是在落实土地使用权的程度上,二是在租赋的优惠上。府兵既得到均田制下有土地的好处,又可"免其身租用调"。而魏晋时"旧兵持官牛者,官得六分,士得四分,自持私牛者,与官中分",甚至有"持官牛者,官得八分,士得二分;持私牛及无牛者,官得七分,士得三分"[5]。两相比较,府兵要比士家制中的兵士待遇好多了。军人的待遇好了,他们的社会地位也就上升了,这样军队就会有较高的士气。三是这个"兵农合一"是主要体现在"户"上,而非在个人身上。魏晋时的士家由于主要是由屯田兵转化而成的,"出战入耕"、"且田且守"是常见的现象,所以兵农是合在一个人身上,户内的男子到了年龄后都有当兵的义务。可是西魏北周时期的府兵不一样,在"家有三丁者选材力一人"里,这

持盾武士俑(北齐)

[1]《周书》卷36《令狐整传》。
[2]《北史》卷38《裴侠传》。
[3]《玉海》卷138《兵制》引《邺侯家传》。
[4]《周书》卷2《文帝纪下》。
[5]《晋书》卷47《傅玄传》。前燕的情况也类似,见同书卷109《慕容皝载记》。

"一人"并不是番上的,经久不息的战争需要他连续为兵,正如陈寅恪先生指出"《邺侯家传》所谓'郡守农隙教试阅'者,绝非西魏当日府兵制之真相,盖农隙必不能限于每隔十五日之定期,且当日兵士之数至少,而战守之役甚繁,欲以一人兼兵农二业,亦极不易也"[1]。如此府兵之户内有农有兵,就像《木兰诗》中木兰去从军了,"将军百战死,壮士十年归",其父其弟则可在家务农。这样以户为单位的兵农合一,就使"户"依然处于与"民"同等的地位,从而与本时期一般的士家军户有很大的区别。故亦有百姓乐于充之,"是后夏人半为兵矣"[2]。

　　这样的兵制无疑对提高军队的战斗力有很大的好处,是本时期兵户制度发展的结果,可以说是一个进步,因而对隋唐以降的军事制度产生了深远的影响。

大周柱国河西公(李贤)墓志

[1] 《隋唐制度渊源略论稿》"兵制",中华书局1963年版,第133页。
[2] 《隋书》卷24《食货志》。

牵马画像砖（南朝）

第八章　走向重新统一

第一节　南北交流、商品经济与一统观念的强化

一、移民潮的推动

交流在和平时是促成统一的前提，或者在战争后是巩固统一的保证，因为通过交流，才能使思想文化，乃至经济一致起来。而人作为思想文化和经济流动的载体，又是一切流动中最重要的形式，所以两晋南北朝时期流民和移民的大潮，无形中为民族国家的统一，起到了重大的作用。

1. 汉字注音系统发展的作用

移民潮首先推动的是语言文字的交流。"夫九州之人，言语不同，生民以来，固常然矣"。但如果彼此老死不相往来，那么其言语之间的差异就会越来越大，移民的往来打破了这种隔阂，因为移民和原居住民之间总是要交流的，他们就会寻找出新的交流约定来。西晋后洛阳的正音"南染吴越，北杂夷虏"[1]，及东晋长江下游扬州"侨吴混合之语音最盛行"，而且"此种相互同化作用范围甚广"[2]。这些正是不同地域大规模人际交流的结果，扩大了该语言的使用范围。南朝刘霁"著《释俗语》八卷"[3]，北朝阳尼"所造《字释》数十篇，未就而卒。其从孙太学博士承庆撰为《字统》二十卷，行于世"[4]。颜之推有《训俗文字略》等，在《隋书·经籍志》所列135部，569卷的文字音韵类书籍的作者或注释者中，属于本时期的占绝大多数。这类书的出现，也是适应扩大语言约定范围的一种努力。

[1]《颜氏家训·音辞篇》。
[2]《南朝境内之各种人及政府对待之政策》，载《周一良学术论著自选集》，首都师范大学出版社1995年版。
[3]《南史》卷49《刘怀珍传》。
[4]《北史》卷47《阳尼传》。

互相学习言语当然是促成彼此交谈的一个重要方法,更重要的成果在于对汉文文字的促进。这分两个层面讲,其一是对文字的作用更重视了;其二是为了促成文字的交流效果,反、切等注音方法进一步发展了,"孙叔言创《尔雅音义》,是汉末人独知反语,至于魏世,此事大行"。具体的例子如"葛洪《要用字苑》分焉字音训:若训何训安,当音於愆反",如"於焉逍遥"、"焉得仁"之类;"若送句及助词,当音矣愆反",如"故称龙焉"、"晋、郑焉依"之类[1]。这种用反切对文字注音法从本时期起开始盛行,使得中国种类繁多的方言都能统一到一个文字系统里来,使有着不同方言口音的人们能凭着汉字互相交流无碍。

与此相关的是声律音韵之学的发展。一般认为魏晋之间是中国声律音韵发展的一个重要里程碑,仅"从诗文押韵的情形来看,自魏晋起至《切韵》时代,语音有了很大的变化。就韵部的分合而论,可以划分为两个时期:魏晋宋是一个时期,齐梁陈隋是一个时期。两者格局不同"。而"这一时期内不同方音之间的互相影响成为民族语言音加剧演变的外在因素"[2]。佛教在本时期的发展也与此密切相关,"魏陈思王曹植,深爱声律,属意经音。……于是删治《瑞应本起》,以为学者之宗。传声则三千有余,在契则四十有二"[3]。又如周颙"音辞辩丽,长于佛埋","始著《四声切韵》行于时"。甚至一个普通还俗僧人王斌,也"著《四声论》行于时"[4]。陈寅恪先生认为:"经声之盛,始自宋之中世,极于齐之初年。"[5]这或许是愈来愈多不同口音的佛教徒同诵一经的需要所致,何况僧人往往也是流动人口。这些在本时期得到很大发展的声韵学,有利于汉字注音系统的发展。与音相关的是字的形,也有了相应的统一。如江式"撰集字书,号曰《古今文字》,凡四十卷",使"古籀、奇惑、俗隶诸体,咸使班于篆下,各有区别。估训假借之谊,金随文而解;音读楚、夏之声,并逐字而注"[6]。其书虽没有最后完成,但由于是诏修的,当时就已经产生了很大影响。

汉字语言对中国的文化融合和政治统一起着至关重要的影响。而需要是发明的源泉,流民及移民潮带来的交

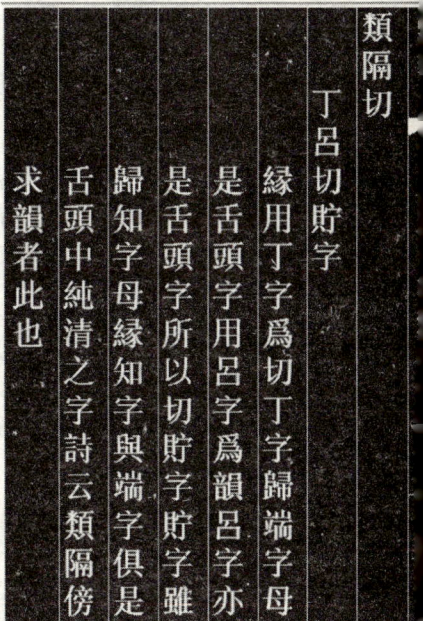

類隔切

丁呂切貯字

縁用丁字爲切丁字歸端字母
是舌頭字用呂字爲韻呂字亦
是舌頭字所以切貯字雖
歸知字母縁知字與端字貯字俱是
舌頭中純清之字詩云類隔傍
求韻者此也

《切韵指掌图》(四部丛刊本)

[1]《颜氏家训·音辞篇》。

[2] 分见《魏晋宋时期诗文的韵部研究》、《魏晋音与齐梁音》,载《周祖谟学术论著自选集》,北京师范学院出版社1993年版。

[3]《高僧传》卷13《经师传论》。

[4]《南史》卷34《周朗传》、卷48《陆慧晓传》。

[5] 陈寅恪《四声三问》,载《金明馆丛稿初编》。

[6]《北史》卷34《江式传》。

彩绘陶马及牵马俑(北魏)

流沟通需要,如"当日北方文儒之士,语言多杂方音"[1],其实当时南方由于有大批北来徙民,更是如此。这大大促成了汉文注音体系的发展,从而进一步发挥了文字一致的作用,也间接推进了中国的统一。

与此相关的是,进入中原的各个少数族的语言也渐渐地在生活中消失,在走向政治统一的进程中语言也走向了统一。这些少数族并非不愿保持自己的语言,北齐时一些鲜卑贵族还刻意用鲜卑语以示身份,但终久未能坚持下去。因为语言的使用是讲究成本的,那些少数族语言都是适合游牧生活的,对农耕社会而言,无论在词汇上还是语法上都有表达的困难。再加上社会每向文明迈进一步,语词的使用量和流通量就会大幅增加,对语言系统的结构和内涵有更高的要求。又使用某种语言的人群相对愈小,一方面,他们与社会上大多数人的交流就愈困难,也就是持此语言者的平时的生活成本就愈高。另一方面改进的成本也高,由于它原来的系统含量小而简单,词句要迅速扩容改造也很困难,更难使多数人放弃原来语言而接受它,于是不得不最后自己放弃了事。所以尽管有统治者的倡导,北朝后期"鲜卑语、胡书"与"煎胡桃油、铄锡为银,如此之类"[2],都成为一种专门技术了。语言是思想的载体,是文化扬弃的关键,语言文字的统一有利于观念文化的统一,当然也有利于政治的统一。

2. 生活习俗的混一

文化上的趋一是政治上统一的重要基础。当然文化是分层次的,生活习俗则是最基础的文化。生活习俗的混一,关键在于通过人员流动而杂居,因为移民与当地原居住民的混居,至少是对不同的生活习俗会有互相了解,日久还会潜移默化的相互影响。如"河北士人,皆呼外祖父母为家公家母;江南田里间亦言之,以家代外"[3]。江南民间的这种称呼习惯,很可能是北方移民所带来的。此正如杜佑所叙:江左自"永嘉以后,帝室东迁,衣冠避难,多所萃止。艺文儒术,斯之为盛。今虽闾阎贱品,处力役之际,吟咏不辍,盖颜、谢、徐、庾之风扇焉"[4]。更多情况可参见本章第四节。

如此即使是对一个普通庶民而言,对不同地域居民

[1] 陈寅恪《书魏书萧衍传后》,载《金明馆丛稿初编》。
[2] 《颜氏家训·省事篇》。
[3] 《颜氏家训·风操篇》。
[4] 《通典》卷128"古扬州·风俗"条。

习俗的了解与共处，便会有本地与天下关系的一种感性认同，实际上也促成其国家概念的养成。

二、水陆道路的打通

路是人走出来的。军队的征讨，民众的迁徙，商人的贩卖，行僧的云游都会把路走得更多更广。士兵、移民、僧人、商贩是两晋南北朝最常见的人群，他们的往来带动了道路的发展，也带出了统一的条件。与前代相比，本时期在交通上的发展的代表作表现在两个方面，一是水道的发展为隋代大运河的疏通打下了基础；二是从南方到西域另道的开辟。

魏晋南北朝时期，为了适应南征北战的需要，自曹魏起在水利上便开始做两件事。一是配合大规模屯田的需要而修建灌溉系统，如当时"上引河流，下通淮颖，大治诸陂于颖南颖北，穿渠三百余里，溉田二万顷"。即使前燕这样的政权，也因屯田而"沟洫灌溉，有益官司，主者量造，务尽水陆之势"[1]。北齐斛律羡在幽州，"导高粱水，北合易京，东会于潞，以此溉田，边储岁积"[2]。以往官方是缺乏开修这样大型水利工程动力的，民间则没有如此能力。由于这些大规模水利工程中的修建的渠道都很大，上引下通，可以航行船舶。

二是开凿或疏通了一系列水道以运兵和运粮，如白沟、平虏渠、泉州渠、新河、利漕渠、白马渠、鲁口渠、贾侯渠、讨虏渠、广漕渠、淮阳渠、百尺渠，及巢肥运河等等[3]。东吴也曾"发屯兵三万凿句容中道，至云阳西城，以通吴、会船舰，号破岗渎，上下一十四埭，通会市，作邸阁"[4]。西晋时杜预"开杨口，起夏水达巴陵千余里，内泻长江之险，外通零桂之漕"[5]。王敦为荆州刺史，"凿漕河通江汉南北埭"[6]。桓温与刘裕北伐时也都开凿水道以利军事，如桓温在太和四年（480年）北伐时"凿钜野三百余里以通舟运，自清水入河"[7]。刘裕北伐时多次用舟师，曾"舟师所届，次于洛阳"并命部下"即舟遡流，穷览洛川"以"欲知水军可知之处"[8]，还曾在义熙十三年（417年）闰月"自洛入河，开汴渠以归"[9]。北魏薛钦、朱元旭等官员曾都奏请在关西及东路诸州开设运漕，"诸通水运之处"，以舟代车，部分得到了

彩绘骆驼（北齐）

[1]《晋书》卷26《食货志》、卷109《慕容皝载记》。
[2]《北齐书》卷17《斛律金传》。
[3] 王育民《南北大运河始于曹魏论》，《上海师范大学学报》1986年第1期。
[4]《建康实录》卷2吴太祖赤乌八年八月条。
[5]《晋书》卷34《杜预传》。
[6]《舆地纪胜》卷64《荆州府漕河》。
[7]《晋书》卷98《桓温传》。
[8]《水经注》卷15。
[9]《宋书》卷2《武帝纪中》。

抱朴子外篇卷一

嘉遁

晋丹陽葛洪稚川著

抱朴子曰有懷冰先生者薄周流之棲遲悲吐握之
良苦譏膏壤於陸海哀躬耕乎斥鹵圖秘六奇以括囊
含琳琅而不吐謐清音則莫之或聞掩輝藻則世不
得覿背朝華於朱門保恬寂于逵戶絕軌躅於金張
之間養浩然於幽人之件謂榮顯為不幸以玉帛為
草土抗靈規於雲表獨達今而遂古此嵷岫之心魏義

《抱朴子·外篇》

实施。崔亮"议修汴、蔡二渠以通边运,公私赖焉"[1]。这中间由于淮河水系通过人工堰渠调蓄能够相通江河,所以当时"南北政权都重视通往淮河流域的水道,使长江、黄河间的水路交通进一步拓展"[2]。

这些水道的开凿或疏通,无疑为隋代的大运河开通打下了基础。北魏郦范为青州刺史时,有人告他"造船市玉,与外贼交通"[3]。青州带河濒海,所以贸易靠船,称交通的对象为"外贼",当然不在北魏境内,很可能是处于战争状态的南方。不管对郦范个人的指控是否属实,但这样的可能性,或者说有过同类事件应该是存在的,否则成了不攻自破的诬告了。可见利用水道进行贸易在分裂或对立的时代仍还进行着。

西晋统一后,全国的陆路打通,促使了商业贸易的发展,证据之一就是商业税越来越成为官方的重要收入。不仅"河桥孟津,解券输钱",就是沿途旅舍,也对"交易贸迁"者,"依客舍收钱"[4],追求末利。详情见本节之四。

永嘉之后,东晋南朝政府通使西域的走道大致是"先通过焉耆到鄯善(今新疆若羌),由此沿今若羌越过阿尔金山口进入吐谷浑的白兰地区,再东行至察汗乌苏河的都兰城(即随后的吐谷浑都城),经由柴达木盆地,更东南行,以达吐谷浑东境龙涸(今松潘)而入益州"。由于当时吐谷浑被称为"河南国",所以当时这条益州经由青海到新疆的通道叫做"河南道"[5]。这条道路的打通不仅是满足了东晋南朝的一时之需,对以后中国版图内各地区之联络也有着长远的影响。

这种交流所促成的融合,在南北交界处特别明显。对国家而言,有"通"才有"统",而任何经济文化的交流,租税的征收与运输,政令政情的上传下达,甚至军事上的征讨,都需要水陆道路的开辟。甚至可以说,国家统一的程度是和交通的发达成正比的,因为道路的延伸也意味着朝廷权力能够在四面八方的扩展。魏晋南北朝期间由于政治军事经济文化等等各种需要所致,即使是处于分裂的状态,道路交通却也有长足的发展,上述水道与河南道的形成就是典型的代表,这使以后隋唐的大统一少了几

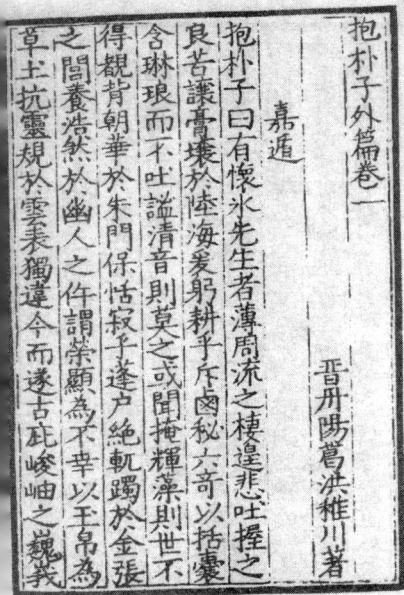

[1]《北史》卷44《崔亮传》,《魏书》卷110《食货志》。

[2] 何德章《魏晋南北朝时期南北水路交通的拓展》,《武汉大学学报》2004年第2期。

[3]《北史》卷27《郦范传》。

[4]《晋书》卷55《潘岳传》。

[5] 唐长孺《南北朝期间西域与南朝的陆道交通》,载《魏晋南北朝史论拾遗》。

分地理上的障碍。

三、一统观念的强化

除了西晋时的短暂统一，本时期在政治上长期处于分裂状态，但文化却没有分裂，天下一家的观念从来也没有被质疑过。在学术思想上，尽管有玄学对经学的冲击，尽管佛教和道教风行一时，但最终的趋向却是合一。也就是说由于意识形态的一统倾向，致使政治上的分裂只是一种利益上的暂时对立，一旦冲突有了转机，结束分裂就是理所当然的终局。

鉴于文化的一致性是统一的一个重要前提，名教与自然的一致，以及所谓三教会通等是在意识形态的高层上保持了思想文化的一统性，除儒家外，本时期佛教和道教作为全国性宗教地位的确立，对社会观念的统一起了促进作用，这些我们已在各专节中予以了说明。在这个过程中，一些在理论上力图综合各家，以求一统的意向也值得注意，因为这不仅是意识统一的一种标识，也是促使诸家或诸教合一的动力之一。

在这些整合的努力里，葛洪的《抱朴子·外篇》和刘勰的《刘子集》是比较典型的。此外，文学上的《诗品》与《文心雕龙》等都有在一个领域里或一个侧面上混一宇内的意向。《抱朴子·外篇》据葛洪自述，是在"魏虏未夷，天下多事，国家方欲明赏必罚，以彰宪典"的情况下，所致力的"弘通之大制"[1]，在以道为本的基础上，将儒、法、墨诸子的观点择需而录，"包儒墨之善，总名法之要"[2]，加以综合推重。不仅如此，《抱朴子·外篇》还把后来南朝的经、玄、文、史四学也笼罩在内，可谓承上启下，包罗万象。被认为刘勰所做的《刘子集》同样反映了如此倾向。他在首先认定"道者玄化为本，儒者德教为宗，九流之中，二化为最"的基础上，指出其他如阴阳、名、法、墨、纵横、杂、农诸家之学"虽旨有深浅，辞有详略，借儒形反，流分乖隔；然皆同其妙理，俱为治道，迹虽有殊，归趣无异。犹五行相灭，亦还相生；四气相反，而共成岁；淄渑殊源，同归于海；宫商异声，俱会于乐"[3]。即只要取舍得当，诸家学说是能取长补短，殊途同归的。

上：魏晋南北朝通行的五铢钱

下：五铢钱陶范

[1] 《抱朴子外篇自》，载王明《抱朴子内篇校释》，中华书局1985年版。

[2] 《抱朴子内篇校释》卷10《明本》。

[3] 《刘子集校》卷10《九流》，上海古籍出版社1985年版。

布泉(北周)

这种综合性的思想体系同样"具有封闭性、循环性、秩序性的特征",从而同样能为"建立统一和稳定的中国新王朝作理论建树"[1]。

这种思维模式的最后落实是海内一宇的共识。当时南北分裂,但交往频繁,南、北朝间国书往来,本来的套话是"想彼境内宁静,此率土安和",后来为"欲示无外之意"而不分彼此,改成"想境内清晏,今万国安和"[2],并取得南北一致的认同。至于深层观念上的趋同更是无微不至,如"正是北朝规制、南朝影响和地方特色杂错交织在一起,才形成青州地区南北朝时期地方文化的丰富多彩的内涵"[3]。又如"在北魏宣武帝即位后50年中(亦即南朝梁武帝在位期间,约公元500–550年),南北双方进入一个相对和平共处的时期,文化交流频繁,装饰艺术风格,特别是装饰题材、造型及纹饰渐趋相近。如前述南朝墓室与北魏巩县石窟内顶装饰图案题材的一致、神王异兽等题材在北朝后期石刻及南朝陵墓中的大量流行等"[4]。审美上的一致也是价值观念趋同的形式之一。这样,政治上尚未统一,观念上则已经统一了起来。

四、商品经济发展的因果

商品经济的发展是以生产发展为前提的,自本时期以来,地包吴楚的江南从《汉书·地理志》里描绘的地广卑湿,火耕水耨,少有积聚,丈夫多夭落后面貌,变成"荆城跨南楚之富,扬部有全吴之沃,鱼盐杞梓之利,充仞八方;丝棉布帛之饶,覆衣天下"[5]。北方的关洛地区也完全恢复了昔日的繁华,都为商业发展提供了物质基础。但这里提及本时期的商品经济发达,主要是说明它对冲破等级与地域界限所起的积极作用。虽然本时期的战乱和专役户制度对商品经济的发展经常起着破坏或阻碍作用,使它的发展起伏不定,但随着政局的相对稳定,对商品经济有利的因素活跃起来了,在南北朝尤为如此。

竞争与交流是经济发展的重要助动力,反过来,经济发展也为统一的行政体系的建立提供了物质基础。其中,商业的发展不仅促进了文化与观念的交融,其本身就是

[1] 李泽厚《秦汉思想简议》,载《中国古代思想史论》,人民出版社1986年版,第172、140页。
[2]《北史》卷56《魏收传》。
[3] 杨泓《关于南北朝时期青州考古的思考》,《文物》1998年第2期。
[4] 钟晓青《魏晋南北朝建筑装饰研究》,《文物》1999年第12期。
[5]《宋书》卷54《传论》。

推动统一的一个因素。由于是以农立国，所以历代往往对商业多所限制。在本时期，除了北魏平城时期为了解决粮食问题，曾打击商业"又禁饮酒杂戏弃本沽贩者"，及"诏工商杂伎，尽听赴农"[1]外，一般都比较宽松，所以商品经济的发展能起到一些积极的作用。尤其在南方，表面上东晋南朝的税率并不高，《隋书·食货志》概述道："晋自过江，凡货卖奴婢、马、牛、田宅，有文券，率钱一万，输估四百入官，卖者三百，买者一百。无文券者，随物所堪，亦百分收四，名为散估。历宋齐梁陈，如此以为常"，又分设津，"其荻、炭、鱼、薪之类过津者，并十分税一，以入官"。此外"大市备置官司"，恐怕由此难免另有各种附件税，于是征收或减免关市之税成了朝廷的一项重要的经济政策或政治姿态。如宋永初元年（420年）七月"以市税繁苦，优量减降"。宋末，萧嶷在荆州"以市税重，多所宽假。百姓甚悦"[2]，说明江左市场的重要，不仅在于京师。齐永明十一年（492年）八月"减关市征税"。虽然"先是，每有蠲原之诏，多无事实，督责如故"[3]，但至少这次是事实了。反例如姚兴"以国用不足，增关津之税，盐竹山木皆有赋焉"，他加税的理由是："能踰关梁通利于山水者，皆豪富之家"[4]，因此其收的就是商业税。这也说明当时市税对朝廷财政收入的重要性。这样，对打破地域或边境限制的商贸，各方官府也往往采取默许甚至鼓励的态度。

本时期民众的大规模迁徙流动，以及军人们的南征北伐，造成了大量的异地需求，即在新居地不能满足为保持老生活习惯所需物资时，就会推动生活资料为主的商品经济的发展。如史载到北方去的南人仍保持饮茶的习惯而受到讥笑，那么至少这些人的需要就会促使南方的茶叶贩卖到北方。因此每当本时期的战火相对平息时，商业就会迅猛地发展起来。东晋元兴三年（404年）二月一次风浪，便使建康附近的江面上"贡使商旅，方舟万计，漂败流断，骸胔相望"[5]，可见当时江左京师商贸之盛。北魏洛阳的"店舍为五等"[6]，表明其种类之繁和数量之多。南朝"淮水北有大市百余，小市十余所"，故"凡自淮以北，万匹为市；从江以南，千斛为货，亦不患其难也"[7]。史料中所见，在地方的集市里除买卖金银宝物和粮食绢帛外，不乏各种

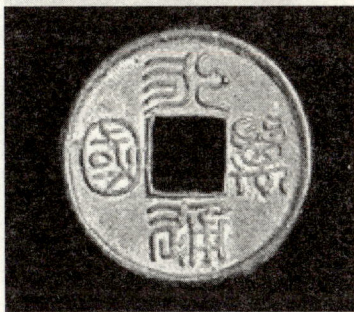

上：五行大布（北周）

下：永通万国（北周）

[1]《北史》卷2《魏景穆帝本纪》、卷3《魏孝文帝本纪》。
[2]《南史》卷42《萧嶷传》。
[3]《南史》卷1《宋武帝本纪》、卷5《齐郁林王本纪》。
[4]《晋书》卷118《姚兴载记》。
[5]《宋书》卷33《五行志四》。
[6]《北史》卷4《孝明帝本纪》。
[7]《隋书》卷24《食货志》，《宋书》卷82《周朗传》。

1《南史》卷45《王敬则传》。

2《梁书》卷7《太宗王皇后传附王骞传》，卖宅事见《北史》卷38《裴佗传附皇甫亮传》。

3《宋书》卷92《良吏传序》。

4《南齐书》卷19《五行志》、卷50《萧宝卷传》。

5 侯旭东《北朝村民的生活世界》，商务印书馆2005年版，第200、226页。

6《隋书》卷24《食货志》。

7 程念祺《国家力量与中国经济的历史变迁》，新星出版社2006年版，第110页。

8《宋书》卷5《文帝纪》、《南史》卷34《颜延之传》。

9《南齐书》卷37《刘悛传》。

10《梁书》卷3《武帝纪下》。当时铁也少，《隋书·刑法志》说当时因为铁少，"犯铁左右趾者，皆易以木焉"。

11《北史》卷41《杨播传》。

12《南史》卷39《刘勔传》。惜铜的重要原因是因为铜少，如吕思勉先生指出："南北朝之世，所以迄欲铸钱而终不能善者，铜之乏，实为大原。"见其《两晋南北朝史》第20章，第1085页。李剑农先生还认为与观念上的混乱有关系，这些错误观念系"以为铸钱可以生利，此恶钱所由产生之观念"；或"目钱币根本为有害之物，以为不如废钱用现物"等。见其《魏晋南北朝隋唐经济史稿》第4章，第71–74页。但这些观念盛行的本身，也反映了钱币作用的增大。

小商品，卖针、卖糖、卖六角竹扇等手工业品的都有，有书籍文具，也有担卖薪菜(蔬菜)、瓜果、鱼虾水族、菱藕、家禽、酒肉、樵柴、靴屦、皂荚、皮草、扫帚、颜料的，及农具，可见小商品很丰富，"屠狗商贩，遍于三吴"[1]。北方交易马匹还有专门的马市，洛阳城南还有专门的"鱼鳖市"。当时土地与居宅也能买卖，如梁武帝逼外戚王骞卖田，"遂付市评田价"[2]，可见集市里还有评估田价的地方，当系土地买卖比较普遍所致。本时期一些郡治便已固定设市，较大城里的市有垣有门，人们已惯于将"百户之乡，有市之邑"[3]并立。南朝甚至出现了"草市"[4]，由此还有"市司"、"市令"、"市尉"之设。"'市'已成为城乡生活的交汇点与沟通桥梁，亦是节日之外的日子里人群聚集之处"，"时人生活与'市'的关系的密切程度要超出今人的想象"[5]。由于经商比务农收入更多，整个东晋南朝"人竞商贩，不为田业"[6]。此外，《晋律》中有《关市》篇，南朝梁等因之，《北周律》中又细分为《关津》、《市廛》二篇，这也证明关市商贸在社会生活中的重要性日益增加。

江左商业之发达，货物流通量的增大，以及将力役、实物、货币"三位一体"的农业赋税形态，在南方确立起来[7]，还从南北朝货币供应量增加的需要反映出来。晋永嘉之后一度的流通萎缩从南北朝初开始得到扭转。本时期所铸的钱上开始出现皇帝的年号，如汉兴五铢、孝建四铢等，从一个侧面反映了皇权加强对经济的控制。南朝元嘉时不仅设钱署铸四铢钱，还"以货贵，制大钱一当二"，稍后又"以铜难得，欲铸二铢钱"[8]。北魏迁洛后则设铸钱都将军府，负责铸钱。而包括劣币大量出现的钱荒发生一方面固然是因为铸币材料缺乏所致，如齐武帝曾"遣使入蜀铸钱，得千余万，功费多，乃止"[9]。入蜀铸钱当然是因为近处无铜矿可采，还有一个办法是用其他的币材。如梁武帝时"始铸铁钱"[10]。北方后来也有类似情况，"时所用钱，人多私铸，稍就薄小，乃至风漂水浮，米斗几值一千"[11]。这种情况之发生，一个很重要的原因就是当局"铸钱惜铜爱工"，以致钱"轻而数多"[12]。这在大量铸造铜佛和法器的情况下变得更为严重。另一方面应该也是商品经济发展致使货币供应跟不上需求的结果。与此同时，在绢帛和钱币仍作为重要等价物的情况下，金银作为通货的作用开始显露出来，"前世用金皆以斤计，此时则多以两计，即其通行渐广之征"[1]。赵翼认为"金银之以两计，起于梁、陈、隋之世"[2]，如南朝后期到大庾岭经商的贾人随身所带的银两竟超过两千两之多[3]。但作为个别的例子，《晋书·王机传》里也有"金数千两"之载。不过当时可供作为一般等价物的金银毕竟数量有限，而绢帛不便携带，且裂帛作价成本太高，因此劣币横行以及坏的货币政策反过来也阻碍了商品流通，钱轻伤贾，致使物价腾，民生凋敝，社会经济也受到很大影响。

北朝的商业也发达，甚至皇室也参与，宫殿内"婢使千余人，织绫锦贩卖，酤酒，养猪羊，牧牛马，种菜逐利"[4]。后来的洛阳大市，"周回八里"，其中"多诸工商货殖之民"，货物应有尽有，不乏珍品。乃至当地"俗尚商贾，机巧成俗"[5]。凉州印染业发达，可达到一次能印两千匹白绫的规模，那里所印的绯色，质量号称"天下第一"[6]。其"第一"之称，当然是有了大量各地同类货物的流通与比较之后，才会排出次序来的。北齐曾一次"送突厥马数千匹于扬州管内，令土豪贵买之"[7]，此虽官办强制，但一次输送数千匹马进行交易，也反映商贸路线之规模。南朝被废的宋少帝曾以皇家"华林园为列肆，亲自酤卖"。南齐的萧昭业继皇帝位后也使"丹屏之北，为酤鬻之所，青蒲之上，开桑中之肆"。南齐最末一个皇帝萧宝卷"又于苑中立市，太官每旦进酒肉杂肴，使宫人屠酤，潘氏为市令，帝为市魁，执罚，争者就潘氏决判"[8]。这些年轻的皇帝这么做，绝非偶然，应当是被宫外的商业繁华热闹所感染。

所以到了南北朝相对稳定时期，商业的发展一点不亚于其他的朝代。而商业由于其自身发展的需要，一直在客观上充当起冲破军事割据、政治分裂或人为禁止的一种动力。即使是南北虽互为敌国，但商业往来还是有的，尤其是在没有战争的时候，南北之间还常设"互市"。早期如前秦苻健"于丰阳县立荆州，以引南金奇货、弓竿漆蜡，通关市，来远商，于是国用充足，而异贿盈积矣"[9]。后来北魏"又于南垂立互市，以致南货，羽毛齿革之属，无远不

彩色绢鞋（十六国北朝）

[1] 吕思勉《两晋南北朝史》第19章，第1031页。有的学者认为以斤计之金并非全是纯金，但金与铜在价值上的严格区别，也是商业发展的一个表征。

[2]《陔余丛考》卷30"金银以两计"条。

[3] 参见《南史》卷66《周文育传》。同书同卷《欧阳頠传》说交州刺史袁昙缓"以金五百两寄頠，令以百两还合浦太守龚蒍，四百两付儿智矩"。也可作金银具有通货作用间接之证。

[4]《南齐书》卷57《魏虏传》。

[5]《隋书》卷30《地理志中》。

[6]《北史》卷20《尉古真传附尉聿传》。

[7]《北史》卷30《卢玄传附卢潘传》。

[8]《宋书》卷4《少帝纪》、《南齐书》卷4《郁林王纪》、卷7《东昏侯纪》。还有更早的如《晋书·愍怀太子传》说其"于宫中为市"，"又令西园卖葵菜、篮子、鸡、面之属，而收其利"。可见此在本时期不是孤立的现象。

[9]《晋书》卷112《苻健载记》。

至"[1]。地方上如魏崔宽为陕城镇将，以"恒农出漆蜡竹木之饶，路与南通，贸易往来，家产丰富，而百姓乐之"[2]。又如北魏占领淮河流域后，"江南无复鳆鱼，或有间关得至者，一枚直数千钱"，但也有人一下子购鳆鱼三十枚的[3]，可见交易量还是不小的。即使在打仗时也未停止，如高季式"为都督随司徒潘乐征江、淮间。为私使乐人于边境交易，还京，坐被禁止"[4]。这种商业上的利益，致使北魏边缘州郡的官员"皆无防寇御贼之心，唯有通商聚敛之意"。另一边如梁时"郁州接边陲，民俗多与魏人交市"[5]，可见南北边境交易规模之大和影响之深。魏分东、西后，"士人仍缘姻旧，私相贸易"，虽有禁令，但"犯者非一"[6]，后来不得不放松。又如北齐"旧制：以淮禁不听商贩辄度"。苏琼为徐州行台左丞，行徐州事后，听两淮通籴粮食，"遂得商估往还，彼此兼济，水陆之利，通于河北"[7]。这种情况当然是促进北方统一的因素之一。

南北朝进入相对稳定时期后，随着双方使节的往来，"南北朝时期，双方互派使节达156次"[8]，成为一次次通商贸易的契机。如"魏、梁通和，要贵皆遣人随聘使交易"。北魏"时每有江南使至，多出藏内珍物，令都下富室好容服者货之，令使任情交易"。这样虽是为了政治目的，但毕竟体现了南北经济沟通的要求，何况没有一定的商业基础，要想摆样子也摆不出来。北齐时"梁使每入，邺下为之倾动，贵胜子弟盛饰聚观，礼赠优渥，馆门成市"。其原因之一是这些使节还往往"将人渡江私市"[9]。因此商贸无疑是促进统一而非助长分裂的因素。

第二节　法的观念与律法的进展

古代的法制大体上包括律法和司法制度两大内涵，本节主要说的是前者。

起自上古，律法的一大使命就是为了维系天下大同。进一步说，在同一的社会结构上所建立起来的政治体制都是相似的，在同类的政体下所产生的行为准则也会是基本相同的。这就可以解释，为什么两晋南北朝期间存在

[1]《魏书》卷110《食货志》。
[2]《北史》卷21《崔浩传附崔宽传》。
[3]《南史》卷28《褚裕之传附褚彦回传》。
[4]《北史》卷31《高允传附高季式传》。
[5]《北史》卷47《袁翻传》、《梁书》卷16《张稷传》。
[6]《北史》卷55《郎基传》。
[7]《北史》卷86《苏琼传》。
[8] 梁满仓《南北朝通使刍议》，《北朝研究》1990年上半年刊。
[9]《北史》卷32《崔挺传附崔暹传》、卷33《李孝伯传附李安世传》、卷43《李崇传》。

云岗石窟第20窟外景

过的几十个政权，不管是大是小，不管存在时间是长是短，也不管统治者是汉族还是少数族，只要它们立国建朝廷，它们之间的法律都大同小异。而且一个政权存在时间越长，它的异质性也就越少。这样也就意味着社会行为规范取得了进一步的共识，所以我们说，两晋南北朝期间律法的存在与发展，也是中国重新走向统一的基础之一。

另外，由于法的作用之发挥就在于贴近现实，所以要不期修古，不法常可，经常随形势修定律法，廷议案例，也就有了本时期法制的不断进展。

一、两晋南北朝律法概况

中国古代由于社会结构的特殊，所以律法上偏重于刑法和行政法，鉴于行政法主要体现于官制和礼制，所以本节所讲的律法仅涉及与刑法有关的内容。本时期由于政治军事的变乱较多，讲究道德教化的儒学又受到很大的冲击，导致刑狱的普遍增多，仅南朝"府州郡县狱千有余狱"[1]。此正所谓乱世多刑，但反过来也由此促进了本时期律学的发展和司法实践的丰富。

晋代是律制发展的重要时期。除了继续使"八议"入律外。它还使礼制的精神进一步融于律法之中，将礼律连称，"以道德之不行，故以仁义化之；仁义之不笃，故以礼律检之"[2]，由此律礼并重。如"撰《周官》为《诸侯律》，合二十篇，六百二十条，二万七千六百五十七言。蠲其苛秽，存其清约，事从中典，归于益时"，这些都体现在泰始三年（267年）所颁布的律法里。尤其是"峻礼教之防，准五服以制罪"[3]，即"对于亲属之间的相互侵犯，根据血缘关系上尊卑亲疏的丧服制度作为定罪量刑的标准，法律明确规定刑罚的加强或减轻"，系《晋律》首创[4]。晋武帝还亲自临讲，使裴楷执读，将儒家讲经的形式移到了讲律。以达到"尊卑叙，仁义明，九族亲，王道平"之目的。在体裁上张斐、杜预又为律作注，并由武帝诏班天下，成为律之正本解释，可作执法依据。这种法律文本形式也具有开创性。晋律影响了整个南朝的律制，"为南朝历代所因袭，北魏改律，复采用之，辗转嬗蜕，经由（北）齐隋，以至于唐，实为华夏刑律不祧之正统"[5]。

云冈石窟立佛（北魏早期）

[1]《南齐书》卷48《孔稚珪传》。
[2]《晋书》卷92《李充传》。
[3]《晋书》卷30《刑法志》。
[4] 杨廷福《"晋律"略论》，载《魏晋南北朝史论集》，《华东师范大学学报丛刊》1986年版。
[5] 陈寅恪《隋唐制度渊源略论稿》"刑律"，第100页。

云冈石窟坐佛（北魏早期）

"自晋氏失驭，海内分裂，江左以清谈相尚，不崇民法。故其时中原律学，衰于南而盛于北"[1]。虽然宋、齐两朝依《晋律》因循守旧，从律制的制定上，《梁律》则有所扩展，是较完整的一部律法。陈代之律虽"博而非要"，但"其制唯重清议禁锢之科。若缙绅之族，犯亏名教，不孝及内乱者，发诏弃之，终身不齿"[2]。也就是儒家的，或道德的成分在陈朝的律法中得到了加强，表现在很多方面。礼律相提并论之风也贯彻于南朝，议刑则常"断以礼律"[3]。又如宋侍中蔡廓建议："鞫狱不宜令子孙下辞明言父祖之罪，亏教伤情，莫此为大。自今但令家人与囚相见，无乞鞫之诉，便足以明伏罪，不须责家人下辞。"由于此合"子为父隐"之道，所以"朝议咸以为允，从之"[4]。这是本时期律制演变的一个方向。

十六国时一些小国虽然存在时间不长，但一般也有立法举动。如石勒曾下令"采集律令之要，为施行条制"，于是"造《辛亥制度》五千文，施用十余岁"。这"律令"当是《晋律》，石勒采用其中哪些条文，已经难知，但从中我们知道少数族政权要进行统治，是离不开中原传统法律的。后来石勒"又下书禁国人不听报嫂及在丧婚娶，其烧葬令如本俗"。当时"号胡为国人"[5]，也就是说石勒是通过律令的形式来改变胡俗的。又李雄据成都，"除晋法，约法七章"[6]。慕容儁与慕容垂时皆曾"令博士已上参考旧事，依《吕刑》及汉、魏、晋律令，消息增损，议成《燕律》"[7]。一般而言，文治时律法趋于繁密，战乱时律法以简要刚严为特点。十六国时的上述通过集前律之要以用的动向正是体现了这样的特点。

北魏前期的律法是鲜卑旧制不断向汉晋法制和儒家观念靠拢、结合的结果。太武帝时还"诏诸疑狱皆付中书，依古经义论决之"。大臣高允依此"据律评刑，三十余载，内外称平"[8]。孝文帝的大力汉化，实际上也是进一步儒家化，当然把律法包括在内。"齐之以法，示之以礼"为推行法制的基本方针。还奉行的是"导之以德化，齐之以刑法，大小必以情"[9]的方针。如律中有"子孙告父母、祖父母者，死"[10]等等。魏分东西乃至北齐北周继续着这个进程，如皆以《春秋》、《尚书》等儒家经义作为审判的依据。

[1] 程树德《九朝律考》"南朝诸律考序"，中华书局1963年版，第311页。
[2] 《隋书》卷25《刑法志》。
[3] 《宋书》卷57《蔡廓传附蔡兴宗传》。
[4] 《宋书》卷57《蔡廓传》。
[5] 分见《晋书》卷104《石勒载记上》、卷105《石勒载记下》。
[6] 《晋书》卷121《李雄载记》。
[7] 《晋书》卷128《慕容超载记》。
[8] 《魏书》卷48《高允传》。
[9] 《魏书》卷111《刑罚志》。
[10] 《北史》卷86《窦瑗传》。

北齐编成"《新令》四十卷,大抵采魏、晋故事","其不可定法者,别制《权令》二卷,与之并行",此外还"有《别条权格》,与律并行"。后二者都是援引先例,"上下比附"为案判[1],如此在体裁上也是一种创新,并为唐代所袭用。北齐律将反逆、不孝等"十重罪(十恶)"置于律首,作为不可赦免议赎之条,这也是儒家法制观念的一种发展。由于北朝士族以标榜礼法为特点,所以做到这点是很容易的。但统治阶层的一般成员普晓法律和上层统治集团的行事多不依法之间的鲜明矛盾,也是导致北齐国家严重分裂的一个因素。

北周配合政体形式上的复古,所以其"制律强摹周礼"[2],于是"命有司斟酌今古通变",在保定三年(563年)形成《大律》,凡25篇,定罪1,537条,其中"重恶逆、不道、大不敬、不孝、不义、内乱之罪"[3]。这表明周律也是向儒家的观念更加靠拢的。不过法律的概念乃至词语未能在当时被熟悉和适应,法在实际生活中就起不了作用,在社会政治中也就不能维持长久。

如上所述,自两晋至南北朝,在律法的不断修改和实践的过程中,虽然处于玄学、佛学等盛行的时代,但是儒家思想的影响却是在律法和司法实践中得到持续地加强,"中国法律之儒家化经魏、晋南北朝已大体完成"[4]。这进一步增重了将道德约束外在化的中华法制特色。

二、本时期法制的特色。

除了律法的儒家化外,两晋南北朝时的法制还有不少特色。其中之一,通过网罗诸家意见,撷其精要作注解,于是对法律里面的种种概念有了比较明确的定义。西晋制定法律后,诏使"抄《新律》诸死罪条目,悬之亭传,以示兆庶"[5]。这恐怕是最空前规模的"普法"行动了。北齐也"敕仕门子弟,常讲习之。齐人多晓法律,盖由此也"[6]。大家熟悉了法律,触犯它的人就少了。不过人们心里有了行为的准绳后,也往往会来比量统治者,如果后者严重背法的话,普法的效果是适得其反的。如晋杜预下义:"律以正罪名,令以存事制"[7],清楚地区分了律、令的不同规范方向。又如在晋《泰始律》颁后不久,明法掾张斐(斐)就上表予

云冈石窟千佛(北魏中期)

[1]《隋书》卷25《刑法志》。
[2]《隋唐制度渊源略论稿》"刑律",第112页。
[3]《隋书》卷25《刑法志》。
[4] 瞿同祖《中国法律之儒家化》,载《中国法律与中国社会》,中华书局1981年版。
[5]《晋书》卷30《刑法志》。
[6]《隋书》卷25《刑法志》。
[7]《太平御览》卷638引杜预《律序》。

云冈石窟比丘像（北魏）

以阐述："其知而犯之谓之故意；不以为然谓之失；违忠欺上谓之谩；背信藏巧谓之诈；亏礼废节谓之不敬；两讼相趣谓之斗；两和相害谓之戏；无变斩击谓之贼；不意误犯谓之过；逆节绝理谓之不道；陵上僭贵谓之恶逆；将害未发谓之戕；创首先言谓之造意；二人对议谓之谋；制众建计谓之率；不和谓之强；攻恶谓之略；三人谓之群；取非其物谓之盗；货财之利谓之赃"等等。并指出"律者当慎其变"，即在一些特殊情况下如何应用法律原则，若"卑与尊斗皆为贼，斗之加兵刃水火中，不得为戏，戏之重也；向人室庐道迳射，不得为过，失之禁也"[1]等。这些较为清晰的界定和执行原则，是长期司法实践的结果，有利于审判的公平和前后四方执法的一致，也有利于我们今天更好地了解当时人们的观念。

这种一致趋向的形成是和本时期"律博士"等专门司法官吏之设分不开的。律博士初设于曹魏，以后两晋南北朝皆设，于是法律上遇到问题就有了参与公议的专家。鉴于"法律为专门之学，非俗吏之所能通晓，必有专门之人，斯其析理也精而密，其创制也公而允"[2]。如北魏律博士常景在制定律法时"讨正科条，商榷古今"，凡"刑法疑狱"多访于他，是北魏律的主要制定者之一[3]。不仅如此，由于自董仲舒引经义决狱起，儒家思想主导律学就形成了传统，后来玄学、佛学的影响也有同时性、普遍性的特点。因此不管是哪个朝代，也不管统治者是哪个民族，站在相同立场和角度上对类似案件发表意见的律博士们七议八议之后往往看法会大同小异，都是在同一原则前提下的不同阐释而已。"自是，杜（预）、张（斐）二家律注遂行于世，下逮宋、齐、梁、陈言法律者王植、蔡法度之徒，咸遵守之"，北朝法学"亦源于魏晋"[4]。法律观念上的统一也就先于政治上的南北统一。

其中之二是法律条文与执行的实践严重受形势变化的影响。这是由于政治斗争的频繁与激烈，导致有法难依，由"军国多事，政刑不一"，不免"刑随喜怒，道暌正直，布宪拟于秋荼，设网逾于朝胫，恣兴夷翦，取快情灵"，或者"决狱定罪，罕依律文，相承谓之变法从事"，及"网密宪烦，文理相背"，"刑开二门，法有两路，刀笔之态深，舞弄

---

[1] 《通典》卷164《刑制中》"晋"条。
[2] 沈家本《历代刑法考》"寄簃文存·设律博士议"，中华书局1985年版，第2060页。
[3] 《洛阳伽蓝记》卷1"城内永宁寺"条。
[4] 《历代刑法考》"寄簃文存·法学盛衰说"，第2143页。

之风起"[1]，导致"上下比附，欲出则依附轻议，欲入则附从重法，奸吏因之，舞文出没"[2]。且由于是按照政治斗争的结果来进行处罚，所以对参预政治斗争者的动机和情节就看得格外重要，由此审判中的"原心定罪"与"原情论罪"得到了强化。而为了追索动机与情节，口供与刑讯逼供就显得十分要紧，因此在本时期这些不良的司法习惯得到了大大的加强。

　　同时，由于本时期政治权威的缺乏，如东晋时，也易"不用律令，竞作属命，人立异议，曲适物情"[3]。这种脱节其实包含两个层面，除了审讯时有法不依外，法律对下不对上，对疏不对亲，"礼训君子，律禁小人"[4]，或"急于黎庶，缓与权贵"[5]，也是很显著的现象。各种赦令由于政治变动多而频见。《晋书·武帝纪》泰始五年（269年）五月"曲赦交阯、九真、日南五岁刑"是"曲赦"之名的首次记载于正史。如此多赦，既是政治权威的一种表现，同样也是权威力不足的征兆。如此随机处罚，将律法搁置一边，对掌权者来说，或许是一种方便，有时还能直接达到自己的目的要求。但某些统治者并不明白，法律的作用不仅仅是用来治理臣民，也是用来约束自身的。对统治集团自身的约束和对民众的约束之间的通用度越高，整个国家越是能长治久安。反之，统治集团内部如果缺乏规范，必将会导致其分崩离析，本时期很多朝廷的短命，皆在于此。

　　之三，官吏在法律上的特权更加显著。除了继续曹魏的"八议"入律外，并把以爵抵罪发展成"官当"，即行政职位也可拿来赎罪。如《隋书·刑法志》说陈时"五岁，四岁刑，若有官，准当二年，余并居作"。在其《法例律》中首创"五等列爵及在官品令从第五，以阶当刑二岁；免官者，三载之后听仕，降先阶一等"的官当法。

　　之四，是受到佛教的影响。这反映在制度上和在司法实践的两个层面上。在条文与制度方面的影响主要表现在这几方面：1，建立僧官、赐额、试经、度牒等制度，如北魏孝文帝太和十七年（493年）"诏立《僧制》四十七条"[6]。2，具文对僧侣的约束和惩处，如梁武帝《断酒肉文》。鉴于其中一些条文与戒律相衔接，故可视作戒律纳入法律体系的一种形式。3，是把佛家禁止杀生的戒条搬移到法律，因

云冈石窟胁侍菩萨（北魏）

[1]《南齐书》卷48"史臣曰"。
[2]《隋书》卷25《刑法志》。
[3]《晋书》卷30《刑法志》。
[4]《魏书》卷111《刑罚志》。
[5]《隋书》卷25《刑法志》。
[6]《魏书》卷114《释老志》。

云冈石窟乘象入胎图（北魏）

为佛教以"去杀为众戒之首"[1]，而成为一种公共禁约。如南齐的皇帝们都曾"敕六斋断杀"、"敕断钟山玄武湖渔猎"、"敕罢射雉断卖鸟雀"[2]。再如南朝末智者大师曾"买斯海曲，为放生之池"，于是"陈宣（帝）下敕，严禁此池不得采捕，因为立碑。诏国子祭酒徐孝克为文，树於海滨。……至今贞观，犹无敢犯，下敕禁之，犹同陈世"[3]。北魏尚书令、任城王元澄因洛阳城内"庙像严立而逼近屠沽"，奏"请断旁屠杀，以洁灵居"，得到孝明帝的诏可[4]。北齐文宣帝亦将邺县合水寺周围"封方十里，禁人樵采射猎"[5]。并进一步"禁鹰鹞，去官鱼屠，辛荤悉除，不得入市"[6]，就不仅仅是禁杀生了。4，是佛教语词在律令中的反映，若"号取寺名，诏用佛语"[7]的现象在南北朝已经出现，如王鸣盛指出："（梁）大通元年正月，开大通门对同泰寺南门，取反语以协同泰。大同十一年七月诏：'民用九佰钱。佰减则物贵，佰足则物贱，是心有颠倒。'此佛语也。夫纪年建号而取寺名，行政下诏而用佛语，帝之流荡甚矣。"[8]鉴于语言是思想的载体，因此律令中的佛教语词也是佛家约束精神在世俗司法中的一种存在。5，有的甚至直接以佛教规范代替法律。如萧昱"坐於宅内铸钱，为有司所奏，下廷尉，得免死，徙临海郡。行至上虞，有敕追还，且令受菩萨戒。昱既至，恂恂尽礼，改意蹈道，持戒又精洁，高祖甚嘉之，以为招远将军，晋城太守"[9]。直是以佛戒代刑罚。又如南朝"（萧）誉深信佛法，常愿不杀诵《法华经》。（甄）玄成素诵《法华经》，遂以此获免"[10]。典型的如南北朝时"以护军将军陆法和为郢州刺史。法和为政，不用刑狱，专以沙门法及西域幻术教化，部曲数千人，通谓之弟子"[11]。这里的"沙门法"，当即是佛教戒律。或者以佛教礼拜来替代刑法，如南朝初张淹为东阳太守，"百姓有罪，使礼佛赎刑，动至数千拜"[12]。间接的如梁代的萧昱在受了菩萨戒后"改意蹈道，持戒又精洁。高祖甚嘉之，以为招远将军，晋令太守。下车励名节，除烦苛，明法宪，严於奸吏，优养百姓。旬日之间，郡中大化"[13]。虽然"励名节"之类带有儒家色彩，但这一切都在萧昱受菩萨戒后所促成的。

　　佛教观念在实践中的直接影响主要在于两个方面。从正面说，报应轮回之说对刑罚的滥酷起某种阻约的作

[1] 宗炳《明佛论》，载《弘明集》卷2。
[2] 参见《出三藏记集》卷12《法苑杂缘原始集目录》。
[3]《续高僧传》卷17《隋国师智者天台山国清寺智顗传》。
[4]《魏书》卷114《释老志》。
[5]《全唐文补遗》第3辑《大唐邺县修定寺传记》，第304页。
[6]《广弘明集》卷4《废李老道法诏》。
[7] 张亮采《中国风俗史》第3编第1章，上海文艺出版社1988年版，第106页。
[8]《十七史商榷》卷55"号取寺名诏用佛语"条。
[9]《梁书》卷24《萧景传附萧昱传》。
[10]《北史》卷93《甄玄成传》。
[11]《资治通鉴》卷165梁元帝承圣二年九月丙子条。
[12]《宋书》卷46《张邵传附张淹传》。
[13]《梁书》卷24《萧景传附萧昱传》。

用,给封建刑罚抹上一些道义人情的色彩。佛教如此"刑辟作阴德"[1]的观念影响很大,北魏高允"雅信佛道,时设斋供,好生恶杀。……据律评刑,三十余载,内外称平"[2]。这甚至限制到皇帝身上。十六国时佛图澄劝后赵君主石虎:"帝王之事佛,当在心,体恭心顺,显畅三宝,不为暴虐,不害无辜",而"若暴虐恣意,杀害非罪,虽复倾财事法,无解殃祸"。于是"虎虽不能尽从,而为益不少"[3]。《南齐书》卷41《周颙传》云:"宋明帝颇好言理,以颙有辞义,引入殿内,亲近宿直。帝所为惨毒之事,颙不敢显谏,辄诵经中因缘罪福事,帝亦为之小止。"这里所谓"惨毒之事"就是任意杀人。在北朝也是如此,"北齐高祖多杀戮。有稠禅师者,以业行著称,箴之曰:'陛下罗刹化临水,必自见之。'如其言,果见群罗刹在其后,于是乃禁断鹰鹞,造佛寺,断屠杀,不食肉"[4]。从负面说,它又往往成为破坏律令执行的心理依托。如通过对佛教的虔诚信奉来摆脱世俗法权的约束,实质是通过效果比,将佛教戒律置于世俗法律之上。这主要是利用自南北朝至唐初流传的大量所谓应验故事来表露的。如刘宋张演所撰《续光世音应验记》的10个故事中,有"张展"、"孙恩乱后临刑二人"、"江陵一妇人"、"义熙中士人"四条都是讲犯罪被囚后,由于"思念归诚光世音",受"夫妻戒"、"奉佛法精进"诸理由而获免。刘义庆的《宣验记》里也有"吴郡人沈甲,被系处死。临刑市中,口诵观音名号,心口不息,刀刃自断,因而被放"等故事。而在南齐陆杲所撰《系观世音应验记》中也有25个类似的事例。其中有名高荀者,因"杀官长,又射二千石"被执当刑,竟因其"起诚念,一心精至"皈依观世音,而绞斩不死,"监司方信神力,具以事启,得原"。有的如"张达者,曾系狱,应死。既无复他冀,唯《观世音经》。近得千遍,而钳镰皆折,少日得出,遂为道人"[5]。这些故事虽然是虚拟的,但其流行的结果,却会使人以为受了佛戒就可以不惧俗法。如"晋太康中有富人居,时禁晋人在沙门。常奉(佛)法不惧宪纲,潜於宅中立精舍,供养沙门,于法兰亦在其中"[6]。也有在全局范围内破坏刑政的。如南朝"(梁)武帝年老,厌於万机,又专精佛戒,每断重罪,则终日弗怿"[7]。后人评价:"梁武(帝)、元顺(帝)溺佛教,有罪者不刑。"[8]还因佛教进

云冈石窟飞天(北魏早期)

[1] 引自张利亚《磁县出土济南愍悼王妃李尼墓志铭》,《北朝研究》1996年第3期。

[2] 《北史》卷31《高允传》。

[3] 《高僧传》卷9《晋邺中竺佛图澄》。

[4] 《太平御览》卷655引《谈薮》。

[5] 两书均见孙昌武点校本《观世音应验记三种》,中华书局1994年版。

[6] 见《法苑珠林》卷54《惰慢篇·引证部》。于法兰是汉人,《高僧传》卷4《晋剡山于法兰》云其"高阳人,少有异操,十五出家",所以他和那富人都触犯了当时的法律。

[7] 《隋书》卷25《刑法志》。

[8] 《明史》卷151《郑赐传》。此话是明成祖对"西域贡佛舍利,赐因请释囚"的回答。然事虽未果行,但郑赐奏请的本身,已经说明佛教观念对司法的影响。

云冈石窟供养天人（北魏中期）

行大赦，梁武帝天监十八年（519年）"夏四月丁巳，帝於无碍殿受佛戒，赦罪人"。又大同四年（538年）七月"癸亥，诏以东冶徒李胤之降如来真形舍利，大赦天下"[1]。北齐皇帝则"付嘱五众有坠宪网者，皆据内律治之"[2]。

总之，佛教对律法的影响是负大于正，最大的问题是扰乱了儒家思想支配律法的一致性。

三、民族融合与法观念的统一

本时期法观念的统一包含两个层次，一是儒、玄、佛、道诸家，以及蕴含在它们里面的先秦诸子关于法的观念在本时期进一步一致起来；二是各民族中关于法的观念相统一，结果是几乎全盘汉化。

本时期的谈玄虽然热烈，但至少对司法实践影响不大。因为玄学讨论的结果，趋向于名教即自然的结论。再说下去，三纲五常就是天道合法。郭象说："故知君臣上下，手足内外，乃天理自然，岂真人之所为哉！"及"夫臣妾但各当其分耳，未为不足以相治也。相治也者，若手足耳目，四肢百体，各有所司而更相御用也"[3]。

就像名教以自然为本可以将经学与玄学统一起来一样，法以天道为本也可以将当时形形色色的法的观念一致起来。但与战国至汉初这段时间不同的是，两晋南北朝时的天道已经具体到三纲五常，维系纲常既是法的依据，也是法律实施之目的。而在这个过程中，社会上各种关于法的观念，最终也在逐步儒家化的过程中被统一了起来。至于佛教的影响，上文已有阐述，但这些影响不仅是次要的，而且与儒家观念之间没有根本的矛盾。

少数族原先都有自定的行为准则、刑罚条例和审讯惩处方式，但这一切都体现在习惯上，而习惯是由生活环境养成的，当生活由草原转向农耕，转向城市后，就有了改变习惯的基本条件。更何况他们的种种习惯起先都不是表达在文字上。虽然本时期一些少数族已经建立了政权，成为统治民族，但都没有创建本民族的文字系统与其母语相配合。所以他们在治理国家时，不得不借用汉字为工具，以应付日益复杂的新情况，其中包括法制。汉文的法律用语跟传统的封建法制观念是相一致的，所以一旦

[1] 分见《南史》卷6《梁本纪上》，《梁书》卷3《武帝纪下》。另《隋书·刑法志》云北齐文宣帝"尝幸金凤台，受佛戒，多召死囚，编蓬簰为翅，命之飞下，谓之放生"，虽然飞者"坠皆致死"，成了"放生"的讽刺，但名义上总是皇帝受佛戒则可以使死囚"放生"。
[2] 《续高僧传》卷22《隋西京大兴禅寺释洪遵传》。
[3] 《庄子·齐物论》郭象注。

法律条文用汉文来表达，它就不可避免地落入了中国传统法制的框架。如腰斩之刑，"魏、晋以后，南朝已无腰斩，而元魏尚用之。齐、周二代则并无此名，又不用矣"[1]，趋向总归会一致的。更重要的是，当他们从游牧生活转向农耕生活，以及要跟汉人日常相处，随之需要的各种规范约束只有在汉语言文字里有现成的提供，且拿来所用方便又合适。久而久之，人们关于法的观念也会被这个框架所笼罩了。

此外，法律观念的融合是和律学之兴分不开的，因为在律学教学中，法律问题可以进行充分的讨论，就容易取得一致。如后秦姚兴"立律学于长安，召郡县散吏以授之。其通明者还之郡县，论决刑狱。若州郡县所不能决者，谳之廷尉"，再在"谘议堂"断疑狱，使得"于时号无冤滞"[2]。北齐之法"敕仕门之子弟，常讲习之。齐人多晓法律，盖由此也"[3]。

由于两晋南北朝是一个各种有关法的观念融合的时期，也由于集各种法制而大成的北朝法制，是在少数族统治下完成的，因此被后来隋、唐诸朝所承袭的本时期律制，没有丝毫民族歧视的内容，在法律上保障了民族平等，从而为以后中华民族的合成起了十分深远而积极的影响。

云冈石窟胁侍菩萨（北魏晚期）

四、从两晋南北朝时期法制看其在隋唐的发展

1.两晋南北朝律制的发展

关于刑法的一些问题，由于进行了彻底的争议，也就取得了较为统一的认识。

第一是关于肉刑。汉代已废肉刑，不过废除的只是斩手截足等狭义的肉刑，广义的肉刑就是简称的刑，从来都被视作理所当然。对皮肉动刑一直到20世纪仍是中国刑审中的基本手段，这除了基于法制理念外，缺乏技术手段和成本低廉也是广义的肉刑经久不衰之重要原因。确实没有比将涉案人打得皮开肉绽、筋骨分离而使其认罪的最简易有效的办法了，这也能对罪犯及潜在罪犯起很大的威慑作用而稳定了社会秩序。古往今来数不清的官员

[1] 沈家本《历代刑法考》"刑法分考三"，中华书局1985年版，第118页。
[2] 《晋书》卷117《姚兴载记上》。
[3] 《隋书》卷25《刑法志》。

云冈石窟阿修罗像（北魏中期）

为此而得到政绩，哪怕由此会产生多少冤假错案、枉死孤魂，只有个别做得太过分才成为"酷吏"而付出代价。

即使是所废止的肉刑，至魏晋又起了争议。这是因为动乱中"百姓有土崩之势，刑罚不足以惩恶"，所以要恢复肉刑，有乱世用重刑的意思。但反对者更多，如曹魏司徒王朗表示反对，"时议者百余人，与朗同者多"[1]。此后仍不断有人提议恢复肉刑，西晋廷尉刘颂的理由主要有两条，一是肉刑正好能填补死刑重、生刑轻之间的空当；二是肉刑将盗者截手，淫者割其势，"乃去其为恶之具"是其他的刑罚难以取代的。东晋又有一轮争议，主张肉刑者的一大理由是在"人户彫荒，百不遗一"的情况下，以肉刑替代死刑可以"惠俘造化"。尚书令刁协等还提出"明审法令，乐刑者刖，甘死者杀"的办法，让罪犯自己选择。还有提出仅"复肉刑斩左右趾之法，以轻肉刑"[2]。此外要施肉刑还能够在早期文献中找到依据。蔡廓还发挥道："肉刑之设，肇自哲王"，即早就有了包括肉刑在内的五刑了，但当时由于"民多惇谨"，所以能起威吓作用"胜残去杀，化隆无为"。虽然当世"利巧之怀日滋，耻畏之情转寡，终身剧役，不足止其奸，况乎黥劓，岂能反其善？徒有酸惨之声，而无济治之益"，不过"移大辟于支体，全性命之至重，恢繁息于将来"[3]，即肉刑代死不仅体现仁道，还有利于繁殖人口。但这些都受到大多数官员的反对，"时遂不行"。同样，十六国时南燕主慕容超亲自下书议复肉刑，结果"群下议多不同，乃止"[4]。此后仍有主张恢复肉刑的零星议论，如北朝李士谦认为肉刑可取代"赃重者死"是免酷，小盗刖其手指能"无不止也"[5]。但终究因不合时宜而为个别书生之空谈。

肉刑之最后废弃是因为在魏晋南北朝这样劳动力非常缺乏的时代，截手断足以造成劳动力伤残的法律当然是不合时宜的，残疾人不仅不能够生产粮帛，还要增加社会负担。如在长沙走马楼出土的吴简中有这么两条：1，"常迁里户人公乘何著年五十四算一刑两足复"（壹·2950）；2，"高平里户人公乘鲁开年卅二算一刑左手复"（壹·3017）[6]。不管他们手足的失去是否是因为受刑，断手残足而被"复"，官府的收入就会受到损失是事实，这在人手紧张的魏晋南北朝就是很严峻的问题了。而肉刑中的

[1]《晋书》卷30《刑法志》。
[2]《晋书》卷30《刑法志》。
[3]《宋书》卷57《蔡廓传》。
[4]《晋书》卷128《慕容超载记》。
[5]《北史》卷33《李孝伯传附李士谦传》。
[6] 均载《长沙走马楼三国吴简·竹简》（壹），文物出版社2003年版。

黥,因不妨害劳动,所以本时期在实际上并未废止,如北齐房谟效力于高欢,后者"赐其生口,多黥面为房字而付之"[1]。而南北朝律中开始出现的流刑则又多了一种肉刑的替代。

废除肉刑还意味着中国刑法史上更深的一种转折。上古以来,以刑止罪是中国法治观念中的一个主流。自从董仲舒开创以《春秋》折狱,促使了中华法系中两个特点的发展,一是模糊了道德与法律的界限;二是在强化道德的前提下,原心定罪,原情论罪的特色鲜明起来。而原心与原情都需要口供为依据,肉刑不能担此重任,但是酷刑能。酷刑虽也以皮肉为对象,但包含着惩罚与取证的双重功能,且愈来愈向取证的功能倾斜,从而与只具单一功能的肉刑有别。仅从本时期的情况看,以酷刑逼取口供作为定罪依据的倾向也很明显。如北魏初,"染干疑古真泄其谋,乃执拷之,以两轴押其头,伤一目,不伏,乃免之"[2]。这也是汉以后能取消肉刑,但取消不了酷刑的原因所在。

第二是关于妇女受诛株连的条件。曹魏之法,"犯大逆者诛及已出之女",由于在政治斗争激烈,动辄有族灭之刑的当时,"父母有罪,追刑已出之女;夫党见诛,又有随姓之戮。一人之身,内外受辟"的现象十分醒目。这在以婚姻为纽带的门阀社会,牵连甚广。于是在司马师当政时,司隶校尉何曾使主簿程咸建议:"在室之女,从父母之诛;既醮之妇,从夫家之罚","于是有诏改定律令"。

由于这类所谓反逆大罪多发生在上层,后来还有放得更宽的事例。如宋文帝时,谢晦等伏诛后,范泰上表道:"礼妇人有三从之义,而无自专之道,《周书》父子兄弟,罪不相及,女人被宥,由来尚矣。谢晦妇女,犹在尚方,始贵后贱,物情之所甚苦,匹妇一至,亦能有所感激。"结果"书奏,上乃原谢晦妇女"[3]。至《梁律》,明确规定为"母妻姊妹及应从坐弃市者,妻子女妾同补奚官为奴婢"[4],陈因之。此虽在广义上有利于保护士族的利益,因为这样减轻了士族成员参与政治可能付出的代价,毕竟也体现了"哀矜女弱"[5]的仁道。

这两个有争议的法律问题在本时期得到基本解决,也有着儒家道义影响法政的因素。自董仲舒以春秋折狱

云冈石窟塔(北魏中期)

[1] 《北史》卷55《房谟传》。
[2] 《魏书》卷26《尉古真传》。
[3] 《宋书》卷60《范泰传》。
[4] 《隋书》卷25《刑法志》。
[5] 《晋书》卷30《刑法志》。

起,儒家的道德观念渐渐支配了审讯,而以伦理道德为依据,必然导致原心定罪、原情论罪的倾向。在这个过程中,"凡小大之狱,必应以情"[1]成了本时期在讨论刑法上的共识。如上述关于妇女株连的议论,其实也是围绕着情节展开的。

2. 从隋唐律法说两晋南北朝法制的影响

隋律与唐律中继承前朝遗律的,主要可分两个部分,一是秦汉的,二是两晋南北朝的,这里说的是后者。

在《隋书·经籍志》所载35部刑法典籍中有近30部是和本时期相关的。这些两晋南北朝的法律条文虽然至今大部分都佚失了,但它们在隋代尚存。从一些记录中还可以看出它们对隋律与唐律的影响。《旧唐书·刑法志》说:"隋文帝参用周、齐旧政,以定律令,除苛惨之法,务在宽平",于是就制定出《开皇律》。而唐高祖又"诏纳言刘文静与当朝通识之士,因开皇律令而损益之,尽削大业所用烦峻之法"。接着又敕尚书仆射裴寂、萧瑀等"撰定律令,大略以开皇为准"。这说明隋、唐两朝在律制上主要是继承北朝的。

魏晋南北朝期间在律制上很多独特的成分都被隋唐所袭用。除了律、令、格等律制形式外,内容上,如"秦汉以降,未有流刑",至梁武帝时"自此复有流刑"[2]。又如流刑以往流放到那里,在距离上等等都没有具体规定,"从北周开始,才有远近、等级之分。隋律明显地承袭了这一点"[3]。还如隋律"又置十恶之条,多采后齐之制,而颇有损益"[4]。特别需要提到的是,隋、唐诸朝继承了本时期律制上的两个重要走向,一个是儒家化的趋势;另一个是无民族歧视的法理。这两者也构成了中华法系最显著的特色。

第三节　最具人文精神的时代文化

文学艺术的繁荣虽然要依靠物质基础,但更少不了思想的解放。两晋南北朝既不是经济有着引人注目发展的时代,也不是什么物质富裕的盛世,可是本时期的文学

云冈石窟供养天(北魏中期)

[1] 《陈书》卷33《沈洙传》。

[2] 《历代刑法考》"刑法分考十",第269页。

[3] 倪正茂《隋律研究》第3章,法律出版社1987年版,第106页。

[4] 《隋书》卷25《刑法志》。

史学艺术等领域里则奇葩朵朵,百花齐放,最富有人文精神。这是因为本时期是中国历史上除春秋战国外思想最少束缚的时代,当大朝小国的众多帝王将相们把政治搞得一片混乱时,社会民众,尤其是知识阶层,就更多地关心起个人的生死与命运,并在走向自然的过程中展示真实的人性人情,这样本时期的文化特色就显露出来了。

云冈石窟莲花(北魏晚期)

一、文学的兴盛

　　诗歌的形式与内容在本时期都已为其在唐宋的兴盛开了先河。这以五言诗的发展为显例,陆机的五言诗已被钟嵘誉为"篇章之珠泽,文采之邓林"。又"郭璞五言,始会合道家之言而韵之。(许)询及太原孙绰转相祖尚,又加以三世之辞,而诗、骚之体尽矣。询、绰并为一时文宗"[1]。这实际开创了一个诗歌的新时代,南北朝有继续的发展,如谢朓"长五言诗,沈约常云:'二百年来无此诗也'"[2]。北朝卢思道"怅然感慨,为五言诗见意,世以为工"。裴敬宪"解音律,五言之作,独擅于时,名声甚重,后进咸共宗慕之"[3]。陶渊明、谢灵运等人的文名,也多以诗为主。五言体诗在南齐因在声韵上创新而成熟,南齐"永明末,盛为文章。吴兴沈约、陈郡谢朓、琅邪王融以气类相推毂。汝南周颙善识声韵。约等文皆用宫商,以平上去入为四声,以此制韵,不可增减,世呼为'永明体'"[4]。这些诗文开始把意境和韵律相结合,追求形式与内容的统一,对后世产生了巨大的影响。梁时陆琼"六岁为五言诗,颇有词采"[5],可见南北朝时五言诗已为成熟的诗体了。

　　诗之形式体裁的多样化也是伴随内容发展的一个结果。当时有所谓"百字诗",以字为限,北魏崔光"依宫商角征羽本音而为五韵诗,以赠李彪,彪为十二次诗以报光,光又为百三郡国诗以答之,国别为卷,为百三卷焉"[6]。又如所谓"回文诗"系十六国时苏蕙所创。苏蕙,字若兰,窦滔妻。"滔,苻坚时为秦州刺史,被徙流沙。苏氏思之,织锦为迴文旋图诗以赠滔。宛转循环以读之,词甚凄婉,凡八百四十字"[7]。多情自古伤离别,离情因时代多乱而丰茂于诗文,也可说是环境所致。需要指出的是,门阀因重婚姻而连带对妇女文化教育的重视,也使本时期才女辈出,南朝

[1] 《世说新语·文学篇》注引《续晋阳秋》。
[2] 《南齐书》卷47《谢朓传》。
[3] 《北史》卷30《卢玄传附卢思道传》、卷38《裴骏传附裴敬宪传》。
[4] 《南齐书》卷52《陆厥传》。
[5] 《南史》卷48《陆慧晓传》。
[6] 《北史》卷44《崔光传》。
[7] 《晋书》卷96《窦滔妻苏氏传》。

末徐陵所编的《玉台新咏》中就有不少妇女的作品,《隋书·经籍志》里记有《钟夫人集》等10余种妇女文集。著名的如刘臻妻陈氏的《椒花颂》,谢弈女谢道蕴韫之咏雪名句"未若柳絮因风起",沈约孙女沈满愿《咏灯》之"风轩动丹焰,冰宇澹清晖;不吝轻蛾绕,惟恐晓蝇飞"等,皆冠绝一时。还有刘孝绰的三个妹妹"并有才华",其小妹所作祭文使徐勉为之搁笔。

文学艺术的兴盛得益于思想的活跃,所谓"高士必在于纵心调畅"[1]。魏晋玄学的主流之"任自然"的观念对文学的影响是巨大的。首先是使很多诗人去关心自然,认识自然,于是许多山水诗、田园诗喷薄而出。山水诗和山水画的产生与发展,是本时期心灵和意念解放的结果,各自有个人的心领神会,所以能"自出机杼,成一家风骨"[2]。众所周知,先秦以降发展起来的中国哲学主要是维系现实的政治哲学,对个体心灵与宇宙万物之间的联系缺乏足够的关注。因此中国此前的文化中虽然早有诗、画等形式的文学艺术,但很少体现出人与自然之间的沟通。山水诗首先出现在谈玄、谈佛的高手中间。玄学,继之以佛学的兴起扩大了人们的眼界,加深了人们对事物的认识。人对自然山水的认同感的逐步增强,文士们"面修原而带流水,倚郊甸而枕平皋",且"仰翔禽于百仞,俯泳鳞于千寻"[3],必然会"感自然的真趣,悟幻化的人生"[4],山水进入诗画中来也是自然而然的事了。从佛教方面说,支道林的诗中就已经有了这样的味道。他的诗"从容遐想逸,采药登崇阜;崎岖升千寻,萧条临万亩;望山乐荣松,瞻泽哀素柳;解带长陵陂,婆娑清川右;冷风解烦怀,寒泉濯温手"[5],虽不精巧,但总已把情感和山水连了起来。至于谢灵运、陶渊明的诗,如"春晚绿野秀,岩高白云屯。千念集日夜,万感盈朝昏"[6];如"山气日夕佳,飞鸟相与还。此中有真意,欲辩已忘言"[7],更是到了人即自然,山水似人的物我合一之境界。郭璞的《游仙诗》更是将神情游于山岳风云之上,由自然而向超自然,被钟嵘《诗品》称为"中兴第一"。

崇尚自然的另一端,便是追求超自然的美,于是在本时期又有了唯美主义的文风。如徐陵及庾信"文并绮艳,故世号为徐、庾体焉。当时后进,尽相模范,每有一文,都下莫不传诵"[8]。此文体"春坊尽学之,'宫体'之号,自斯而

上:《昭明文选》

下:萧统

[1]《世说新语·轻诋篇》。

[2]《北史》卷47《祖莹传》。

[3]《北史》卷29《萧大圜传》。

[4] 容肇祖《魏晋的自然主义》第7章,东方出版社1996年版,第93页。

[5] 支道林《八关斋诗之三》,载《广弘明集》卷30。

[6] 谢灵运《入彭蠡湖口诗》,载《文选》卷26。

[7]《陶渊明集》卷2"饮酒二十首之六"。

[8]《北史》卷83《庾信传》。

始"[1]。女人之美当然也值得追求，所以本时期有徐陵选编的诗集《玉台新咏》出现，其所录诗歌870余首，无不与妇女相关，这是前所未有的。该集中大多数诗所歌咏的是女子天色红颜或真切之情，有的虽被称为香艳绮靡，但无涉于淫欲。香草美人，历来诗人以此寄托情怀，因此诗中女子之美其实是自然之美的派生，诗中女子之情隐喻着诗人们自己的感念，如此集中地放歌出来，不在思想解放的时代是不能想象的，而这本诗集在后世遭到各式各样正人君子的指责却是可以想象的。

　　与唯美相匹配的是唯情，因为真情也是自然的流露。本时期的诗歌中，无论是民歌还是文人，都不乏炽烈奔放的爱情表达。前者如《子夜歌》："揽枕北窗卧，郎来就侬嬉；小喜多唐突，相怜能几时？"《华山畿》："君既为侬死，独生为谁施？欢若见怜时，棺木为侬开！"后者如杨方的《合欢诗》："居愿接膝坐，行愿携手趋。子静我不动，子游我不留。齐彼同心鸟，譬此比目鱼，情至断金石，胶漆未为牢。但愿长无别，合形作一躯。生为并身物，死为同棺灰。"孙绰的《有情人碧玉歌》："碧玉破瓜时，相为情颠倒，感郎不羞郎，回身就郎抱。"鲍照的《代淮南王》："朱城九门门九闺，愿逐明月入君怀；入君怀，结君佩，怨君恨君恃君爱"等等。南方杂树生花的环境，崇尚自然的风气，使得这样的情歌要远多于北方。迎合世俗民众的需要，由美到色，由真情到欲情，当时亦有色情通俗文学作品为畅销书，如北齐阳俊之"多作六言歌词，淫荡而拙，世俗流传，名为《阳五伴侣》，写而卖之，在市不绝"[2]。其实这也是文学发展中的一种必然。

　　如果说面向山水自然是诗文在广度上的发展，那么文史结合，以诗文的形式来做历史的反省，"直史兼褒贬，辖司专疾恶"[3]，就凸显出前所未有的诗歌深度。若徐摛"遍览经史，属文好为新变，不拘旧体"[4]，而以左思的《咏史》为代表，本时期的这类题材诗遽然增多并呈现新意，诸如"世胄蹑高位，英俊沈下僚；地势使之然，由来非一朝"等，不仅是一种感叹，且是以史实来揭示等级社会的实质。此外，如袁宏的"无名困蝼蚁，有名世所疑"；张协的"多财为累愚，清风激万代"等[5]。后来陶弘景的历史感叹就更直一

《陶渊明集》序

梁昭明太子統撰

夫自衒自媒者士女之醜行不忮不求者

明達之用心是以聖人韜光賢人道世其

故何也含德之至莫踰於道亡而身害慮百

龄之内居一世之中倏忽比之白駒寄過

重於身故道存而身安道亡而身害慮百

謂之逆旅豈乎與大塊而盈虛隨中和而

任放豈能戚戚勞於憂畏汲汲後於人間

[1]《南史》卷62《徐摛传》。
[2]《北史》卷47《阳尼传》。
[3]《南史》卷39《刘勔传》。
[4]《梁书》卷30《徐摛传》。
[5] 分载《艺文类聚》卷55，《文选》卷21。

点:"夷甫任散诞,平叔坐论克;岂悟昭阳殿,遂作单于宫。"[1]这些诗"咏古人而已之性情俱见"[2],从中亦有对历史现象的深刻观察而悟出的哲理。这当然与本时期种种剧烈的政治变动,给了诗人们很多观察的机会与体验有关。

与此相呼应的就是包括玄理诗、佛理诗在内的大量哲理诗涌现。所谓玄理实际上是在表达一种境界,即"以自足无待为逍遥,化有待为无待,破'他然'为自然,此即是道之境界,无之境界,一之境界"[3]。由于这种境界是个人自由体验出来的,如王籍的"蝉噪林逾静,鸟鸣山更幽"之句,所以玄理诗往往幽微奇瑰,空谷传响。再次是通感现象在诗文中的凸显。所谓通感现象就是"视觉、听觉、触觉、嗅觉、味觉往往可以彼此打通或交通,眼、耳、舌、鼻、身各个官能的领域可以不分界限"[4]。如陆机的《拟西北有高楼》云:"芳气随风结,哀响馥若兰",及《拟东城一何高》云:"长歌赴促节,哀声逐高徽。一唱万夫叹,再唱梁尘飞"[5],都是用视觉上和嗅觉上的类感受来加强听觉上效果。庾信的诗"野鸟繁弦转,山花焰火然"[6],则是以触觉的类感受加强视觉效果。这也是对肉体上自然感受重视的结果,数种感觉通感的结果使一般的音形声色能显得特别地丰腴。如此修辞手法在唐诗中大量运用,本时期诗起了先驱的作用。这不仅是贴近自然的结果促使了人我与天地合一境界之出现,"精气因天行,游魂随物化",而且也是儒、玄、佛、道等各种思想观念的交锋融合大大启迪了人们的思维,于是诗的哲学本质在本时期得到了充分的表现。

本时期社会政治的动荡,战争冲突的频繁,难免使诗歌深沉而悲壮。豪气如吴均:"阵头横却月,马腹带连钱。怀戈发陇坻,乘冻至辽边。"沉痛如祖莹的《悲彭城》:"悲彭城,楚歌四面起,尸积石梁亭,血流睢水里";以及魏庄帝的"权去生道促,忧来死路长"等。又如流离在北朝的刘昶断句:"白云满郢来,黄尘半天起;关山四面绝,故乡几千里。"情景交感如谢朓"大江流日夜,客心悲未央";"朔风吹飞雪,萧条江上来"等。苦难的另一端是尽情地享乐,就有所谓艳诗,如陈后主"游宴后庭,多为艳诗,好事者相传讽玩,于今不绝"[7]。这样,本时期诗的数量虽然不多,但

陶渊明像

[1] 《南史》卷76《陶弘景传》。不过《南史》说此是所谓"预制诗",是错误的附会,实际应是他咏晋末史事的。

[2] 沈德潜选《古诗源》,中华书局1963年版,第166页。

[3] 牟宗三《四因说演讲录》之7,上海古籍出版社1998年版,第80页。

[4] 钱钟书《通感》,载《七缀集》,三联书店2002年版,第64页。

[5] 载《陆机集》卷6,中华书局1982年版。

[6] 《庾子山集注》卷3《奉和赵王隐士》,中华书局1980年版。

[7] 《南史》卷36《江夷传》。

题材和意境已十分广泛了。

晋邹湛"所著诗及论事议二十五首,为时所重"[1]。南朝的阴铿"尤善五言诗,被当时所重"[2]。从诗为时所重到人以诗为重,正是本时期诗发展的轨迹,而社会对诗文看重,为诗歌的不断发展形成了良好的环境。

本时期的文学,上述诗的发展可以说主要是启下,文的进步则是在承上的前提下有所创新。汉魏的赋到了本时期,依然能翻出不少名篇来,如江淹的《恨赋》,庾信的《哀江南赋》等。由此而在一般行文上也追求华丽的辞藻和工整的对偶,于是骈文就风行一时,也出现了孔稚圭的《北山移文》等佳作。

又"自晋迄隋,特多鬼神志怪之书"[3],诸如张华《博物志》、干宝《搜神记》、刘义庆《幽明录》、吴均《续齐谐记》、王琰《冥祥记》、王嘉《拾遗记》等等。该类小说在本时期的异军突起,除了与释道二教的影响有很大关系外,其中精怪一类与尚谈自然之风亦有一定的关联。在中国古代的认识中,鬼神本于人之精气,精怪则为自然物之精粹,故谈自然而涉及其精变,也是顺理成章的事。记载本于谈玄的逸闻雅事的作品也颇盛行,如裴启的《语林》,刘义庆的《世说新语》等。这类作品重在纪实,据说《语林》因记谢安语不实,被谢安否认,此书遂废,所以《世说新语》等还是颇有史料价值的。这样也可以解释为什么地域不同能造成文风差异,如"江左宫商发越,贵于清绮;河朔词义贞刚,重乎气质。气质则理胜其词,清绮则文过其意。理深者便于时用,文华者宜于咏歌"[4]。这是因为诗文既因自然而发,则环境不同而反响不一也是自然的事。

大批佛经的翻译,使本土的文学接触到新的文体,新的句法,新的韵律,新的词汇,以及由此带来的新的语言意境和新的故事题材。随着佛教的广泛传播,佛经被社会上千千万万的人,上自士大夫下至农夫村姑所日常阅读与背诵,潜移默化,对当时的书面语言及口头语言同步发生巨大的影响。这在魏晋之前是从未有过的,在本时期所遗存到今天的文献中,几乎绝大部分都直接或间接含有佛教的因子。这就是说,与以往相比,本时期的文学呈现出一种新的面貌。若"我国自《搜神记》以下一派之小说,

谢灵运像

[1]《晋书》卷92《邹湛传》。

[2]《南史》卷64《阴子春传》。

[3] 鲁迅《中国小说史略》第5篇,上海古籍出版社1998年版,第24页。

[4]《北史》卷83《文苑传序》。

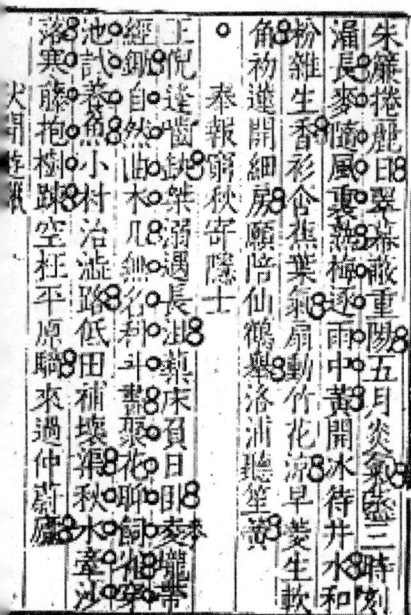

不能谓与《大庄严经论》一类之书无因缘",而"六朝志怪之书如刘敬叔《异苑》一类,应该是缘起经、因果经一类思想在文学方面的反映"[1]。又若"佛经中的欲色异相描写深深地影响了宫体诗,宫体诗的内容因此而与以往的言情之什有了很大的不同","古老的情爱题材这时实际上已化为了弘教者借以说法的人间异相,用它们可以说明'眉如细柳'的不足关怀,'颊似红桃'的不能长久,男女情爱的别恨离苦"[2]。

文学上的百花齐放也推动了文艺理论的发展。若诗歌的哲理化过程也会促使对其本身的形式与内容进行思考,这就有力地推动了关于诗的理论的发展,于是就有了钟嵘《诗品》这样的杰作。钟嵘认为好诗必须"弘斯三义,酌而用之":"一曰兴,二曰赋,三曰比。文已尽而意有余,兴也;因物喻志,比也;直书其事,寓言写物,赋也",再配合以文采风力,就是"诗之至也"[3]。南齐的萧子显把文体分为三大类:"一则启心闲绎,托词华旷,虽存巧绮,终至迂回",如谢灵运;"次则缉事比类,非对不发,博物可嘉,职成拘制。或全借古语,用申今情,崎岖牵引,直为偶说",如傅咸、应璩;"次则发唱惊挺,操调险急,雕藻淫艳,倾炫心魂",如鲍照[4]。北魏的杜正藏"为《文轨》二十卷,论为文体则,甚有条贯"[5],虽然这是时文的一种指南,但对形式的探讨其实也是一种理论。《颜氏家训·文章篇》里也有不少关于文学的探讨。在清谈的氛围中,文学理论发展起来是很自然的。

正因为有着上述种种突出的表现,所以在本时期文学作为一"学"的地位凸显了出来,其最明白的标志就是宋文帝在元嘉中专设"文学"以为教育,与经学、玄学、史学相并立。此后《南齐书》立《文学传》,《世说新语》有"文学篇",遂成书体之范例,文学作为一学的轮廓越来越清晰。因此可以说文学作为中国文化中的独立一帜,成于本时期。

艺术与文学密不可分,本时期最突出的是诗画一体,当人们的意念向着更广大深邃的空间时,眼前的视野也宽广起来了。萧贲"能书善画,于扇上图山水,咫尺之内,便觉万里为遥"[6]。由于觉得山水和生命有着相同的意义,人与自然便常常会产生共鸣,所谓"水石奔异,境与性会"[7],

庾信文

[1] 杨东莼《中国学术史讲话》之6,江苏教育出版社2005年版,第134、135页。向达《记敦煌出六朝婆罗谜字因缘经经幢残石》,载《向达先生纪念论文集》,新疆人民出版社1986年版,第19页。

[2] 许云和《汉魏六朝文学考论》,上海古籍出版社2006年版,第163、173页。

[3] 《梁书》卷49《钟嵘传》。

[4] 《南齐书》卷52"史臣曰"。

[5] 《北史》卷26《杜铨传附杜正藏传》。

[6] 《南史》卷44《萧子良传附萧贲传》。

[7] 《历代名画记》卷1《论画山水树石》。

故摄入眼里的景象再从心底流出来时,便有了山水画。诚如刘宋初著名山水画家宗炳所言:"旨微於言象之外者,可心取于书策之内……则昆阆之形可围於方寸之内,竖划三寸,当千仞之高,横墨数尺,体百里之迥。……夫以应目会心,为理者类之成巧,则目亦同应,心亦俱会,应会感神,神超理得,虽复虚求幽岩,何以加焉。又神本无端,栖形感类,理入影迹,诚能妙写,亦诚尽矣。"[1]其孙宗测好游名山,"赍《老子》、《庄子》二书自随",所以他"画永业佛影台,皆为妙作"[2],实践了其祖的理论。此外,尚画的风气和绘画艺术水平是相辅相成的,宋初,仅供御画的颜料碧青就需一千二百斤,可见其盛。

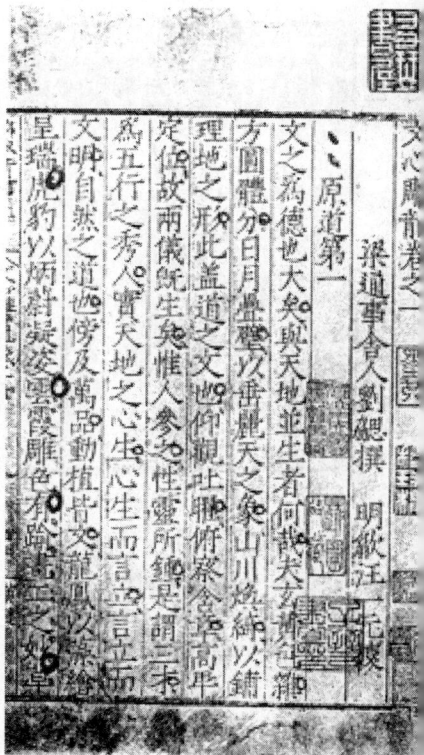

《文心雕龙》

二、史学与地理学的发达

本时期的史学成就非常引人注目,仅正史就有五部在此时完成,即陈寿的《三国志》、范晔的《后汉书》、魏收的《魏书》、沈约的《宋书》、萧子显的《南齐书》。其实《隋书·经籍志》的史部中所列的绝大部分史学著作都是在本时期完成的,如撰晋史者就有20余家,再加上撰十六国史的有30余家,数量十分庞大。虽然这些史籍都已佚失,现今只有少数明清时人所做的辑本,如《十六国春秋》、《晋阳秋》、《九家旧晋书》等,但列于正史的唐房玄龄主修的《晋书》,是在五、六┼本前人著作的基础上修成的,其他唐人所修的正史也都在很大程度上是依靠本时期的各种史学著作来完成的。与唐人及以后所修的正史不同的是,本时期由个人为主所修的正史,有着同时代人所特有的感触,在语言上也更能反映时代风貌。所以本时期应该是中国史学最辉煌的时代之一。

本时期史学的最大特色是处于修史百花齐放的时代,既有官修的,也有私家修史,众多朝代的兴衰分合,使题材丰富多彩;思想的解放,使修史的观点与体裁不拘一格;民族与宗教文化的融合,让史学著作中包含了许多前所未有的内容。史学著作的总数与品种也是其他朝代所难以达到的。

史学在本时期的发达,和宽松的思想环境相关。因为中国的史学太重视道德判别和历史经验总结, 也就与现

[1] 宗炳《画山水序》,引自《历代名画记》卷6《宋》。

[2]《南史》卷75《宗少文传》。

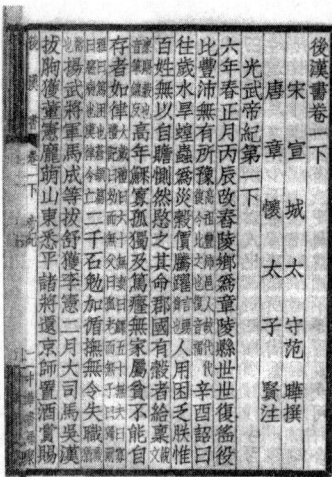

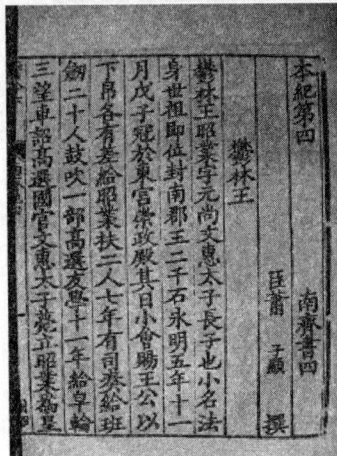

上：范晔的《后汉书》

下：萧子显的《南齐书》

实政治联系最为密切，所以在政治专制的时代，可以有大规模的修史之举，而不可能有活跃的史学，以免由此滋润统治者十分忌讳的思想或政治异端。而魏晋南北朝时期正如《隋书·经籍志二》所说：汉末"天下大乱，史官失其常守，博达之士，愍其废绝，各记闻见，以备遗亡。是后群才景慕，作者甚众"。甚至"委巷之说"也收罗了起来，于是成史"亦各其志，而体制不经"。另一个原因是频繁而复杂的政治与军事斗争，促使几乎每一个主动参与权力角逐者，都免不了要向历史往事中取得经验与教训，包括那些有着雄心壮志的少数族统治者，甚至不识字的石勒也要使人读《汉书》给他听。

门阀政治是一种更典型的人治，因为它更需要士族成员之间的调和。而调和的实现，需要熟知其潜规则，援用各种先例，因此史料学特别发达，为撰史作好了坚实的铺垫。如王彪之"博闻多识，练悉朝仪，自是家世相传，并谙江左旧事，缄之青箱，世人谓之'王氏青箱学'"[1]。这"青箱学"其实就是史料学。又如王伟之将"当世诏命表奏，辄自书写，太元、隆安时事，小大悉撰录之"，他的儿子王韶之"因此私撰《晋安帝阳秋》，时人谓宜居史职"[2]。

推动本时期史学发展的一个意外事件是汲冢书的发现。"晋太康元年（280年），汲郡人发魏襄王冢，得古竹简书，字皆科斗，发冢者不以为意，往往散乱。（武）帝命中书监荀勖、令和峤，撰次为十五部，八十七卷"[3]。其中除《易经》等经书外，最著名的就是所谓《竹书纪年》了，还有《穆天子传》等，对先秦的历史有着许多不同的说法，如"尧之末年，德衰，为舜所囚"；"益干启位，启杀之"；"仲壬崩，伊尹放太甲于桐，乃自立"；"太甲僭出自桐，杀伊尹"；"自周受命，至穆王百年，非穆王寿百岁也"等等。这不仅使当时一些学者如束皙、卫恒等忙活了一大阵子，也给后世史学留下了大量研究题材。

时代的特征也影响着史学的特征。本时期在史学的范围里与门阀关系更密切的是谱学，它的发展几乎是空前绝后的。《南齐书·贾渊传》说："先是谱学未有名家，渊祖弼之广集百氏谱记，专心治业。晋太元中，朝廷给弼之令史书吏，撰定缮写，藏秘阁。……渊父及渊三世传学，凡

---

[1]《宋书》卷60《王淮之传》。

[2]《宋书》卷60《王韶之传》。

[3]《隋书》卷33《经籍志二》。而《晋书》卷3《武帝纪》说是在咸宁五年（279年）十月盗发的。一些学者认为后者是发掘之时，前者是上报朝廷之年。

十八州士族谱,合百帙七百余卷,该究精悉,当世莫比。"又《南史·王僧孺传》也说他"集《十八州谱》七百一十卷;《百家谱集抄》十五卷;《东南谱集抄》十卷"。其第一部当是贾弼所著,后二部当是此谱在南朝的发展。北魏迁洛后也更重门户,如元晖业"乃撰魏藩王家世,号为《辨宗录》四十卷,行于世"[1]。在《隋书·经籍志》里有氏姓之书"四十一部,三百六十卷",其中只有四种十一卷的内容与本时期无直接关系,可见本时期谱学之发达。家谱是士族享有种种特权的依据所在,因此撰虚假的家谱是犯法的,它也就能成为撰史较为可靠的素材。因为当时"百家之谱皆上于吏部",所以沈约"撰《宋史》在齐武帝之世,亲见谱牒,故于本传书之"[2]。姚察对"姓氏所起,枝叶所分,官职姻娶,兴衰高下,举而论之,无所遗失"[3]。可见他们成为大史家,和熟悉谱学是分不开的。

史料学发达的另一个侧面是目录学。曹魏时开始将图书"分为四部,总括群书",初步形成经、子、史、集四大类。至"宋元嘉八年,秘书监谢灵运造《四部目录》",又有王俭《四部书目录》,"齐永明中,秘书丞王亮、监谢朏又造《四部目录》",梁朝还有刘遵、刘孝标,及"秘书监任昉、殷钧《四部目录》"等数种,陈朝有《寿安殿四部目录》、《德教殿四部目录》等[4]。这样,其间虽有出入,但四部分类法从此在目录学中占主导地位,不可动摇。

十六国北朝史学的另一大特色,就是汉人史官以儒家的行为准则来裁量少数族统治者的言行。不管这种对少数族"尊者不讳"是史官们的有意还是无意,他们那种文化优越感所引发的,却是一幕幕残酷的政治斗争。如赫连勃勃杀士人韦祖思的一个原因就是他害怕"吾死之后,汝辈弄笔,常置吾何地"[5]! 又如前秦苻坚"母少寡,将军李威有辟阳之宠,史官载之。至是,坚收起居注及著作所录而观之,见其事,惭怒,乃焚其书而大检史官,将加其罪。著作郎赵泉、车敬等已死,乃止"[6]。赵泉等死得早,还是幸运的。而北魏权臣崔浩之身死族灭也和如此修史有关,"初,郗标等立石铭刊《国记》,浩尽述国事,备而不典。而石铭显在衢路,往来行者咸以为言,事遂闻发"[7]。崔浩之被灭族可能背景复杂,但如此引起"北人无不忿恚,相与谮浩

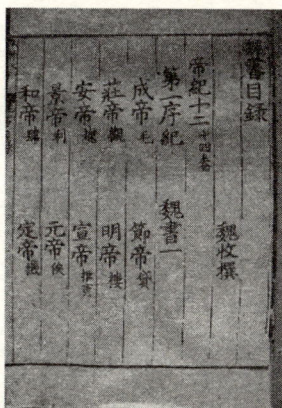

上:魏收的《魏书》

下:《佛国记》

[1] 《北史》卷17《元晖业传》。
[2] 钱大昕《跋陶渊明诗集》,载《潜研堂文集》卷31。
[3] 《陈书》卷27《姚察传》。
[4] 《隋书》卷32、33《经籍志一、二》。
[5] 《晋书》卷130《赫连勃勃载记》。
[6] 《晋书》卷113《苻坚载记上》。
[7] 《魏书》卷35《崔浩传》。

象马如脱屣，庶士豪家捨资财若遗迹。于是昭……

图光宅嵩洛，笃信弥繁，法教愈盛。王侯贵臣弃

风遂广。至晋永嘉唯有寺四十二所，逮皇魏受

门饰豪眉之像，夜台图绀髮之形，尔来奔竞其

西域备详，东土靡记。自顶日感梦，满月流光，阳

义兼天外。至於一乘二谛之原，三明六通之旨

三坟五典之说，九流百代之言，并理在人区，而

魏抚军府司马杨衒之撰

洛阳伽蓝记序

《洛阳伽蓝记》

于帝，以为暴扬国恶。帝大怒，使有司按浩及秘书郎吏等罪状"[1]。无疑是直接的导火索，因此"崔浩之诛也，史官遂废"[2]。北魏更早时期的史官邓渊可能在其所撰《代记》中载有贺后先后为昭成帝什翼犍和献明帝拓跋寔之妇并生子等事，而被道武帝所杀，后来崔鸿修《十六国春秋》记此略同故不敢公开其书[3]。北魏末鲜卑族出身的山伟说动执政者："以为国书正应代人修缉，不宜委之余人"[4]，也是怕汉人史官的参与。这些少数族统治者对文人史笔的畏惧，反映了他们在儒家文化面前的矛盾心态，这种对汉文化喜之又恐之的心态下制定出来的有时颇走极端的政策或政治举措，中国历史上所有在中原建立的少数族统治政权里，都会经常呈现。

宗教史的作品在本时期也占有一席之地。如正史中的《魏书·释老志》、《宋书·天竺迦毗黎国传》，及《晋书·艺术传》里佛图澄、鸠摩罗什、僧涉、昙霍、吴猛、单道开等一些宗教人物的传记等等。专著如以葛洪《神仙传》、慧皎《高僧传》为代表的传记；僧祐所编《出三藏记集》、《弘明集》，与陶弘景《真诰》为代表的宗教文献。仅据《隋书·经籍志》的史部所载，有释昙瑗所撰《僧家书仪》，释宝唱撰的《名僧传》与《尼传》2卷，释法进的《江东名德传》3卷，释僧祐所撰《萨婆多部传》和《世界记》各5卷，释法显的《佛国记》，释智猛的《游行外国传》，释道安撰的《四海百川水源记》，释昙宗的《京师寺塔记》2卷，释昙京《外国传》5卷，释法盛《历国传》2卷等。还有世俗史家所撰的佛教史著作，如裴子野所撰《众僧传》20卷，康泓所撰《道人善道开传》，杨衒之所撰《洛阳伽蓝记》5卷，张光禄所撰《华山精舍记》等。仅东晋时期就出现过数百种佛教撰述，其中"有关教史的记传志铭约占三分之一"[5]。

相关的发展还有地理学，可谓著作众多。《隋书·经籍志二》所载139部地理著作中绝大部分为本时期所作，其中最著名的代表作就是北魏郦道元为《水经》作注40卷。这本称之为《水经注》的大作，广征博引了全国100多条干流，1,000多条支流及所在流域的自然和人文景况，因为都涉及沿革及附记的各种故事，其所引有关文献达300多种，所以它也是一部历史地理著作。其他一些地理著作也

---

1 《资治通鉴》卷125元嘉二十七年四月崔浩被收条。

2 《魏书》卷5《高宗纪》。

3 参见周一良《魏晋南北朝史札记》"崔浩国史之狱"条，田余庆《拓跋史探》第235-237页，三联书店2003年版。

4 《魏书》卷81《山伟传》。

5 《佛典精解》"教史部总叙"，上海古籍出版社1992年版，第182页。

类似,自西晋挚虞《畿服经》,及《晋太康地记》到陈朝顾野王的《舆地志》都载有"州郡及县分野封略事业,国邑山陵水泉,乡亭城道里土田,民物风俗,先贤旧好,靡不具悉"[1]。地方志书也一样,如薛寘"撰《西京记》三卷,行据该洽,世称其博闻焉"[2],杨(一作羊)衒之的《洛阳伽蓝记》开创了地方宗教志先例,以及东晋常璩所撰的《华阳国志》,后者实为地方通史先驱之一。

地理著作的大量出现和地理学的发展自然对地图制作质量的提高有了新的要求,在实践的基础上,西晋裴秀在其《禹贡地域图序》中总结出制图六原则及其相互关系:

> 制图之体有六焉:一曰分率,所以辨广轮之度也。二曰准望,所以正彼此之体也。三曰道里,所以定所由之数也。四曰高下。五曰方邪。六曰迂直。此三者各因地而制宜,所以校夷险之异也。有图而无分率,则无以审远近之差;有分率而无准望,虽得之于一隅,必失之于他方;有准望而无道里,则施于山海绝隔之地,不能以相通;有道里而无高下、方邪、迂直之校,则径路之数必与远近之实相违,失准望之正矣,故以此六者参而考之。然远近之实定于分率,彼此之实定于道里,度数之实定于高下、方邪、迂直之算。……准望之法既正,则曲直远近无所隐其形也。

《水经注》及大量地记类著作在本时期的出现,至少是和本时期的三个因素有关。一是政治上大分大合和附带进行的战争,对地理知识之需要,包括自然的与人文的;二是当时民众的空前流动,使地理知识得到前所未有的普及,所以郦道元注写他很多没到过的地方也有如身历其境;三是本时期思想文化的发展所相互影响,如佛教的传播大大丰富了域外的知识和天下的概念,玄学的流行又导致对山水的偏好,所以有专记山水的作品出现,如谢灵运的《游名山志》、《居名山志》,庾仲雍的《汉水记》,宗测的《衡山记》、《庐山记》等。

三、艺术与宗教的结合

本时期的艺术在中国历史上是辉煌的,在很多领域里

水經注卷一

後魏酈道元　撰

河水　案二字原本譌連經文今改正近刻河水下有一二等字乃明人臆加今刪去

崑崙墟在西北

三成爲崑崙丘崑崙說曰崑崙之山三級下曰樊桐　案桐近刻作松　一名板桐　案層近刻作松　二曰玄圃一名閬風上曰層城一名天庭是爲太帝之居

去嵩高五萬里地之中也禹本紀與此同高誘稱河出崑山伏流地中萬三千

《水经注》

1 《隋书》卷33《经籍志二》。
2 《北史》卷36《薛辩传附薛寘传》。

王阿善造老君像

是开创性的,但作为时代特色而言,推动本时期艺术发展重要的动力之一是宗教,两者在本时期可以说是比翼齐飞。

宗教与艺术的结合在本时期的表现是十分广泛的,除诗文外,还如书法、音乐、建筑、绘画、雕塑等等。宗教因为超越国界与民族,这里主要指的是佛教,在其传播过程中必携带着各种艺术形式以增强其宗教感染力。

为增强诵经及法事的效果,宗教引入了音乐舞蹈,也促进了后者的发展。如梁武帝"既笃信佛法,又制《善哉》、《大乐》、《大欢》、《天道》、《仙道》、《神王》、《龙王》、《灭过恶》、《除爱水》、《断苦轮》等十篇,名为正乐,皆述佛法。又有法乐童子伎、童子倚歌梵呗,设无遮大会则为之"[1]。在敦煌莫高窟中第249、254、272、288等洞窟的壁画中都绘有伎乐天的奏乐和舞蹈形态。其他本时期的石窟,如大同云岗六窟也有伎乐天的供养像。道教中寇谦之推行"音诵",配和乐器进行法事,以后也形成了独具一格的道教音乐。

宗教对造型艺术的影响,无论是在数量上还是技巧上的发展都是空前的。在绘画上,不仅从北朝开始有了作者可考,有摹本流传的实物作品,而且出现了最早的绘画理论著作。其中当时著名画家与名画几乎都与宗教相关。如宗测"画永业佛影台,皆为妙作"[2]。且由于引进了印度的绘画方法而丰富了形象艺术。如梁武帝在建康置一乘寺,"寺门遍画凹凸花,代称张僧繇手迹,其花乃天竺遗法,朱及青绿所成,远望眼晕如凹凸,就视即平,世咸异之,乃名凹凸寺"[3]。本时期在人物画像上,已几近逼真,如"有陈郡殷蒨,善写人面,与真不别"[4]。再如太原北齐徐显秀墓中"遍布全墓的彩绘壁画气势恢宏,形象生动,色彩艳丽,内容丰富。画家以简练的笔触准确捕捉人物的动态造型,已达到唐人论当时画作时所说的'笔才一二,像已应焉'的水平"[5]。大量的佛像画的描绘,肯定对此起着促进作用,本时期的一些著名画家,如卫协、张僧繇、顾恺之、谢赫、曹仲达等都是画佛像的行家里手。正是宗教造型艺术,促进了南北画风画技的交流,如"山东地区北朝墓壁画中显露出了与南朝绘画艺术关系密切的特征",如墓主衣着和"青龙、白虎、'竹林七贤'和荣启期壁画,其画像形态和构图,与南朝四座大墓同类的拼镶砖画也极为类同"[6]。又如

[1] 《隋书》卷13《音乐志上》。
[2] 《南齐书》卷54《宗测传》。
[3] 《建康实录》卷17梁高祖武皇帝大同三年条。
[4] 《南史》卷39《刘勔传》。
[5] 山西省考古研究所、太原市文物考古研究所《太原北齐徐显秀墓发掘简报》,《文物》2003年第10期。
[6] 山东省文物考古研究所、临朐县博物馆《山东临朐北齐崔芬墓发掘简报》,《文物》2002年第4期。

"以张僧繇为代表的南朝新风,大约在梁武帝中期,其影响已及于北魏新都洛阳"[1]。还产生了叙事画,"北魏中晚期,故事画由单幅画面向连续横幅画面演变",具体若开凿于西魏大统四年(538年)的敦煌285窟的《五百强盗成佛因缘》《沙弥守戒因缘》等壁画,前幅画"画面以山石、建筑巧妙地将故事情节区分开来。沙弥守戒画面以线条勾勒,赋色明丽,形象清秀动人。覆斗顶四披上画飞天、力士、摩尼珠、开敷花等形象,又绘有伏羲女娲、雷公雨师、羽人飞廉、开明乌获、朱雀仙女,花草流云点缀其间,加之流苏羽葆垂幔,透露出中原文化在西魏艺术中所占据的支配地位"[2]。

与绘画一样,书法在本时期也达到了高峰,各种书体已经齐全。从众多墓志看,"魏晋南北朝特别是东晋书法百花齐放,一种新书体产生后,旧书体并未消亡",可见以往"忽视了多种书体长期并存的事实"[3]。作为一种艺术的发展是和道教有关联的,"道家学经及画符必以能书者任之","是书法之艺术实供道教之利用"[4]。其实和佛教也有关联,因为抄佛经也需能书者任之。如刘慧斐"工篆隶,在山手写佛经二千余卷"[5]。另一种书体魏碑,却主要通过与宗教有关的途径,如《龙门二十品》等石窟题记和墓志铭,才对后代书法发生影响。很多人通过抄写宗教经典谋生,当然也有利于书法的进步。当然任何艺术的发展都不可能只有一个原因,当时书法的进步还因为北朝官方设立"书学",专门教授书法,虽然受学者人数不多,但总也促进了书法的发展。

在雕塑上,由于佛教被称为"像教",所以对华土的影响尤为突出。中土的诸大石窟,主要是在本时期开凿的,如敦煌、云岗、龙门、麦积山、栖霞山、柄灵寺、响堂山等等。由于外来的艺术的启迪,造型上对人体比例等有了新的认识,所以在技艺上有很大改进。著名例子如"自汉世始有佛像,形制未工,(戴)逵特善其事,(戴)颙亦参焉。宋世子铸丈六铜像于瓦官寺,既成,面恨瘦,工人不能改,乃迎颙看之。颙曰:'非面瘦,乃臂胛肥耳。'及减臂胛,瘦患即除,无不叹服"[6]。当时师子国所献的玉像与"戴安道手制佛像五躯,及顾长康维摩画图,世人号之三绝"[7],内容都与

北魏礼佛图

[1] 宿白《北朝造型艺术中人物形象的变化》,载《中国石窟寺研究》,文物出版社1996年版。

[2] 金维诺《寺院壁画的考察与研究》,《文物》1998年第4期。

[3] 王志高、周裕兴、华国荣《南京仙鹤观东晋墓出土文物的初步认识》,《文物》2001年第3期。

[4] 陈寅恪《天师道与滨海地域之关系》,载《金明馆丛稿初编》,第37页。

[5] 《南史》卷76《刘慧斐传》。

[6] 《南史》卷75《戴颙传》。

[7] 《南史》卷78《师子国传》。

巩县石窟第 1 窟外壁摩崖佛像

1 夏名采、刘华国、杨华胜《山东青州出土两件北朝彩绘石造像》,《文物》1997年第2期。
2 宿白《定州工艺与静志、净众两塔地宫文物》,《文物》1997年第10期。
3 西安市文物局《西安北郊出土北周白石观音造像》,《文物》1997年第11期。
4 王玉书《上博玉雕精品鲜卑头铭文补释》,《文物》1999年第4期。
5 成都市文物考古工作队、成都市文物考古研究所《成都市西安路南朝石刻造像清理简报》,《文物》1998年第11期。
6 刘临安《中国古代建筑的纵向构架》,《文物》1997年第6期。
7 贺云翱《南京出土的六朝人面纹与兽面纹瓦当》,《文物》2003年第7期。

佛教相关。"造像上的鎏金技术也表明,这种高超的黄金加工技艺在北魏石造像中已经出现,并且水平极高,而到北齐彩绘释迦造像时则更为娴熟"[1]。在"北魏至盛唐约三百年间,正处在我国佛教形象逐渐完成东方化的过程,定州工师在这个创新过程中,无疑作出了重要贡献。其金铜精品有太和元年(477年)安熹县堤阳□□造释迦闻佛坐像、正光五年(524年)新市县□午□造弥勒组像……。白石精品有天保八年(557年)张零根造释迦像和1975年西安汉城东北李家树村发现的北朝晚期白石方形塔龛"[2]。所以"此时的石造像普遍已由面相消瘦的秀骨清像式向丰满方圆的形态之后,特别到北齐北周,汉民族传统艺术意味更加浓重"[3]。具体如"在北方中原地区,北魏孝文帝实行汉化政策,同期佛教石窟中便出现了一些新的变化,其中以洛阳龙门为代表,石窟中佛、菩萨的着装受到南朝褒衣宽带式服饰的影响,由古朴雄健的风格而逐渐变为宽袖长裙,秀骨清像。雕刻手法由平直刀法改为圆刀雕刻,使造像形貌更加细密传神"。"所以成都地区的南朝造型与洛阳龙门北魏石窟造像有诸多相似之处"[4]。佛教造像又对道教造像起很大作用,成都市西安路南朝石刻造像中"与佛教造像同出的道教造像,服饰与佛教造像完全不同,但其造型和雕刻手法却完全相同。提供了当地早期道教造像的实物标本"[5]。

寺庙宫观的兴建,必然促进建筑的发展,从布局、结构到外形,由于随佛教而来的域外风格,大大丰富了中土的建筑。出现了新的内在结构,"到南北朝和隋唐时期,抬梁式横向构架不断地被广泛采用,逐渐成为主要的构架形式,但是,纵向构架作为古制承传中的一种建筑结构概念,仍然在表现着它们的存在"[6]。外在的如瓦当,"南京出土的人面纹、兽面纹、云纹瓦当与富有特征的莲花纹瓦当等,既承袭了原北方地区东汉时代甚至更早时代的某些风格,但又重在创新,形成了与平城、洛阳、邺城等同时期北方都城瓦当既有联系又有区别的瓦当系列"[7]。新式建筑中最显著的就是塔,塔在本时期完成了中外合璧,达到了筑塔艺术的高峰,洛阳永宁寺塔是其代表,塔"九层高四十余丈",塔上的铃铎和鸣,"铿锵之声,闻及十余里",正所谓"殚土木之功,穷造形之巧"[1]。我国现存最古的嵩山嵩岳寺砖塔,高近40米,为北魏正光元年(520年)所筑,历经近一千五百年风化侵蚀和地震,至今基本完好,可见结构之固。这些遍布中土大地的成百上千的寺塔,一直是各地城乡引人注目的风景点。右北平城外的观鸡寺,"寺内有大堂,甚高广,可容千僧,下悉结石为之,上加塗塈,基内疏通,枝经脉散,基侧室外,四出爨火,炎势内流,一堂尽温","是以志道者多栖托也"[2]。这种大型取暖设施也是当时建筑上达到的一种高水平。建筑布局也是如此,在敦煌和麦积山石窟壁画中"大多表现佛寺、天宫和第宅,所绘建筑在形象、立体感、群组建筑的相互关系和画面的整体性上,比两汉有很大的提高"[3]。

　　不光在宗教的范围内,也不仅是在北方,作为艺术最后必定会突破宗教的界限向更广泛的领域扩展。如"六朝陵墓建筑,最引起人注意者,厥为希腊式之石柱及古代美索不达米亚(Mesopotamia)地方亚述(Assyria)式有翼石兽",若"麒麟、天禄或辟邪,皆具双翼"[4]。陵墓也是最容易接近宗教的地方。

　　还有一些艺术的发展,目前还找不出当时与宗教关联的直接证据,但也很重要。如戏剧,王国维先生认为,"合歌舞以演　事者,实始于北齐",而"后世戏剧之源,实如此始"[5]。由于这些歌舞多受傩面具的影响,所以并非与宗教绝对无关。其实北魏时作为欢娱的"戏"已很盛行,史言当时国戚胡祥是个戏迷,其姐胡太后"以其好戏,时加威训"。其实胡太后本人也"好以家人礼与亲族宴戏"[6]。可见戏是在宴会时作为娱乐节目的,虽然这诸戏中间大多数是杂技之类,但"故事戏的发展,已具雏形"[7],里面确有某些情节的表演,如东魏时高欢因尉景纳贿虐民"令优者石董桶戏之。董桶剥景衣,曰:'公剥百姓,董桶何为不剥公'",高欢由此诫尉景不贪[8]。这个场景就有点儿像讽刺剧了。何况"戏"这个概念既然被后世所沿用,它应该是后来戏剧的源头之一。又如在居宅园林的构筑中"盛营山水",如谢举宅内山斋"泉石之美,殆若自然"[9],其受玄学影响当是无疑的。

敦煌第 249 窟南壁飞天

[1] 据杨鸿勋先生计算:"复原塔高可采纳'四十九丈'之说。四十九丈合133.7米;加塔刹总高按五十四丈许,则约为147米,是现存辽代应县木塔2.2倍。"见其《关于北魏洛阳永宁寺塔复原草图的说明》,《文物》1992年第9期。

[2] 《水经注》卷14,王国维校本,上海人民出版社1984年版。

[3] 傅熹年《中国古代的建筑画》,《文物》1998年第3期。

[4] 朱偰《建康兰陵六朝陵墓图考》,中华书局2006年版,第4页。

[5] 《宋元戏曲考》"上古至五代之戏剧",华东师范大学出版社1995年版,第7页。

[6] 《北史》卷80《胡国珍传》。

[7] 常任侠《汉唐间西域传入的杂技艺术》,载《向达先生纪念论文集》,新疆人民出版社1986年版。

[8] 《北齐书》卷15《尉景传》。

[9] 《南史》卷49《孔珪传》、卷20《谢弘微传》。

胡人风貌

宗教的流播之所以能够带动艺术的发展，首先是因为宗教本身的需要。宗教信仰的传播在形式上是靠对情心的感动，而艺术则是触动心灵最好的媒介。于是宗教的需要促动了艺术的发展，而艺术的进步又扩大了宗教的影响，两者在本时期达到了相辅相成的效果。

艺术，至少还包括相当一部分的文学，与宗教的共同繁荣还有着更深层的原因，因为这两者都包含着对不朽的追求，体现着形象和情感的结合，以及对生死与命运的深刻思考。宗教以无形的沉思来启迪人对永恒的觉悟，艺术则是以形象来表达人天之间的无限可能，所以彼此的结合给人以广阔的新意境，也构成了本时期的鲜明特色。

第四节　地域与民族融合背景下的社会生活

所谓社会生活，一般所约之义是指民众的衣食住行、生老病死，以及与此相关的习俗文化。两晋南北朝期间，由于人口流动和民族融合，社会生活与前相比有了新的特色。

不过在本时期社会里士庶之间、良贱之间存在着很大的间隔，所以社会上下层之间的生活习俗也差异颇大，更不用说有因时因地因族之异。这里主要说的是当时的一些具有时代特点或影响很大的社会习俗，并在有限篇幅里多关注一些普通百姓中的风尚，且以地域与民族的融合背景来加以说明。

一、影响两晋南北朝期间民众生活的环境

生活条件是社会生活开展的前提，所谓生活环境这里仅是指自然环境与政治环境。自然环境对人之生活习俗产生影响，是不言而喻的。"南越巢居，北朔穴居，避寒暑也。东南之人食水产，西北之人食陆畜。食水产者，龟蛤螺蚌以为珍味，不觉其腥臊也。食陆畜者，狸兔鼠雀以为珍味，不觉其膻也"[1]。这和当时北人饮酪浆，南人喝茗茶是一样的道理。

除了自然环境外，对必须在"王土"上生活的民众来

[1] 张华《博物志》卷10"杂说下"。

说,政治的清明与否对他们的生活状况至关紧要,因为官府的赋役直接决定着他们的衣食如何。本时期战乱造成的苦难是可想而知的,但即使是在两晋南北朝,不打仗的时候还是要比打仗的时候多得多。社会生活只有在相对和平的时候才能呈现正常,也只有在那时候生活条件的好坏才可以进行比较。如果说上述还是历史上的一种常因,那么长期政治分裂与多族杂居又是本时期应该考虑之突出因素了。

有一条资料可以说明南方人民的普遍贫富情况。"山阴一县,课户二万,其民赀不满三千者,殆将居半,刻又刻之,犹且三分余一。凡有赀者,多是士人复除。其贫极者,悉皆露户役民"[1]。山阴当时属会稽,是江左较富饶的地区之一,但将近半数的居民家产不足三千钱就值得注意了。这赀"三千"是个什么样的概念呢? 当时文人崔慰祖"卖宅四十五万",也就是一座普通官员的住宅就至少抵150家老百姓的全部家产。

封建体制下民众的生活环境,当然不包括士族,很大程度上取决于其负担的赋役状况。本时期的主要赋税是与田制合一的,其情况见本书第六章第五节。对民众生活的影响则主要在于额外之役和苛捐杂税,它们的征收既有来自朝廷的,也有来自地方州郡的,因时、因国、因当政者素质,都会形成差异,难以一一说清。苛政猛于虎是任何朝代中都能体会得到的,但由于战乱和分裂,对权力的行政制衡较少,所以民众忍受苛政的时间与地域要比其他历史时代多一些,也是事实。与税收的情况相似的是物价。物价对民众的社会生活大有影响,但难以相互比较,即使都以钱为单位,一枚精铸的五铢钱与一枚"入水不沉"的綖环钱的实际购买力肯定是不一样的。不同的时代、地域、民族中间对钱与生活需求之间关系的感受也肯定有巨大的差别。

二、民众的社会生活

这里的社会生活是除去了生存环境与风俗之外的比较小的一个范围,诸如居住形态、衣食住行状况等等。

合族聚居,乃至同财共居是中国社会的一个重要现

北方帐幕生活
蔡文姬归汉图(局部)

[1]《南齐书》卷46《陆慧晓传附顾宪之传》。

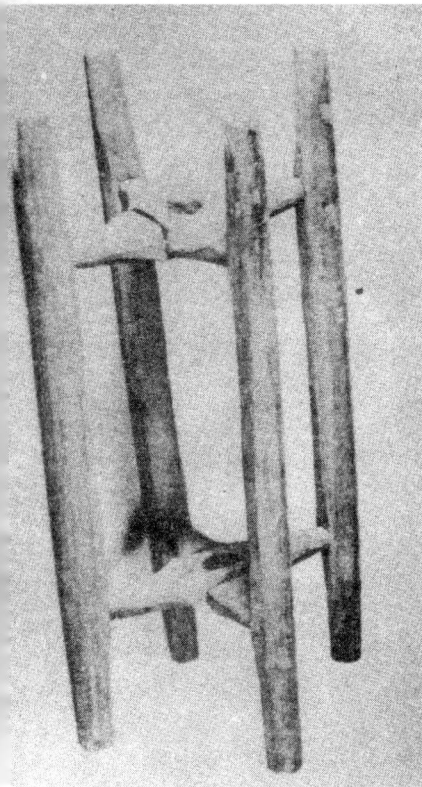

线笼子(新疆吐鲁番出土)

1 《北史》卷33《李灵传》。
2 《南齐书》卷55《封延伯传》。
3 《北史》卷85《节义传》各本传。
4 《南史》卷25《王懿传》。
5 《晋书》卷127《慕容德载记》,《通典》卷3引《关东风俗传》。

象,在门阀为社会主流的本时期当然更为如此。同族聚居的规模很大,如李显甫"豪侠知名,集诸李数千家于殷州西山,开李鱼川方五六十里居之,显甫为其宗主"[1]。但本时期大力提倡家族同居共财是一个值得注意的社会动向。如南齐封延伯家"三世同财,为北州所宗附",然后"建元三年(481年),大使巡行天下,义兴陈玄子四世一百七十口同居。武陵郡邵荣兴、文献叔八世同居。东海徐生之、武陵范安祖、李圣伯、范道根五世同居。零陵谭弘宝、衡阳何弘、华阳阳黑头疏从四世同居,并共衣食。诏表门闾,蠲租税。又蜀郡王续祖、华阳郝道福并累世同爨。建武三年(496年),明帝诏表门闾,蠲调役"[2]。北方李几"七世共居同财,家有二十二房,一百九十八口";王闾"数世同居,有百口。又太山刘业兴,四世同居;鲁郡盖俊,六世同居,并共财产,家门雍睦"[3]。这些家族显然不是世家士族,但同居共财无疑符合门阀社会的形态要求和道德准则,所以朝廷要大力提倡。但反过来说,所谓三世同居不过是一个祖父名下的共财,四世同居是一个曾祖父名下的共财,考虑到当时人普遍结婚较早,四十出头就足以做祖父了,三世、四世合居的情况应该是很常见的,但对三世、四世同居共财的家庭如此大加表彰,只能说明当时社会普遍的是小家庭形态。由于其中绝大部分是农民,所以也是小农经济。由此扩展,"北土重同姓,并谓之骨肉,有远来相投者,莫不竭力营赡。若有一人不至者,以为不义,不为乡邑所容"[4]。另一方面,由于当时的赋役中有一些是以户为单位来征收的,而"户"是以"同财共居"为标志的,那么户大的话,就相对合算些。这在宗主督护制下尤其显然,所以北方同财共居的大户也就更多一些。以致"或百室合户,或千丁共籍",如"瀛冀诸刘,清河张宋,并州王氏,濮阳侯族,诸如此辈,一宗将近万室,烟火连接,比屋而居",没有血缘关系的也会合在一起,除了为"公避课役"外[5],在乱世时也是一种相互支撑。当然这和以血缘关系同财共居的户是不一样的,后者还有以伦理观念为支撑,但存在于同一个社会里两种相似的形态会互相影响也是必然的。不过从居舍来说,北魏清廉的大官高允住的"惟草屋数间",一般老百姓,无论南北当然都是茅茨、草屋、土窖之类,有个屋顶避风雨已经算幸运的了。

但如果南北要作个比较的话，那南方同居不共财的现象就更多些。史云河东裴植家"各别资财，同居异爨，一门数灶，盖亦染江南之俗也"[1]。而北方妇女也更强悍一些，这表现在三个方面，一是生活在戎马中的妇女往往也习武能骑射，著名的如李波小妹，"褰裙逐马如卷蓬，左射右射必叠双"[2]。二是妇女在政治上的作用，如北魏的冯太后、胡太后等已是实际上的女皇帝。三是在家族中的地位与作用，"河北人事，多由内政"。如"邺下风俗，专以妇持门户，争讼曲直，造请逢迎，车乘填街衢，绮罗盈府寺，代子求官，为夫诉屈，此乃恒、代之遗风乎"！这三个方面可能是互相影响的，而和"江东妇女，略无交游"[3]的情况相比，差异实在太大了。游牧族习惯的影响和长期的战争环境都可能是造成差异的主要因素。

本时期的民众，一如既往，都是在国家控制之下的社会组织里生活。两晋南朝是承袭汉之乡亭组织，"五家为伍，伍长主之；二伍为什，什长主之；十什为里，里魁主之；什里为亭，亭长主之；十亭为乡，乡有乡佐、三老、有秩、啬夫、游徼各一人"。十六国及北朝前期因局面较乱，有的地方承汉制，大部分受宗主控制，自北魏太和改革之后，普遍受和乡亭什伍制同类的三长制管辖。这些乡亭里伍之长虽也是不拿朝廷俸禄的百姓，却把整个社会和所有民众生活都置于官方的监控之下。这是包括本时期在内中国古代社会的一个非常重要的特征。而从居住的状态看，城市中民居多在坊内，在城市以外的居民点，本时期主要称为村与坞，或以村坞统称之。这些居民点没有固定的户数和人数，它们和乡亭制度没有矛盾，如可以数村合一里，一村一坞中也可有数里。村坞是自发形成的，乡亭是官方建立的制度，两者并行不悖。坞（堡、壁）是附有城池等防御设施的村，一般比较大些，更多地在北方见到，这是跟战争的频度相关[4]。和平的时候，即使在北方，村村之间擂鼓也能相闻，它们的分布密度显然要比坞壁大。不过城中的坊是由官府划定的，说明官府对城里居民的控制要甚于乡村。

手工业和农业生产的发展当然也改善了人们的生

北方式灶

[1] 《北史》卷45《裴叔业传》。
[2] 《魏书》卷53《李孝伯传》。
[3] 《颜氏家训·治家篇》。
[4] 参见宫川尚志《六朝时代的村》，载《日本学者研究中国史论著选译》第4卷，中华书局1992年版；程应镠《四世纪初至五世纪末中国北方坞壁略论》，《上海师范学院学报》1979年第1期。

青釉猪舍（东晋）

活,明显的例子如"自西晋起,陶器在日用生活中的作用明显减少。东晋开始,瓷器几乎全面代替了陶器而被普遍使用了"[1]。"六朝时期南方手工业的最大贡献是青瓷器的烧造,从发现的窑址、窑具和生产的成品看,青瓷烧造已成专业。墓葬中出土文物青瓷器占的数量很大,也说明了当时已广泛使用瓷器,甚至它们已经逐步地取代了汉代以来的铜器和漆器"[2]。虽然在最贫苦的家庭里可能使用的还是粗糙的陶器,但即使是一般人墓葬中反映出来的生活日常使用已经是瓷器了,这总归是一种进步。

国家为公众提供若干公共娱乐亦在社会生活中有所表现,主要途径之一便是通过礼仪庆典的展示来形成一种民众欢娱。如"晋中朝元会,设卧骑、倒骑、颠骑,自东华门驰往神虎门,此亦角抵杂戏之流也,宋武为宋公,在彭城,九日出项羽戏马台,至今相承,以为旧准"[3]。又如北周宣帝于大象元年(579年)"初复佛像及天尊像。至是,帝与二像俱南面而坐,大陈杂戏,令京城士民同观"[4]。在威权的政体里,行政力量总会或多或少、时隐时现地参与着民众的娱乐生活,创造公共娱乐条件是一种正面的参与。

三、本时期的社会风俗

社会风俗源于社会生活,反过来也影响生活。社会生活有其现时性,风尚习俗则既可由以前社会产生而保持至当时,亦可以是当时民众对生存环境作出共同社会反应而波及于后世,对于某些源远流长的风俗,本时期则是其中一环而已。一旦风俗见诸于本时期的史料文献,则说明它已成为当时社会生活的一部分,并多多少少影响了后世。

民风习俗是也是构成社会生活的一个重要侧面,它是在活得下去的基础上才能展开的,所有衣食住行都是围绕生命存在而进行。衣食住行加上民风习俗标志着大众的生活质量。如此,则风俗必依生活环境而定,"广谷大川异制,人居其间异俗"[5],由于风俗表现于对生存环境的适应,当然带有一定的地域性。所谓"北土风俗,率能躬俭节用,以赡衣食;江南奢侈,多不逮焉"[6],这还是跟自然生存条件有关系。又如"南人冬至岁首,不诣丧家;若不修书,则过节束带以申慰。北人至岁之日,重行吊礼;礼无明

[1] 参见余家栋《江西陶瓷史》,河南大学出版社1997年版,第127页。

[2] 罗宗真《六朝考古》第3章,南京大学出版社1994年版,第34页。同书第41页又统计:"至1985年底为止,仅仅有瓷器随葬的墓即达232座,其中纪年墓58座,这些墓中所随葬的青瓷器共有1075件之多。"

[3] 《南齐书》卷9《礼志上》。

[4] 《周书》卷7《宣帝纪》。

[5] 《隋书》卷33《经籍志二》。

[6] 《颜氏家训·治家篇》。

文,则无不取。南人宾至不迎,相见捧手而不揖,送客下席而已;北人迎送并至门,相见则揖"[1]。还如"江南饯送,下泣言离",而"北间风俗,不屑此事,歧路言离,欢笑分手"[2]。

　　本时期人们对生死大事有更深刻的认识,仅为《仪礼》中《丧服》篇作注疏的就有60余家,为当时礼学中之最。墓志的风行是本时期丧葬上的一大变化。"魏晋南北朝隋是我国石墓志的形成、转化时期。这时墓中的石刻,大多是墓志。魏晋时期大量存在带趺座的立碑式,称谓不统一,但文字、内容、文体格式已经同后期的方形墓志相似或相同,可直接称为墓志"。"埋入墓中石刻,自称为'墓志'或'墓志铭'的始见于南北朝初期墓"。石质墓志之前是砖志,"目前可以确定的砖志,最早出现于西晋"[3]。墓志的出现体现了社会对个体人及其与家族关系的重视,这或许与玄学和门阀影响分不开。而"碑文墓志,莫不穷天地之大德",皆"所谓生为盗跖,死为夷齐,妄言伤正,华辞损实"[4],且开唐人谀墓之风。其他还如魏晋十六国,随着军事活动的日益频繁和民族冲突、融合的不断加强,"鼓吹开始在社会中普及并流行开来"。如鼓吹出现于贵族"仪仗中,也经常用于丧葬中,是体现身份和表现威仪的重要工具之一"。"北朝时期这种风气极其兴盛,墓葬中随葬鼓吹俑已是葬仪中重要的组成部分"。"家庭合葬、家族聚葬也是这一时期普遍流行的做法,说明即使在政权割据、敌对的东晋、十六国时期,文化之间的互相影响和借鉴依然是不可阻挡的趋势"。为此,在人口流动性很大的本时期,就有迁葬等举动,"迁葬是世族观念影响下的产物。从东汉晚期门阀观念的出现,到魏晋南北朝时期愈演愈烈的士庶之分,祔葬墓作为一种具有典型时代特征的墓葬形式流行起来,妻祔于夫,子女祔于父母,功臣祔于皇帝"[5]。这一直影响到后世。

　　在此影响下,民俗上也有突出表现。如"江南丧哭,时有哀诉之言耳;山东重丧,则唯呼苍天,期功以下,则唯呼痛深,便是号而不哭"[6]。尔后则因战乱和徙移而有招魂仪式的风行。如《太平御览》卷886引《晋中兴书》曰:"东海王越妃裴痛越棺柩被焚,乃招魂葬越於丹徒。中宗以为非礼,乃下诏曰:夫冢以藏形,庙以安神。今世招魂者是埋神

屠牛场

[1]《颜氏家训·风操篇》。

[2]《晋书》卷27《五行志上》。

[3] 黄展岳《早期墓志的一些问题》,《文物》1995年第12期。

[4]《洛阳伽蓝记》卷2"建阳里东"条。

[5] 岳起、刘卫鹏《关中地区十六国墓的初步认定》,《文物》2004年第7期;陕西省考古所《西安洪庆北朝、隋家族迁葬墓地》,《文物》2005年第10期。

[6]《颜氏家训·风操篇》。

莲花纹瓦当

¹ 虽然郑国有"三月上已，溱洧两水之上，招魂续魄，秉蕑草以拂不祥"之俗，见郑玄《韩诗注》，但是《诗经·郑风·溱洧》原诗为："溱与洧，方涣涣兮。士与女，方秉蕑兮。女曰:'观乎?'士曰:'既且。'"表明此风俗在郑地已游戏化，成为一种社会活动。故屈原诗所描绘楚风:"魂兮归来入修门兮，工祝招君背行先兮，秦篝齐缕络郑锦兮，招具该备永啸呼兮，魂兮归来反故居兮。"更与东海王妃所为相一致，即东海王妃招魂是从吴楚之俗。

²《通典》卷103"招魂葬议"条。

³《礼记·曲礼上》。

⁴《南史》卷75《杜京产传》。

⁵《魏书》卷67《崔光传附崔敬友传》。

⁶《晋书》卷51《皇甫谧传》。

⁷《南史》卷76《阮孝绪传》、卷71《崔慰祖传》。

⁸《北史》卷84《张升传·秦族传》。

⁹《北史》卷39《房法寿传附房景伯传》。

¹⁰《南史》卷32《张邵传》、卷72《王虚之传》。

也，其禁之。"司马氏系经学礼法世家，然而屈原有《招魂》之诗，可见招魂当时主要为吴楚之俗[1]，故以此为悖。由于东晋、刘宋时中原士人源源不断地渡江南来，要不要入乡随俗，以招魂来哀悼死难于故土的亲人? 引起了一场大辩论。士族代表袁环、阮放、傅纯、张亮、江渊、庾尉之等皆据礼制反对，只有东海国学官"周生以为宜尔"。虽然朝议多倾向于反对，但事实上是禁不断的。正如陈舒《武陵王招魂葬议》云:"按《礼》，无招魂葬之文。时人往往有招魂葬者，皆由孝子哀情迷惑。"[2]由此可见当地俗风之强大。而这些记载不胜枚举。这就是所谓"礼从宜，使从俗"[3]，久而久之会积淀成一种足以影响后世的传统。

　　作为孝道的一种表现，父母死后"不食盐菜"或不食盐是一种普遍的风尚，此在社会上不分阶层，地域上南北无异。仅在南北朝诸正史《孝义传》里，就有刘瑜、郭原平、何子平、杜栖、张昭、王虚之、赵琰、张昇等等，甚至南齐时刘怀胤、怀则兄弟才十岁，遭父丧就不食盐菜了。此外还如杜栖在父亡后"水浆不入口七日，晨夜不罢哭，不食盐菜"[4]。崔敬友"免丧之后，遂菜食终世"[5]。此之所以形成风气，大约当时鱼肉不是老百姓所常吃，如皇甫谧认为布衣"食不过盐菜，贫者不以酒肉为礼"[6]。所以仅以素食守丧还不足以表达孝心，只有不食盐菜，"断诸滋味"，方显孝心之坚诚，如阮孝绪"父丧不服绵纩，虽蔬菜有味亦吐之"。崔慰祖"父丧不食盐"[7]。这是因为道德本来就是在欲望的克制中得到体现的，孝名也由此而立，"声闻乡里，盗贼不侵其间"，更不用说"有诏表其门间"了[8]。不过人不吃盐菜就要四肢浮肿，当时人常患脚疾，恐怕与此也有一定的关系。如房景伯"弟亡，蔬食终丧"，"及母亡，景伯居丧，不食盐菜，因此遂为水病，积年不愈，卒于家"[9]。又张敷父死，敷"葬毕不进盐菜，遂毁瘠成疾"。王虚之"丧父，二十五年盐酢不入口，疾病著床"[10]。

　　从生的方面来说，早婚早生是普遍现象，周一良先生指出南北朝皇帝生子都很早，如北魏恭宗13岁生子，献文帝14岁生子。这当然与早婚相关。梁满仓先生对当时39位帝王结婚年龄统计，"这些人的婚龄最大的16岁，最小的8岁，平均年龄为13岁"。老百姓也一样，"北方一般百姓的结婚年龄为男十五六,女十三四"。当时人寿短促、人口稀少等都是重要的刺激因素[1]。与此相对照的是"江南风俗,儿生一期,为制新衣,盥浴装饰,男则用弓矢纸笔,女则刀尺针缕,并加饮食之物,及珍宝服玩,置之儿前,观其发意所取,以验贪廉愚智,名之为试儿"[2]。这种民风一直保持至近代,可见习俗之顽强。

很难把民俗中的祭祀与民间宗教分开,因为前者正是后者的基础。不过民间宗教总有着一定的组织形态,而民俗中的祭祀虽然普遍,却基本上是各自分散进行的,如宗懔《荆楚岁时记》所载"岁旦,绘二神披甲持钺,贴于门户左右,左神荼,右郁垒,谓之门神"。又在腊八"其日,并以豚酒祭灶神"等等。这些对门神、灶神的祭祀,虽然带有一定的宗教因子,但在自发分散进行的情况下,归类于风俗则更恰当。

大约自秦之后,两晋南北朝是妇女在婚姻和男女关系上最为解放的时代。这不仅能从本时期大量民歌中感染到女子对爱情热烈开放的态度,而且在婚姻上有着相当的自主权,很多史实也可以为此见证。如西晋王濬美姿貌,刺史"徐邈有女才淑,择夫未嫁。邈乃大会佐史,令女于内观之。女指濬告母,邈遂妻之"[3]。此可为抛绣球一类故事张本。韩寿也善容止,贾充女贾午,窥而悦之,使婢与寿交通音讯,"呼寿夕入。寿劲捷过人,逾垣而至,家中莫知,惟充觉其女悦畅异于常日",贾午还把皇帝特赐贾充的西域奇贡香赠韩寿。后来充闻寿身上奇香,"意知女与寿通",只得"遂以女妻寿"[4]。这就是后世熟知"韩寿偷香"的故事。

对于本时期妇女在男女关系上的自由,很多学者都认为系少数族习俗影响所致,如北朝后期"邺下风俗,专以妇持门户,争讼曲直,造请逢迎,车乘填街衢,绮罗盈府寺,代子求官,为夫诉屈"。如此妇女出头露面之习俗颜子推怀疑是"恒、代之遗风"[5],即是由鲜卑传统影响所致。这当然是对的,但不仅止于此,还可以加上三个因素。第一,本时期"名教"受到了很大的冲击,玄学的流弊,使男女性事被看作是自然之事,甚至是养生和广嗣之道[6],房中术在此间大为流行也不能不影响社会风气。第二,司马氏的伪

六朝人面纹瓦当

[1] 参见周一良《魏晋南北朝史札记》"晚有子"条,梁满仓《论魏晋南北朝的早婚》,《历史教学问题》1990年第2期。
[2]《颜氏家训·风操篇》。
[3]《晋书》卷42《王濬传》。
[4]《晋书》卷40《贾充传》。
[5]《颜氏家训·治家篇》。
[6]《魏书》卷99《沮渠蒙逊传》载:沮渠蒙逊知西域僧人昙无谶善男女交接之术,让其"诸女、子妇皆往受法"。如果不是昙无谶宣扬此法能广子嗣,沮渠蒙逊怎么可能会让自己的女儿、儿媳去学此房中术呢?人口锐减的时代,不顾一切地为多生育而努力,也是能够想象的。

兽面纹瓦当

1《晋书》卷29《五行志下》。

2《晋书》卷31《惠羊皇后传》。

3《魏书》卷73《杨大眼传》。

4《隋书》卷29《地理志上》。

5《颜氏家训·治家篇》。

6《北史》卷40《甄深传》。

7《世说新语·方正篇》。

8《南齐书》卷53《虞愿传》。

9《南史》卷61《陈庆之传》。

10《北史》卷60《宇文贵传》。

11《北史》卷90《蒋少游传》。

12《太平广记》卷228"羊玄保"条。

道德严重地腐蚀了士族的观念,士大夫中间盛行同性恋,"自咸宁、太康之后,男宠大兴,甚于女色,士大夫莫不尚之,天下相仿效,或至夫妇离绝,多生怨旷"[1]。于是士族的女子亦全无操守观。最典型的是晋惠帝的第二个皇后羊献容,惠帝被司马越毒死后,洛阳陷没,她不久落入前赵国君刘曜的手中,受到刘曜的宠爱,被刘曜立为皇后,生二子。一次刘曜问她:"吾何如司马家儿?"她回答道:"胡可并言!陛下开基之圣主,彼亡国之暗夫,有一妇一子及身三耳,不能庇之。贵为帝王,而妻子辱于凡庶之手。遣妾尔时实不思生,何图复有今日。妾生于高门,常谓世间男子皆然。自奉巾栉以来,始知天下有丈夫耳。"[2]她说的是实话,但也说明她心中是不存在儒家道德观念的。刘宋的山阴公主堂而皇之地要置"面首",也说明同样的情况。第三,由于战乱中大量男子丧生,妇女多有承担家业者,文能传承家学(见本章第五节),武能从军杀敌,如逐马如卷蓬,射箭百发百中的李波小妹。又如北魏东荆州刺史杨大眼妻潘氏善骑射,与大眼"或齐镳战场,或并驱林壑",有"潘将军"之称[3]。益州等地更是"女勤作业"[4]。如此妇女在家庭中就更有地位和发言权,包括婚姻。

颜之推说:"风化者,自上而行于下者也,自先而施于后者也。"[5]本时期不乏影响社会时尚爱好是由士大夫影响民众所形成的例子。如本时期的围棋十分流行,称之为"手谈",似是将谈玄转移到棋盘上。其中爱好者"颇以弈棋弃日,至乃通夜不止"[6],且已有品级之评。如东晋王导棋品第五,"王恬等棋第一品"[7]。又如宋明帝"好围棋,甚拙,去格七八道,物议共欺为第三品。与第一品王抗围棋,依品赌戏"[8]。齐高帝也是"弈棋第二品"。梁武帝"性好棋,每从夜至旦不辍"[9],而能"棋登逸品",他还常常称赞王瞻"有三术:射、棋、酒也"。梁简文帝著有《棋品》5卷,《弹棋谱》1卷。《隋书·经籍志三》里也有各种棋经十余部,其中有《棋九品序录》、《围棋品》等,说明棋品之评已有相对固定的标准。而且对棋的爱好,后来不分胡汉,如北周大将宇文贵"好音乐,耽弈棋,流连不倦"[10]。北魏孝文帝时有范宁儿者"善围棋",曾作为北朝使者至南齐,"齐令江南上品王抗与宁儿,制胜而还"[11]。宋文帝与羊玄保赌棋,"玄保戏赌得宣城太守"的官职,虽然只是"虚授"的[12]。"吴郡褚胤年七岁便入高品,及长,冠绝当时"。"棋人第六品"的到溉与梁武帝每次对棋,"从夕达旦",棋后与朱异等"复局不差一道"。当时入棋品而"登格者二百七十八人"[1],可见棋坛之盛。下棋成了社会上层的一种时尚,也影响到普通人,如东阳女子娄逞也"粗知围棋"[2]。

　　另外有多种《象经》的出现,表明象棋也开始在当时流行。有意思的是《经籍志》把棋书与兵书列在一类,北周武帝"制《象经》成,集百僚讲说"[3],当然也是把它来借题发挥,如何"武论七德,文表四教"[4]。这正好反映棋类在本时期的普及,有着适应战乱频仍的思维需要之背景。

　　本时期音乐舞蹈也得到普及,当时"朝廷礼乐多违正典,民间竞造新声杂曲"[5],如"时婚姻礼嫁聚会之辰,多举音乐"[6]。这一方面是多民族、多地域的交流丰富了它的内容,如尔朱荣酒酣耳热之间"必自匡坐唱虏歌,为《树梨普梨》之曲",又常"与左右连手蹋地,唱《回波乐》"。北齐兰陵王高长恭作战骁勇,"武士共歌谣之,为《兰陵王入阵曲》是也"[7]。这些歌曲与敕勒舞等既行于中原,必有所流传。由此而有新的创造,如北魏柳谐"善鼓琴,以新声手势,京师士子翕然从学"。东魏"杂乐有西凉鼙舞、清乐、龟兹等。然吹笛、弹琵琶、五弦、歌舞之伎",北齐已成为"皆所爱好,至河清以后,传习尤甚"[8]。其中李揩"有才艺,曾采诸声,别造一器,号曰八弦"[9]。甚至讲礼乐的南朝也颇受感染,"制氏全出于胡人,迎神犹带于边曲"[10]。

　　本时期玄学与经学的发展都有利于音乐的发展。儒家以礼乐并称,自不待言,赵郡李神威"家业《礼》学,又善音乐,撰集乐书近百卷"。北朝大儒徐遵明在苦读诸经时,"不出门院,凡经六年,时弹筝吹笛,以自娱慰"。而对山水田园的爱好连带起对音乐的欣赏,以"好音律,爱乐山水"皆为"高尚之情",也是很自然的。如荥阳郑述祖"能鼓琴,自造《龙吟十弄》,云尝梦人弹琴,寤而写得,当时以为绝妙"。这和他另一个爱好"所在好为山池,松竹交植"[11]是分不开的。江左衣冠子弟罕有不知琴者,南朝史学家范晔"善弹琵琶,能为新声"。柳世隆"弹琴为士流第一",其子柳恽将琴曲"变体备写古曲",并"著《清调论》,具有条流"[12]。音乐既然能带来欢娱,久之必会从社会上层流行到普通

彩绘舞蹈胡人俑

[1]《南史》卷36《羊玄保传》、卷25《到彦之传》、卷38《柳元景传》。

[2]《南史》卷45《崔慧景传》。

[3]《北史》卷10《周武帝本纪》。

[4]《艺文类聚》卷74"象戏"条。

[5]《南齐书》卷33《王僧虔传》。

[6]《北史》卷32《崔挺传附崔猷传》。

[7]《北史》卷48《尔朱荣传》。

[8]《隋书》卷14《音乐志中》。

[9]《北史》45《裴叔业传》、卷33《李灵传附李揩传》。

[10]《隋书》卷13《音乐志上》。

[11]《北史》卷33《李义深传附李神威传》、《李孝伯传附李谧传》、卷81《徐遵明传》、卷35《郑羲传附郑述祖传》。

[12]《南史》卷33《范泰传》、卷38《柳元景传》。

胡床

百姓。另一方面,或许是迭经乱难人们更想陶醉于一时的欢乐。门阀贵族尤其如此,或向高雅方向发展,以合隐逸之风,如戴颙之"父善琴书,颙并传之。凡诸音律,皆能挥手"[1],成了音乐世家。或为满足声色,如薛真度"有女妓数十人,每集宾客,辄命之丝竹歌舞,不辍于前,尽声色之道"。祖珽"自解弹琵琶,能为新曲,招城市年少,歌舞为娱"[2]。也影响到老百姓,如阳俊之"多作六言歌词,淫荡而拙,世俗流传,名为《阳五伴侣》,写而卖之,在市不绝"[3]。齐高帝华林宴集,大臣"褚彦回弹琵琶,王僧虔、柳世隆弹琴,沈文季歌《子夜来》,张敬儿舞"[4],自身也都很投入。

本时期社会上下对歌舞的喜好是同步的,江南更是"俗少争讼,而尚歌舞"[5]。当时士族以乐为雅,老百姓则以歌谣为讽。如出身豪门的柳敬礼,"粗暴无行检,恒略卖人,为百姓所苦,故襄阳有《柳四郎歌》"[6],以为怨诉。江德藻"少有文情,年十七,作《采荷调》以刺何敬容"[7]。这《采荷调》是民间曲调,用这样的歌谣来进行讽刺,在士族中是新闻,在里巷中应当是很普通的,一个士族少年把他所听到的填上新内容,就显出了聪敏。

四、民族融合及习俗变化

民族融合的过程大致可分为四步:第一是交往;第二是杂居;第三是普遍的通婚;第四是文化和行为准则的如同。当然这四个过程都会重叠交叉,但后一步的发生一般总要在前面有了相当的积累后才会开始。在融合的进程中,前三个阶段都可能逆转,只有完成了第四个阶段,民族融合才算大功告成。但是从第一步起,就会对彼此的习俗变化产生影响。

杂居虽然处理不好可能会激化矛盾,但从长远看,对民俗融合非常重要,因为这为互相沟通提供了最多的机会。如当时荆州民众"俗兼夷夏"[8]。又如梁州"杂有獠户,富室者颇参夏人为婚,衣服居处言语,殆与华不别",荆州最明显,诸郡"多杂蛮左,其与夏人杂居者,则与诸华不别。其僻处山谷者,则语言不通,嗜好居处全异"[9]。相反,地域分割而造成习俗差异会形成一种类似民族间那般的歧

[1]《南史》卷75《戴颙传》。
[2]《北史》卷39《薛安都传》、卷47《祖珽传》。
[3]《北史》卷47《阳尼传》。
[4]《南史》卷22《王昙首传》。
[5]《隋书》卷31《地理志下》。
[6]《南史》卷38《柳元景传》。
[7]《南史》卷60《江革传》。
[8]《北史》卷32《崔辩传附崔士谦传》。
[9]《隋书》卷29《地理志上》、卷31《地理志下》。

见，如本时期中原人士常把川人蔑称为"蜀子"，把江南人称为"貉子"或"蛮子"。而"江南谓中原人为伧，荆州人为楚"，把山民称为"山越"、"山寇"等，和民族歧视的性质是一样的。而混居则能形成新的族群认同，如北燕国主冯跋是"本出长乐信都"的汉人，因"东徙昌黎，家于长谷，遂同夷俗"。桓玄之子桓诞因幼年时"流窜太阳蛮中，遂习其俗"，成大后成为蛮族的首领[1]。而当时蛮族以"阿"字为"语之次第称谓"[2]来呼人的习惯，至今在南方汉族中都十分流行。而高欢在北镇久了，其家族便被鲜卑认同，更是一个显例。

张骞通西域，大大扩展了胡汉之间的交往。汉晋之间，北方地区的民族杂居已经习以为常，还有日常生活必用的平城一带"陶器纹饰既有鲜卑早期文化中即已存在的暗纹、水波纹，又有接受中原和西方文化影响而出现的忍冬纹、方格纹等"[3]。所以本时期民族间的习俗影响十分显著。西晋"泰始之后，中国相尚用胡床貊槃，及为羌煮貊炙，贵人富室，必畜其器，吉享嘉会，皆以为先。太康中，又以毡为绹头及络带袴口"[4]。西域来的杂技大大丰富了中土民众的生活娱乐，诸如"履火蹈刃，种瓜移井，倏忽之间，十变五化"[5]，尤其是幻术，受西域影响最大，使"士女观者，目乱睛迷"[6]。少数族的歌曲与乐器也在中原普及开来，如琵琶从此成为常见乐器，若北齐后主"自弹胡琵琶而唱之，侍和之者以百数"，甚至见得到有"奴在马上弹琵琶"景象[7]，可见善琵琶乐曲者之众。史学家魏收也"好声乐，善胡舞"，可见其之普及。即使在南朝，胡伎乐也受到欢迎，如宋后废帝、齐的两个废帝等都"与左右作羌胡伎为乐"。陈将章昭达"每饮会，必盛设女伎杂乐，备羌、胡之声"[8]。所谓"梁、陈旧乐，杂用吴楚之音；周、齐旧乐，多涉胡戎之伎"[9]。还如"魏时旧俗，以正月十五日夜为打蔟戏"[10]，中者为佳，此游戏来自射猎，但时在元宵，因此是一种结合。而步摇冠饰"突出动感的冠饰之美，实为慕容鲜卑的一大创造"[11]，在中原长期流行。带扣也一样，"我们不但在带扣的器型演变上找到其源头，所谓'白玉衮带鲜卑头'之刻文，更是从文字史料上为中国古代带扣起源于'鲜卑'等北方游牧民族提供了直接的证据"[12]。

肘几

[1]《北史》卷93《冯跋传》、卷95《蛮传》。

[2]《北史》卷95《獠传》。

[3] 山西省考古所大同市博物馆《大同南郊北魏墓群发掘简报》，《文物》1992年第8期。

[4]《晋书》卷27《五行志上》。

[5]《颜氏家训·归心篇》。

[6]《洛阳伽蓝记》卷1"城内景乐寺"条。

[7]《北史》卷8《齐后主本纪》、卷30《卢玄传附卢道虔传》。

[8]《南史》卷3《宋后废帝本纪》、卷5《齐废帝本纪》、卷66《章昭达传》。

[9]《旧唐书》卷28《音乐志一》。

[10]《北史》卷48《尔朱荣传》。

[11] 辽宁省文物考古研究所、朝阳市博物馆、朝阳县文物管理所《辽宁朝阳田草沟晋墓》，《文物》1997年第11期。

[12] 王玉书《上博玉雕精品鲜卑头铭文补释》，《文物》1999年第4期。

二十四孝(郭巨)画像砖

1 山西省考古研究所、大同市考古研究所《大同市北魏宋绍祖墓发掘简报》,《文物》2001年第7期。

2 大同市考古所《山西大同七里村北魏墓群发掘简报》,《文物》2006年第10期。

3 韦正《东汉、六朝的朝服葬》,《文物》2002年第3期。

4 赵超《式、穹隆顶墓室与覆斗形墓志》,《文物》1999年第5期。

5 大同市考古研究所《山西大同沙岭北魏壁画墓发掘简报》,《文物》2006年第10期。

6 李剑农《魏晋南北朝隋唐经济史稿》第3章,中华书局1963年版,第44页。

7 徐州博物馆《徐州内华发现南北朝陶俑》,《文物》1999年第3期。

8《魏书》卷113《官氏志》。

9 岳起、刘卫鹏《关中地区十六国墓的初步认定》,《文物》2004年第7期。

10《周书》卷49《稽胡传》。

11《隋书》卷32《经籍志一》。

北魏宋绍祖墓"反映出北魏太和初年,平城地区的墓葬制度已经接受了汉晋墓葬制度的许多主要内容,出行陶俑群以华美的牛车为中心,更是承袭西晋以来中原随葬俑群的传统。壁画中所绘主要人物,也是头戴冠、身着宽衣博带的中原流行服饰"[1]。墓葬本身也是一样,"多人合葬的现象,体现了魏晋以来重视氏族谱系而采用的家族袝葬习俗已流传至平城"[2]。还如"前凉奉晋正朔,实行朝服葬不值得奇怪,但已经鲜卑化的北燕实行朝服葬就值得重视"。北魏实行朝服葬"远在孝文帝迁洛。北燕和北魏的朝服葬现象,说明两政权的汉化进程和深度都超乎寻常"[3]。而在这过程中又有新的发展,如"现在所能见到的最早覆斗形墓志,属于北魏中期。……所以只能暂时把覆斗形墓志看作是北朝的创造"[4]。居住的情况也相似,如平城地区早期墓葬中"沙岭M7壁画中既有形状与陶质模型相同的毡帐,还有中国传统建筑的屋宇,说明这种毡帐和屋宇是当时拓跋鲜卑人并用的两种居住方式"[5]。

十六国北朝由于在大多数时域内是由少数族所统治,黄河流域也杂居着大量各少数族人民,久而久之,北方民众的习俗往往已经打成一片了。如李剑农先生认为"魏晋之间,酪已成为'中国之味',中原之上流人士,皆习以酪为常食品,供皇帝御食之太官尤常备此物","甚至食肉之方法及器饰,亦于晋初,开始胡化"[6]。又据陶俑佐证,"西晋以后少数民族上衣下裤逐渐流行,较之汉族传统的上衣下裳、长衣广袖的服制更为方便"[7]。

与中原习俗类似,拓跋鲜卑的纥骨氏(后改胡氏)、普氏(后改周氏)等"与帝室为十姓,百世不通婚"[8]。后来则是南方更多的相互影响,如"关中平原出土的这种头戴假髻的女侍俑应当是效仿南方妇女装饰的结果,说明了南方汉人的生活习俗对北方地区的影响之大"[9]。

社会习俗是综合性多层次的,既有雅俗合一的,也有上下层分明的,在各民族的文化交流中,也有很强的对应性。对少数族的上层,首先是他们要与汉族打交道,就会率先学习汉语言文字,如本时期的稽胡"又与华民错居,其渠帅颇识文字"[10]。这种结果是惊人的,"后魏初定中原,军容号令皆以夷语。后染华俗,多不能通",至北朝后期竟须"录其本言,相传教习,谓之'国语'"[11]了!接下来是文明感染，如士族的风气对他们有较大的吸引力，如魏道武帝也服寒食散，以致"药数动发"。其中一个动因是由此可以提高他们在族群里的地位或威权。但往往这两者是同步的，尤其在下层。一旦下层族众也融通了，民族融合就难以逆转了。

第五节　经学的复兴及其背景

由于玄学、佛学的兴盛，对本时期作为儒学代表的经学形成了很大的冲击，但彼此相克而相生，也为本时期经学的复兴提供了契机。判别经学在彼时的兴衰可主要从三个方面看：一是当时从帝王到百姓对经学的态度，以及受儒家思想影响的事例；二是儒学教育的兴衰；三是当时出现了多少论著，以及在哪些方面发展了经学。

一、两晋南北朝的经学

"拨乱惟武，经俗以文"[1]，尽管当时谈玄之风很盛，魏晋之间经学的发展并不亚于其他时期，就内容而言，"世传《十三经注》，除《孝经》为唐明皇御注外，汉人与魏晋人各居其半"[2]，其中包括王弼的《易注》和何晏的《论语集解》。后者《世说新语·文学篇》注引《文章叙录》云："自儒者论，以老子非圣人，绝礼弃学。(何)晏说与圣人同，论著行于世也。"这话有两层意思，其一是何晏观点是与孔子一致的，讲的是儒家话。如他所说："善为国者必先治其身，治其身者慎其所习。所习正则其身正，其身正则不令而行，所习不正则其身不正，其身不正则虽令不从。是故为人君者，所与游必择正人，所观览必察正象，放郑声而弗听，远佞人而弗近，然后邪心不生而正道可弘也。"[3]完全都是儒者的口吻。其二是正因如此，何晏的那本《集解》在当时才能"行于世"。可见当时之思想界仍以经学为导向。清代钱大昕评之曰："自古以经训颛门者列于儒林，若辅嗣之《易》，平叔之《论语》，当时重之，更数千载不废，方之汉儒即或有间，魏晋说经之家，未能或之先也。"他还盛赞何晏"有大儒之风"[4]！不仅如此，单就《论语》而言，据《隋

美国堪萨斯尼尔森博物馆藏孝子图石棺画（蔡顺）

[1]《南史》卷60《徐勉传》。
[2] 皮锡瑞《经学历史》"经学中衰时代"，中华书局1959年版，第163页。
[3]《三国志》卷4《齐王芳纪》。
[4] 钱大昕《论何晏》，载《潜研堂文集》卷2，上海古籍出版社1989年版，第30、29页。

皇帝三临辟雍碑首

书·经籍志一》，王弼有《论语释义》3卷；郭象有《论语体略》2卷、《论语隐》1卷等等。此外，杜预的《左传集解》，范宁的《谷梁集解》，郭璞的《尔雅注》等都被后人列入《十三经注疏》里。也就是说，魏晋时经学的探讨也是轰轰烈烈，其论著也是层出不穷。

司马氏的帝位，保证了经学传统的延续。即使是反对司马氏的嵇康、阮籍等人"在原则上并不反对儒家所规定的伦理秩序，只是反对虚伪的名教，他们理想中真率自然之人格仍然与封建道德不可分割。他们认为伦理道德本之自然，不需以虚伪的名教，所谓'小廉曲谨'而表现，至于大廉、大让，忠臣烈士才是体现了自然人格"[1]。后世所谓魏晋玄学大家者，几乎无一不涉及当时之经学，其中佼佼者，亦可为后来经学垂范。

魏晋之间的经学一度是古文经学，"魏时学官所立诸经，已为贾（逵）、马（融）、郑（玄）、王（肃）之学。其时博士可考者，亦多古文家，且或为郑氏弟子也"[2]。东晋就今古文相杂了，"置《周易》王氏，《尚书》郑氏，《古文尚书》孔氏，《毛诗》郑氏，《周官》、《礼记》郑氏，《春秋左传》杜氏、服氏，《论语》、《孝经》郑氏博士各一人"[3]。

与此相关，发生在本时期经学中的一件大事，便是《伪古文尚书》和《伪孔传》的出现。汉武帝时，孔子旧宅之壁为鲁王刘余所破，夹墙中发现《尚书》58篇，因其所书字体不同于当时所流行的，故被称为《古文尚书》，其中一些内容和字句也有别于当时通行的《尚书》，后者就由此被称作《今文尚书》。由于汉末至魏的长时期动乱，《古文尚书》佚失了。到了西晋，《古文尚书》又复出，并被东晋的范宁以楷书抄写，由此传习遂盛，竟被后世不少人当作《尚书》的正本。自宋开始，经朱熹、阎若璩等人不断地置疑考证，至近代已确证该《尚书》为西晋皇甫谧根据《今文尚书》和他书中《古文尚书》的引文，糅合修改而成，故被称为《伪古文尚书》。当时皇甫谧为了取信于人，又伪造了孔安国的《尚书传》，即《伪孔传》，与《伪古文尚书》一起流传至今。现在这场经学公案虽已基本了结，但我们也要注意到两点：一是《伪古文尚书》在两晋间出现和开始盛行，正

[1] 唐长孺《魏晋玄学之形成及其发展》，载《魏晋南北朝史论丛》，三联书店1955年版，第329页。
[2] 王国维《魏石经考三》，载《观堂集林》卷20，中华书局1959年版。
[3]《晋书》卷75《荀崧传》。

说明本时期对经本的需求和经学的兴盛；二是后世围绕着《伪古文尚书》和《伪孔传》产生了大量的注疏等专著，现为经学之重要一部分，此反过来也可算作是本时期对经学的贡献。

　　经学在当时是作为承袭和发扬儒家思想的主要载体，因此历朝的崇儒对经学的存在与发展是主要的有利条件，这个条件在南朝从来也没有缺少过。南朝的经学是对两晋经学的继承和发展，由此它发展出如下的特点：首先在经学中礼学和易学最为发达，如据《隋书·经籍志》，刘宋时有关《礼》的著述有23部之多，而同时其他各类经学著作只有21部，其中6部是易类的。王俭崇尚《三礼》与《春秋》，"发言吐论，造次必于儒教，由是衣冠翕然，并尚经学，儒教于此大兴"[1]。许懋还创立"仪注学"，以明故事。

　　其次，由于玄风影响，南朝秉承两晋传统彻底破除了汉儒固守师法的陋习。东晋南朝的经学既受玄学影响而重义理之发挥，谈讲论辩之中当然不可能步步遵照章句师法，在"谈故如射，前人得破，后人应解，不解即输赌矣"[2]的情况下，故梁"大同中，学者多涉猎文史，不为章句"[3]，而需"博采先儒异同，自为义疏"[4]。就当时而言，这也是一种"思想解放"，因为义疏是对经文的阐释演绎，其译义的指向必定与时事相感应。谈玄本由"清议"变化而来，超脱根基于愤世嫉俗，从谈玄而谈经，在精神上更不会与世隔绝，只是转向入世致用而已。感应时事当然不能被章句所束缚，故史称"江左儒门，参差互出"[5]，如此虽然出不了什么"专家"，却推动了儒家思想的发展。

　　再次，与"专"相对的是"通"，这也是章句之学与义理之学相对的地方。而"通"正是玄学所追求的境界，"夫唯与物冥而循大变者，为能无待而常通，岂独自通而已哉！又顺有待者，使不失其所待，所待不失，则同于大通矣"[6]。受此影响，在南朝儒者学子中不乏贯通文史百家者。如南朝初王准之"兼明《礼传》，赡于文辞"，还谙熟家传史料学。荀伯子"少好学，博览经传"，还有"文集传于世"。裴松之"学通《论语》、《毛诗》，博览坟籍"，还"注陈寿《三国志》"。何承天"幼渐训义，儒史百家，莫不该览"，又删定《礼论》三百卷，并"改定《元嘉律》"[7]。臧荣绪惇爱《五经》，

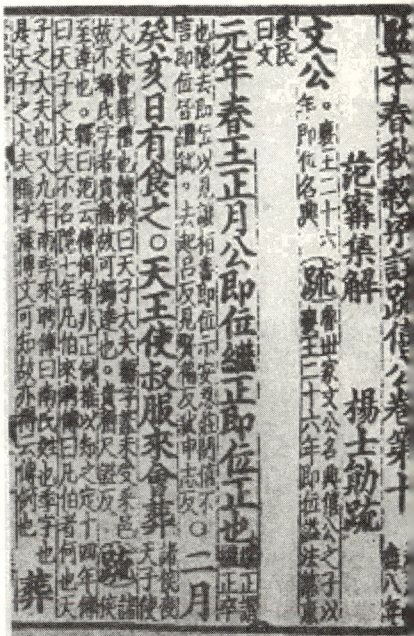

范宁《春秋谷梁传注疏》

[1]《南史》卷22《王昙首传》。
[2]《南齐书》卷33《王僧虔传》。
[3]《陈书》卷33《沈洙传》。
[4]《陈书》卷33《沈文阿传》。
[5]《南齐书》卷33"史臣曰"。
[6] 郭象《庄子·逍遥游》注。
[7]《宋书》卷60《王准之传》、《荀伯子传》、卷64《裴松之传》、《何承天传》。

杜预《春秋经传集解》

"因甄明至道,乃著《拜五经序论》",又"纯笃好学,括东西晋为一书,纪、录、志、传百一十卷"[1]。潘徽"少受《礼》于郑灼,受《毛诗》于施公,受《书》于张冲,讲《庄》、《老》于张譏,并通大义;尤精《三史》;善属文,能持论"[2]。顾野王幼读《五经》,陈后主时"主五礼事",而"遍观经史,精记嘿识,天文地理、蓍龟占候、虫篆奇字,无所不通",撰有《玉篇》、《舆地志》、《国史纪传》及"文集二十卷"[3]等等。由于诸人及何胤、明山宾、周弘正等名儒皆"兼通文史,不徒讲说",流风所及,"故士大夫子弟,皆以博涉为贵,不肯专儒"[4]。即使是所谓讲"专"的学者亦如此,陆德明(元朗)撰成于陈后主至德元年(583年)的《经典释文》也贯彻一个"通"字,正如在他《自序》中所云此书"撰集五典、《孝经》、《论语》、及《老》、《庄》、《尔雅》等音,古今并录,经注毕详,训义兼辩,示传一家之学"。

北朝经学的发达表现在多方面。首先是涌现很多出色的专著,在经义上有所补正,有所深入,有所发明。如崔浩所注《诗》、《论语》、《尚书》、《易》都达到了很高的水平,据称"马、郑、王、贾注述《六经》,并多疏谬,不如浩之精微"[5]。刘芳"才思深敏,特精经义,博闻强记,兼览《苍》、《雅》,尤长音训,辨析无疑","故时人号为刘石经"[6]。

与上一个特点相比较的是"北朝治经者尚多专门名家",如赵翼认为"元魏时经学以徐遵明为大宗,周、隋间以刘炫、刘焯为大宗"[7]。刘芳关于上古男子也有笄的考论,使王肃等礼学家大为叹服[8]。徐遵明曾"居于蚕舍,读《孝经》、《论语》、《毛诗》、《尚书》、《三礼》。不出院门,凡经六年",他"讲学于外二十余年,海内莫不宗仰"[9]。不过北朝的经学似乎也有一个走东汉老路的倾向,一些大儒除专攻经文外心无旁骛。如有人诳熊安生,说某村有古塚,系"晋河南将军熊光墓,去此七十二世",是熊氏祖上,"旧有碑,为村人埋匿"。熊安生竟与村人"连年讼焉"。后冀州长史判曰:"七十二世,乃是羲皇上人;河南将军,晋无此号",而"安生率其族向塚而号"[10]!此至少说明这位大儒对历史是一窍不通的。

二、本时期官学的兴衰

教育事业的产生与发展是社会自身需求的结果,所

[1]《南齐书》卷54《臧荣绪传》。
[2]《北史》卷83《潘徽传》。
[3]《陈书》卷30《顾野王传》。
[4]《颜氏家训·勉学篇》。
[5]《魏书》卷48《高允传》。
[6]《魏书》卷55《刘芳传》。
[7]《廿二史札记》卷15"北朝经学"条,王树民校证本,中华书局1984年版,第312页。
[8]《北史》卷42《刘芳传》。
[9]《北史》卷81《徐遵明传》。
[10]《北史》卷82《熊安生传》。

以看本时期的经学首先看其经学教育的情况，这其实也表现了当时从帝王到百姓对经学的态度。本时期的经学教育分成官学、私学、家学三个方面，其中官学又分国学和州郡学，前者又包括太学、国子学、中书学等等。因为当时教育的内容主要是经学，所以这些教育事业除了特殊标明的，都可以视作是经学教育。

判别一个学派在社会中的地位，最主要是看它在学校，尤其是官学之中所处的地位，因为学校所教必定是国家政治的主导思想，是正统之学。魏晋及十六国的官学中教学的都是经学，经学的主导作用当然是无可置疑的。

西晋的官学是发达的，"晋初承魏制，置博士十九人。及咸宁四年（278年）武帝初立国子学，定置博士祭酒、博士各一人，助教十五人，以教生徒"[1]。晋初的太学生有三千多人，里面当然有不少庶家子弟，这是因为，"惠帝时欲辩其泾渭，故元康三年（293年）始立国子学，官品第五以上得入学"[2]。当时"太学之与国学，斯是晋世殊其士庶，异其贵贱耳。然贵贱士庶，皆须教成，故太学国学两存之也"。这和司马氏的经学世家出身有很大关系，也体现了门阀制度对建立学校的影响。统治者的崇尚经学直接推动了官学的发达。官学是经学发展的一个重要基地，因为官学之设不仅显示朝廷对儒学的态度，提供教学的场所，还作为士人入仕的桥梁，鼓舞起对经学的热忱。学校是经学依托的主阵地，所以办学，不管最后能否办得起来，历代朝廷总是要作为一番的。就像本时期的经学有其特色一样，办学也有其时代特征。

西晋灭亡后，北方继起的十六国统治者们对办官学的热情并未衰减。前赵刘曜"立太学于长乐宫东，小学于未央宫西，简百姓年二十五已下十三已上，神志可教者千五百人，选朝贤宿儒明经笃学以教之。以中书监刘均领国子祭酒。置崇文祭酒，秩次国子"[3]。后赵也设"儒官"以授经学，后又"增置宣文、宣教、崇儒、崇训十余小学于襄国四门，简将佐豪右子弟百余人以教之"。并"起明堂、辟雍、灵台于襄国城西"，又"命郡国立学官，每郡置博士祭酒二人，弟子百五十人，三考修成，显升台府"[4]。就是性格残暴

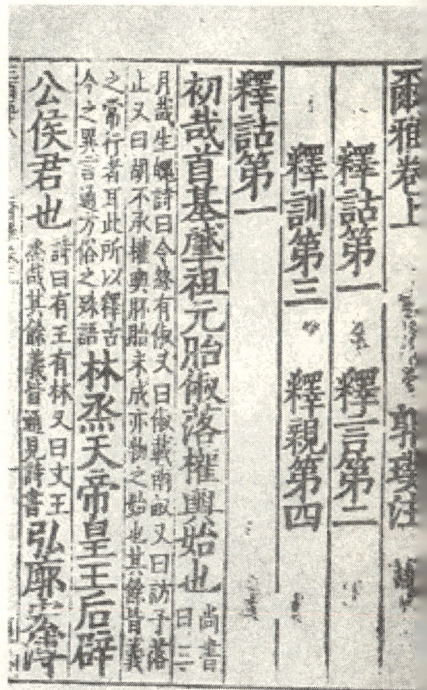

郭璞《尔雅注》

[1]《晋书》卷24《职官志》。
[2]《南齐书》卷9《礼志上》。
[3]《晋书》卷103《刘曜载记》。
[4] 分见《晋书》卷104《石勒载记上》、卷105《石勒载记下》。

的石虎也"下书令诸郡国立五经博士。初,(石)勒置大小学博士,至是复置国子博士、助教"[1]。慕容皝"立东庠于旧宫,以行乡射之礼",并"亲临东庠考试学生,其经通秀异者,擢充近侍",致使"学徒甚盛,至千余人"[2]。苻坚登基之初就"立学校",不久便"广修学官,召郡国学生通一经以上充之",以致"学校渐兴"。他自己亲"临太学,考学生经义,上第擢叙者八十三人"。甚至在掖庭中还"选阉人及女隶有聪识者署博士以授经"[3]。成汉的李雄"兴学校,置史官"[4]。后秦姚苌"下书令留台诸镇各置学官,勿有所废,考试优劣随才擢叙"[5]。南凉秃发利鹿孤"建学校,开庠序","以田玄冲、赵诞为博士祭酒,以教胄子"[6]。南燕慕容德"建立学官,简公卿已下子弟及二品士门二百人为太学生",并"大集诸生,亲临策试"[7]。

至于汉人建立的政权当然更是如此,若河西之张轨"征九郡胄子五百人,立学校,始置崇文祭酒,位视别驾,春秋行乡射之礼"[8]。后来西凉李暠也"立泮宫,增高门学生五百人"[9]。河西也由此成为当时保存传统文化的一个重要地区。北燕的冯跋曾下令"营建太学,以长乐刘轩、营丘张炽、成周翟崇为博士郎中,简二千石已下子弟年十五已上教之"[10]。不过由于这些政权其兴也勃其亡也忽,存在的时间都不很长,所以这些依附于政体的官学也兴衰无常。

北朝一开始就很重视官学的建设。北魏的皇帝们对经学也是很重视的,他们本身也受到经学的熏陶。早在代国被前秦灭后,苻坚就让什翼犍"入太学习礼"[11]。这肯定使拓跋族的首领们印象深刻。北魏立国之初,道武帝"始建都邑,便以经术为先"[12]。天兴二年(399年)三月,"初令《五经》诸书各置博士,国子学生员三十人"[13]。道武帝亲自"释菜于先圣、先师"。还"集博士儒生,比众经文字,义类相从,凡四万余字,号曰《众文经》"[14]。并且在平城"城西三里,刻石写《五经》及其国记,于邺取石虎文石屋基六十枚,皆长丈余,以充用"[15]。邺至平城路途不近,中间还隔着座太行山,搬这些大石头来建校,也可见拓跋统治者对经学的重视了。太武帝在即位第三年,"二月,起太学于城东,祀孔子,以颜渊配"。这是专为拓跋贵族所立之学。此外还有专门供皇族子弟就学的"皇宗学"。

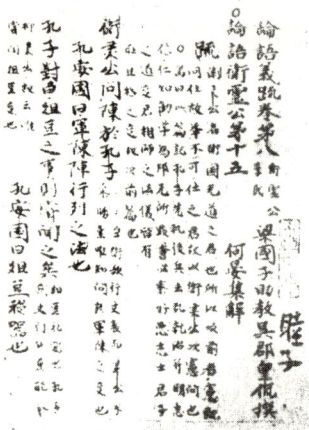

皇侃撰、何晏集解《论语义疏》

[1]《晋书》卷106《石季龙载记上》。

[2]《晋书》卷109《慕容皝载记》。

[3]《晋书》卷113《苻坚载记上》。

[4]《晋书》卷121《李雄载记》。

[5]《晋书》卷116《姚苌载记》。

[6]《晋书》卷126《秃发利鹿孤载记》。

[7]《晋书》卷127《慕容德载记》。

[8]《晋书》卷86《张轨传》。

[9]《晋书》卷87《李暠传》。

[10]《晋书》卷125《冯跋载记》。

[11]《晋书》卷113《苻坚载记上》。

[12]《北史》卷81《儒林传序》。

[13]《魏书》卷113《官氏志》。《北史·道武帝本纪》作"增国子太学生员三千人"。

[14]《魏书》卷2《太祖纪》。

[15]《南齐书》卷57《魏虏传》。

北魏国学发展的一大特点是在明元帝时,"改国子学为中书学,立教授博士"[1],一直到太和中孝文帝迁都洛阳后复改回为国子学。中书学转属于中书省,太武帝在公元431年把几乎所有北方高门士族的代表召到平城做中书博士,一下子有35人之多,他们不仅参与教学,而且参议行政。因此中书学的办学方式就与一般国子学不同,实际上是用边学边干,以吏为师的办法培养行政人才,使儒学更加务实致用。而且因为中书学集中了当时北方的士族精华,所以在它发展的过程中,一方面加强了北魏统治集团中的胡汉关系,促使拓跋鲜卑政权的进一步汉化。另一方面也使北方高门子弟通过政学结合而干练崇实,如"兴安二年(453年),文成帝引见(中书)侍郎、博士子,简其秀儁,欲以为中书学生",其中赵郡李安世年才11,也被文成帝"即以为生"[2]。这样就杜绝了"寒人掌机要"现象在北方出现的可能性,从而使北方士族能继续着经学世家与高官世家结合的传统,在此后数百年间仍长盛不衰[3]。迁都洛阳后随着汉化过程,官学更被重视,如"置国子、立太学,树小学于四门"[4],有着一个较为复杂的教育框架。

北周太学的规模也很大,"时有大儒沈重讲于太学,听者常千人"[5]。武帝自己则屡屡亲讲《礼记》。早在西魏时宇文泰还"置学东馆,教诸将子弟"[6]。北周明帝"集公卿已下有文学者八十余人,于麟趾殿刊校经史"[7]。北齐文宣帝建国伊始诏"郡国修立黉序,广延髦俊,敦述儒风。其国子学生亦仰依旧铨补,服膺师说,研习《礼经》"[8]。孝昭帝也曾诏立"国子寺",但其"国学博士,徒有虚名。唯国子一学,生徒数十人耳"[9]。

尊经与尊王是一致的,江左由于皇权在门阀影响下的相对衰弱,学校之设在东晋南朝显得兴废无常。东晋建立,元帝下诏立太学,明帝又下诏广征名儒立学,成帝及孝武帝世亦有短暂兴学的记录。南朝唯宋文帝、梁武帝世较有起色。宋元嘉十五年(438年)征"尤明《三礼》、《毛诗》"的雷次宗"至京师,开馆于鸡笼山,聚徒教授,置生百余人。会稽朱膺之、颍川庾蔚之并以儒学,总监诸生"[10]。梁武帝世为规模最盛,"天监四年(505年)乃诏开五馆,建立国学,总以《五经》教授,置《五经》博士各一人。于是以平

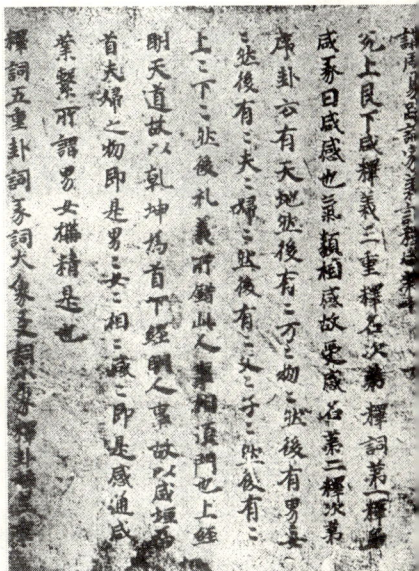

周弘《讲周易疏论家义记》

1 《魏书》卷84《儒林传序》。
2 《北史》卷33《李孝伯传附李安世传》。
3 参见严耀中《北魏中书学及其政治作用》,载《魏晋南北朝史论文集》,齐鲁书社1991年版。
4 《魏书》卷4《世祖纪上》、卷8《世宗纪》。
5 《旧唐书》卷189《徐文远传》。
6 《周书》卷45《樊深传》。
7 《北史》卷9《周明帝本纪》。
8 《北齐书》卷4《文宣帝纪》。
9 《北史》卷81《儒林传序》。
10 《宋书》卷93《雷次宗传》。

原明山宾、吴郡陆琏、吴兴沈峻、建平严植之、会稽贺玚补博士,各主一馆。馆有数百生,给其饩廪,其射策通明经者,即除为吏,于是怀经负笈者云会矣。又选学生遣就会稽云门山,受业于庐江何胤,分遣博士、祭酒,到州郡立学"[1]。梁武帝可谓国学与州郡学并举,也重视私学,可见他虽然表面上崇尚佛教,但以通经者为吏,则骨子里是以儒学为本。其他的皇帝虽然不能如此,但只要有稍长的统治期,崇儒仍是一贯的。如陈文帝也"崇尚儒术"[2]。

西晋诸郡国亦有兴学的,如唐彬在幽州"兼修学校,诲诱无倦,仁惠广被"[3]。江左仍续其余绪,如范宁"为余杭令,在县兴学校,养生徒"[4],为豫章太守时也"于郡立学,召集生徒,远方至者甚众,(周)续之年十二,诣宁受业。居学数年,通《五经》并《纬候》,名冠同门,号曰'颜子'"[5]。南朝地方上如宋沈亮为南阳太守,"时儒学重建,亮开置庠序,训授生徒"[6]。虞愿为晋平太守,"在郡立学堂教授"[7]。齐刘悛为司州刺史,"于州治下立学校"[8]。梁萧憺为益州刺史,"开立学校,劝课就业,遣子映亲受经焉,由是多向方者"[9]。等等。

相对比较,北朝地方办学胜于南方。北魏天安元年(466年)九月"己酉,初立乡学,郡置博士二人、助教二人,学生六十人"。后来又"诏大郡立博士二人,助教四人,学生一百人;次郡立博士二人,助教二人,学生八十人;中郡立博士一人,助教二人,学生六十人;下郡立博士一人,助教一人,学生四十人"[10]。虽然实际上未必都能办得到,但对地方办学总是一种推动。一些州郡长官纷纷设立学校,推广教化。如北魏高祐在任西兖州刺史时,"以郡国虽有太学,县、党宜有黉序,乃县立讲学,党立小学"[11]。张恂为常山太守,"开建学校,优礼儒士,吏人歌咏之"。崔孝芬为赵郡太守,"兴立学校,亲加劝厉,百姓赖之"。李平为相州刺史,"修饰太学,简试通儒以充博士,选五郡聪敏者以教之。图孔子及七十二弟子于讲堂,亲为立赞"。刘道斌"在恒农,修立学馆,建孔子庙堂,图画形象。去郡后,故吏追思之,复立道斌形于孔像之西而拜谒焉"[12]。如此办学,除获得清誉外,还会受到朝廷鼓励,如裴延儁为幽州刺史时,"命主簿郦恽修起学校,礼教大行,民歌谣之。在州五

"南山四皓"(俗称"商山四皓")

[1] 《南史》卷71《儒林传序》。
[2] 《陈书》卷3《世祖纪》。江左国学兴废情况可参见《柳诒征史学论文续集》所载《南朝太学考》,上海古籍出版社1991年版。
[3] 《晋书》卷42《唐彬传》。
[4] 《晋书》卷75《范汪传附范宁传》。
[5] 《宋书》卷93《周续之传》。
[6] 《宋书》卷100《自序·沈亮》。
[7] 《南齐书》卷53《虞愿传》。
[8] 《南齐书》卷37《刘悛传》。
[9] 《梁书》卷22《萧憺传》。
[10] 《魏书》卷6《显祖纪》,《北史》卷81《儒林传序》。
[11] 《魏书》卷57《高祐传》。
[12] 《北史》卷21《张衮传附张恂传》、卷32《崔挺传附崔孝芬传》、卷43《李崇传》、卷46《刘道斌传》。《李崇传》表明,当时州学也可称为"太学"。

年,考绩为天下最"[1]。在这最佳考绩中,兴办学校无疑是内容之一。因此北方地方官府办校积极性胜过江左,是很明显的。其中章句之学包含着更多更实际的礼仪与行为规范,且比义理之学更容易教学,恐怕也是引起官方对兴办地方教育兴趣的一个原因。如此州郡办学,对经学振兴是起作用的,如薛谨为秦州刺史,"时兵荒之后,儒雅道息,谨命立庠序,教以诗书,三农之暇,悉以受业,躬巡邑里。亲加考试,河汾之地,儒道更兴"。杜弼"家贫无书,年十三,寄郡学受业",以学优而为刺史所赏识推荐,后在北齐位中书令[2],可见州郡学是颇能造就统治人才的。这些地方学设立的另一作用,就是促进地方上的教化。如为表扬孝子张元,"县博士杨轨等二百余人上其状"[3],这样的事由地方学官带头来做是最合适不过的了。

州郡学发展的原因之一是因为两晋南北朝虽盛行九品中正制,但举孝廉、秀才的制度依然不废。而被推举者最后都要进行策试,内容就是试经。就是东晋之初那样动荡之时,元帝还"申明旧制,皆令试《经》,有不中科,刺史、太守免官"[4]。这对经学的坚持当然也是很起作用的。

三、私学与家学的发展

本时期私学与家学的发展远胜于官学,成为经学教学的主要支柱。两晋之私学,时有起伏。但一直是存在的,如西晋华廙"栖迟家巷垂十载,教诲子孙,讲诵经典"。蔡谟也在数年内"杜门不出,终日讲诵,教授弟子"[5]。再如束皙"辞疾罢归,教授门徒"。又如唐彬"尤明《易经》,随师受业,还家教授,恒数百人"。祈嘉"博通经传,精究大义,西游海渚,教授门生百余人"。宋纤"明究经纬,弟子受业三千余人"等等[6]。私学的兴衰是服从于社会需求的。

与官学相呼应,十六国时期虽属乱世,但一有机会,私学也会蓬勃发展。如后秦时"天水姜龛、东平淳于歧、冯翊郭高等皆耆儒硕德,经明行修,各门徒数百,教授长安,诸生自远而至者万数千人",又有"凉州胡辩,苻坚之末,东徙洛阳,讲授弟子千有余人,关中后进多赴之请业"[7]。

私学是以家学为基础的。即使在少数族统治的时代,士族也清楚通经习礼是维持其社会地位的重要手段,所

龙门石窟宾阳洞立佛

[1]《魏书》卷69《裴延儁传》。
[2]《北史》卷36《薛辩传附薛谨传》、卷55《杜弼传》。
[3]《北史》卷84《张元传》。
[4]《晋书》卷78《孔愉传附孔坦传》。
[5]《晋书》卷44《华廙传》、卷77《蔡谟传》。
[6]《晋书》卷51《束皙传》、卷42《唐彬传》、卷94《祈嘉传》、《宋纤传》。
[7]《晋书》卷117《姚兴载记上》。

龙门石窟宾阳洞力士像

以努力使家学有继,凡为门阀者无不有家学之传统(参见第三章第二节)。江左的家学更是发达,"洛京倾覆,人士流于江左,学术移于家族"[1],后者是和门阀紧密连接在一起的。由于文化礼法是维系门第的重要支柱,明白"士患不明经术,经术明,取青紫如拾地芥耳"[2],及"若能常保数百卷书,千载终不为小人也",所以在本时期都很重视,如南朝贺德基家"世传《礼》学",因"三世儒学,俱为祠部郎,时论美其不坠"[3]。又如吴郡顾越"所居新坂黄冈,世有乡校,由是顾氏多儒学焉",但这种私学其实是家学的扩大。再如沈麟士"隐居余不吴差山,讲经教授,从学士数十百人,各营屋宇,依止其侧,时为之语曰:'吴差山中有义士,开门教授居成市'"[4]。刘瓛"博通五经,聚徒教授,常有数十人"[5]。又伏曼容"聚徒教授以自业",其"宅在瓦官寺东,施高坐于听事,有宾客,辄升高坐为讲说,生徒常数十百人"。又沈德威"私室讲授,道俗受业数百人",及"北来人儒学者有崔灵恩、孙详、蒋显并聚徒讲说,而音辞鄙拙,唯(卢)广言论清雅,不类北人"[6]。对于私学与乡学,还能得到一些地方官的支持,如诸葛璩"博涉经史",于是"后生就学者日至。居宅狭陋,无以容之。太守张友为起讲舍"[7]。因为这对地方或长官名声都是有利无弊的。可以说南朝家学与私学的兴盛完全可以弥补官学的不足。

北朝时更如此,家学与私学都十分发达,"横经受业之侣,偏于乡邑;负笈从宦之徒,不远千里"[8]。"士大夫子弟,莫不被教,多者或至《礼》、《传》,少者不失《诗》、《论》"[9]。常爽在平城"置馆温水之右,教授门徒七百余人,京师学业,翕然复兴。爽立训甚有劝罚之科,弟子事之,若严君焉","时号为'儒林先生'"。甚至有互为师生的佳话,李谧"初师事小学博士孔璠,数年后,璠还就谧请业。同门生为之语曰:'青成兰、兰谢青,师何常,在明经'"[10]。北方越是高门,家学越是显著。孝文帝改革后,鲜卑贵族也是如此,若西魏义阳王元子孝"乃置学馆于私第,集群从子弟,画夜讲读。并给衣食,与诸子同"[11]。北周"衣儒者之服,挟先王之道,开黉舍延学徒者比肩;励从师之志,守专门之业,辞亲戚甘勤苦者成市"[12]。

[1] 陈寅恪《从史实论切韵》,载《金明馆丛稿初编》,第366页。
[2]《南史》卷62《传论》。
[3]《南史》卷71《贺德基传》。
[4]《南史》卷76《沈麟士传》。
[5]《南齐书》卷54《沈驎士传》、卷39《刘瓛传》。
[6]《南史》卷71《伏曼容传》、《沈德威传》、《卢广传》。
[7]《南史》卷76《诸葛璩传》。
[8]《北史》卷81《儒林传序》。
[9]《颜氏家训·勉学篇》。
[10]《北史》卷42《常爽传》、卷33《李孝伯传附李谧传》。
[11]《北史》卷17《元子孝传》。
[12]《周书》卷45《儒林传序》。

私学和家学往往交织在一起,很多人都是既受家学,后来又进私学,以丰富自己的学业。同时,师徒关系也会形同父子。如张伟"学通诸经,乡里受业者,常数百人。儒谨汎纳,虽有顽固,问至数十,伟告喻殷勤,曾无愠色。常依附经典,教以孝悌,门人感其仁化,事之如父"[1]。儒学的一大特色,就是把学问与做人,求知与养性结合在一起。这样,视师徒关系如同父子是会很自然形成的。在本时期,如业师是普通学者,就会像张伟和他的学生关系一样,如是有权势者,则很可能发展为依附关系,尤其在动乱的时候。

北朝私学的另一特点,是习学者几乎包括社会各个阶层,"乐安孙彦举、济阴温子升,并自孤寒,郁然特起",后者在广阳王元深家为贱客时,"在马坊教诸奴子书"[2]。这也说明奴子亦有受教育的机会,当然这是少数的。有着如此广泛的儒学教育基础,于是"学业大盛,故燕、齐、赵、魏之间,横经著录,不可胜数。大者千余人,小者犹数百。州举茂异,郡贡孝廉,对扬王庭,每年逾众"[3]。

四、补充本时期经学的几个特色

本时期的经学教育除了上述私学与家学与官学鼎足而三等特点外,还有以下方面补充。

一是少数族统治者对经学颇为热衷。十六国的少数族统治者除了上述对办学很有热忱外,自己也很好学。我们在史书上可以看到不少诸国君王尊经重学的记载,一点也不亚于当时相对稳定的东晋。这首先表现在很多少数族统治者都善学通经。如刘渊"幼好学,师事上党崔游,习《毛诗》、《京氏易》、《马氏尚书》,尤好《春秋左传》、《孙吴兵法》,略皆诵之,《史》、《汉》、诸子,无不综览"。嗣他位的儿子刘和也"好学夙成,习《毛诗》、《左氏春秋》、《郑易》"。前赵的另一个统治者刘聪也"究通经史,兼综百家"[4]。石勒的太子石弘"受经于杜嘏,诵律于续咸"[5]。石虎"虽昏虐无道,而颇慕经学,遣国子博士诣洛阳写石经,校中经于秘书"[6]。前燕的慕容皝"尚经学,善天文"。其子慕容翰也"善抚接,爱儒学"[7]。前秦苻丕"聪慧好学,博综经史",苻登"折节谨厚,颇览书传"[8]。姚襄"好学博通,雅善谈论",姚兴

龙门石窟古阳洞释迦多宝龛

[1] 《北史》卷81《张伟传》。
[2] 《北史》卷83《文苑传序·温子升传》。
[3] 《北史》卷81《儒林传序》。
[4] 分见《晋书》卷101《刘元海载记》、卷102《刘聪载记》。
[5] 《晋书》卷105《石勒载记下》。
[6] 《晋书》卷106《石季龙载记上》。
[7] 《晋书》卷109《慕容皝载记》。
[8] 分见《晋书》卷115《苻丕载记》、《苻登载记》。

龙门石窟莲花洞南壁列龛

"讲论经籍,不以兵难废业,时人咸化之",姚泓曾"受经于博士淳于歧"[1]。成汉李班"敬爱儒贤",李寿"少尚礼容"[2]。后燕慕容宝"敦崇儒学"[3]。北燕的宰辅冯素弗"谦虚恭慎,非礼不动"[4]。

上述事实表明十六国中大多数的少数族君王或多或少地受到过儒家思想的熏陶,因此这不是偶然现象。他们也会在比较安定的时候建办学校,也不乏重用儒生的事例,这也并非仅仅取决于他们的主观愿望。从上述记载看,凡这些少数族统治尊经重学时,其国势也处于开明强盛之时。这并非是偶然巧合,因为一来学校是为朝廷输送治国官吏的地方,学校正常,选官正常,说明行政制度运行的状态也良好,秩序正常当然表明国家社会之稳定。二来学校兴盛,意味着儒学兴盛,儒家既标榜道德教化,儒家的学问包含着做人的道理,因此儒学之兴必有利于政治道德的弘扬和社会气氛的平和,这在动乱的时代尤为重要,因为人心安定是立国的基础。三来重学重士就是尊重士族,当时士族就是代表着整个汉族。在一个以少数族为统治者,大多数被统治者为汉族的体制下,士族的态度对社会政治稳定至关紧要。不过孔学的核心在于"克己复礼"的为人之道,这些统治者虽好儒而难于克己,故鲜见仁政。

二是本时期的经学与他学多方交错,有相辅相成,也有相反相成。自南北朝起,所办之官学的内涵有所扩大,并非仅限于经学,如元嘉时在鸡笼山兴学,除经学外还并立文、史、玄学,并非经学一枝独秀。泰始六年(460年)立总明馆,"分为儒、道、文、史、阴阳五部学"[5]。后来北朝也是如此,若周明帝"雅爱文史,立麟趾学,在朝有艺业者,不限贵贱,皆听预也"[6]。东晋起还增加了律学,南北朝并设之,其学与礼学更是相辅。如北周于路(一作露)门"立路门学,置生七十二人",并以萧撝、王褒等四人为文学博士,可见露门学是以文学为主[7]。这些学校的兴办,不仅对文史诸学之发达以有力的推动,也衬托了经学,因为经学只有与文史结合,经义才会鲜活起来。

更重要的是,本时期经学之发达,是在玄学、佛学等冲击下形成的,这不仅保存了儒学,且为其以后的发展奠

[1] 分见《晋书》卷116《姚襄载记》、卷117《姚兴载记上》、卷119《姚泓载记》。
[2] 《晋书》卷121《李班载记》、《李寿载记》。
[3] 《晋书》卷123《慕容宝载记》。
[4] 《晋书》卷125《冯跋载记附冯素弗传》。
[5] 《南史》卷3《宋明帝本纪》。
[6] 《北史》卷23《于栗磾传附于翼传》。
[7] 《北史》卷10《周武帝本纪》、卷29《萧撝传》。

定了基础。本时期的经学，无论在南在北，都因为广泛吸收，所以有了很大的丰富。两晋间由于受玄学的影响，追求经义之新意，已成潮流。如王接"更注《公羊春秋》，多有新义"。范宁"以《春秋谷梁氏》未有善释，遂沈思积年，为之集解，其年精审，为世所重。既而徐邈复为之注，世亦称之"[1]。又如北朝被称为"儒宗"的"张吾贵以聪辩过人，其所解说，不本先儒之旨。唯（刘）兰推《经》《传》之由，本注者之意，参以纬候及先儒旧事，甚为精悉。自后《经》义审传，皆由于兰。兰又明阴阳，博物多识，故为儒者所宗"。又如沈重"学业该博，为当世儒宗，至于阴阳图纬、道经、释典，无不通涉"。马光"图书谶纬，莫不毕览，尤明《三礼》，为儒者所宗"[2]。很明显，当时所推重的正是那些善于综合诸学而有所创新者。

因此在这个阶段内，儒学由此得到了一番脱胎换骨般的改造，其重心由句章之学移向义理之学。即使是后来宋明理学，也从中得到不少养分。如王坦之在其《废庄论》中申述"道心惟微，人心惟危"[3]，可以说是为以后儒学"唯精唯一，允执厥中"张本。

三是妇女在家学的传承中也起到重要作用。如韦逞母宋氏，娘家"世以儒学称"，由于没有兄弟，其父给她"授以《周官》音义，谓之曰：'吾家世学《周官》，传业相继，此又周公所制，经纪典诰，百官品物，备于此矣，汝可受之，勿令绝世'。属天下丧乱，宋氏讽诵不辍"。后来宋氏教其子韦逞，"逞遂学以成名，仕苻坚为太常"。苻坚知道后，"于是就宋氏家立讲堂，置生员百二十人，隔绛纱幔而受业"，因此《周官》学复行于世[4]。类似延续家学的妇女还不少，如河东裴佗之妻辛氏，史书称她为"高明妇人，又闲礼度，夫丧，诸子多幼弱，广延师友，或亲自教授，内外亲属有吉凶礼制，多取则焉"。另一位是皇甫和的母亲，"和十一而孤，母夏侯氏才明有礼则，亲授以经书"，使他"尤明礼仪"。清河房爱亲妻是同郡名门崔元孙之女，"历览书传，多所闻知。亲授子景伯、景光《九经》义，学行修明，并当世名士"[5]。都是很典型的例子。

四是对南北学风的一些说法。关于南北学风之比较，已有很多学者说过，如《北史·儒林传序》里将南北朝时的

龙门石窟天统洞迦叶

[1]《晋书》卷51《王接传》、卷75《范汪传附范宁传》。
[2]《北史》卷81《刘兰传》、卷82《沈重传·马光传》。
[3]《晋书》卷75《王湛传附王坦之传》。
[4]《晋书》卷96《韦逞母宋氏传》。
[5]《北史》卷38《裴佗传·附皇甫和传》、卷91《房爱亲妻崔氏传》。

新城县公曹孙球生造像龛

两地经学作了一番比较："大抵南北所为章句，好尚互有不同。江左，《周易》则王辅嗣，《尚书》则孔安国，《左传》则杜元凯。河洛，《左传》则服子慎，《尚书》、《周易》则郑康成。《诗》则并主于毛公，《礼》则同遵于郑氏。南人约简，得其英华；北学深芜，穷其枝叶"。具体还如北朝"士族承袭汉魏遗风，法律尤为家世相传之学"，且律学多与礼学结合，然"江左士族其家世多不以律学相传授，此又河北、江东之互异者也"[1]。其实本节前面也进行了对比。这里要补充的是，南北学风之分，也是受到环境影响的结果。南朝的经学由于受善思辨的玄学之影响，所以也以发挥义理见长，"多以老、庄之旨，发为骈俪之文"[2]。如东晋范宁"以《春秋谷梁氏》未有善释，遂沈思积年，为之集解。其义精审，为世所重。既而徐邈复为之注，世亦称之"[3]。由于学者多集儒、玄之学于一身，故以"玄儒之士"统称之。当然这种分别并非绝对，南北也有相同之处，主要是都对《三礼》之学十分重视，此正反映了儒学的经世致用为其在社会政治上的根本立足点。又北方也有"能言名理，以玄学知名"者[4]，不过影响很小。然而南朝经学以发挥义理为主，虽活跃了思想，却不大合适一般性的教育，尤其是以教化为目的的教育。因为章句之学包含着更多更实际的礼仪与行为规范，且比义理之学更容易教学，所以这也可以解释无论是官办的州郡之学，还是带有私学性质的乡学，江左都没有北方兴盛。究其南方逊色于北方的原因，除了战乱的缘故外，门阀体制下家学的兴盛也起了替代作用。北方统治者，尤其是汉士族出身的地方长官，对办州郡学的兴趣更大些，那是因为少数族贵族一般都无家学渊源，故北朝私学的风气也更盛些。

总之，尽管在本时期的绝大多数时间里国家分裂、战乱频仍，但经学仍一直在维持着，甚至时有辉煌。其根本原因是在中国古代"经学是沟通个人、家族、国家的方法，经可以指示人在三者之间如何扮演角色。经大部分是儒家所定出的法则，礼是儒家理想的实行方式"[5]。更重要的是，"《五经》治世之模，六籍轨俗之本"[6]为当时的一种政治共识。因此经学就是构成中国古代社会纽带的思想基础，当然不可或缺。

[1] 陈寅恪《隋唐制度渊源略论稿》"刑律"，中华书局1963年版，第106、107页。
[2] 《经学历史》"经学分立时代"，第176页。
[3] 《晋书》卷75《范汪传附范宁传》。
[4] 《北史》卷39《羊祉传附羊烈传》。
[5] 毛汉光《中古士族性质之演变》，载《中国中古社会史论》，上海书店出版社2002年版，第87页。
[6] 《魏书》卷69《裴延儁传》。

在政治上,尤其是对少数族为统治者的政权而言,经学的兴盛与儒家思想影响的扩大,必然会影响其汉化的进程,加速民族文化的融合。所谓"学之兴废,随世轻重"[1],但这也要看"学"是怎样一个随法,本时期的经学能随和地域之差异,适应门阀之需要,从乱世的磨炼中迎来了新的发展期。

第六节 战乱中进步的科学技术

两晋南北朝与中国历史上其他的时代相比,战乱最为频繁,但科学技术和生产技术上的进步却不亚于任何时候。为什么能如此?理由很简单,主要有两条。一是政治上的混乱却为思想的活跃提供了比秦以后任何时代更多的空间,而科学与技术的发展是需要想象力的;二是战争虽然会带来痛苦,但由于战争对生产技术提出更多的要求,而需要是技术发明与进步的源泉。

一、工艺技术的创造发明

本时期在工艺技术上的创造发明,北方多注重于在军事上和生产上的实用,南方则较偏重于生活游艺,当然也有例外的。如东晋末的桓玄"好畋游,以体大不堪乘马,又作徘徊舆,施转关,令回动无滞"[2]。这东西大概是人抬或马拉的转椅。南朝陶弘景"尝造浑天象,高三尺许,地居中央,天转而地不动,以机动之,悉与天相会"[3]。浑天仪虽非新发明,但陶弘景在构思上也有独特之处。祖冲之除订历法,精算圆周率外,还是个大发明家。他改造指南车,使其"圆转不穷,而司方如一",又另"造一器,不因风水,施机自运,不劳人力。又造千里船,于新亭江试之,日行百余里"[4]等等。陈朝长沙王叔坚做了一个机器木偶,可能是请人做的,"衣道士之服,施机关,能跪拜"[5]。此外,西魏文帝曾造两个欹器,"一为二仙人共持一钵,同处一盘,钵盖有山,山有香气,一仙人又持金瓶以临器上,以水灌山,则出于瓶而注乎器,烟气通发山中,谓之仙人欹器。一为二荷同处一盘,相去盈尺,中有莲下垂器上,以水注荷,则出于

吐鲁番出土阚氏王国《论语郑注》写本

[1]《颜氏家训·勉学篇》。

[2]《建康实录》卷10"桓玄"条。

[3]《南史》卷76《陶弘景传》。

[4]《南史》卷72《祖冲之传》。

[5]《陈书》卷28《长沙王叔坚传》。

北魏刺绣佛像残片

莲而盈乎器,为凫雁蟾蜍以饰之,谓之水芝欹器。二盘各处一床,钵圆而床方,中有人,言三才之象也。皆置清徽殿前。器形似觚而方,满则平,溢则倾"[1]。欹器被儒家用来阐明做人的哲理,所以如此工艺精巧的欹器出现,恐怕也与西魏提倡儒学有关。

造纸术虽然是在汉代发明的,但造纸技术的巨大进步应该在本时期,因为正是在本时期纸的使用才得到真正的普及。可以对照这样的事实,一是长沙走马楼发掘出来的大批吴简,是当时长沙郡所属的地方户籍等资料。这么多的官府档案材料都写在竹简上,表明三国时纸的使用尚未普遍。二是在吐鲁番阿斯塔那、哈拉和卓等地也发掘出大量纸质文书,自十六国时期开始,年代越后数量越多。如北魏崔悆"读书不废,凡手抄八千余纸"[2]。又如《颜氏家训·勉学篇》说南北朝后期有一寒士"家贫无资,累日不爨,乃时吞纸以实腹"。若记载没有走样,那就是当时纸比粮食还便宜,至少价钱是差不多。时间上两相对比,说明在本时期造纸术有了一个重大的突破,从此使纸张作为书写用具在日常生活中基本上代替了竹简,并陆续有籐角纸、银光纸、桃花纸等名目出现,证明造纸技术已有相当的提高,并且普及。如南朝初张永有巧思,"纸墨皆自营造"[3]。晋后期的当权者桓玄曾下令云:"古无纸,故用简,非主于敬也。今诸用简者,皆以黄纸代之。"[4]说明晋朝公文中的简纸交替的最后完成是在桓玄手里实现的,也是一个显例。这也是为什么书法艺术在本时期有一个飞跃式发展的原因之一,因为纸给了笔的运用一个宽广的空间。

纺织技术在古代中国历来占有重要地位,在本时期也持续发展着。仅如《邺中记》所载后赵尚方织锦署的织物就有"大登高、小登高、大明光、小明光、大博山、小博山、大茱萸、小茱萸、大交龙、小交龙、蒲桃文锦、斑文锦、凤凰锦、朱雀锦、韬文锦、桃核文锦,或青绨、或黄绨、或绿绨、或紫绨、或蜀绨,工巧百端,不可尽名也"。这些高级织物不仅需要复杂的提花织机,图案设计也要很高的工艺水平。

在军事技术方面:晋末刘裕攻南燕之广固,齐人张纲"为裕造冲车,覆以版屋,蒙之以皮,并设诸奇巧,城上火石弓矢无所施用;又为飞楼、悬梯、木幔之属,遥临城上"[5]。

[1]《周书》卷38《薛憕传》。
[2]《北史》卷24《崔逞传》。
[3]《南史》卷31《张裕传》。
[4]《太平御览》卷605。民家用纸普及当然要更晚些,似在南北朝中后期,参见本书第三章第二节。
[5]《晋书》卷128《慕容超载记》。

北魏孔伯恭为攻刘宋军营,"密造火车"。崔延伯则在淮河上造车轮桥:"取车轮,去辋,削锐其辐,两两接对,揉竹为絙,贯连相属,并十余道,横水为桥,两头施大鹿卢,出没任情,不可烧斫"[1],还能起封锁河道的作用。梁末侯景在围攻建康台城时,"造诸攻具及飞楼、撞车、登城车、钩堞车、阶道车、火车,并高数丈,一车至二十轮,阵于阙前,百道攻城并用焉。以火车焚城东南隅大楼",又"设百尺楼车,钩城堞尽落",还有一种尖顶木驴,"矢石所不能制"[2]。如此各式各样,带有20个轮子或高百尺的攻城车辆,说明当时军事工程技术已经发展到一个相当的高度。制造这些车辆的技术和使用方法,应该是侯景从北边带过来的。作为对抗,南军由徐世谱"造楼船、拍舰、火舫、水车以益军势","所造器械,并随机损益,妙思出人"[3]。由此发展起来的船舶制造能力也十分惊人,晋武帝"谋伐吴,诏(王)濬修舟舰。濬乃作大船连舫。方百二十步,受二千余人。以木为城,起楼橹,开四出门,其上皆得驰马来往。又画鹢首怪兽于船首,以惧江神。舟楫之盛,自古未有"[4]。又隋初准备灭陈,"造大舰,名曰五牙,上起楼五层,高百余尺,左右前后置六橹竿,并高百五十尺,容战士八百人",橹竿是用作武器击碎敌船的[5]。这些发明是和战争频繁而造成军事需要分不开的。颜之推见实北方有千人毡帐,江南有载重二万斛的船,其用途恐怕主要还是在军事方面。公元6世纪末中国北方就已经能造那么大的战舰,800多年后的明代造出下西洋的巨船也就没有什么可惊讶的了。

马上装备也有了重大的发展,主要是马镫和甲具,使骑兵战斗力大为增强。这是因为"中原战乱不已,大批汉人流入鲜卑地区,或充当谋士,或教作兵器铠盾,中原地区的精金良铁也通过不同渠道输入到鲜卑地区,为改善、完备骑兵装备准备了充足的技术、物质条件"[6]。有攻就有守,在与游牧民族斗争中,城池的作用巨大,"汉人为居,终不于无水草之地筑城郭,立郡县也"[7]。所以本时期在筑城的数量和规划之发展都十分可观,从坞壁类小城到京师都城都是如此。

与此相关,"在南北朝时期使用(可能创始于晋代)灌

桑木包铜马镫(十六国)

[1]《北史》卷37《孔伯恭传》、卷37《崔延伯传》。
[2]《梁书》卷56《侯景传》、卷39《羊侃传》。
[3]《南史》卷67《徐世谱传》。
[4]《晋书》卷42《王濬传》。
[5]《北史》卷41《杨敷传》。
[6] 田立坤、张克举《前燕的甲骑具装》,《文物》1997年第11期。
[7]《魏书》卷35《崔浩传》。

骨尺

1 杨宽《中国古代冶铁技术发展史》"总论",上海人民出版社1982年版。
2《北齐书》卷49《綦母怀文传》。
3 辽宁省文物考古研究所、朝阳市博物馆、朝阳县文物管理所《辽宁朝阳田草沟晋墓》,《文物》1997年第11期。
4 大同市考古所《山西大同七里村北魏墓群发掘简报》,《文物》2006年第10期。
5 洛阳博物馆《洛阳北魏杨机墓出土文物》,《文物》2007年第11期。
6《两晋南北朝史》第23章,第1439页。
7 张华《博物志》卷10"杂说下"。
8《魏书》卷8《世宗纪》。
9《南齐书》卷21《文惠太子传》。据苏轼《东坡志林》卷3"论医和语"条,六疾为:"阳淫热疾、阴淫寒疾、风淫末疾、雨淫腹疾、晦淫惑疾、明淫心疾。"所以这六疾馆当是类似医院的处所。
10《南史》卷2《宋文帝本纪·孝武帝本纪》。
11《魏书》卷7《高祖纪下》。

钢冶炼法，开创了独特的炼钢技术它同时兼用生铁和熟铁两种原料"，混合加热后"让先熔的生铁液作为渗碳剂，灌注到疏松的熟铁的空隙之中，使熟铁的含碳量升高而成为钢材"[1]。北齐的綦母怀文以此造"宿铁刀"，可以"斩甲过三十札"[2]。这是和其他金属加工技术的提高是相协的，如辽宁出土的慕容鲜卑金银器十分精巧，"这种薄厚、粗细均匀的'超薄抄袭'金片、近似是提供类似近现代的'冷轧'和'拔拉'方法得到的"[3]。

中外贸易也能带来技术进步，如出土的玻璃器皿也表明，"太武帝时期通过引进西方的玻璃生产技术与工艺，已能生产十分精美的玻璃制品"[4]。而传统的瓷器更精益求精，如洛阳北魏杨机墓"出土的青瓷碗、盏，制造精良，釉色温润，这在洛阳北魏墓出土瓷器和我国早期青瓷器都较为少见"[5]。

二、医学的进展

医学救人治病，是一项特殊的事业，在本时期有着很大的发展。一是中医至本时期学科门类的发展已比较齐全。吕思勉先生根据《隋书·经籍志》中所列医方书籍分为八类:"1,论医理;2,言明堂针灸;3,论诊法;4,论病源候;5,本草、药录、采药法、种药法;6,医方;7,食经;8,兽医。"[6]这还不包括道家养生之道，及胎教法:"妇人妊娠，不欲令见丑恶物、异类鸟兽"，"听诵诗书讽咏之音，不听淫声"[7]等等。二是当时已有类似医院的单位。如北魏永平三年(510年)在洛阳"于闲敞之处别立一馆，使京畿内外疾病之徒咸令居处。严敕医署，分师疗治"[8]。又如南齐文惠太子"与竟陵王子良俱好释氏，立六疾馆以养穷民"[9]。三是至南北朝，已有官方出面组织社会公共卫生保障体系，南朝如仅宋文帝于元嘉四年(427年)五月、二十四年六月和二十八年四月，就三次因"都下疫病，使巡省给医药"。宋孝武帝也在大明元年(457年)四月及四年四月这样做了[10]。北朝如孝文帝太和二十一年(497年)九月诏令洛阳凡"不满六十而有废痼之疾，无大功之亲，穷困无以自疗者，皆于别坊遣医救护，给医师四人，预请药物以疗之"[11]。

这些成就之取得是有原因的。首先，中国医学有一个很大的特点,那就是与哲学思想密切相关,如自最早的中医著作《黄帝内经》起,就"是以天人相比附的阴阳五行图式作为哲理基石"[1],本时期思想的解放,如有关《养生论》的辩论,无疑也活跃了中医的理论。多有思想家善医者,西晋的裴頠"通博多闻,兼明医术"[2]。南朝大儒伏曼容"多伎术,善音律,射驭、风角、医算,莫不闲了"[3]。这些至少在侧面加强了对因果律的认识。善医者往往也知阴阳占卜之术,如祖珽"解四夷语及阴阳占候,医药之术,尤是所长"。张子信"颇涉文学,少以医术知名",又"善《易》筮及风角之术"[4]。另一方面,实际上与阴阳五行说有所关联的经络学说在本时期得到了进步,如西晋太医令王叔和所撰《脉经》10卷,为现存最早的脉学专著,系统地论述了四季五行对人体脉象的关联。该《脉经》还"总结前人经验,撰成现知第一部脉诊专著《脉经》,提倡独取寸口之法,并将寸口脉分为寸、关、尺三部,分候脏腑之疾。这种方法一直沿用至今未见大的改变"[5]。同时建筑在经络穴位说基础上的针灸在本时期大有进展,皇甫谧的《针灸甲乙经》集前人之大成而有所发展,概述了人体的生理结构和病理变化,对应穴位的治疗效果,以及针灸的具体操作等,可以称得上是针灸发展史上的一座里程碑。

其次是道教与佛教的发展,带动了医药事业的发展。前者追求长生,很多道术里都蕴有健身卫生之方。道士中更有医药高手,如葛洪著有《金匮药方》100卷,《肘后卒救方》3卷,后者是前者的精华本。还如陶弘景尤明"医术本草"[6]。又如北朝周澹"多方术,尤善医药"[7]。后者在中土的传播,带来了很多印度及西域其他地方的医药知识。仅《隋书·经籍志》里就有《西域名医所集要方》、《龙树菩萨药方》等10余种,基本上都是本时期传入的。故佛教中多有医疗高手。如李亮"少学医术,未能精究",后来他"就沙门僧坦,略尽其术。针灸授药,罔不有效。徐、兖间,多所救恤"[8]。刘裕的外创是被一沙门给的黄药治好的,此药"每遇金创,傅之并验"。羊欣素好黄、老,"兼善医术,撰《药方》数十卷"[9]。其实宗教本身宣称要济世利民,附带医药是必然的。尤其是"天竺医术,以调和地水风火四大为务。傥四大不和均,则疾病生,此鸠摩罗什临终所以自言'四大不

北周治病图

[1] 李泽厚《秦汉思想简议》,《中国社会科学》1984年第2期。
[2]《晋书》卷35《裴秀传附裴頠传》。
[3]《南史》卷71《伏曼容传》。
[4]《北史》卷47《祖珽传》、卷89《张子信传》。
[5] 见杜石然主编《中国科学技术史》,科学出版社2003年版,第357页。
[6]《南史》卷76《陶弘景传》。
[7]《北史》卷90《周澹传》。
[8]《北史》卷90《李修传》。
[9]《南史》卷1《宋武帝本纪》、卷36《羊欣传》。

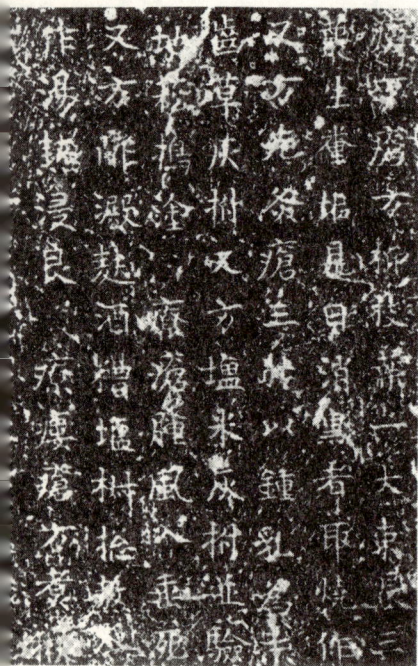

龙门石窟药方洞拓片

1 陈寅恪《崔浩与寇谦之》,载《金明馆丛稿初编》,第115页。

2《北史》卷89《许遵传·赵辅和传》。

3《北史》卷100《序传》。

4《太平御览》卷722引臧荣绪《晋书》。

5《晋书》卷76《王廙传》。

6《北史》卷33《李崤传附李密传》、《李义深传附李同轨传》、卷90《姚僧垣传·徐謇传》。

7《北史》卷24《崔逞传附崔彧传》、卷32《崔挺传附崔季舒传》。

愈'者也"[1]。这和以阴阳五行说为理论基础之一的传统医学颇能契合。

再次,本时期人口的大量减少,致使对医学卫生事业的重视。如导致妇科专学的出现,如北朝许遵传授其子许晖"以妇人产法,预言男女及产日,无不中"。另一位赵辅和也精通此术[2]。更普遍的是对养生之道的重视,如李凝之"明本草药性,恒以服饵自持,虽年将耄及,而志力不衰"[3]。又如"靳邵创制五石散方,晋朝士大夫无不服饵,皆获异效"[4],虽然多以此说明世族之腐朽,但广泛服用此类石散,其实是一种大规模药品试验,会有利于医药事业的发展,一如炼金术之于化学。这也包括官方承担起一些公共卫生的职能,如上所述。这些措施是需要一定的制药业与医生方能完成的,而且看来是朝廷在春季的一项重要工作。还如"旧制:朝臣家有时疾,染易三人以上者,身虽无病,百日不得入宫"[5]。这条朝规可以证明行政制度发展到本时期,已经是非常复杂严密了;也能从卫生学角度说明当时已经懂得隔离预防是对付被称之为"时疾"的传染病的有效方法。江左还专门在县设"医吏",及有"医户",此医户虽亦属专役户性质,但由此父子相传,也有利于医术提高和较多庶民受益。

最后是本时期包括私学及家学在内的教育事业发展,也有利于医学的传授。如北魏清河崔彧善医术,"性仁恕,见疹者,喜与疗之。广教门生,令多救疗。其弟子清河赵约、渤海郝文法之徒,咸亦有名"。崔彧子崔景哲"亦以医术知名",说明清河崔氏还形成了家学。东海徐氏自濮阳太守徐熙起,四代皆精医道,第三代的徐道度医术被称为天下一绝。赵郡李密则是因其"母患积年,名医疗之不愈,乃精习经方,洞闲针药,母疾得除,由是以医术知名",同族李同轨也"学综诸经,兼该释氏,又好医术"。梁高平令姚菩提"尝婴疾疹历年,乃留心医药",其子僧垣"医术高妙,为当时所推,前后效验,不可胜纪",另一子姚最也"受家业,十许年中,略尽其妙",其孙即是史学家姚察。徐謇的兄文伯、子雄、孙之才和之范皆善医药,而为名医[6]。博陵崔季舒也好医术,"锐意研精,遂为名手,多所全济。虽位望转高,未曾懈怠,纵贫贱厮养,亦为之疗护"[7]。历代士大夫多有精医道者，这大概与儒家的仁道有关，行医也是求知，又能救人，如南齐褚澄为吴郡太守，却主动为郡内百姓李道念看病，故儒者常乐于其中。

正是在上述各项因素的推动下，医药事业得到了发展的同时，也使人口数从汉晋之间的最低谷开始回升，以后虽也迭经各种灾难，人口数总能曲折地上升，其间中医药功不可没。

三、农业生产技术的发展

中国古代以农立国，农业是社会发展的基础。农业的发展与否牵涉到多方面的因素，有社会政治方面的，如局势是否稳定，吏治是否清明，人口是否增长等等。也有自然方面的原因，如是否风调雨顺。除此之外，就要看农业技术的进步了。

农业技术的进步也主要靠三个因素，一是外来技术的传入，包括新的作物品种。这个"外来"也包括域内的不同地区之间，如"先是，辽川无桑，及（慕容）廆通于晋，求种江南，平州桑悉由吴来"[1]，这样辽东半岛也开始有了丝织业。二是其他技术进步所带动，如炼铁技术的进步对农具制造所带来的好处。三是商品经济的发展，出现了更多的专业户，特别是在南方，如有"种瓜为业"，自产自卖的专户[2]，其为了能好卖，也会推动在技术上精益求精。但这几种因素要起作用，还得靠耕作者自身的是否努力与其智慧。本时期这方面就有不少的例子。此外，农业技术在有些地区得到了传授和普及，如原先"东南以水田为业，人无牛犊"[3]，至西晋仅江淮间屯田就用牛35,000头。永嘉之变后，随大批北来移民的徙入，包括牛耕在内的农业技术在江左迅速普及。长江流域农业水平的提高当然也意味着整个农业的发展。

魏晋之间邓艾在屯田时"为区种之法"，来克服"是岁少雨"[4]的旱情。沈瑀"为建德令，教人一丁种十五株桑、四株柿及梨栗，女子丁半之。人咸欢悦，顷之成林"[5]。15棵桑树和4棵果树的比例和北方均田制中有关种桑、枣、榆树的比例一样，似乎当时已经意识到在农业生产中如何进行合理的经济配置，其实这也是一种科学。

牛耕图

[1] 《晋书》卷124《慕容宝载记》。
[2] 见《宋书》卷91《郭世道传》。
[3] 《晋书》卷26《食货志》。
[4] 《晋书》卷48《段灼传》。
[5] 《南史》卷70《沈瑀传》。

牛耕图

应该注意的是，本时期农业的发展是大农业范围内的发展，它不仅仅指的是粮食种植，还包括经济作物和由此带动起来的副业、家庭饲养业、手工业等。贾思勰的《齐民要术》就是在这样的大范围内反映着当时生产发展的深度与广度。在《齐民要术》里，显示了本时期在农业技术上发展水平的各个方面。如第一，华北旱作农业中保墒防旱技术；第二，各种作物种子的鉴别、测试和良种杂交、培育方法；第三，轮作、间作等播种技术及施肥方法，如以豆科作物兼作绿肥的轮作和独具匠心的使桑柘主干挺直上长的措施，以及注意用熟粪等有机肥料；第四，作物防病虫害、防霜冻、防杂草及家畜越冬，养鸡速肥等法；第五，各种牲口的鉴别、配种技术；第六，如何利用微生物酶来酿酒、制醋、制酱，及各种鱼肉鲊、饴糖、点心食品等制造技术[1]。南方的农业技术也在进步，如谢灵运的《山居赋》里列举了南方种植的粮食、果木、菜蔬的名称，包括一些多在北方旱地生长的农作物，如麻、粟、菽、栗、枣等等，这大概和北方流民的南来有关。还如南朝宗懔的《荆楚岁时记》载防止粮食虫蛀的方法之一是在夏至“取菊为灰，以止小麦蠹”。这些都是以前文献中未曾记载的，至少表明了南北朝时各种农业技术所达到的水平。

水旱之情决定收成的多少甚至有无，因此农业发展在很大程度上要依靠灌溉系统的建设。至本时期，北方的水利事业基本上是在恢复的基础上有所修建，如杜预“又修邵信臣遗迹，激用滍淯水以浸原地万余顷，分疆刊石，使有定分，公私同利。众庶赖之，号曰‘杜父’”[2]。在此基础上也有新的开拓，如刁雍到北魏后为薄骨律镇将，“于河西（古）高渠之北八里，分河之下五里平地，凿渠广十五步，深五尺，筑其两岸，令高一丈，北行四十里，还入古高渠”，该渠长80里，达到“溉官私田四万余顷”的成绩[3]。而南方的水利也有恢复的，如东晋初孔愉为会稽内史，“句章县有汉时旧陂，毁废数百年。愉自巡行，修复故堰，溉田二百余顷，皆成良业”[4]。在很大程度上是开拓。这方面记载很多，如上虞近江一带“常有水患，太守孔灵符，遏蜂山前湖以为埭，埭下开渎，直指南津，又作水楗二所，以舍此江，得无淹溃之害”。又如宋景平元年（423年），由于江水常溢

[1] 参见缪启愉、缪桂龙《齐民要术译注》“前言”，上海古籍出版社2006年版。
[2] 《晋书》卷34《杜预传》。
[3] 《魏书》卷38《刁雍传》。
[4] 《晋书》卷78《孔愉传》。

塘而过成灾，豫章"太守蔡君，西起堤，开塘为水门，水盛则闭之，内多则泄之，自是居民少患矣"。南方多河流湖泊，水利设施与北方不同，此种"水门"就广泛应用在灌溉上，如"浙江又东北，得长湖口，湖广五里，东西百三十里，沿湖开水门六十九所，下溉田万顷"[1]。又北周"武帝保定二年（562年）正月，初于蒲州开河渠，同州开龙首渠，以广溉灌"[2]。这些水利事业的发展，为长江流域农业的发展，甚至是以后中国经济重心的南移，打下了坚实的基础。

耙地图

　　粮食加工技术的改进也是本时期农业上的一大亮点。本时期发明各种动力的碾磨甚多。除了沿用的足踏碓外，魏晋之间的刘景宣发明用牲口牵拉的连转磨，最多可带动八部磨。杜预作"连机碓"，以水带动多碓。十六国时解飞以车来带动磨与碓，车行则春米磨粉。祖冲之也曾造水碓磨。而且这些碓磨都被大规模使用，仅晋时大官王戎就拥有水碓40所，另一大官石崇也有水碓30余区。后来北魏崔亮为雍州刺史时，"读《杜预传》，见为八磨，嘉其有济时用，遂教民为碾。及为仆射，奏于张方桥东堰磨数十区，其利十倍，国用便之"[3]。这或许是因为人力稀缺亟须机械代劳。酿酒系粮食的深加工，当时需要量很大，仅北魏酿"百官常给之酒"，就所需一岁"合米五万三千五十四斛九升，蘖谷六千九百六十斛，面三十万五百九十九斤"[4]。及于整个社会当然数量惊人，这种生产规模一定会导致技术进步，出现精品好酒。据《齐民要术》所载，仅以各种粮食为原料的作曲、酿酒法就多达40余种，如"神曲酒方"、"作秦州春酒曲法"、"河东颐白酒法"、"粟米酒法"、"三九酒法"等等，此外还有各种果酒。其中最著名的如洛阳刘白堕所酿的"骑驴酒"，"饮之香美而醉，京师朝贵出郡登藩，远相饷馈，逾于千里，以其远至，号曰'鹤觞'"，当时"舟车所通，足迹所履，莫不商贩焉"[5]。这大约和当时名士们"对酒当歌"，以饮酒为放达的习气有关。

四、天文历法的进展

　　对本时期的天文历法来说，或许具有重要意义的是，它已不再被史官所兼管，尽管历法仍是与史密切相关的领域。因为它们一来都与时间相关，究天人之际和通古今

[1] 分见《水经注》卷40、39。
[2]《隋书》卷24《食货志》。
[3]《魏书》卷66《崔亮传》。
[4]《魏书》卷110《食货志》。
[5]《洛阳伽蓝记》卷4"城西法云寺"条。

扬场图

之变是中国史学崇高目标中的两个主要方面。二来因为它关联朝廷的正朔，这在以禅让为改朝换代主要形式的本时期受到特别重视，"所以明天道，定民心"[1]，于是本时期历法也有相当的发展。如宋代晋，"改晋《泰始历》为《永初历》，社以子，腊以辰"。南齐建立，也"改《元嘉历》为《建元历》，祖以正月卯，腊以十二月未"[2]。其中两晋时期虞喜关于"岁差现象的发现，则是十分重大的天文学事件"。"虞喜所得的结果是五十年差一度"。"虞喜关于赤道岁差的表述是一种独立的，具有中国特色的再发现"。后来南北朝时，"何承天于公元430年前后，应用与虞喜相类似的思路，得到赤道岁差一百年差1度的新值，与虞喜值偏大相反，何承天值偏小，但后者略优于前者，还是表现出进步的势头"[3]。又如北魏司徒"集诸术士，考校汉元以来，日月薄蚀，五星行度，并讥前史之失，别为《魏历》"[4]。北魏末孝武帝西奔，首要办的事情之一就是让卢辩"因时制宜"地建"金石律吕，晷刻浑仪"[5]。数学是天文历法的基础，高谦之"专意经史，天文、算历、图纬之书，多所该涉"，所以他能"以时所行历多未尽善，乃更改元修撰，为一家之法"。又如修《戊子历》的李业兴，"博涉百家，图纬、风角、天文、占侯，无不讨练，尤长算历"，他"自以为长于赵匪攵、何承天、祖冲之三家"。刘芳以"浑算精微"，著《四术周髀宗》，而"私撰历书，名曰《灵宪历》"。北齐宋景业"兼明历数"而"受诏撰《天保历》"[6]。"北齐张子信在一个海岛上，利用他制造的浑仪等仪器，经过30余年的认真观测与研究，约于公元570年取道了三项重大的发现：陶俑、五星运动的不均匀性以及月亮视差对日食的影响，开启了传统历法发展的新篇章"[7]。值得注意的是，当时的历法已走出宫廷，进入市场。如南朝傅昭"十岁，于朱雀航卖历日"[8]。

　　两晋南北朝时期朝代更替比较频繁，新朝在历法上总要有所动作，历法的制定需要对天文有更深的认识。因此天文历法要常常被检视、讨论和修改，如此久之，天文历法的知识当然更深入了。由于天文历法具有相当的知识深度，成为专业，北魏"太史令赵胜、赵翼、赵洪庆、胡世荣、胡法通等二族，世业天文"[9]。天文又与数学分不开，所以本时期在数学上也达到了很高的成就，魏晋之间的刘

[1]《宋书》卷14《礼志一》。

[2]《南史》卷1《宋武帝本纪》、卷4《齐高帝本纪》。

[3]《中国科学技术史》，第327、328页。

[4]《北史》卷31《高允传》。

[5]《北史》卷30《卢同传附卢辩传》。

[6]《北史》卷50《高道修传》、卷81《李业兴传》、卷89《刘芳传·宋景业传》。

[7]《中国科学技术史》，第329页。

[8]《南史》卷60《傅昭传》。

[9]《北史》卷89《张深传》。

徽撰有《海岛算经》和《九章算术注》。北朝甄鸾编有便于实际应用的《五曹算经》、《五经算术》等。尤其是南朝的祖冲之在其著作《缀术》中计算出精度很高的圆周率π，即π=3.1415926~3.1415927，这个计算结果在当时世界上是遥遥领先的。此外北朝置算学，如殷绍"达《九章》、《七曜》。太武时为算生博士"[1]，这是因为"自古儒士论天道，定律历者，皆学通之"，由此"河北多晓此术"[2]。此目的虽主要不是为了天文之学，但毕竟有助于数学水平的提高，这也可为北朝在天文历法上人才辈出作一注解。

　　董仲舒天人关系学说中对宇宙结构的设想通过经学的流传而被广为人知，玄学的兴起和随着佛教进来的印度思想进一步打开了人们关于天地玄黄，宇宙洪荒的想象空间。在这样背景之下，出现了一些新的思想，如在宇宙形态上于魏晋之前有"天圆如张盖，地方如棋局"的盖天说；"日月众星，自然浮生虚空中"的宣夜说；"天如鸡子，天体圆如弹丸，地如鸡中黄"的浑天说等，东晋虞耸撰写近似浑天说的《穹天论》，虞喜又提出安天论。虞喜以为"天高穷于无穷，地深测于不测。天确乎在上，有常安之形；地魄焉在下，有居静之体。当相覆冒，方则俱方，圆则俱圆，无方圆不同之义也。其光耀布列，各自运行，犹江海之有潮汐，万品之有行藏也"[3]。虽然当时人们对星空已有很细致的观测，绘出了较为复杂的星象图，如洛阳北魏元乂墓的墓顶星象图保存较好[4]。而北魏中期发展起来的"覆斗形墓室的整体，恰似一件放大了的式，又像一个缩小了的穹隆顶墓室。它的志盖，从形状与纹饰上来看，其设计思想正是用它来象征天穹，与式的天盘、穹隆顶墓室的顶部意义相同"[5]。为研究古代天文学提供了十分珍贵的资料，但他们这些说法不是来自实际观测和计算，虞喜等的观点很可能是受到了玄学中崇有说的影响。

　　其中还有杨泉的《物理论》。杨泉是魏晋之间的人，他写《物理论》讨论天文地理百行万象，是因为他觉得儒、玄两家在这方面的见解都肤浅不足。他认为万物都以元气为本，"成天地者，气也；水土之气，升而为天"，而水系气之源，"吐元气，发日月，经星辰，皆由水而兴"。他还用气中阴阳之互动来解释万物的消长变化。杨泉的想法在当

祖冲之像

[1]《北史》卷89《殷绍传》。
[2]《颜氏家训·杂艺篇》。
[3]《晋书》卷11《天文志上》。
[4] 参见王车、陈徐《洛阳北魏元乂墓的星象图》，《文物》1974年第12期。
[5] 赵超《式、穹隆顶墓室与覆斗形墓志》，《文物》1999年第5期。

西安洪庆北朝、隋家族迁葬墓地
出土小冠缚袴俑

时确有新意,也能启迪后人,但他的这些论断和董仲舒的一样,都是基于直观和经验,也并非是实证和逻辑推导的结果,所以提出各种宇宙结构说者不是经学家,便是玄学家。由此可以说,带动科学技术发展的,除了社会的需求,便要依靠思想观念的解放。

第七节　走向重新统一

公元589年,隋重新统一了中国,两晋南北朝作为一个以南北分裂为主的历史时期,就此结束。本节对这本时期最后的进程作一概述。

一、不可避免的趋势

在本时期行将结束的时候,我们所看到的是一幅怎样的历史场景? 在南边,自刘裕建立宋朝起,"以区区江东,蕞尔迫隘,荐之以师旅,因之以凶荒"[1],在与北方的较量中,就逐步走下坡路了。刘裕是一个出色的统帅,但为了确保夺取东晋政权,匆匆从前线返回建康,致使先机尽失,关中沦陷,元气大伤。宋明帝时,青、齐诸州又为魏之所有,大体上淮河成了南北分界线。"南北朝对峙,其国势强弱之分界线大约在北朝乘南朝内争之际而攻取青齐之地一役"[2]。齐、梁两朝无大变动,缘淮为界而互有攻防,对峙下还能基本保持平衡,不过由于魏太武帝拓跋焘南侵后,两淮残破,无法成为北伐的基地,所以南朝多居守势。梁末由于侯景之乱,使继之而起的陈朝境土局限于长江之南,"西亡蜀、汉,北丧淮、肥,威力所加,不出荆、扬之域"[3]。江左政权赖以生存的长江中下游地区皆残破不堪,如《资治通鉴》梁简文帝大宝元年(550年)五月条云:"自晋氏渡江,三吴最为富庶,贡赋商旅,皆出其地。及侯景之乱,掠金帛既尽,乃掠人而食之,或卖于北境,遗民殆尽矣。"这样南朝就失去了与北朝分庭抗礼的实力基础。

此外,对南方政权而言,蜀地雄居上游,有顺流而下之势;而保江必先保淮,淮地一失,不仅建康暴露,北军也

[1]《南史》卷70《循吏传序》。
[2] 陈寅恪《论隋末唐初所谓"山东豪杰"》,载《金明馆丛稿初编》。
[3]《隋书》卷29《地理志上》。

能共得舟楫之利;故益、淮之失决定了整个陈朝不过苟延残喘而已。隋文帝所采纳的伐陈策中,就以"益、信、襄、荆、基、郢等州,速造舟楫,多张形势,为水战之具"[1]。一旦决定伐陈,蜀、汉两江北军轻舟直下,南军不重兵抵御,必乘势而进,如聚船与之决战,则江防空虚,武昌以下,都可渡江,南方必顾此失彼。因此到了陈朝,统一的时日就取决于北方自身形势的发展了。

但从长远看,南朝的积弱当另有原因。东晋南朝的门阀,虽然起初也注意领兵,但毕竟来自文化世家,久之,必定重文轻武,兵人地位很低,士气不振。北方少数族历来尚武,北魏迁都洛阳后虽有所削弱,但到了北周、北齐时又得到重振。这种差异也是南北战争中南朝输多赢少的原因之一。再者,虽然北人惧暑,南人怕冷,似乎各有千秋,但寒冬所带来的服装需求等辎重更依赖运输。这也是屡次北伐兵锋难过黄河的一个重要原因,因为黄河以北的支流,几乎都不能供南来舟船的航行,后勤没有保障,军队是无法打仗的。北方只要占领了江淮之间的地域,就也能利用船舶和水道,挥师南下打过长江。因此在南北对峙的情况下,两淮至为重要,南军只有在此组建强大骑兵,备集足够车马,方有希望克定河北。中国历史上很少有人想到,更难做到这一点[2],因为"凡北人用骑兵,各乘一马,又有一马为副马"[3]。这当然十分有利于长途奔袭,但南方是难以弄到这么多马的,因为直至魏晋之间中农耕区域的主要养马区"实在冀北"[4],这个地区当然也归属北朝。何况当时北方骑兵已装备了马镫甲具,冲锋作战时更势不可挡。且北魏"自徐扬内附之后,仍世经略江淮"[5]。后来北齐曾"敕送突厥马数千疋于扬州管内"[6],虽然其目的在于榨取当地土豪钱财,但南北骑兵基础的不平衡亦由此可见,因此北强南弱的局面也总是难以改变。

由于北魏统一北方后有了长期的和平稳定,关中和中原不仅是当时经济最发达的地区,而且是传统文化中心,南方的使者到了洛阳"始知衣冠士族并在中原,礼仪富盛,人物殷阜"[7]。于是在物质与心理的支撑下,谁占有中原,一统天下之心会油然而生,名正言顺的尊王攘夷之举总会使人跃跃欲试。魏孝文帝当年酒酣高歌:"白日光天

西安洪庆北朝、隋家族迁葬墓地出土小冠文吏俑

[1]《北史》卷32《崔挺传附崔仲方传》。
[2] 宋孝武帝时周朗在其上书中是提出如此建议的:"今宜募天下以使养马一匹者,蠲一人役,三匹者,除一人为吏",以此"办骑卒四十万"。但结果是"书奏忤旨,自解去职"。见《宋书》卷82《周朗传》。
[3]《资治通鉴》卷107晋孝武帝太元十六年十月条胡注。
[4]《晋书》卷51《束皙传》。
[5]《魏书》卷110《食货志》。
[6]《北齐书》卷42《卢潜传》。
[7]《洛阳伽蓝记》卷2"景宁寺"条。

隋文帝像
阎立本《历代帝王图》(局部)

兮无不曜,江左一隅独未照",其臣下呼应:"愿从圣明兮登衡、会,万国驰诚混日外。"[1]这种豪情壮志苻坚有过,拓跋焘有过,但客观形势都未成熟。宇文邕灭北齐后统一的条件是具备了,但不幸早早病故。因此杨坚建隋后的灭陈之策是这种意愿的自然延续。这些说明无论北方的统治者是汉人还是少数族人,要求统一的主观总是强烈的,这也是一种不可避免的趋势。这一切,等隋朝建立后,就变得水到渠成。

二、周隋禅代

虽然任何一个偶然事件都可以看作是几个因果关系的交叉,但如果在这个交叉点上经过的因果链太多,那么就很难将这个点与所谓必然性相联系,很多历史事件都是这样的交叉点,包括杨坚开建隋朝。

杨坚出身寒微,其"外家吕氏,其族盖微"[2],在讲究婚姻关系的当时,杨氏景况应该是差不多的。他的父亲杨忠少年从军,后从独孤信投宇文泰帐下,以军功累至州刺史、大都督。府兵建,初为十二大将军之一,赐姓普六茹氏。这样,杨氏就被鲜卑统治集团当作自家人了。杨忠后被封为隋国公,病卒于天和三年(568年)七月。杨坚年15以勋贵子弟被"授散骑常侍、车骑大将军、仪同三司,封成纪县公。年十六,迁骠骑大将军,加开府"[3],步入仕途之初就有一个很高的起点。杨坚袭爵为隋国公后,周武帝聘他的长女为皇太子妃,这不仅使他进入了北周统治集团的核心,而且开了以后机遇之门。

周宣帝宇文赟"外行其志,内逞其欲,溪壑难满,采择无厌"而突然驾崩[4],给了杨坚执政的机遇。此时周宣帝才22岁,做皇帝才一年多,他的死是众人所意料不及的,当时太子宇文阐才7岁。幼主登基,是历来朝廷最容易发生危机的时候,也是皇帝专制制度难以克服的一个弱点。而这个危机变成杨坚的个人机遇,远因是宣帝已将宗室重臣齐王宇文宪等除掉了,"芟刈先其本枝,削黜偏于公侯"[5]。直接原因则是由于"御正下大夫刘昉,与内史上大夫郑译矫制",使他"受遗辅政"[6]。郑译、刘昉都是宣帝的近臣,平素逢迎其所好,甚得宠信。宣帝急疾病危,口不能言,

[1]《北史》卷35《郑羲传附郑道昭传》。
[2]《北史》卷80《隋文帝外家吕氏传》。
[3]《隋书》卷1《高祖纪上》。
[4]《北史》卷13《后妃传序》。其中说:"(周)文帝之祀忽诸,特由于此。"暗指周宣帝纵欲丧身,给了杨坚篡政的机会。
[5]《北史》卷58《传论》。
[6]《周书》卷7《宣帝纪》。

刘、郑皆以杨坚为皇后父,有名望,郑译与坚又是少年时同学,于是召杨坚入宫居中。接着秘不发丧,矫诏杨坚总知中外兵马事。杨坚掌握了禁军兵权,又有刘昉等假诏书命令天下,所以政权迅速地落入杨坚手中。在扶周静帝即位后,杨坚以"左丞相,百官总己而听焉"。

为了巩固政权,杨坚采取了几方面的措施。第一,针对周宣帝的"刑政苛酷",尤其是对宿卫近臣十分严苛和骄奢逞欲,他"大崇惠政,法令清简,躬履节俭,天下悦之",首先是取得了宫廷内外的支持。第二,对于在藩的周室诸王,杨坚"悉恐其生变,称赵王招将嫁女于突厥为词以征之"。赵王招等五王回长安后,就等于落入他掌中,后来五王和其他诸王都被他先后处死。这样,各地即使有反对者起兵,也缺乏可作号召的人望。第三对于果然起兵者则坚决讨伐镇压。杨坚执政后,相州总管尉迟迥、郧州总管司马消难、益州总管王谦等皆"以匡复为辞"[1]而反之,但他们之间没有协调呼应,杨坚又挟天子之命,所以反者皆被各个击破。第四,恢复佛、道两教。虽然佛教与道教在流传中有着不少弊病,但以灭佛作为手段未免操之过严,不仅这些还俗僧侣等成了社会不安定因素,而且激起了民众中对他们的同情心。更何况佛、道两教自汉魏至本时期的广泛传播,已经被社会各阶层所接受。事实上人们面对着生死与命运的挑战,也确实需要用宗教米作为精神寄托。因此这条措施在当时也是顺乎民情,博得好感的。

在上述几方面的得手后,使杨坚抓住了难得的机遇,于是及时地开展禅代进程。公元581年,通过一番谦让仪式,杨坚设坛祭天,登皇帝位,开创隋朝,并以是年为开皇元年,史称其为隋文帝。由于建隋时南北尚在对立中,所以有些史家还将隋列入北朝,如李延寿之《北史》。直到其灭陈,中国历史才进入一个新纪元。

三、重新统一的实现

尽管儒家推崇王道与德化,但既然要大一统,就得用兵。在中国历史上简直见不到有和平统一的例子,即使是一方投降,也要到兵临城下的时候。就像本时期开头时候由晋灭吴的形势一样,结束南北朝的时候,又重复了南下

陈后主像
阎立本《历代帝王图》(局部)

[1]《隋书》卷1《高祖纪上》。

梁宣帝
阎立本《历代帝王图》(局部)

统一的场面。

　　客观上是条件成熟,大势所趋,主观上是要建立功勋来巩固轻易得到皇位,隋文帝于开皇八年(588年)十月"命晋王杨广、秦王俊、清河公杨素并为行军元帅,以伐陈",发动实行统一的战争。十二月南下诸军临江出发。

　　虽然从力量对比,由周军转化而成的隋军在灭北齐后士气正旺,而南军主力在吴明彻北伐后已丧失殆尽,隋伐陈是以石击卵,当无悬念,但隋还是十分慎重。首先在当年三月,一边遣使至陈试探虚实,一边颁诏罗列陈后主劣迹,以造舆论。此前,更是采用高颎的计策,因北方收割早于南方,屡屡在北边农事毕而江南正农收时顿兵临江,陈朝征兵防御,几年下来,陈废农困弊,又被麻痹。还不自量力挑衅:"时后主与隋虽结和好,遣兵渡江,掩袭城镇,将士劳敝,府藏空竭"[1],更给了隋军动手的口实。其次动用兵力很大,"合总管九十,兵五十一万八千,皆受晋王节度"。又有事先所造大量舰只,其中大者有楼五层,容战士800人,南方已经没有水军优势。再次是多点渡江进攻,"东接沧海,西拒巴蜀,旌旗舟楫,横亘数千里"。这样不仅是气势压人,而且使陈朝军队首尾难顾,其策略和西晋统一时差不多。加上陈后主初无准备,隋军势如破竹,合围建康,并迅速破城。隋开皇九年正月,陈后主被俘,陈亡。从此开始了一个新的历史时期。

　　与此役有关,并影响以后历史发展的是,这次伐陈,是以晋王杨广为行军元帅,总统诸军。为什么不用太子杨勇率军呢?其实对当时隋朝而言,更危险的敌人是北边的突厥。当时突厥强盛,时常犯边,数越长城,关中震动,所以开皇二年冬"皇太子勇屯兵咸阳,以备胡"[2]。开皇六年秋,杨勇又移镇洛阳,他的任务虽然重要,防范好突厥是保证灭陈的前提。但平定南方,一统天下,却是隋朝第一大功。加之杨广灭陈后,杀陈之佞臣施文庆等,大快人心,又"封府库,资财无所取,天下称贤"[3]。后来杨广能夺太子位,虽然有其他的原因,与此亦不无关系。

四、为本时期作总结——从隋唐回首两晋南北朝

　　评估一个历史时期的方法之一就是看它给后来留下

[1]《隋书》卷22《五行志上》。
[2]《隋书》卷2、1《高祖纪下、上》。
[3]《隋书》卷3《炀帝纪上》。

了什么，尤其是它对紧接着它的那个时代的影响。所谓一个时代对另一个时代的影响，主要是指这个时期所形成的特点对后来的影响。举例说，隋唐时所用文字是两晋南北朝之前早就有了的，然而隋唐及以后的书法，却受到王羲之父子与魏碑的巨大影响。那么隋、唐两朝有哪些东西是主要受本时期影响的呢？下面举其大者。

作为历史的延续，在制度上，无论是礼制、律制、三省制、均田制、府兵制等等，隋唐两朝都是承袭着本时期发展起来的框架而进一步完善的。这也说明，这些制度所具有的合理性。

从魏晋到南北朝，门阀政治经过高峰后，渐渐向加强皇帝专权的传统体制回归。突出皇权的一个好处，就是能将社会资源更多地集中到朝廷，这在产出比较低的农业自然经济形态社会里，显得尤为重要。进入南北朝后，由于北朝士族与南方相比，政治的力量与地位都相对较低，北方几个皇朝的皇权也更强大，更能动员和聚集国力，所以在南北相争中，其居上风时多，并最终由北方来实行统一，与此不无关系。皇权的这种好处被后世所看到，并作为一种历史经验而被不断体会着，就有了愈来愈加强皇权的趋势。应该说，这也是本时期给中国历史留下的后果之一。

济南隋代吕道贵兄弟墓出土武士俑

经济上除了田制与税制上的创新外，长江流域在经济上的长足发展，已经初具与北方分庭抗礼之实力，这是本时期的一件大事。此项发展与南北在政治上的对立相辅相成，即南方农业与商业的发展使东晋南朝有了立国的基础，反过来，分裂的状态也在200多年的时间里使南方的财富不致流入北方的朝廷，从而保护了南方经济的增长。而《齐民要术》一书所反映出来农业技术上的先进性，足以改变本时期生产落后的错误印象。

军事上，本时期在战乱中长期形成的尚武精神，以及战争经验中所体会和实践出来的作战器械、军事制度、战略战术等造就了隋、唐两朝的军事强盛。《隋书·经籍志三》里列有兵书"一百三十三部，五百一十二卷"，其中绝大部分为本时期人所撰著，或在本时期流行的。

更广泛的是文化上的汇合。统一后"四隩咸暨，九州

西安洪庆北朝、隋家族迁葬墓地
出土武士俑

1《北史》卷83《文苑传序》。
2 刘庆柱《中国古代宫城考古学研究的几个问题》,《文物》1998年第3期。
3《朱子语录》卷91。
4《经与经学》第16章,第172页。
5《旧唐书》卷189上《儒学传序》。

攸同,江、汉英灵,燕、赵奇俊,并该天网之中,俱为大国之宝"[1]。长时期的分裂使各地发展起来的文化带上了区域的色彩,也形成了自己的特点。重新统一以后彼此就有了比较、交流、乃至融合的充分机会,无论是在哲学、文学、史学、艺术、宗教、医学等等方面,本时期对它们发展所作的贡献,至少不亚于其他的任何断代,一如本书前面所叙述。隋唐时代繁荣蓬勃的各种文化,探索其渊源,无不可以在本时期找到它们的踪迹。甚至城市规划也是如此,"都城的单一宫城制,大概始于曹魏邺城和北魏洛阳城。……伴随着单一宫城制,北魏洛阳城及以后历代都城中出现了内城(或皇城),这应是中央集权进一步加强的体现。……北魏洛阳城内,宫城南部铜驼街两侧布列左庙右社。此后历代都城中的宗庙、社稷,均沿用了这一制度,将二者置于宫城之南,内城或皇城之中"[2]。小处如"鲜卑头"带扣,"不但在带扣的器型演变上找到其源头,所谓'白玉衮带鲜卑头'之刻文,更是从文字史料上为中国古代带扣起源于'鲜卑'等北方游牧民族提供了直接的证据"。服装也是如此,朱熹说:"今世之服,大抵皆为胡服,如上领、靴鞋之属,先王冠服,扫地尽矣。自晋五胡之乱,后来遂相承袭,唐接隋,隋接周,周接北魏。"[3]服装如果不为时尚,其长久流行必定是在于穿得合身便适,唐宋以后盛行十六国南北朝时的服装,正说明本时期在这方面的贡献。

此外,"隋文帝统一南北,经学也随之统一。但政治上的统一,是南并于北;经学上的统一,却是北入于南"[4]。唐代经学走的也主要是南朝的路子,唐太宗在贞观十四年(640年),诏称:"梁皇侃、褚仲都、周熊安、沈重、陈沈文阿、周弘正、张讥,隋何妥、刘炫等,并前代名儒,经术可纪。加以所在学徒,多行其疏宜加优异,以劝后生"[5]。此虽体现了南北合流,但还是偏重了南学,这是值得注意的。

汉族补充了新鲜血液。在中国古代,"中华民族"的含意实际上就是"天下百姓"。理论上大凡王土之上,天子之下都是属于天下百姓的范围,但事实上这"天下"与"百姓"又囿于"教化"和"皇恩浩荡"能普及得到的地方,所以这个范围弹性很大,视各个朝代的形势而定。与此对比,

"汉族"的概念十分清晰,它的民族认同感也很强烈。胡汉各族之间的界限,以及与此相关的利益与观念冲突,曾是本时期政治纷争和社会动乱的一个重要源头,但这种界限在南北朝变得越来越模糊。很多少数族出身的人,包括皇帝到一般士民,观念意识上完全是儒家的,而一些汉人,如北齐的皇族在感情意识上则属于少数族的立场,一如本书前面各章所述。两晋南北朝的这种民族融合,到了隋唐就造就了一个全新的汉族,或者说,彼时出身少数族的人已经不被视为异族了。如《隋书》各传的传主中可以考证出至少六分之一系出身少数族,但很难找出当时人把他们作为异族相待的例子。又如唐高祖李渊之母独孤氏、皇后窦氏,太宗李世民皇后长孙氏都是鲜卑人,因此她们的嫡亲子孙唐高宗李治身上只有八分之一的血统属于汉族,但当时人全不以为异。这说明,至少到了唐初,原来"五胡"的那些后裔已经在社会上被视为与汉族一体了。隋唐时期的政治文化名人,如陆法言、长孙无忌、于志宁、尉迟敬德、高仙芝、哥舒翰、房琯、李光弼、元稹、白居易、刘禹锡等等都是少数族出身,更有学者指出著名大诗人李白,也是西域胡人出身。隋唐时期的那种民族融合,正是南北朝以来的继承。中华民族由此补充了众多的新鲜血液,进入了一个新的大一统时代。

山西襄垣隋代浩喆墓出土陶俑

索引（按音序为序）

（人名、地名、氏族名、国名、历史事件、典章制度）

D

E

F

Y

Z

后　记

　　本书的写成，缘于人民出版社张秀平先生所给的一次机会。2006年夏，张先生正策划多卷本《中国历史》的撰写，其中《两晋南北朝史》一卷，本由韩国磐先生主笔，因韩先生此前不久去世，就找到了我。我那时《佛教戒律与中国社会》一书正接近完工，所以很感谢张先生让我下一步有事可做。

　　"文化革命"结束后，我从一个技校"机械基础"课的教师直接考文科研究生，师从程应镠先生，学的就是魏晋南北朝史，学位论文写的是《魏晋南北朝劳动者称谓考释》。毕业留校后的前几年，兴趣还在政治制度史上，努力写了本《北魏前期政治制度》，因为当时研究这个方面的人不多。此后心有旁骛，把注意力转移到宗教上，尤其是佛教，好在上世纪80年代中期之后，几乎每年都由我指导一年级中古史硕士生研读《资治通鉴》，总会涉及这段时期的历史，并产生一些心得，加上学问之间是相通的，所以我就承诺了人民出版社稿约，在一年多的时间里把这本书写了出来。

　　在本书之前，已有多部"魏晋（或两晋）南北朝史"问世，撰者都是已故的大家或名家：吕思勉、王仲荦、劳幹、韩国磐、万绳楠等先生，他们都是我心仪的前辈。现在我重复这个断代史的题目，非敢心存超越，只是因为人心中的历史，犹如云雾中的山峦，如果角度不同的话，便是横看成岭侧成峰。历史学家的任务不仅在于廓清事实，更在于由此探索和整理人类活动所积累起来的经验，这些工作是永远不会了结的，这也是仅魏晋南北朝的断代史就有那么多部出现的原因所在，而且还会不断有新的著作产生。

　　事非经过不知难，当真的开始着手断代史的写作时，因为它所要把握的是几百年内人与事的总和，世界是复杂的，再加上时间因素就更复杂。就各种制度传统而言，一方面是大体上的沿袭，另一方面是因时因地的不断变动。因此对囿于篇幅的断代通史而言，是难以顾全所有方面的，所以往往只能就其倾向性上立论。其中因果分合，千头万绪，也只能按照自己的理解，把握轻重，不管其是耶非耶，至少可供给学界朋友们一个参考。我想就像同样的布可以剪裁出不同的服装，不同的史料组合可以勾描出不同的图画，但这些图画是否符合实际，恰如剪裁出来的服装是否合身，就要看构筑的方法是否合理。因此如果在组合史料时能完全遵循理性，那么这些历史场景的串联就能启迪智慧。再者，对一个问题的看法，总是会见仁见智的，关键不在于看法有分歧，而在于对分歧的宽容。因为只有真正的百家争鸣，文化才能丰富,学术才能进步。

　　写一部断代的通史,需要各方面的知识。为此我得感谢家母杨僖霖女士让我在读小学之前就背完《三字经》、《唐诗三百首》、《古文观止》。1966年"文革"开始,我和所有同代人一起中止了学业。上世纪50年代初起,家四叔摩罕先生就在杭州浙江美术学院执教美术史,而他的藏书都在上海大兴里,无人知晓,因而"文革"中得以保存。当时我所住四明村与大兴里是相通的,次年春无端的抄家风暴稍息,我便到大兴里取书看,四叔藏书堆满一间,四壁都是书橱,藏书很杂,古今中外文史哲艺都有。我基本上每周两次,每次数本轮换,这样连续不断,一直到70年代末为止,使我有一个非常广的阅读面。对我那样年龄的人来说,这正是不幸之中的大幸,为我今天执笔打下了基础。

　　着手写后记的时候,正是书稿要送去出版的前夜,不禁想起初读研究生时,要将第一篇作为作业的文章交给应镠师之前的那种忐忑不安,而今先生已仙逝十多年了,虽然他的音容笑貌还宛若眼前。又想起前不久看过一段关于马一浮先生的传记片,记载一浮先生一生矢志于学,知行合一,上世纪60年代中期竟被扫地出门,著作烧毁,凄凉而死。这样东想西想,或许是自己也趋向老年的缘故,不觉泪流满面,难以平静。如此茫然久久之后,还写上这些,即如幼年在舅家河边,兴起时将野草小花编成一圈,付之水中,不问究竟。

　　在这本书写作过程中,姚潇鹤先生为我分担了不少琐事,还按出版社要求为本书准备了图片和索引条目等,程念祺、虞云国、胡宝国、张秀平诸先生在阅读了本书初稿后提了不少宝贵意见,特此表示谢意。

图书在版编目(CIP)数据

中国历史·两晋南北朝史 / 严耀中著.
- 北京:人民出版社,2009
(中国历史 / 张秀平 关宏策划)
ISBN 978-7-01-007713-0

Ⅰ.中... Ⅱ.严 Ⅲ.①中国－历史②中国－古代史－
两晋南北朝时代
Ⅳ.K20

中国版本图书馆 CIP 数据核字(2009)第 016686 号

中国历史·两晋南北朝史
ZHONGGUO LISHI LIANGJIN NANBEICHAOSHI

作　　者:严耀中
选题策划:张秀平 关　宏
责任编辑:张秀平 任文正
封面设计:徐　晖
版式设计:陈　岩

人民出版社 出版发行

地　　址:北京朝阳门内大街 166 号
邮政编码:100706
经　　销:全国新华书店经销
印刷装订:永恒印刷有限公司印装
出版日期:2009 年 4 月第 1 版　2009 年 4 月第 1 次印刷
开本:730 毫米×970 毫米　1/16
印张:30.125
字数:480 千字
书号:ISBN 978-7-01-007713-0
定价:65.00 元